开福年鉴

KAIFU YEARBOOK

2016

中共长沙市开福区委
长沙市开福区人民政府 主办
开福区史志档案局 编

方志出版社
Publishing House of Local Records

图书在版编目（CIP）数据

开福年鉴.2016 / 开福区史志档案局编. — 北京：
方志出版社，2017.12
ISBN 978-7-5144-2860-5

Ⅰ.①开… Ⅱ.①开… Ⅲ.①区（城市）—长沙—
2016—年鉴 Ⅳ.①Z526.44

中国版本图书馆CIP数据核字（2017）第322603号

开福年鉴（2016）

编　　者：开福区史志档案局
责任编辑：齐　笑
出 版 人：冀祥德
出 版 者：方志出版社
　　　　　地址 北京市朝阳区潘家园东里9号（国家方志馆4层）
　　　　　邮编 100021
　　　　　网址 http://www.fzph.org
发　　行：方志出版社图书经销中心
　　　　　电话（010）67110500
经　　销：各地新华书店
印　　刷：湖南雅嘉彩色印刷有限公司
开　　本：889×1194　　1/16
印　　张：24
字　　数：676千字
版　　次：2017年12月第1版　2017年12月第1次印刷
印　　数：001～500册
ISBN 978-7-5144-2860-5　　定价：220.00元

《开福年鉴》编纂委员会

《开福年鉴》编辑部

编辑说明

一、《开福年鉴》是以马克思列宁主义、毛泽东思想、邓小平理论、“三个代表”重要思想、科学发展观、习近平新时代中国特色社会主义思想为指导，坚持辩证唯物主义和历史唯物主义的立场、观点和方法，反映全区自然、政治、经济、文化、社会等方面情况的年度地情文献。

二、本卷采用分类编辑法，设类目、分目、子目等层次。全卷共设二十九个类目，正文设概况、条目、专题、附录等，以条目为主体，书中插排彩色专版。

三、《开福年鉴》2016年卷由长沙市开福区史志档案局编纂，所载内容均由各部门、各单位专人撰写，年鉴编辑人员加工整理，最后由编委会和出版社审核定稿。

四、本卷统计资料由区统计局提供，个别单位有些数据由于统计口径和统计时间等原因，与统计公布的数据不完全一致，引用时请以开福统计公报为准。

五、本卷所列机构领导名录包括各街镇、区直机关、事业单位副科以上（含副科）实职领导干部、部分单位内设（二级机构）、民主党派负责人，均以2015年12月31日任职为准。

六、本卷资料中排插的图片均由各相关部门提供并审核，彩色专版部分图片由区委宣传部提供。

长沙市开福区行政区划图

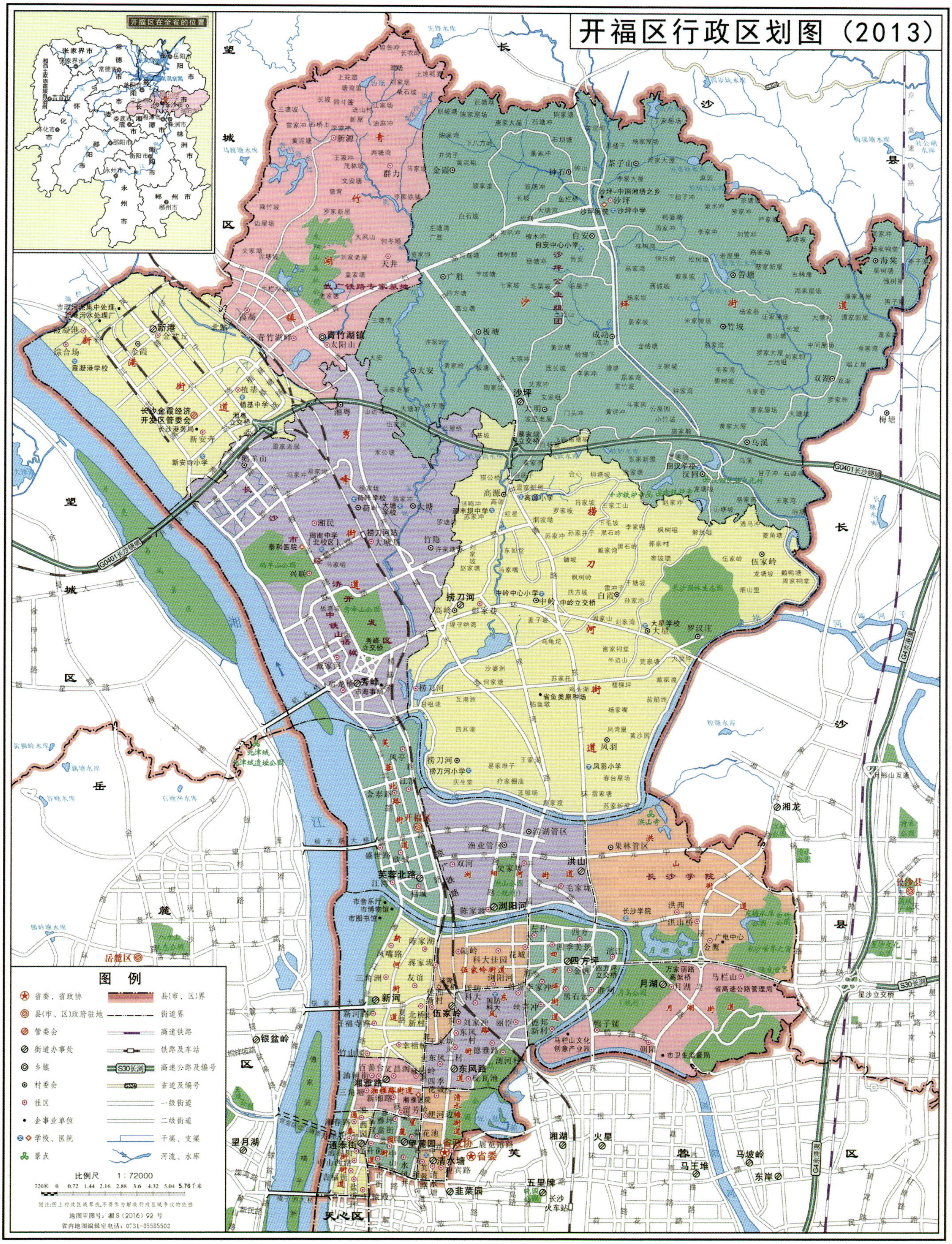

中国共产党长沙市开福区纪律检查委员会
中国人民政治协商会议长沙市开福区委员会
长沙市开福区人民政府
欢
度
春
长沙市开福区人民代表大会常务委员会
中国共产党长沙市开福区委员会

2015年1月，省委书记徐守盛（左二），省委副书记、省长杜家毫（左三），市委书记易炼红（左一）等领导考察开福区。

2015年8月7日，省委书记、省人大常委会主任徐守盛（右二）率省委常委班子成员视察高岭国际商贸城。

2015年3月12日，省委常委、市委书记易炼红（右一）来区调研基层党建工作。

2015年5月20日，省委常委、市委书记易炼红（左二）来区督查拆违控违工作。

12月15日上午，文化部党组副书记、副部长杨志今（右二）一行来区考察公共文化服务体系建设工作。

2015年7月9日，市委副书记、市长胡衡华（右三）专题调研金霞经开区商贸物流工作。

2015年3月3日，市人大常委会主任袁观清（右一）视察区经济社会发展情况。

2015年9月15日，市政协主席范小新（右二）视察区经济社会发展情况。

区委书记廖建华（右二）督查文明创建工作

2015年12月18日，全市项目建设流动观摩会成员视察湖南进出口商品展示交易中心。

区老干部参观重点工程

转型升级

“三金”名片 闪耀开福

产业转型创新发展取得新进展。金霞保税店开业，城北商业人气爆棚；湘欧快线常态化运行，打通湖南对接“一带一路”大通道；高岭商贸组团配套日益完善，中部首个“商贸产业生态圈”形成；医药健康产业园布局金霞。金融商务区日新月异，高端企业接连入驻，现代服务业成长迅速；金鹰文化区破茧而蝶，蓄势待发，开启浏阳河文化旅游产业带建设新篇章。

高岭国际商贸城

40家全国性和省级金融总部汇聚于开福区，让开福区呈现出气势恢宏的“特区”风貌。

湘欧国际货运班列

金霞经开区物流企业

2015年12月28日，长沙市滨江文化园开园。

盛大金禧国际金融中心建成并投入运营后，成为芙蓉中路金融生态区又一标志性建筑。

金霞保税物流中心

湖南健桥医药有限公司工作人员正在检测药品自动传送线

长沙新港码头

城市建管

“面子”挺美　“里子”挺实

现代都市名片呈现新风貌。208万平米违建“两年任务一年清”，长沙最大“城中村”朝正垸136万平米违建实现清零，53处“围而未建”地块整治完成，芙蓉路林荫大道北延10公里，福元西路添绿肺，城北入城口添绿12万平米，拆违让阳光进了楼道，也亮了百姓心情。

提质改造后的芙蓉路林荫大道

开福区洪山街道拆除福元东路旁一排约百米长的临时工棚。

毛家桥市场整治前后对比图

提质改造后芙蓉路新建的“长沙绿道”。

芙蓉路八一桥附近的银杏树开始逐渐泛黄，满眼嫩黄的一排排银杏树成为芙蓉路上一道独特的风景线，骑行的市民犹如穿行在金色大道。

区机关大院围墙拆除，还绿于民

人气旺盛的万达广场

下穿芙蓉北路和京广铁路的渔业路隧道全面贯通

福元路大桥通车

联合执法队在芙蓉北路拦停一辆违章渣土车

社会治理

真心为民 爱洒北城

民生改善取得新成就。网上计生温暖民心，“法治政府”建设树立标杆，156件民生账集中兑付，阳光棚改创造征拆长沙速度，“三区三体系”建设快马加鞭，开福居民群众的获得感日益增强。

开福区浏阳河街道“弘扬传统，感恩幸福”春节公益文化活动上，环卫工亮出长沙版“少放鞭炮”新年心愿卡。

“流动书吧·行走开福”（第四场）进家庭专场讲座

青竹湖湘一外国语学校阳光伙伴欢快跑

在“爱心驿站”，志愿者为环卫工递上了凉开水，空调为他们送清凉。

在开福区清水塘路社区–随处可见“红袖章”的身影

沙坪绣坊街成为复合型文化旅游街区

滨江休闲健身，市民神清气爽。

洪山街道社区卫生服务中心工作人员开展义诊

开福区网格化社会服务管理指挥中心忙碌的现场

望麓园街道工委与省妇幼保健院党委开展“支部对对碰、送绿进楼栋”共建活动，居民喜获精美盆栽。

第五届湖南艺术节“三湘群星奖”优秀节目巡演——开福社区专场

2015年4月28日，“活力开福·领跑三湘”2015年开福区全民健身节系列活动启动式暨“绿城青竹园”杯健康长跑比赛成功举行。

大城北起 载福前行

刘拥兵

“治天下者以史为鉴，治郡国者以志为鉴。”在党的十九大精神的引领下，由中共长沙市开福区委、区人民政府主办，区史志档案局编纂的《开福年鉴（2016）》创刊号即将出版面世，这是我区精神文明建设史上又一具有里程碑意义的文化战略精品，我谨代表区委、区政府向全体编纂人员及所有关心支持《开福年鉴（2016）》编辑出版的社会各界人士表示由衷的钦敬和谢意！

追忆往昔，峥嵘岁月。《开福年鉴（2016）》全面、真实、准确地记载了2015年我区各条战线、各项领域、各个方面所取得的辉煌业绩，记录了全区上下在区委、区政府的坚强领导下，按照“稳住、调优、进好”的要求，适应新常态、把握新常态、引领新常态，埋头苦干、真抓实干、务实肯干，主动化解诸多困难和挑战，实现跨越式发展的全过程，系统而又精炼地反映了我区经济建设和社会发展主要情况，是一份知名往来、运筹帷幄的重要地情地图，也是全区上下合力耕耘、共襄盛世的硕果和缩影。

修志编史，鉴往昭来。作为一项惠及当代、泽被子孙的千秋大业，史志工作历来被党和政府高度重视。全区各级各部门都要关心和支持地方志事业发展，也希望我区地方志编纂工作者继续发扬方志人精神，坚持志存高远、力学笃行、淡泊名利，做好后续一年一鉴工作，为当代提供资政辅治之参考，为后世留下堪存堪鉴之记述，使其充分发挥“存史、育人、资政”的重要作用。

展望明天，前景如画。当前，我区正高举习近平新时代中国特色社会主义思想伟大旗帜，围绕“升级发展，成就北富”的奋斗目标，持续推进有质效、有温度的“两有”发展，着力建设物质富裕、精神富有的“两富开福”，全力打造“强盛、精美、幸福、厚德”的现代都市新名片，发展事业蒸蒸日上，发展面貌日新月异，一幅富饶美丽幸福新开福的美好图景正在形成。让我们在区委、区政府的带领下，戮力同心，携手前行，共同谱写开福美好未来的新篇章！

值此《开福年鉴（2016）》创刊号问世之际寄语，是为序。

2017年11月19日

（作者系长沙市开福区人民政府区长）

目　录

特　裁　1

在区委四届二十次全体（扩大）会议暨经济工作会议上的讲话……1
开福区人民代表大会常务委员会工作报告……10
政府工作报告……14
政协长沙市开福区常务委员会工作报告……23

特　辑　30

开福区实施“史上最大规模拆违控违行动”……30
朝正垞片区（即鸭子铺片区）拆迁拆违工作纪实……33
“援建连心农家”活动纪实……36
打造“三金”名片，提质大城北……38

大事记　39

开福区概况　44

中共长沙市开福区委员会　50

重要会议……50
区委四届十六次全体（扩大）会议暨经济工作会议……51
区上半年经济形势分析暨半年度绩效考核工作讲评会……51
区委四届十九次全体（扩大）会议……52
区委办公室……53
概况……53
纪律检查与行政监察……55
概况……55
组织工作……57
概况……57
宣传工作……62
概况……62
开展“微理论·微宣讲”竞赛活动……64
开展“流动书吧”行走开福“读书”活动……64
获评省“三湘群星奖”……64
启动金鹰文化城项目建设……65
统战工作……65
概况……65
陕西省委统战部一行到开福区调研“同心社区”创建工作……67
台中银融资租赁（苏州）有限公司长沙分公司揭牌开幕……67
举行首届统战人士趣味运动会……67
江湾同心文化社区获全国首届新媒体时代统战工作研讨会推介……67
省委统战部部长黄兰香调研“四同创建”工作……67
政法……68
概况……68
机关党建……70
概况……70
机构编制……70
概况……70
老干部工作……71
概况……71
关心下一代工作……72
概况……72
史志档案……74
概况……74
举行《长沙史话》赠阅活动……75
开展部门史专题调研……75

开展基层档案员业务培训……75

党校……76

概况……76

信访……76

概况……76

长沙市开福区人大常委会 78

区四届人大常委会……78

工作机构……78

概况……78

市人大代表开福区联组听取和审议市“一府两院”2015年上半年工作通报……83

长沙市开福区人民政府 84

重要会议……84

区政府办公室……92

概况……92

民族宗教和外事、侨务……95

概况……95

美国澳宝红集团主席唐卓凡一行到区考察……96

开福区铁炉寺举行大殿落成暨佛像开光盛典……96

法制政府建设……97

概况……97

人事……99

概况……99

举办新年首场现场招聘会……100

全区办理首本职业介绍服务许可证……100

政务服务……101

概况……101

开展“雷锋家乡学雷锋，微笑服务进窗口”活动……102

机关事务管理……102

概况……102

完成区机关食堂功能提质改造……103

推进公共机构节能创新工作……103

信息化建设……103

概况……103

政协长沙市开福区委员会 105

区政协第四届委员会……105

工作机构……105

概况……105

人口资源环境委组织调研区棚户区改造……107

区政协经科委组织调研商贸市场建设及电商产业发展……107

社会团体 109

工会……109

概况……109

长沙市“农民工入会集中行动”暨工会网格化管理工作推进会召开……110

共青团……111

概况……111

团省委副书记罗琼调研基层团组织工作……112

全国首家“青年之声”实体化平台揭幕……113

妇联……113

概况……113

女大学生创业加油吧……116

开展最美家庭评选活动……116

“妇女儿童之家”参加市妇联赛品牌活动……116

开福区婚姻家庭调解委员会成立……116

残联……116

概况……116

副市长陈中到开福区残疾人综合服务中心调研残疾人工作……117

开福区残疾儿童康复中心成立……117

杨德才获评“全国志愿助残阳光教育”荣誉称号……117

工商联……118

概况……118

“2015金融服务园区行”银企对接会召开……118

民营企业家法律知识讲座开讲……119

清华大学“非公企业创新发展研修班”开班……119
举行“湖南知名企业开福行暨开福·同心发展论坛”活动……119
归侨侨眷……120
概况……120
区侨联“同心献力”系列活动之太极拳培训班正式开课……120
开福区涉外涉侨法律服务中心成立……120
区党外知识分子联谊会……120
概况……120
红十字会……121
概况……121

民主党派 122

民革开福区工委……122
民盟开福区工委……122
民建开福区工委……123
民进开福区工委……124
农工党开福区工委……124
致公党开福区工委……125
九三学社开福区工委……126

法治 127

公安……127
概况……127
“3·27”特大网络诈骗案告破……129
打掉微信销售假药案犯罪团伙……129
依法查处“0始天运”邪教刊物……129
检察……129
概况……129
区人大代表现场听庭评庭促规范执法……130
举行“检察开放日”活动……130
刑事庭审进院校……130
法院……131
概况……131
张虎等5位法官获最高法院授予的“荣誉天平奖章”……133
开福区首个中心法庭挂牌办公……133
司法行政……133
概况……133
区公共法律服务中心挂牌……134
特赦社区服刑人员……134
劳动仲裁……135
概况……135

国防 136

人民武装……136
概况……136
湘雅医院武装部挂牌……137
参加省“湘江-2015”国防动员演习……137
举行“2015年开福区大学生征兵启动仪式”……138
组织民兵参加“保护湘江母亲河”活动……138
消防……138
概况……138
人民防空……140
概况……140

农、林、水、牧、渔业 141

概况……141
区农林水利局整体搬迁……145
机构调整……145
汉回村被评为省级美丽乡村……145

工业与信息化建设 146

概况……146
举办“共享春风·农民朋友舞动人生”现场招聘会……147
南宁市委统战部一行到区中小微企业服务中心调研……147
省中小微企业经济发展运行监测示范点挂牌……147
携手企业专家，助力“新常态”……148
重点行业发展情况……148
企业选介……149

园区建设 151

长沙金霞经济开发区……151
概况……151
青竹湖生态科技（产业）园……152
概况……152
快乐购汽车电商项目落户青竹湖……153
举办“印象青竹湖”首届全国摄影大赛……154
长沙金霞保税物流中心……154
概况……154
长沙跨境贸易电子商务出口第一单上线测试成功……155
湖南跨境电子商务项目成功签约……156
金霞跨境保税直购体验中心启动运营……156

商贸·旅游 157

概况……157
举办新开福·新丝路”时尚嘉年华暨开福区消费节活动……159
沙坪绣坊街开街……159
浏阳河开福区段风光带开工建设……159
编辑印制《开福旅游手册》……159
重点旅游景点……159
楼宇经济……163
概况……163
成立楼宇综合服务站……164

财税·金融 165

财政……165
概况……165
地税……167
概况……167
金税三期上线……168
国税……169
概况……169
金融工作……170
概况……170
与中国建设银行湖南省分行续签全面战略合作备忘录……170
2015长沙金融服务节开幕式暨开福区银企对接会活动……171
开福区驻京招商工作对接会成功举行……171
金融机构……171

经济管理与监督 176

发展和改革……176
概况……176
工商行政管理……198
概况……198
质量技术监督……199
概况……199
为电梯安全保驾护航……201
安全生产……201
概况……201
食品药品监督……203
概况……203
统计……205
概况……205
国土资源管理……206
概况……206
审计……207
概况……207

交通·公路 209

交通·农村公路……209
概况……209
趸船综合整治……210
开展安全生产谈心对话活动……210
开展非法改拼装货运车辆突击整治行动……210
交通·城市交通管理……211
概况……211

李睿智勇夺业务技能大比武第一……212
优化交通组织，力保银盆岭大桥施工期间车畅人欢……212

城乡建设和管理 213

城市规划……213
概况……213
城乡建设……214
概况……214
136名被征收人喜选新家……216
组织开展建设工程质量安全现场观摩会……216
城市建设投资……216
概况……216
芙蓉北路提质改造项目完工……217
福元西路添“绿肺”……217
城市管理……218
概况……218
市容环境……219
概况……219
全省首个“智慧环卫”平台试运行……220
开福区环卫局在全市首次给1500名一线环卫工人配发冬装……221
开福区首批环卫“爱心驿站”启用……221
公共设施建设……221
概况……221
体育馆路人行道提质改造工程完工……222
区市政局对福元东路进行应急抢修……222
园林绿化……222
概况……222
园林专家来问诊……223
长沙首座立体绿化天桥亮相……223
征地工作……224
概况……224
棚户区改造……224
概况……224
城市管理综合执法……225
概况……225
“史上最大规模拆违控违行动”开启……226
创建日常市容管控“清水塘模式”……227
首推“社区建议”举措推进最严执法……227

环境保护 228

概况……228
开展环境保护百日攻坚行动……230
楚家湖水环境综合整治……230

社会管理和服务 231

民政……231
概况……231
卫生……233
概况……233
人口与计生……234
概况……234
疾病预防控制……235
概况……235
妇幼保健……236
概况……236
住房保障……237
概况……237
稳妥推进职工住房补贴……238
棚户区改造项目房源保障……238
社会保障管理……238
概况……238
医疗保险管理服务……239
概况……239
举办“人社进社区惠民在身边”大型户外公益活动……239
长沙市城乡居民大病保险实施方案颁布……239

教育·科技 240

教育 ······240
概况 ······240
中国教育学会教育教学改革成果展示
——长沙市开福区公民教育现场会召开 ······242
市第八届青少年机器人竞赛开赛······242
第四届中国小学校长大会在清水塘三小举行 ······243
学校介绍······243
科技·知识产权 ······247
概况 ······247
科普活动周启动······249
老年科技工作者协会成员服务“三农” ······249

文化·体育 253

概况 ······253
“活力开福·领跑三湘”全民健身节活动启动······256
“欢乐潇湘 品质长沙”第十二届“湘江韵律”广场文化暨校园文化进社区文化活动节目展演举行······256
群众美术、书法、摄影作品展览进机关 ······256
“书香开福·幸福北城”全民阅读活动启幕
“互联网+读书”阅读更便捷 ······256
第五届湖南艺术节“三湘群星奖”优秀作品
巡演（社区专场）开演······256

街道 257

望麓园街道办事处······257
概况 ······257
李万通部长调研“同心科普社区” ······258
段林毅厅长视察营盘街社区残疾人服务大楼 ······259
清水塘街道办事处······259
概况 ······259
王宁副部长视察炮后街“有机棚改” ······261
打造“社会主义核心价值观”廉政文化园 ······261
获评首批城市管理示范街道······261
成立楼宇经济工作服务站······261
湘雅路街道办事处 ······262
概况 ······262
成功处置地铁1号线施工灾情······263
开展“暖心驿站”送温暖活动······263
开展“导航青春点靓湘雅”活动······263
伍家岭街道办事处 ······264
概况 ······264
举办“幸福社区节” ······265
新河街道办事处 ······266
概况 ······266
承办“中国梦·福汇新河”长沙市第二届琼花艺术节 ······268
政协委员进社区名家会演唱响“幸福新河” ······268
市人大常委会主任会议成员调研开福寺建设 ······268
东风路街道办事处 ······268
概况 ······268
易炼红调研王家垅社区党建工作······270
举行“爱心驿站”授牌仪式······270
举办“点赞最美公益家庭”活动······270
通泰街街道办事处 ······270
概况 ······271
推选服务群众“五彩桥”项目······272
举办社区寿星文化艺术节······273
长沙首个社区综合服务中心成立······273
召开“城管示范街道”推进大会······273
市委书记易炼红调研指导通泰街街道城市管理工作 ······273
四方坪街道办事处 ······274
概况 ······274
国家卫生计生委副主任崔丽考察H7N9流感防控工作······275
举办失地农民招聘会······275
成立“同心环保先导站” ······276
芙蓉北路街道办事处······276
概况 ······276
打造“五零”街道······277
区委书记廖建华调研街道经济社会发展 ······277
芙蓉北路街道商会成立······278

创新“江湾模式” ……278
洪山街道办事处 ……278
概况 ……278
朝正垸拆迁拆违工作刷新纪录……280
“世界文化名地”唱响未来……280
举办“5·29”计生协会活动周……280
洪雅社区揭牌成立 ……280
月湖街道办事处 ……281
概况 ……281
市政府办公厅在鸭子铺社区开展“结对认亲、排忧解难”一对一帮扶活动……283
徐守盛视察朝正垸片区拆违控违和城中村改造工作 ……283
万家丽高架快速路正式通车……283
长沙市首届心理游戏节在马栏山小学举行 ……283
浏阳河街道办事处 ……284
概况 ……284
浏阳河街道商会成立……285
易炼红调研福元路沿线拆违复绿工作 ……286
渔业路一期主线、滨河南路通车……286
开福区首家民办街道社区卫生服务中心成立 ……286
秀峰街道办事处 ……286
概况 ……287
高岭国际商贸城项目介绍……288
长沙市六水厂开建……289
捞刀河街道办事处 ……289
概况 ……289
启动“史上最大规模拆违行动” ……290
构建“支书+队伍+示范”党建新格局 ……291
项目建设彰显成效……291
沙坪街道办事处 ……291
概况 ……291
2015“相约长沙最美乡村”活动在沙坪绣坊街启动 ……293
湖南首个湘绣文化旅游景区落成 ……294
长沙传化智能公路港项目正式开工……294
市民间手工女艺人协会成立……294
青竹湖街道办事处 ……294
概况 ……294
青竹湖街道挂牌成立……297

文件选编 298

关于2015年财政预算执行情况和2016年财政预算（草案）的报告……298
关于进一步加强生态环境保护工作的意见 ……303
长沙市开福区人民政府职能转变和机构改革方案的实施意见 ……307
开福区财税目标管理考核办法……314
开福区街镇财政财务目标管理考核表……318
关于取消非行政许可审批事项的决定……322
关于印发长沙市机关事业单位工作人员养老保险制度改革实施方案 ……325

报刊摘登 329

构建湖南开放型经济新格局 打造“一带一部”核心增长极 ……329
长沙金融生态区：助力打造区域金融中心 ……331
金鹰文化区：打造文化产业地标……333
长沙：商贸物流崛起中部正当时……334
“海淘”需求强劲湖南打造跨境贸易电商新平台……336
开福区财政收入首破100亿……337
湖南首家保税店开业 商品低于市场价30%……338
打开湘欧直接贸易大门……339
领跑三湘 北城开启新篇章……340

经济社会统计资料 342

开福区2015年国民经济和社会发展状况……342

彩页目录 1

转型升级 ……7
城市建管 ……11
社会治理 ……15

Contents

Special Publication 1

Special Issue 30

Record of Events 39

A Survey of KaiFu 44

KaiFu CPC Committee 50

KaiFu District Office ········ 53
KaiFu Discipline Inspection Committee ········ 55
Organizational Work ········ 57
Propaganda Work ········ 62
United Front Work ········ 65
Political and Legal ········ 68
The Working Committee Directly Under the Country ········ 70
Institution Organization Work ········ 70
Veteran Cadres Work ········ 71
Care About Future Generation ········ 71
CPC History & Local Records ········ 74
The KaiFu Communist Party School ········ 76
Complaint Letters Management ········ 76

KaiFu People's Congress 78

Government 84

District Government Office ········ 92
Ethnic Religions and Overseas Chinese Affairs ········ 95
Legal Work of the Government ········ 97
Personnel Work ········ 99
Government Service ········ 101
Administrative Affairs ········ 102
Information Construction ········ 103

KaiFu CPPCC Committee 105

Social Organizations 109

The Labor Union ········ 109
Communist Youth Legue ········ 111
Women's Federation ········ 113
Disabled Person's Federation ········ 116
FederationIof Industry and Commerce ········ 118
Returned Overseas Chinese ········ 120
The Fellowship of the Non Party Intellectuals ········ 120
The RCSC ········ 121

Democratic Party 122

Rule of Law 127

Public Security ······ 127
Procuratorial ······ 129
Court ······ 131
Judicial Administration ······ 132
Labour Arbitration ······ 135

Local Military 136

People's Armed Forces ······ 136
Fire ······ 139
People'Air Defense ······ 140

Agriculture 141

Industry 146

Summary ······ 146
Industrial Management ······ 149
Development Status of key Industries ······ 149
Industrial Investment ······ 149

Park Area 151

JingXia Economic Development Zone ······ 151
Qingzhuhu Ecologicai Science and Technology Industrial Park ······ 152
JinXia Bonded Logistics Center ······ 154

Commerce Tourism 157

Trade and Business ······ 159
Tourism ······ 159
Introduction of key Tourist Attractions ······ 159
Building Economy ······ 163

Finance and Taxation 165

Finance ······ 165
The Local Taxation ······ 167
National Taxation ······ 169
Finance Center Office ······ 170
Banking Introdution ······ 171

Economic Management & Supervision 176

Development and Reform ······ 176
Industry and Commerce Administration ······ 198
Quality and Technical Supervision ······ 199
Safe–Production Supervision ······ 201
Food and Medicine Supervision ······ 203
Statistics Management ······ 205
Land Management ······ 206
Auditing ······ 207

Traffic 209

Transportation Comprehensive Inspection ······ 209
Rural Highway Management ······ 209
City Road Management ······ 211

Urban and Ruralconstruction and Management 213

City Planning ······ 213
Urban–Rural Construction ······ 214
Urban Construction Investment ······ 216
Urban Construction ······ 218

Sanitation Mangament ······ 219
Urban Public Facilities Construction and Mangament ··· 221
Urban Greening and Management ······ 222
Land Acquisition Work ······ 224
Shanty Tow Transformation ······ 224
Urban Management of Public Security ······ 225
Comprehensive Law Enforcement of Urban Management ······ 225

Environmental Management 228

Ecological Protection ······ 228
Environmental Governance ······ 230

Society Management and Service 231

Civil Administration ······ 231
Health & Population & Family Planning ······ 234
Disease Prevention and Control ······ 235
Women and children Health Care ······ 236
Housing Security ······ 237
Social Security ······ 238
Medical Security ······ 239

Education & Science and Technology 240

Education Management ······ 240
School Introduction ······ 243

Science and Technology Management 247

Intellectual Property ······ 247

Culture & P · E 253

District 257

WangLuYuan District ······ 257
QingShuiTang District ······ 259
XiangYaLu District ······ 262
WuJiaLing District ······ 264
XinHe District ······ 266
DongFenLu District ······ 268
TongTaiJie District ······ 270
SiFangPing District ······ 274
FURongBeiLu District ······ 276
HongShan District ······ 278
YueHu District ······ 281
LiuYangHe District ······ 284
XiuFen District ······ 286
LaoDaoHe District ······ 289
ShaPing District ······ 291
QingZhuHu District ······ 294

Selected Documents 298

Newspaper Excerpts 329

Statistics 342

Color Page Directory

特 载

围绕两个率先　加快建成五区
奋力开创“十三五”发展新篇章

——在区委四届二十次全体（扩大）会议暨经济工作会议上的讲话

中共开福区委书记　廖建华

（2016年1月5日）

一、奋战2015，实现“十二五”发展圆满收官

刚刚过去的2015年，是特别不容易、特别有收获、特别值得铭记的一年。面对宏观环境偏紧多变、经济下行压力加大、复杂因素相互交织的不利情况，区委常委会坚持以“四个全面”战略布局为统揽，主动适应、积极引领经济发展新常态，大步践行“六个走在前列”，围绕实现“两个率先”，总揽全局、协调各方、务实进取，推动各项工作在“十二五”实现圆满收官。

1.经济发展再创新高。一年来，我们以“三金”片区为重点，致力于打造经济发展升级版，交出了新常态下“调速不减势、量增质更优”的发展新答卷。从经济总量看，预计实现地区生产总值735亿元，同比增长10.8%，高出省市平均水平1~2个百分点；完成固定资产投资668亿元，同比增长17%；实现社会消费品零售总额659亿元，同比增长12.5%。从发展质量看，完成地方财政总收入120亿元，增长12%；特别是税收收入迈上100亿元台阶，成为内五区首个税收收入过百亿元的区。做强金霞经开区。大力推进产业配套、产业招商、产城融合，一批大项目实现集中开工、竣工、开业，湖南跨境电商试点园区挂牌运行，传化智能公路港开工建设，高岭国际商贸城一期、跨境电子商务监管中心、进出口商品展示交易中心、快乐购芒果汽车开业运营，长沙医药健康产业园一期建成交房，中民筑友、三新住工竣工投产。提质金融商务区。推进高端商务楼宇建设和美化亮化，加强对楼宇“二次招商”的引导、管理和服务，提高楼宇招商质效，新引进入驻省级金融机构区域总部9家，全国性或省级金融总部已集聚到41家。建设金鹰文化城。强力推进金鹰湾（朝正垸）片区城中村改造，实现拆迁200余公顷，拆除违法建筑130余万平方米。积极支持湖南广电现代化节目生产基地建设，该项目将建成集6个演播厅、1个美术馆、1个新媒体数据中心、多个节目创作工作室于一体的开放式现代化文化创意产业园。

2.城市提质亮点纷呈。一年来，我们以三大行动为抓手，致力于打造城区品质升级版，建设“宜居宜业、精致精美、人见人爱”的品质开福，取得令人欣喜的明显变化。坚持拆违与建管同步，落实拆违控违行动。开展“史上最大规模拆违控违行动”，拆除违法建筑221万平方米，实现“两年任务一年完成”。注重以拆促建、以拆促管，实施拆违还路、拆违治脏、拆违增绿，统筹推进“三年造绿大行动”，完成80处366.67公顷“围而未建”地块整治，新增绿地面积446.67余公顷，新建停车场29处，新增停车位6850个。坚持面子与里子并重，实施提质改造行动。完成芙蓉北路、福元路、北二环等道路路面和绿化提质工程，提质改造老旧社区5个，建成社区公园4个，修复路面72万平方米，疏浚各类排水管沟63万米，改造老旧化粪池83处。坚持惩处与引导结合，推进最严执法行动。深化文明创建、最严城市管理、清洁城市行动，率先实现餐厨垃圾集中处理全覆盖，建成全省首个智慧环卫监督指挥调度平台，城市清洁度、文明程度进一步提升。推进清霾工程，51家混凝土搅拌场全部关停拆除或提质改造。

3.项目建设强力推进。一年来，我们以项目实绩论英雄，致力于打造项目建设升级版，有效促进稳增长、调结构、惠民生。投资进度超额完成。全年铺排122个重大项目，投资额达238亿元；其中，纳入市重大项目58个完成投资114.3亿元（年计划投资102亿元），投资完成率达112%，33个新建项目全部开工。在年底全市项目观摩市领导现场打分中名列内五区第一。征收拆迁成效显著。推进黄兴北路三期、火车北站二期、炮后街、开福寺周边等片区棚改征收，启动潮宗街历史文化街区建设，成功争取将6个项目纳入统贷平台获得国开行授信74.6亿元，完成棚改签约3660余户，大幅超出省定1500户、市定2800户的考核任务。实施农村集体土地拆迁项目43个583.33公顷，实现腾地373.33公顷。招商质效不断提升。加大招商力度，创新招商方式，在北京、上海、深圳设立招商工作组，更加注重主动招商、定点招商、平台招商、以商招商，签约引进重点产业项目20个110亿元，其中投资过10亿元项目3个。

4.深化改革务实有为。一年来，我们以释放活力为导向，致力于推动全面深化改革落地见效，在关键之年彰显关键之为，9大类46项改革任务基本完成。全面落实规定动作。深化行政审批制度改革，推进政府职能转变和机构改革，出台政府权力清单、责任清单；深化商事制度改革，新增私营企业3800户，全区各类企业达15500余户；圆满完成乡镇区划调整，有序推进社区区划调整和并村工作。积极探索自主创新。推进投融资体制改革，设立产业发展引导基金，制定跨境电商、金融产业、创客空间等产业发展政策；园区管理体制、城市管理体制、政府法律顾问制度等改革走在省市前列。有效推进改革试点。全国社区治理和服务创新实验区建设、跨境电子商务试点工作有效推进。9个改革专项小组结合实际创造性地推动改革落地见效，取得各具特色的良好成效。

5.民生改善全面进步。一年来，我们以共建共享为目标，致力于回应人民群众对美好生活的殷切期盼，投入民生资金48.8亿元，同比增长25.4%，占公共财政预算支出的86.7%。社会保障体系扩面提质。率先全市实行城乡低保“同城同保”，养老保险、医疗保险全面覆盖。组织区直机关开展援建帮扶，投入180万元完成危房改造33户，全面消除绝对贫困。突出抓拆迁安置，启动农民安置房建设6个项目160万平方米。建设就业现代化强区，城镇登记失业率控制在2.3%。社会事业发展开启新篇。启动教育现代化强区建设，实施学校建设“三年行动计划”和“美丽校园”创建活动，计划通过3年时间新建或改扩建学校22所，新增优质学位2.3万余个，有效解决“大班额”“择校热”问题，2015年已启动建设小学5所、建成1所。加快医疗现代化强区建设，支持湘雅医院国际医疗中心、省妇幼新住院大楼、市一医院和湖南中医附二医院新医疗大楼建设，全区40个村卫生室全部完成标准化建设。推进公共文化服务标准化试点工作，文化阵地和体育设施更加完善。深化计生优质服务，计生工作继续保持省优。社会大局保持安定和谐。大力倡导“抓发展是建功、化解遗留问题也是政绩”的理念，化解征拆遗留问题26户，办理房产证1.3万户，进京非访登记人次同比下降58.7%。紧抓安全生产不放松，全区未发生较大以上安全事故，继续保持全省“平安区县”称号。

6.党的建设不断加强。一年来，我们以从严从实为要求，致力于推进全面从严治党，聚焦主责主业，政治生态更加风清气正、山清水秀。以“三严三实”提振精气神。开展集中研讨，坚持典型引路，注重在项目建设、拆违拆迁第一线践行“三严三实”，充分展示了开福党员干部敢打硬仗、善打胜仗的担当与作为。以“三重三用”强化正导向。落实“好干部”标准和市委“六用六不用”用人标准，坚持“重德才、重实干、重担当，用良德之人、用能干之人、用清廉之人”的“三重三用”导向，营造了干事创业的浓厚氛围。以“三基十化”加强基层党建。出台《关于加强和改进基层党的建设的意见》等“1+6”配套文件，实施党建创新“书记项目”，强化队伍建设、阵地建设和经费保障，基层党组织的凝聚力、战斗力有效提升。以“两个责任”推进党风廉政建设。坚决落实党委主体责任和纪委监督责任，把纪律和规矩挺在前面，严抓教育、监督、管理、惩处，党员干部守纪律、讲规矩、反“四风”的自觉性明显提升，党风政风进一步改善。同时，区委常委会十分重视武装、统战和群团等工作，积极支持区人大加强法律监督、区政协开展协商活动，全区上下凝心聚力、攻坚创业，各项工作干在实处、走在前列。

经济社会的发展进步，不仅鼓舞了全区干部群众奋发进取的信心和士气，更提升了开福的形象和人气。一年来，各级领导、新闻媒体、市民群众对开福的关注度、认可度和赞赏度越来越高，开福赢得的关心、鼓励和支持越来越多。省委常委、市委书记易炼红2015年11月9日到我区专题调研指导时，对我区拆违攻坚、产业升级、城市提质、民生改善等一系列工作成效，给予了“很高兴、很振奋”的高度肯定，对我区今后发展提出了更高要求和更多期望。在中国社科院发布的《中国中小城市发展报告（2015）》绿皮书中，开福获评全国综合实力百强市辖区第37名、最具投资潜力百强市辖区第18名、新型城镇化质量百强市辖区第16名，这三个排名都是排在湖南省市辖区首位。成绩的取得，得益于省市党委、政府的正确领导，得益于四大家班子的精诚协作，得益于全区干部群众的团结奋斗。在此，我谨代表区委常委会，向全区广大干部群众，致以崇高的敬意。

成绩来之不易，经验弥足珍贵。回顾奋斗历程，有三点体会尤为深刻：第一，团结就是力量。“人心齐，泰山移”。为推进开福的致强崛起、跨越赶超，我们充分发挥党委总揽全局、协调各方的核心作用，区四大家班子坚持重大决策统一协商、中心任务统一安排、工作推进统一步调，心往一处想、劲往一处使，全体县级领导不分一线二线，都在“火线”“前线”，全区干部群众团结拼搏、克难奋进，展示了科学谋事、激情干事、团结共事的开福力量。第二，项目推动发展。有项目才有活力，有项目才有后劲，有项目才有底气。一个重量级项目可以支撑一个产业，一个标志性项目可以改变一个地区。我们紧紧抓住项目建设这个“牛鼻子”，一门心思抓项目、一往无前推项目、一鼓作气建项目，为经济社会发展注入了强劲动力。第三，实干决定成败。干事创业最怕“等、慢、拖”，最忌“假、大、空”，最好的办法、唯一的捷径，就是重实干、出实招、求实效。我们之所以能够在拆迁拆违、项目建设、城市提质、民生实事、遗留问题化解等方面有成绩、出成果，归根结底就是坚持“实干、实干、再实干”。这些体会，既是我们过去成功的经验，更是我们今后前进的法宝，必须继续保持、大力弘扬。

在总结成绩的同时，我们也清醒地看到存在的问题和不足：一是经济下行压力较大，主导产业、特色产业的竞争力不够强。二是背街小巷、农安小区、农村片区的环境整治管理需要纵深推进。三是交通拥堵、环境污染等“城市病”治理任务较重。四是基层治理和安全维稳的压力仍然较大。五是党风廉政建设和基层党建工作有待进一步加强；等等。今后，区委常委会将聚焦问题、强化举措、担当责任，进一步提升领导和推动全区发展的能力和成效。

二、科学研判谋划，开创“十三五”发展全新格局

“十三五”时期，既是经济发展在新常态下速度变化、结构优化、动力转换的转型期，也是开福率先建成全面小康率先实现基本现代化的关键期。我们要有见微知著的敏锐、登高望远的视野和审时度势的胸怀，科学研判，提升思路，奋发作为。

1.要从形势判断上坚定信心，抓住用好重大机遇。展望“十三五”，开福发展面临的挑战和风险增多、困难和压力增大，但机遇同样前所未有，发展的机遇稍纵即逝，我们必须敏锐把握、紧紧抓住。一是要善于从区位优势的提升中捕捉机遇。发展地位决定发展格局，发展格局决定发展空间。国家“一带一路”①战略的推进，湖南“一带一部”②战略的新定位，长沙打造“一区一廊”（湘江新区、东部开放型经济走廊）“双引擎”和创新高地、开放高地“双高地”战略的实施，将进一步提升开福作为省会中心城区和省市开放门户的双重区位优势，有利于在更大空间、更广范围配置资源，对内对外全方位集聚人流、物流、资金流、信息流。二是要善于从城市工作的提质中捕捉机遇。中央在时隔37年后再次召开城市工作会议，这是城市工作提速提质的重大信号，预示着城市作为全面建成小康和加快实现现代化的“火车头”地位进一步彰显。会议特别强调，力争到2020年基本完成现有棚户区、城中村和危房改造。这是开福推进老城区提质改造和新城区开发建设的重大契机。三是要善于从经济领域的变革中捕捉机遇。新常态孕育着新变革，特别是基于大数据、云计算、物联网的服务应用和创新日益活跃，新技术、新产品、新业态、新模式不断涌现。结构性改革也蕴含着做“加法”、做“乘法”、做增量的重大机遇。我们只有主动求新求变，才能推进开福更好更快发展。

2.要从发展理念上全面提升，更加注重质量效益。创新、协调、绿色、开放、共享五大发展理念，是十八届五中全会精神的灵魂和主线。习近平总书记强调，发展理念是发展行动的先导，是管全局、管根本、管方向、管长远的东西，是发展思路、发展方向、发展着力点的集中体现。开福与发达地区、先进城区的最大差距，是理念上的差距。以新理念引领“十三五”发展，要作为一以贯之的重要遵循。一是要以发展为第一要务。推进五大发展，发展仍然是核心要义。开福要实现“两个率先”，必须有实实在在的发展作支撑，保持中高速增长。要坚定不移地把发展摆在高于一切、重于一切的位置，这个中心始终不能偏移。二是要以提高发展质量和效益为目标。坚持五大发展，根本在于提高发展质量和效益。我们要落实到具体工作、具体政策、具体项目上，提升全要素生产率，做到投资有目标、产品有市场、企业有利润、员工有收入、政府有税收、环境有改善。三是要以强化发展动力为支撑。创新强，开福强。要把创新作为驱动发展的引擎，在科技创新、文化创新、金融创新、制度创新、管理创新上全面发力。要通过打造创新平台、创新机制、创新要素相结合的“创新链”，培育更多具有自主知识产权、拥有市场核心竞争力、享有行业话语权的创新型企业。四是要以优化发展环境为保障。既要优化发展“硬环境”，完善基础设施，提升城市功能；又要优化软环境，转变政府职能，提高行政效能，打造“制度创新高地、优质服务高地、投资创业高地”。五是要以提高群众获得感为根本。强化以人民为中心的发展思想，千方百计增进民生福祉，维护公平正义，促进人的全面发展，让开福人民在共建共享发展中有更多更好的获得感。

3.要从提升标杆上彰显作为，切实担当发展使命。“十三五”时期是开福在新常态下实现新跨越的时期，到2020年，经济总量要跨过1000亿元大关，财政总收入要迈上200亿元新台阶。总的发展目标是实现“两个率先”：率先建成全面小康、率先实现基本现代化。中央提出到2020年要全面建成小康社会，省委、省政府对长沙发展明确提出率先建成全面小康加快实现基本现代化的要求。实现“两个率先”，是落实中央和省市部署的具体举措，是推动开福转型升级发展的现实要求，是顺应人民群众热切期盼的实际行动。总的发展定位是加快建成“五区”：创新创业活力区、现代产业集聚区、对外开放引领区、城市品质样板区、文明幸福宜居区。建成创新创业活力区，就是要让一切劳动、知识、技术、管理、资本的活力在开福竞相迸发，打造创新高地、创业乐土、创客天堂。建成现代产业集聚区，就是要大力发展金融商务、物流商贸、文化创意三大特色支柱产业，改造提

---

① 一带一路：即丝绸之路经济带和21世纪海上丝绸之路。

② 一带一部：即湖南为“东部沿海地区和中西部地区过渡带、长江开放经济带和沿海开放经济带接合部”。

质都市工业，培育发展新兴产业，打造湖南金融商务中心、中部物流商贸中心、全国文化创意中心。建成对外开放引领区，就是要依托临港、临铁、保税等平台，建成“铁水公”联运体系，畅通大通道，推进大通关，发展大外贸，充分发挥省市对外开放的桥头堡作用。建成城市品质样板区，就是要全面提升规划、建设、管理水平，打造“宜居宜业、精致精美、人见人爱”的品质开福。建成文明幸福宜居区，就是要进一步提升民生股实感、舒适感、安全感、愉悦感，让开福成为人民群众的幸福家园。

4.要从战略重点上集中发力，不断强化发展支撑。“十三五”时期，开福要在引领新常态上更有作为，必须在战略重点上集中发力，既要放大比较优势，又要补齐发展短板，把发展基础打得更牢，使发展后劲变得更足。一是要扬特色优势。立足优势谋划发展，发挥优势集聚能量，释放优势激发活力，有效将开福的区位优势、资源优势、平台优势转化为开放优势、产业优势、发展优势，充分释放临港、临铁、保税、文化、医疗、生态等独特资源优势和发展潜能，把优势做优、强项做强、特色做特，提升开福发展的核心竞争力。二是要补发展短板。对照“两个率先”的目标任务，开福的主要差距在城市品质和产业结构不够优，城市品质不够优主要体现在老城区棚户区较多和城郊接合部脏乱差现象比较严重，产业结构不够优主要体现在智慧型产业和开放型产业所占比例较低。要把拉长补齐“城市品质、产业结构”两块短板作为“十三五”发展的重中之重，坚持目标导向、问题导向、政策导向有效对接，以中央城市工作会议召开和中央、省市大力推进棚户区改造、深入推进“互联网+”行动为契机，积极对接，借势借力，提高城市品质，优化产业结构，使开福发展更加均衡、更加协调。三是要促项目集聚。现在是一个项目时代。看发展首先看项目，抓工作首先抓项目，论能力首先论项目。推进五大发展，每个方面都需要项目支撑，而且要确保项目的质量高、附加值高、带动力强。要把“十三五”发展的目标任务细化、实化为项目清单，编制好项目库。

三、引领新常态，谱写“十三五”发展精彩开局

2016年是“十三五”的开局之年，也是推进结构性改革的攻坚之年。中央、省委、市委经济工作会议，明确了一系列新理念、新要求、新举措。我们要认真学习、深刻领会，做到认识深一层、适应快一步、引领高一招，以思想认识的领先、创新实践的争先，推进发展的率先，实现“十三五”发展良好开局。

（一）要深刻领会上级精神，坚定引领新常态的思想自觉。经济发展新常态，是当前和今后一个时期最鲜明的特征、最重要的形势、最大的逻辑。科学谋划和推进开福“十三五”开局之年的发展，关键要把握好这个大势，切实解决“怎么看”和“怎么干”的问题。一是要把握工作重点的新变化。习近平总书记对引领新常态、实现多方面工作重点的转变作了重点论述，提出了“十个更加注重”，即推动经济发展，要更加注重提高发展质量和效益；稳定经济增长，要更加注重供给侧结构性改革；实施宏观调控，要更加注重引导市场行为和社会心理预期；调整产业结构，要更加注重加减乘除并举；推进城镇化，要更加注重以人为核心；促进区域发展，要更加注重人口经济和资源环境空间均衡；保护生态环境，要更加注重促进形成绿色生产方式和消费方式；保障改善民生，要更加注重对特定人群特殊困难的精准帮扶；进行资源配置，要更加注重使市场在资源配置中起决定性作用；扩大对外开放，要更加注重推进高水平双向开放。在中央城市工作会议上，习近平总书记提出了“一个尊重五个统筹”的城市工作要求，即尊重城市发展规律；统筹空间、规模、产业三大结构，提高城市工作全局性；统筹规划、建设、管理三大环节，提高城市工作的系统性；统筹改革、科技、文化三大动力，提高城市发展持续性；统筹生产、生活、生态三大布局，提高城市发展的宜居性；统筹政府、社会、市民三大主体，提高各方推动城市发展的积极性。我们要以“十个更加注重”和“一个尊重五个统筹”作为抓经济工作和城市工作的重要原则和基本遵循，结合区情实际落实好。二是要把握政策导向的新内涵。中央经济工作会议提出了五大政策支柱，即宏观政策要稳、产业政策要准、微观政策要活、改革政策要实、社会政策要托底。这些政策都是奔着问题去的，体现了推进结构性改革战略上抢制高点、打持久战的思想。我们要读懂其中的信号、内涵和要义，认真学习、研究、对接，确保在开福形成政策落地的叠加效应、乘数效应。三是要把握发展任务的新要求。对于

2016年的经济工作，中央突出了结构性改革的“五大任务”，即去产能、去库存、去杠杆、降成本、补短板。结合我区发展实际，重点要抓好“一去”：去房地产库存，“一降”：降企业成本，“两补”：补城市品质和产业结构两块短板。

（二）要注重把握总体要求，明确引领新常态的发展目标。2016年全区工作的总体要求是：全面贯彻党的十八大和十八届三中、四中、五中全会精神，按照“五位一体”总体布局和“四个全面”战略布局，牢固树立和贯彻落实创新、协调、绿色、开放、共享的发展理念，主动适应、积极引领经济发展新常态，围绕实现“两个率先”的总目标、加快建成“五区”的总定位，着力发展特色化产业、建设优质化项目、打造高品质城区、攻坚结构性改革、办好获得感实事，努力实现“十三五”精彩开局。

2016年经济工作的基本基调仍然是“稳住、进好、调优”。“稳住”，就是要稳投资、稳供需、稳就业，保持主要经济指标增速继续高于省市平均水平。“进好”，就是要在供给侧、需求侧两端发力，推进结构性改革，发展特色化产业，建设优质化项目，增强经济发展的动力与活力。“调优”，就是要打好降成本、补短板、优治理等组合拳，进一步提升产业层次、城市品质和环境质量，推动转型升级取得更大突破。区委考虑，2016年经济增长的预期目标为10.5%左右，财政总收入增长11%左右，社会消费品零售总额增长13%左右，固定资产投资增长16%左右，城镇居民人均可支配收入增长10%左右。

上述目标的确定，既把握了经济发展新常态的基本规律，又结合了开福发展的阶段性特点；既体现了省会中心城区走在前列的责任担当，又兼顾了“十三五”时期的总体目标，是十分必要、切实可行的。主要基于以下四个方面的考虑：一是与中央和省市的部署要求相衔接。对2016年经济增长的预期目标，中央提出的是6.5%~7%，省委提出的是8.5%左右，市委提出的是9.5%左右。开福近年来经济增速一直保持高于省市平均水平1~2个百分点，提出10.5%左右的增长目标，符合省委、市委对省会中心城区的发展要求。二是与我区“十三五”规划目标相匹配。实现“十三五”时期“两个率先”目标，经济总量要跨过1000亿元大关，财政收入要迈上200亿元新台阶，我们的年均增速必须保持在两位数，考虑到2016年是“十三五”开局之年，既需要提振信心、鼓舞士气，也需要为今后四年的发展留足空间和余地，这样的增长目标是合适的。三是与保持中高速增长规律相符合。新常态下，经济增长调速换挡，从高速增长转为中高速增长，这是经济发展的必然规律。我们提出10.5%左右的目标，符合新常态下经济发展的客观规律，符合开福近年来的发展走势，既考虑了需要，也考虑了可能，能够给社会和市场一个稳定的预期。四是与发展基础和增长潜力相吻合。经过“十二五”的发展，开福的产业基础更好、产业结构更优，城市的吸纳力、辐射力更强，金融商务区、金霞经开区、金鹰文化城正加快崛起，金融商务业、物流商贸业、文化创意业对区域经济增长贡献度不断提升。特别是近两年来一批大项目、好项目、新项目陆续开工开业，产能将逐步释放。实现10.5%左右的增长目标，完全有基础、有条件、有支撑。

（三）要高度聚焦工作重点，交出引领新常态的优秀答卷。牢牢抓住产业升级、项目建设、城市建管、深化改革、民生改善等工作重点，确保精准有效发力。

1.着力发展特色化产业。坚持“特色化、高端化、集聚化”发展，做好产业的“加法”和“乘法”，促特色产业壮大，让传统产业提质，使新兴产业倍增。一是要做强优势产业。加快金融商务区、金霞经开区、金鹰文化城三大片区的开发建设，重点打造金融商务、物流商贸、文化创意三大优势产业集群。金融商务方面，重点要抓好老火车北站、黄兴北路片区的地块招商和商务楼宇建设，加强楼宇“二次招商”，推进低端楼宇腾笼换鸟；抓住省市关于补齐金融经济短板的机遇，大力发展新型金融，促进更多的金融类机构向金融商务区聚集。物流商贸方面，重点要推进金霞物流园、传化智能公路港、深国际现代物流港等大型物流平台的建设，引进和培育营业收入过亿元的大型物流企业15家以上。推进高岭国际商贸城二期建设和进出口商品展示交易中心建设，提高入驻企业的质量和数量。文化产业方面，重点要推进金鹰文化城建设，大力招引战略投资者，规划发展商务会展、文化创意、影视传媒等文创产业，打造立足长沙、影响湖南、辐射全国的文化产业旗舰。要以滨江文化园开园为契机，推进北辰文化创意产业园建设。二是要做实开放型经济。要打通大开放通道，加快建设保税中心与火车新北站、长沙新港、传化公路港之间互联互通的保税货运专用通道，实现“三港互通、多式联运、无缝对接”；支持“五定班轮”“五定班列”和“湘欧快线”[③]优化运营，提高金霞物流吞吐能力，为湖南对外经贸合作提供有力支撑。要搭建大开放平台，尽快启动保税中心二期征拆，加快跨境电商监管中心建设，抓紧申报跨境电商综合试验区，积极推动霞凝铁路一级口岸申报工作，打造集外贸企业总部、进出口商品展示交易和仓储分拨等多种业态于一体的外贸产业综合服务平台。要培育大开放产业，推进跨境电商试点，年内引进入驻全国知名电商企业10家以上，确保湖南进出口商品展示交易中心全面建成运营，用5年左右的时间在城北崛起一座“百亿元”跨境电商产业城。三是要做大新兴产业。深入实施“互联网+”行动计划，推进产业组织、商业模式创新，培育发展新产业、新业态、新模式。鼓励发展众创、众包、众扶、众筹[④]，扶持发展一批科技企业孵化器、示范众创空间。依托区内优质的医疗卫生资源、生态资源，加快医药健康产业园建设，积极发展康养产业。推进中民筑友建筑工业化产业园建设，引领建筑业发展方向。

2.着力建设优质化项目。要推动项目建设规模和体量更大、质量和效益更高，2016年计划铺排重大项目150个，投资额233.8亿元。一是要全力以赴抓项目。要在项目储备、项目审批、项目推进中形成快人一拍的速度，做到向上对接快、手续办理快、开工建设快。城市棚改征收方面，要继续争取棚改专项资金，加快推进伍家岭片区、德雅路片区、潮宗街片区、汽电地块等棚改项目，完成棚改征收3600户以上，为城市提质和产业发展腾出更大空间。农村集体土地拆迁方面，要新启动项目拆迁400公顷以上，续拆项目要在上半年全部完成扫尾，重点要推进金霞片区项目拆迁、金鹰片区浏阳河区域拆迁和“两保”用地拆迁。二是要强力招商引项目。注重招大引强，金霞经开区和商务局、金融办、现代服务业办等经济部门要认真抓好驻点招商工作组招商工作，锁定目标，发扬钉钉子精神，主攻一批具有牵引力、支撑力和辐射力的龙头型、战略型、旗舰型大项目，至少要有1个世界500强、中国500强企业引进落地，不仅要有投资过50亿元的项目，还要争取投资过100亿元的项目，实现“引进一个关键项目、集聚一批企业、带动一个产业”的“葡萄串”效应。三是要合力攻坚推项目。完善项目联点制度，由区委常委和副区长联点观摩预备项目，四大家其他班子成员联点市级重点项目。落实项目调度制度，继续实行联点领导半月一调度、重点办一月一调度、区委、区政府一季一调度，以月保季、以季保年，确保项目早开工、早建设、早见效。严格项目考核，学习市里做法，全年举行两次项目观摩，当场打分、当场确定考核成绩，真正做到以项目建设论英雄、定奖惩、排座次。全区上下务必拿出“赶考”精神，千方百计保开工、保进度、保质量。

3.着力打造高品质城区。贯彻落实中央城市工作会议精神和省市部署，纵深推进“宜居宜业、精致精美、人见人爱”的品质开福建设。一是要以更新理念做好规划设计。推进区域总体规划、经济社会发展规划、土地利用规划、产业发展规划“多规合一”，优化城市设计和建筑设计，精心设计水景线、黄金岸线和城市天际线，增强空间立体性、平面协调性、风貌整体性、文脉延续性。二是要以更高标准提升承载功能。推进畅通城区建设，着力打通交通瓶颈，建好车站北路北延线、冯蔡东路、栖凤路、星沙联络道、精英路、开福寺路，启动中青路北延线、潘家坪路西段建设，积极推动绕城线大明出口、北二环高架改造工程，努力争取地铁1号线北延开工建设，加快形成内通外联的路网体系和交通格局。推进海绵城区建设，改造疏浚排水堵点，探索应用低影响开发设施消纳雨水，建设一批下凹式绿地、人工湿地、可渗透地面、透水性广场、透水性停车场；加快苏托垸污水处理厂、楚家湖污水处理厂、新港污水处理厂配套管网建

---

③ 五定班轮、五定班列、湘欧快线：“五定班轮”即定装卸港口、定运输线路、定班轮船期、定运输时间、定全程运价；“五定班列”即定点（装卸车站固定）、定线（运行线路固定）、定车次（班列车次固定）、定时（货物发到时间固定）、定价（运输价格固定）；“湘欧快线”即湖南省首条直达欧洲的国际铁路货运专列。

④ 众创、众包、众扶、众筹：即“四创”模式。众创是大力发展创客空间和网络众创平台，提供开放共享服务，集聚各类创新资源，吸引更多人参与创新创造；众包是把深化国企改革和推动创新创业相结合，促进生产方式变革，聚合员工智慧和社会创意，开展设计研发、生产制造和运营维护；众扶是指通过政府和公益机构支持、企业帮扶援助、个人互助互扶等方式，共助小微企业和创业者成长；众筹是指发展实物、股权众筹和网络借贷，有效拓宽金融体系服务创新创业的新渠道新功能。

设。推进智慧城区建设，拓展城市管理、民生服务、社会治理、公共安全等领域的数字化应用，使城市运转更高效、应急处置更快捷、便民服务更优质；要将每一个社区都建成“智慧社区”，让数据多跑路，让居民少跑腿。三是要以更实举措推进城市管理。以“智慧环卫”为基础，深化网格化管理，打造“智慧城管”，提升城市管理服务的智能化水平。继续实施最严厉、最精细、最到位的城市管理，推动城市管理由主次干道向背街小巷延伸、向城郊接合部和农安小区延伸。推进清洁城区建设，巩固提升现有清扫保洁水平，加强渣土运输管理和扬尘污染治理。推进绿色城区建设，抓好“三年造绿大行动”收官之作，谋划第二轮“三年造绿大行动”，突出抓好环城绿带、湘江风光带、浏阳河风光带、捞刀河风光带和鹅羊山公园、秀峰山公园、太阳山公园、洪山公园的建设，在全区开展绿色楼栋、绿色庭院、绿色街巷、绿色社区创建活动。推进靓丽城区建设，重点对金融商务区、黄兴路、万家丽路、东风路实施美化亮化景观提质，全面提升城区形象。

4.着力攻坚结构性改革。全面深化改革要着眼一个“实”字，坚持突出问题导向、突出精准发力、突出完善制度、突出督查落实，把改革不断推向深入。一是要紧盯省市改革抓落实。要完善落实机制，抓好改革落实落地，对于中央和省市自上而下推动的改革，区委改革办和各专项组要按照要求，抓好改革任务分解落实和分步推进，列出时间表，明确责任人，坚持项目化，确保不折不扣把上级改革任务落实到位。二是要围绕供给侧改革⑤抓突破。中央和省委、市委提出，要把结构性改革摆在更加突出的位置，解决制约发展的深层次问题。落实到开福区，重点要抓好两个方面：第一，要切实化解房地产库存。要将控总量、去库存与调结构、提品质结合起来，深化户籍制度改革和住房制度改革，推广棚户区改造和农村拆迁货币化安置，打通棚户区改造、保障房建设和商品房销售的有效通道，满足不同群体的差异化需求，实现房地产销售200万平方米以上，促进房地产稳定健康发展。第二，要减轻实体经济负担。要深化审批制度改革，创新机制，再造流程，变串联审批为并联审批、人工审批为电子审批，提升服务效能。要继续采取点对点、一对一、制度化、常态化的措施，帮助企业降成本、解难题，夯实实体经济的根基，强化实体经济的支撑。要深化金融体制改革，优化融资方式，引导金融机构加大对实体经济特别是中小微企业的支持力度，畅通资金流向实体经济的渠道，降低企业财务成本，有效缓解企业融资难、融资贵、融资乱问题。三是要鼓励基层探索抓创新。改革既需要顶层设计，也需要基层探索。从2016年起，各专项组、各街道、各部门要从推进发展、服务民生的角度出发，每年推出一个改革创新项目。只要对全局改革有力、对开福发展有利、对完善体制机制有利，区委、区政府就会支持改革者、就会为改革者担当。当然，基层探索也要于法有据、务求实效，做到可复制可推广，形成一批走在省市前列的改革事项。

5.着力办好获得感实事。把共享发展理念落到实处，让人民群众有更多获得感。一是要更加注重增民享。在做大“蛋糕”的同时分好“蛋糕”，实现民生投入与经济发展同步增长，尽力解决当前必须解决和能够解决的民生问题，重点抓好对困难群体的精准帮扶，不遗余力地保“底线民生”。二是要更加注重惠民生。要以建立“三区三体系”⑥为抓手，围绕“衣食住行、业教保医”，统筹抓好教育、医疗卫生、养老、就业、社会保障、安置房建设等方面的工作，列出具体清单，干成更多实事。三是要更加注重保民安。突出严防与严打、治理与服务，切实维护社会大局和谐稳定。要时刻绷紧安全生产这根弦，确保不发生重特大安全事故。要重视突发事件的舆论引导，做到见事早、处置快、联动强、效果好。

四、坚持党建引领，凝聚实现“两个率先”强大合力

事业兴旺，核心在党，关键在人。实现“两个率先”，加快建成“五区”，必须充分发挥好全区各级党组织的领导组织作用和党员干部的先锋模范作用，以党的建设引领和保障各项事业发展。

1.要强化“抓主业、担主责”的担当。抓好党建是各级党委的首责、主责。要按照“聚精会神抓党建、一心一意谋发展”的要求，坚决落实党委主体责

---

⑤ 供给侧改革：即从供给、生产端入手进行结构性改革，通过解放生产力和提升竞争力促进经济发展。

⑥ 三区三体系：即建设充分就业现代化强区、教育现代化强区、医卫健康现代化强区；健全更高水平的社会保障体系、现代公共文化体育服务体系、公共安全防控体系。

任、书记第一责任、班子成员“一岗双责”及分管领域党建工作责任。要抓好班子、带好队伍。按照“好干部”标准和市委“六用六不用”标准，区委将旗帜鲜明地坚持“三重三用”的选人用人导向，重德才、重实干、重担当，用良德之人、用能干之人、用清廉之人，全区各级各部门党委（党组）也要按照这种标准和导向来考核、识别、推荐干部。要重视基层、夯实基础。持续用力推进“三基十化”工程，对部署推进的各项任务要紧紧抓住不放，对探索创新的好经验要不断巩固提升。以村（社区）调整和村支两委换届为契机，选好用好管好基层党组织带头人。坚持“严格管理与关心爱护”并举，加强党员管理、阵地建设、经费保障，不断提高基层党组织的公信力、凝聚力、战斗力，切实把基层党组织建设成为引领群众、推动发展、维护稳定的战斗堡垒。要从严从实、正风肃纪。认真学习、严格遵守《廉洁自律准则》和《纪律处分条例》，自觉把“三严三实”要求体现到坚持坚定正确的政治方向上、体现到落实中央和省市区重大决策部署上、体现到对分管方面的管理上、体现到严格要求自己上，推动形成更加积极向上、干事创业、风清气正的政治生态。

*2.要提升“抓落实、推发展”的能力。*新常态带来新机遇，也带来新挑战。要高度警惕新常态下干部“能力不足”的危险，坚决克服各种“焦虑”“恐慌”“懈怠”等“不适应症”，学好用好中国特色社会主义政治经济学，提高新常态下推动发展的能力和水平。要提升把握机遇的能力。当前，开福面临的发展机遇很多，有开放型经济发展的机遇、棚户区改造的机遇、经济领域变革的机遇，这些机遇千载难逢，我们要迅速抢抓机遇，善于用好机遇，借势而起、乘势而上，科学谋划项目、包装项目，积极向上争政策、争资金，努力把机遇用准、用好、用足。要提升具体操作的能力。领导干部尤其是一把手，既要善于抓大事、管宏观，又要善于抓小事、管微观，更要善于深入实际，解决具体问题，决不能笼而统之、大而化之。每项工作、每个项目，必须逐项细化分解任务，落实到单位人头、量化到时间进度，做到责任具体、要求具体、措施具体。抓具体，要注重针对性和实效性，着眼具体中的重点难点，把握群众关注的热点，集中力量解决主要问题、主要矛盾，以重点突破来推动全局工作。要提升攻坚克难的能力。越是困难多、难度大，越要往前拼、向前冲，知难而进、迎难而上。要发扬钉钉子的精神，目标一旦确定，任务一旦明确，就要锲而不舍、坚韧不拔，踏石留印、抓铁有痕。尤其是对项目建设、征收拆迁、城市管理、社会治理等方面的“老大难”问题，比如手续办理、拆迁扫尾、渣土管理、社区阵地建设、智慧社区建设等等，要多找对策、多想办法，敢啃“硬骨头”，善打“攻坚战”。

*3.要浓厚“重实干、敢担当”的氛围。*越是发展新常态、改革再攻坚，越要强化“为担当者担当，让有为者有位”的正导向、正激励、正能量，对此，区委的态度坚定不移。所有党员领导干部都要承担起应该承担的责任，在困难面前，敢闯敢试，绝不退缩；在矛盾面前，敢抓敢管，绝不回避；在责任面前，敢作敢为，绝不推诿。全区上下要营造一种担当可贵、担当光荣的良好氛围，让担当者敢担当，让担当者没负担。要为务实干事者担当。他们豁得出来，顶得上去，面对困难敢于动真碰硬、迎难而上，但难免会碰到错综复杂的矛盾，遇到意想不到的困难，这就需要党组织为他们遮风挡雨、共担风险，全力做好坚强后盾。要为改革创新者担当。积极营造鼓励创新、宽容失败的氛围，不求全责备，多点赞喝彩，坚持立足实际、实事求是，善于打破思维定式，只要有利于改革发展，就放开手脚去干，坚定不移去闯。要为无私奉献者担当。对那些专注事业、不计得失、默默奉献的干部，要积极发现他们，主动关心他们，大胆使用他们，不能让干事的人吃亏，不能让老实人吃亏，不能让“老黄牛”式的干部吃亏，要让想干事的干部有盼头、会干事的干部有奔头、干成事的干部有甜头，凝聚起干事创业的强大合力。

同志们，美好蓝图鼓舞人心，发展使命催人奋进。让我们在市委、市政府的正确领导下，凝心聚力，真抓实干，为实现“两个率先”、加快建成“五区”而努力奋斗。

开福区人民代表大会常务委员会工作报告

在长沙市开福区第四届人民代表大会第六次会议上

开福区人大常委会主任　许振勤

（2016年1月13日）

2015年的主要工作

2015年在中共开福区委的坚强领导下，区人大常委会深入贯彻落实党的十八大和十八届三中、四中、五中全会以及习近平总书记系列重要讲话精神，坚持党的领导、人民当家做主、依法治国有机统一，紧紧围绕全区工作大局，认真履行宪法和法律赋予的各项法定职责，为区域经济和社会事业全面发展做出了积极贡献。全年共召开区人民代表大会2次，常委会会议9次，主任会议21次；听取和审议“一府两院”专项工作报告24项；作出决议、决定4项；组织常委会组成人员和人大代表开展视察、调研35次，依法补选区四届人大代表6名，市十四届人大代表1名，任免国家机关工作人员45人次。

一、坚持高度政治自觉，全面落实区委决策

坚持党的领导，是人民代表大会制度不断发展和完善的基本前提，也是做好人大工作的根本保证。常委会坚持和依靠区委的领导，着眼于经济社会发展的大局和中心，有效履行法定权力，坚决落实区委决策。一是审议决定重大事项。紧紧围绕区委发展战略，围绕涉及全局和长远发展的重大事项，适时依法作出决议决定。常委会会议认真审议了金霞经开区贷款、街镇区划调整等重大事项，并作出相关决议。常委会组成人员深入走访调研、广泛汲取民意，为科学编制开福区“十三五”规划纲要提出了建设性的意见和建议。二是依法行使任免职权。正确处理党管干部与常委会依法任免的关系，完善人事任免程序，健全人事任免制度。坚持任前法律考试、任时拟任发言、任后颁发任命书等制度，形成了更加科学规范的任免工作体系。增开代表大会依法选举了区人民政府区长。全年共依法任免区人民政府副区长4人，区人民政府组成部门负责同志11人，街道人大工委主任12人，“两院”法律职务人员18人，区人民法院人民陪审员22人，确保了党组织的提名人选通过法定程序成为国家机关领导人员。三是积极投身发展实践。按照区委统一安排，直接参与全区重大工作，常委会领导积极参加项目建设、棚改征收、拆违控违等中心工作。广泛动员各级人大代表在全区改革发展稳定大局中建功立业，完成了区委的嘱托，体现了人大的作为，助推了开福的发展。

二、坚持依法开展监督，全力服务发展大局

习近平总书记深刻指出：“人民代表大会制度的重要原则和制度设计的基本要求，就是任何国家机关及其工作人员的权力都要受到制约和监督。”常委会以对党和人民高度负责的精神，加大监督力度，不断

增强监督实效。一是监督经济运行。按照《监督法》的规定，强化对预算执行情况、重点项目资金和专项资金使用的审查力度，听取和审议了2014年区财政决算草案和2015年上半年区财政预算执行情况的报告，审查批准了2014年区财政决算和2015年区财政预算调整方案，听取和审议了审计工作报告和审计报告中反映问题的整改情况汇报，确保了财政健康平稳运行。二是促进专项工作。对区商务和旅游局、工业和信息化局、工务局、征地办开展了工作评议并进行专项询问，首创了先评议、再询问、后问效的监督机制，较好地整合了代表依法履职、社情民意上达反馈和政府部门积极履职等要素，推动了事业进步，得到了各方好评。围绕发展战略实施，听取和审议了棚改征收、物流名区打造和保税特区建设等工作情况的报告；围绕夯实基层基础，听取和审议了社区建设工作情况的报告；围绕持续改善民生，对防汛抗旱准备、被征地农民拆迁补偿安置、污水的管理和处理等工作情况进行视察调研，听取了精美城区建设、保障性住房建设、招商引资、学前教育、计划生育等工作情况的报告。以“司法公正长沙行”“环保世纪行”“农产品质量安全行”“三湘农民健康（长沙）行”和“民族团结进步行”等活动为抓手，综合运用各种方式开展监督，在促进社会公平正义、改善生态环境、保障农产品质量安全、提升农村医疗卫生水平、维护少数民族合法权益等工作中取得实效。加强规范性文件的备案审查，全年共对政府报备的5份规范性文件进行了备案审查。三是推进司法公正。听取和审议了区公、检、法、司执法规范化建设情况的专项工作报告，听取了区法院关于电子诉讼和执行工作情况的报告。继续组织开展了人大代表旁听法院庭审并进行评议和主任会议旁听庭审，庭审评议水平和我区公正执法水平不断提升。组织开展了对《人民防空法》《禁毒法》《食品安全法》等法律法规贯彻实施情况的执法检查。

三、坚持代表主体地位，切实发挥代表作用

人大代表是国家权力机关的组成人员，代表工作是人大及其常委会工作的基础和前提。习近平总书记指出：“各级国家机关加强同人大代表的联系、加强同人民群众的联系，是实行人民代表大会制度的内在要求，是人民对自己选举和委派代表的基本要求。”常委会始终注重加强和改进代表工作，为代表忠诚履职夯实基础、创造条件、提供保障。一是搭建履职平台。深化“两联系、三带头、当四员”代表主题活动，推进了街道和社区代表活动阵地建设，发挥活动室的平台作用，探索建立了代表履职评价和信息公示制度。芙蓉北路、伍家岭、东风路、沙坪、江湾社区等一批街道社区代表活动室的建设服务水平得到明显提升。我区的代表活动阵地建设工作得到了市人大常委会的充分肯定，市人大常委会主任会议进行了专题视察，并向全市推介，多个区县前来参观学习。二是丰富活动载体。邀请了省、市人大领导、专家为代表和常委会组成人员开展专题培训。邀请代表58人次列席常委会会议，135人次参加视察调研活动。全面铺开了区人大代表向选区选民述职工作，35名非职务代表向选区选民报告了当选代表以来的履职情况。三是加强议案建议督办。区四届人大四次会议以来，代表共提出建议、批评和意见64件。常委会在努力提升代表提出议案、建议、批评和意见质量的同时，抓实议案、建议、批评和意见的督办，推动了一批重点建议的办结。常委会会议专题听取和审议了议案、建议、批评和意见办理情况的工作报告，确保了办理实效。

四、坚持勤勉务实履职，大力加强自身建设

做好人大工作，抓好自身建设是关键。常委会以改革创新精神加强自身建设，不断提高依法履职的能力和工作水平。一是坚持务实学风。组织常委会组成人员开展了宪法及有关法律的专题学习，不断增强了依法治国的理念，提升了运用法治思维和法治方式解决问题、推进工作的能力。组织举办了由全体常委会组成人员、部分人大代表及基层人大工作者参加的人大业务专题培训班。二是发扬严实作风。扎实开展了“三严三实”专题学习教育活动，在“对党忠诚、个人干净、敢于担当”上下功夫，切实把“三严三实”要求变成人大干部的思想自觉和行动自觉。不断深化和巩固党的群众路线教育实践活动成果，密切联系群众，加强调查研究，坚持把人民群众的愿望和要求作为履职尽责的目标方向，以严实的作风和务实的举措服务发展、服务群众。三是增强联动活力。自觉接受上级人大的工作指导，积极配合了省、市人大开展的调研、视察和执法检查等工作。加大宣传工作力度，认真办好了《开福代表工作》刊物。加强了对基层人大工作的联系和领导，促进了基层人大工作规范化运作和全区人大工作水平的不断提升。

各位代表，回顾过去一年区人大常委会工作取得的成绩，主要是得益于区委的坚强领导，得益于“一府两院”的理解配合，得益于各位代表的认真履职，得益于社会各界的大力支持。借此机会，我代表区第四届人大常委会，向全体人大代表，向所有关心和支持区人大常委会工作的各级领导和同志们，表示衷心的感谢并致以崇高的敬意。

在总结成绩的同时，我们也清醒地看到，区人大常委会的工作与区委的要求，与广大人民群众、人大代表的期盼和民主法治建设的要求，还存在一定差距。主要是：宪法法律法规的学习宣传还不够，工作力度有待进一步加大；监督方式和机制的创新还不够，监督实效有待进一步增强；代表主体作用的发挥还不够，履职能力有待进一步提高。对此，常委会将加强研究探索，也诚恳希望各位代表和同志们提出宝贵意见和建议。

各位代表：习近平总书记的一系列重要讲话，为我们实践好人民代表大会制度指明了前进的方向。正如习总书记指出的，“在中国实行人民代表大会制度，是中国人民在人类政治制度史上的伟大创造，是深刻总结近代以后中国政治生活惨痛教训得出的基本结论，是中国社会100多年激越变革、激荡发展的历史结果，是中国人民翻身做主、掌握自己命运的选择。”在新的奋斗征程上，必须充分发挥人民代表大会制度的根本政治制度作用，继续通过人民代表大会制度牢牢把国家和民族前途命运掌握在人民手中。这是时代赋予我们的光荣任务。

2016年的工作任务

2016年区人大常委会工作的指导思想和总体要求是：高举中国特色社会主义伟大旗帜，以毛泽东思想、邓小平理论、“三个代表”重要思想、科学发展观为指导，全面贯彻落实党的十八大和十八届三中、四中、五中全会以及习近平总书记系列重要讲话精神，坚持党的领导、人民当家做主、依法治国有机统一，紧紧围绕区委“两个率先”的总目标，积极服务发展大局，严格依法履行职权，大力推进民主法治，充分发挥代表作用，进一步提高人大工作水平，为把开福加快建设成为创新创业活力区、现代产业集聚区、对外开放引领区、城市品质样板区、文明幸福宜居区而努力奋斗。

一、更加注重坚持党的领导，圆满完成换届工作。

坚定正确的政治方向，自觉把人大工作置于区委的坚强领导之下，维护区委总揽全局、协调各方的核心作用，切实贯彻区委的重大决策部署，坚持常委会党组向区委报告人大工作制度，认真完成区委安排的各项工作任务。坚持党管干部与人大依法任免相统一的原则，严格按照法定程序，认真行使人事任免权，把充分体现区委意图和依法任免有机结合。根据省市委的统一安排，今年将开展人大的换届选举工作，常委会将旗帜鲜明地在区委的领导下，按照换届选举工作的统一部署，认真做好换届工作。深入细致地做好人大代表资源的调查摸底，严格把一批政治素质高、履职能力强、代表性广的优秀公民推荐为代表候选人。依法开展代表选举，为今后的人大工作提供坚实的基础保障。坚决落实中央、省、市、区委关于严肃换届纪律的规定，加强学习宣传，自觉严格遵守，营造风清气正的换届工作环境。依法组织召开区五届人大一次会议，完成好会议各项任务，确保大会圆满成功。

二、更加注重服务大局中心，积极助推区域发展。

围绕全区经济、政治、文化、社会和生态建设中的重大事项，在强化调研、集中民智的基础上，依法作出决议决定。根据区委安排直接参与重点项目，推进重点工程建设，组织开展对潮宗街片区棚改及历史文化街区保护建设、开福寺整体规划建设的调研视察。组织开展对区内上市公司及拟上市公司的调研，服务企业发展，推动创新创业和产业转型升级。动员和组织各级人大代表踊跃投身开福建设发展，立足岗位做贡献，履行职务献良策，服务群众办实事，引导广大代表争当经济社会发展的主力军、依法治区的排头兵。

三、更加注重依法履职行权，努力增强监督实效。

今年常委会会议的中心议题是：听取和审议现代化教育强区建设的专项工作报告，并进行专项询问；听取和审议品质开福建设的专项工作报告；听取和审议执法规范化建设的专项工作报告；听取和审议有关预决算和审计工作的报告。主任会议的重点议题是：对全区重大项目建设、棚户区改造、国土规划、乡村公路建设和维护、排渍泵站建设及城市防洪大堤提质改造、社区（村）调整合并、卫生和计划生育、民族宗教等工作听取情况、开展视察，推动民生环境持续优化。另外，今年将继续开展人大代表旁听庭审并进行评议以及主任会议成员旁听庭审；继续深入开展“环保世纪行”“农产品质量安全行”“司法公正长沙行”“三湘农民健康（长沙）行”和“民族团结进步行”等活动；组织开展对《中华人民共和国治安管理处罚法》《中华人民共和国道路交通安全法》《中华人民共和国食品安全法》等法律法规贯彻实施情况的执法检查。

四、更加注重主体作用发挥，加强改进代表工作。

健全代表培训机制，组织举办以常委会组成人员为主体的经济研讨培训班，指导基层人大工委开展代表小组学习活动，不断提升代表及人大工作者的整体素质。拓宽代表履职渠道，继续深入开展“两联系、三带头、当四员”代表主题活动，组织省、市代表开展专题调研和集中视察活动，邀请代表列席常委会会议、参加常委会有关活动，精心指导基层人大工委开展代表小组活动，丰富闭会期间代表活动内容。加大代表建议督办力度，对区四届人大一次会议议案以及代表建议、批评和意见的办理情况开展调研、视察及现场督办，着力提高代表建议办成率和代表满意率。加强基层人大工作，抓好街道、社区代表活动室建设及服务群众作用的发挥，对各街道人大工作进行视察调研，开展街道人大工委主任述职活动。强化履职激励机制，继续组织区代表向选民述职，督促代表接受选民监督，健全代表和常委会委员履职档案和履职考核制度。

五、更加注重强化自身建设，着力提升履职水平。

进一步加强思想政治建设，深刻学习领会与把握中央、省、市、区委的重大方针政策和决策部署，增强坚持和完善人民代表大会制度的自觉性和坚定性。进一步加强作风建设，严格按照“三严三实”的要求，坚持和贯彻群众路线，加强和改进调查研究工作，夯实常委会履职的民意基础。进一步加强新闻宣传，继续办好《开福代表工作》刊物，充分展示代表风采和人大作为。进一步加强机关建设，围绕全区大局及常委会工作重点开展学习，提高机关的服务水平和工作效率，打造一支政治坚定、业务精通、务实高效、团结协作、勤政廉政的机关干部队伍。进一步加强与“一府两院”的联系沟通，形成相互理解、支持、促进的工作氛围，在支持中监督，在监督中支持，共同开创我区人大工作新局面。

各位代表，在新的一年刚刚来临之际、“十三五”的伟大征程全面开启之时，让我们一起重温习近平总书记在庆祝全国人民代表大会成立60周年大会上的一段讲话：“人民代表大会制度是中国特色社会主义制度的重要组成部分，也是支撑中国国家治理体系和治理能力的根本政治制度。新的形势下，我们要毫不动摇坚持人民代表大会制度，也要与时俱进完善人民代表大会制度。”让我们在中共开福区委的坚强领导下，团结一心、锐意进取、扎实工作，为开福实现“两个率先”，加快建成“五区”而努力奋斗。

政府工作报告

在长沙市开福区第四届人民代表大会第六次会议上

开福区人民政府区长　沈裕谋

（2016年1月12日）

一、回顾“十二五”的工作

“十二五”时期，是开福区综合实力增长、产业支撑增强的重要时期，也是城区品质提升、民生民利改善的关键时期。五年来，在市委、市政府和区委的正确领导下，在区人大、区政协的支持监督下，我们致力于建质量型城市、兴效益型产业、办普惠型民生，区域经济社会实现跨越发展。

五年来，我们注重长远谋划，把加速赶超作为第一追求，综合实力领跑三湘。2015年预计实现地区生产总值735亿元，年均增长11.9%，人均地区生产总值较2010年增长73.8%；地方财政总收入120亿元，年均增长23.2%，为2010年的近3倍，超过省内5个地级市。其中，税收收入在内五区率先过100亿元，占地方财政总收入比重达83%；社会消费品零售总额659亿元，为2010年的2.1倍，年均增长15.3%；城镇居民人均可支配收入3.9万元，较2010年增长67.3%；高新技术产业增加值202亿元，年均增长38%，占地区生产总值的比重提高到27.5%。五年累计完成固定资产投资2493亿元，年均增长20.2%；完成规模以上工业总产值863亿元，实现规模以上工业增加值221亿元。2015年我区位列全国市辖区综合实力百强第37位、投资潜力百强第18位、全国新型城镇化质量百强第16位。

五年来，我们不断负重奋进，加快结构调整，转型升级成效显著。坚持转型创新、提质增效，致力打造经济发展升级版。结构更加优化。主攻现代服务业的发展方向，2015年服务业增加值达575亿元，占地区生产总值的78.2%。全区三次产业比由2010年的1∶25.2∶73.8调整为2015年的0.3∶21.5∶78.2。产业多元发展。金融产业强势发力，金融商务区集聚全国性或省级金融保险总部机构42家，各类金融分支机构和新型金融机构200余家；全球四大会计师事务所已有安永华明、普华永道入驻；2015年金融业税收占税收收入比重达30%。文化产业涵养壮大，以湖南广电为中心的金鹰文化城、以“三馆一厅”[①]为主体的滨江文化园、以中南传媒为主导的泊富广场逐步成为全省文化创意的“金色摇篮”，2015年文化产业实现增加值165亿元。物流商贸产业做大做强，湖南进出口商品展示交易中心、快乐购芒果汽车建成运营，高岭国际商贸城一期部分开业，湖南跨境电商产业园、长沙医药健康产业园等战略项目集聚发展，商气、人气持续北移。旅游产业蓬勃发展，实现旅游总收入245亿元，年均增长10.8%，获评全省十佳旅游区县。园区实力增强。长沙金霞经开区体制不断理顺，动力得

① 三馆一厅：长沙市博物馆、图书馆、规划展示馆和音乐厅。

到激发。火车新北站、现代物流园信息中心等物流平台相继建成运行，园区承载能力增强。五年累计完成固定资产投资400亿元，工业总产值、规模工业增加值、物流货物吞吐量、物流主营业务收入实现五年翻两番，获评国家级现代物流示范园区、国家电子商务示范基地、国家新型工业化产业示范基地。开放纵深推进。开通“五定班轮”“五定班列”“湘欧快线”，打通湖南对外开放的国际大通道。长沙金霞保税物流中心五年累计完成报关2.4万票、货值52亿美元、海关征税11.3亿元，保税主营业务年均增长25%。全区到位外资24亿美元，完成外贸进出口总额近25亿美元，开放型经济初具规模。

五年来，我们努力臻于善治，坚持两型发展，城区品质着力提升。以完善功能、提升品质为重点，倾力建设“宜居宜业、人见人爱、精致精美”的新开福。优化空间布局。完成高岭组团、白霞组团控规提升，推进江河沿岸绿道、城市快速干道、排水管网等专项规划，重点完成苏托垸、青竹湖、沙坪东北片区的控规编制。完善基础配套。共实施重点工程项目493个，完成投资933亿元。福元路湘江大桥、营盘路过江隧道、石长复线建成通车，万家丽路完成快速化改造，地铁1号线即将试运行，完成星沙联络道拆迁工作，车站北路北延线、渔业路征拆全面推进。完成湘江综合枢纽库区工程建设，新改扩建7个泵站，解决农村3.5万人安全饮水问题。硬化农村道路300千米，修复改造路面300万平方米、人行道50万平方米，疏浚地下管道290万米。强力攻坚征拆。率先实施国务院第590号令，启动全国第一个大型棚改项目，黄兴北路棚改工作经验被《人民日报》推介。推进老火车北站二期、清水塘炮后街、开福寺周边等棚改项目，累计完成征收1.3万户、面积170万平方米。实施农村征地拆迁项目124个，征拆面积近1066.67公顷。建设精美城区。实施“清霾”“碧水”等七大工程，五年拆违340万平方米，2015年拆违221万平方米，提前一年实现基本清零。关停拆除砂场53家、混凝土搅拌场41家，完成14个截污口建设，建成2个水质检测站。投入造绿资金5.5亿元，推进“三年造绿”大行动和环城绿带建设，改造湘江风光带及31个社区公园和街头小游园，新增绿化面积1200公顷，城区绿化率提高到42.6%。完成湘江大道、芙蓉路、福元路、营盘路及4个出入城口的美化亮化。率先全省建成“智能环卫”系统，率先全市实行餐厨垃圾集中收运。空气质量优良率稳定在90%以上，湘江开福区段全面截污，环境噪声达标率100%。

五年来，我们坚持以人为本，推进民生事业，发展成果惠及民众。2015年共投入民生资金48.8亿元，占全年公共预算支出的86.7%。社会事业协调推进。五年共新改扩建学校12所，新增学校用地面积27.2万平方米，新增或改建校舍面积36.2万平方米，新增义务教育学位2.1万个；新建幼儿园38所，创建11所城乡学校少年宫，通过国家义务教育发展基本均衡区县验收，获批全国社区教育实验区和全省首批教育强区。建成全省首个城区残疾人综合服务大楼。卫计系统平稳改革，改扩建区公共卫生服务大楼、11个街道社区卫生服务中心和40个村卫生室，成功创建省级慢性病综合防控示范区。计生工作连续12年“国优”、14年“省优”，获评全国计划生育协会先进单位、阳光计生行动示范区。文化体育事业繁荣发展，获批全国公共文化服务体系示范区。社会保障力度加大。五年新增城镇就业5.2万人、下岗失业人员再就业2.4万人，城镇登记失业率保持在4%以内。基本养老保险实现全覆盖，参保率100%。基本医疗保险参保人数达58.7万人，参保率97.3%。率先实现城乡同保，共发放低保金3.4亿元。完成丝茅冲、九尾冲等7个保障性住房项目建设。推进危房改造，共解决1.6万户家庭住房困难问题。社会治理不断创新。连续10年保持全省“平安区县”称号。安全生产形势总体平稳，非煤矿山全面退出，全省首创食品安全信息化监管平台，成为全国首个电梯安全标准化管理试点区。圆满完成行政区划调整。完成1.3万户产权办证遗留问题处理。创新实行“五零”网格化社会治理模式，培育社区自治组织639个，获批全国社区治理与服务创新实验区、全国和谐社区建设示范城区。

五年来，我们突出勤政廉政，转变作风和职能，政府自身建设全面加强。规范权力运行，建设服务政府。坚持依法行政。认真落实区人大及其常委会的决议决定，主动接受人大、政协及社会各界的监督。认真办理意见建议，五年共承办代表建议和政协提案948件，办复率100%。率先全市推行政府法律顾问制度，获评全省首批基层法治示范区。坚持服务优政。

9大类48项重点改革全面启动，19项改革取得阶段性成果。街道政务服务中心标准化建设全面完成。承接市下放的经济社会管理权限，区本级行政审批事项精简比例达64%。落实“先照后证”②和权力清单，精简部门行政职权787项。受理群众来访事项15万余件，办理市长、区长信箱等群众来信1500件，群众满意率达到98%。坚持从严治政。扎实开展党的群众路线教育实践活动和“三严三实”专题教育，严格执行作风建设各项规定，“三公”经费大幅下降。强化审计监督，完成政府投资项目审计1902个，审计核减金额12.3亿元，核减率达24.2%。严肃廉政纪律，营造了风清气正的政治生态。

过去五年，统计、保密、人防、老干、消防、外侨、民宗、区志档案、人民武装、机关事务等工作得到加强，工会、共青团、妇女儿童、科协、红十字、工商联、残联等各项事业取得新进步。

各位代表，五年的开拓奋进，五年的辉煌成就，进一步夯实了开放现代智慧秀美幸福新开福的事业之基，开启了实现“两个率先”、加快建成“五区”的崭新局面。这些成绩和进步，是在竞争压力更大、阶段性困难增多的情况下取得的，饱含了省市领导的亲切关怀，凝聚了全区人民的智慧汗水，赢得了社会各界的大力支持。这些成绩和进步，得益于区委的正确领导，区人大、区政协的大力支持，得益于历届老领导的薪火相传，得益于全区人民的共同努力。在此，我代表区人民政府，向全体人大代表、政协委员和全区人民，向各民主党派、无党派、工商联和各界人士，向在开福创业的投资者和建设者，向奋斗在各条战线上的广大干部，向所有关心、支持开福发展的同志们、朋友们，表示崇高的敬意和衷心的感谢。

回顾过去，我们深切体会到：必须改革创新增动力。越是发展的关键时期，越要向改革创新要空间。我们推进行政区划调整，创新实施园区管理体制、征拆指挥体系、社区治理、城市管理等方面的改革，增强了前进动力。必须“两化并举”抓发展。我们始终坚持城市化与产业化并重，以产业转型升级带动城市科学发展，实现了将城市建设好，把“塘”做大；将城市管理好，把“水”治好；将城市产业涵养好，把“鱼”养大养多。必须以人为本促和谐。我们坚守环境、安全、稳定三条底线，落实史上最严城市管理、环境保护、安全生产各项工作，切实解决就医、就业、就学等实际困难，为群众办实事、解难事，做到了民生改善与经济发展齐头并进、幸福指数与发展指标同步提升。必须奋发作为勇担当。认识新常态，适应新常态，引领新常态，勇于担当，直面困难，政府的执行力、公信力进一步提升，为经济社会发展提供了有力保障。这些经验是广大干部群众智慧和汗水的结晶，是推动开福致强崛起的宝贵财富，我们当倍加珍惜，长期坚持。

在总结成绩的同时，我们也清醒地认识到存在的问题，主要是改革不够，速度不快，发展不足不优。具体表现在：经济外向度不高，增长放缓，企业利润空间受到挤压，部分产品物理性过剩；科技对经济发展的贡献度不高，现代制造业仍然是短板；信访维稳压力较大，社会治理的良好格局亟待形成；干部队伍能力水平与新常态要求还不完全适应，政府创新力还需提升等等。对此，我们必须引起足够重视，在今后的工作中切实加以解决。

二、展望“十三五”的规划

“十三五”是开福率先建成全面小康、率先实现基本现代化的重要时期。新发展需要新理念。创新、协调、绿色、开放、共享的发展理念，既是未来的发展要求，更是关系全局的深刻变革。作为区级政府，我们特别要突出创新、绿色、共享的理念。创新发展要以现实问题的解决为前提；绿色发展不仅是在生态领域，更要注重绿色的理念、制度、组织、技术、生产和生活方式；共享发展落实到经济工作上，要大力发展众创、众筹、众包、众扶等创新创业新模式，由“债权型经济”向“股权型经济”转变。新发展需要新动力。当前，经济增长由“超高速”向“中高速”过渡，增长的动力由过去投资、出口、消费“三驾马车”向制度变革、结构优化、要素升级“三大发动机”转变。中央加强供给侧改革，加快“四新”经济发展，我们要转换发展动力，重点落实“三四三”行动方案：坚持解放和发展生产力、坚持社会主义市场经济的改革方向、坚持调动各方面的积极性三大原

② 先照后证：即从事后置许可经营项目的市场主体，先向工商部门申请办理营业执照，再到许可审批部门办理许可审批手续。

则；实行产业政策要准、微观政策要活、改革政策要实、社会政策要稳的总体思路；打好房地产去库存、实体经济降成本、防范金融债务风险“三大战役”。新发展需要新路径。发展方式由规模速度型向质量效益型转变，我们必须巩固物流的绝对优势、文化的比较优势、金融的竞争优势，探索产业转型升级新路径，实现现代服务业逐步替代传统服务业，智能制造业逐步替代传统制造业，产业先行、综合运营的平台型房地产业替代买空卖空的传统房地产业。

总体来看，认识新发展，适应新发展，引领新发展，我们必须认真贯彻落实党的十八大及十八届三中、四中、五中全会精神，按照区委四届二十次全会暨经济工作会议和“十三五”规划确定的“两个率先”总目标、建成“五区”总定位，强化创新发展、协调发展、绿色发展、开放发展、共享发展理念，重点推进经济现代化、城市现代化、社会治理现代化和人的现代化，努力把开福建设成为创新创业活力区、现代产业集聚区、对外开放引领区、城市品质样板区、文明幸福宜居区。

——建成创新创业活力区。深化商事制度改革，区内企业在数量及知识产权保护、专利申请、标准化建设等方面实现新突破。实施创新驱动发展战略，制度创新、科技创新、文化创新迈上新台阶，高新技术产业增加值占地区生产总值比重不断提高，创新创业生态系统更具活力，进入创新型先进城区行列。

——建成现代产业集聚区。加快产业结构调整和优化升级，金融商务、物流商贸、文化创意等特色支柱产业形成较强优势，生物医药、信息技术等新兴产业加快发展，基本建成湖南金融商务中心、中部物流商贸中心、全国文化创意中心。

——建成对外开放引领区。融入“一带一路”、长江经济带、长江中游城市群三大国家战略，基本建成区域性综合交通物流枢纽体系。加快培育对外经济合作新优势，开放功能日益完善，服务省市开放型经济发展的能力和水平全面提升。

——建成城市品质样板区。城市空间结构和产业布局更加优化，现代化水平显著提高，城区管理体制、标准体系、治理机制基本完备，市容更加整洁，交通更加顺畅，社区环境更加和谐，人文环境更具品位，中心城区地位进一步提升。

——建成文明幸福宜居区。公共服务体系更加完备，基本公共服务均等化程度进一步提高。就业更加充分，收入差距缩小。教育实现现代化，群众医卫健康水平普遍提升。养老服务体系更加完善，文化体育和公共安全防控体系更加夯实，社会安定有序。

未来五年的主要预期目标是：地区生产总值年均增长10%，经济总量突破1000亿元大关；地方财政总收入年均增长11%，迈上200亿元新台阶；全社会固定资产投资年均增长12%；社会消费品零售总额年均增长12%。居民人均可支配收入超过全市平均水平；城镇登记失业率控制在3%以内；价格总水平基本稳定；单位地区生产总值综合能耗、主要污染物减排完成约束性指标。围绕上述目标，政府工作重点抓好四个方面：

（一）主攻“两化融合”

城市化与产业化融合。城市化和产业化是未来增长的“双动力”，是北城崛起的“双引擎”。“城”没有提质拓展，就容不下更多居民和优质产业；“市”没有产业支撑，就难以繁荣和强盛。加快城市化进程，重点推进“两垸”开发。遵循城市发展规律，统筹城市的空间、规模和产业，规划、建设和管理，改革、科技和文化，生产、生活和生态，政府、社会和市民，切实提高城市工作的全局性、系统性、持续性、宜居性和积极性。植入“瘦、透、软、美”的城市建设理念，精准规划朝正垸和苏托垸两大片区。依托湖南广电的优势和朝正垸的资源禀赋，建设金鹰文化城，集中发展文化创意、影视传媒、商务会展等产业；以建设中南地区最大的河湖连通湿地公园为基础，将苏土乇垸打造为环境优美、创新创业的生态服务新城，成为高端服务业集聚、人居品质高尚、生态自然和谐的城市新增长极。加快产业化进程，重点推进“两区”建设。牢固树立实业是经济根基的理念，以金融商务区和金霞经开区为载体，构建现代服务业产业体系。提升发展金融、物流、保险、信息等生产性服务业，支持发展衣食住行、生老康养等生活性服务业，巩固发展会计、中介、法律等商务服务业，大力发展艺术创作、教育培训、心理咨询等精神服务业。加快培育一批专业协同、公信力强的服务品牌，建设区域性现代服务业中心。

产业化与信息化融合。产业持续发展的关键，取决于与数据技术、智能制造和互联网技术融合的程度和速度。构建“互联网+产业”体系。推进“互联网+物流、商贸”的融合，大力发展电商产业，提高面向产业集群和专业市场的技术支撑。围绕供应链关键环节，加快二维码、电子标签、物联网等技术应用，打造智慧物流产业集群；推进“互联网+金融、房地产、文化”的融合，加强企业线上服务能力，促进消费与服务方式转变，大力发展数字出版、互动新媒体、3D创意设计；推进“互联网+装备制造”的融合，发挥高校院所优势，实施智能化改造工程，推动制造生产方式向柔性、智慧、精细转变。夯实“产业+互联网”基础。加快“智慧开福”建设，完善信息化基础设施，逐步实现城市公共区域Wi-Fi全覆盖，构建区域一体的宽带网络。扶持发展互联网软件及技术服务、大数据处理等新产业，积极发展智能硬件、云制造等新业态。整合区内信息平台资源，推动信息技术深度融合到城市管理、公共服务、社会治理等领域。

（二）构建“一带一廊”

建设湘江产城融合带。增强临江20平方千米带状区域的要素集聚能力，推进沿江城市建设和产业发展。塑“湘江门户”。以沿江沿河风光带及黄兴北路文化商务区、潮宗街历史文化街区、霞凝老街规划建设为重点，推进文化旅游产业发展，打造历史文化与现代商业交相辉映的示范带。树“长沙地标”。协调利用滨水资源，实施水岸线、天际线改造工程，打造长沙观星台、北辰会议中心、湘商大厦、湘江博物馆等地标性建筑，让城北滨水景观为省会添色出彩。聚“产业洼地”。坚持高端化、集聚化、特色化，沿江重点发展金融商务、物流商贸、文化创意等优势产业，使现代服务业更为丰满，用最好的资源承载最优的产业。

打造北城开放型经济走廊。发挥金霞经开区通江达海的区位优势、多式联运的交通优势、物畅全球的产业优势，在长沙打造东部开放型经济走廊中担纲发力，在湖南“一核三极四带多点”③的发展格局中主动作为。建设对外通道。融入“一带一部”战略，完善水、陆、空、铁、管“五通互联”的综合交通运输体系，形成外向型经济发展大通道。推进集客运、公交、出租、地铁、停车、邮政等功能为一体的高岭综合交通枢纽建设，推动北三环设置进出匝道。扩大对外开放。抓好湖南进出口商品展示交易中心和跨境电商交易平台建设，做大做强保税特色经济，大力发展国际采购、分拨配送，重点发展出口、转口和跨境贸易，坚持优进优出，优质优价。抢抓长江流域通关一体化机遇，建立联动有序、高效便捷的通关模式，扩大属地申报、口岸验放适用范围，提高经济外向度。推进对内搞活。加大对内开放力度，开展选商选资，落实非禁即入，吸引更多投资商到区兴业。关心区内企业的扩大再发展，促进要素自由流动，调动市场主体的积极性，构建更有活力、更加公正的市场经济环境，做到“内外平等”“内内平等”。

（三）打造“三金”名片

提质金融商务区。加大对金融企业的支持力度，加强对金融人才的关心培养，强化金融商务区的功能配套，优化金融商务环境。加速发展互联网金融、科技金融，加强金融信用、金融安全建设。完善支持金融产业集聚发展政策，重点引进金融机构总部和区域性企业总部，积极发展新型金融业态和专业服务机构，构建金融产业体系，推进金融类产业持续发力、主动发声、抱团发展。完成黄兴北路片区、老火车北站片区棚户区改造，建设优质产业楼宇、特色楼宇、总部楼宇。加强楼宇“二次招商”，培育一批税收过亿元楼宇。

做强金霞经开区。推进“五型园区”④建设，打造千亿级产业，争创国家级园区，建成国家级现代物流中心、商贸集散中心和全省对外开放高地。做实产业。经开区物流业已从基础建设阶段、平台夯实阶段进入到物流商贸聚集发展阶段。紧扣第三阶段物流业发展特点，招引一批国内外领军型物流商贸企业和大型项目，确保项目满园扩园、产业提质提效。做好

③ 一核三极四带多点：湖南未来发展规划布局，“一核”指以长株潭为主的核心引领区；“三极”指打造岳阳、郴州、怀化三个新增长极；“四带”指打造京广高铁经济带、沪昆高铁经济带、环洞庭湖经济带、张吉怀精品生态文化旅游经济带；“多点”指依托国家级新区、国家级经济技术开发区、高新技术开发区和一些特色园区，形成多个新增长点。

④ 五型园区：实力型园区、品质型园区、开放型园区、创新型园区、智慧型园区。

配套。推进产城一体化建设，完善园区服务功能，建好城市节点，提升配套层次，增强园区承载力。做精管理。经济管理上坚持公司市场化，建立现代企业制度。人事管理上实行上岗竞争制、职务聘任制、用工合同制、绩效工资制，实现职务能升能降、待遇能高能低、身份能官能民、职员能进能出，激活创业团队活力。

建好金鹰文化城。充分发挥湖南广电、中南传媒、湖南报业及体育产业集团集聚的优势，优先发展文化产业。按照打造“中国云谷·金鹰湾”的目标，提升金鹰品牌影响力，坚持低密度、高品质、大产业开发，把金鹰文化城打造成为立足长沙、影响湖南、辐射全国的文化产业旗舰。留住乡愁记忆，推进浏阳河文化旅游产业带建设，建好九道湾文化园、北辰文化创意产业园。

（四）实现“三个升级”

打造经济发展升级版。坚持有质效的发展，扩大有效供给，主动转型升级。深化改革引导升级。加快转变政府职能，充分发挥政府有形之手、市场无形之手和民众勤劳之手的作用。打造创新平台，促进创新创业，推动科技与产业融合发展。积极引进符合我区产业规划的优势企业、优质项目。培育产业助力升级。抢抓实施“中国制造2025”的重大机遇，顺应“互联网+”发展趋势，立足现代物流、食品加工、电子信息等产业，聚焦数字内容、云计算、物联网、移动互联网等技术应用，打造更多新兴产业集群。改善要素支撑升级。逐步降低对土地的依赖，谋求人才、技术、制度、数据、信息、环境等要素的供给，提升绿色要素生产率。

打造城区品质升级版。以中央城市工作会议精神为引领，尊重城市发展规律，建设物质力量强大、精神世界丰盈的先进城区。突出特色。保护江河交汇的自然之美，留住开福特有的地域环境、文化底蕴、建筑风格等“基因”，把好山好水好风光融入城市规划设计，建设具有国际品质和湖湘文化标识的现代化大都市中心城区。完善功能。完成城市棚改，落实“四增两减”[⑤]，优化空间布局、完善公共配套、增加绿化景观。推动松桂园隧道工程建设，推动黄兴北路跨过浏阳河，着力对“城市病”进行系统治理。加强建管。深化城管体制改革，实现城市规划全域化、立体化、民本化。推进智慧城市建设，实现城市建管智能化、互动化、精细化。保护生态。建立健全环境保护、责任追究、社会监督机制，推行全要素生产率考核，开展资源环境审计，严格环保准入和污染物排放标准。

打造民生事业升级版。坚持有温度的发展，深化社会治理与服务创新，持续加大民生投入，办好民生实事。重点建设“三区三体系”，进一步解决民众就医、就业、就学等难题。建设充分就业现代化强区，大力实施城乡公共就业服务基础夯实工程、平台提升工程、信息化推进工程和队伍建设工程。建设教育现代化强区，提升基础教育办学质量，增加优质教育资源。建设医卫健康现代化强区，打造智慧医疗、健康开福。坚持保基本、兜底线、促公平、可持续，健全更高水平的社会保障体系。扎实推进现代公共文化体育服务体系和公共安全防控体系建设。通过发展民生事业，让工作和生活在开福的民众更有尊严、更加体面。

三、明确2016年的任务

2016年是推进新发展、建设现代化的关键之年。按照区委部署，今年政府工作的总体要求是：全面贯彻党的十八大和十八届三中、四中、五中全会精神，按照“五位一体”总体布局和“四个全面”战略布局，认真落实中央和省、市、区委经济工作会议部署，围绕实现“两个率先”的总目标、加快建成“五区”的总定位，突出转型升级，突出品质提升，突出民生改善，突出自身建设，实现经济稳住、进好、调优，保持社会大局稳定，为“十三五”规划的全面实施开好局、起好步。

2016年全区经济社会发展的主要目标是：地区生产总值增长10.5%左右；财政收入增长11%左右；社会消费品零售总额增长13%以上；固定资产投资增长16%以上；规模工业增加值增长9.5%左右；城镇登记失业率控制在3%以内；居民人均可支配收入增速超过全市平均水平；单位地区生产总值综合能耗、主要污染物减排完成约束性指标。重点抓好四个方面

⑤ 四增两减：增加公共绿地、增加公共空间、增加配套设施、增加支路网密度，减少居住人口密度、减少开发强度。

的工作：

（一）在转型升级中实现更高质量的发展

优化产业结构。坚持需求牵引和供给推动并重，着力从供给侧发力，把区域消费潜力、创新能力转化为产业升级动力。依托“三金”片区，大力发展现代服务业，着力发展“四新”经济。加快佳海二期、长沙医药健康产业园二期建设，提升沙坪工业组团承载力，促进创新型中小企业集聚发展，加快构建以物流商贸为主导、都市两型工业为补充的现代产业体系。推进“创新创业在开福”行动计划，培育1~2家市级以上示范创客空间，打造2家省市级中小微企业创业示范基地，运营好青竹湖创新创业大楼、湖南医药创新孵化中心等科技服务平台。着力去房地产库存，实现房地产销售200万平方米以上，促进房地产业健康发展。

推进项目建设。发挥项目对转型升级的带动引领作用，实现签约项目抓落地、落地项目抓开工、开工项目抓投产、投产项目抓达效，做到干部贴着项目干、部门围着项目转、领导盯着项目看。全年计划实施重点项目148个，总投资232.8亿元。抓实深国际物流港、湖南广电节目生产基地、潮宗街片区、德雅路片区、苏托垸污水处理厂等一批事关产业转型、基础配套、民生改善的重大项目。新启动拆迁40公顷以上，继续推动九尾冲、油铺街S8、福鑫苑等保障性安居工程建设，加快清水塘炮后街、开福寺周边地块等棚改项目扫尾腾地，启动伍家岭片区、汽电地块、潘家坪路以北棚改拆迁，完成棚改征收3600户。实现地铁1号线试运行，协助加快1号线北延线、3号线、5号线建设。完成营盘路、东风路路面提质，完成马栏山通道改造工程，启动双河湾、红星美凯龙家具商城项目建设，助推绿地中心、富兴世界金融中心、北辰三角洲、华创国际、湖南日报传媒中心等重大项目建成竣工。加快建成车站北路北延线，实现苏土毛垸生态服务新城开发破题。做好拆迁服务，确保黄兴北路、朝正垸防洪及景观工程、中青路北延线、市六水厂等省市重点项目顺利推进。

强化要素保障。创新融资方式，优化财政结构，加强国有资本经营预算。按照建立现代企业制度要求，做强城建投、棚改投、经开区投资公司等政府性投融资平台。积极应对财税体制改革，从供需两侧入手，破解要素制约难题，帮扶实体经济发展。推行PPP模式[⑥]，完善项目库，在开源上下功夫。千方百计去库存，降成本，补短板，提高资源产出效益。

提质园区经济。提升现代物流的产业链、供应链和价值链，把金霞经开区建设成为“物流之都、加贸中心、服务新城”。引进和培育营业收入过亿元的大型物流企业15家以上，引进全国知名电商企业10家以上。加快中民筑友等工业项目建设，启动金霞国际粮油商贸城、高岭国际商贸城二期、爱尚通程等项目建设，继续推进湖南进出口商品展示交易中心、湖南跨境电商产业园建设。推进捞刀河路等“十大市政道路”建设，加快高岭综合交通枢纽等“十大配套项目”建设。推进创新创业“135工程”[⑦]，增强园区实力。

提升开放水平。加快传化公路港、新港三期、火车新北站二期建设，推动“三港”互动。率先筹建区口岸协作办，积极推动霞凝铁路一级口岸申报工作，构建多式联运、一体通关的开放平台。启动保税二期拆迁建设，完善保税中心功能，培育一批外贸龙头企业。提高招商引资质效，加强北、深、沪驻点工作组和异地商会招商工作，继续抓好全球四大会计师事务所[⑧]和四大物流快递公司[⑨]招商工作，园区要千方百计引进投资50亿元甚至100亿元以上的重大产业项目。全区全年实现内联引资增长13%以上、实际到位外资增长9%以上、进出口总额增长12%以上。

（二）在品质提升中展现精美城区风貌

编制高起点的规划。抓好黄兴北路文化商务区、潮宗街历史文化街区、朝正垸金鹰文化城、苏土毛垸生态服务新城、沙坪东北片区等重点区域的详细规划和湘江东岸及浏阳河、捞刀河两岸城市设计，

⑥ PPP模式：Public-Private-Partnership的首字母缩写，源于英国的“公共私营合作”融资机制，是指政府和私人组织共同合作建设城市基础设施项目，或为了提供某种公共产品和服务，以特许权协议为基础，彼此之间形成合作关系，并通过签署合同来明确各方的权利义务，最终达到互利共赢的效果。

⑦ 创新创业“135”工程：即省委、省政府提出的在全省建设100个产业园区、3000万平方米标准厂房、引进5000个创新创业企业。

⑧ 四大会计师事务所：普华永道（PwC）、毕马威（KPMG）、德勤（DTT）、安永华明（EY）。

⑨ 四大物流快递公司：联邦快递（FedEX）、联合包裹（UPS）、中外运天地（TNT）、中外运敦豪（DHL）。

彰显开福江河环绕的自然禀赋，传承湖湘经世致用的历史文脉。

打造会呼吸的城市。推进海绵城市和水生态试点城市建设，减少不透水的硬质铺装，强化雨水自然渗透功能。紧抓长沙地下综合管廊试点契机，完善地下管网建设，疏浚排水堵点。推广青竹湖湿地公园建设经验，因地制宜建设湿地公园、海绵型公园。加大山塘沟渠清淤力度，增强蓄水功能。保护并扩大城区水面，降低热岛效应。抓好楚家湖水环境综合治理、捞刀河以南及沙河大堤提质，加快楚家湖污水处理厂、新港污水处理厂配套管网建设。深化“三年造绿大行动”，新增绿地400公顷，完成80万平方米的环城绿带建设。启动鹅羊山公园、洪山公园建设，加强青竹湖森林公园、秀峰山公园的维护管理，高标准建成湘江和浏阳河风光带。

健全更有序的管理。坚持“城管为民”“城管从严”理念，配置更多优质资源给城管，加大主城区立体治理力度，优化城市公共空间，打造“智慧城管”。深入推进拆控违行动，构建常态长效机制。启动“智能环卫”平台二期建设，实现环卫管理全面覆盖和实时指挥。推进绿色村庄和美丽乡村融合发展，探索农村生活垃圾全覆盖收集运输，做到城内城外一样净美。推进“三车三场”[10]整治与河道综合治理，减少源头污染。推进畅通城区建设，推动公交线路优化，解决交通堵点，打通德雅路、潘家坪路、开福寺路、佳园路、冯蔡东路等断头路，优化6条街巷的交通组织，完善北辰三角洲片区路网，畅通万达广场、湘江世纪城周边微循环。

解决最关切的问题。加快朝正垸、老火车北站、黄兴北路等片区改造。对116处老旧城区排水管道、化粪池、高排口进行疏浚，提质改造12个老旧社区和20条背街小巷。完成中青路西幅道路大中修。在主要干道增设3座人行天桥。统筹推进农安小区改造，提升基础配套水平，加强后期维护，打造5个精品社区和16个样板社区。突出抓好出入城口综合整治、城市景观亮化、万家丽路两厢提质、三一大道（车站北路）立交改造等工程项目。

（三）在民生改善中打造舒适幸福家园

推进基本公共服务均等化。坚持教育优先发展，建设教育现代化强区，提高教师待遇。落实学校建设“三年行动计划”和“美丽校园”建设任务，启动陈家渡中学、植基中学等7所学校建设，新改扩建四方坪小学、创远小学等7所学校。启动“儿童友好型城市”建设，新增普惠性民办幼儿园13所。建设医卫健康现代化强区，完善基层医疗卫生机构运行及药品配备使用制度，实行分级诊疗、医师多点执业，探索家庭医生试点。完善计生服务管理机制，支持社会力量进入健康服务行业，促进优质医疗资源下沉到基层一线。加快建设芙蓉北路、浏阳河、沙坪、秀峰、月湖等街道社区卫生服务中心。完善公共文化设施网络体系，推广全民阅读，建设书香开福。加快建设区文体活动中心和街道综合文化站，推进社区、村文体活动中心标准化建设，建成15分钟公共文化体育服务圈。加快公安、工商、税务、环卫等基层站所建设。

全面提高社会保障水平。落实全面参保计划，强化社会保险扩面征缴，全面实施机关事业单位养老保险制度改革。通过多种住房保障方式解决3000户家庭住房困难问题。完善养老服务体系，建设5个街道老年人日间照料中心和社区养老机构。启动区社会福利中心项目建设，支持北辰建设健康产业园。大力发展公益慈善事业，引导民众积极参与公益。支持残疾人事业发展。关心妇幼健康，保护妇女儿童权益。

努力提高居民收入水平。建设充分就业现代化强区，实施更加积极的就业政策，通过楼宇经济和商贸市场的发展，开发就业岗位。建设人力资源市场，全年计划城镇新增就业15000人，下岗失业人员再就业5000人。完善创业扶持政策，以创业带动就业，加强对灵活就业、新就业形态的支持，促进高校毕业生、城镇就业困难人员等群体稳定就业。

健全公共安全体系。以信息化为支撑，加快构建地面、地下、空中、网络相结合的立体化社会治安防控体系。深化“五零”创建，推进社会治理与服务。推进社区调整和并村工作，支持社区减负，增强基层治理能力，实现政府治理、社会调节和居民自治良性互动。重视群众来信来访，依法规范信访秩序。争创食品药品安全示范区。加强安全生产基础能力建设，及时排查化解安全隐患，坚决遏制重特大安全

[10] 三车三场：即渣土车、砂石车、混凝土搅拌车；消纳场、砂石场、混凝土搅拌场。

事故发生。加强应急工作，全面提升突发事件应急处置能力。

统筹推进各项工作。推进军民深度融合发展，做好双拥共建、优抚安置和人民防空等工作。加强质量建设，提高民众质量意识。支持工会、共青团、妇联、工商联、残联等群团组织开展工作，加快档案、红十字会等社会事业发展。

（四）在自身建设中提升政府效能

建设贤能政府。政府工作人员既要有信念、又要有实操。把忠诚融入血液，把名利抛在脑后，把责任扛在肩上，打造坚持理想、追求真理、埋头苦干，有开明思想和足够大局观念的行政团队。既要有能力，又要有定力。有定力没能力干事无招，有能力没定力一事无成。抓好学习型政府建设，注重一线历练，让干部在学习实践中磨砺品质、锤炼作风、超越自我。既要有先进性，又要有纯洁性。先进性主要体现在解决问题的能力上，纯洁性主要体现在纪律观念的强化上。政府一班人必须带头守纪律、讲规矩，做党性纯、能力强的执行者，当人贤、心正的示范者。

严格依法行政。只有建立对法治的信仰，才能“思”而出乎理智，“做”而有所敬畏，“行”而不忘法度。依法全面履职。规范行政程序，建立权责一致、分工合理、执行顺畅、监督有力的行政管理体制。完善决策程序。严格落实政府重大行政决策程序规定，将公众参与、专家论证、风险评估、合法性审查、集体讨论决定纳入法定程序。全面推行政府法律顾问制度。规范执法行为。落实行政处罚裁量权基准制度。依法惩处重点领域的违法行为。探索成立行政复议委员会，规范行政复议工作，有效解决行政争议。强化权力监督。自觉接受区人大及其常委会的法律监督、工作监督和区政协的民主监督，定期向人大报告工作，向政协通报情况，认真办好代表建议和委员提案。

打造效率机关。行政最讲公平和效率。提升办事效能。切实改进政府工作作风，狠抓责任落实，强化效能监察，厉行“马上就办”“办就办好”。精准服务基层。加大群众工作力度，以政府的勤奋指数，提升民众的幸福指数。在社区、村设立便民服务点，推行免费代办制度。创新政府管理。推进“互联网+”智慧政务建设，建好政府门户网站和社区公共服务综合信息平台，科学配置政务服务事项，真正做到让群众少跑路就能办好事、不求人就能办成事。

坚持亲民路线。政府工作一切都是为了民众。服务为先。加强“12345”市民服务热线运行管理及政务服务窗口建设。简少审批事项，简化审批流程，推广集中审批、并联审批，在提供公共服务、优化政务环境上下功夫。敬畏为道。把实现公众利益当做神圣的使命，落实权力清单、责任清单，出台负面清单，做到心中有民、心中有戒。解难为要。干在实处，拼在难处，积极解决8个遗留问题。深入践行“一进二访”，脚踏实地为基层排忧解难。

共守廉政纪律。坚守道德防线，廉洁底线，法律红线。真学真信、理性行权。“善除害者察其本，善理疾者绝其源”。推行“三学一做”⑪，用法规制度管住关键少数和关键领域，严格执行“三重一大”规定。踏石留印、抓铁有痕。落实“一岗双责”和“两个主体责任”，实行廉洁性审查和问题约谈制度。严肃查处违纪违法案件，着力解决“合理伤害”与懒政行为。强化审计监管，加大行政问责力度，提高政府公信力。坚持深化、驰而不息。抓常、抓细作风建设，持续用力、久久为功。崇尚节俭，简约生活。压缩“三公”经费，完成公车改革，坚决纠正“四风”。

各位代表，一座城市的发展史，实质上就是城市人的奋斗史！迈向现代化，开福在路上。让我们惜时惜岗，筑梦奔跑！让我们在市委、市政府和区委的坚强领导下，凝聚全区人民的智慧和力量，为实现“两个率先”、加快建成“五区”而努力奋斗。

⑪ 三学一做：学习党章、准则和条例，做合格共产党员。

政协长沙市开福区常务委员会工作报告

在开福区政协四届五次会议上

开福区政协主席 熊建伟

（2016年1月11日）

2015年工作回顾

一年以来，在区委的正确领导和市政协的指导下，区政协常委会团结带领全体政协委员，深入学习贯彻党的十八大和十八届四中、五中全会精神及习近平总书记系列重要讲话精神，认真落实省委关于政治协商、民主监督、参政议政的相关规定，积极践行“三严三实”，围绕区委提出的“两个率先”的总目标和建成“五区”的总定位，以改革创新为主要动力，以“三服务”为工作主题，按照“尽职做事、办好实事、实事办好”的工作思路，认真履行政协三大职能，广泛凝聚委员智慧力量，助推区域经济发展、社会和谐、民生民利，全区政协工作亮点纷呈，成效显著。

一、以服务发展为主线，认真履职建诤言

一年来，我们紧扣区委、区政府工作大局，认真履行政协职能，广泛凝聚智慧力量，为开福经济社会全面协调发展建睿智之言、献务实之策。

1.多层次协商议政。坚持并完善全委会议整体协商、常委会议专题协商、主席会议重点协商、专委会对口协商、基层协商等多种协商运行机制及协商成果转化机制，深度融入发展大局。一是积极参与重大事项协商，提升力度。区政协充分发挥人民政协协商民主重要渠道的作用，有计划地组织委员参与全区“三重一大”问题的协商讨论、参与对四大家领导及区直部门的公开测评；区政协常委会议先后听取并协商区政工作、财政预算执行情况、区法院、区检察院工作，对区长人选、区划调整、乡镇撤并、十三五规划等重大事项进行协商讨论，助推决策的民主化、科学化。二是重点组织专题协商，挖掘深度。以协商为平台、调研视察为载体、界别活动为纽带，发挥专委会基础性作用，精心选择议题，拓宽议政领域。一年来，区政协主席会议就养老工作、规模畜禽养殖退出长效机制、社会组织创新发展、立案登记制度落实情况等进行了专题协商与对口协商，提出了切实可行的建议。其中《关于建立我区规模畜禽养殖业退出长效机制的建议》得到区委廖建华书记的亲自批示，要求区农水局研究落实；《关于我区社会组织工作的专题协商建议》等得到了区委、区政府的肯定与认可。

2.多途径资政建言。我们积极发挥自身优势，主动作为，务实履职，助推改革发展。一是深入调研

重点课题，提出对策。主动接受区委“点题”，开展“我区棚户区情况调查与建议”重点课题调研，区政协主席会议组织人资环委、界别活动组及专业公司，采取实地查看、入户走访等形式，深入全区11个相关街道进行棚改调研，清水塘、东风路、四方坪等街道政协联络处全力支持，通过一系列视察调研、专题研讨，听取专家意见建议，形成了《开福区棚户区现状及规划改造建议》，经区政协四届十四次常委会议协商通过后呈报区委、区政府。针对沙坪街道违法建设现象突出的现状，通过摸清底子、分析成因，形成了《关于沙坪街道拆违控违情况的调查报告》报呈区委、区政府，得到了区委、区政府主要领导的批示。二是精心组织视察调研，形成意见。始终坚持“题不在多在于精”，精心组织视察调研，关注重点、聚焦热点、化解难点，紧紧围绕科学发展主题和加快转变经济发展方式献计出力。一年以来，主席会议成员先后对我区财政两保基金、义务教育“一校一特色”、高岭商贸城建设运营、基层医疗信息化建设、电商产业发展、小区物业管理等多个重大事项开展视察调研，着重发现问题，形成工作意见。对形成的10余份有情况、有分析、有建议的调研报告，及时报区委、区政府主要领导研阅，批转相关部门采纳落实，调研成果得到有效转化。如：区政协经济科技委牵头撰写的《关于加快高岭商贸城建成运营的建议》《关于加快开福区电子商务发展的建议》，区委书记廖建华、区长沈裕谋均先后批示，要求相关领导和部门研究落实。三是积极发挥提案作用，助力发展。提案是政协履行职能最直接、最有效的方式。一年来，区政协坚持以提案为抓手，扩大参政视野。全年共收到提案137件，立案交办125件；其中，肖兴科委员的《关于治理楚家湖水污染的建议》，汤凤英、黄勇、易浩委员的《关于进一步加强我区浏阳河风光带建设与管理的建议》、汤萌等委员的《关于成立“开福区社会组织服务中心”的建议》、陈必韬等委员的《关于提高我区专职人民调解员待遇的建议》、医卫组（高积慧委员）的《关于立项建设“仲景中医文化广场”的建议》等等，这些提案建议都围绕全区工作中心，紧扣经济社会发展主题，寓提案于服务之中，献良策于发展全程，取得区委、区政府和区政协主席会议的高度重视，得到了办理单位的积极回应；区委、区政府主要领导各亲自领办1件，区政协主席会议集体督办3件；区政协委员利用提案方式为促进我区经济社会和谐发展贡献了智慧和力量。

3.多形式评议监督。充分运用民主评议、民主测评、专题视察等形式，开展民主监督。一是组织民主评议。先后组织对交警大队进行民主评议，对国土分局民主评议工作开展“回头看”。我们坚持既“把脉问诊”又“对症开方”，在评议交警大队过程中，评议小组听取了交警大队2014年以来工作情况的汇报，深入相关单位、企业、街道、社区、居民群众召开座谈会10余次，发放调查问卷1000余份，并委托社会中介机构进行暗访；共收集4个方面22个问题，都原汁原味地向交警大队进行了通报并提出了整改建议；针对国土分局在2014年民主评议中发现的5个方面问题，我们组织进行了“回头看”，以视察、座谈和督办等形式，落实工作回访。在去年10月20日三季度政协常委会议的综合测评中，交警大队和国土分局的满意率分别达到了83.3%、96.67%。二是进行专项督查。区政协围绕区域经济社会发展中的重点问题、热点问题，有选择性地开展视察督查，先后就鹅羊山公园建设、仲景中医文化广场建设、楚家湖水污染综合治理、全区拆控违等重点工作进行视察和督办；其中，楚家湖水污染综合治理正在有序推进，仲景中医文化广场整体设计方案已经相关专家论证并经区委、区政府审批，即将启动建设，鹅羊山公园建设的提案经过三年的持续督办，有望于2016年上半年动工建设。

二、以履职为民为主旨，关注民生谋实招

一年来，我们坚持把促进解决民生问题作为履职重点，倾注真情实意，搭建服务民生平台，编织反映民意信息网，努力维护社会和谐稳定，让人民群众共享改革发展成果，共享幸福安康。

1.增强基层协商“助推器”功能。全面开展基层事务协商，延伸广度。区政协依托委员工作站，在开展委员服务基层，参与街道、社区事务协商方

面做了积极的探索，发挥了城区政协的作用，打通了机体“微循环”，造福了老百姓。2015年，全区18个委员工作站共组织履职活动442次，其中委员牵头组织履职活动222次，委员们在基层收集问题880个，通过反馈、跟踪、督办解决群众问题789个，直接立足基层协商解决问题72个，让群众得到实惠。如：望麓园委员工作站协商解决了营盘街社区背街小巷堵车严重问题，月湖街道委员工作站协商将月湖安置小区一期违建单车棚拆除改建为社区公园，伍家岭街道委员工作站组织对业委会规范化管理与监督进行协商等等。

2.搭建社情民意“直通车”平台。反映社情民意信息是人民政协一项经常性的工作，是政协委员独特的履职平台，它既能为各级党政领导决策参谋，又能为人民群众代言解难。区政协一直以来都高度重视社情民意工作，通过会议座谈、调研视察、开设信箱、网上征集等形式，广泛收集社情民意，全年共收集社情民意377篇。其中，报省政协32篇，采用10篇；报市政协200篇，采用23篇；区政协采用13篇；4篇得到了市委书记、市长的亲笔批示。社情民意工作在全市25个考核计分单位中排名第一，荣获特等奖。其中，区政协群团联络委和提案法制委，望麓园街道、浏阳河街道、洪山街道政协联络处在组织委员调研、撰写社情民意方面成绩尤为突出；释增慧、何磊委员积极主动，均收集撰写社情民意24条；李志员委员《建议采取措施使挂失后的身份证“消磁”》、周崇文委员《关于细分征地土地补偿中各类权益补偿费标准的建议》、黄熙宇委员《关于尽快规范农村流转土地配套生产用房建设用地政策的建议》、刘有凤特约委员《关于拆违后继续拆围的建议》等等，被省、市政协采用。社情民意“直通”省、市、区，解决了一批涉及民生民利的具体问题，树立了贴近百姓，务实有为的人民政协新形象。

3.做活政协委员“真情帮”文章。充分发挥品牌优势，鼓励政协委员扶贫帮困、助学助残，积极参与社会公益事业，用实际行动回报社会。2015年，区政协号召全体委员继续深入开展“双百帮扶”（在全区选择100户贫困家庭和100户残疾家庭，进行扶贫帮困公益活动）和“爱心助学”（资助中小学品学兼优的贫困学子50名）活动，委员自发捐款31.7万元。其中，黄泽圣委员牵头，与群团联络委、新港、望麓园街道政协联络处一起组织书画慈善义卖，一次性捐款9万元，取得良好的社会效应。同时，各街镇联络处以委员工作站为平台，由委员牵头组织，积极开展形式多样、内容丰富的为民服务活动，把关爱送到百姓家中。如：浏阳河街道的“关爱失独家庭，学雷锋大帮扶”活动，秀峰街道的“政协委员送医送药进社区活动”，湘雅路街道的“委员专家义诊年”活动，捞刀河街道的“食品安全宣传”活动，通泰街道的“政协委员携手残疾人体验地铁”，新河街道的“政协委员三服务社区行”、金霞经开区的法律服务中心等等。这些公益活动为服务群众、解决问题、促进和谐发挥了积极作用。

三、以团结民主为主题，协调各方聚合力

一年来，我们注重发挥优势，着力增强包容性，扩大团结面，调动各方面积极因素，营造民主团结、生动活泼、安定和谐的政治局面。

1.坚持合作共事，推进协商民主。发挥渠道畅通优势。积极为各民主党派、工商联、无党派和社会各界人士创造协商空间、优化议政条件。重点安排各民主党派、工商联和无党派人士在政协全会等各种会议上议政建言，参加视察、专题调研、提案督办等活动，把合作共事的精神贯彻到政协工作的各个方面、各个环节。2015年，各党派团体共提交提案55件，反映社情民意129篇，成为参政议政的重要力量。发挥智力密集优势。组织专委会、街道政协联络处与各党派团体开展合作调研，广泛听取社会各界意见建议，形成多篇调研报告，为开福区改革发展汇集了聪明才智。发挥地位超脱优势。邀请各党派团体、各阶层人士参与提案督办、行风监督、民主评议、对口协商等咨政监督活动，有力推动了相关部门的作风转变、效能提升和工作落实。

2.加强联谊交往，密切各界联系。加强学习交流。增进与兄弟政协的联谊交流，先后就社会组织创新发展、PPP项目运作模式、新农村建设、历史文化街区保护与建设、区域经济发展等一系列课题赴兄弟区县调研，学习借鉴各地成功经验；主动邀请驻区省市政协委员为开福经济社会发展排忧解难、献计出力。同时，由于我区在创新政协履职方式上进行了积极的探索，产生了很好的社会反响，省政协领导吴志宪、许石林先后到区政协调研视察，浙江省政协、防城港市政协、新余市政协、沈阳市沈河区政协及田阳县政协等多批省市县兄弟政协到区考察学习，加强了相互交流，扩大了政协影响力；10月23日，省政协《湘声报》以“倾心为民聚合力，创新履职助发展”为题进行了专版报道。定期走访委员。注重对政协委员的人文关怀，制定了政协主席联系联络处、每周走访委员制度；及时看望生病住院的委员，委员生日当天还会送上祝福贺卡和鲜花、蛋糕。同时，通过组织摄影、篮球比赛、游泳比赛等活动，丰富委员精神生活。特别的人文关怀，增强了委员的获得感，推动了政协工作的开展。

3.注重历史传承，弘扬优秀文化。按照“存史、资政、团结、育人”的要求，区政协继2014年出版《潮宗古街》一书后，今年将全区山水人文、自然史料进行收集整理，集结出版《开福山水》一书；为了做好《开福山水》编辑工作，区政协成立了编委会，由文教卫体委牵头，聘请熟悉开福区山水历史文化的专家学者参与编辑工作，实地寻访街区80岁以上的老人，收集亲闻、亲历、亲见资料，芙蓉北路街道、沙坪街道、青竹湖街道等政协联络处积极参与，20多万字的《开福山水》即将出版。同时，我们还就《注重现代与历史、商务与文化融合，有效做好黄兴北路商务区和宗教历史文化街区的开发建设》等重大课题进行深度调研，就捞刀河抗日阻击战烈士纪念碑、楼建设和开元博物馆搬迁择址等工作进行协商督办，力求全方位展示开福区人文底蕴和时代风采。

四、以强化自身建设为主轴，固本强基增效能

一年来，我们着眼人民政协事业的创新发展，切实加强自身建设，积极改进工作作风，不断夯实履职基础，推动工作制度化、规范化、程序化建设，在政协委员队伍建设和政协机关建设等方面取得新成效。

1.深入开展“三严三实”教育，构筑坚强堡垒。认真落实市委、区委的总体部署，切实增强践行“三严三实”要求的思想自觉和行动自觉。区政协领导班子成员积极参与、以上率下，聚焦对党忠诚、个人干净、敢于担当，把思想教育、党性分析、整改落实和立规执纪结合起来，着力解决领导班子“不严不实”的突出问题，为服务大局、履行政协职能提供了坚强的组织保障。一年来，区政协领导班子成员带头落实区委的部署要求，多方位参与中心工作，区政协主席、副书记、副主席都分别在黄兴北路、火车北站、炮后街、拆控违等重点项目指挥部任政委、副指挥长，直接服务于中心，助力于发展。今年，区政协联点伍家岭街道建湘新村社区，区政协领导坚持定期到群众工作站走访群众，解民难、帮民困，先后积极协调解决了建湘新村66号栋护坡安全隐患、44号栋房屋漏水等一系列棘手问题；区政协焦灿副主席牵头负责征拆遗留问题处理领导小组工作，共化解历史遗留问题26个，维护了社会和谐稳定，发挥了很好的示范引领作用。

2.全面实施“素质提升”工程，建设一流团队。一是强化委员学习。组织政协委员参加情况通报会、专题报告会、工作座谈会等活动，制定了《委员学习安排意见》，编发了《开福政协》期刊和学习资料，定期组织开展新委员业务专题培训，与区委组织部、复旦大学共同举办了政协委员履职能力提高班，全年受训委员和政协工作者多达400余人次。二是坚持制度规范。区政协从规范化、制度化建设入手，修订完善了《政协委员履职考核办法》，建立了《政协委员履职考核档案》，登记委员履职实绩，由政协委员会、各专委会、街道政协联络处进行三合一的考核。根据考核情况，对成效显著的单位和个人进行表彰奖励，对履职不合格的委员，给予书面告知、提醒谈话、劝辞或撤销政协委员资格等相应处理。一年来，高积慧、鲁碧君、段继芳、范四海、何磊、魏玛丽、汤萌、周志成、杨晓娥、宋元喜等委员，因热心履职、贡献积极被评为开福区政协“十佳”政协委员；另有7名委员由于履职不到位被约谈提醒，9名委员被书面提醒。通过学习培训和制度规范，政协委员队伍的能力和活力得到增强。

3.大力推进“机关效能”建设，打造务实机关。区政协机关结合“一进二访”①、精准扶贫、“共建连心农家”等活动，实施主席会议成员、委办负责人联系街镇政协联络处、委员工作站，联系社区和困难户，机关干部经常深入基层，关注民生，服务群众，助推民生问题解决。结合“三严三实”“乐东经验”学习活动，引导机关全体党员干部都要以“乐东”忠诚践行“三严三实”为标杆，找准定位、主动担责，倡树勤政节俭的优良作风，倡导讲政治、勇担当、善协作、守纪律的好风气，切实增强机关活力，形成了团结、务实、高效的工作氛围。

各位委员、同志们，区政协一年来所取得的成绩，离不开区委的坚强领导和上级政协的精心指导，离不开区人大、区政府、离退休老同志以及社会各界的大力支持，离不开全体政协委员的精诚团结和努力奋斗。在此，我谨代表区政协四届常委会，向所有关心、支持政协工作的各级领导和同志们、朋友们表示崇高的敬意和衷心的感谢。

在肯定成绩的同时，我们也清醒地看到工作中存在的不足和问题，主要表现在：建言献策的水平还有待进一步提高；民主监督的力度还有待进一步加大；委员主体作用的发挥还有待进一步加强；服务中心工作能力还有待进一步提升等。我们将在今后的工作中高度重视，认真研究，切实加以改进。

2016年工作思路

2016年是“十三五”的开局之年，也是全面深化改革的关键之年、全区政协的换届之年。区政协2016年工作的指导思想是：在开福区委的领导下，坚持以邓小平理论、“三个代表”重要思想和科学发展观为指导，深入贯彻落实党的十八大和十八届四中、五中全会及习近平总书记系列重要讲话精神，高举民主和团结旗帜，继续以“汇聚委员正能量、共促开福大发展”为主线，围绕“四个三”的工作总目标，认真履行三大职能，为实现“两个率先”，把开福加快建设成为创新创业活力区、现代产业集聚区、对外开放引领区、城市品质样板区、文明幸福宜居区而努力奋斗。

一、深入学习领会，贯彻十八届五中全会精神

党的十八届五中全会是对“十三五”时期经济社会发展科学谋划的一次重要会议，充分展示了中国共产党执政能力和治理能力。全区各级政协组织和广大政协委员要把学习贯彻党的十八届五中全会精神作为重要政治任务，通过认真听取宣讲，集中学习讨论，多种途径宣传，把会议精神学通、学透，切实把思想认识统一到中央对形势的判断上来，统一到中央决策部署上来，真正把会议精神转化成实际行动、有效举措和最终的发展成果，变成破解难题、改进工作、促进发展，助推开福实现“两个率先”，加快“五区”建设的强大动力。

二、圆满完成换届，建设奋发有为的政协队伍

根据中央、省、市委的指示精神，经区委批准和区政协四届十八次常委会议决定，我区第四届政协换届选举将提前到2016年下半年举行。区政协将提升认识高度，精心组织安排，全力做好换届选举工作。一是统一思想，坚持党的领导。本次换届选举涉及面广，工作量大，政治性、法律性、政策性、程序性都很强，区政协将以高度的政治责任感和历史使命感，切实把思想和认识统一到上级党委关于政协换届选举工作总体要求上来，统一到区委的决策部署上来，切实把这件事关全局的大事抓好抓实。二是选贤任能，保障队伍水平。严格执行《政协委员履职考核办法》，按照委员履职考核结果，把优秀的政协委员留下来，把不能、不会、不想履职的替换掉，广泛吸收有想法、有热情的社会贤达、行业精英充实到政协队伍中来，实现政协委员队伍的有序衔接、平稳过渡和能力提升。三是依法循章，确保风清气正。在换届选举过程中严格按照《政协章程》履行好职责，确保换届选举工作依法按章有序进行，各项流程执行到位，区委意图圆满实现，换届选举工作经得起历史和人民的检验。

① 一进二访：即湖南省在“三严三实”专题教育中，开展的领导干部“进村入户、访困问需、访贫问计”活动。

三、力求精准务实，服务“两个率先”的发展大局

围绕中心、服务大局是人民政协履行职能必须遵循的原则，也是政协工作不断开创新局面的基础。2016年，区政协将紧紧围绕全区改革发展的新目标和新定位，按照“服务经济建设、服务民生民利、服务社会和谐”的“三服务”主题活动要求，团结广大政协委员，认真开展“四个三”的履职工作，积极为区域经济社会发展建可用之言，献可行之策，将精准务实的工作要求贯彻到履行职能的各方面和全过程。

1.聚焦区域发展，抓好“三个五”。一是紧扣发展建言，开展五次协商议政。创新和完善协商机制，采取对口协商、专题协商等方式，着眼于区域经济发展、区政工作、社会热点、基层民生，重点就基层医疗卫生机构中医能力建设、互联网+电商模式下中小型生产企业的转型升级、政府购买社会服务工作、街道法律工作顾问制度落实情况、失独家庭帮扶工作等一系列课题，深入开展协商议政，广泛听取政协委员及相关专家的意见和建议，为区委、区政府提供高质量的决策参考。二是针对重点献策，安排五次调研视察。立足服务于全区工作大局，把视察选题的范围锁定在区委、区政府的中心工作和人民群众普遍关注的热点和难点问题上。开展好对义工工作、企业工资集体协商、闲置楼宇盘活、农村环境卫生整治、现代公共文化体育服务体系建设等工作的视察活动，为实现社会全面发展谏诤言，谋实招。同时积极推动视察成果的转化，加强与相关职能部门的联系互动，做好后续落实工作。三是找准角度发力，完成五个重点提案督办。在全年委员提案中选取4件，连同鹅羊山公园建设提案共5件，作为全年重点督办提案，切实做好督办落实工作。在提案办理中继续推行区领导专题领办、政协主席会议集体督办等多项提案办理制度，加强与提案承办单位的沟通协调，及时指导督促、跟踪检查提案办理进展。同时加强案前整合力度，不断提高委员提案质量。

2.促进提质增效，组织好“三个一”。一是组织一次行风民主评议，提升监督效能。创新民主监督形式，多途径组织开展委员视察、民主评议、提案督办等监督活动，在知情、沟通、反馈环节上下功夫，扩大民主监督的广度和深度。重点抓好对交警大队开展民主评议“回头看”工作，进一步提升我区道路交通管理水平，促进工作作风转变，提升群众满意度。二是组织一次委员学习培训，提升履职能力。为在新常态下进一步实现队伍履职能力的提升，区政协将组织政协委员前往南京大学进行集中学习培训，夯实委员理论基础，创新工作思维方式，学习借鉴先进经验，切实提升政协委员参政议政的能力和水平。三是组织一次游泳比赛，提升队伍活力。今年，继续组织委员开展“和谐杯”趣味游泳比赛，连同摄影俱乐部、篮球比赛等文体活动，丰富委员生活，激发委员活力，增进互动交流，提升队伍凝聚力。

3.立足存史资政，编好三本书。政协的文史编纂工作具有广泛社会影响，区政协将紧密结合全区政协工作开展情况和开福文化底蕴，立足于传承宝贵经验，坚持存真求实的原则，记录整理好本届我区政协特色亮点工作，努力做好《政协年鉴》《提案汇编》《社情民意汇编》三本书的汇编工作，将政协文史资料打造为具有文化价值的精品佳作。同时，借力当前大棚改工作势头，协助做好文昌阁、龙王庙、东岳宫的修缮与维护，助力黄兴北路宗教历史文化街区建设与潮宗街改造，努力还原开福历史风貌，提高群众文保意识，提升开福文化软实力。

4.弘扬优良传统，开展三次帮扶。切实发挥好人民政协作为党和政府联系群众的桥梁纽带作用，切实做好知民情、解民忧、惠民生工作。继续实施“双百帮扶”和“爱心助学”活动，巩固和扩大品牌效用，集中在春节、端午、中秋三个传统节日，走访困难群众家庭，了解群众生活中的实际问题，倾听群众的心愿心声，将帮扶工作做实、做深、做到位，树立开福政协亲民形象。

四、完善工作机制，夯实政协事业的工作基础

1.加强委员队伍管理。强化委员履职管理，严格

执行《委员履职考核办法》，完善委员奖励和退出机制，增强委员主体责任意识。健全委员联系群众工作机制，提质委员工作站（室），搭建委员服务群众的履职平台，推进基层事务协商；重视对委员的人文关怀，继续坚持每周走访委员制度；多措并举，让委员们有更多的获得感。

2.加强专门委员会建设。发挥专委会基础作用，加强与党派团体、界别小组、基层政协的联系互动，健全与党政部门对口联系制度，形成课题共同商议、调研协同开展、活动联合举办的工作机制；密切联系委员，积极组织委员开展调研、视察、学习、座谈等经常性活动。以专委会基础性工作的新发展、新突破，推动政协整体工作不断迈上新台阶。

3.加强基层组织建设。强化对基层政协联络处的指导与联系，注重发挥基层政协联络处和委员联系群众的优势，充分发挥政协委员在推动辖区经济社会发展、参与社区建设、参加社会公益事业、反映基层群众的意愿心声、维护社会和谐稳定等方面的积极作用。通过集中走访视察、定期召开工作会议、进行工作述职与经验交流等方式，实现区政协与街道政协联络处上下配合、整体联动。

4.加强政协机关建设。以加强学习、转变作风、提高能力、健全制度为重点，全面加强政协机关的思想、作风和组织建设，切实提高工作效率，增强服务意识，努力把政协机关建设成为学习型、服务型机关。加大对机关干部的培训、教育、管理力度，增添机关工作活力。继续办好《开福政协》期刊、开福政协网站，充分展现履职成果和委员风采，扩大政协影响力。加强机关效能建设，提高政协机关服务保障水平。严格执行中央、省、市、区关于改进工作作风、密切联系群众的有关规定，着力整章建制，加强勤政廉政建设。

各位委员，同志们，区委四届十九次全体（扩大）会议和刚刚召开的区委二十次全体（扩大）会议暨经济工作会议，进一步明确了当前和今后一段时期全区发展的总目标、总任务，指引了开福奋力前行的新航向，描绘了开福光辉灿烂的新蓝图。“功崇惟志，业广惟勤”。宏伟目标的实现需要敢于作为的态度，需要一往无前的决心。让我们坚定信心，和衷共济，群策群力，在中共开福区委的坚强领导下，积极应对新常态，努力展现新作为，为助推开福发展、促进开福繁荣做出新的更大的贡献。

特辑

开福区实施“史上最大规模拆违控违行动”

为贯彻落实长沙市委、市政府“实施史上最大规模拆违控违行动”的决策部署，开福区举全区之力，集全区之智，比实干、出实招、提实效，拆违控违工作取得显著成效。2015年，全区拆除历史违法建设2214500平方米，完成全年任务数的145.38%；4个应“清零片区”已通过市级复核；拆违清场3464处、1760000平方米、清理1058400吨建筑垃圾；共计增绿612600平方米；已启动“项目建设”27个；新增违法建设实现了“零容忍、零增长”。

一、谋发展，凝心聚成一股绳

1.实行顶格有力的组织调度机制。2015年4月3日，开福区召开动员大会，迅速成立了由区委书记任政委、区长任组长的拆违控违工作领导小组，全区划分为苏托垸、朝正垸、金霞、黄兴北路、火车北站5个片区指挥部，因地制宜开展拆违控违工作，全区各个片区按照“五个一”开展工作（即一名领导牵头、一个班子、一个方案、一套措施、一个进度），包干到户，责任到人，实施日报送、周通报、半月调度、月讲评的调度机制。

2.实行特事特办的投入保障机制。针对拆违控违任务，通过“五加”措施，在人、财、物等方面给予充分保障。在全区抽调21名优秀干部组建拆控违工作领导小组办公室，抽调51名青年干部组建成“青年突击队”，新招100名城管特勤队员充实到拆违控违一线。

3.实行比学赶超的竞赛考核机制。为实现“清零”目标，制定了《开福区拆违控违工作考核办法》，将拆违控违工作纳入全区年度绩效考核，并适时开展了“双百竞赛”活动，以时间倒逼进度、以比赛倒逼进度、以考核倒逼进度，有力地推动了各片区、各街镇拆违控违工作，浓厚了比、学、赶、超的工作氛围。在区委、区政府的统一指挥协调下，城管、国土、规划、住建、民政、法制办等相关部门，区、镇、村等各级机构，党员、干部、企业家、群众等全体辖区居民，从思想到行动，高度统一，拧成一股绳，劲往一处使，齐心协力主动参与到这场除污驱弊的攻坚战当中。

二、拆违建，暖心赢得一方人

1.宣传明理，营造公开的氛围。一是坚持“以法说事、以理服人”，通过发放《致村（居）民朋友的公开信》、建立拆违控违短信平台、宣传栏、移动板报、宣传手册等多种形式，让广大干部群众及时掌握全区拆违控违动态，引导群众理解、支持、参与拆违控违。二是共发放拆违控违公告26000余份，悬挂横幅1800余条，省级媒体报道36篇，市级媒体报道118篇，市级简报采用信息37篇，区拆控违办编辑简报35

期。三是区拆违控违办及时公开全区各片区和街镇任务、奖励补助标准、领导机构、举报电话并按工作需要召开听证会，片区、街镇按时公开摸底数据、拆违实时动态、“基本清零”情况，社区（村）公开拆后提质改造、平场复绿以及项目建设等各种方案和开展情况。四是按照“鼓励自拆、依法强拆，有偿拆迁、无偿拆违”的原则，主动上门对违建者面对面、心换心，不是苍白的说教，而是以法告人，以理服人，以情动人，促动居民群众在思想意识上从“要我拆”变成“我自拆”，把强拆控制到最小范围。

2.榜样带头，铸造公正的力量。坚持“正人先正己”，严格落实拆违控违“零违建”报告制度，组织全区所有机关事业单位、街镇、社区（村）、国有企业等单位工作人员、“两代表一委员”开展违法建设自查登记。全区共有78个单位申报，涉及违法建设的单位10个、45处、面积58000平方米；党员干部有12015人申报，涉及违法建设的102人、102处、面积130300平方米。按照“无违建要确认、有违建要自拆”的原则，做到“三个带头”，即属于村（社区）集体搭建的带头自拆，属于公职人员、村（社区）党员干部和“两代表一委员”的带头自拆，属于领导干部家属和亲戚的带头自拆。对于漏报瞒报或不自行拆除的，由区纪委给予纪律处分。“三个带头”既掀起了拆违控违的热潮，也赢得了群众的信任，带动了群众和企业自拆。

3.执法从严，打造公平的效应。按照“违必拆、六先拆”原则，即违法违章建筑一律拆除，党员干部违章先拆、沿路沿河违章先拆、妨碍建设违章先拆、安全隐患违章先拆、顶风突击违章先拆、大型典型违章先拆。对这些“六先拆”中的“硬骨头”，组织城管、国土、规划等部门开展联合执法，依法强制拆除一批典型违建，形成强大的震慑效应，达到拆除一处带动一片的效果。2015年开福区共计组织各类大小拆违行动1260次，走简易程序并经国土和规划部门作出专业意见的案件有2009起，项目内有355起案件正在走调查程序，共召开听证会75场。无论是高档别墅的还是老街旧城的，是机关单位的还是个人团体的，是城市中心的还是乡村郊外的，是历史形成的还是新增翻修的，违法建设无条件按时限要求拆除完毕。

三、惠民生，贴心奉献一片情

以心换心，以情动情。用“贴心”的帮扶方式贯穿拆违工作始终，想群众之所想，急群众之所急，情为民所系，利为民所谋。开福区广大干部职工的“贴心”奉献精神，使得居民群众在拆违后，分享到实惠和共赢的愉悦心情。

1.拆不容情，排忧解难要贴心。开福区涉及拆违群众28000余名，共4000余户家庭，其中生活特别困难的家庭有138户近400名群众。面对这些民生问题，根据区委、区政府主要领导指示，131名县级党员干部和区直机关负责人，全部与社区（村）建立联系点，听群众心声，解群众诉求，强调人文关怀，给予各困难群众以必要的生计帮扶，各街镇、社区交出了一份让群众满意的答卷。

2.建不容缓，配套建设要贴心。拆违伊始，开福区就按照全市“拆除一片、清理一片、美化一片”的要求，拆建同步，在拆除违建的区域内，全面实施绿化、美化、亮化工程，打造以人为本的绿色景观走廊。同时，将拆违控违与老旧社区改造提质相结合，完善公共设施配套，改善社区居民居住、出行条件。拆除违建后，楼栋间释放了空间，废墟上建成了公园，停车场整齐划一，河畔旁修葺一新。这场谋取公共利益的战争，开福区用“贴心”的实际行动赢得了人民的支持。

四、绘蓝图，倾心打造一个梦

1.“拆违+”征收拆迁。采取“先拆违后拆迁”“以拆违促拆迁”的工作方法，将拆违工作与加快城市建设、棚户区和城中村改造、安置房建设等工作统筹，实行拆迁指挥部与拆违指挥一套人马，统一调度指挥，加快了城市棚户区改造和农村征地拆迁的步伐。

2.“拆违+”提质改造。把拆违还路、拆违治脏、拆违改造、拆违增绿、拆违添景结合起来，增加了公共绿地、公共空间、配套设施、支路网密度，减少了居住密度，减少了开发难度。区财政投入10600万元实施芙蓉北路、福元西路、东二环线提质改造工程。全区已拆除4235处2170000平方米的违法建设，已清理了3464处1760000平方米，清场率81.79%，共平整、清运出1058400吨建筑垃圾；在拆违控违主次干道沿线复绿521000平方米，新增其他绿地91600平方米，共计增绿612600平方米；新建各种社区公园及小游园36个，22000平方米；新修、拓宽各种道路15100米；新建公共停车位4297个；新建其他公共设施133处；各街道及社区已经启动项目建设27个，涉及1592800平方米。

3.“拆违+”转型升级。以开展拆违控违集中行动为契机，全部关停或拆除三环内31家混凝土搅拌场站，淘汰低小散的落后产能，改善城区生态环境。针对鸭子铺、山鹰潭、苏托垸等城乡接合部区域违章建筑多、发展潜力大的特点，将拆违控违与推动产业升级、城市化进程相结合，同步启动片区项目规划设计工作，根据该片区的地理、文化等资源优势，计划发展文化创意、影视传媒、商务会展等文化产业，打造金鹰文化创意产业园，确保拆违腾出的发展空间得到最大效益的开发利用。

（区委政研室）

朝正垸片区（即鸭子铺片区）拆迁拆违工作纪实

朝正垸城中村改造项目（即鸭子铺片区）是省市重点工程，是长沙市目前地域面积最大、人口最多的“城中村”，也是长沙市城乡环境综合整治和控违拆违的重点区域。该项目北临三一大道，西、南临浏阳河，东临74105舟桥部队，涉及开福区洪山管理局鸭子铺、朝阳、月湖、马栏山四个社区，项目总用地面积253.17公顷，其中：国有用地40公顷，2011年部里批回用地61.76公顷，市储备中心名下国有土地59.80公顷，特征集体用地91.60公顷。该项目于2013年11月28日发布一期项目征地公告正式启动拆迁，拉开了整个朝正垸片区项目拆迁的帷幕，到2015年年底，已基本完成一期至六期项目200余公顷土地拆迁，七期项目拆迁计划于2016年启动。

片区拆迁基本情况。朝正垸片区一期至六期项目共涉及拆迁土地206.27公顷、房屋1460栋，拆迁人口2296户8631人，另有违章建筑128余万平方米，是开福区违章建筑最为集中的区域。朝正垸一期、二期、三期这三个项目均于2015年前启动拆迁，其中一期项目用地面积26.20公顷，拆迁房屋316栋477户，于2013年启动，2014年完成拆迁；二期项目用地面积35.87公顷，拆迁房屋289栋470户，于2014年启动并完成拆迁；三期项目用地面积26.30公顷，拆迁房屋247栋392户，于2014年底启动，2015年5月22日发布实施公告，开始签订拆迁协议，2015年9月基本完成协议签订工作。朝正垸四期、五期、六期项目均于2015年启动拆迁工作，其中四期项目用地面积39.82公顷，拆迁房屋212栋360户，2015年4月发布征地公告，6月发布征求意见公告，8月发布实施公告，由洪山街道组织实施拆迁；五期项目用地面积37.15公顷，拆迁房屋264栋416户，2015年4月发布征地公告，7月发布征求意见公告，9月发布实施公告，由月湖街道组织实施拆迁；六期项目用地面积40.93公顷，拆迁房屋126栋198户，2015年4月发布征地公告，6月发布征求意见公告，8月发布实施公告，由洪山街道组织实施拆迁。

片区拆违基本情况。朝正垸片区是长沙市城乡环境综合整治和控违拆违的重点区域，片区违建以成片仓储式建筑为主，占违建总面积的56.5%以上，且人员结构复杂、户口性质和轨迹变化大。2013年7月我区启动朝正垸仓储物流场所消防安全整治工作，通过对朝正垸片区的违章仓库、物流场所等进行综合整治，已完成拆违面积40万平方米。按照长沙市委、市政府“实施史上最大规模拆违控违行动”的决策部署，2015年，开福区对全区拆违任务进行总体安排，金鹰片区拆违总任务为931245平方米。朝正垸片区是本次拆违工作的主战场，集中在月湖街道4个社区——鸭子铺社区、朝阳社区、月湖社区、马栏山社区，项目内需拆除违建仓库80万余平方米，是典型的消防隐患区、环境整治区、城市形象改造区。针对拆迁拆违任务都很繁重的现实情况，片区一手抓拆迁，一手抓拆违，切实加大工作力度，强化工作责任，攻坚克难，扎实推进，累计完成违建拆除1156930平方米，超额完成年初931245平方米拆违计划，实现了片区拆违任务“基本清零”目标，特别是朝正垸三期、四期、五期、六期项目拆迁工作，在极短的时间内取得重大突破，合法房屋签约率达到96%以上，有的甚至达到将近99%，违章仓库签约倒地率近100%，且比原计划提前1到2个月完成，圆满实现了市委、市政府在万家丽路快速道路通车之前全面拆除违章仓库的要求。朝正垸违章仓库的全部拆除，得到了省、市各级领导高度肯定，也得到了兄弟区、县（市）的一致好评，多次迎接了省、市领导视察和外地单位学习观摩。

多管齐下，奠定工作基础。一是调度机制“活”。高效灵活的调度机制是“和谐拆迁”的最强保障。开福区建立了三级调度机制。第一级：按照“权责一致、总分结合、因地制宜、科学高效”的原则，成立了由区委书记任政委、区长任组长的区征拆指导和管理领导小组，确保全区拆迁项目统一部署推进、统一政策执行、统一补偿标准、统一工作流程。第二级：按照经济发展功能区划分和项目建设布局情况，成立了金鹰片区拆迁指挥部和拆违指挥部（原名新世纪片区拆迁指挥部）。两个指挥部由一套班子负责，区委常委、政法委书记刘文立任指挥长，区委常委、区委办主任袁伟洁、副区长廖勇任副指挥长，副区长李忠任常务副指挥长。第三级：按照项目属地原则，成立由各街镇为工作主体的分指挥部，负责实施具体项目拆迁。每个指挥长、副指挥长均联点一个街道分指挥部，片区指挥部和街道分指挥部均抽调了专门力量，搭建了工作平台。2015年金鹰片区在拆项目有11个（含朝正垅片区项目），包括了新启动项目和扫尾项目，涉及拆迁面积约264.80公顷，拆违计划任务931245平方米，拆迁拆违任务特别重，得到了区委、区政府领导的高度关注，区领导多次踏勘现场，亲临一线指导督促。片区指挥部实行“周调度，月讲评”制，重难点问题密集调度，指挥部指挥长、副指挥长更是坐镇一线，在联点分指挥部靠前指挥，确保拆迁拆违工作突破重难点，实现快速有序推进，为全面推进拆控违工作提供了坚实的政治基础和组织保障。

二是工作团队“拼”。实干苦干的工作团队是“和谐拆迁”的最大动力。全面落实拆迁责任。拆迁项目及拆违任务按照“属地管理、属地负责”的原则，分解到各分指挥部，落实主体责任。各分指挥部结合本辖区范围内实际情况，制定工作实施方案，各社区书记为第一责任人，街道联点领导为责任领导，城管执法队员、街道干部、社区干部全员上阵，对拆迁拆违任务实行“责任到组、任务到人、一包到底”。不断充实团队力量。区委、区政府从区直各部门抽调了50名责任心较强、文化水平高、基层经验丰富的干部组成精干拆迁团队。充分发挥党员作用。开展“亮出党员身份，争当发展标兵”的主题活动，将项目内所有党员拆迁户的签约时间、补偿金额、安置指标等在分指挥部醒目处详细公示，以党员干部带头签约来带动拆迁群众。始终保持务实作风。整个拆迁团队发扬了“白加黑”“五加二”的实干、苦干精神，放弃节假日休息，加班加点，以只争朝夕的务实作风扑在项目一线，确保项目在最短时间内推进。

三是执行方法“实”。公平公正的执行方法是“和谐拆迁”的最大法宝。严格执行政策，用心制定方案。严格执行“三公告一登记”“三轮联审、三榜公示”等制度。结合项目实施进度，对拆迁项目采取会议公开、现场公开等形式，分别在项目拆迁动员会上、征地范围所属街道、社区及征地现场，张贴、公示用地项目审批手续、三个公告、拆迁补偿安置情况等。由监察、审计、征地、国土、人社、计生、公安、街道、社区、片区指挥部、用地单位等11个部门和单位组成的联合会审组，对每个项目拆迁群众的补偿安置进行集中研究，形成“一户一方案”，并以表格形式将补偿安置方案进行三次张榜征求意见，杜绝了个人拍板，暗箱操作等损害群众利益的行为。自从严格执行联审制度以来，已完成的项目在审计中未再发现重大违反政策的情况。全面接受监督，三次张榜公示。如朝正垅三期项目，在鸭子铺5队、6队、7队

出入口和分指挥部多个醒目位置，分别设立了长达数十米的征拆阳光公示榜，将各户的房屋面积、人员结构、补偿金额、分户情况、安置指标、签约时间等进行公示，安排专人每日及时更新项目最新进展。贴心提供服务，解决“一揽子”问题。就征地拆迁对群众生产生活可能带来不便或困难，指挥部积极收集、迅速反应、多方设法，主动帮助群众解决“半边户”指标审批、迁户、就学、就医、就业和低保等问题。

综合施策，突破工作难点。在拆迁拆违工作推进过程中，指挥部针对不同阶段，不同情况，专题研究，以拆迁带拆违，以拆违促拆迁，打“组合拳”，多管齐下，务求实际效果。

宣传造势，浓厚氛围。工作人员联动协作，发扬“白加黑、五加二”的工作精神，对各个拆迁户、各户违章建筑进行上门宣传，调查摸底、登记造册，正面进行政策宣传解释工作，同时通过在重点区域、重点路段悬挂横幅、张贴标语，安装高音喇叭，出动流动宣传车等方式进行全方位、不间断宣传，使群众对拆迁拆违政策入心入脑。借助全市拆违大势以及湖南卫视、经视、长沙新闻频道、《长沙晚报》等省市媒体，对朝正垸拆违的密集宣传报道，大造拆违声势，营造了浓厚的拆违氛围。

树立标杆，典型带动。在拆迁拆违工作中，坚持社区自建、租用社区集体土地建设以及党员干部搭建的违法建筑先拆，党员干部拆迁户带头签约，做到了先拆社区违建后拆居民违建，先拆经营性违建后拆困难群众违建，先拆新搭建违章建筑后拆历史性违章建筑，先拆党员干部后拆普通群众，比如在浏阳河街道，由社区自建或以社区名义搭建的双河社区办公用房、史家坡社区办公用房及门面、史家坡木材市场已经拆除腾地；有甘铁刚等党员干部率先签约、带头主动自拆违法建筑。此举做为典型事迹被《湖南日报》《潇湘晨报》《长沙晚报》等重要媒体专题报道并大力推介，进一步打消了群众的顾虑及“等、看、望”的思想。

部门联动，综合施策。拆迁拆违工作存在不少难题，尤其是项目内的经营门面、朝正垸内仓库的拆除，即使做通了业主的工作，租赁、经营户仍以种种理由拒不搬离，为此，指挥部在区委、区政府领导下，组织交通、交警、公安、工商、税务、消防等执法部门，大力开展综合整治和执法行动，对存在的交通安全、消防安全、食品安全等隐患坚决依法整治，同时组织商务等部门提供仓储信息，正面引导经营业主自觉搬离，促使违建仓库、合法房屋及时拆除倒地。

法治为先，确保稳定。注重运用法治手段，做到依法拆迁拆违、法律程序到位，严格履行依法认定、腾退搬迁、限期自拆、依法强拆等法律程序，规范操作流程，强势推进拆迁拆违工作，维护了法律尊严和政府权威，维护了大多数拆迁群众的合法利益，为推进项目征拆打好了良好的基础。

（区委政研室）

朝正垸全景图

“援建连心农家”活动纪实

为贯彻落实全省扶贫开发工作会议精神和省委办公厅关于在“三严三实”专题教育中开展领导干部“进村入户、访贫问需、访贫问计”活动的要求，努力实现建档立卡贫困户“清零”的目标，突破全面建成小康“最后一公里”，2015年9月，中共开福区委四届十九次全体（扩大）会议决定，成立“联系困难群众，共建连心农家”援建活动领导小组，由区委常委、区委办主任袁伟洁任组长，区政府副区长汤建尧、区政府副区长李忠任副组长，区委办公室分管督查工作的副主任、区委组织部分管党建工作的副部长、区直机关工委、区监察局、区农林水利局、区财政局、区城乡建设局、区民政局、国土分局等单位主要负责人及各涉农街镇党群副书记为成员。区直机关工委设为领导小组办公室，组织区直机关党员干部开展“联系困难群众，共建连心农家”援建活动。

选准援建对象。本次活动的援建范围主要为我区农村居民中基本无投工投劳能力和自筹资金能力的危房特困户、无房户、农村分散供养“五保户”和贫困残疾人家庭，已列入规划控制区和已享受过农村危房改造补助政策的除外。9月下旬，各涉农街镇按照“不限名额，不下指标，农户自愿，街镇把关”的原则进行了申报，区城乡建设局对上报对象是否属于严重危房以及是否享受过危改补助政策、区民政局对上报对象是否属于困难家庭、区征地办对上报对象是否在近两年农村土地征收范围内进行了书面审查，初步确定了37户援建对象。同时，区委督查室、区直机关工委、区城乡建设局、区民政局组成联合核查组，对37户援建对象的家庭和房屋情况全部进行了上户核实。10月18日至27日，各相关街镇组织对援建对象进行了为期七天的公示，对有可能存在异议的对象进行了信息比对。经过深入走访困难群众，反复核对有关情况，充分听取街镇意见，援建办最终确定本次活动援建对象为36户，其中青竹湖镇13户，捞刀河街道13户，沙坪街道10户。其中，一人户18户，两人户11户，三人户5户，三人以上户2户；改造方式为原址新建的27户，异地新建的6户，局部改造的3户。

2016年春节区委书记廖建华（右一）慰问沙坪街道援建对象李志忠

确定援建房屋建设标准。援建房屋原则上参照全市农村危房改造方案和开农危办〔2014〕1号文件关于农村危房改造的建设标准，在满足基本居住功能和安全的前提下，按照简朴、适用、美观、大方的原则，因地制宜进行建设，严格控制建筑面积和造价。一是包括厨房、卫生间在内，建筑面积分别为，1人户不得超过60平方米，2人户不得超过70平方米，3人户不得超过85平方米，3人以上户不得超过100平方米，且只允许建一层，入住两年内不得扩面加层，并坚持“一户一宅，建新拆旧”，原则上不异地新建，确需异地新建的不能在规划控制区内选址。拆旧建新的农业生产用房不计入控制面积。二是房屋主体为砖混结构，屋顶及外墙立面统一色调，建筑造价控制在800元/平方米以内。三是有进出道路、水电设施及基本生活设施，能满足居住对象基本生活需要。四是有合法的用地、规划手续。区城乡建设局负责提供户型及外观设计图纸和技术指导，并进行质量监督。属于局部改造的在原房屋基础上进行加固维修，不得扩面加层。参照全市农村危房改造方案和开农危办〔2014〕1号文件关于农村危房改造的建设标准，在满足基本居住功能和安

2016年春节区长沈裕谋（右二）慰问捞刀河街道援建对象沅福钱

全的前提下，援建房屋按照简朴、适用、美观、大方的原则，按照800元/平方米砖混结构建筑造价由区城乡建设局负责统一设计、指导和监督。

规定援建补助标准及资金来源。按照户控面积，以800元/平方米为基准进行估算，新建援建房屋的造价分别为1人户（60平方米）4.8万元、2人户（75平方米）5.6万元、3人户（85平方米）6.8万元、3人以上户（100平方米）8万元。局部改造的援建房屋以维修加固为主，造价约在3万元左右。36户共花费建设资金两百余万元，其中政府财政提供补助资金。资金由区政府补助资金和援建单位的捐助两部分组成。其中区政府补助资金132万元，由区城乡建设局负责向区财政申请并管理。属于新建房屋的，每户补助4万元，分两期拨付。房屋基础工程完工后拨付50%，竣工验收合格后（如属异地新建，还需在旧房拆除后）再付50%。属于局部改造的，每户补助2万元，改造完工验收合格后一次性拨付。拨付流程为：村（社区）根据房屋建设进度提出补助申请，经援建对象、所属街镇、援建单位及国土、建设部门签字验收，援建办根据验收意见通知区城乡建设局（具体见下发的相关表格），区城乡建设局先拨付到街镇，再由街镇拨付到承建的村（社区）。全区53个区直机关单位与援建户结对，通过与援建对象协商，采取直接提供捐助资金的方式或帮助购买建筑材料、提供人工服务等方式进行援建，共提供捐助近百万元。这部分资金来自机关党员干部捐赠和结余的公用经费中开支，其拨付形式由各单位与援建对象及所在村（社区）协商，按建设进度自行拨付。原则上援建房屋不再由援建对象承担建设费用。

明确援建房屋施工方案。考虑到大多数援建对象缺乏自建能力，为保证建设进度和质量，此次援建房屋均由援建对象以书面形式委托所在村（社区）负责组织施工。援建单位主要负责会同村（社区）为援建对象制定援建房屋建设方案，督促村（社区）按照区城乡建设局提供的设计图纸和技术标准进行施工。各街镇主要负责与援建对象签订援建协议，统一为援建房屋办理国土规划手续，申报和下拨援建资金。区城乡建设局主要负责提供设计图纸，在施工过程中进行技术指导和质量监督，会同街镇和援建单位进行竣工验收，根据援建办要求及时拨付援建资金。区援建办负责协调解决援建过程中出现的新情况新问题，根据验收意见审批援建资金。

援建活动成果显著。经过历时四个多月的情况核实与抢抓施工进度，53个援建单位与援建对象所在的街道、社区（村）克服恶劣天气带来的不利影响较好地完成了区委确定的让困难群众搬进新居过春节”的援建工作目标，有34户援建房屋全面竣工（另外两户由于自身原因未完成）。2016年春节前夕，区委书记廖建华、区长沈裕谋分别带领区委、区政府的有关领导和援建单位负责人，到援建对象家中开展“五送”活动，给每个援建对象送上一份新年祝福,一个新年大礼包、一套习总书记系列讲话精神读本、一张连心卡和一份慰问金，让困难群众切实感受到了党和政府的温暖。

（区直机关工委）

捞刀河街道中岭村黄蜂嘴组张和安户援建活动新旧房屋对比照

打造“三金”名片，提质大城北

2015年，在深化改革的关键之年，开福区转变方式、调整结构，打造金霞金开区、金融生态区、金鹰文化区三张“金”字名片，推动物流商贸、金融商务、文化创意三大产业壮大升级。

以金霞经开区为核心，打造对外开放“桥头堡”。金霞经成立于1992年，是经国务院批准的湖南省首批重点开发区，也是湖南省唯一综合性现代物流园区。开区长沙金霞物流园以新火车货运北站、霞凝港、保税物流中心等重要物流平台为依托，重点建设高岭国际商贸物流城、传化智能公路港、广铁长沙物流中心等项目，大力引进总部物流项目，积极构建交易中心、结算中心、分销中心，初步形成了粮食、能源、医药等物流产业集群，专业园区优势日益凸显。金霞物流园成为全国面积最大的物流专业园区，社会物流总额由2006年的95亿元增长至2015年的1109.85亿元，年均增长率31.4%；物流企业货物吞吐量由160亿元增长至3791.66亿元，年均增长率42.15亿元。保税物流中心的平台功能进一步拓展，自2009年封关运行以来，已有260家企业、3000种商品通过保税物流中心流转业务，加工贸易总额占全市40%以上，累计吞吐货值30多亿美元，总货运量50多万吨，业务范围已覆盖全省，成为湖南与国际市场接轨的“桥头堡”。园区成功获评“中国优秀物流园区”“湖南示范物流园区”和“湖南首批服务业示范集聚区”。

以金融商务区为依托，打造经济增长“发动机”。金融产业既是现代服务业的重要组成部分，又是现代服务业发展的重要支撑。开福区围绕“1区3纵1横8平方千米”的布局，以金融商务区为载体，推进金融资源集聚和功能建设，鼓励和支持中资外资银行、保险证券公司等金融机构在开福设立地区总部、分支机构，加大对股权基金、私募基金、科技金融、文化金融、互联网金融等金融新业态的招引培育，加快发展金融中介服务，构建多层次、多元化的金融生态。现代金融业在开福的发展进入快通道，金融体系不断完善，“金融街”集聚效应逐步增强。目前，芙蓉中路开福段已拥有中国银行、中国邮政储蓄银行、浦发银行、渣打银行、平安财险、中国人保、光大证券、方正期货等42家大型金融总部和200余家金融企业分支机构，业态覆盖率全市占比90%。2015年实现金融业增加值76.47亿元，占地区生产总值的10.59%，同比增幅23.5%；实现金融业全口径税收30.98亿元，占总税收31.32%，同比增幅达37.97%，金融业已成为开福区第一大税收行业。随着金融产业的重要地位广获共识，以金融产业为抓手，推进经济适应新常态，寻求可持续发展的科学途径，正成为金融商务区建设者普遍遵循的发展轨迹。随着多年来的稳定发展，金融产业的发展占比逐步提高，也带动了其对区域经济贡献率的稳步提升。作为长沙建设国际化城市的战略核心，长沙金融商务区必将成为辐射三湘、影响中南的新经济引擎与新时代标杆。

以金鹰文化区为平台，打造文化创意“大本营”。开福区文化产业具有规模大、布局广、发展快等特点。以湖南广电集团、省出版集团、湖南日报报业集团、省文化产业中心(省文化厅)、省体育产业中心(体彩中心)、省民政产业中心(福彩中心)等为平台的六大文化产业加速发展，以湖南广电为中心的金鹰文化城、以“三馆一厅”为主体的滨江文化园、以中南传媒为主导的泊富广场逐步成为全省文化创意的“金色摇篮”，2015年文化产业实现增加值165亿元。文化产业增加值占全区GDP比重超过两位数，成为开福区经济发展的支柱产业之一。2012年，开福区文化产业已继房地产业、金融业之后，成为财税贡献的第三大产业。2015年，文化产业税收占比首次超过房地产业，仅次于金融业，居第二位。同时按照打造“国际性知名旅游目的地”和“现代旅游文化观光走廊”的总体思路，借助湖南省打造“东方莱茵河”和长沙市“沿江建设、跨江发展”的契机，开福区不断加大旅游品牌项目引进和景区建设力度，重点打造“三馆一厅”滨江文化园、沙坪风情小镇、沙坪湘绣产业园、省博物馆改扩建、金鹰影视文化城、潮宗街历史文化街区等项目，培育文化、旅游、观光、购物产业链，旅游业保持了快速发展的态势。实现旅游总收入245亿元，5年年均增长10.8%，旅游产业已经成为拉动开福区经济发展的重大产业。

（开福区发展和改革局）

大事记

2014年12月31日　区委四届十六次全体（扩大）会议暨经济工作会议召开。

1月

6日　区促进大城北发展领导小组会议在金霞经开区召开。

6日　省物联网行业协会成立大会暨第一次会员大会举行。

8日　区委召开四届十七次全体（扩大）会议，17名街镇党（工）委书记就履行基层党建责任向大会述职。

12日　开福交警大队开展电动车、"黑车"交通违法行为集中整治行动。

14日　省委书记、省人大常委会主任徐守盛，省委副书记、省长杜家毫率省委常委会一行到区视察重点项目建设。

14日　区政协召开四届四次全体会议，市区领导及区政协委员、特约委员、列席人员等400余人出席。

15日　区人大四届四次会议召开。

16日　区四届人大四次会议和政协四届四次会议闭幕。

22日　开福区文化企业"快乐购"登陆创业板，成为2015年湖南首家上市企业工作。

28日　最高法院和省高院领导到区法院督导检查执行工作。

28日　开福交警大队组织开展农村地区校车接送学生车辆交通安全隐患排查整治工作。

30日　2015年第一次区委中心组（扩大）学习报告会召开，就安全生产和环境保护相关知识进行集中学习。

2月

9日　区四届纪委五次全会暨全区反腐败工作会议召开。

11日　湖南省侨联党组书记朱建山、长沙市侨联主席翁少兰等领导到开福区走访慰问归侨侨眷。

13日　张虎等5位法官获最高法院授予的"荣誉天平奖章"

15日　省公安厅副厅长汤向荣、省公安厅交管局局长唐国栋、省交警总队副总队长贺健钧深入基层大队，慰问开福交警大队民警、辅警、协警以及劝导员。

27日　开福区被全国普法办公室授予"全国法治县（市、区）创建活动先进单位"称号。

28日　清水塘街道清水塘路社区获评第四届"全国文明单位"称号

3月

4日　市人大常委会主任袁观清率主任会议成员到区调研经济社会发展及人大工作。

9日　省委副书记孙金龙，省委常委、市委书记易炼红，到清水塘街道四季花城社区走访慰问基层妇女干部群众。

10日　省知识产权局局长（省科技厅副厅长）肖祥清一行到区调研园区、企业知识产权及科技创新工作。

12日　省委常委、市委书记易炼红到区调研基层党建工作。

13日　植树节，开福区植树清霾主题活动在青竹湖镇展开，区近30家单位的1000余名志愿者挥锄种植香樟、樱花、杜英等树苗1400多株。

17日　开福交警大队打响2015“醉驾刑拘”第一枪，逮捕醉驾并妨碍公务司机一名。

19日　省教育厅党组成员王建华，市教育局党委书记、局长卢鸿鸣，区委书记李蔚到湘一外国语学校和周南中学专题调研教育工作。

24日　市委副书记、市长胡衡华，副市长黎石秋一行到区调研四方坪街道胜利村城中村改造工作。

30日　《湖南日报》头版头条以“长沙开福‘金’光闪耀”为题，对区“三金”名片进行系统推介。

31日　通泰街街道寿星街社区与开福区社会服务组织联合会共同举办了寿星街社区综合性服务中心项目启动仪式，长沙首个社区综合服务中心成立。

4月

1日　区机关大院围墙拆除施工正式启动。

同日　芙蓉北路（捞刀河桥—浏阳河桥段）提质改造正式启动。

3日　全区拆违控违工作动员大会召开。

8日　省委常委、市委书记易炼红到区考察防汛工作。

14日　省委常委、市委书记易炼红到区调研万家丽快速化改造项目，要求确保质量和安全，实现10月1日主线通车。

14日　区政协主席会议考察全区18各街镇政协联络处亮点特色工作及委员工作站情况。

22日　市人大常委会主任袁观清，市委常委、副市长张迎春，市政协副主席彭继球一行到区督查防汛备汛工作。

22日　开福区委宣传部获湖南省调研信息工作先进单位称号，并在全省舆情信息调研工作会议上作经验介绍。

27日　“活力开福·领跑三湘”2015开福全民健身系列活动启动。

27日　开福交警大队建立“四位一体”交通事故调处中心。

28日，老百姓大药房连锁有限公司董事长谢子龙荣获第五届全国道德模范提名奖“诚实守信”。

30日　芙蓉北路绿化提质改造工程完工，道路两侧种植银杏3600株，形成长达13千米的景观林荫大道。

5月

6日　市委常委、常务副市长陈泽珲、副市长黎春秋率市直相关部门负责同志到区调研重大项目建设工作。

14日　2015第四届中国药品冷链物流峰会在金霞经开区开幕。全国近50位行业专家、企业代表出席。

15日　全省首家医药健康产业主题园区——长沙医药健康产业园开园。

18日　长沙市光爱之家助残服务中心，被中国残联、共青团中央、中国志愿服务联合会授予“全国志愿助残阳光基地”称号。

19日　全区负责干部会议召开，宣布省委、市委有关干部任免职决定：廖建华任开福区委书记；沈裕谋任开福区委副书记、提名为开福区人民政府区长候选人；谢伟峰任开福区委副书记。

20日　省委常委、市委书记易炼红到开福区考察调研拆违控违工作。

20日　2015年“新开福·新丝路”时尚嘉年华暨开福消费节开幕式在中山路国货陈列馆举行。

21日　市委副书记、市长胡衡华率市国土、规划、住保、征收，市城投公司、内五区主要负责人到黄兴北路棚改项目S10–2地块考察指导工作。

21日　《人民日报》17版民生周刊《民生视线》栏目刊发长篇报道，对区黄兴北路棚改中所采取的货币补偿政策及其成效进行推介。

21日　区教育局、周南中学合作办学签约仪式在周南中学举行。

29日　区政府与建行湖南分行续签《全面战略合作备忘录》。

6月

6月1日，由中央文明办、教育部、共青团中央、全国妇联和中国关工委举办的全国百名美德少年展示活动启动，开福区长雅中学1404班学生何好获全国百名美德少年。

2日　2015湖南（香港）投资贸易洽谈周·湖南跨境电商产业园暨长沙保税直销中心招商推介会举行。

2日　清水塘街道被评长沙首批“城市管理示范街道”。

3日　市政协副主席石长松一行调研秀峰山抗战遗址重建工作。

5日　开福区第十二届“湘江韵律”广场文化暨校园文化进社区之“青春星声音”校园歌手争霸赛在风帆广场拉开帷幕。

5日　湖南首家以环保为主题的社区服务站点在黑石渡社区挂牌。

10日　朝正垸城中村改造及环境整治工程四六期项目正式启动。

11日开福区人武部党委第一书记、国防动员会主任任职会议召开。廖建华新任区人武部党委第一书记、沈裕谋新任区国防动员委员会主任。

17日　中央改革办协调局巡视员于培伟一行到区督查“单独二孩”政策实施情况。

20日　新华人寿保险湖南分公司在泊富广场开业。

24日　省委常委、市委书记易炼红到万国城三期考察小区配套建设以及建筑节能工作。

25日　全市拆违控违和造绿透绿现场观摩会举行。省委常委、市委书记易炼红，市长胡衡华和市、区、县负责同志，考察区绿化提质和拆违控违工作。

30日　全区庆“七一”表彰大会暨党代会年会在青竹湖影剧院举行。

7月

1日　全区正式实施城乡低保一体化试点工作。

9日　副市长何寄华率市财政、商务、口岸办、海关现场处、检验检疫霞凝港办事处到金霞保税物流中心调研指导跨境电商推进工作。

15日　省委常委、市委书记易炼红到区看望慰问拆违一线工作人员，考察朝正垸、苏托垸拆违现场。

16日　区政协举办“双百帮扶”暨公益慈善书画义卖活动。义卖所得部分收入9万元赠予“双百帮扶”基金。

20日　台中银融资租赁有限公司长沙分公司入驻区万达广场。

21日　市“践行三严三实、争当发展先锋”先进典型事迹巡回报告会在区召开。

22—29日区政协委员履职能力提升班在上海复旦大学举行，50名政协委员参加为期7天的培训。

25日　2015英国品牌购物节（长沙站）在万达广场盛大开幕。副省长何报翔，商务部、英中贸易协会、省商务厅、英国驻广州领事馆负责人等出席开幕式。

29日　区委常委议军会议召开。区委书记廖建华到长沙警备区进行“八一”走访慰问。

30日　全市社会矛盾调解工作督查会议在开福交警大队召开，市综治办、市政府督查室、公安、司法等10余家单位参加了会议。

30日　长沙市“一府两院”向市人大代表开福区联组通报2015年上半年工作会议召开。

8月

4日　省委常委、市委书记易炼红到望麓园街道荷花池社区调研社区综合提质改造和最严城市管理工作，慰问一线环卫工人。

6日　市委副书记、市长胡衡华率部分全国人大代表到芙蓉北路街道江湾社区调研社区治理创新工作。

7日　省委书记、省人大常委会主任徐守盛率省市领导一行到区调研城市建设工作。

10日　市纪委常委周耀炳一行到区检查党风廉政建设“两个责任”落实情况。

17日　市青年创业基地、区创新创业孵化基地授牌。

17日　省交管局局长唐国栋一行慰问开福大队一线执勤民警，深入鸿胜物流开展安全检查。

18日　区四届人大五次会议闭幕，沈裕谋同志当选为开福区人民政府区长。

19日　全市首个社区太阳能光伏电站屋顶项目在中山路社区落户，并入国家电网发电。

30日　市委书记易炼红一行到区调研城市管理工作。区委书记廖建华、区长沈裕谋等陪同考察通泰街街道城管工作。

9月

1日，省民政厅党组书记、厅长段林毅到区考察民政工作。

10日　2015首届中国志愿服务论坛举行。区委宣传部荣佳平撰写《从三种不同的城市社区邻里关系互动模式探讨基层志愿服务活动的组织对策》一文获首届中国志愿服务论坛论文征集一等奖，并在论坛期间做典型经验介绍。

14日　市政协主席范小新率市政协主席会议成员一行到区调研经济社会发展情况。

15日　洪山街道组织拆违集中行动，拆除世界之窗前坪32个记3400平方米违章棚点。

17日　中国计划生育协会副会长勾清明率各省市计生基层群众自治示范县项目（南片）研讨班成员130余人，到区芙蓉北路街道江湾社区考察指导工作。

17日　教育部及省市教育厅局领导到区进行“护校安园”专项督查。

17日　区启动湘江流域一级支流浏阳河、捞刀河水质自动监测站建设。

18日　市委副书记徐宏源率市相关部门负责人到区调研经济社会发展情况。

21日　金霞经济开发区被省发改委公示为电子商务业示范聚集区。

22日　区作风建设推进会议召开，通报了7起违反作风建设规定典型问题。

22日　区政协在新竹二小举行“爱心助学”捐赠仪式，捐助50名贫困学生，捐赠金额5万元。

24日　区政协第二届“和谐杯”政协委员游泳比赛在世纪金源游泳馆举行。

29日　湖南对接“一带一路”重点平台通道推介会在长沙金霞经济开发区电商大厦隆重举行。

29日　“书香开福·幸福北城”全民阅读暨“流动书吧·行走开福”活动启动。

29日　区望麓园街道水风井社区获国侨办2015年度“全国社区侨务工作示范单位”荣誉称号。

30日　省委书记、省人大常委会主任徐守盛，省委副书记、省长杜家毫，全国政协提案委副主任胡彪，老同志杨正午、刘夫生和省会各界干部群众代表一起到湖南烈士公园，向革命烈士敬献花篮。仪式由省委常委、长沙市委书记易炼红主持。

10月

1日　北起福元路，南至湘府路全长16.63千米的长沙市第一条快速路——万家丽高架快速路正式通车。

1日　高龄老人补贴对象扩展到80周岁以上老年人。

13日　第四届中国小学校长大会在清水塘第三小设立分论坛。

15日湖南省中小微企业经济发展运行监测示范点授牌仪式暨百家小微企业数据采集工作培训动员大会隆重举行。

15日　市委常委、统战部部长文树勋，区领导廖建华、周志军、袁伟洁到对口扶贫点长沙县路口镇上杉市村开展“一进二访”活动。

16日　区老干局组织机关县级退休老干部深入区部分重点工程项目现场观摩考察。

22日　2015长沙金融服务节开幕式暨开福区银企对接会召开。

28日　区园林局变更为公益一类事业单位。

29日　省级老领导一行考察区经济社会发展情况，考察长沙市规划展示馆和朝正院片区拆违工作。

30日　区政府职能转变和机构改革动员大会召开。区住房保障局为公益一类事业单位。

11月

4日　第五届湖南艺术节“三湘群星奖”优秀节目社区专场在湘江风光带风帆广场开演。

5日　市人大常委会主任袁观清率主任会议成员就“关于将开福寺恢复为湖湘佛教名教名刹的建议”到区进行专题调研。

6日　由湖南卫视快乐购和汽车之家联手打造的“芒果汽车上线发布会”在青竹湖国际会展中心举行，国内首家综合性汽车生活主题馆——芒果汽车生态体验馆正式开业运营。

9日　省委常委、市委书记易炼红到区调研经济社会发展情况。

11月　完成对7个街道（清水塘、望麓园、通泰街、湘雅路、东风路、新河、四方坪街道）社区撤并工作，减少社区11个。

12日　中央宣讲团成员到区芙蓉北路街道江湾社区，与基层干部群众进行座谈交流。

12日　湖南知名企业开福行暨开福·同心发展论坛活动举行。

19日　再次启动撤镇合村工作任务，青竹湖镇和新港街道成建制合并设立青竹湖街道。调整后，全区辖16个街道。完成对金霞村、高岭村、竹隐村、鹅山羊、大明村和板塘村6个村的“村改居”工作。

20日　长沙传化智能公路港项目正式开工。

20日　长沙金霞商贸物流招商推介会召开，现场举办重大项目签约仪式。

20日　长沙市纪委联合开福区纪委开展“市区联动抓经常”、纠正“四风”专项明察暗访。

24日　副市长陈中率队到区调研农业农村工作，考察筒车坝泵站、涝湖垸堤防、墙板厂泵站及汉回新农村示范村建设现场。

26日　区财政局获共青团中央颁发的“全国青年文明号”荣誉称号。

27日　区重点工程项目办公室成立，归属区发改局管理。

27日　市民间手工女艺人协会成立大会暨创新创业作品大赛在沙坪湘绣广场举行。

30日　青竹湖街道正式挂牌成立。

12月

2日　全市法律职业共同体信息服务平台启用。

4日　省委常委、市委书记易炼红专题调研全市文化事业工作，考察市花鼓戏保护传承中心。

4日　省委党代表进社区联系党员和群众工作座谈会在通泰街街道吉福街社区召开。

4日　开福交警大队开展“国际志愿者日”角色互换活动。

6日　长株潭城际铁路最后一座地下站开福寺站主体结构完工。未来市民可在开福寺站实现城际铁路与地铁1号线无缝换乘。

7日　上午，致公党中央社会服务专委会李万通部长一行到水风井社区考察。

10日　开福交警大队民警李睿智在全市公安交警部门业务技能大比武中勇夺第一名。

11日　省委常委、常务副省长陈向群到区调研长沙经济社会发展情况，察看了“三馆一厅”、地铁一号线马厂站、朝正垸片区拆违控违和棚户区改造项目建设现场。

11日　省委常委、统战部部长黄兰香率队到区调研“四同创建”工作。

12日　新河街道居民卢瑞雄被省关工委、省关心下一代基金会授予2015湖南省“五老突出贡献奖”，同时被中央文明办授予“中国好人榜”。

15日　7名符合特赦条件的社区服刑人员获得特赦。

18日　省委常委、市委书记易炼红，市委副书记、市长胡衡华与各区县（市）、园区和市直部门负责人到区实地观摩项目建设推进工作。

12月19日　全省首家跨境保税直购店在长沙市金霞经开区开门迎客。

12月28日　长沙滨江文化园开园暨长沙博物馆开馆。

12月31日2016年长沙新年音乐会暨“春之声——首届长沙国际音乐艺术”在长沙音乐厅成功举办，为市民献上世界顶级音乐盛宴。

（整理：张晓阳）

开福区概况

一、自然地理

区域位置：开福区位于北纬28°11′55″～28°23′35″，东经112°54′07″～113°04′39″。地处长沙市北部，湘江下游。东部与长沙市长沙县相邻；南部由东向西，依次与长沙市芙蓉区、天心区接壤；西部濒湘江，由南向北，依次与长沙市岳麓区、望城区隔江遥对；北部由西向东，依次与长沙市望城区、长沙县搭界。区人民政府驻长沙市芙蓉北路1段588号，电话区号0731，邮政编码410008。距长沙市人民政府驻地5.7千米。辖区东西直线距离17.2千米，南北直线距离21.5千米，总面积为188.3平方千米。其中陆地162.3平方千米，占86%；水域26平方千米，占14%。人口密度为每平方千米3475人。全区土地利用现状为：耕地面积3375.71公顷，林地3657.65公顷，园地121.66公顷，草地15.67公顷，城镇及工矿用地7333.8公顷，交通用地1417.51公顷，水域及水利设施用地2623.32公顷，其他用地328.11公顷。

地形地貌：开福区地处湘中丘陵向洞庭湖平原过渡地带，西濒湘江。地势南高北低，由东南向西北倾斜。地形岗丘绵延，谷地起伏，河涧纵横，湖塘星布。境内有湘江、浏阳河、捞刀河、沙河、白沙河及青竹湖、年嘉湖、楚家湖、月湖等1江4河10湖及4600口水塘。

境内最高峰三宫殿，位于青竹湖街道新源村，海拔234.8米，最低点山窑潭西北，位于捞刀河街道风羽村，海拔28.0米。

自然资源：开福区境内已探明地下矿藏有磷矿，储量未探明，矿区位于青竹湖街道金霞新村。

水文气候：开福区境内河道属长江流域。主要河道有一级河湘江，流经开福区长度19.67千米；二级河浏阳河、捞刀河、沙河等3条，流经开福区总长29.70千米；三级河白沙河，流经开福区长度11.29千米。全区河流总长度60.66千米，河网密度0.32千米／平方千米，境内最大的河流为湘江，从南至北流经境内通泰街街道、湘雅路街道、新河街道、芙蓉北路街道、秀峰街道、青竹湖街道，全长19.67千米，流域面积180平方千米，主要支流有浏阳河、捞刀河、沙河、白沙河等。

开福区属于亚热带季风性气候，其特点是温暖湿润，雨量充沛，四季分明，生长期长。1951—2011年多年平均气温17.2℃，1月平均气温4.8℃（冬季均温10.6℃），极端最低气温-12℃（1972年2月9日）；7月平均气温28.7℃～29.4℃（夏季均温29.5℃），极端最高气温41.2℃（2003年8月2日）。最低月均气温0.3℃（1964年2月），最高月均气温31.6℃（2003年7月）。平均气温年较差23.3℃～24.4℃，最高气温日较差23.8℃（2004年2月14日）。生长期年平均244～247天，无霜期年平均281天，最长达325天，最短为224天。年平均日照时数1771.01小时，年总辐射1762.6千卡／平方厘米。0℃以上持续期362.2～365天（一般为1月19日到次年1月16日）。年平均降水量1361.6毫米，年平均降雨日数为152天，最多达225天（1965年），最少为121天（2011年）。极端年最大雨量2102.9毫米（1969年），极端年最少雨量932.8毫米（2011年），降雨集中在每年3月至8月，6月最多。主要气象灾害有洪涝、高温、干旱、低温阴雨、冰雹、大风、寒潮、雷暴等。2015年平均气温18.6℃，年内最高气温38.0℃，最低气温-1.0℃，年降水量1474.9毫米。

二、人口民族

人口：2015年，全区年末户籍人口总数46.19万人，比上年末增加0.99万人，增长2.19%。其中男性人口22.48万人，占48.7%，女性人口23.71万人，占51.3%。全区出生人口5044人，死亡人口2574人，年自然增长率为5.01‰。

民族：开福区境内人口以汉族为主，有土家族、苗族、回族、侗族、瑶族、满族、白族、蒙古族、维吾尔族、土族、壮族、布依族、佤族、朝鲜族、彝族、畲族、黎族、拉祜族、藏族、傣族、仡佬族、锡伯族、普米族、高山族、纳西族、达斡尔族、赫哲族、哈尼族、哈萨克族、羌族、独龙族、撒拉族32个少数民族；超过300人的少数民族有土家族、苗族、回族、侗族、瑶族5个民族。

三、建置区划

建置沿革：秦汉以来，今开福区地域属长沙县。原城墙内属长沙县城，县署设城北连升街，城墙外属明道都。1914年，废都甲，设乡镇。明道都改为明道镇。1933年长沙设市，市县分治。长沙市划分4个区，今开福地域所含的城北属第四区。1938年，第四区改名为兴汉镇。1944年1月，镇乡改区，长沙市分为内四区、外四区，城北区限中山路以北，兴汉门以南，经武门以西至湘江边一带。至1949年8月，城北区辖ll保193甲，面积1.7平方千米。1949年8月5日，长沙解放，城北区建立区级人民政权。初期，仍沿用保甲制。1950年11月，组建半政权性、半群众性质的居民委员会7个。1951年11月，开展民主建政运动，成立7个街道人民代表会议办事处。1954年9月，撤销街道人民代表会议办事处，成立街道办事处，为区政府派出机构。其时，城北区共辖9个街道办事处：戥子桥、炮队坪、民主东街、留芳岭、彭家井、荷花池、文星桥、文昌阁、上大垅。1993年，郊区福安乡胜利村成建制移交北区管理。至1995年，北区面积达14.3平方千米，辖民主东街、望麓园、清水塘、北站路、上大垅、伍家岭、新河、黑石渡8个街道及胜利村，共计114个居民委员会。

1996年，长沙市区划调整时，在原北区基础上，划入长沙县、原望城县、原郊区所属的大片农村地区及原西区所属的部分街道，成立开福区，面积扩至188．3平方千米。

行政区划：2015年，全区辖望麓园、清水塘、湘雅路、伍家岭、新河、东风路、通泰街、四方坪、芙蓉北路、洪山、月湖、浏阳河、秀峰、捞刀河、沙坪、青竹湖共16个街道；下辖100个社区居委会，24个村民委员会，共871个基层自治组织。

四、国民经济和社会发展状况

综述：2015年，全区实现GDP722亿元，比上年增长12%，实现增加值77.36亿，增速分别高于全省、全市3.4和2.1个百分点。在GDP中，第一产业实现增加值2.8亿元，增长-11.7%；第二产业实现增加值130亿元，增长7%；第三产业实现增加值589.2亿元，增长13.7%。三次产业结构为0.4：18：81.6，与上年比较，第一产业结构下调0.1，第二产业下调3.5，第三产业上升3.6；在GDP累计增幅中，第一、二、三产业分别拉动0%、1.6%、10.4%，与上年比较，绝对增长率分别为0.1%、-0.5%、0.4%；三次产业对GDP增长的贡献率分别为-0.4%、13.6%、86.8%，与上年比较，增长率绝对值分别为0.6%、-4%、3.4%。全年全区共完成财政总收入120.1亿元，比上年增加13.3亿元，增长12.5%；完成公共财政预算收入50.7亿元，比上年增加5.02亿元，增长11%；完成全口径税收收入达到100亿元，同比增长13.1%，税收收入占地方财政总收入的比重为83.3%，比上年增长0.5%。

农业：全年完成农林牧渔总产值5.34亿元，比上年下降12.9%，其中，农业产值3.87亿元，同比上升6.03%；牧业产值1.16亿元，同比下降42.57%；渔业3076万元，同比增长11.98%。全年粮食种植面积2.63千公顷，比上年减少0.04公顷，粮食总产量1.98万吨，比上年下降4.35%；生猪出栏8.15万头，比上年下降54.21%；家禽出笼18.24万羽，比上年上升20%；水产品产量2050吨，与上年同期持平。

工业和建筑业：全年全区完成规模工业总产值181.9亿元，比上年下降8.5%；实现规模工业增加值

45.7亿元，比上年下降0.9%。龙头企业支撑作用明显，全年工业总产值过亿元的企业达30家，完成工业总产值147.2亿元，占全部规模工业总产值的80.9%。股份制经济占据主导地位，全年股份制企业完成工业总产值123.8亿元，占全部规模工业总产值的68.1%。全年新增规模工业企业20家。

全区具有资质以上等级的总承包和专业承包建筑企业及劳务企业74家，完成建筑业总产值303.8亿元，比上年增长5.7%；实现建筑业增加值75.5亿元，比上年增长7.8%。房屋施工面积1719万平方米，比上年增长1.9%；房屋竣工面积649万平方米，比上年增长17.3%。

固定资产投资：全年完成固定资产投资670亿元，比上年增长17.4%。其中全年完成建安工程投资540.1亿元，比上年增长15.4%；全年完成工业投资96.4亿元，比上年下降14.8%。全年完成房地产开发投资84.4亿元，比上年下降40.6%。全年商品房销售面积167.5万平方米，比上年增长8.9%；其中住宅销售面积129.9万平方米，比上年增长3.8%；商品房销售额127.5亿元，比上年下降3.0%。

贸易：全年实现社会消费品零售总额660亿元，比上年增长16.32%。其中：限额以上企业实现零售额276.5亿元，同比增长7.1%；限额以下企业及个体户实现零售额383.5亿元，同比增长17%。按行业分组，批发业实现零售额105亿元，同比增长26.4%；零售业实现零售额498.9亿元，同比增长13.6%；住宿业实现零售额10.1亿元，同比下降13.62%；餐饮业实现零售额46.0元，同比增长24.66%。

全年限额以上批发零售企业实现零售额居前五的类别为石油及制品类、中西药品类、汽车类、粮油食品烟酒类、服装鞋帽类，分别实现零售额81.8亿元、68.4亿元、26.8亿元、21.4亿元、13.4亿元，与上年比较，增长率分别为：-9.01%、16.32%、-11.55%、13.83%、-2.19%。

经济合作：全年完成外贸进出口总额31.14亿美元，比上年增长79.62%。全年引进重点产业项目20个，总签约金额112.6亿，比上年增加12.6%。项目涵盖金融、电子商务、商贸物流等多个产业。引进五矿建设、深圳华为、普洛斯深国际、阿里巴巴等战略投资者和战略合作商。引进平安养老、英大证券等金融机构，引进红星美凯龙家具建材博览中心、嘉里物流、香江二期等商贸物流项目，鹰皇电商总部基地大数据中心、国美（长沙）电商运营中心、快乐购芒果汽车之家等电子商务企业或项目，以及南方水泥、安永华明会计师事务所等企业区域性总部入驻。其中10亿元项目3个（香江二期、高岭综合交通枢纽 项目、湖南粮食集团食用油加工物流园），亿元项目3个（尚东钢构总部大楼、鹰皇长沙电商总部基地、嘉里物流湖南区域总部）。全年接待国内旅游者758万人次，比上年增长5%；国内旅游收入78.66亿元，增长5.6%；接待入境旅游者48.38万人次，增长4.8%；国际国内旅游总收入87.4亿元，增长4.0%。

园区物流业全年实现主营业务收入329.2亿元，比上年下降0.42%。货物吞吐量3791.66万吨，比上年增长21.28%。保税中心报关8399票，进出口货值311386万美元，分别增长13.59%、79.62%。园区入驻企业350家，有世界500强企业7家、上市公司24家、5A级物流企业10家、中国驰名商标6个。园区全年财政收入和税收分别突破20亿元和10亿元大关。

交通和金融：交通运输，2015年争取上级补助资金1000万元，建设和提质改造农村公路18千米；查扣非法营运车辆757台，处罚641台，罚款508.82万元；查扣违法超限超载运输车辆1283台，处罚1271台，罚款383.93万元。交通运输已形成由铁路、水路、公路等三种运输方式构成的交通运输网络，319国道过境，其中境内长11千米，双向8车道，与长永高速相连。省道长湘公路过境，其中境内长7千米，双向6车道，通往湘阴县。有县乡级公路32条。公路站为长沙汽车北站，日均发送536辆客车，日客运量7800人次。

境内通航河道3条，总长26千米，其中湘江为3级航道，最大通航能力为1000吨级船舶。霞凝新港码头为全国内河23个主枢纽港之一，开通的海运航线有日本、新加坡、北美、韩国、西欧、东南等10余条，通往国内27个港口，通达世界14个国家和地区的56个港口。

水务，2015年全区投入水利建设资金3亿元，完成水利建设工程420处、农村安全饮水工程投入建设资金180万元、建设城市防洪工程3千米。完成墙板厂、月湖、山窑塘、戴家河、霞凝5个泵站建设，完成7个泵站电力增容，全区新增泵站装机容量6000千瓦，排渍容量突破30000千瓦；解决5300人农村安全饮水问题。

金融，全区金融业实现增加值76.47亿元，占国内生产总值的10.59%，比上年增长23.5%；完成全口径税收30.98亿元，占总税收比重31.32%，比上年增长37.9%。截至2015年年末，全区共引进10家金融机构总部，汇聚46家金融机构总部及各类分支机构和新型金融机构200家，涵盖银行、保险、证券、期货、基金、融资租赁、融担、小贷、资产管理、企业集团财务、金融中介服务等业态。

教育和科学技术：全区有区属中小学校54所，其中中学6所，小学47所（2015年新增3所），公办九年一贯制学校1所（新增）；区属公办幼儿园5所。区属中小学生38280人，比上年新增2979人，增加8.44个百分点。其中中学8336人，小学29944人。小学适龄人口入学率、升学率均保持在100%，初中适龄人口入学率为100%。保持全国义务教育基本均衡区和全省教育强区荣誉称号。

全年新增高新技术企业8家，全区实现高新技术增加值208亿元，同比增长33.8%，占GDP比重28.9%；全年申请专利2244件，同比增长51.9%，授权1222件，同比增长30.1%。获评“全国科普日特色活动组织单位”，创全国科普示范社区1家、省级科普示范社区1家，保持“全国科技进步考核先进城区”“全国科普示范区”荣誉称号。

文化体育和卫生：2015年新建沙坪街道1个示范性综合文化站，提质四方坪街道1个市级示范性综合文化站和金帆、江湾等12个市级示范性社区综合服务中心，新建捞刀河街道1个全民健身中心；安装文化器材300套，新建全民健身路径13套；新建4家长沙市图书馆分馆；全年文艺团队在国际国内赛事中，荣获国家级奖项16个，省级奖项11个，市级奖项30个；全年开展文艺培训200次，“开福大讲堂”17场，送戏36场，送电影500场。

全区拥有医疗卫生机构366个，与2014年同期的285个相比增加了81个，增加了28.42%。拥有床位总数7519张；与2014年同期的8769张相比减少了1250张，降低了14.25%。辖区内不含省、市发证的执业医师及执业助理医师1623人，与2014年同期的执业医师及执业助理医师1299人相比增加了324人，增加了24.94%。注册护士6807人，与2014年同期的注册护士6499人相比增加了308人，增加了4.74%。先后荣获“全国计划生育协会先进集体”“全省依法办事示范窗口先进单位”，以及全省计划生育基层群众自治示范区和省级慢性病综合防控示范区，计划生育工作已连续14年保持“省优”称号。

环境保护和安全生产：完成全区100家重点单位的日常监管；开展环境安全隐患大排查、养殖业清退、小洗涤整治、静音联合执法等18个专项整治行动；完成金霞、涝湖垸、朝正垸3大片区全面截污，新港污水处理厂通水运行；完成楚家湖水环境综合整治和浏阳河口、捞刀河口2个省级水质自动检测站建设；全年办理建设项目环评审批53个、排污许可证57本，建设项目环评率、“三同时”执行率均达到100%，环保信访工作受理率、处理率、回复率皆为100%；检查企业400次，整改、整治企业25家，完成2个国控重点污水处理厂提表改造。全年空气质量优良率为92.0%，区域环境噪声达标率为100%，未发生环境污染等级事故。

2015年，全区共发生各类生产安全事故（不含火灾事故）15起，死亡5人，受伤20人，经济损失51.84万元。同比上年事故减少4起，下降21%；同比上年死亡减少3人，下降37.5%；减少受伤5人，下降20%。全年未发生一起安全生产责任事故，未发生群体性食品安全事故。

人民生活和社会保障：2015年，居民人均可支配收入42205元，比上年增长24.2%；居民人均消费支出为26533元，比上年增长15.7%。

全年新增城镇就业人员7726人，与2014年同期的9355人相比减少1629人，下降17.41%；城乡居民养老保险人数44288人，与2014年同期的43175人相比增加1113人，增加2.58%；城市最低生活保障人数114158人次，与2014年同期的155517人次相比减少41359人次，下降26.59%。农村最低生活保障人数49083人次，与2014年同期的60263人次相比减少11180人次，下降18.55%；发放农村最低生活保障经费1228.4万元，与2014年同期的1289.13万元相比减少60.73万元，下降4.71%。

五、精神文明建设

2015年，开福区继续以创建更高水准文明城市为主线，全面巩固提升文明创建成果。制定了《2015

年文明创建目标管理考核办法》，规范优化文明创建日常考评工作，形成日常考评新常态；对督查反馈机制、整改机制进行完善，明确标准、细化要求，形成日常督查新常态；配合全市文明程度指数季度测评和行业测评工作，明确主体、细化责任，落实强化诚信建设宣传教育、总结推广学雷锋志愿服务先进典型等10项重点工作。承办省市大型活动9场，利用各种节庆日举办各类区级创建活动70余场次，其中38项活动登上中国文明网头版要闻。

品质开福建设：将拆违控违作为提升城市品质的切入点，将拆违还路、拆违治脏、拆违改造、拆违增绿、拆违添景相结合，全面提质绿化、美化、亮化，完善公共便民设施和市政环卫设施。全区拆除历史违章建筑4130处，面积210万平方米，完成造绿面积65.33公顷。办理“门前三包”案件2100多起，拆除违章户外广告招牌380处；开展渣土整治行动319次，现场教育整改800余车（次）。依法打击交通违法行为和“黑的”“黑摩”现象，查处车窗抛物等陋习。净化学校周边文化环境，开展“阳光暑假”网吧专项整治行动；通过多线联动，加强经营性场所的日常管理。投入资金40万元，新建和提质乡村、城市学校少年宫4所；迁址并改造区心理健康教育辅导中心，加大了未成年人心理辅导工作力度，形成了多部门协作的关爱特殊未成年人群体工作机制；投入资金120万元提质社区各类文明创建阵地，有效净化社会文化环境。

主题活动开展：开展“腊八佳节粥飘香 游子家书捎问候”暨社会主义核心价值观进工地、“弘扬传统，感恩幸福”春节公益文化活动进小区、“扣好美德扣 争当雷锋家乡小雷锋”进学校活动，承办了“缅怀革命先辈 传承中华美德 放飞中国梦想”活动、主办了“善待地球 放飞梦想”暨“地球日 我们在行动”主题活动。“讲道德模范故事，赞身边好人善行”文艺家和文化志愿者巡演进企业活动在风帆广场举行，近3000名市民群众观看。“中国好人”杨德才和他的爱康爱心团队组织了100多名残疾人来到橘子洲头，开展百名残疾人“游橘洲、颂毛词、唱红歌”环保健身活动。由省文化厅、省教育厅主办，省文物局、省博物馆承办的湖南省“百馆微展览进校园、进社区、进企业”活动和省博物馆“移动博物馆”在谭国斌当代艺术博物馆同步启动。长沙市文明办、市教育局、开福区文明委共同主办“党群共建一家亲 通信共圆中国梦”庆“七一”主题活动在周南中学举办，来自周南实验中学的十多名学生现场联手作画，为党成立94周年纪念献上画卷。由长沙市精神文明建设指导委员会主办，长沙市委宣传部、长沙市文明办、开福区文明委、长沙晚报报业集团承办的“礼敬抗战老英雄，童心勇逐中国梦，争做美德小少年”主题活动在长雅中学举行。由开福区文明办主办，开福寺社区与共建单位长沙市公安局特巡警支队第三特警大队共同承办的“走进警营增体验 牵手特警促成长”主题社会实践活动在大队警营举行，300名学生参加。由长沙市文明办、开福区文明委主办的“讲道德模范故事 赞身边好人善行”主题活动在伍家岭街道举行。长沙市纪念“九一八”事变84周年主题宣教活动在市博物馆毛泽东铜像广场举行，全国道德模范任菲莉、抗战老兵曹杰和200余名少先队员、社会各界人士参加活动。由长沙市文明办、长沙市教育局主办、开福区委宣传部、开福区文明办、开福区教育局承办、通泰街街道执行的“共欢国庆 圆满中华”暨“我们的节日·中秋”主题活动在万达商业广场金厅举行，现场1000余名市民观看演出。由开福区文明办、区教育局主办，开福区少年宫承办的“声动校园 耀我开福”暨开福区中小学生艺术比赛活动在少年宫内举行，全区54所中小学均表演了精彩杰出的文艺节目。推进学雷锋志愿服务活动制度化，把志愿者服务与创新社会治理、学雷锋活动结合起来，构建中国特色的志愿服务制度，建立完善长效工作机制和活动运行机制。组织开展“邻里守望”志愿服务活动、爱绿护绿志愿服务活动、环保志愿服务活动、交通劝导志愿服务活动、社区“五老”调解志愿服务活动、治安巡逻志愿服务活动等，精心策划“红红火火过大年”“我们的节日”主题志愿服务系列活动。

先进典型推评：开福区率先在全国推出《公民教育》读本，将社会主义核心价值观教育引入学校课堂；承办了全国教育学会举办的全国公民教育现场会，区公民教育经验在会上进行推介。长雅中学学生何好被中央文明办评为“全国百佳美德少年”。文明办荣佳平同志撰写的《城市社区邻里关系的互动模式探讨基层组织的培育与激励》一文被中国志愿者联合会评为首届论坛一等奖，并刊登在《中国志愿服务》杂志上。由开福区文明办推荐，老百姓大药房董事长谢子龙被评为全国道德模范候选人。8月27日，一场学习道德模范谢子龙诚实守信行为的专场活动在湖南雷锋纪念馆长沙道德讲堂总堂举行，来自长沙食品、药品行业的代表和普通市民现场聆听了第五届全国道德模范候选人谢子龙的先进事迹报告会。全年有2人荣登中国好人榜；2个作品入选“中华小导游”全国40强。全年开展12次有影响的道德讲堂总堂活动，全面开展了文明旅游、文明餐桌、文明交通等文明引导活动，促进市民文明素质提升。

（整理：易厚德）

中共长沙市开福区委员会

书　记　廖建华（2015.5任）
　　　　李　蔚（2015.3免）
副书记　沈裕谋
　　　　谢伟峰（2015.4任）
　　　　廖建华（2015.4免）
常　委　刘小虎
　　　　黄　阳（2015.10免）
　　　　刘文立
　　　　张　毅（2015挂职，11免）
　　　　杨应龙（2015.11挂职）
　　　　周志军
　　　　邹犇淼
　　　　袁伟洁
　　　　吴烂斌（2015.7任）
　　　　陆　忠（2015.7免）
　　　　黎　明（援藏）

重要会议

区委常委会议　2015年区委召开常委会议18次。1月6日，审议人大、政府、政协工作报告，审议关于2014年财政预算执行情况和2015年财政预算（草案）的报告，传达《关于六起党员干部参赌涉赌问题的通报》（中纪通〔2014〕9号）；2月6日，研究区党风廉政建设和反腐败工作，研究政法工作，研究区项目建设、精美城区建设和产业发展奖励方案，研究安全生产工作；2月13日，研究干部人事工作，研究清理规范区本级行政职权工作；3月2日，研究办公室工作，研究组织和统战工作，研究宣传思想文化工作，研究社会治理创新工作，研究绩效考核工作，研究区2014年度人口与计划生育工作考核评估相关工作；3月13日，研究全区人口和计划生育工作，研究开福区2015年人才引进工作，研究干部人事工作；5月25日，研究区委常委职责分工，研究清理和调整各类议事协调机构工作，研究“三严三实”专题教育实施方案，审议《中共长沙市开福区委全面深化改革领导小组2015年工作要点》，研究《党委（党组）贯彻执行民主集中制的基本规则（试行）》实施办法；6月12日，研究“七一”活动相关工作，研究城市建设发展基金相关问题，研究干部人事工作；7月9日，研究机构改革相关干部人事工作，研究机构编制工作，研究开福区政府部门责任清单编制工作及非行政许可审批事项清理工作；7月9日，研究机构改革相关干部人事工作，研究机构编制工作，研究开福区政府部门责任清单编制工作及非行政许可审批事项清理工作；7月23日，研究召开区第四届人民代表大会第五次会议相关工作，研究收购环宇公司有关情况；7月29日，研究人武相关工作；8月27日，研究教育工作，研究开福区扶贫开发工作，研究干部人事工作，9月2日，研究绩效考核奖金发放管理工作；9月25日，研究召开区委四届十九次全体（扩大）会议相关工作，研究绩效考核相关工作，学习中央、省委文件，研究机构改革相关工作；10月17日，研究财政预算调整工作，研究PPP模式相关工作，研究发展创客空间相关工作，研究成立潮宗街历史文化街区保护开发建设组织机构相关工作，研究机构改革相关工作，学习“乐东经验”；11月13日，研究街镇区划调整、“村改居”及社区调整工作，研究社区建设工作，研究纪检相关工作；12月21日，研究人大、政协“两会”相关工作，研究“创新创业在开福”三年行动计划，研究2016年区重大项目投资计划相关工作；12月30日，研究区委全会暨经济工作会议文件和会务工作，研究财政预算工作。

【区委四届十六次全体（扩大）会议暨经济工作会议】 2014年12月31日上午，区委四届十六次全体（扩大）会议暨经济工作会议召开。全面贯彻落实中央、省委和市委经济会议和市委全会精神，总结2014年工作，部署2015年工作任务。会议指出：2014年，在市委、市政府的正确领导下，面对经济下行压力加大、社会稳定压力加重、区域竞争压力加剧的多重挑战，我们以“六个走在前列”为统领，以“转型创新、提速增效”为总基调，以“精、实、新”（精美城区建设、实力开福建设、深化改革创新）为工作抓手，迎难而上、克难奋进，交出了一份圆满的答卷——经济实力迈上新台阶，产业发展凸显新特色，项目建设取得新突破，城区面貌展现新形象，改革创新激发新活力，民生质量实现新改善，党的建设得到新加强。2014年，创造新佳绩、取得新进步，关键在于把握了三点：一是定准坐标，二是拓展思路，三是实干兴区。2015年全区工作的总体思路是：贯彻落实党的十八届三中、四中全会和中央、省、市经济工作会议精神，深入实施“两型引领、南提北拓、五轮驱动、领跑三湘”发展战略，以党建为引领，实现“两保”目标，打造“三金”名片，做好四篇文章，加快建设开放、繁荣、秀美、幸福新开福。会议明确了2015年的工作重点：以党建引领各项事业发展——坚持党要管党，思想建党，制度建党，基层建党，把抓好党建作为最大的政绩。实现“两保”目标：保增长、保质量。保增长，就是要保持当前的发展势头，保住主要经济指标增速高于全市平均水平2%的底线。保质量，就是要通过转方式、调结构，提高经济发展的质量和效益，实现企业盈利、产业提质、财政增收、风险可控。打造“三金”名片——金霞经开区、金融生态区、金鹰文化区。要通过建设物流中心、抢先发展电子商务、完善基础设施配套，加快金霞经开区建设；通过促进金融业集聚发展，加强重点地块招商，提高“二次”招商质效，完善楼宇配套服务，加快金融生态区建设；通过明确产业定位、完善规划设计、加快拆迁腾地，加快金鹰文化区建设。做好四篇文章——项目建设、城市建管、改革创新、民生改善。通过抓好“三量”——保总量、谋增量、优质量；破解“三难”——用地难、融资难、审批难；提高“三率”——履约率、开工率、竣工率，做好项目建设的文章。通过提高规划设计水准、推进全域精细管理、强化生态环境保护，做好城市建管文章。通过理顺“上”与“下”关系、“点”与“面”关系、“管”与“放”关系，做好改革创新文章。通过补齐短板、办好实事、维护安定，做好民生改善文章。区委书记李蔚强调，面对新常态，破解新问题，实现新作为，尤其要提高精气神，始终保持攻坚克难、奋勇争先的信心和干劲。要树立“高标准、当标杆”的意识，主动加压不降格，主动进取不后退，主动作为不懈怠。要强化“在其位、尽其责”的担当，提高“理解力”，争当“主人翁”，种好“责任田”。要提高“会干事、干成事”的能力，善做决策，善抓重点，善解难题。要发扬“重实干、求实效”的作风，倡导马上就来、马上就办、马上就好的“三马”精神，勤做“多当实干家”“多喊跟我冲”“多做运动员”的“三多”干部，实行考核结果与票子、面子、位子“三子”挂钩，强化“三公三重三有”用人导向，凝聚起干事创业的强大合力。就当前工作，区委副书记、区长廖建华要求，一是要认真传达和学习全会报告，全区各级各部门要把学习好、宣传好、贯彻好全会精神作为当前的一项政治任务，把思想和行动统一到区委决策部署上来，把贯彻全会精神与工作实际结合起来，切实增强工作的责任感、紧迫感、使命感，统一思想，凝聚共识，形成推动开福建设发展的强大合力。二是要提高认识、加强领导，认真做好迎接市绩效考核工作。三是全面加强安全生产工作，时刻绷紧安全生产这个弦，以最坚决的态度、最严格的举措、最务实的作风，把安全生产责任落到实处，以铁的决心、铁的纪律、铁的手腕，把安全隐患整改到位，做好安全监管工作，确保人民群众的生命财产安全。

【区上半年经济形势分析暨半年度绩效考核工作讲评会】 7月

31日上午，区上半年经济形势分析暨半年度绩效考核工作讲评会召开，就上半年工作进行总结，当前形势进行分析，下半年工作进行部署。区委书记廖建华指出，2015年来，在经济下行压力加大、改革发展任务繁重、区域竞争日益激烈的背景下，全区上下按照“稳住、进好、调优”的总要求，主动适应、积极引领经济发展新常态，统筹推进稳增长、调结构、促改革、惠民生，经济社会实现平稳向好发展。下半年，全区上下要乘势而上、应势而动、顺势而为，抢抓机遇，争取“三个主动”（主动引领新常态、主动对接新战略、主动顺应新要求），特别是主动抢抓市委、市政府“一带一廊”布局和长沙自由贸易区申报契机，奋力开创开福更好更快发展新篇章。落实到具体工作上，区委书记廖建华强调，一要主攻五大片区，强推项目建设。即提质金融生态区、做强金霞经开区、打造金鹰文化区、建好历史文化街区、启动开发苏托垸片区。二要升华建管理念，提升城市品质。即规划要取“高”不就“低”，建设要抓“大”不放“小”，管理要重“上”不轻“下”，拆违要提“前”不延“后”。三要坚持统筹兼顾，促进全面发展。即坚持党的建设与经济建设并重，深化改革与法治建设并举，民生改善与社会治理并抓。全区上下勇于争先、敢于担当、严于律己，从严从实推动各项工作落实。区委副书记、代区长沈裕谋用数字看开福，通过横向、纵向对比，详细分析了上半年开福区经济总量、财税融资、固投、社零、房产、工业等主要经济指标情况，指出上半年经济运行保持了平稳趋好态势，基本实现了“时间过半，任务过半”。下半年，全区上下要弘扬钉钉子精神，通过扩投资、稳增长；促改革、强后劲；聚合力、增实效，全力完成“十二五”规划和全年任务，科学谋划“十三五”规划，实现绩效考核“保二争一”目标，推动经济社会发展走在全市前列。

【区委四届十九次全体（扩大）会议】 9月28日上午，区委四届十九次全体（扩大）会议召开，动员全区上下担当开福责任，加快建成“五区”，为实现“两个率先、领跑三湘”而努力奋斗。会上，区委书记廖建华作区委全会工作报告，区委副书记、区长沈裕谋就经济工作和全区第四季度工作进行安排部署。区委书记廖建华指出，实现“两个率先、领跑三湘”，是落实中央省委市委部署的具体举措，是推动开福转型升级发展的现实要求，是顺应人民群众热切期盼的实际行动，全区上下要坚持以“两个率先、领跑三湘”为总目标，以国内外先进城市中心城区为标杆，以中国特色、时代特征、湖湘文化特质、省会中心城区特性为导向，强化创新发展、开放发展、绿色发展、协调发展、包容发展理念，重点推进经济现代化、城市现代化、社会治理现代化和人的现代化，努力把开福建设成为创新创业活力区、现代产业集聚区、对外开放引领区、城市品质样板区、文明幸福宜居区。区委书记廖建华要求，一要强化创新驱动，打造创新创业活力区。把强化企业创新主体地位作为基础支撑，把发展“互联网+”新业态作为主攻方向，把优化创新创业环境作为根本保障，让创新创业在开福蔚然成风、遍地开花。二要加快转型升级，打造现代产业集聚区。以“高端化、集聚化、智能化、特色化”为导向，以“三金”名片为平台，打造金融商务中心、物流商贸中心和文化创意中心，同时积极发展新兴产业。三要发挥区位优势，打造对外开放引领区。积极融入大开放战略，构建大开放枢纽，创新大开放机制，建设对外开放高地。四要提升建管水平，打造城市品质样板区。注重规划融合提升，彰显滨水人文特色，提升综合承载功能，从严从细强化管理，打造“宜居宜业、精致精美、人见人爱”的品质开福。五要促进人的发展，打造文明幸福宜居区。着力提供更加优质的公共服务，强化有力有效的民生保障，构建安定有序的治理体系，让市民群众更广泛地参与发展过程、更公开地分享发展成果。区委书记廖建华强调，全区上下要以“四有”“四人”为标尺，认真践行“三严三实”要求，昂扬斗志、提振精气神，务实作为、增强执行力，从严治党、形成新常态，在加快建成“五区”，实现“两个率先、领跑三湘”中彰显担当、展现作为。区委副书记、区长沈裕谋对开福区前段经济运行整体情况、当前经济工作面临的问题和形势进行了深入分析，指出2015年1—8月，在宏观经济下行压力持续加大情况下，全区主要经济指标增速在全省、全市继续保持领先，呈现出经济质量向好、产业转型加快、有效投资扩大的特点，特别是实现地方财政总收入82.1亿元，增长19.9%，全口径税收70.5亿元，增长16.1%，税收总量、收入增幅居内五区第一，税收总量首次排内五区第一。但同时也不能忽视存在的不足，如实体经济面临市场疲而软、融资难而贵、企业成本高而利润低等问题，投资增长呈现工业投资动力不足、地产投资后劲不足、社会投资意愿不足等问题。就第四季度经济工作，区委副书记、区长沈裕谋要求，各相关单位要按照区委年初确定的“稳住、进好、调优”要求，转变观念、转化动力、转型发展，重点做好“六抓六稳”：即抓项目稳投资、抓产业稳实体、抓热点稳消费、抓服务稳市场、抓融资稳供给、抓安全稳社会，确保全年目标任务全面超额完成。

区委办公室为中共长沙市开福区委员会的工作机构，共有编制数26个，其中行政编13个、参公事业编5个、工勤编8个，内设（挂靠）区委机要局（区保密局）、区委政研室、区委改革办、区委督查室、区接待办、信息科、秘书科等科室（局、办），另外设置有区竞赛办、区小康办等2个议事协调机构办公室，从事具体政务事务服务的在岗人员共计19名。2015年，小康工作被认定为全省首批达标县市区，党委信息工作、网络问政连续6年荣获省市先进。

区委办公室

主　　任　袁伟洁
常务副主任　宋明明（2015.11任）
副 主 任　戴紫艳
　　　　　喻　军
　　　　　文琬莹
　　　　　尹显亮
　　　　　易松柏（兼，2015.2任）
　　　　　李红权（兼，2015.2免）

【概况】政研调研　2015年，区委政研室全年起草汇报材料以及领导讲话稿160余篇，刊发《开福工作》9期，完成了中央、省市领导到开福考察调研汇报材料。在中央、省、市各级媒体和刊物上发表领导署名文章、经验推介材料、理论文章30余篇，其中拆违控违、践行“三严三实”、浏阳河文旅产业带等经验典型材料在《长沙通讯》《市委通报》《市委内情参考》上推介。撰写了一批有见地、有分量、有价值的调研成果，为区委决策提供有益参考。全年召开全面深化改革领导小组会议8次，改革工作推进会7次，铺排的9大类46项改革任务基本完成。全年共向省、市报送简报文章20余篇，省委改革简报采用2篇，市委改革简报采用6篇，基层党建、城市管理、园区体制改革等自选改革特色亮点工作被省、市改革办宣传推介。加强统筹协调，2015年全面建成小康社会的总体实现程度达到93.2%，比2014年提高4.2%，5大类22项指标中，有20项指标实现程度超过80%，其中有15项指标实现程度达到100%。小康工作被认定为全省首批达标县市区。向省、市上报党委信息800余条，其中500余条被《湖南信息》《综合与摘报》《每日要情》《长沙要情》等省市委内刊采用，党委信息工作连续6年荣获省市先进。及时回复网友的留言，督促有关部门及时解决人民群众反映强烈的问题，网络问政获全市先进。

秘书工作　紧跟区委工作联席会议精神和社会各界关注的热点难点问题，统筹兼顾区内四大家领导的公务活动，编排、制定区委主要工作安排表，为领导有效开展工作提供服务。全年共制发开发文件16个，开办发文件25个，开办通知文件30个；做好文件方案传阅签批、领导批示件落实督办等工作，转收发办理各类上下行文件数千件，未出现任何差错。严格办文制度，规范办文流程，着力精简文件，控制了公文规格和数量；遵守会议审批制度，召开全区性会议减少4次，精简比例为36.3%。

综合信息工作　2015年通过加强信息队伍建设、提升信息服务水平、规范信息工作机制，全年共向省、市上报党委信息800余条，其中500余条被省市委内刊采用，部分信息引起省、市、区主要领导的高度关注。网络问政方面，及时回复网友的留言，督促有关部门及时解决人民群众反映强烈的问题。党委信息工作连续6年荣获省市先进，网络问政获全市先进。

督查工作　2015年共开展督查活动90余次，督查调研4次，刊发督查通报10期，牵头完成省市督查工作8次，按要求上报工作情况20次，办理省、市领导批示件11件，省委巡视组交办件4批次39件，区委主要领导交办件30余件，办复率均为100%。2015年，围绕区委常委会、“六个走在前列”大竞赛活动、拆违控违、项目建设、作风建设、精准扶贫、文明创建等事关区域经济发展的重大决策开展督查40余次，围绕区委领导关注的拆违控违、文明创建等重点工作持续开展日常督查，累计交办问题200余个。

机要保密工作　修订并完善了《开福区保密工作暂行规定》《文印室保密制度》等一系列规章制度，确保保密工作有章可循，有据可依。投入到位。强化计算机网络系统的管理使用，配齐配全相关保密防范设备。安装了“三合一”保密防范设备（违规外联控制、U盘认证管理、信息单向导入），配合区电子政务中心做好了全区计算机正版软件的安装管理。全区第一批先行配备正版软件100套。加强保密工作宣传教育，增强保密意识。发放《保密技术防范常识》等共计近300套。组织了两次全区性的保密教育培训，全区90多家单位400多人参加。433人签订了保密承诺书，明确了责任。加强文电管理，做到发文有审批、来文有登记、借阅有手续、存放有专柜、销毁有清单。全年共处理上级来文541份，上级电文321份，落实领导阅文批示244份。加强计算机管理，对计算机网络的使用管理提出了严格要求。重点涉密部门部位的计算机禁止接入互联网，安装物理隔离卡单机断网的模式独立运行，对移动存储介质进行严格登记，定期杀毒和软件升级，杜绝安全隐患。

接待工作　2015年完成重要领导到区调研、重大会议、重点节庆招商活动、外地兄弟省、市、区等各类接待任务70批次、4200余人次。完成了2015年中国物流与采购业年会，全省、全市拆违控违工作现场观摩会等接待服务工作；完成湖南省庆祝中华人民共和国成立66周年向革命烈士纪念塔敬献花篮仪式等接待工作。做好西藏贡嘎、江西南昌、云南昆明及株洲荷塘、怀化辰溪等兄弟省市区党政代表团的考察学习接待工作。重视规范制度。贯彻党的十八大以来对接待工作提出的新规范、新要求，修订了《开福区党政机关国内公务接待实施细则》。总结提高，建立起由区接待办牵头，相关职能部门通力配合协同完成接待工作的“大接待”格局。展示开福形象，扩大开福影响。

（陈　洪）

文件目录

2015年中共长沙市开福区委文件目录

1月9日，开发〔2015〕1号《关于加强和改进基层党的建设的意见》

1月28日，开发〔2015〕2号《关于同意召开长沙市开福区青竹湖镇第二届人民代表大会第三次会议的批复》

2月7日，开发〔2015〕3号《关于转发〈政协长沙市开福区委员会2015年工作要点〉的通知》

4月22日，开发〔2015〕4号《关于进一步加强生态环境保护工作的意见》

5月6日，开发〔2015〕5号《关于深入实施“一推行四公开”工作进一步密切联系群众的实施意见》

5月26日，开发〔2015〕6号《关于区委常委职责分工的通知》

5月28日，开发〔2015〕7号《关于印发〈基层党建工作考核管理办法〉的通知》

5月28日，开发〔2015〕8号《关于贯彻执行〈党委（党组）贯彻执行民主集中制的基本规则（试行）〉的通知》

9月8日，开发〔2015〕9号《关于印发〈关于加快建设教育现代化强区的实施意见〉的通知》

10月30日，开发〔2015〕10号《关于印发〈长沙市开福区人民政府职能转变和机构改革方案的实施意见〉的通知》

10月30日，开发〔2015〕11号《关于长沙市开福区人民政府机构设置的通知》

11月2日，开发〔2015〕12号《关于率先建成全面小康率先实现基本现代化的实施意见》

11月3日，开发〔2015〕13号《关于印发〈关于加快建设具有国际品质和湖湘文化标识的现代化大都市中心城区行动方案（2015—2020年）的通知〉》

11月10日，开发〔2015〕14

号《关于对部分党组（党委）清理规范的通知》

12月8日，开发〔2015〕15号《关于印发〈贯彻落实《中共中央关于全面推进依法治国若干重大问题的决定》的工作方案〉的通知》

12月14日，开发〔2015〕16号《转发〈政协长沙市开福区委员会关于参政议政的实施办法〉〈政协长沙市开福区委员会关于民主监督的实施办法〉两个文件的通知》

纪律检查与行政监察

中共开福区纪律检查委员会

书　记　刘小虎
副书记　张赞斌
　　　　喻寄宏（2015.11任）
　　　　郭昶虹（2015.11免）
常　委　刘　科　曾跃文
　　　　罗小静　刘　敏
　　　　刘　曦

区监察局

局　长　张赞斌
副局长　蔡　亮　龚　闯

【概况】　中共开福区纪律检查委员会（以下简称区纪委）和区监察局合署办公，实行两块牌子、一套人马。内设区纪委、监察局机关共有内设机构8个，为办公室（调研法规室）、党风廉政建设室、执法监察室（纠正行业不正之风室）、财务监察室、行政效能监察室、纪检监察室、案件审理室、干部室。11月完成内设机构调整为办公室、党风政风监督室（区政府纠正行业不正之风办公室）、信访室、第一纪检监察室、第二纪检监察室、第三纪检监察室、第四纪检监察室、案件审理室；行政编制由20名调整为26名，区纪委常委职数按章程和有关规定设置为9名，调整后区纪委8个内设机构各核定主任（乡科级副职）1名，共8名。

落实“两个责任”，从严治党。区纪委协助区委加强对党风廉政建设和反腐败工作任务的责任分解，建立责任清单，层层签字背书，确保责任上肩。完善全区党风廉政建设责任制工作领导小组主要职责及任务分工，对成员单位落实情况进行调研督查。举办“两个责任”培训班，对150余名街道、部门党组织负责人、纪检组织负责人进行专题培训。开展“两个责任”落实情况专项督查。修订完善全区年度落实党风廉政建设责任制检查考核实施办法，细化考核指标，重点考核党委主体责任和纪委监督责任。召开“两个责任”落实约谈会，区委书记集体约谈各街道、部门单位“一把手”，纪委书记集体约谈各街道、部门单位纪检组织负责同志。通过调研督查、走访约谈、问责追责、“一案双查”等形式，层层传导压力。对“两个责任”落实不力的9个部门单位15人进行了问责处理，涉及乡科级干部9人，给予党纪政纪处分2人。通过从严追责问责，构建起定责、督责、追责“三位一体”工作体系。全区落实“两个责任”意识明显增强，氛围日渐浓厚。

强化纪律审查，加大惩治腐败力度。坚持有案必查、有腐必反，保持惩治腐败高压态势。2015年，全区各级纪检监察组织共立案117件，同比上升121%，结案113件，给予党纪政纪处分110人，移送司法机关6人，查处乡科级干部11人。区检察院立案侦查涉嫌职务犯罪案件9件16人。区法院审理职务犯罪案件8件9人。畅通信访举报渠道，在政府网站开设举报窗口，采取电话、手机短信等方式多渠道受理。全年共受理群众信访举报262件（次），其中检举控告类162件（次），中纪委转办3件，省纪委转办48件，直接核实信访举报线索26件。转变审查方式，坚持抓早抓小，注重关口前移。实行包案督办制度，区纪委常委分片联点指导街道纪工委、部门纪委（纪检组）办案工作，办案力度持续加大。加强案件线索管理，开展积存线索清理，确保线索不积压、不流失、不失泄密。发挥区委反腐败协调小组作用，出台区委反腐败协调小组工作规则等3项制度，纪检监察机关与司法、行政执法机关之间相互移送案件及线索56件次，同比增长86.7%，反腐合力不断加强。创新出台《开福区纪委监察局问责案件审理工作办法》，规范问责程序，提高审理质量和效率。剖析典型案例，发挥办案治本功能，在区发改局、区教育局、沙坪街道、四方坪街道等部门单位开展“以案释纪、以案说法”活动，达到查处一案、教育一批、警醒一片的效果。

纠治“四风”，加强作风建设。牵头组织开展公车私用、公款吃喝送礼等专项整治取得明显成效。2015年领导干部主动向廉政账户上缴红包礼金60.5万元，全区“三公”经费支出同比下降9.9%，公务接待费支出下降19.9%。紧盯重要时间节点，查处违反中央八项规定精神问题，组织对80多个单位落实作风建设规定的情况进行监督检查，发现问题29个，移交案件线索8条。聘请“两代表一委员”组建监督员队伍，开展常态作风督查。加强作风类案件的调查处理，共查处违反作风建设规定案件17件，问责35人，给予党纪政纪处分27人，查处发生在群众身边的“四风”和腐败问题25件，对11个单位29人点名道姓通报曝光。

标本兼治，预防腐败。坚持严管就是厚爱，加强对党员干部的日常监督管理。召开践行“三严三实”推进作风建设会议、政府系统廉政工作会议。开展廉政党课进基层、新任领导干部任前廉政测试等活动。组织县级领导干部参观长沙监狱，进行预防职务犯罪警示教育。抓好《中国共产党廉洁自律准则》《中国共产党纪律处分条例》的学习宣传贯彻，开展《中国共产党廉洁自律准则》《中国共产党纪律处分条例》宣传月活动。推进廉政文化进机关、进社区、进项目等“九进”活动，打造通泰街街道西园社区、望麓园街道中山路社区、青竹湖镇等廉政文化宣传点。在黄兴北路、火车北站、金鹰片区、金霞片区拆迁指挥部开展“预防腐败和职务犯罪警示教育”活动。开展“廉政宣传巡回展”“助廉之星”评选等活动，拍摄“十分钟警示录”专题片，用身边事教育身边人。抓住逢年过节、岗位变动、重大项目启动等重要时段提前打“预防针”，元旦、春节等重要节点及时发送廉政提醒短信。出台《进一步加强开福区村、社区财务管理工作的有关规定》《开福区村、社区财务管理违规问责办法》《开福区政府投资项目责任追究及处罚规定》等制度，对村级财务管理，工程项目建设等工作进行规范。出台《开福区领导干部任前廉政谈话制度》等4项谈话制度，开展任前廉政谈话95人次，诫勉谈话32人次，谈话函询56人次。加强村级财务监管等特色工作在中纪委网站、《湖南日报》、长沙电视台《廉政长沙》等报道推介。

加强队伍建设，提升执纪监督水平。深化转职能、转方式、转作风，规范纪委书记、纪检组长工作职责，区本级参与的议事协调机构精简到8个，完成委局机关内设机构调整，纪检监察室由1个增加到4个，执纪监督问责一线人员达20人，占机关总编制的75%。执行省、市纪委规定，以“零容忍”态度处理纪检监察干部违纪违规问题，通过严教育、严管理、严监督，树立纪检监察干部忠诚、干净、担当的良好形象。

重要会议

2月9日，区四届纪委五次全会暨全区反腐败工作会议召开。区委书记李蔚出席并讲话，区委副书记、区长廖建华主持，沈裕谋、曾筱峰、许振勤、熊建伟、刘文立、张毅、杨应龙、周志军、袁伟洁、邹犇淼等全体县级领导参加，区委常委、区纪委书记刘小虎作工作报告。同日，区纪委全体党员到基层党建联系点芙蓉北路街道江湾社区参加党总支党员大会。

3月17日，区委反腐败协调小组会议召开，区领导刘小虎、刘文立、廖勇和成员单位相关负责人参加。会议研究讨论了区委反腐败协调小组工作规则、协调办案办法、案件线索管理制度等规则办法，就进一步加强反腐败协调机制建设，加大对查办案件的组织协调和协作配合力度，推进全区党风廉政建设和反腐败工作进行安排部署。

3月31日，区委常委、区纪委书记刘小虎一行到望麓园街道调研廉政文化建设工作，在实地察看建设中的富雅坪社区办公用房和北正街社区文化墙后，强调街道及社区要加强阵地建设、创新活动形式、营造廉政文化建设宣传氛围。

4月14日，全区政府系统廉政工作会议召开。区政府领导班子全体成员，区委常委、纪委书记刘小虎出席，各街镇、区直机关各单位及垂管部门负责同志参加。区委副书记、区长廖建华要求，各责任单位要深化思想认识，增强政府廉政建设使命担当；突出从严从实，推动政府廉政建设各项工作；着眼常态长效，抓好政府廉政建设责任落实。

4月17日，区委常委、纪委书记刘小虎率区直相关部门负责同志到新港街道沙河大堤、霞凝港新泵站督查防汛工作，要求严格落实责任，加强隐患排查，密切关注汛情，确保安全度汛。

5月20日，区作风建设讲评会召开，通报、讲评前段时间作风建设督查情况，解读2015年度作风建设考核办法。区委常委、纪委书记刘小虎出席并强调，要准确把握作风建设的要求，客观评价作风建设的成效，着力构建作风建设常态。同时，刘小虎对进一步推进全区党员干部违法建筑拆除工作，履行好纪检监察工作职责提出具体要求。

6月4日，区委书记廖建华到区纪委专题调研纪检监察工作。谢伟峰、袁伟洁等区领导陪同调研。区委常委、纪委书记刘小虎就全区纪检监察工作及打算作具体汇报。廖建华充分肯定开福区纪检监察工作紧跟形势、围绕大局，通过查办案件有力惩治腐败，通过监督检查促进作风转变，通过警示教育营造廉政氛围，通过体制改革增强工作成效，营造了风清气正的从政环境。廖建华要求，纪检监察机关要围绕“不敢腐”抓惩治，围绕“不能腐”抓制度，围绕“不想腐”抓教育。并希望纪检监察干部忠诚履职、勇于担当、干净干事，做廉洁自律的表率，为开福经济社会发展提供坚强的纪律保障。

（秦立泓）

组织工作

区委组织部

部　长　周志军

副部长　曾　亮（2015.7免）
　　　　浣　琳　沈继红
　　　　陈　峰
　　　　任功胜（2015.7任）

副部长(兼)　陈朝晖（2015.7任）
　　　　文　莉（2015.7免）
　　　　周海燕（2015.7任）
　　　　王静芳（2015.7免）
　　　　易松柏（2015.7任）
　　　　李红权（2015.7免）

【概况】　区委组织部是开福区委主管组织工作和干部工作的职能部门。2015年，开福区委组织部共有18个编制，其中12个行政编、5个事业编、1个工勤编，实有干部职工17人，设有办公室、党建科（加挂研究室）、干部科、基层党建工作领导小组办公室、绩效考核管理办公室、党员干部现代远程教育管理中心、非公有制经济组织和社会组织党工委7个业务科（办、室）。

2015年，强化示范引领，思想教育激发新动力。专题教育善做善成，区委常委会带头示范，高质量抓好规定动作，创新开展“六个一”特色活动，选树一批践行“三严三实”的市、区先进典型，“三严三实”要求逐渐成为全区党员干部干事创业做人的内在自觉。“乐东经验”学深学透，坚持把“乐东经验”学习活动与精准扶贫、拆违行动、绩效考核等工作深度结合，集中力量解决遗留问题，拆违行动实现了“两年任务一年完成”，绩效考核荣获五区第二的好成绩。服务群众有力有为，推行“五真”工作法，全区群众工作站处理重点难点问题186个，办结“实事承诺”事项322件，区直部门对口援建农村困难户危房36户，消除绝对贫困，群众工作获得全市“四连冠”。

坚持从严从优，执政骨干展示新风貌。抓导向的形成，围绕区委用人需要配班子、选干部、用人才，全年调整5批次干部142人，实名定向推荐单位主要负责人10名，面向全区教育系统竞争性选拔教育局副局长1名，新提

市委组织部调研开福区党建工作

拔的36名科级干部中有28人从基层一线干部中产生。抓活力的激发，坚持用绩效考核激发干部活力，对全区96个单位、580名科级领导干部进行分类考核定等，评定优秀单位58个，评选优秀个人173人。抓管理的从严，严格落实上级要求，取消部分议事协调机构专职副职数和其他科级职数13个，消化科级干部职数67名，完成政府机构改革、乡镇区划调整改革、纪委内设机构改革等工作。抓源头的开发，举办主体班26期、培训干部1800余人次，考录、选调、招聘机关事业单位工作人员179名，健全11个行业人才协会，新增360名智库人才，为区域发展提供坚强的人才保障。

聚焦基层基础，党的建设结出新硕果。贯彻区委1号文件精神，基层党组织和党员队伍呈现出可喜变化。党建责任落得更实，出台《基层党建工作考核管理办法》和分类《考核细则》，组织街道、区直机关工委书记向区委述职，部分社区（村）党组织书记向部务会述职，组织131名县级领导、区直部门负责人及5个党建工作组到社区（村）联点指导，每季度召开现场观摩会学习交流，形成层层传导压力、层层落实责任的良好局面。基层基础筑得更牢，出台加强社区建设“一意见一办法”，社区、村级经费分别达80万元、40万元；设立困难党员帮扶专项资金，为115名特困党员发放慰问金96.5万元；推进阵地标准化建设，新建和改造社区办公服务用房14个、远教站点12个。全面建立街道非公党总支，创新“楼宇+社区”非公党建新模式。推行党员积分管理，对照党规党纪，通过民主评议，严格处置不合格党员130名。创新品牌叫得更响，推行党建创新项目化，全区评出优秀“书记项目”12个、优秀基层创新项目15个，区专职党务工作者项目获评全市第五届“组织工作创新奖”，江湾、三角洲、四季花城、王家垅等4个社区被授牌为“全市党员干部示范培训实践基地”。

在全市拆违控违攻坚行动中，开福区号召党员干部当先锋、作表率，切实发挥好基层党组织的战斗堡垒作用和党员的先锋模范作用。将长办函〔2015〕9号、长组通〔2015〕19号两个文件，纳入基层党组织“三会一课”，做到会议上必讲、党课上必学。派出党员领导干部参加联点单位的拆违控违工作党员大会，部分社区（村）组建党员志愿服务队，积极进行政策宣传和矛盾调解。建立健全党员干部“承诺践诺评诺”机制，落实“零违建”报告制度，填写《违法建设自查登记表》，作出限期限拆承诺。开福区的党员干部在拆违控违工作中，做到带头自觉拆除、带动亲属自行拆除以及带领群众自动拆除。

着眼编制有限、业务单一、转岗交流不畅的客观实际，对7名科级以下机关干部实行跨科室、跨业务的“AB岗”培养模式，这样有利于部内人力资源的合理调配，加快年轻干部的锻炼成长。A岗为现从事的本职工作，B岗为与之联系紧密的其他业务工作，日常事务以A岗为主。对于“AB岗”，采取“一脱钩两挂钩三同步”的管理办法，一脱钩，即每周必须有一个工作日与本职事务脱钩，专门从事B岗；两挂钩，即个人年度积分考核，与A岗、B岗的两部分实绩挂钩；三同步，即对于涉及“AB岗”两个科室的工作，实行同步部署、同步落实、同步检查。

根据开福区拆违控违、项目建设的队伍需求和征地拆迁、精美城区建设的人才需要，按照“素质提升、结构优化、战略储备”的原则，甄选优秀青年后备干部成立“重点项目青年突击队”，派驻项目建设一线，搭建青年干部健康快速成长的平台，在发展实践中谋历练，在中心工作中速成长。2015年，长沙史上最大规模拆控违行动启动后，从各街道、区直机关单位甄选51名年轻后备干部组建青年突击队，分派至拆迁指挥部、征地办等单位开展征地拆迁工作，得到迅速成长，成为各分管线办的业务能手。全队完成拆迁366户、拆违216栋，展示了年轻干部良好风貌，16名突击队员得到提拔。

开福区委不断加强发挥干部教育培训在从严治党、思想建党上的重要作用，围绕培养“四铁”干部，突出“党性锻炼、业务拓展、实践磨砺”三个抓手，为开福区实现“两个率先”、加快“五区建设”提供了坚强的队伍支撑和人才保障。2015年组织干部赴浙江大学等地学习十八届四中、五中全会精神解读、依法治国6批350余人次，邀请省、市委党校老师、区领导、区党校老师授课党章党规、总书记系列讲话、全会精神解读46批3100余人次；组织浙江大学管理能力提升班、珠三角社区建设学习班、人大、政协工作专题培训、清华大学非公企业高级研修班等主体班次26期1800余人次。

贯彻执行中央、省委和市委的决策部署，出台《干部人事和机构编制领域突出问题专项治理实施方案》，聚焦超职数、超规格配备领导干部，超范围党政分设等内容全面开展专项整治，自查自纠发现24个单位超配科级干部78名。通过对党组织书记采取改任第一副职、干部交流、转岗改非、重新核定职数等集中整治，取消部分议事协调机构专职副职数和其他科级职数13个，整治“吃空饷”7人，共消化超职数配备60名（领导职数40名、非领导职数20名），并不再产生新的超职数配备，目前超领导职数降至18名（正科职4名、副科职14名）、科级实职干部超配率降至3.2%。

按照中央、省市关于从严管理干部人事档案的明确要求，根据长沙市关于干部人事专项审核的工作部署，9月份启动干部人事专项审核工作，由区委组织部对全区公务员、参照管理人员和区属企事业单位领导班子成员共计1625名领导进行干部人事档案审核，对出生时间、参加工作时间、入党时间、学历学位、工作经历、干部身份、家庭主要成员及重要社会关系等信息进行重点审核，对档案材料涂改问题、干部信息真实性、重要原始依据材料规范性等内容进行严格核查，并采取补充收集、原件复制、完善手续等方式补充和规范干部档案。

区委组织部认真推进专题教育工作，经区委常委会研究后下发了《关于在县处级领导干部中深入开展“三严三实”专题教育的实施方案》等系列文件，把“三严三实”专题教育作为凝心聚力的有效武器，创新开展“六个一”特色活动，即即上好一堂党课、开辟一个专栏，编写一本读本、发放一个笔记本、撰写一篇学习心得、开展一次实践教育活动。按照“三专一改”总体部署和要求，高质量抓好规定动作，选树一批践行“三严三实”的市、区先进典型，“三严三实”要求逐渐成为全区党员干部干事创业做人的内在自觉，干部作风切实转变。

街镇和区直机关单位党（工）委年初向区委申报“书记项目”，由区委组织部指导审核；各社区（村）党组织“书记项目”由街镇党（工）委负责审核把关，报区委组织部备案。2015年，经过层层审核选比，最终确定22个“书记项目”纳入区级项目库，131个社区（村）“书记项目”纳入街镇级项目库。所有申报项目均突出问题导向、紧扣重点难点，指向准、落点实，具有潜在的推广价值和示范作用。年底，区委对照项目目标，组织召开全区“书记项目”述职会，评选“十佳书记项目”，对区级优秀创新项目给予5万~10万元奖励，街镇级优秀创新项目给予2万~5万元奖励，项目考评结果作为党组织书记评先评优的重要依据，纳入单位党建考核和年度绩效考核。并将经验形成《开福区2015年度优秀基层党建创新案例汇编》，发放到全区基层党组织。通过一年的实践，“书记项目”让“抓书记”有可考可评的依据，让“书记抓”有具体明确的抓手，推动全区党建工作创新发展。

按照区委“三基十化”工作要求，以党建引领各项事业发展，真抓实干，奋力拼搏，充分发挥党组织战斗堡垒作用和党员先锋模范作用，在基层党建、综治安全、项目建设、城市管理、拆违控违、征收拆迁6个方面，涌现出一批表现突出的基层党组织和先进个人。在庆祝建党94周年之际，区委授予了四方坪街道工委等30个单位为“先进基层党组织”荣誉称号，授予朱旭东等60人“优秀共产党员”称号，号召全区各级党组织和广大党员干部以表彰为动力，以先进为榜样，围绕中心，服务大局，互相比学赶超，全力狠抓落实。

2015年年初，在长沙市开福区推行的“书记项目”中，金霞经开区构建园区“123”非公党建模式的“书记项目”，即“一个体系”“两个阵地”和“三亮三争”活动。通过摸清底数，成立园区非公联合党委，优化完善党组织管理架构；在园区所在地以及各非公企业，打造总分集合的两级党建活动阵地，为企业党员提供组织关系接转、学习培训等“一站式”服务；开展“三亮三争”活动，在11个非公企业党支部67名党员中开展“我为企业做什么”等活动，设立“党员责任区”，鼓励党员亮身份、亮承诺、亮评定，争当岗位明星、文明使者、服务标兵。一些系列的工作举措，让非公党建看得见、说得清、抓得实，破解党建工作虚化问题。此外，兴旺集团非公党建工作项目获评“全省非公有制经济组织基层党组织‘解难题·促发展’活动优秀案例”，并荣获“湖南省非公有制经济组织基层党组织规范化建设示范点”。

2015年3月，长沙市开福区委组织部非公党工委针对全区商务楼宇非公企业多、机构分散、党员流动性大的问题，创新“楼宇社区建党委、楼宇企业建支部”的思路，在通泰街街道吉福街社区万达广场试推行“楼宇+社区”党建新模式，由社区党组织管理服务一幢或若干幢楼宇的非公企业党组织和党员。在对万达写字楼的267家企业进行摸底的基础上，将分布其中的160名党员组织起来，成立万达文华支部、非公联合支部和流动党员支部，开展“归家之路”“追梦人联盟”“党企共建一家亲”等活动，形成“一个核心（社区党组织）、多个堡垒（非公企业党组织）”的楼宇社区党建格局，党的组织形态实现了从碎片化向区域化转变，党员管理从放任式向常态化转变。通过深化吉福街万达广场的试点经验，区非公党工委在新时代广场、盛大金禧、华创、泊富国际等中小型非公企业较为集中的商务楼宇，按照“楼宇社区建党委、楼宇企业建支部”的思路，推进“三同步三融入”工作（组织设置与企业进驻同步、党建指导与服务输送同步、党员活动与教育管理同步，党建工作融入企业发展、融入社区服务、融入文化塑造），进一步形成“一个核心（社区党组织）、多个堡垒（非公企业党组织）”区域化党建格局。

2015年5月，长沙市开福区委组织部非公党工委针对非公企业党员分散、流动性大的实际，集中在全区16个街道及金霞经开区设立了非公综合党组织，由街道商会或党建办选派专人担任党组织书记，接收和管理非公企业零散党员，着力形成属地为主、直管补充、分层管理、运转灵活的党组织管理体系。10月19日，全区召开学习“乐东经验”暨建设更高水准的全国文明城市工作部署会，印发《学习“乐东经验”冲刺全年目标的实施方案》，要求全区各单位做到“五个一”，即：制定一个行动方案、组织一次专题研讨、召开一次座谈会议、开展一次主题活动、选树一批先进典型。全区党员干部以乐东经验、忠诚践行“三严三实”为标杆，坚持把学习活动与精准扶贫、推动当前工作结合起来，在全区开展“奋战70天，奋勇争第一”攻坚大竞赛，对15个主要市考指标实行“时间倒排、任务倒逼、责任倒追”，同时要求集中力量解决8个制约开福发展的遗留问题。

2015年6月，长沙市开福区委组织部非公党工委根据省、市《关于开展全省非公有制经济组织和社会组织建立党组织和群团组织情况普查工作方案》的通知要求，在全区非公有制经济组织和社会组织中开展全覆盖、不遗漏、逐一登记的非公普查工作。确定开福区4163家非公有制企业中，组建党组织的185家，共有党员4761名；364家社会组织中组建党组织28家，共有党员486名。通过系统普查，准确掌握开福区非公有制经济组织和社会组织建立党组织和群团组织的情况，扩大党群组织的组织覆盖和工作覆盖，提升党群建设工作水平，进一步推动非公有制经济组织和社会组织党群建设迈上新的台阶。

2015年10月，长沙市开福区组织部出台《开福区非公有制经济组织和社会组织党组织党员动态管理工作暂行办法》（开组通〔2015〕11号），改进非公经济党组织设置，实行党组织和党员动态管理，明确非公有制经济组织和社会组织党组织要结合单位实际，以党建强、发展强为目标，按照生产经营好、企业（社会组织）文化好、劳动关系好、党组织班子好、党员队伍好、社会评价好的标准，广泛开展“双强六好”党组织创建活动和党员示范岗、党员责任区、党员公开承诺活动，促进党组织履职尽责创先进、党员立足岗位争先锋，充分推动企业的健康快速发展。

2015年10月，经长沙市委、市政府批准，开福区按照精简统一效能的原则和稳步推进大部门制改革的要求，结合开福区实际，进一步规范区属机构职能，加大机构和职责整合力度，完成新一轮政府职能转变和机构改革。区卫生局部分职能与人口和计划生育局整合组建区卫生和计划生育局；区食安办、卫生局、商务和旅游局等多个部门关于食品安全监管的职责整合重新组建区食品药品监督管理局；区农办职能、区商务和旅游局牲畜屠宰监管职责划入区农业林业水利局；区安全生产监督管理局、人民防空办公室由区政府直属事业单位调整为区政府工作部门；规范政府部门机构，将其精简为18个工作部门，理顺职责关系，加快形成精干高效的区政府组织体系。11月，根据市编委办《关于中共长沙市开福区纪律检查委员会、长沙市开福区监察局有关机构编制事项的通知》（长编办发〔2015〕200号）和2015年第6次编委会议精神，中共长沙市开福区纪律检查委员会、长沙市开福区监察局机关内设机构调整为以下8个：办公室、党风政风监督室（区政府纠正行业不正之风办公室）、信访室、第一纪检监察室、第二纪检监察室、第三纪检监察室、第四纪检监察室、案件审理室。

2015年12月1日，长沙市开福区青竹湖街道成立挂牌，标志着开福区行政区划调整改革正式实施，镇建制退出开福区舞台。此次调整，青竹湖镇和新港街道合并为青竹湖街道，合并后青竹湖街道辖大安、广胜、金霞3个建制村，群力、天井、新源、太阳山、霞凝、青竹湖畔、植基、金盆丘、新安寺、综合场、霞凝港、金霞12个社区，总面积34.5平方千米，常住人口4.2万人，街道办事处设青竹湖畔社区（原青竹湖镇人民政府驻地）。

面对基层党务工作者人员配备不齐、党务工作者业务不熟、履职能力不强等问题，创新推行党务工作者专职化建设新模式，抓好专职党务工作者的选拔、培养、管理、关爱工作，用专业的人做专业的事。区委面向社会公开招聘40名专职党务工作者充实到社区（村）、非公经济和社会组织等基层党组织；编写《基层党务工作手册》专业化教材，加强专业素质培训；出台《党务工作者资格认证办法》，建立职业资格认证体系，要求全区所有党务工作者通过考试认证后持证上岗；制定《专职党务工作者管理办法》，完善激励关爱机制，给予优秀党务工作者专职补贴、考核奖励和晋升机会，解决基层党务有人干事、有能力成事的问题。该项目荣获全市第五届“组织工作创新奖”。

部研究室积极发挥参谋助手作用，为主起草《关于加强和改进基层党的建设的意见》（开发〔2015〕1号）、《关于进一步加强社区建设的意见》（开办发〔2015〕22号）等重要组织工作制度性文件，参与组织实施党务工作者专职化队伍建设、书记项目及基层党建创新项目等创新性组织工作，发挥主导作用。全年完成政策性文件、领导讲话、理论文章、典型经验等重要文稿108篇30多万字，在《湘组研究》《长沙组工通讯》《湖南日报》《长沙晚报》等刊物发表文章20余篇。

区绩效办在2015年度工作目标考核体系制定和完善过程中，坚持考重点、考难点、考特点，对纳入全区绩效考核管理的101的单位按照街道、部门、项目指挥部等考核对象的不同序列分类制定“考卷”，设置业务指标、公共指标和负面清单三个考核维度，构建导向鲜明、科学简易、务实管用的绩效考核指标体系。全年考核指标数量较2014年减少10%，街道考核指标数25个，部门和市垂直管理单位考核指标最多的22个，最少的10个，指标体系“瘦身减负”显著。

学习借鉴市绩效考核优秀成果以及其他区县绩效考核先进经验，对省、市重点工作目标实行“重点抓，抓重点”，牵住绩效考核工作“牛鼻子”。区绩效办根据主要区领导指示，研究制定《重点工作调度讲评实施办法》，每季度对“4+X”项重点工作进行调度讲评，由各主（分）管在讲评会上分别对项目建设、项目拆迁、拆违控违、“清洁城市”建设等4项重点指标以及其他需要讲评的指标进行讲评，每项指标评出“经验介绍单位”和“表态发言单位”，并运用到全年绩效考核成绩中进行加（扣）分。通过重点工作讲评，进一步增强各单位的履责意识和争先动力。

2015年，在区委、区政府的坚强领导下，全区各级各单位紧扣省、市重点目标任务，围绕区委“两个率先、领跑三湘”的总目标总任务，以加快建成“五区”为总定位总方向，全区上下瞄准开放型经济、项目建设、拆违控违、项目征拆等重点工作精准发力、持续用力，主要经济指标、经济总量稳居中心城区第一方阵，拆违控违、项目征拆等位列中心城区一等，2015年度开福区绩效考核综合得分100.56分，内五区排名第二，其中工作目标得分106.23分，社会公认评估得分87.34分，这两项分别按70%、30%权重折算后计入总成绩。开福区比排名第一的雨花区（100.94分）低0.38分，分别比排名第三、四、五的岳麓（100.50分）、芙蓉（100.23分）、天心（100.12分）三区高0.06分、0.33分、0.44分。开福区绩效考核连续三年获得中心城区第二名的好成绩。

区绩效办在总结历年公认评估工作经验基础上，以“同类可比”原则对区直单位、街道、垂直管理部门合理设置类别，以“科学调查”原则采用上户调查、电话访问、测评会议、邮寄、网络调查等多种调查形式，以“知情评价”原则完善问卷设计，以“360度评价”原则实现多元评估，以“样本优化”原则提升调查代表性，2015年调查的问题设置已达50余个，调查的有效样本约3000个，累计收集意见建议5000余条，确保社会公认评估工作更加公平公正、科学严谨。为增加区政工作的满意度和社会反响，区绩效办并就市、区两级在社会公认评估工作中发现的问题、不足以及收集到的群众意见，特别是对就学、就医、就业等民生问题进行专题研究，并将群众诉求转化为专项任务，交办到相关单位进行解决和整改。

（刘　斌）

宣传工作

区委宣传部

部　　长　杨应龙（2015.11免）
副 部 长　彭　震(兼文明办主任)
　　　　　易德乾　李亚雄
　　　　　甘　芳
纪检组长　郭云建
文明办副主任　贺　喜
网宣办、新闻中心主任
　　　　　李　香
未成办主任　荣佳平
文产办主任　邵凤清

【概况】　区委宣传部内设理论教育科、网络宣传管理办公室（加挂“开福区新闻中心”牌子）、开福区精神文明建设委员会办公室、开福区未成年人思想道德建设工作办公室、开福区群众文化科、开福区文化产业发展办公室、开福区委宣传部办公室7个科室。2015年年底，宣传部共有在职在编干部职工14人。区委宣传部调研文章《从三种不同的城市社区邻里关系互动模式探讨基层志愿服务活动的组织对策》一文，获2015年首届中国志愿服务论坛论文征集一等奖。开福区委宣传部制作的微视频《仰望》，获“邻里守望”志愿服务成果征集“优秀作品”奖。区委宣传部获“湖南省调研信息工作先进单位”（湖南省委宣传部颁发）。“湘江韵律”广场文化活动获第五届湖南艺术节项目类“三湘群星奖”（湖南省文化厅）。文艺节目《鸡咯咯，鸭嘎嘎》《打牙祭》分别获第五届湖南艺术节“三湘群星奖”金奖、银奖（湖南省文化厅）。湘绣作品《父己尊》《金蚕颂》分别获2015中国工艺美术文化创意奖金奖、银奖（中国工艺美术文化创意奖评审委员会评定）。文化企业——湖南省青苹果数据中心有限公司获2015年中央文化产业发展专项资金——出口奖励（国家财政部）。文化企业——湖南快乐购物股份有限公司被评第七届“文化企业30强”提名企业（中宣部）。谢子龙被评为2015年度全国道德模范提名奖和2015年度湖南省道德模范（分别由中央文明办、湖南省文明办评定）。何好获评“全国百名美德少年”（中央文明办评定）。周海明获评“中国好人榜好人”（中央文明办评定）。

理论教育工作。邀请中央党校王长江教授等知名专家学者围绕党的十八届五中全会精神、习近平总书记系列重要讲话精神、国际国内形势等重大理论热点问题开展区委中心组学习7次。联合区委办、区委组织部组织党政领导干部到江西南昌和浙江大学开展专题学习。在全区干部中开展“学用讲话　走在前列”专题征文活动，共征集“微心得”50余篇。深入基层广泛开展学习宣传贯彻习近平总书记系列重要讲话精神“微理论·微宣讲”竞赛和宣讲活动300场。承办“书香长沙·悦读生活”、书香长沙·星城科学讲堂、中央宣讲团成员与基层干部群众座谈交流等活动，捐赠、发放各类书籍3万余册。举办“流动书吧·行走开福”“四微”宣讲、“开福大讲堂”等品牌学习活动50场次。开展“适应新常态、率先新征程”专题调研活动，《严以修身重在修信仰》等30余篇各级领导干部的调研文章在《湖南宣传动态》《湖南日报》等刊物上发表。区调研信息工作继续保持全省先进，在全省舆情信息调研工作会议上作经验介绍。

新闻宣传工作。2015年，围绕全区中心工作，在中央、省、市主流媒体上稿1100余篇，其中《人民日报》、中央电视台《新闻联播》等央媒上稿近100篇；《湖南日报》《长沙晚报》头版头条等重要位置上稿82篇；围绕打造“三金名片”，在《长沙晚报》推出专版29个。区棚改工作、谢子龙先进事迹分别被《人民日报》、中央电视台新闻频道宣传推介。11月13日中央电视台《新闻联播》，报道了十八届五中全会精神中央宣讲团到江湾社区宣讲活动。全年编发《开福手机报》220余期，刊发各类新闻稿件3000余条，在开福新闻网发布新闻800余条。推进“微开福”官方微信建设，12月19日开通“微开福”。举办舆情处置培训班，邀请省委宣传部新闻中心相关领导为全区200余名宣传工作者开展业务培训。编印《舆情摘要》220余期，对重大项目建设给予舆论支持。

文明创建工作。积极组织开展社会主义核心价值观和“讲文明树新风”主题公益宣传，全年开展“道德讲堂”活动83场次，开展文明餐桌、文明交通等文明引导活动56场，促进市民素质提升。区文明办和区政法委、区城教委，共同推进城市综合管理网格化。开展美德少年评选、“续写雷锋日记”“少年环保志愿者”等主题实践活动，加大未成年人思想道德建设。积极开展群众性精神文明创建活动，全年活动在中国文明网报道59次。2015年，新增各级文明单位36个，其中中央级文明单位1个，省级文明单位3个，市级文明单位32个。2015年城市文明指数测评开福名列内五区第4。

文化事业工作。制定《开福区公共文化服务标准化试点工作实施方案》，高标准完成了沙坪街道、江滨社区等14个综合文化站（中心）和捞刀河社区、汉回村文化集市等5大特色主题文化广场的建设和提质工作，其中沙坪街道汉回村图书室被授予“长沙市第一批示范性农家书屋”称号。实施文化惠民工程，大力推进24小时自助图书馆、公共Wi-Fi等数字化公共服务项目建设。组织开展了“青春星声音”校园歌手争霸赛以及开福区“精美城区　品质开福”群众美术、书法、摄影活动，创作作品700余件；举办“湘江韵律”广场文化系列品牌活动50余场次；举办“活力开福·领跑三湘”2015年开福区全民健身节系列活动；组织市花鼓剧院、电影公司等深入基层开展“五送五进”文化活动700余场次。按照“三个多出”项目化推进总体要求，大力支持报告文学《决战崛起：中国超算强国之路与天河逐梦之旅》、视频《翻开这一页》等一批文艺作品的创作；《父己尊》《金蚕颂》等7幅湘绣作品获深圳文博会“文化创意奖”；《旗正飘飘》《湘绣香》等一批群文精品节目获省市奖项。

文化产业工作。研究启动金鹰文化区规划建设，完成了片区整体概念性规划设计。开展文化产业招商活动，促成北辰与省动漫游戏协会举办长沙北辰文化创意产业恳谈会，引进动漫游戏企业18家。对接《湖南日报》、沙坪湘绣等项目单位，推动日报传媒中心、绣坊街等一批省、市重大文化项目建设。贯彻落实各级文化体制改革要求，稳步推进文化产业“走出去”等7大项、12小项改革任务的实施。通过改革，全区新建和修订了《开福区公共文化服务标准化试点工作实施方案》等5个制度文件；建立健全了文化综合执法等6个管理机制。举办相约长沙最美乡村、绣坊街开街等主题活动15场次，组织文化企业参加深圳文博会、意大利米兰世博会等国际国内知名节会。青苹果数据中心获“2015年中央文化产业发展专项资金——出口奖励”；锦绣神州之《奇游迹》纳入湖南省对接“一带一路”战略行动重点扶持项目。

产业节会活动。2015年，开福区举办或参加各类招商推介活动15场，引进武林风、泊富股权投资基金等一批文化产业项目。以“湘绣发源地·旅游新地标”为主题举办相约长沙最美乡村活动，宣传推介沙坪“一日游”精品路线。5月14日至18日，组织湘绣企业参加第十一届中国（深圳）国际文化产业博览交易会，沙坪湘绣公司、伊飞湘绣、天利湘绣、青竹湖湘绣、千年缘湘绣、创新研发中心等湘绣企业参加。通过图片、视频、实物等，展示绣坊街的建设内容，风格，规模和招商信息。伊飞湘绣以“珊秀丹青”为主题，单独设立展位，通过实物、现场刺绣表演等展示湘绣非物质文化遗产。举办沙坪·绣坊街开盘仪式暨招商推介会。会上湖南印象投资有限公司总经理廖国平签订《沙坪湘绣文化旅游景区运营管理战略合作框架协议书》，并签约入驻一批湘绣企业。“北辰　长沙文化创意产业发展恳谈会”在北辰洲际酒店举行，会上，集中签约引进了蓝猫动漫、草花互动、善禧文化等25家动漫游戏企业。

【开展“微理论·微宣讲”竞赛活动】 2015年，区委宣传部深入基层开展学习宣传贯彻习近平总书记系列重要讲话精神“微理论·微宣讲”竞赛和宣讲活动300余场。4月14日，在区治526会议室举行开福区“微理论·微宣讲”初赛，59位选手参加初赛，并最终评选出8位选手和2名特邀嘉宾入围决赛。4月20日，在区治901会议室举行开福区“微理论·微宣讲”决赛，评出蔡哲、刘平辉2名一等奖、二等奖3名、三等奖3名，推荐刘平辉参加市“微理论·微宣讲”比赛，获市级优胜奖。经过宣讲比赛，选拔10名优秀选手，组建了开福区微理论·微宣讲宣讲团，深入农村、社区、学校、企业、机关开展宣讲300余场次，听众达3万人次。受到广泛好评。

【开展“流动书吧”行走开福“读书”活动】 为加强学习型城区建设，区委宣传部举办“流动书吧·行走开福”“书香开福·幸福北城”等各类学习活动24场。承办了长沙市“书香长沙·悦读生活”启动式暨爱心图书捐赠仪式活动，推出了“书香长沙·掌上阅读”平台“书猫”APP。举办读书讲座会12场，邀请法学专家陈平凡等教授为居民讲学。中央宣讲团成员、全国人大常委会副秘书长沈春耀一行到长沙市开福区江湾社区，与当地基层党员干部群众互动交流，帮助大家进一步加深对党的十八届五中全会精神的理解，省委常委、省委宣传部部长张文雄陪同座谈。评选出一批优秀学习集体、个人，其中湘雅路街道办事处获评2015年度优秀学习集体，老干局刘云甫、东风路街道办事处田营获评2015年度优秀学习个人，区委宣传部“流动书吧　行走开福”读书活动、北雅中学党总支“北雅好课堂”之党员示范课获评2015年度优秀学习载体。区委宣传部《关于沙坪湘绣产业发展的调查与思考》、清水塘街道《创新形式内容　服务社区居民——关于清水塘路社区创建全国文明单位的调研报告》等一批调研报告获评2015年度优秀成果。

“微理论·微宣讲”决赛现场

【获评省“三湘群星奖”】 2015年，开福区文化精品创作取得丰硕成果。书籍方面，由龚盛辉、曾凡解创作的长篇报告文学《决战崛起——中国超算强国之路》在国防科大出版社出版。该书记叙了我国历代超级计算机艰难曲折的研制历程，展示了中国计算机技术从落后到登上世界超算之巅，创造世界排名“六连冠”的成就。文艺节目，打造了舞蹈《打牙祭》、女声小组唱《鸡咯咯，鸭嘎嘎》《荷花赞》、街舞《距离》、合唱《旗正飘飘》、音诗画《保卫黄河+黄水谣》等10余个精品原创节目。开福区红叶组合群众文艺团队创作的女声小组唱《鸡咯咯，鸭嘎嘎》荣获第五届湖南艺术节“三湘群星奖”金奖。开福区中山艺术团创作的舞蹈《打牙祭》荣获第五届湖南艺术节“三湘群星奖”银奖。开福区芒果树艺术团100人合唱节目《旗正飘飘》荣获“缅怀先烈　共享荣光”长沙市纪念中国人民抗日战争暨世界反法西斯抗战胜利70周年大型群众合唱比赛银奖。开福区爱心妈妈艺术团创作的舞蹈《留守妈妈盼儿归》在“盛世华章”东南亚艺术巡礼之泰国曼谷暨第二届国际中老年艺术节展演中荣获金奖。开福区金鹰艺术团创作的舞蹈《长长花腰情》在韩中文化艺术交流比赛中荣获一等奖。开福区湘江乐艺术团创作的口琴重奏《踏歌追梦》分别荣获首届华夏口琴艺术节暨“东方.天鹅杯”口琴大奖赛成人组口琴重奏金奖。独唱《水姑娘》《洞庭鱼米乡》等13个节目在长沙市“欢乐潇湘.幸福长沙——精神新家园”优秀群众文艺团队展演舞蹈、器乐、合唱评比活动中取得3金、2银、8铜的好成绩，女声小组唱《荷花赞》和快板《廉政花开红旗飘》均荣获长沙市2015年廉政文化优秀节目创作与会演活动优秀奖。开福湘江韵律系列广场群众文化活动荣获第五届湖南艺术节项目类“三湘群星奖”。

【启动金鹰文化城项目建设】 2015年，开福区启动“一城一带一园一街”建设。启动金鹰文化城项目建设。金鹰文化城规划建设以湖南广电为核心，以朝正垸、山鹰潭等片区为重点，以长沙大学、国防科技大学等为科技支撑，集中发展影视传媒、文化创意、休闲旅游等文化产业。6月11日、7月24日，区委宣传部分别组织召开两次金鹰文化城规划设计评审会，会上就金鹰文化城概念性设计规划进行论证分析。2015年主要是进行片区土地整理工作，该片区可供开发建设主要分布在朝正垸片区约266.67公顷，山鹰潭片区约100公顷，洪山公园片区约100公顷，其中朝正垸片区年底基本完成土地整理。打造北辰文化创意园。该园由长沙北辰房地产公司开发建设，园区位于北辰三角洲，与滨江文化园交相呼应，融为一体。2015年年底，北辰文化创意园完成建设4栋商业写字楼。其中1号栋主要打造动漫游戏聚集区；2号栋主要打造影视体育聚集区；3号栋主要用于创客空间；5号栋主要业态定位为文化教育聚集区。10月16日，“北辰·长沙文化创意产业发展恳谈会”在北辰洲际酒店举行，现场包括蓝猫动漫、草花互动等25家企业签署了意向性入驻协议，近40家企业表达了入驻意愿。建设沙坪·绣坊街。该项目位于“中国湘绣之乡”——沙坪小镇（现沙坪街道），项目全长约1300米，南北走向，南起毛家湾路，北至沙坪路，西邻新建中的长青路，东近老长青公路，与现有的沙坪老街平行。总用地面积12公顷，实际可使用面积8.47公顷，容积率1.4，绿地率25%。项目总投资7.6亿元，一层、二层为商业店铺，三层、四层、五层为空中四合院。8月6日，绣坊街全面启动招商。

（蔡振宇）

统战

区委统战部

部　长　周志军
副部长　涂　浩　张曙辉
　　　　刘洪斌（2015.8免）
　　　　王　凤（2015.8任）

【概况】 区委统战部编制核定数为行政编5个、工勤编1个。在职干部共10人，其中部长1名，副部长3名，台办主任1名，其他干部5人。

2015年，开福区统一战线认真贯彻落实党的十八届五中全会及中央、省委、市委统战工作会议精神，以“同心工程”统揽全局，各项工作均取得明显成效。洪山桥社区“统一战线参与社区协商民主模式探索”入围全省统战工作实践创新奖；2个社区、项目分别被确认为市级“同心社区”“同心项目”，2个村、社区获评省级“同心乡村”“同心社区”。统战部承担的《民主党派协商能力体系建设研究》课题荣获“2015年度全国统战理论政策研究创新成果二等奖”；区党外知联会承担的《基于城乡社区治理创新的协商民主建设问题研究》课题被省委民主法治领域改革专项小组采用。江湾社区在全国首届新媒体时代的统战工作研讨会上发言；开福区作为区县的唯一代表在全省统战部长工作会议上作了题为“整合资源聚众力 主动作为促发展”的典型发言。

围绕中心、服务大局。举办“湖南知名企业开福行暨开福·同心发展论坛”活动，邀请省内200多名民主党派专家学者考察区重点项目，并就区“十三五”规划制定当参谋、提建议。依托党外人士“看开福、议开福、助开福”等平台开展专题议政，区各民主党派、工商联、党外知联合撰写调研报告9篇，编印《建言参阅》供区委、区政府决策参考。服务经济发展，发挥优势，助推全区招商引资工作。多次接待到区考察的台湾合作金库银行、台中商业银行，2次组团赴台进行经贸考察交流，促成台湾台中银融资租赁（苏州）有限公司长沙分公司、安永华明会计师事务所落户；推动东莞（长沙）商会与佳海工业园达成了合作关系；长沙统一企业生产基地配套设施扩建项目投入使用；罗莎蛋糕生产配送基地3.36公顷土地摘牌。组织47名非公企业家赴清华大学参加“开福区2015年创新与发展研修班”学习。服务重点项目，牵头组织开福寺历史文化街区建设工作；参与黄兴北路、炮后街、鸭子铺棚改征收和拆违工作，处理了台胞石凤莲、华侨谢跃兰、彭西林等人的征地拆迁事宜；协调做好开福寺、东岳宫、城北堂规划建设服务工作。服务精美城区建设。开展“爱开福、美开福”同心献计随手拍活动，有近100名统战人士通过登录微信公众号参与。

打造统战工作品牌。开展“四同创建”。黑石渡同心环保宣导站建成并开展活动，科大佳园、科大景园等新创建点完成整体规划和硬件建设。承办全市“四同创建”工作推进会、农工党省委“同心耀三湘·祥和美乐建湘新村专场演出；拍摄《同心》微纪录片和《放学去哪儿》微电影。开展基层协商民主试点。洪山桥社区成立了“圆桌议事会”，议事会成员中统战人士6名，占30%，对社区的“大情小事”展开协商，解决、解释、转办了一批群众关心关注的民生问题。加强党外代表人士工作。牵头组织民主党派区工委开展对口联系和特约人员工作，建立各领域党外代表人士动态信息库，举办开福区统战人士首届趣味运动会，启动“走访季”首季活动，走访了18位各领域代表人士，举办了1期优秀党外代表人士理论学习研讨班，成立了长沙首个区县级党外知识分子联谊会。新提拔党外干部2名，其中街道正职1名，重用4名。开展了社会组织摸底调研工作，撰写调研报告4篇。

党外分子联谊会理事大会

促进社会和谐。正面引导，化解矛盾，处置涉台涉侨纠纷，为统一、罗莎等企业以及统战人士解决困难问题7个。维护宗教和谐，促进民族团结。连续5年开展和谐寺观教堂创建活动；协办了“铁炉寺大殿落成暨佛像开光盛典”活动；协调政法、公安、城管等部门，做好佛教、基督教重大宗教活动的安全维稳工作，指导各宗教活动场所做好规划建设。争取72万元资金支持汉回村美丽乡村建设，通过书记现场办公会、政府定期调度会、干部驻村责任制等举措，推进了汉回村“湖南省民族团结进步示范点”“湖南省少数民族特色村寨”建设。引导感恩社会，凝聚和谐因子。引导商会、宗教团体、台侨爱心人士回报社会，有30余家非公企业参与社会服务、捐资助学、扶贫帮困等公益活动。

【陕西省委统战部一行到开福区调研“同心社区”创建工作】 7月7日下午，陕西省委常委、统战部长陈强一行到开福区省级“同心社区”江湾社区调研，并对开福区“同心社区”创建工作表示赞许。湖南省委常委、统战部部长李微微，长沙市委常委、统战部部长文树勋，开福区委书记廖建华，区委副书记、区长沈裕谋，区委常委、组织部部长、统战部部长周志军，区委常委、区委办主任袁伟洁等领导陪同调研。

【台中银融资租赁（苏州）有限公司长沙分公司揭牌开幕】 7月20日，台中银融资租赁（苏州）有限公司长沙分公司在台中银行董事长李俊升主持下揭牌开幕，湖南省前省长周时昌，市委常委、统战部部长文树勋，市台办主任袁义和、副主任张克清，市商务局常务副局长陈再坤，开福区委常务、区人民政府常务副区长黄阳，区委常委、组织部部长、统战部部长周志军及众多金融同业、台商协会及台商企业出席开幕酒会。在引进台中银融资租赁的过程中，开福区给予全方位的支持，提供了一流的服务，专门成立了服务小组，为公司选址，陪同考察了金融生态区内十余家写字楼，最终决定落户万达广场写字楼后，又与物业协调为公司降低租金，帮助其办理登记注册的相关手续。大力发展金融业，是开福区适应新常态、引领新常态、创造新业绩的一项重要举措，2015年上半年，开福区金融业实现了28%的高增长，税收占比达到28.9%。台中银融资租赁（苏州）有限公司长沙分公司落户开福区，将为开福区金融业发展、为区域经济升级注入新的活力，实现互利互惠、共赢发展。台中银行在两岸开展租赁事业已有两年，台中银融资租赁（苏州）有限公司长沙分公司是其布局厦门、成都、郑州后，在大陆的第四家分公司，首阶段以湖南省长沙、株洲、湘潭中小企业设备租赁服务为营运主轴，初期先以服务当地台商中小企业为主，中长期将以争取当地陆资企业往来为目标，并将积极参与政府、国有企业的大型融资租赁业务，谱写两岸金融交流新篇章。

【举行首届统战人士趣味运动会】 9月25日上午，由开福区委统战部组织的“开福区统战人士首届趣味运动会”在周南中学体育馆举行。来自区各民主党派、工商联、党外知联会、民宗、台、侨等的13支代表队的近200名统战代表人士参加比赛。运动会丰富了各领域统战人士的文体生活，搭建了党派团体友谊的平台，增进了彼此了解。区侨联代表队获得一等奖。开福区委常委、组织部部长、统战部部长周志军出席并致辞。

【江湾同心文化社区获全国首届新媒体时代统战工作研讨会推介】 12月2—3日，开福区江湾同心文化社区作为全国唯一基层代表参加全国首届新媒体时代统战工作研讨会，并在大会作题为《牵手“互联网+”开启智慧社区统战工作e时代》典型发言。中央统战部信息中心主任王丕军对该社区切实利用互联网媒体宣传统战工作、构建服务平台、推进民主协商取得良好成绩的做法给予高度肯定。《长沙晚报》2015年12月4日A1版头条“江湾里飞出欢乐的歌”对其“互联网+”信息化治理社区模式进行了专题宣传报道。

【省委统战部部长黄兰香来开福区调研“四同创建”工作】 12月11日上午，省委常委、统战部部长黄兰香，市委常委、统战部部长文树勋率全市区县（市）及市直有关部门负责人共70余人视察开福区“四同创建”示范点，实地考察指导了水风井“同心科普社区”、黑石渡“同心环保宣导站”、汉回“同心乡村”的创建工作，省委统战部副部长龙建湘，市领导王国海、何寄华、刘明理，区领导廖建华、沈裕谋、谢伟峰、周志军、汤建尧陪同考察。黄兰香对区统一战线盘活资源要素、主动聚焦需求、精心组织实施、全方位推动“四同创建”工作所取得的成绩给予高度肯定。下午，在开福区召开了全市“四同创建”工作推进会。会上，伍家岭街道建湘新村社区、洪山街道洪山桥社区“统一战线参与基层协商民主”项目分别被授予2015年度市级“同心社区”“同心项目”；区委常委、组织部部长、统战部部长周志军代表区委统战部作典型发言。

（周　涛）

政法

区政法委

书　　记　刘文立
副 书 记　梁云辉
　　　　　袁亿华
　　　　　冯士文
　　　　　肖铁华（2015.8免）
　　　　　汤伟平
　　　　　林　实
　　　　　谢跃明（2015.8任）
综治办主任
　　　　　冯士文
副 主 任　毛建高（2015.11免）
　　　　　罗　毅（2015.11任）
　　　　　浣花媛
维稳办主任
　　　　　肖铁华（2015.8免）
　　　　　谢跃明（2015.8任）
副 主 任　侯胜台（2015.3任）

【概况】　区政法委下设综治办和维稳办，有编制13人。2015年政法工作坚持深入贯彻落实科学发展观，以“维护社会和谐稳定走在前列”为统揽，紧紧围绕政法工作的基本任务、根本目标、核心追求、光荣使命和根本保障及信访、群众工作的基本要求，创新举措，切实履职，为开福经济社会平稳快速发展提供了坚强保障。开福区连续11年保持全省“平安区县”荣誉称号。

全力维护社会稳定取得突出成绩。注重把全力维护社会稳定作为政法工作基本任务，牢记稳定是第一责任。全面统筹，防范化解社会矛盾。注重对全区社会矛盾加强整体掌控。组织开展矛盾纠纷排查，坚持经常排查、定期排查、专项排查和重点时段集中排查相结合，加强社会矛盾纠纷的动态掌握，做到发现得早、防范得好、处理得了。注重化解减少存量，调动政法、信访、群工部门和各街道的积极性，发挥全区各类调解室和调委会、群众工作站的职能作用，创新推行专业化、行业化调解，调处社会矛盾纠纷1257起。开展“三调联动化矛盾，息访息诉保平安”专项调解活动，区街两级矛盾调处中心联动，共当场调处矛盾纠纷1588批3647人次。及时稳妥，强化现场处突工作。在及时收集、研判、运用好情报信息的基础上，按照分级负责、快速反应、统一指挥、协调联动的维稳处突和应急处置原则，依法稳妥处置堵路、堵门、“维权”集访、医患纠纷等群体性事件92起。周密调度部署重要会议、活动期间的安全保卫工作，完成各类安保任务104场次。排查侦办，全力保障政治安全。认真开展隐蔽战线斗争，有序推进国家安全人民防线工作，落实涉疆涉恐各项工作举措，成功打掉了“伊吉拉特”组织在我区的一个中转点。反渗透、反邪教工作卓有成效，防范和处理邪教工作实现“三零”目标。

推动平安建设取得显著成效。把平安建设作为政法工作的根本目标，牢记平安是人民群众第一需求。强化严打整治。形成对违法犯罪的强大震慑作用，保持严打高压态势。坚持“命案必破”，全年现行命案8起全部侦破，破获命案积案1起，抓获网上逃犯170名，得到了社会各界的充分肯定。坚持“稳、准、狠、快”的方针开展专项整治行动，组织开展了“春季攻势”“断链”“禁毒百日会战”“利剑打假”“打击盗骗毒”等行动。依法严厉打击暴力犯罪、多发性侵财犯罪等严重影响人民群众安全感和幸福指数的违法犯罪活动，全年共破获各类刑事案件1500起，刑事拘留995人，批捕624人，提起公诉978人，依法判决1029人，查处治安案件1228起，行政拘留1406人，切实提高了人民群众安全感。凸显防控效能。致力于治安整体防控效能的提升，最大限度挤压违法犯罪的空间，切实压减发案。加强治安防控智能化建设，创新打造“指尖警务”模式，推进“平安开福”城市监控系统升级和“天网工程”二期建设，有效整合社会监控资源，2015年新增、升级探头750个，借助视频提供线索破获案件427起。深化和推进“红袖章”工程，发展平安志愿者、法律义工等群防群治队伍，去年群防群治队伍提供案件线索120条，破获治安案件90起。强化专业巡防，按照“警力跟着警情走”的思路，完善网格布局，整合巡防力量，联合武警长沙支队扎实开展步巡和车巡相结合的武装警察巡逻工作，路面见警率、见巡率明显提升。提升服务管理。以深化“三防三治”专项行动为载体，不断加强流动人口和出租房屋服务管理。全区新增、核实

“三实”信息173192条，完成出租房屋违规处罚2950户，铺开和深化流动人口市民化管理，推动旅店业协会管理模式。加强特殊人群服务管理，在全区开展“社区矫正规范化建设提升年”活动，实施“三位一体”的服务管理模式，全年实现特殊人群管理的“三零”（零脱管、零漏管、零重新犯罪）目标。夯实基层基础。加强综治基层组织建设，引导社会单位、物业管理单位履行职责。全年新建“三站合一”站点108个，公安机关业务用房建设有序推进。广泛开展“零发案”竞赛、“四个十佳”评选、平安家庭创建等基层平安建设活动，通过典型推介，巩固和扩大活动成果。继续坚持和完善亲民警务工程，构建和谐的警民关系。

推进公正执法取得长足进步。注重推进公正执法作为政法工作的核心价值追求，牢记公正执法是政法工作生命线。落实执法为民。引导带领全区政法各部门着眼民意，不断改进作风，将执法工作与群众工作结合起来，把执法过程变成服务群众的过程。开展纠正涉法涉诉中损害群众利益行为专项整治行动，全面清查整治搞弹性执法、选择性执法和办“关系案”“人情案”“金钱案”等执法不公行为。着力解决好“打官司难”问题，让普通群众和弱势群体都打得起官司，有效维护群众权益。在服务窗口推行延时服务、错时服务、上门服务“三个服务”，实施服务承诺、首问负责、限时办结“三项制度”。建立“援调对接”机制，推行“上门式、预约式、一站式”法律援助服务，做到应援尽援，人民群众对政法机关和执法人员的满意率大幅提升。狠抓规范执法。按照精细化管理的要求，深化执法规范化建设，狠抓执法信息化和执法质量考评。区人民法院推进网络平台、意见平台、信息平台三大平台建设，推行“透明、优质、高效、效益”司法。区人民检察院深入开展“三走访、两查找、一确保、一促进”活动，听取各方意见，查摆整治执法不规范问题。区公安分局开展“治虚灭假”专项行动，组织执法检查“回头看”，提升执法公信力。区司法局引导律师为职能部门提供法律服务，促进各部门依法行政。深化法治建设。以开展“三严三实”教育活动为契机，深化法治理念教育，树立依法办事的理念。加强社会面法治宣传教育，在全区开展农村法治宣传月、青少年法治宣传周等法律“六进”活动百余次，营造了良好的法治氛围。加强法治文化载体建设，拓展法治宣传阵地，打造社区法治公园。全面推广无纸化学法用法考试系统，提升公职人员运用法治思维和法治方式推动发展、化解矛盾、维护稳定的理念和能力。顺利完成“六五”普法验收工作。

服务区域发展取得丰硕成果。全力服务项目建设，强化服务保障措施，促进城市棚改、农村征地拆迁、项目施工顺利推进。大力服务企业发展。组织开展“服务经济大竞赛”活动，按照“一包双联”的要求，联系重点项目、重点企业开展对口帮扶，为企业发展创造更加安全、公平、宽松的环境。深入企业、工地开展走访调查、专项整治、法律服务，共走访企业45家，收集意见建议120余条，开展法律服务90余次，调解纠纷42起，取得良好成效。发挥职能作用。依法打击各类经济犯罪活动，切实维护市场经济秩序。着力打击涉众型经济犯罪，打掉盘踞在湘江世纪城、月湖小区等地方的组织领导传销犯罪团伙两个，刑事拘留65人。严厉打击制假售假、欺行霸市等影响市场秩序的犯罪活动，依法查处职务犯罪、商业贿赂等侵害市场主体权益的行为，对21名破坏企业发展和市场经济秩序的犯罪嫌疑人提起公诉。区人民法院审结民商事案件6062件。

加强队伍建设取得实质进展。在全区政法系统开展“六个走在前列”大竞赛活动，推动政法干警忠诚履职，勇于担当，开展“五好”领导班子创建活动，班子凝聚力、战斗力得到提升，强化教育培训。引导全体政法干警践行社会主义核心价值观，参加上级组织的政治轮训、专题培训，注重实践性教育培训，开展岗位练兵。强化从严治警。严格落实党风廉政建设责任制，强化“三零”目标管理。深化党的群众路线教育实践活动，对“懒、空、浮、拖”等问题进行专项整治，警风行风得到全面整肃和提升。

（郭　宁）

机关党建

区直属机关工作委员会

书　　记　盛　诺（2015.8任）
　　　　　何　群（2015.8免）
副 书 记　张志成
　　　　　戴　英（2015.11任）
　　　　　张汉仁（2015.8免）
纪检书记　廖莺燕

【概况】　2015年区直属机关工委机构编制管理部门核定编制人数4人，实际在岗7人，直管区直机关党支部41个、其中党总支部6个、退休党支部5个，党员1452人。

贯彻区委1号文件精神，实施党建“书记项目”。在区直机关全体党员中开展了“亮身份、亮承诺、亮业绩，比学习、比服务、比贡献”的主题活动，举行了“践行宗旨，从我做起”主题党课比赛和“践行社会主义核心价值观”演讲比赛，组织党务工作者积极参加全省党建业务和党纪条规网上知识竞赛活动。动员58名党务工作者积极参加答题竞赛，有9人进入全省复赛，总体成绩名列9区（县）第一。

规范基层党组织建设组织学习《中国共产党党和国家机关基层组织工作条例》和省委《实施办法》、市委《实施意见》，组织区直机关68名党建工作分管领导、支部书记和党建专干参加为期3天的党务工作者资格认证培训，39名党建专干参加了首批党务工作者资格认证考核。坚持每月定期召开支部书记例会，安排部署党建工作。组织41名机关工委直属党（总）支部书记向机关工委进行述职。6月和11月，组织对区直机关落实“三会一课”等组织生活制度和发展党员等日常基础工作开展2次专题督查；加强培养考察入党积极分子、发展对象和预备党员，全年发展党员7名，办理预备党员转正6名。全年按标准共收缴党费36余万元。及时维护和更新“党员信息管理系统”信息；组织区直机关科级及退休干部集中学习4次。夯实基层党组织建设基础，全年区委表彰先进基层党组织5个、优秀共产党员6名。

发挥党建示范引领作用指导和鼓励区直机关党组织创新党建工作的载体和形式，并为机关党组织搭建多个活动平台。组织开展了“联系困难群众、共建连心农家”援建活动，帮助全区36户农村困难群众修房建房，解决了住房问题；督促区直机关党组织开展了党建联系点、结对共建及　“五联五共”活动，帮助连点社区加强社区党建阵地建设；要求区直机关党员领导干部按照“六必须”要求参加社区（村）党员大会、骨干会议、拆违控违动员会议，组织区直机关党员干部深入群众谈心谈话、走访慰问、结对帮扶、志愿服务活动，动员区直机关近千名在职党员进社区，参与社区组织的志愿服务活动并开展“一进二访”活动，集中组织20名基层党组织书记在长沙县路口镇上杉市村走访慰问了20户。

开展文娱活动，活跃机关文化氛围联合工会、文体局等职能部门开展区直机关“行走开福、流动书吧”进机关、读书讲座、“欢乐潇湘，品质开福”群众美术书法摄影比赛、“绿地·青竹湖”杯全民健康跑、“党建杯”篮球赛、“活力开福.领跑三湘”趣味运动会，气排球教学赛等活动。推荐评选“我身边的雷锋”“优秀志愿者”4名，组织102名机关党员干部开展无偿献血志愿服务活动，发行征订报刊1922份、购买在职女职工购买特殊疾病保险377份，未成年子女购买意外伤害保险367份。

落实党风廉政建设责任，推进机关作风建设履行机关作风建设牵头抓总的职责，集中动员组织区直机关党员干部学习新修订的廉政准则等党纪条规3次；参与区委组织的作风建设工作专项督查4次；组织千名党员在拆违控违工作中带头报告“零违建”；查处违规违纪赏干部3名，对违纪违规行为实行“零容忍”。

（刘丫丫）

机构编制

区机构编制委员会办公室

主　任　刘修平
副主任　谭卫文
事业单位登记管理局局长　刘水清

【概况】　区编办为区机构编制委员会办公室的常设办事机构，负责全区行政管理体制和机构改革以及机构编制日常管理工作。辖一个二级机构：事业单位登记

管理局，副科级全民事业单位。行政编制6名，现在编6人

完成区政府机构改革工作。按照市编办的统一部署，围绕政府职能转变这一工作重，调整优化政府组织机构设置和职能配置，对九个政府工作部门和三个区直属事业单位重新制定了“三定”规定，根据部门工作职能变化，对部分非涉改部门的机构编制事项也同步进行了调整。

完成食品药品监督管理体制改革工作。按照省、市精神和湘政发〔2014〕8号文件要求，完成区食品药品监督管理体制改革工作。明确事权划分。结合工作实际提出了食药监局内设机构设置和编制配备方案，制定了“三定”规定。

理顺城市园林绿化、动物卫生监督等管理体制。对城市园林绿化、动物卫生监督体制理顺等工作进行了调查研讨，并对市里改革方案提出了工作建议，着手推进区动物卫生防疫体制改革。

推进事业单位分类改革工作。开展预审、初审、复审、再审四轮审核。书面征求区委组织部、区财政局和区人社局意见，并结合职能部门意见进行了补充修改。形成《长沙市开福区事业单位分类归位方案（送审稿）》，在大编委会上提请审核通过。按照程序，除划入行政备案类四家单位和暂缓分类七家单位，推进事业单位分类改革。对全区纳入分类范围的事业单位正式发文明确分类事项。

做好行政审批制度改革工作。公布政府部门权力清单，并对权力清单进行动态调整。完成政府部门责任清单编制和非行政许可事项清理工作。做好市权下放摸底及反馈工作；牵头组织做好了“两集中、两到位”改革工作；配合做好了行政审批中介组织清理；区监察局等部门组成联合督查组，对部分区直执法部门权力清单及责任清单落实情况进行了专项督查，并出具了监察意见书。

完成机构编制实名制及年统工作。及时进行了日常数据维护更新，为实名制新系统的进一步完善提出了建议；对省编办反馈的实名制核查问题逐项进行了整改落实。做好了2014年机构编制年统及统计分析工作。

规范事业单位登记管理。组织做好了事业单位2014年度报告公示工作，整理归档所有的纸质资料，以抽查的形式监督检查事业单位的运行情况。

开展减编控编工作。落实（湘编〔2015〕3号）精神，对控编减编方案中各项工作措施进行了自查自纠。

推进机关事业单位中文域名注册及网站标识管理工作。完成中文名域名注册工作，全区有192家机关事业单位中文域名注册成功，与电子政务中心对接，督促指导七个单位完成加挂标识工作。

（黄　意）

老干部工作

区委老干部工作局

局　长　周海燕（2015.7任）
　　　　王静芳（2015.7免）
副局长　唐伟业
　　　　陶劲凯
　　　　黄　维（2015.10任）
　　　　谭　蓉（2015.10任）
　　　　韩宝金（2015.10免）

【概况】　老干局编制7人，开福区老干部活动中心是所属公益一类事业单位，编制3人。区委老干部局直接管理和服务的老干部共190人，其中机关军队离休干部8人，代管离休干部5人，企业离休干部58人，机关县级退休干部111人，局退休干部8人。

落实两项待遇。政治待遇方面，进一步健全完善老干部理论学习、阅文、参观考察、情况通报等制度，为老干部订阅、发放《长沙晚报》《老年人》《党建文汇》等政治学习资料，组织老干部代表参加区委、区政府全会等重要会议。2015年开展的活动有8项：组织企业离休老干部和机关离退休老干部召开了区情通报会；及时传达中央省市区委文件精神。“九一八”组织企业离休干部召开“纪念抗战胜利70周年”座谈会；组织离退休干部观摩全区重点项目活动，考察黄兴北路拆迁现场、福元路拆违复绿现场、万家丽高架桥开福区段、朝正垸、苏托垸、高岭国际商贸城、中部进出口商品展示交易中心等重点工程项目。

认真落实老干部的“两费”和“三个机制”，严格按政策保障全区老干部各类补贴及时足额到位。机关离休、军队离休、代管离休和接管省属改制企业离休干部及无固定收入离休干

部遗孀配偶的生活待遇得到保障。完成独生子女父母奖励按新政兑现与老干部住房补贴申领。重点做好常规体检、5万元“帮困解难”专项资发放以及春节、“七一”“抗战胜利纪念日”“酷暑问安康”活动走访慰问工作。

丰富老干部精神文化。灵活办好老干部大学，一方面，东风路的区老干部大学主校区2015年全年达14个专业、147个班，学员总数达6407人次。加强对科大佳园、北桥新村、江湾社区分校和望麓园教学点的管理。老干大学举办纪念抗日战争胜利70周年的文艺会演。活跃涉老协会。诗词楹联协会开展采风活动，编辑出版《血铸国魂——纪念抗战胜利70周年诗词曲联汇编》书册。书画协会承办“纪念抗日战争胜利七十周年”大型书画作品联展，并印刷一本书画联展作品集；举办“纪念抗战胜利70周年书画作品展”。区老年保健协会承办全市老年保健协会会长会议，共组织4场保健知识讲座，完成“健康长寿大家谈”征文任务，成立开福区通泰街街道老年保健协会分会。继续开展老年网络课堂。2015年共有32个社区开展老年教育网络课堂工作。其中，彭家巷、金帆等7个社区被评为市级网络课堂重点示范点。

发挥“五老”人才优势。引领老干部开展“五老四教”主题活动。调整充实区级“五老”金牌讲师团队伍，组织区级培训，参加全市“五老”培训班学习，前往湖南党史馆参观学习，与望城区讲师团进行学习交流。321名“五老”宣讲员共开展宣讲605场。青竹湖镇还以讲师团成员卢戒山为首，创立了青竹湖宣讲队。建强一批老党员志愿服务队。2015年，全区建立了17支“五老”志愿服务队，下设分队130支，“五老”志愿者达3000多名。如：幸福桥社区的“卢爹帮帮团”，轩辕殿社区的“精美义工团”，东风一村的“（帮困、帮教、帮学）三帮热线队”等。东风路街道王家垅社区还创设“庭院党支部”、捞刀河街道彭家巷社区开办“银杏学园国学班”，在宣讲政策、治安巡逻、校外辅导、矛盾调解、民情联络、法律援助、公益服务、结队帮扶等方面发挥作用。组织开展“展示阳光心态、体验美好生活、畅谈发展变化”主题活动。举办全区“五老”“展示阳光心态、体验美好生活、畅谈发展变化”微宣讲比赛；在新河街道北桥新村社区开展“我看十八大变化”座谈会；召开区“五老”拆迁座谈会；各离退休干部党支部纷纷围绕纪念抗战70周年与“老年节”展开了系列活动；组织30名老同志参加长沙市老干局举行的“畅谈发展变化”微宣讲决赛，任震宇等3人分别获得一、二等奖，老干部局获得优秀组织奖。

依托社区推进“四就近”工作。离退休干部社区“四就近”工作，给予12万元的专项扶持资金。按照“一格五员四化”的要求，将离退休干部纳入到全区400多个网格中，为就近学习、就近活动、就近得到关心照顾、就近发挥作用搭建平台。全区范围内建立的23个居家养老服务中心、58个居家养老服务站、30个离退休干部社区“四就近”服务站，通过考核验收。

（田聚群）

关心下一代工作

区委关心下一代工作委员会

【概况】　关心下一代工作委员会是在中共开福区委的领导下，以老同志为主体，吸收有关部门负责人参加的、从事青少年教育工作的群众性工作组织。2015年区关心下一代工作委员会由谢伟峰、黄阳、周志军任名誉主任，戴源任主任，王静芳、周海燕等任副主任，朱湘汉、谭文赞等10人任委员，区委组织部、区委宣传部（文明办）、区老干部局、区民政局、区司法局、区财政局、区人社局、团区委、各街镇为成员单位。办公室设区委老干部局，唐晓云任办公室主任。

完善规章制度，构建关爱网络。年初，对各项工作制度进行梳理和完善，制定年初工作部署制度，明确分工；季度工作调度制度，及时通报、收集有关情况；研讨工作会制度，即不定期与青少年教育有关的部门召开研讨会，研究如何进一步加强青少年的思想道德教育；信息报告制度，鼓励各街道、社区及时上报工作信息，每半年进行一次奖励；年终表彰制度等。通过定期召开会议对工作进行部署、对专干进行培训、对工作进行推动。如1月工作布置会议，4月关工委培训工作会议，6月半年度工作总结会议，8月季度调度会议等，确保关工委工作年初有计划、年中有检查、年终有总结。区关工委按照自愿参加、量力而行、就近就地的原则，及时调整全区关工委委员，把相对年轻、身体较好的“五老”和老民营企业家、老人大代表、老政协委员等不断充实到关工委队伍中来；开展“五老”信息的收集工作，建立“五老”信息库，及时了解、掌握“五老”情况，便于整合资源，用活资源。各街道调整补充成员，吸纳“五老”人员加入关工委队伍。全区各相关部门发挥职能作用，横向联合，纵向落实，形成了区委、区政府统一领导、关工委主动作为、全社会广泛参与的合力关爱机制，形成了健全的关爱工作组织网络。

开展主题教育活动，对青少年进行思想道德教育。2015年，全市关工委主题教育活动内容为是“立德崇法、明史报国”。年初，区关工委召开专干会议，印发开关委发〔2015〕2号文件，要求各级关工委以纪念抗战胜利与青少年法治教育为中心，结合学雷锋、精美城市建设、弘扬传统文化等实践活动，帮助青少年辨是非、知美丑、树美德，成为社会主义核心价值观的忠实践行者。全区各级关工委分层次组织动员“五老”参与，有的通过讲座、座谈等传统方式进行宣传教育；有的通过举办知识竞赛、征文活动和组织观看纪念抗日战争胜利影片、普法教育宣传片来吸引青少年；有的用QQ、微信传播抗战历史故事、法律知识；有的开辟青少年网上阅览室，利用远程教育设备普及党史、科技、法律知识。据统计，全区共发动189名“五老”宣讲员，开展相关宣讲205场，听众达6327人。在开展主题活动过程中，全区出现了不少关工委工作新品牌，如三角洲社区“悦读国学”，富雅坪社区“青年之声”，彭家巷社区 “银杏学园”国学课堂，王家垅社区庭院党支部活动阵地少年课后活动室，浏阳河社区的“校外课堂”等；也有不少“五老”因表现突出而受到省、市、区表彰，如卢瑞雄获得全省关心下一代工作“五老”突出贡献奖和第三届长沙市道德模范奖。在市、区“展示阳光心态、体验美好生活、畅谈发展变化”微宣讲比赛中，任震宇获得市、区“微宣讲”比赛一等奖，卢瑞雄、卢戒山获得市“微宣讲”比赛二等奖。2015年4月和11月，市关工委主任董学生一行对开福区关工委工作进行了两次调研，董学生认为开福区的关心下一代工作领导重视有保障、“五老”热心有基础、品牌突出有创新、营造氛围有效果、宣传报道有影响。

关怀老少“两个健康”，为“老少”办实事、解难事。按照市关工委要求关爱优秀“五老”。为确保广大“五老”不脱离政治生活，一方面，我区坚持给县级退休干部、关工委顾问团、“五老”金牌讲师团等成员征订《长沙晚报》《老年人》杂志等，2015年又增订了开福区手机报。组织他们前往湖南党史馆、“三馆一厅”等重点项目参观，参加市、区级学习培训5次。此外，各街道也加强了对老同志的关怀，部分社区常态开展了老年网络教育课堂，强化了老年活动中心建设，让老年人老有所学、老有所乐、老有所为。

搭建关爱平台，关心青少年。针对我区大力开展拆迁控违工作情况，对拆迁后子女就学的问题进行了重点研讨，要求各街道做好拆迁地子女就学困难的统计工作，协调解决拆迁人员子女入学的后顾之忧，先后解决150多名儿童的上学问题。上半年，区关工委对全区贫困儿童进行摸底调查统计。在“六一”儿童节前，对全区20名困境儿童进行走访慰问，发放慰问金2万元。教育局继续利用“携手爱心基金”帮扶贫困生，开展第八季爱心捐赠活动，有100名困难学生接受帮扶。各级关工委通过组建志愿队伍与“五老”一对一帮扶相结合的方式开展帮扶活动，截止2015年年底，全区已形成规模的“五老”志愿服务队共有17支，下设分队130支，“五老”志愿者达3000多名，1000多名困难青少年得到帮助。

（田聚群）

史志档案

区史志档案局

局　长　周立辉（2015.7任）
　　　　吴亚君（2015.7免）
副局长　曾洁如　王从福

【概况】　区史志档案局是区委直属事业单位，负责全区党史、区志及档案管理三大块业务工作，现有在职在编人员7名，临聘人员3名，无内设机构，在政务中心设查档窗口1个。2015年，完成了年初制定的各项工作任务，查档窗口被评为区政务中心的优秀窗口，党史、地方志、档案工作分别被评为全市先进单位，档案宣传工作被评为全省先进单位。

党史及党史联络。开展党史“四进”活动，普及党史知识，向街道、社区基层党支部、农家书屋、有关企业赠送发行《中国共产党长沙市开福区简史》。向四方坪街道黑石渡社区“同心”书屋捐赠《中国共产党长沙市开福区历史》和《中国共产党长沙市开福区简史》；分别在区政府机关大院、长雅中学、清水塘二小开展了纪念抗日战争暨世界反法西斯战争胜利70周年档案展览活动，展出一系列抗战期间的珍贵历史图片、文字等档案。完成390份2016年党史专刊《湘潮》杂志订阅，该杂志覆盖到区所有基层党组织及相关部门。抓好试点示范，推进部门史工作。根据开办发〔2013〕4号《关于开展部门史编撰试点工作的通知》文件精神，指导农水局、捞刀河镇、洪山管理局、金霞经开区四个试点单位开展部门史编纂，集中对金霞经开区、洪山管理局、沙坪街道部门史及村史编纂工作进行了调研，指导部门史及村编纂工作丰富活动形式，开展党史联络。党史联络组坚持“存史、育人、资政”的目标，积极开展“以史铸魂”活动，发挥“以史鉴今、资政育人”的作用。组织党史联络组全体成员赴怀化地区交流学习，先后赴新化县、芷江县、通道县等地史志档案部门，了解抗日受降、红二六军团活动及通道转兵情况，为《开福区志》编纂及史志档案局、党史联络组联合课题——《中国革命道路早期探索一例：开福区沈家大屋会议和通道转兵会议比较研究》收集资料、调研走访。在全区范围内开展了纪念抗战胜利七十周年征文活动，收到稿件26篇，评选出二等奖2篇，三等奖4篇，纪念奖3篇，组织党史联络组成员到良家庄和龙华山庄开展了联谊研讨活动。10月8日，组织党史联络全体成员参观了“两馆一厅”，重点观看了新民主主义革命时期和中华人民共和国成立初期有关史实。全年，邮寄了7套相关党史书籍到兄弟区县和外省，加强了横向联系和交流。

机关文书档案业务培训

地方志工作。指导《开福区志》全区76个承编单位全部完成了初稿任务，经过多次修改后进入统稿阶段。开展《长沙年鉴》开福区篇组稿工作，省、市年鉴编辑，分别采用概述1条、条目4条和概况1条、条目10条，同时，推选了“社区服务老英雄卢瑞雄”“湖南首条国际铁路货运班列—‘湘欧快线’开通”进入《长沙年鉴》“双十”年度人物和年度事件候选名单，其中湘欧快线获评年度事件。开展《长沙市志》开福区概况和区街工业志稿再完善工作，形成两篇近1.5万字定稿。5月18日前后，组织街镇和相关单位通过公益广告牌、电子显示屏、社区宣传栏、横幅、宣传手册、网络媒体等多个载体开展了《地方志条例》宣传。

档案管理。开展业务指导：对区委办、通泰街、黄兴北路等20多个区属单位和重点工程指挥部进行了档案业务指导；对顺天集团和沙坪金球湘绣公司的企业档案建档情况进行了上门调研和业务指导。开展业务培训：组织全区17个街镇、131个社区（村）、78个部门（含市垂直管理单位及区二级机构）共250名基层档案局档案验收检查工作。指导督促审计局、财政局、国土局3个单位开展档案工作规范化建设。协助区社保中心接受省市档案局档案验收检查工作。开展了档案的收集、整理工作:重点收集17个街镇的声像档案，共计接收图片、视频8000余幅。接收区委办、城建投等单位档案共计942盒。档案数据库共有数据条目726495条，新增数据条目48992条。全年共接待查档人次3067人，查阅卷宗4294卷，开具证明161份。添置了库房的各项设备，完成了库房温控设备的更新。开展档案宣传：订阅和发行了150份《档案时空》；“6·9国际档案日在杜甫江阁设立宣传点，展览了个人捐赠的剪报，开展了家庭档案业务咨询，现场发放《家庭档案建档指南》两百余份，长沙新闻频道对此次活动进行了采访和报道。

【举行《长沙史话》赠阅活动】 1月8日，开福区史志档案局举行《长沙史话》赠阅活动，向全区72个单位（含机关、校园、社区、农村）赠阅《长沙史话》，同时赠送了部分书籍给前到区政府办事的群众，活动当天赠阅3400多册。该书由市委书记易炼红作序，市政府市长胡衡华撰写序言，共计14万字。全书以各方遗存为依据、历史沿革为次第、文化名城为统揽，对长沙上下古今、名山胜水、人物遗迹、战火烽烟等进行了广泛搜集、概括与梳理，立意深远，资料翔实，熔古铸今，择要而书，用“山水洲城　文化名城”“商周古邑　楚汉名称”“湖湘首邑　潇湘洙泗”“荆衡胜地　战略要冲”“革命胜地　时代先声”“伟人故里　雷锋家乡”等六个篇章，串起了长沙3000多年的历史文化。开福区史志档案局积极推进读志用志工作，开展《长沙史话》“六进”活动就是其中之一，对普及地方史志知识起到了“知我长沙、爱我长沙”的积极作用。

【开展部门史专题调研】 3月16—18日，由区委党史联络组组长朱志雄带队，区委党史联络组、区史志档案局工作人员集中对金霞经开区、洪山管理局、沙坪街道三个单位调研部门史及村史编纂工作，了解部门史及村史编纂工作进展情况并进行编撰指导答疑。经开区以史志结合的形式编撰的《金霞志》已完成初稿，农水局《农林水利史》已经完成初稿，并于6月份进行评审后，正在进行修改和定稿。洪山管理局部门史编委会多次邀请市委党史研究室专家指导、评审，部分章节已完成初稿、定稿和评审。捞刀河镇的村史业已完成初稿。

【开展基层档案员业务培训】 6月12日，区史志档案局组织全区17个街镇、131个社区（村）共148名基层档案员开展业务培训，全面学习了社区（村）级有关档案法律法规及档案整理操作规程，并就声像档案门类的采集要求进行了培训。8月19日，举办了机关文书档案业务培训班，全区17个街镇、78个部门（含市垂直管理单位及区二级机构）共102名档案员参加了此次培训。主要学习了国家档案局8号令以及如何编制本单位归档范围和保管期限表，并就归档文件整理规则、声像档案收集知识进行了详细的讲解与学习。通过两次系统的培训，全区档案员的档案意识得到增强，业务素质进一步提升，档案管理规范化步伐明显加快。

（杨　伟）

党校

区委党校

校　　长　谢伟峰（2015.5任）
　　　　　沈裕谋（2015.5免）
副 校 长　蹇敦波（常务）
　　　　　邹　青
　　　　　胡晓峰
办公室主任　杨书杰
教研室主任　张　群

【概况】　区委党校（行政学院）为副县级参照公务员管理的事业单位，内设办公室、教研室机构2个，人员编制10名。

教学工作。2015年按照全区党员干部教育培训计划，举办了19个主体班次，共培训1275人次。其中《中国共产党发展党员工作细则》培训班1期，培训学员49人次；纪检监察干部培训班1期，培训学员61人次；党务工作者资格认证培训班5期，培训学员440人次；发展对象培训班3期，培训学员231人次；党外人士培训1期，培训学员28人次；基层党支部书记（党小组长）培训班2期，培训学员148人次；教育局、市政局等部门培训班5期，培训学员263人次；社区书记培训班（在深圳市委党校上课）1期55人。“送党课下基层”活动中，开设了《开启依法治国新时代》《三严三实专题党课》《让法治的阳光照耀每个公民》《小平之后看近平》《十八届五中全会给我们带来了什么》等一批重点课程，全年开展基层授课72场次，涵盖了全区的所有街道和部分区直部门、学校，听课的党员干部和群众，总共达4200余人次。在教学方法上大胆创新。在主体班，各级领导干部的授课比重占总课时的30%；社区书记培训班和招聘的党务工作专干培训探索实施异地培训的模式，分别在深圳市委党校和望城区委党校进行封闭式培训。

科研工作。全年完成省级课题《从严治党新常态下城郊接合部党的基层组织建设研究》、市级课题《基层党员干部教育培训需求调研情况报告》《加强入党教育培训，提高基层新党员素质的实践研究》以及论文6篇，其中1篇获得省委党校理论研讨会二等奖。申报省委党校社科联项目1项。刊印《党校视窗》4期，为区委、区政府提供决策参谋的意识和能力逐步加强。此外，组织教师编写了《基层党务工作手册》，供全区基层党务工作者学习参考。并率先在全市区县党校系统编印了《党性教育自选读本》等党性教育资料。

（胡　蓉）

在市委党校组织的2015理论研讨会上，区委党校荣获优秀组织奖

信访

区信访局

局　　长　易松柏（2015.4任）
　　　　　李红权（2015.4免）
副局长　朱正文（2015.10免）
　　　　　王开文（2015.9免）
　　　　　周新平　潘　格
　　　　　李晓庆　彭　礼

【概况】　2015年，开福区信访局本级直接受理群众来信72件，办理省市转办案件108件，同比分别上升7.5%和10.2%。受理来访1588批3647人次，同比分别上升32.3%和13.2%。信访事项按上级要求全部及时录入全国信访信息系统；初信初访均按时办结，按时办结率100%。信访反映内容主要是国有土地上房屋征收、集体土地上房屋拆迁、民政、教育文体、劳动保障、环境保护、交通运输等问题。根据国家信访局《关于进一步规范信访事项受

理办理程序引导来访人依法逐级走访的办法》、省委办公厅、省政府办公厅《关于进一步规范信访事项受理办理程序引导来访人依法逐级走访的实施细则》要求，开福区信访局制定《开福区关于引导群众依法逐级走访和加强初访办理工作实施方案》《开福区开展“依法逐级走访”集中宣传教育活动实施方案》，明确信访事项受理、办理、答复、送达、信息录入、复查复核、督查督办等环节的具体要求和期限，组织全区各级各部门集中宣传依法逐级走访相关文件，印制下发《关于进一步规范信访事项受理办理程序引导来访人依法逐级走访的实施细则》宣传手册3000份，发放依法逐级走访办理手册17本，制作宣传板报150个。开福区信访局举办依法逐级走访业务培训会，邀请长沙市信访局接访处副处长授课，专题讲授依法逐级走访工作程序，统一格式文本。召开依法逐级走访工作调度会议，就全区依法逐级走访工作的全面实施进行安排部署。按照省、市“纵向贯通，横向互联，资源共享”的要求，开福区信访局构建全网化信访信息系统，16个街道、71个区级机关部门入网，信访事项受理办理、交办督办、复查复核等工作流程全部纳入系统管理，实行专人负责管理和操作。举办网络信访工作业务培训会，规范网络信访事项办理工作程序。对突出信访问题和信访积案调查摸底，排查出突出信访问题92件，实行县级领导包案制度。开展“信访积案化解攻坚年”活动，排查梳理矛盾纠纷和信访积案16件。截至2015年年底，化解突出信访问题33件，引导未化解信访事项进行复查复核，通过复查复核进入三级终结程序。2015年，收到复查复核申请18件，受理复查办结14件。

领导公开接访。2015年，开福区实行领导干部定期公开接访制度，在信访大厅制定并公示“开福区2015年区领导公开接访安排表”，每周一、周四安排一名县级领导在区社会矛盾调处中心公开接访，街道（镇）每个工作日安排一名党政领导值班接访，随访随接。截至2015年底，区领导共公开接访群众197批531人次，化解了22件信访问题。

群众工作。开福区选派38名区领导，171名区机关干部、393名街道工作人员组成186支工作队伍进驻124个社区（村）群工站开展工作，选派65名机关干部担任社区（村）“第一书记”。将10个市直部门、57个区直部门群众工作组合理布点，全区划分为471个群众工作网格。2015年度，区领导到街道指导、下访240人次，接待信访户762人次。2015年5月、8月、9月开展民情大走访活动，发放民意调查问卷26000份。开展“与群众交朋友，帮基层解难题”活动，市、区各级党员干部共结对帮扶困难群众1092户，帮扶慰问资金180万元。

（邱　波）

长沙市开福区人大常委会

区四届人大常委会

主　任　许振勤
副主任　王颂交　李光华
　　　　袁剑英　李正元
　　　　罗伟明
委　员（按姓氏笔画排列）
　　　　韦清燕　齐　芳　刘　芳
　　　　刘　敏　李炳庚　李立仁
　　　　苏立雄　肖　平　李永恒
　　　　李建文　陈志兴　杨全红
　　　　周建湘　周洪波　谢含滋
　　　　曾正安　熊　龙
　　　　胡晓玲（2015.11免）
　　　　曾　亮（2015.7免）
副调研员　吴劲松　王建兵

工作机构

办公室
主　　任　陈志兴
副 主 任　黄　筠（2015.11任）
　　　　　李东海（2015.11免）
城乡建设环境保护工作委员会
主　　任　李炳庚
选举任免联络工作委员会
主　　任　杨全红（2015.9任）
　　　　　韦清燕（2015.9免）
副 主 任　刘家伶（2015.11任）
　　　　　石利平（2015.11免）
内务司法工作委员会
主　　任　韦清燕（2015.9任）
　　　　　杨全红（2015.9免）
教育科学文化卫生工作委员会
主　　任　谢含滋
副 主 任　罗福平（2015.11免）
农业财政经济工作委员会
主　　任　罗放军（2015.11任）
　　　　　胡晓玲（2015.11免）
副 主 任　易　文

【概况】　开福区人大常委会机关设一办五委（办公室、选举任免联络工作委员会、农业财政经济工作委员会委、内务司法工作委员会、城乡建设环境保护工作委员会、教育科学文化卫生工作委员会），干部25人。区人大代表218名，常委会组成人员23名（正副主任6名，委员17名），市人大代表开福区联组49人，省人大代表开福区小组8人。

2015年区人大常委会履行宪法和法律赋予的各项法定职责。全年召开区人民代表大会2次，常委会会议9次，主任会议21次；听取和审议“一府两院”专项工作报告24项；作出决议、决定4项；组织常委会组成人员和人大代表开展视察、调研35次，依法补选区四届人大代表6名，市十四届人大代表1名，任免国家机关工作人员45人次。

监督工作　区人大常委会选准法律监督和工作监督议题，有效发挥地方国家权力机关在促进发展、改善民生中的积极作用。

加强财经监督，坚持深入调研，提高预算初审效力；探索开展全口径预算监督，深入政府融资平台调研负债情况，听取国地财工作汇报，按照《中华人民共和国各级人民代表大会常务委员会监督法》的规定，强化对预算执行情况、重点项目资金和专项资金使用的审查力度，听取和审议了2014年区财政决算草案和2015年上半年区财政预算执行情况，审查批准了2014年区财政决算和2015年区财政预算调整方案，听取和审议了审计工作报告和审计报告中反映问题的整改情况汇报，并要求政府督促全区各级各部门严格执行财政预算，落实审计问题的督促整改，压缩一般性的支出，推进经济健康发展。确保财政平稳运行。

加强司法监督。规范文件的备案审查，全年共对政府报备的5份规范性文件进行了备案审查。听取和审议了区公、检、法、司执法规范化建设，区法院关于电子诉讼和执行工作情况的报告。将司法公正作为对两院监督的主线，继续组织开展了人大代表旁听法院庭审并进行评议和主任会议旁听庭审，倒逼司法工作者努力提升整体素质。推进依法治区，听取和审议区人民政府关于《中华人民共和国禁毒法》《中华人民共和国食品安全法》《中华人民共和国人民防空法》贯彻实施情况，配合省、市人大常委会做好在开福区的执法检查、视察调研工作，促进有关法律法规在我区的有效实施。

开展工作评议。对区工务局的全区农民安置房的建设和管理、区征地办的农村拆迁安置、区商务和旅游局的楼宇经济发展、区工业和信息化局的中小企业的发展壮大等工作开展工作评议并进行专项询问。区人大常委会专门成立了四个工作评议小组，组织了90余名代表参与评议，召开座谈会20余场次，收集各类意见建议370余条次，组织召开工作评议和专题询问大会，对四个被评议部门进行集中评议、专题询问，并进行现场测评。对区人大常委会交办的21条整改意见，四个被评议部门通过即时整改并建立长效机制、拿出整改方案或做出说明，单位联动整改，争取上级支持解决等方式，基本得到了落实。

关注民生监督。先后就区政府关于防汛抗旱、社会救助、社区矫正、社区建设、棚户区改造、废旧化粪池改造等工作开展调研视察，回应社会关切。动员各级人大代表积极履职，依托群众工作站，为社区群众排忧解难。加大信访督办力度，接待并处理人民群众的来信来访。依法受理公民、法人和其他组织对区“一府两院”和国家机关工作人员违法失职行为的申诉、控告和建议、批评、意见。全年共受理人民群众来信来访25件38人次，加大对涉法、涉诉信访问题的督办，支持和督促有关方面解决信访突出问题，维护人民群众的合法权益，维护社会大局稳定。

服务大局中心。审议金霞经开区贷款、街镇区划调整等重大事项，并作出相关决议。深入走访调研、吸取民意，为编制开福区“十三五”规划纲要提出了建设性的意见和建议。围绕区委发展战略，听取和审议区人民政府关于棚改、打造物流名区、保税特区和社区建设情况的报告；围绕持续改善民生，听取区人民政府关于精美城区建设、保障性住房建设、招商引资、学前教育等工作情况的报告，组织主任会议成员及人大代表对防汛抗旱准备、被征地农民拆迁补偿安置等工作情况进行视察、调研，突出监督重点。直接参与监督全区重大工作，如拆违控违朝正垸城中村改造、棚改支帮促等全区重大工作任务。深入区财政、区城投、经开区等融资平台对地方债务规模、负债风险、农村103号令安置等情况开展专题调研。

建议办理　2015年，代表们

11月5日上午，市人大常委会主任袁观清（右三）率市人大常委会主任会议成员实地调研“关于将开福寺恢复成为湖湘佛教名刹的建议”（第130号）建议办理情况

共提出有关各方面的工作建议64件，其中涉及城市建设方面的8件，城市管理、交通运输方面的17件，商贸经济、民政、劳动、文化、教育方面的9件，其他方面的30件，分别交由34个区属相关部门负责办理。抓实议案、建议、批评和意见的督办，全部建议办理完毕（含闭会期间），办复率100%，见面率100%，代表的满意率达到100%。常委会会议专题召开区人大常委会会议，听取和审议了区人民政府关于议案、建议、批评和意见办理情况的工作报告，确保了办理实效。建议所提问题得到解决或基本解决的有33件（A类），占总数的51.56%；建议所提问题正解决或计划解决的25件（B类），占总数的39.06%，暂时不具备条件解决的6件（C类），占总数9.38%。

代表工作 加强和改进代表工作。将“开展培训工作，提高人大代表及人大工作者的整体素质”列入2015年工作要点。贯彻实施《中华人民共和国全国人民代表大会和地方各级人民代表大会代表法》，完善代表工作制度。加强代表培训工作。组织区人大常委会全体组成人员，各街镇人大工委主任（主席）、副主任（主席），部分市区两级人大代表赴全国人大北京培训基地进行集中培训，邀请代表58人次列席常委会会议，安排代表135人次参加视察调研活动，为代表履行职务提供条件、营造氛围。

搭建载体，代表履职有平台。组织省、市人大代表小组开展专题调研和集中视察活动，丰富闭会期间代表活动形式。全面铺开街镇、社区代表活动室建设，督促街镇和社区按照“场所固定、制度上墙、台账齐全”的统一标准建立代表活动阵地，为代表履行职务创造了良好条件。已建成市代表活动室1个，街道（镇）代表活动室16个，社区（村）代表活动室96个，实现了区、街道（镇）、社区（村）区域的全覆盖。建立了代表履职评价和信息公示制度，注重平台资源共享，几级代表联动，邀请省市代表参与街道社区代表活动室的接待工作，参加区代表联组活动，为省市人大代表安排一个街道（镇）、社区（村）作为社情民意联系点，代表积极参与，各级代表接待群众4361人次，走访选民8860人次，收集到社情民意2375条，帮助群众解决实际问题1317个，为群众办实事406件，提出有关各方面工作的建议127条，发挥人大代表参与决策作用。

强化监督，代表履职有规则。规范代表监督工作，健全代表履职档案，建立代表考评机制，实行代表履职情况年度登记和通报制度。全面推行代表述职制度，组织由开福区选举产生的市代表向常委会述职，区代表向原选区选民述职，接受原选举单位和选民的监督。出台《关于开展街道人大工委主任述职活动的方案（草案）》。做好了开福区的省、市人大代表联络服务工作，维护代表的合法权益，依法依规，及时补选代表。2015年，共出缺代表7名。因工作需要，补选代表6名。至此，长沙市开福区第四届人民代表大会共有代表218名。

人事任免 坚持党管干部和人大依法任免相结合。全年共依法任免区人民政府副区长4人，区人民政府组成部门负责同志11人，街道人大工委主任12人，“两院”法律职务人员18人，区人民法院人民陪审员22人。按照法定程序对拟任人员进行法律知识考试，对被任命的人当场颁发任命书，并组织集中宣誓。

重要会议

开福区第四届人民代表大会第四次会议 2015年1月15日至16日长沙市开福区第四届人民代表大会第四次会议在区机关901会议室召开。大会听取和审议通过了区人大常委会、区人民政府、区人民法院、区人民检察院的工作报告，听取和审议了区人民政府2014年财政预算执行情况和2015年财政预算（草案）的报告。大会以举手表决的方式通过了开福区第四届人民代表大会第四次会议关于区人大常委会、区人民政府、区人民法院、区人民检察院工作报告的决议。

开福区第四届人民代表大会第五次会议 2015年8月17日至18日长沙市开福区第四届人民代表大会第五次会议在区机关901会议室召开。会议选举沈裕谋为开福区人民政府区长。闭幕会上，区委书记廖建华作了重要讲话。大会应到代表218人，实到203人。符合法定人数。

长沙市开福区第四届人民代表大会常务委员会第十六次会议　2015年1月8日在开福农村合作银行五楼会议室举行。会议听取和审议区四届人大四次会议筹备工作情况、区人大常委会工作报告起草情况，以及区人大常委会2015年工作要点情况的报告；听取和审议区四届人大代表异动、补选情况的资格审查报告；听取和审议《区人民政府关于2014年财政预算执行情况和2015年财政预算（草案）》；听取和审议区人民政府关于财政审计问题整改情况的报告。区人大常委会主任许振勤，副主任王颂交、李光华、李正元、罗伟明参加了会议。

长沙市开福区第四届人民代表大会常务委员会第十七次会议　2015年1月15日在区机关902会议室举行，会议补选易田宏为长沙市第十四届人民代表大会的代表。区人大常委会主任许振勤，副主任王颂交、李光华、袁剑英、李正元、罗伟明参加了会议。

长沙市开福区第四届人民代表大会常务委员会第十八次会议　2015年3月12日在区机关526会议室举行。会议对相关人事进行了任免并听取和审议区人民政府关于社区建设工作情况的专项工作报告。区人大常委会主任许振勤，副主任王颂交、李光华、袁剑英、李正元、罗伟明参加了会议，区委常委、区人民政府常务副区长黄阳，区人民政府副区长汤建尧列席会议。

长沙市开福区第四届人民代表大会常务委员会第十九次会议　2015年5月26日在区机关526会议室举行。会议审议通过了相关人事事项，决定任命沈裕谋为开福区人民政府副区长；决定接受廖健华辞去开福区人民政府区长职务；决定沈裕谋副区长为开福区人民政府代理区长。会议还听取2014年工作评议整改落实情况的专项工作报告，并视察整改情况；审议2015年区人大常委会工作评议、专项询问实施方案；听取和审议区人民政府关于区四届人大一次会议议案办理情况的专项工作报告。区人大常委会主任许振勤，副主任王颂交、李光华、袁剑英、李正元、罗伟明参加了会议，区委常委、区人民政府常务副区长黄阳列席会议。

长沙市开福区第四届人民代表大会常务委员会第二十次会议　2015年7月24日在区机关526会议室举行。会议听取和审议区人民政府关于棚改工作情况的专项工作报告；听取和审议区四届人大五次会议相关工作情况的报告，听取了代表资格审查情况的报告。经研究和电子表决，会议决定，于2015年8月17日至18日召开开福区第四届人民代表大会第五次会议，会期一天半，建议会议的主要议程为一项：补选长沙市开福区人民政府区长。区人大常委会主任许振勤，副主任王颂交、李光华、袁剑英、李正元、罗伟明参加了会议，区人民政府副区长邹犇淼列席了会议。

开福区第四届人民代表大会第四次会议

长沙市开福区第四届人民代表大会常务委员会第二十一次会议　2015年9月9日在区机关526会议室举行。会议听取和审议区人民政府关于2015年上半年财政预算执行情况和2014年财政预算执行情况的审计报告，审查和批准《区人民政府2014年区本级决算（草案）》的报告。会议还对区人民政府部分组成部门负责人、区人大常委会相关工委、区人民法院相关法律人员职务及区人民法院陪审员等人事事项进行了任免。区人大常委会主任许振勤，副主任王颂交、李光华、袁剑英、李正元、罗伟明参加了会议，区委常委、区人民政府常务副区长黄阳，区委常委、区委组织部、统战部部长周志军等列席了会议。

长沙市开福区第四届人民代表大会常务委员会第二十二次会议　2015年10月22日在长沙金霞保税物流中心3002会议室举行。会议审查和批准了区人民政府关于2015年预算调整情况的报告；听取和审议了区人民政府关于打造“物流名区”和“保税特区”工作情况的专项工作报告。区人大常委会主任许振勤，副主任王颂交、李光华、袁剑英、李正元、罗伟明参加了会议，副区长汤建尧列席了会议。

长沙市开福区第四届人民代表大会常务委员会第二十三次会议　2015年11月12日在区机关526会议室举行。会议表决通过了相关人事任免事项；审议通过了长沙市开福区人大常委会关于《区人民政府提请审议开福区街镇区划调整的议案》的决议；听取和审议了区公、检、法、司执法规范化建设工作情况的报告以及2015年庭审评议工作的报告。区人大常委会主任许振勤，副主任王颂交、李光华、袁剑英、李正元、罗伟明参加会议，区委常委、常务副区长黄阳，副区长汤建尧，副区长、区公安分局局长廖勇列席会议。

10月28日上午，区人大常委会2015年工作评议暨询问大会

长沙市开福区第四届人民代表大会常务委员会第二十四次会议　2015年12月10日在区机关526会议室举行，会议审议通过了关于召开区四届人大六次会议的决定（草案）；听取和审议了区人民政府关于区四届人大一次会议议案办理情况的专项工作报告；听取和审议了区人民政府关于区四届人大四次会议以来代表建议、批评和意见办理情况的专项工作报告。会议还对区人民政府副区长、区人大常委会街道工委主任、区人民检察院检察员、检察委员会委员、副检察长、市人大代表职务等人事事项进行了任免。区人大常委会主任许振勤，副主任王颂交、李光华、袁剑英、李正元、罗伟明参加会议，区委副书记、区长沈裕谋，区委常委、组织部长、统战部部长周志军，区委常委、常务副区长邹犇淼列席了会议。

长沙市开福区第四届人民代表大会常务委员会举行第二十五次会议　2016年1月7日在长沙畅通物流有限公司三楼会议室举行。会议听取和审议了区四届人大六次会议筹备工作情况、区人大常委会工作报告起草情况，以及区人大常委会2016年工作要点（草案）情况的报告；听取和审议了区四届人大代表异动、补选代表的资格审查报告；补选市人大代表1名；初审了《开福区国民经济和社会发展第十三个五年规划纲要（草案）》；初审了区人民政府关于2015年财政预算执行情况和2016年财政预算（草案）的报告；听取和审议了区人民政府关于2015年财政收入完成情况的说明。区人大常

人大代表向选民述职

委会主任许振勤，副主任王颂交、李光华、李正元、罗伟明出席了会议，区委副书记、区人民政府区长沈裕谋，区委常委、区委组织部、统战部部长周志军，区委常委、区人民政府常务副区长邹犇淼列席了会议。

【市人大代表开福区联组听取和审议市“一府两院”2015年上半年工作通报】 2015年7月30日，长沙市人民政府副市长何寄华代表市人民政府到开福区向市人大代表开福区联组通报了上半年全市经济社会发展情况。市中级人民法院、市人民检察院书面通报了上半年工作情况。会议由开福区人大常委会主任许振勤主持，市代表开福区联组廖建华、杨宏、易志刚、裴文欢、周戈、张智博、张建华等40多名代表参加了这次通报活动。代表们认真听取和阅读了市人民政府上半年全市经济社会发展情况通报和法检两院上半年工作情况的书面汇报之后，积极进行了审议，充分发表了意见和建议。市人大常委会主任袁观清到会并作了重要讲话，市人大常委会联工委主任盛国政到会指导。代表们认为：市人民政府上半年面对宏观经济下行的压力，科学筹划，经济实现平稳较快增长，城乡建设取得明显成效，城市管理不断优化，民生事业持续发展，老百姓的认同感、幸福感显著增强。成绩来之不易，令人鼓舞。下半年工作思路清晰，重点突出，措施得力。市中级人民法院和市人民检察院工作情况的书面报告全面客观，符合实际。对市“一府两院”上半年的工作代表们表示满意。

（黄　筠）

文件目录

开常人发〔2015〕02号 关于易松柏同志职务任免的议案

开常人发〔2015〕03号 关于李红权等同志职务任免的通知

开常人发〔2015〕04号 关于易松柏同志职务任免的通知

开常人发〔2015〕07号 关于韦清燕等同志职务任免的议案

开常人发〔2015〕08号 关于张雄伟等同志职务任免的通知

开常人发〔2015〕09号 关于韦清燕等同志职务任免的通知

开常人发〔2015〕10号 关于刘悦等同志职务任免的通知

开常人发〔2015〕11号 关于刘丽清等同志任职的通知

开常人发〔2015〕12号 关于罗放军等同志职务任免的议案

开常人发〔2015〕13号 关于陈殷等同志职务任免的通知

开常人发〔2015〕14号 关于王松同志职务任免的通知

开常人发〔2015〕15号 关于罗放军等同志职务任免的通知

开常人发〔2015〕16号 关于易树新同志职务任免的议案

长沙市开福区人民政府

区　　长　沈裕谋（2015.4任）
　　　　　廖建华（2015.4免）
副 区 长　黄　阳（2015.11免）
　　　　　邹犇淼　袁伟洁
　　　　　汤建尧　张春雄
　　　　　何惠风　廖　勇
副调研员　唐绍金　陈再武
　　　　　贺福明　刘新兰
　　　　　任新良　乐俊旺
　　　　　陈世伟　桂志华
　　　　　曹佑安　梁文胜

重要会议

1月5日，召开政府（2015）第1次常务会议。会议研究2015年财政预算工作和农村校车路线安保设施建设及交通工作。会议明确：1.优化校车线路。坚决取缔路况不好、不符合校车通行条件且安保设施不到位的线路。需要设置安保设施的线路，要尽快按照校车管理办法办理相关手续、完善安保设施。2.优化建设方案。邹犇淼牵头、邹特协助，组织区教育局、区交通局、区交警大队等部门，成立专门的办公室，从以下几方面研究制定农村校车安保设施建设方案：一是认真过细，校车线路上的每一个安全隐患点都要组织研究，实现隐患排查全覆盖；二是加快进度，要确保2015年春季开学之前完成所有线路的安保设施建设；三是严格程序，区招投标管理办公室和采购办要组织专题研究，区教育局、区交通局、区财政局、区审计局、区交警大队共同参与，尽快确定最优的建设方式；四是保证质量，要真正发挥安保设施的作用，杜绝校车安全隐患。同时，要按照节约高效的原则尽快启动建设，建设资金以具体审核数为准。3.优化校车管理。要提升标准，严格车况检查、驾驶员选配、路线设定和安保设施设置。要精细管理，校车管理办公室要专人负责，组织经常性检查，切实把安全责任落到实处。要严格奖惩，对遵章守纪、注重安全的单位和驾驶员要兑现奖励；对管理不到位的单位和有校车违章记录的驾驶员按规定严格处罚，坚决把安全隐患整治到位。

1月19日，召开政府（2015）第2次常务会议。研究安全生产工作。会议明确：1.明晰责任，健全制度。各级各部门要严格按照职责分工，认真抓好安全生产责任落实。一是由区编委办、区政府法制办、区安监局协同配合，按照相关规定对全区各级各部门的安全生产职责进一步界定明确。二是补充制定部门、街镇就安全生产工作向区安委会述职和安全生产应急处置两项制度。三是增加金霞经开区、区商务局、区工信局、区食安办为安全生产责任单位。四是由区政府办、区政府法制办、区编委办、区安监局共同负责，对本次会议研究制定的有关文件把关。2.加强宣传，营造氛围。要把安全生产宣传纳入全区宣传工作大局，采用人民群众喜闻乐见的方式，宣传安全知识、弘扬安全文化，引导广大人民群众提高安全意识，增长安全知识、加强对安全生产的监督。教育引导企业负责人和从业人员，强化安全意识，普及安全知识，培养遵纪守法生产经营的习惯。3.铁腕整治，排除隐患。安全生产任重道远，必须痛下决心、综合治理、标本兼治。李忠牵头，成立区安全生产隐患整治专项工作领导小组，领导小组办公室设在区安监局，由区安监局负责具体工作。重大隐患整治由区里牵头，一般性隐患整治由各街镇属地负责，必须用铁的决心、铁的纪律、铁的手腕把安全隐患整治到位。4.强化保障，提升能力。一要完善机构，各单位和辖区内企业要建立健全安全生产机构，确保每个单位都有安全生产管理机构和安监员。二要配强队伍，由区编委办、区人社局负责，尽快拿出安全生产监管队伍建设方案，提交区编委会研究。三要提升能力，由区安监局负责，把《2015年开福区安全生产全民宣教培训工作计划》列为2015年各部门的工作职责和考核任务，全面培训，提升素质。四要做好保障，区财政局要做好安全生产工作经费保障，支持消防大队尽快采购消防车。

2月10日，召开政府（2015）第3次常务会议　研究清理规范区本级行政职权有关情况和《2015年开福区“12345”市民服务热线工作考核办法》。会议明确：1.区政府法制办、区编委办要对照相关法律法规，依据“三定”方案，组织部门和专业机构进行全面深入研究后，再确定行政职权清单，确保权力清单科学有效、于法有据。区政府各部门要严格按照权力清单行使权力，切实做到法定职责必须为、法无授权不可为。区监察局、区教育局、区司法局等部门要积极适应新形势和改革新要求，对本部门的行政职权组织再清理。要严格执行权力清单制度，大力推进简政放权，切实做到清单之外无权力；2.区政务服务中心要按照会议精神进一步修改完善考核办法，优化考核指标的权重分配，增加平时工作、工单办理分值。要严格实施，采取倒扣分制度，对工作不积极不主动的部门要坚决扣分，推动形成鲜明导向。

3月30日，召开政府（2015）第4次常务会议。研究审计工作会议原则同意区审计局提出的2015年度审计项目计划和农村集体经济组织债权债务清查工作方案。会议明确：1.同意公开选调2名审计专业技术人才，进一步充实审计力量。同时，可以采取政府购买服务等方式，综合运用各种专业力量和技术手段提升审计工作能力水平。2.对民政、计生、残联等民生保障资金使用分配较多的部门，要加大审计力度，确保财政预算资金使用效益。3.要常态化开展对各征拆指挥部的审计检查，强化对征地拆迁工作的事中监督，确保及早发现问题、及时纠正问题。4.按照摸清家底、明晰权责，理顺关系、防范风险的原则，坚持街镇为主、部门指导，突出重点、因地制宜，组织对新港、秀峰、捞刀河、沙坪等农村历史遗留问题较多的街道开展集体经济组织债权债务清查。5.加强审计结果运用，按照会议意见尽快修改完善审计结果运用办法，报区委审定后实施。

4月7日，召开政府（2015）第5次常务会议。研究防汛抗旱工作。会议明确：1.迅速召开全区防汛工作会议，并组织专题培训。2.由黄阳牵头，汤建尧具体负责，组织对全区堤垸进行现场踏勘和整改，重点检查涝湖垸捞刀河大堤、苏托垸堤防特别是楚家湖堤防、霞凝垸沙河大堤。由汤建尧牵头，县级领导带队，迅速就防汛物资储备、工作责任落实、应急预案制定、抢险队伍建设等情况进行全面检查，对检查中发现的问题要坚决整改到位。3.区编委办、区农林水利局和各街道（镇）共同研究，按照“一街一所”和不新增人员编制的原则，迅速完成街道（镇）水管所设置。4.同意区财政安排200万元水利预备费，安排30万元城区防汛经费。5.霞凝垸堤防加固按应急项目加快推进；苏托垸堤防建设单独办理立项手续，由区农林水利局统一组织实施。同时，区农林水利局要尽快完成全部堤顶的硬化工作。

4月13日，召开政府（2015）第6次常务会议。研究全区生态环境保护工作、研究福嘉园安置住房处置工作、研究公证体制改革有关情况、研究《开福区财政支出绩效评价结果应用管理办法》。会议明确：1.科学设置指标。要依托开福自身良好环境，在充分考虑区情实际的基础上确定全区环境保护工作各项指标，部分指标的设置要高于市级标准，为全市环境保护工作做出应有贡献。强化日常管理。建立健全工作督办机制，进一步加大环境保护工作督查和执法力度。加强环境整治。加强水环境特别是楚家湖水环境的综合治理，组织开展专项整治，2015年要重点整治河堤和水系。由黄阳牵头，迅速启动河堤整治工作，确保问题整改到位。加快环保设施建设。优化服务、跟踪办理、加快推进污水处理厂和排污管道建设。充实环保力量。原则同意成立开福区环境保护委员会，进一步加强环境保护执法力量，各街道（镇）要明确专人抓环境保护工作，区编委办要迅速组织制定相关方案。2.加强调度。区财政局、区工务局要多方筹措资金，加强工作调度，确保回购资金安全高效运行。加快推进。由李忠牵头，认真组织开展政策摸底，尽快制定出台四方坪地区分房方案并付诸实施，迅速完成该地区安置工作。做细工作。要坚持政策，抓好操作过程中的细节处理；加大宣传力度，要在自愿的基础上争取更多群众的支持。3.原开福区公证处人财物处置要严格按照市里有关规定办理，对终止劳动合同的临聘人员待遇问题参照区直机关有关临聘人员管理办法执行。区审计局迅速对原开福区公证处的债权债务进行审计，在审计之前冻结其资产。区编委办和区史志档案局按照时间节点要求做好档案和相关资料的移交、清理工作。区机关事务局组织对开福区公证处办公用房进行清理，原则同意公证处原业务用房暂借长沙星城公证处使用。4.区财政局要按照市级标准，认真做好绩效评价和通报工作。

4月27日，召开政府（2015）第7次常务会议。研究2015年融资计划、研究2014年预算绩效管理工作、研究沙坪绣坊街开盘工作、研究开福区社区（村）财务监管违规处理办法、研究公务用车制度改革工作方案、研究区教育局与周南中学联合办学有关问题。会议明确：1.科学制定计划。由黄阳把关，区财政局具体负责，修改完善融资计划。一方面包括湘绣公司、区棚改投等单位在内的所有政府性融资计划要完整体现，另一方面要根据融资用途按规定向市、区人大履行相应的报批或报告程序。明确各自责任。区财政局负责总体协调和监管，金霞经开区负责保障园区建设发展的融资需求，区工务局负责确保保障房建设和重大基础设施建设的融资需求，沙坪湘绣公司要保证自身正常发展所需资金。2.同意区财政局提出的2014年财政预算资金绩效评价结果，要求尽快以通报形式发文。区财政局要尽快制定2015年财政预算资金绩效评价计划。区审计局要组织对科技经费、爱卫经费、社区办公用房建设资金等2014年财政预算资金绩效评价分数较低的项目进行专项审计，尽快将审计结果报区政府常务会议。分管领导要加强对部门专项经费使用的指导和管理，加强资金使用的过程监督，确保专款专用，提高资金使用效益。3.充实工作力量。组建专门班子研究、协调、推进沙坪绣坊街开盘、销售及运营工作。优化营销策略。要对销售策略进一步过细研究，按照文化产业项目定位，以湘绣产业为主体，兼顾旅游和其他文化产业发展。要科学研判市场形势，准确测算项目成本，按照收回成本、适当盈利的原则确定销售价格，在保留一定比例自持的基础上，实行分期销售，第一期主要面向湘绣生产者和经营者，第二期主要面向文化企业，第三期主要面向旅游配套企业。对开盘价格等其他具体事项另行研究。4.由区发改局牵头，各级各部门密切配合，12月底前全面完成全区公务用车改革。区公车改革部门要进一步摸清底数，掌握政策，科学制订方案，积极稳妥推进。5.加强教师管理。按规定对教师进行统一管理，由区人社局把关，认真处理好编制内教师与聘用教师之间的待遇问题。明确办学责任。联办学校要在遵守国家义务教育相关规定的前提下，落实好区委、区政府交给的办学任务。加强沟通汇报。区教育局要会同学校，进一步优化联合办学协议，并就联合办学问题书面报告市教育局。科学分配资金。教育教学质量要作为财政拨款的重要依据。

6月8日，召开政府（2015）第8次常务会议。研究区政府2015年各类议事协调机构及部分区政府领导分工调整、研究城市发展基金相关问题、研究区政府“三严三实”工作方案。会议明确：1.区政府办要根据会议意见，对拟新发文明确的议事协调机构及其组成人员进行修改完善、细致把关。调整后的政府序列议事协调机构及部分区政府领导分工情况，经相关领导会签后，以区政府办名义分别发文。2.会议原则同意区城建投与长沙银行合作建立城市发展基金。与长沙银行合作建立城市发展基金有关情况，本次会议研究后，报请区委常委会研究。3.高度重视、加强领导。把专题教育作为一项重大政治任务，区政府班子成员既要带头参加专题教育，又要负责指导所在单位或联系、分管部门的专题教育。组织机构上，成立区政府“三严三实”专题教育综合协调办公室，由任新良牵头指导具体工作，谭栋任办公室主任。严密组织、确保质量。严格落实“三严三实”工作方案要求，坚持标准，不走过场，不漏环节。统筹兼顾、发挥效益。坚持把专题教育与日常工作、重点任务有机融合，入脑入心、真学真用，做到“两手抓、两不误、两促进”。

6月29日，召开政府（2015）第9次常务会议。研究土地资源管理和城乡规划工作审核领导小组工作规则、研究责任清单编制工作及非行政许可审批事项清理工作、研究收费清单工作、研究区征收办体制机制相关问题。会议明确：1.要高度统一认识。充分发挥土地资源管理和城乡规划工作的引领作用，是打造城区经济和城市品质两个“升级版”的前提基础，必须高度重视、准确把握。要切实突出重点。土地资源管理和城乡规划工作是体现政府对市场资源优化配置的重要抓手，必须抓住重点，提升效能。要严格执行规则。各级各部门要严格遵照执行，使规则能够落到实处，确保运行常态化、高效化。要认真落实责任。各级各部门尤其是“一办三局”（区政府办、区国土分局、区规划分局、金霞经开区工务局）要切实履行好各自职责。区政府研究室要根据会议意见尽快修改完善《开福区土地资源管理和城乡规划工作审核领导小组工作规则（试行）》，充分征求区人大、区政协相关方面的意见，尽快以政府办名义发文。2.要顺势而为。一是要以政府的自我改革带动市场、社会的改革。二是要大道至简，有权不可任性。三是要以政府权力的减法换取市场活力的加法。四是要以权力瘦身为廉政强身。要理性而为。各部门要时刻保持底线意识，理性作为，切实做好本职工作。要负责而为。确立责任清单，明确权力边界，各级各部门要切实履行自身职责，以政府力量撬动市场和社会的力量，为地区的繁荣与发展谋好篇、布好局。区编委办要认真梳理会议有关方面的意见，对清单做进一步修改完善，报区委常委会审定。3.环卫垃圾运输费、垃圾装载服务费继续由区环卫局收取。城镇自备污水处理费暂由区环保局收取。城市道路占用费由市政局按省市相关规定收取；城市道路挖掘修复费一般情况下由市政局按政策收取，并修复毁坏道路。特殊情况下可只收取保证金，由毁坏道路的单位或个人自行修复，待验收合格后退还保证金。4.按照“机构单设、政府管理、财政单列、单独考核”的方式，进一步理顺区征收办部门职能，优化征收工作机制，更好地服务全区经济社会发展大局。

7月20日，召开政府（2015）第10次常务会议。研究万家丽路两厢违章仓库拆除相关问题和研究收购环宇公司有关情况。会议明确：1.万家丽路两厢违章建筑拆除事项。①要按照“奋斗一百天，拆除一百万”的目标，继续依法依规加快拆违工作推进。②对9月30日之前签订协议的洪山街道4期和6期以及10月30日之前签订协议的月湖街道5期用于租赁经营的仓储面积，可按方案标准给予租金补助。③按照“总概控制、提前调拨、合理节约、严格终审、据实核算”的程序要求，做好此次补贴费用的发放。④成立审核认定小组，由邹犇淼牵头，唐绍金具体负责，由区征地办、国土分局制定审核流程及方案；由区征收办牵头，区监察局、区财政局、区审计局、国土分局联合会审认定补助资金。购买民生保险事项。①由公安部门提供户籍证明及暂住证明。②区财政局按照政府采购程序进行把关。③购买民生保险的资金从街道拆控违预算经费中列支。2.由长沙市城北投资有限公司负责实施并正式启动对球宇公司的土地收购相关工作。收购总价最高不超过1.3亿元（该价格为评估价2.28亿元打0.57折，包括土地转让价格，地块上的建筑物、构筑物、附着物、设施设备的拆迁补偿等成本及所有问题的解决）。

8月31日，召开政府（2015）第11次常务会议。研究“五一商圈”开福区范围改造工程实施方案、研究全区治理车辆超限超载工作、研究开福区出入城口美化亮化工作、研究湘江东岸斑点清除及风光带修缮亮化工作、研究浏阳河风光带建设及金融生态区城市亮化工程。会议明确：1.改善交通微循环要做到远近结合、统筹推进。“五一商圈”开福区范围改造工程由邹犇淼牵头负责，实施主体为区市政局。近期改造项目费用从预备费用中解决，区财政局做好预算调整。要按照“预算低于概算，结算低于预算”的要求，做好此次改造建设的费用预算，力争把费用控制在300万元以内。区城乡建设局要根据会议意见进一步修改完善《关于“五一商圈”开福区范围改造工程的实施方案》，由徐建国负责把关。2.原则同意调整完善全区治理车辆超限超载工作领导机构，由区交通运输局参照市政府文件尽快行文报批印发。原则同意《开福区治理车辆超限超载工作方案》《开福区道路货物运输源头治理超限超载办法》《开福区道路货运车辆非法超限超载治理办法》，由区法制办对“一方案两办法”进行合法性审查，区监察局进行廉洁性审查。3.明确任务。美化亮化提质出入城口的主要任务明确为“2+5”。“2”：三一大道和华宁路，“5”：湘江大道（三环线—沙河大桥）、芙蓉北路（青竹湖路口-沙河大桥）、青竹湖路及其东延线、金霞塔、沙河大桥南岸的绿化。明确责任。一是由邹犇淼牵头，区城管局具体负责我区出入城口美化亮化工作的汇报、协调、督办及政策争取等工作，务必将三一大道打造得更亮、更美、更完善。二是由李忠牵头，区工务局负责重点做好芙蓉北路（青竹湖路—沙河大道）的绿化提质。三是由袁政国牵头，金霞经开区工务局、金霞经开区建设局具体负责做好华宁路、青竹湖路（包括芙蓉北路与青竹湖路交叉广场）、湘江北路（三环—沙河）和秀峰山公园金霞塔的建设和亮化工作，资金由金霞经开区负责。四是由汤建尧牵头，区农林水利局负责做好沙河南岸的绿化工作，2015年11月底前栽种树木，尽早开展路面平整工作并铺设沥青混凝土，费用在绿化资金中解决。时间上，各级各部门要倒排时间，力争出入城口美化亮化整治工程在11月30日前完成任务。设计方案和投资规模上，由区城管局统一收集归口后，再专题研究调度。金霞经开区范围内整治工程的设计方案及投资规模由袁政国同志把关。程序及手续上，要始终坚持“决策民主、程序到位、结果公开、依法依规”的原则实施。资金组织上，要按照设计节约的要求，按照“区投、市补、企业投资”的方式进行。一是区投。区城管局负责的三一大道美化亮化资金由区财政负责，并积极向上级争取资金；区工务局负责的美化亮化资金由城投筹资；金霞经开区负责的美化亮化资金由园区负责；区农林水利局负责的美化亮化资金在绿化资金中解决。二是市补。由区城管局尽快向市政府上报“2+5”项目，积极向上级争取资金。三是企业投资。要调动区内嘉德、绿地、周南、山语城、德峰小区、三新建筑等企业单位参与城市建设提质和美化亮化的积极性，确保亮化、美化、绿化工程共建共享。区城管局要根据会议意见尽快修改完善相关材料，并提交区委常委会研究。4.区棚改办要起到以棚改为总揽的筹资、协调和推动作用，牵头负责开福寺路西入口以南棚改（竹山园）、潮宗街街区棚改项目的区属征收拆除工作，以及开福寺路西入口以南棚改（S2地块）、湘春路口南侧道路棚改和原市八中宿舍的市属征收拆除工作。需要市里配合协助的工作，由区棚改办代区政府拟函审批后上报市有关单位。区城管局负责做好欧陆经典、七彩江南等区属提质改造类项目的立面提质和亮化点缀工作；白蚁防治站和市排水处的立面整治由市属单位自行设计实施，开福区全力支持。区城管局要加快设计，按照规定程序，严格施工招标，依规定报批，确保手续到位。区工务局要统筹考虑湘江风光带景观提质建设，重点做好湘雅路口至北辰滨江公园段的约1.8千米绿化提质、设施完善和安全防护工作，要坚持合理节约的原则，原有樟树等成林乔木及防洪设施必须保留，少大拆大建。黄兴北路指挥部负责对归口的征收拆除工作实行周调度，确保项目如期开工。通泰街街道负责配合做好潮宗街历史文化街区、吉祥巷片区及太平路东厢的棚改项目，并做好业主单位的协调工作。湘雅路街道负责原市八中、华盛新外滩（晴佳巷）及宋氏兄弟房屋的斑点清除工作。新河街道负责配合市、区单位做好开福寺路西入口以南棚改（S2地块、竹山园）、潘家坪路西段道路的棚改征收工作，并出函督促业主单位加快进度。由区棚改办统筹汇总区城管局和区工务局的意见后，提交区委常委会研究。5.关于金融生态区城市亮化工程，一是区工务局要积极与市里对接，参照市里芙蓉北路亮化工程设计，以高于芙蓉北路亮化工程的标准打造金融生态区城市亮化工程。二是成立金融生态区亮化专项协调工作领导小组，沈裕谋任顾问，黄阳任组长，邹犇森、张春雄、李忠任副组长，成员由火车北站棚改指挥部、区工务局、区城乡建设局、区金融办和相关街道组成，张春雄负责日常组织和协调对接工作。三是由黄阳、张春雄负责，优先亮化邮储银行、富兴、绿地、华创等正在实施的楼宇项目。区工务局抓紧出台整体设计方案，强力推进商业楼宇的亮化实施，要统筹把握，加快道路和园林公共空间的亮化进度，在2015年10月底前完成前期准备工作，11月份启动项目建设。区级负责的项目由区城投负责实施，并要积极争取市里和业主单位支持。关于浏阳河风光带建设，浏阳河风光带建设时间紧、任务重，要加快建设，确保在两馆一厅10月份试营业前完成各项工作。会议原则同意区工务局提出的项目铺排计划，明确今年浏阳河风光带实施范围为入湘江河口至三一大道段（共7小段），总投资不超过2亿元。一是拆除临建设施，启动滨河南路段临铁路桥处房屋和栖凤路段临浏阳河大桥处房屋的拆迁工作，坚持属地原则，由区城管局、浏阳河街道、伍家岭街道具体负责抓紧推进，确保不影响工程施工。二是北辰三角洲段建设由我区具体负责实施，业主单位予以资金支持。三是栖凤路段建设，区农林水利局要延缓开标，按照浏阳河风光带设计的总体要求，争取市里支持，确保统一设计，统一实施，分段负担资金。栖凤路段的实施主体由黄阳、汤建尧牵头负责，经招投标领导小组研究后确定。四是各相关单位要在确保程序到位的基础上，加快手续办理。

9月25日，召开政府（2015）第12次常务会议。研究全区拆违控违“拆违清零、拆后清场、复绿提质、项目启动”四大行动方案、研究政府和社会资本合作模式（PPP）有关工作、研究《中部（湖南）进出口商品展示交易中心奖励扶持政策实施细则》、研究《关于支持发展创客空间的实施意见》、研究区长在区委四届十九次全会上的讲话材料。会议明确：1.对朝正垸、苏托垸拆违场地内建筑垃圾实施集中打堆造型，按市政府要求由专业公司进行环保利用，打堆造型经费由区财政局据实核拨，再与市城投三角洲公司结算，计入地块开发成本，统筹解决。沿河沿路20米内要填土植树植草，费用由市城投三角洲公司负责。省广电局周边违章建筑垃圾由洪山街道督促省广电局负责做好场地清运工作。福元路、芙蓉路两厢违章建筑垃圾由区城建投负责清理外运。全区除上述范围外的违章建筑垃圾，项目内的由各项目指挥部负责，其他背街小巷和社区内违章建筑垃圾清运、掩埋复绿由各街镇负责。2.开福区智慧城市创建、公园建设、保障房（洪山局双河湾农民安置房、中岭村安置房）等项目为第一批PPP试点项目。由区财政局牵头，指导区教育局、区卫生局就学校建设和医疗卫生建设推出第二批PPP项目。建立区PPP项目库，金霞经济开发区PPP建设项目从项目库中遴选。区财政局要根据会议意见进一步修改完善相关文件并提交区委常委会研究。3.量入为出。金霞保税物流中心要对《中部（湖南）进出口商品展示交易中心奖励扶持政策实施细则》进一步把关，认真核算有关数据。争取支持。认真研究有关政策，分类归口争取国家、省、市有关政策支持。优化服务。各有关部门要强化服务意识，支持区内优质企业做大做强。4.鼓励创新创业。营造良好创新创业环境，支持创客空间在我区发展，着力孵化、培育新企业、新项目。加强服务管理。区工信局及有关部门要进一步强化服务管理意识，为创客空间发展提供优质服务。加大扶持力度，对申报为省级示范创客空间的，在享受省级支持政策外，区财政给予一次性100万元奖励；对申报为市级示范创客空间的，在享受市级支持政策外，区财政给予一次性50万元奖励；创客空间成功孵化产业项目，且项目企业在我区进行工商税务注册登记的，给予相应创客空间2万~5万元/家一次性奖励。5.原则同意区长的讲话，区政府研究室要根据会议意见迅速修改完善讲话材料。

10月29日，召开政府（2015）第13次常务会议。研究街镇区划调整有关工作、研究《开福区促进金融类产业发展奖励办法》、研究开福区民生保险工作、研究《关于区直部门临聘人员调整薪酬结构的报告》、研究《开福区借调（抽调）人员管理办法》。会议明确：1.以区政府名义分别向区人大常委会提交《关于提请审议开福区街镇区划调整的议案》、向区政协提交《关于开福区街镇区划调整的函》，由区民政局负责起草。以区政府办名义行文对新港街道村改居工作进行批复，由区民政局负责起草。同意向区民政局增拨区划调整工作经费30万元，由区财政局据实拨付。2.区金融办根据会议意见对《开福区促进金融类产业发展奖励办法》进一步修改完善，并提交区招商领导小组会议研究。3.把好人口关。由区民政局牵头，会同区综治办、公安分局、区财政局、区金融办、区人社局、中国人保财险开福支公司做好人口核对工作。明确理赔内容和标准。由区应急办负责将会议讨论议定的保险内容、被保险人及责任确定、理赔标准、理赔程序等事项写入保险合同。4.纳入预算。由区财政局负责将民生保险保费纳入区政府2016年经费预算。5.区人社局要根据会议意见进一步修订完善《开福区临聘人员管理办法》，加强对临聘人员的管理，同时对非劳务派遣类临聘人员每年至少开展一次摸底调查，了解掌握相关情况，实施动态监管。6.区人社局根据会议意见对《开福区借调（抽调）人员管理办法》进行修改完善后报区政府审定实施。

11月20日，召开（2015）第14次常务会议。研究“三年造绿大行动”及环城绿带生态圈建设有关工作、研究《智慧开福建设战略框架协议》及《开福区智慧城市建设总体规划编制方案》、研究机关事业单位养老保险制度改革及调整机关事业单位工作人员工资标准有关问题、传达学习《中国共产党廉洁自律准则》和《中国共产党纪律处分条例》。会议明确：1.原则同意采取财政以奖代补方式鼓励社会资金参与环城绿带生态圈建设。环城绿带生态圈建设以工程招投标方式实施，由中标公司包干负责，区财政局负责成本控制。环城绿带生态圈建设2016年工作重点是“长藤”，先行启动大明收费站往东2千米的绿带建设。区绩效办、区委督查室、区政府督查室要加强对工作的督查考核。由区政府办、区农林水利局根据会议意见对《开福区三年造绿大行动2016年度工作方案》和《开福区环城绿带生态圈建设实施方案》进行修改完善后上报区委。2.由邹犇淼牵头，任新良协助，区电子政务中心具体负责，按要求与合作单位签订《智慧开福建设战略合作协议》。同意采取公开招投标的方式确定单位开展智慧城市建设总体规划编制工作，编制经费控制在80万元以内，经费来源纳入2016年电子政务专项预算。充分利用现有的信息基础和技术成果，加大资源整合力度，确保智慧城市信息平台安全实用、兼容拓展。3.由邹犇淼牵头，任新良协助，区人社局具体负责，区委办、区政府办、区编委办、区财政局支持配合，按要求启动机关事业单位养老保险制度改革及调整机关事业单位工作人员工资标准工作。要按照坚持政策标准、严谨细致操作、按时完成任务、确保工作质量的原则推进工作。统筹安排，先易后难，先入轨再完善，先行启动核算、审批和兑现工作，后进行查漏补缺。逐步优先解决工作人员缺口问题，当前先由区人社局内部予以调剂，再依法依规依程序进行招录。同意拨付专项工作经费，总额控制在20万元以内，由区财政局据实拨付。4.要深入学习领会。原汁原味学习《准则》和《条例》的内容，时刻把党规党纪刻印在心上，增强规矩意识和纪律意识。要坚定贯彻落实。在具体工作中抓好《准则》和《条例》的实施，维护党规党纪的严肃性和权威性，确保各项纪律规定执行到位。要强化示范带头。区政府班子成员必须充分发挥表率作用，切实做到守纪律、讲规矩、知敬畏、存戒惧，自觉在廉洁自律上追求高标准，远离红线，坚守底线。

11月30日，召开政府（2015）

第15次常务会议。研究2016年重大项目计划、研究《开福区企业国有资产监督管理暂行办法》和《开福区企业国有资本经营预算试行办法》、研究断头路、瓶颈路项目完成情况和铺排计划、研究趸船综合整治工作方案及渔民转产转业问题、研究办公用房分配问题。会议明确：1.区发改局要根据政府常务会议研究意见，进一步完善和调整2016年区重大项目，科学合理确定区本级市重大项目计划，并尽快提请区委常委会议审定。2.要形成共识。高度重视国有资产资本管理工作，对因管理不到位、监管不到位导致国有资产损失的，要严格追究党纪和法律责任。要忠诚履职。区属国有及国有控股企业、国有参股企业负责人要加强学习，务实工作，正确有效地使用、处置国有资产，合规、合理地分配国有资产收益。要科学管理。在既定的制度框架下推进各项工作，以政治的眼光、市场的思维、经济的办法、法治的底线进行科学管理。各级各部门要时刻保持底线意识，切实做好本职工作，坚守原则和政策。要保值增值。出资企业要努力提高经济效益，做好做大各项业务，确保经营管理的企业资产实现保值增值。3.区城乡建设局要根据政府常务会议精神和要求，尽快完善计划，及时做好对上沟通衔接工作，争取断头路、瓶颈路早计划、早铺排、早建设。4.要高度重视，坚决落实。近期，把趸船整治工作摆在重中之重的地位，整合资源、调集力量，坚决完成工作任务。要担当责任、合力攻坚。成立开福区趸船综合整治工作领导小组，由袁伟洁任组长，贺福民、李程任副组长。区内河道管理工作，由领导小组牵头负责、河道所涉6个街道办事处协助配合、市海事局强力执法推进。公安、交警、农水、环保等职能部门要加强合作、综合执法。要依法推进、既快又好。坚持依法处置，认真贯彻执行《中华人民共和国河道管理条例》《湖南省湘江保护条例》等法律法规，严格落实市政府有关决策部署，力争在2015年12月20日前完成全区趸船综合整治任务。在具体执行过程中，有关补偿按“市政府70%、区政府30%”的比例执行。整治工作所涉及的20万元经费可从“打非”经费中先行拨付。要强化管理、形成常态。尽快召开全区趸船综合整治工作动员部署会议，进一步统一思想、明确目标、严格要求。日常调度方面，由领导小组组长负责，三天一调度；由区政府办负责人牵头，一天一调度。在此基础上，健全趸船管理制度，建立长效机制，确保工作落实到位，常抓长效。5.要坚持标准，编制管理，严格落实办公用房有关要求，避免出现违法违纪行为。要科学统筹、合理安排，解决好区征地办办公用房整合、母婴哺育室设置、停车位建设等问题。要严肃纪律、尽快到位，争取在2016年1月1日前调配到位。

12月7日，召开政府（2015）第16次常务会议。研究禁毒工作、研究讨论《开福区统贷平台棚改项目资金管理和使用办法》、研究食品药品监督管理局三定规定。会议明确：1. 优化人员配置。各级各部门要严格按照职责分工，认真抓好禁毒工作责任落实，各街道要成立禁毒办，由分管领导任禁毒办主任，综治办主任任副主任，做到有机构、有人员、有职责、有制度。落实经费保障。2016年的禁毒协会工作经费在2015年预算基础上增加20万元，各街道禁毒协会经费问题由街道统筹解决。统一思想职责。由刘文立、廖勇牵头，尽快组织禁毒协会会长、街道政法委书记、派出所所长召开禁毒工作专题会议，进一步统一思想、明确职责、严格要求。2.分段计提，总额控制。要严格按照征收工作经费的计提政策及标准，落实有关经费要求。拓宽渠道，保障必需。在不违反现行法律法规的前提下，集思广益，拓宽融资渠道，既保障基层所需，又要适当减轻财政压力。严格审批，规范支出。各级各部门要严格遵循《开福区统贷平台棚改项目财政资金管理和使用办法》，规范资金管理和支出。检查审计，提高效益。区棚改办要定期组织开展内审自查，财政、审计等部门要加强对棚改资金的监督与审计，避免矛盾积累，切实提高资金使用效率。完善修改，尽早出台。区棚改办要根据政府常务会议意见修改完善《开福区统贷平台棚改项目财政资金管理和使用办法》，并尽快出台实施。3.区食品药品监督管理局在内设机构和人员编制调整到位后，要充分整合职能，做到职责明确，边界清晰，履职到位。何惠风要牵头抓总，督促食品药品监督管理局落实好相关工作。

12月21日，召开政府（2015）第17次常务会议。研究《开福区政府截污工程管理办法》、研究《开福区动物卫生监督体制改革实施方案（送审稿）》、研究《长沙市开福区动漫游戏产业扶植办法（试行）》、研究《开福区政府工作部门、直属事业单位“三定”规定》。会议明确：1.区城乡建设局要根据会议研究意见，进一步完善和修改管理办法，尽快报区政府办发文实施。2.要准确核算工作经费及人员编制，由邹犇淼、汤建尧牵头组织区财政局研究全额拨款标准，并报编委会研究。原则同意一分为三的管理模式，以站为单位整合街道动物防疫机构。市下放的5名工作人员（编内3人、临聘2人）所需办公经费在3万~5万元内统筹安排。优化人员配置，加强人员编制管理，原则上只出不进。3.明确原则。一是要依法依规，严格按程序出台《长沙市开福区动漫游戏产业扶植办法（试行）》；二是要政企合作，发挥政府扶持引导作用，支持北辰向产业地产转型，支持区内新兴产业发展，形成政企合作、两边发力的新态势。三是要精准招商，针对动漫游戏产业特点，采取定点招商、上门招商等方式，招引实力企业；四是要公开透明，严格实施扶植办法，确保公正、公开、阳光、透明。完善办法。区财政局要根据政府常务会议研究意见，进一步完善修改办法，并由张春雄牵头，报区委研究后发文。4.区编委办要根据政府常务会议研究意见，进一步完善和修改《开福区政府工作部门、直属事业单位“三定”规定》，迅速予以实施。

12月28日，召开政府（2015）第18次常务会议。研究区“十三五”规划纲要（建议稿）、研究2015年财政预算执行情况和2016年财政预算草案、研究部分区政府领导分工调整。会议明确：1. 做好结合。要根据省、市“十三五”规划提出的发展战略和区委四届二十次全会精神，抓好目标任务及指标体系对接，进一步完善提升我区“十三五”规划。明确重点。突出抢抓重大机遇，突出“五大发展”理念，突出破难题、补短板、促均衡，突出开福发展所处的历史阶段和发展格局。修改完善。区发改局要根据政府常务会议研究意见进一步完善纲要内容，尽快报区委和区人大研究。2. 2016年财政预算编制要坚持改善民生，进一步优化支出结构，不断提高基础教育、医卫健康和社会保障水平，夯实我区打造教育现代化强区、医卫健康现代化强区、充分就业现代化强区的基层基础。要突出重点，全力保障改革工作支出，确保机关事业单位养老保险制度、工资制度、公务用车制度等改革顺利推进。区财政局要根据会议意见进一步修改完善2016年财政预算草案，尽快提请区财经工作领导小组会议和区委常委会议研究。3.会议原则同意对邹犇淼、袁伟洁等的分工调整安排。

区人民政府办公室

主　　任	张雄伟（2015.7任）
	谭　栋（2015.7免）
副 主 任	刘小鸥（兼）
	肖友义（兼）
	李　茁（兼）
	袁　晖　莫红宇
	胡　斌（兼、2015.7免）
	刘伟平　刘　飞
	任　伟
	胡　芳（2015.7任）
督查室主任	王治国（兼）

【概况】　区政府办内设政研室、督查室、秘书科、机要室等4个职能科室，核定行政编制16名，其中领导职数6名：主任1名，副主任5名。另核定机关后勤服务编制5名。设区电子政务中心、区应急管理办公室两个二级机构，区电子政务中心为副科级全额拨款事业单位，编制4名；区应急管理办公室为全额拨款事业单位，编制3名。

督查工作　2015年全年共开展决策督查7次、专项督查督办34次、督查调研2次，刊发督查通报9期。以落实市《政府工作报告》和全区目标管理考核任务为督查工作主线，将《政府工作报告》确定的98项重点内容，逐一分解到全区57个部门、单位，每季度定期督查，逐项“对账”通报。开展议定事项督查。对18次区政府常务会会议纪要开展专项督查4次，确保政令畅通。突出重点工作督查。以项目建设、产业发展、城市管理、环境整治、信访维稳等经济社会发展的重点事项，分时期督查督办34次，确保政府阶段性重点工作得到全面落实。规范领导批示件登记交办、督促督办、反馈上报和整理归档流程，全年共办理省、市领导批办事项19项，办理区领导批示件21件，办复率100%。发挥协调作用，帮助部门解难事。全年收到各部门、各街道提请事项16件，全部交办到相关职能部门及街道，实现了左右联动、上下互动。提高建议、提案承办质量，真心为民办实事。共承办由市政府交办的国家、省、市人大建议和政协提案共25件，其中市人大建议14件、省人大建议1件，全国人大建议2件，市政协提案8件，主办11件，会办14件；承办区人大建议、区政协提案173件，办复率均为100%，实现了“给代表委员一个满意的答复，给人民群众一个满意的交代”的工作目标。整合督查资源。联合区委督查室、区监察局及相关职能部门开展联合督查13次，形成督查合力。并制定了《开福区督查工作制度》，为督查工作有章可循提供了制度保障。加大督查结果运用。对于督查中发现的突出问题，报区委、区政府领导，进行问责追究，对3名工作不力的人员进行了通报批评或者扣发当月绩效奖金；2期督查通报运用到全区绩效考核。

研究室工作　文稿服务显见成效。起草完成政府工作报告、区委全会讲话、专项工作报告等材料，全年累计完成领导讲话、工作汇报、理论文章、政策文件等各类文稿100余篇、近100万字。调查研究富有成果。围绕区委、区政府决策重点、改革发展的难点和群众关注的热点，开展参谋性研究、对策性研究、经验性研究、典型性研究，组织相关单位围绕现代服务业、城市棚改征收、重大项目建设等重点工作，深入基层、深入一线调查研究，形成《坚持把民利放在第一位》《坚持“四个升级”　树立“开福标杆”》等一批理论调研文章，为领导科学决策提供重要依据，部分调研成果已经转化为工作中的具体措施。信息服务创新提质。围绕服务领导决策、服务中心工作、服务民生改善三大主题，完善了政务信息报送体系，对全区经济发展、民生改善、自身建设等方面的新思想、新措施进行总结、提升和宣传，发挥参谋助手作用。整理上报各类信息138篇（条），省市采用40余篇（条），连续五年被评为全市政务信息工作先进单位。

秘书与机要工作　围绕中心工作，履行工作职责。公文运行科学规范。严格公文处理程序，规范运作，切实降低公文差错率。实行拟稿部门初核、秘书科校核、分管主任审核、主任总把关的公文审核制度，把好公文质量审核关。制发各类公文445份，接收和办理省市来文730件，坚持质量和效率并重，实行办文办事限时制度和公文处理全程跟踪服务制度，急件急办，特件特办，密件专办。会务活动周密筹办。共组织承办区政府常务会、区长碰头会60余次，抓好了开福金秋经贸文化节、经济形势分析会、“两会”代表委员视察活动等全区性重大会议、活动的协调。接待工作热情周到。处理领导批示上访信件150余件，对领导签批的上访信件进行跟踪督办落实，落实率达到100%，群众来信来访“事事有回音、件件有着落”。档案管理标准规范。执行关档案工作和保密工作的法律、法规和有关规定，保证各类档案完整齐全。日常工作运转高效。政务值班推行双运行制，提前落实到人，无脱岗、断岗现象，确保机关工作正常运和机关安全。

应急管理工作　强化管理机制，完善预案体系。应急管理工作纳入全区绩效考核内容，编制《开福区应急工作手册》，新增应对强降雨天气防洪排渍预案等17个专项预案。

强化应急值守，加强信息报送。制定区机关年度值班安排表，实行24小时值班制、首问责任制和领导带班制，不定期开展督查，推进值班工作的规范化和制度化，提升应急快速反应能力。加大对信息报送工作的督导和责任追究力度，突发事件信息严格执行30分钟内电话报告，2小时内文字报送的要求。强化队伍建设，加强应急演练。整合全区应急力量，建立综合应急救援大队、城管特勤应急分队、森林火灾扑救常备队等骨干应急救援力量。各街道和各专项预案牵头部门均组建了一支综合应急救援队。组织各类应急演练，全年共开展20余场次综合应急演练以及50余场次专项演练。强化应急宣教，提升应急能力。开展了系列宣传教育活动，举办了消防安全、公共卫生、安全生产等应急培训10余场次，培训1200余人次。开展应急常识宣讲活动，面向市民群众开展防灾减灾、应急避险、自救互救知识宣传，普及公众应急常识，通过微信短信平台发送应急常识和宣传资料23多万条次。强化应急平台，建立预警网络。升级改造区社会综合治理创新工程网格化系统平台，启动区应急平台综合应用系统建设，系统覆盖全区16个街道、104个社区，实现区、街道、社区三级管理，满足应急信息实时下达、上传和视频指挥、调度的要求。构建应急工作联系网，建设预警短息发送平台，缩短突发事件消息处理时间，提高全区应急响应及处置的效率。

（吴茜琴）

附：

文件目录

开政发〔2015〕1号　长沙市开福区人民政府关于《清水塘炮后街棚改项目社会稳定风险评估报告》的审查批复

开政发〔2015〕2号　长沙市开福区人民政府关于《政府工作报告》目标任务责任分解的通知

开政发〔2015〕3号　长沙市开福区人民政府关于同意长沙开福城市建设投资有限公司申请发行2015年长沙开福城市建设投资有限公司公司债券的批复

开政发〔2015〕4号　长沙市开福区人民政府关于在征地范围内停止经营等事项的通告

开政发〔2015〕5号　长沙市开福区人民政府关于认真做好2015年度建议提案办理工作的通知

开政发〔2015〕6号　长沙市开福区人民政府关于2015年安全生产行政执法计划的批复

开政发〔2015〕7号　长沙市开福区人民政府关于长沙市开福寺路（芙蓉路—东风路）建设工程项目《社会稳定风险评估报告》的审查批复

开政发〔2015〕8号　长沙市开福区人民政府关于开福区潘家坪路（芙蓉路—东风路）道路建设工程项目《社会稳定风险评估报告》的审查批复

开政发〔2015〕9号　长沙市开福区人民政府关于印发《开福区财税目标管理考核办法》的通知

开政发〔2015〕10号　长沙市开福区人民政府关于《开福区开福寺周边地块棚户区改造项目（一期）社会稳定风险评估报告》的审查批复

开政发〔2015〕11号　长沙市开福区人民政府关于取消非行政许可审批事项的决定

开政发〔2015〕12号　长沙市开福区人民政府关于印发《开福区土地资源管理和城乡规划工作审核领导小组工作规则（试行）》的通知

开政发〔2015〕13号　长沙市开福区人民政府关于《长沙市黄兴北路棚户区改造项目（S庆和里周边地块、S前进服装厂地块）社会稳定风险评估初步结果》的审查批复

开政发〔2015〕14号　长沙市开福区人民政府关于在月湖街道辖区开展消防安全隐患及违法建筑专项整治的通告

开政发〔2015〕15号　关于开福区和天心区行政区域界线联合检查工作报告

开政发〔2015〕16号　长沙市开福区人民政府关于对湖南省供销合作社燎原电影院重大火灾隐患单位实行挂牌督办整改的通知

开政发〔2015〕17号　长沙市开福区人民政府关于《长沙市精英路（潘家坪路—支路一）建设工程项目社会稳定风险评估初步结果》的审查批复

开政发〔2015〕18号　长沙市开福区人民政府关于明确长沙金霞经济开发区高岭新型城镇化（一期）建设投资主体的决定

开政发〔2015〕19号　长沙市开福区人民政府关于长沙金霞经济开发区高岭新型城镇化（一期）建设工程项目有关事项的批复

开政发〔2015〕20号　长沙市开福区人民政府关于《长沙市第一医院新住院大楼建设项目社会稳定风险评估初步结果》的审查批复

开政发〔2015〕21号　长沙市开福区人民政府关于《长沙市黄兴北路棚户区改造项目（S10-3号地块）社会稳定风险评估初步结果》的审查批复

开政发〔2015〕22号　长沙市开福区人民政府关于转发《长沙市人民政府〈关于印发长沙市机关事业单位工作人员养老保险制度改革实施方案〉的通知》的通知

开政发〔2015〕23号　长沙市开福区人民政府关于同意万国城MOMA配套小学（暨清水塘第三

小学）移交区教育局的批复

开政发〔2015〕24号　长沙市开福区人民政府关于《朝正垸城中村改造及环境整治工程项目（蔬菜科学研究所地块）社会稳定风险评估初步结果》的审查批复

开政发〔2015〕25号　长沙市开福区人民政府关于印发《长沙市开福区环境保护工作责任规定（试行）》的通知

开政发〔2015〕26号　长沙市开福区人民政府关于同意金霞村撤村改为社区居民委员会的批复

开政发〔2015〕27号　长沙市开福区人民政府关于同意竹隐村、鹅羊山村撤村改为社区居民委员会的批复

开政发〔2015〕28号　长沙市开福区人民政府关于同意大明村、板塘村撤村改为社区居民委员会的批复

开政发〔2015〕29号　长沙市开福区人民政府关于同意高岭村撤村改为社区居民委员会的批复

开政发〔2015〕30号　长沙市开福区人民政府关于同意设立秀峰街道办事处湘民社区居民委员会的批复

民族宗教和外事侨务

区民族宗教和外事侨务局

局　长　周玲利（2015.8任）
　　　　杨强辉（2015.8免）
副局长　吴　骥
　　　　王素平（2015.10免）

【概况】　区民族宗教和外事侨务局属直属机关事业单位，在编在岗职工5人，临聘人员2人。

2015年围绕中心工作，依法管理宗教事务，开展外事侨务，确保民族团结、宗教和睦、社会和谐。

主动作为促进团结。着力打造汉回民族品牌。结合汉回村建设规划，汉回面貌换新颜。协助汉回村申请上级资金1300万元。完成了汉沙公路提质硬化工程，实现改水改厕426户，新增太阳能路灯50处，新增5000平方米的生态停车场一处，完成了核心区域800米水渠及10处山塘的清淤护砌工程等基础配套设施建设。实现了2015年村民年人均纯收入达到28640元，村集体经济实现拥有1.72公顷国有划拨用地与1.38公顷集体工业用地各一处，其他经济收入突破38万元，社会事业全面发展，村容村貌焕然一新，并成功创建为国家AAA级旅游景区，先后获得“中国少数民族特色村寨”“湖南省文明村”“湖南省民族团结进步模范村”“湖南省特色旅游名村”等多项荣誉称号。

认真履职热心服务。落实民族考生高考加分政策。在高考加分的民族考生审核中，共有60名符合条件的考生通过审核上报市局，确保辖区内每一名符合条件的少数民族考生都能够享受政策待遇认真履行职责，积极落实高考加分惠侨政策。通过侨胞联系方式将办公电话及工作人员手机、邮箱、QQ对侨胞公布，及时将加分的条件、认定流程、所需材料告知给考生家长，确保辖区内每一名符合条件的“三侨考生”都能够享受政策待遇。

加强管理拓宽思路。依法加强宗教事务管理，深化以“教风”为主题的和谐寺观教堂创建活动，与各宗教场所签订了安全责任书，加强各场所的安全防范意识;鼓励宗教界积极开展公益慈善活动，传递正能量，制止宗教“两乱”行为，规范基督教家庭聚会点的管理，严防境外宗教势力渗透，协调政法、公安、城管等部门，做好开福寺等区内重大宗教活动的安全保卫工作；协调公安、城管、民政、残联、街道等部门，加强对宗教活动场所周边环境整治，确保了宗教和谐稳定。取缔群众在河边非法放生活动3次，对现场群众进行国家法规政策的宣传教育。依法对烈士公园民俗村设立功德箱的非法宗教活动和藏传佛教在开福区活动进行了执法。协调，指导各宗教场所做好规划建设。黄兴北路集聚着了市四大宗教的代表性宗教活动场所、众多的老公馆和文物景点，历史文化厚重，宗教历史文化旅游资源丰富，黄兴北路拓宽和棚户区三期改造，协调和推动将黄兴北路一条轴线上的佛教、道教、天主教、基督教宗教场所涉及的施工建设，开福寺项目涉及的棚改征收完成95%的征收任务；妥善协调处理了因地铁施工对城北堂教堂建筑的开裂，联系过渡性宗教活动场所，安置信徒到泊富国际开展正常的宗教活动；重视人大代表建议，就区代表《关于沙坪—汉回景区设施在

铁炉寺前建设宗教文化广场的建议》的建议，组织调研，研究可行性方案并纳入到景区整体规划，按计划逐步启动建设。答复满意率100%；办理市人大代表提出的《关于将开福寺恢复为湖湘佛教名刹的建议》。市领导一行现场调研开福寺，对办理工作给予充分肯定。筹备，指导，做好铁炉寺开光暨佛像落成盛典活动各项工作。开光佛事活动取得成功。

加强宣传维护权益。在湘江世纪城华润万家超市门口进行归侨权益保护法的宣传。发放资料550多份，普法读本150多本，接受现场咨询200余人次。落实好归侨在国内的合法权益，做好归侨扶贫工作。下到10个街道30多个社区，联合街道30多名干部，对31名困难归侨侨眷进行了慰问，发放慰问金36000元，食用油62瓶。

做好涉侨信访维稳工作。树立大外事观念，积极为区域经济发展服务。接待美国澳宝红集团，现场参观考察了湖南嘉德集团打造的中部（湖南）进出口商品展示交易中心，与长沙金霞保税物流中心相关领导进行了深入的洽谈，积极推介长沙金霞保税物流中心相关项目参加澳洽周，为走出去参与国际经济合作交流铺路搭桥。

加强因公证照管理工作，贯彻落实市、区纪委关于进一步加强党政干部因公出国（境）管理工作的有关规定。规范因公出国、公务（外事）接待，严格审批把关。

【美国澳宝红集团主席唐卓凡一行到区考察】 3月4日下午，美国澳宝红集团主席唐卓凡一行10人在市外侨办副主任缪画的陪同下对长沙金霞保税物流中心及嘉德公司进行了实地考察。保税中心管委会主任侯凌新、嘉德公司负责人等与唐卓凡进行了热烈友好的洽谈，双方深入探讨了如何充分利用保税中心、嘉德公司进出口交易的平台优势，加强冷链仓储物流产业的合作。该项目将促使澳大利亚农产品在长沙落户，极大地推进长沙市进出口农产品的升级发展。

美国澳宝红集团主席唐卓凡一行到区考察

【开福区铁炉寺举行大殿落成暨佛像开光盛典】 10月10日上午，秋高气爽，铁炉寺迎来了自创建以来最为隆重的纪念日，大殿的落成暨佛像开光盛典。省委统战部、省民宗委、市人大、市政协、市委统战部、市民宗局等领导和省内外佛教界高僧大德参加大殿落成仪式，区政府副区长致辞，省佛教协会会长圣辉开示主持佛像开光大典。信众和市民逾千人前往观礼。铁炉寺位于长沙市开福区捞刀河镇，清康熙年间（1662—1722年）百隆普振禅师创建，它是一所历史悠久、风格独特的佛教尼众寺院。道场创建三百年来，历尽沧桑。曾为诸方学子参禅习静之所。据传寺内曾有宋朝爱国名将岳飞亲植两颗茶树于古寺天井。从2004年起，铁炉寺在各级政府和社会各界的大力支持下，重建了大雄宝殿与天王殿，增建了山门、围墙、放生池、平安轩、僧寮等，使其汉传佛教寺院的格局得到进一步完善，丛林规模初具，各项设施日臻完善。整个地带依山抱水，风光旖旎，木鱼清馨与大自然的鸟语花香交织在一起，构成了一道人与自然和谐的秀美景观。为市民提供了一个寻幽觅静、领悟禅机的处所。同时铁炉寺深厚的佛教文化底蕴对于沙坪小镇创建AAAA级景区提供了很好的文化支撑，与非物质文化遗产的湘绣艺术相辅相成。铁炉寺将成为省会城市不可多得的旅游目的地。

（陈　蓉）

法制政府建设

区法制办公室

主　任　刘小鸥
副主任　彭　娜
　　　　黄　琼（2015.5免）

【概况】　区政府法制办公室设综合科、法律审查科、依法行政指导监督科、复议应诉科4个科室。行政编制6名，核定领导职数3名，其中：主任1名，副主任2名，临聘人员4名。

依法行政组织推动。起草并以区政府办名义下发了《开福区2015年依法行政考核方案》，明确了推进依法行政的工作责任和考核指标，为推进全区依法行政工作确定了目标方向。同时，区政府法制办发挥区推进依法行政工作领导小组办公室的统筹协调和督促指导作用，按照市对区依法行政工作考核的相关要求，精心组织调度，及时收集相关资料，并代区政府起草了2015年度依法行政工作报告，向市政府报送，确保开福区依法行政工作在考核中取得佳绩。

政府涉法事务审查。法制办主任列席政府常务会议18次，就政府工作的涉法问题提出了专业的意见和建议，为政府决策提供了依据和参考。区政府法制办对政府的重大民商事行为和疑难法律问题进行审查把关，2015年就月岛原高尔夫服务大厅物产移交、高岭国际商贸城项目第二阶段开发建设框架协议及补充协议的签订、区政府与建设银行湖南省分行签署合作备忘录、撤销部分对象的农村村民住宅建设用地许可证、湘江世纪城业主委员会有关问题的答复等政府合同和涉法事项出具法律意见或建议90份。

执法人员监督管理。落实行政执法人员资格制度和证件管理制度，做好执法人员上岗培训、换发证件等相关工作，2015年共组织88名行政执法人员参加了行政执法资格培训考试，申领了行政执法证件，对已调离执法岗位的人员名单进行汇总，及时收回执法证件。进一步健全行政执法投诉举报制度，完善行政执法投诉案件受理及处理程序，公布举报投诉电话，在开福区人民政府法制网上开设行政执法投诉专栏，拓宽社会监督渠道，有效监督行政执法行为，切实保障了公民、法人和其他组织的合法权益。

行政执法案卷评查。牵头制定了《开福区人民政府2015年度行政执法案卷评查工作方案》，提请成立案卷评查工作组，在全区14个行政执法单位上报的行政执法案卷目录中抽取了106本案卷进行评查。在评查过程中围绕行政执法行为的合法性和规范性问题，对案件事实认定、证据材料收集、适用法律准确性、裁量权基准运用、作出处罚或许可的决定是否适当、法律程序到位等方面的问题进行了严格评查，对每一个被评查单位都形成了针对性强、内容详尽、建议可行的书面情况反馈通知，并到被评查单位逐一进行当面反馈和现场交流。组织召开了全区行政执法案卷讲评会议，对2015年执法案卷评查的情况进行了讲评，督促被评查单位针对存在的问题限期整改、纠正不足、规范执法。

编撰发布行政执法指导案例。2015年，从区直各行政执法部门上报的12例行政执法案例中选取了《胡××经营标签不符合规定的预包装食品行政处罚案》《开福区××网络会所未按规定核对、登记上网消费者的有效身份证件行政处罚案》《湖南××机动车驾驶员培训有限公司擅自改变林地用途行政处罚案》3个典型意义较突出、参照性较强的案例，经过严格筛选、专家论证、多轮修改和不断完善，汇编成《开福区2015年度行政执法指导案例》，于9月初在开福区人民政府门户网和开福区人民政府法制网上发布，作为指导全区行政执法部门执法工作的范例样本。

规范性文件管理。2015年，共对6份政府规范性文件进行了合法性审查，按照规范性文件管理的要求进行了“统一登记、统一编号、统一发布”，报市政府和区人大备案，无一份被撤销或被责令、建议修改。代区政府接受区直部门、各街道（镇）报送备案的规范性文件4件，并对区直部门和各街道（镇）强化规范性文件报备率、及时率、规范率“三率”工作进行了指导和督促。对所有经区政府统一登记、统一编号、统一公布的规范性文件，区政府法制办都及时在开福区人民政府门户网和开福区人民政府法制网的政府规范性文件数据库中进行公布，并动态标注有效、失效和需进行评估的情况，对于进入评估期的规范性文件，及时督促各起草、执行单位进行处理，不断提高规范性文件效力动态管理和信息化管理的水平。

行政复议、诉讼应诉。2015年，区政府作为当事人的行政复议、行政诉讼、民事诉讼案件共363件，比2014年全年增长188%。代理或指导代理区政府应诉，审查行政诉讼答辩状或行政复议答复书，整理证据材料和法律依据，及时向审判机关或复议机关提交；组织应诉人员准备诉讼代理词，参加庭审，有理、有据、有节地论证和说理，把握应诉工作的主动权；同时加大与涉诉部门、街道（镇）的沟通协调力度，凝聚工作合力，化解难题，维护了法治政府的良好形象和当事人的合法权益。

承办区政府行政复议案件。按照《长沙市开福区行政复议工作规范化建设实施细则》内容要求，承办行政复议案件审理工作，2015年共收到行政复议申请51件，作出行政复议决定25件、以复函或行政复议告知书的形式做出处理的9件、当事人主动撤回申请和因当事人补正材料未到位而视为放弃申请的14件、驳回申请的1件、不予受理的1件、正在审查（转至2016年审结）的1件，法定时间内结案率100%。

依法行政培训。针对新修订的《中华人民共和国行政诉讼法》2015年5月1日正式实施后将对行政工作造成影响的新情况，举办了多期《新修订的〈行政诉讼法〉对行政工作的影响和应对措施》的专题讲座，区政府常务会议组成人员，区直机关行政主要负责人、分管法治工作负责人、法治工作机构负责人，各街道（镇）行政主要负责人分别参加。5月19日举办了全区行政执法人员轮训暨领导干部依法行政专题研讨会议，区直各部门、各街道（镇）约200人参学。9月11日举办了全区行政执法案卷讲评暨公务人员法律实务培训研讨会议，由副区长张春雄对行政执法案卷评查中的问题进行了剖析点评，并进行了法律实务培训。11月5日举办全区法制工作人员业务培训暨依法行政工作务虚会议，邀请省政府法治办专家对《中共中央关于全面推进依法治国若干重大问题的决定》进行解读，部分区直单位、各街道（镇）就深入推进依法行政进行了座谈交流。通过常态化的培训研讨，开福区领导干部和公务人员依法行政的意识和能力水平得到显著提高。

服务重点征收拆迁项目。区政府法制办坚持将全员力量铺排到国有土地上房屋征收工作中，对黄兴北路、火车北站、伍家岭、炮后街等棚改征收项目进行全程法律把关，2015年共审查政府作出的房屋征收决定公告12件，房屋征收补偿决定125件，搬迁催告书11份，向法院申请强制执行11件。同时，积极参与金鹰片区、金霞片区农村集体土地上的征地拆迁工作，对金鹰片区的强征腾地工作进行统筹协调和督促指导；对金霞片区香江项目、联运物流项目等重点征拆项目中的涉法疑难问题进行了研究处理。

推动行政司法互动。2015年，针对征收拆迁、拆违控违、信息公开等政府工作中遇到的疑难法律问题和有争议的事项，协调联系省、市、区三级法院，省、市政府法治部门及相关单位，提请召开了行政司法互动会议，邀请各级法院和有关部门的专家共同研究，统一法律见解，避免司法机关和行政机关因对法律、程序和事实认定等问题的理解不同而产生冲突，促进双方形成共识，推动行政工作依法开展。区政府法制办充分发挥主动性，在会前对拟提交讨论的问题进行调查研究，事先提出可行性处理意见，提高了行政司法互动会议的针对性，增强了行政司法互动的实效。

全面推行政府法律顾问制度。2015年1月，率先启动了全面推行政府法律顾问制度的工作，通过公开招标方式，择优选择了8家实绩突出、口碑良好的律师事务所，建立了“开福区法律中介定点服务库”，起草制定了《长沙市开福区人民政府办公室关于全面推行政府法律顾问制度的通知》和《长沙市开福区人民政府办公室关于印发〈开福区人民政府法律顾问管理办法（试行）〉的通知》，在区政府及各园区、部门、街镇、项目指挥部全面推行政府法律顾问制度，明确政府法律顾问的服务范围涵盖规范性文件管理、合同管理、重大行政决策、涉法事务论证调研、代理应诉、信访案件调处、应邀参与行政执法工作以及其他法律咨询等内容。2015年全区已有38家单位选聘了法律顾问并报送备案，由法律顾问对行政机关的工作进行法律把关，保证了行政行为作出的合法性和实施的高效率。

推行行政处罚决定网上公布。自2015年8月开始，区政府法制办根据《湖南省人民政府法制办公室关于全省推行行政处罚决定书网上公布工作的指导意见》，开展了行政处罚决定书网上公布工作，向全区各行政执法部门转发了相关文件，要求各执法部门对已作出的处罚决定进行集中审查，确保网上公布的行政处罚决定不存在合法性、规范性问题。区政府法制办对于各执法部门在开展处罚决定网上公布工作中的疑问逐一进行研究，提出解决意见，同时对已在网上公布的行政处罚决定进行全面检查，发现不符合要求的立即督促整改。2015年，全区共有10个行政执法部门在网上公布行政处罚决定书1275份，公布率达100%。

（刘　媛）

人事

区人力资源和社会保障局

局　长　陈朝晖（2015.7任）
　　　　文　莉（2015.7免）
副局长　周　惠
　　　　周明虎
　　　　杨柳艳
　　　　曲立秋（2015.11任）

【概况】开福区人力资源和社会保障局于2011年1月按照区委、政府机构改革精神正式组建，将原区劳动和社会保障局、原区人事局的职责、区民政局承担的农村社会保险的职责、开福区卫生局承担的新农村合作医疗职责，划入区人力资源和社会保障局。新增促进就业小额担保贷款工作和城乡居民养老保险工作。现有办公室、综合管理科、工资福利和专业技术科、就业和职业能力建设管理科、社会保险管理科、法规科6个职能科室，下设人力资源管理中心、社会保障管理中心、劳动保障监察大队（加挂劳动人事争议仲裁委员会的牌子）三个二级机构（均为参公单位）。局机关核定行政编制15人，二级机构编制内工作人员36人。

加强人才储备和人事管理。2015年区各机关事业单位共引进人才175人，其中面向社会招录公务员（选调生）14人，招录事业单位工作人员25人，招聘教师115人；面向全省选调公务员（参公人员）10人，选调骨干教师11人。全年安置军队转业干部15人，安置随军家属7人。2015年开福区申报省级人才引智项目5个，市级人才引智项目7个，获省级专项经费补助18万元，市级专项经费补助29万元。各单位专业技术人员中4人获高级职称，21人获中级职称。区2015年安置营职以下及技术干部15人，随军家属7人。面向社会公开考录、选调、招聘了一批法律、工程、财务、计算机等方面的人才47名，教育系统公开招聘工作人员127人，各街道、镇招聘应届毕业生20名。

强力推动创业就业。落实贷款政策，致力将小额担保贷款中心打造成为高效、快捷的贷款融资“绿色通道”，为辖区创业者提供一流的融资服务。2015年，区小额担保贷款发放贷款23笔，贷款人数99人，贷款金额817万元，带动就业617人。加大就业转移力度。开展就业“零距离”服务，在长沙市首推“创业就业服务微信公众平台”实现业务在线办理，实行“就业服务进社区、用工信息送上门”，通过“开福区用工信息共享群”等咨询交流工作平台，加强社区、企业、求职者之间的沟通交流，免费为企业和求职者提供指导服务。全区基层平台发布岗位信息9000余个，向15000余人次发布了用工信息；全年共举办28场招聘会，1280余家企业提供岗位21500余个，服务求职者13000余人，与企业达成就业意向者3900余人。三是发挥社保补贴保障功能。开发了“开福区就业服务综合管理系统”，系统以“就业失业登记证管理系统”为切入点，将灵活人员社保补贴、培训补贴、公益性岗位补贴等业务工作进行系统整合，实现了各类人员享受政策情况的数据资源共享。全年共办“就业失业登记证”4187本，困难认定2117人。灵活就业困难人员社保补贴申报人数1960人，申报金额826.76万元。落实就业政策，加大用工信息的推送，完善便民服务。落实“就业失业登记证”、就业困难人员灵活就业社会保险补贴、促进就业小额担保贷款、培训政策等。每周定期更

“人社进社区 惠民在身边”活动现场

新企业的招聘信息，方便求职者及时获取有效的用工信息，真正实现“掌上就业”的便利；“开福就业”的公众发送现场招聘会时间、地点和企业情况，吸引求职者积极参与，为用人单位和求职者沟通交流夯实基础。通过开福区就业服务办公地点联系方式和“12333”平台链接。群众可以快捷查询到自己办理就业服务的辖区地点和联系方式，使群众享受就业服务更为高质高效。

着力完善社保工作机制。区社保业务工作的各个环节都实现了系统化、制度化、现代化，已经进入了稳定、健康、持续发展的阶段。率先在全市启动全民参保登记和“社保卡一卡通”发放工作，已发放社保卡15.5万张，按市局要求进度100%完成。率先在全市启动机关事业单位养老保险改革工作，召开了全区动员大会，各单位正在进行各项基础工作。

强化社保基金监管。健全基金监督组织和内审等管理制度，实行“一事双岗双审”制度，发挥社会保险稽核的基础作用，抓好养老金待遇领取资格认证工作，杜绝养老保险基金的流失。万元医保参保扩面工作常抓不懈。截至12月，共办理新参保单位829家，为6960人办理了新参保手续，发放医保卡和医保手册1万余本，扩大了医保覆盖面；加强医疗基金监管和审核，对全区20家定点医疗机构进行了实地稽查，查阅病历110余份，促进医院规范医保行为，加强医保基金监管支付；严把审核关，为居民做好医疗费用报销和困难救助工作，异地医疗费用审核结算540余人次，共计审核医疗费用208余万元，共计支付统筹基金1200余万元，发放生育津贴和一次性生育补助金490余人次，共计支付金额500余万元，对符合条件的城乡居民医保特困参保人员发放城乡居民医疗补助224人次，共计金额212500元。

依法加强劳动保障。建立劳动纠纷“超前预防”“应急处置”“沟通调解”三大机制。按照全区劳动监察“网格化”管理要求，对全区的各级各类企业进行专项检查。累计检查用人单位52户，涉及劳动者2100人，规范了全区的劳动用工情况。对已发案件实行“沟通现行、调解前置”，降低劳动纠纷案件发案率，确保了各类劳动纠纷案件及时有效处结，确保了全区社会大局的稳定。

【举办新年首场现场招聘会】 春节假期刚过，不少人已经踏上了求职之路。为进一步加强公共就业服务，帮助区内各类就业困难人员和残疾登记失业人员实现就业，区人力资源和社会保障局、区经信局和区中小微企业服务中心2月22日共同举办2015年开福就业援助月活动之开福区“用心服务、用情帮扶”现场招聘会。招聘会吸引了养乐多（中国）投资有限公司长沙分公司、岁宝百货、珠江花园酒店、长沙统一企业有限公司等38家用人单位积极参与，涵盖管理、销售、服务、技术等36个工种，提供岗位1516个。活动现场设立了就业咨询与劳动者权益保障宣传点，向求职者发放宣传资料并现场答疑。两天的招聘会现场有221人与用人单位达成了就业意向，达成就业意向率达31.6%。

【全区办理首本职业介绍服务许可证】 8月17日，汉杰（长沙）企业管理咨询有限公司在开福区成功办理职业介绍服务许可证，这是开福区首次进行职业介绍服务行政许可审批并办证。为了培育和完善人力资源市场，规范人力资源市场活动，保护劳动者、用人单位和人力资源服务机构的合法权益，根据国家及省市有关法律和行政法规的规定，职业介绍服务需由县级人民政府人力资源社会保障部门申请取得行政许可。今后，开福区人力资源社会保障部门将建立健全人力资源市场监管体系，完善监督制度，加强对人力资源服务机构的日常监督检查，优化公共服务质量，力争人力资源信息社会共享。

（彭　娜）

政务服务

区政务服务中心

主　任　刘　忠
副主任　田承明
　　　　欧阳静（2015.8免）
　　　　张端华　邓继龙

【概况】　开福区政务服务中心位于芙蓉北路盛世路1号开福区政府大院东北角。占地面积2000余平方米，共三楼，其中一楼、二楼为办事大厅，三楼为中心办公室和会议室。内设办公室、业务科、信息科、热线办，现有在编干部9人，设有24个办事窗口，常驻窗口工作人员33人，驻窗首席代表13人。

窗口管理服务。严格实行首问负责、限时办结、责任追究制，出台并执行《政务服务中心大厅管理制度》《首席代表工作制度》及接待群众来访、投诉处理回复等规章制度。启动“雷锋家乡学雷锋，微笑服务进窗口”主题实践活动，设立学雷锋志愿服务站，开展“雷锋式服务明星”“雷锋号红旗窗口”评比活动。完善政务中心大厅建设，将原窗口的有机玻璃吊牌统一更换为液晶显示牌，使得窗口指示更加醒目、直观。以文明创建为契机，完善便民化措施。安装了电梯，设置了无障碍通道，做到进出口有指示牌、湿滑地面有温馨提示、卫生间有残疾人专用蹲位；设置“咨询服务台”，安排专人接受咨询，并向办事群众免费提供雨伞、轮椅、饮水机、应急药品及免费复印；增设自助上网电脑、手机加油站、免费Wi-Fi等便民设施；安排专人负责政务大厅卫生环境。2015年全年受理办理行政审批和政务服务事项6.24万件，办结6.23万件，咨询6.58万人次，实现零投诉。

行政审批服务。配合区审改办编制区本级权力清单，对各职能部门的权力事项进行清理，截至2015年年底，区本级保留行政许可事项55项，按要求督促所涉职能部门全部实现进窗上线。牵头制定区本级行政许可事项流程清单并在区门户网站公示，方便市民查询。按照能简则简、能缩则缩的原则，督促各部门进一步优化办事流程，减少审批环节，缩短办事时限，审批事项办结时限压缩率达53%，做到即办件即时办结，承诺件限时办结。在窗口推行首席代表工作制，由各单位指定具有审批权的中层以上干部担任首席代表，不定时在窗口坐班，履行“一支笔”审批权，避免了办事群众单位、窗口两头跑的麻烦，确保了权力运行公开、透明。配合科创软件公司完成区级行政审批在线办理系统升级换代，根据各窗口单位实际定制开发个性化功能模块，确保行政审批项目100%在线办理。全年通过开福区网上政务服务系统办件信息11836条，办结信息11836条。

政府信息公开。编制《开福区2015年重点领域政府信息公开工作任务分解表》，下发至全区各单位。进一步完善和规范政府信息主动公开工作机制，采用月督查、季通报的形式对各单位的信息公开情况进行督查、通报，确保各单位信息公开数量、质量。2015年，全区各单位在信息公开专栏发布信息9557条，在重点领域信息公开专栏发布信息1096条。通过区长信箱回复群众各类咨询、投诉、建议等74条，通过市长信箱回复177条，回复率100%。严格按照国务院《政府信息公开条例》等规定和《长沙市政府信息公开实施办法》办理政府信息依申请公开工作。建立完整的依申请公开台账，及时登记每一件信息公开申请的内容、受理和答复情况。规范依申请公开对外答复机制，启用“开福区人民政府信息公开专用章”。聘请专业法律顾问指导全区依申请公开工作，使信息公开申请答复更加准确、规范，有效避免政府有关部门被申请行政复议或行政诉讼情况发生。共收办政府信息依申请公开申请约156件，答复156件，答复率100%。

“12345”市民服务热线。严格执行《开福区“12345”市民服务热线考核办法》，通过每月下发《情况通报》，建立健全工单分类办理、工单跟踪督办、恶意投诉工单申报等工作机制，加强工作人员业务培训，促进工作顺利开展，不断提升群众满意度。全年共签收工单5044件，办结工单4982件，按时办结率100%，回访满意度达85.6%，信息库录入126条。荣获2015年度长沙市“12345”市民服务热线工作先进单位称号。

街镇政务服务中心标准化建设。加强对街道政务服务中心标准化建设指导，用三年时间分三批次逐步完成全区17个街镇政务服务中心标准化建设工作。2015年是街镇政务服务中心标准化建设攻坚克难的最后一年，区政务服务中心组织街道分管领导、专干到雨花区砂子塘街道参观学习，并召开现场会全面推进此项工作。11月，第三批七个街道（捞刀河街道、芙蓉北路街道、伍家岭街道、月湖街道、湘雅路街道、新河街道、清水塘街道）通过街道政务服务中心标准化建设市达标验收。其中，伍家岭街道、清水塘街道、湘雅路街道、月湖街道被评为优秀。

【开展“雷锋家乡学雷锋，微笑服务进窗口”活动】 3月5日，区政务服务中心举办“2015年度雷锋家乡学雷锋，微笑服务进窗口”活动，中心全体人员参加。此次“雷锋家乡学雷锋，微笑服务进窗口”活动由启动仪式、开展一次文明礼貌用语的知识考核、邀请老师为全体工作人员上政务礼仪课、结合活动评选“雷锋号”窗口等四个部分组成。要求窗口工作人员塑造文明形象、规范言行举止、提高服务效率，秉持公心、怀揣细心、保持耐心，以三心赢民心，以三心为民众提供更优质服务。通过此次活动的开展，窗口工作人员文明素质、服务意识稳步提升，进一步提高群众满意度，树立政务服务窗口的良好社会形象。

机关事务管理

区机关后勤服务中心

主　任　曾　亮（2015.7任）
　　　　洪云霞（2015.8免）
副主任　唐国胜
　　　　周　华（2015.11免）
　　　　于　波（2015.11免）
　　　　欧阳丹（2015.10任）

【概况】 根据（开发〔2015〕10号）文件精神，开福区机关后勤服务中心由归口区工务局管理的事业单位调整为区政府直属事业单位。内设办公室、国有资产管理科、公共机构节能管理科、物业保卫科、生活保障科、公务用车管理科6个科（室）核定全额拨款事业编制9名，其中局长（正科职）1名，副局长（副科职）2名，纪检组长（副科职）1名。

围绕治理和服务两大主题，开展工作。2015年，完成机关大院围墙拆除，实现“拆围透绿、增绿”，新增绿地近6000平方米，种植各类乔木近700株；对原驾校区域用地进行生态停车场改造，新增停车位134个，建设电力汽车充电桩32个；全年区直机关共计维修752件次。续签机关大院物业委托管理服务合同，按照《物业管理考核办法》对物业服务进行考核、监督。加强机关大院的安全保卫、消防工作，落实人防、物防、技防三位一体的防控措施。加强对重点上访人员的稳控，对领导接访现场的秩序维护，快速布防、快速出动；所有安保人员积极配合维稳、信访部门做好上访人员的疏导、劝解工作，全年共处置182次、涉及近3100人次的信访上访、闹访、黑车治理、民政纠纷事件，未发生一例影响机关正常办公秩序和危及人身及公共财产安全事故；加强保安和维稳队员白天、晚上的巡逻次数，大院监控实施无缝覆盖，全年大院未发生一例治安案件；按照机关大院交通运行方案指挥车辆运行和停放；与全区17个街道（镇）签订了非经营性资产委托管理协议书；严格审核监督各行政事业单位自用资产使用状况，定期对闲置资产状况进行清查摸底，将闲置资产管理和资产配置管理有机结合，统一调配。全年审核调配教育系统、卫生系统、农林水利局、公证处等区直机关单位资产共823项；做好城区房产管理工作，对租赁单位实行归档管理，收取房屋租金全部上缴区非税收入管理局；组织办公用房清理工作回头看，制定开福区办公用房核查清理整改工作方案，在前期办公用房清理工作的基础上，再次对机关办公用房情况进行摸查，不留漏洞；对所管理的经营性资产进行回收清理工作，并根据机构调整，实地调查办公用房需求，制定了一整套办公用房调配方案，较大地缓解了机关办公用房紧张的问题。

制定2015年开福区公共机构节能工作要点，利用公共平台发送节能知识各类信息近千条，粘贴节能宣传画报400余份；定期召开区节能工作联系会议和组织培训，邀请湖南大学教授对全区街、镇、社区等区属单位进行了两次专业节能减排授课，推广网络能耗管理直报系统全区试运行；积极推广新能源技术的运用：指导并完成中山路社区和凤羽小学太阳能屋顶发电项目，对一、二办公楼及食堂进行直饮水改造。在生态停车场及政府西门安装高杆太阳能照明灯具10个。

以人为本，深化服务，全面提高机关食堂后勤保障。根据区委、区政府主要领导指示，会同区财政局制定了《关于加强机关食堂管理，提高机关工作用餐补贴的实施方案》，于3月中旬正式实施。由于提高补贴标准和月末清零措施的实施，食堂就餐人数由原来的500多人骤增至600—800人，工作量增加了三分之一，食堂通过增设服务窗口、增加菜品数量、改进质量等举措来满足干部职工的需求；进一步规范食堂管理，所有蔬菜全部通过公开招标签订供销合同并定期检测，既保安全又保质量；肉类、禽类、鱼类产品则全部当天宰杀、当天送货；米、油、干货类全部在政府定点采购的大型超市进货，所有物资严格按采购、验货、领货、使用一条龙签字认可，杜绝一切管理上的漏洞。2015年10月，机关食堂完成了功能改造。改造工程投资200万元，新增功能区面积500平方米，其中扩大就餐面积近180平方米，新添置餐饮设备，安装净水装置确保食堂生活用水安全。两会期间，食堂全体工作人员提前加班做好各项准备工作，承担了近200桌及600多份盒饭的用餐，保障了大会安全优质用餐。

内外兼修，改进作风，加强机关后勤队伍自身建设。机关后勤服务中心成立了绩效考核领导小组，出台了《关于开展严肃工作纪律、整顿工作作风专项考核工作的通知》，并完善制定《作风建设责任书》和《绩效考核管理办法》，召开作风建设整顿大会，要求全体工作人员认真执行，中心一把手严于律己，以身作则，班子成员之间互相沟通交流思想，形成坚强有力的领导核心。营造良好、严谨、认真的工作氛围，激发大家的工作积极性，提高工作能力和水平，打造人本、和谐的机关后勤队伍。

【完成区机关食堂功能提质改造】 9月25日至10月25日，机关食堂完成了功能提质改造。改造工程投资200万元，新增功能区面积500平方米，较好地缓解了仓储、冷藏、消毒间等配套用房不足及大厅南北通风等诸多问题，其中扩大就餐面积近180平方米，新增售卖窗口5个，缩短就餐人员排队时间，照明灯具改造为LED灯具后，节能近10千瓦，安装了9T/时的净水装置，将食堂的所有用水由管网水改为净化水，确保食堂生活用水安全。新增包子机、洗碗机以及大型蒸柜各一台，为下一步实现早点足量供应奠定了基础。排水改造后，较好地解决了排水不畅、堵塞等问题。目前，区机关食堂的总体接待能力及综合服务能力已达到全市各区县一流水平。

【推进公共机构节能创新工作】 后勤服务中心按照《公共机构节能管理条例》要求，在做好本单位节能工作的同时，积极推进街道、区直单位节能工作。分别指导中山路社区10千瓦和凤羽小学15千瓦两个光伏发电建设项目，预计年生产用电达到两至三万千瓦时，年节约标煤8~10吨，减少了碳排放，保护了生态环境。在青竹湖街道辖区范围推广两型环保可回收垃圾分类垃圾桶，以引导居民养成良好的爱护环境意识。完成区治大院直饮用水系统27台净水器的改造，在保障机关干部职工身体健康的同时，将老式开水器每台功率12千瓦降低到每台6千瓦，仅此一项，每年即可节约用电量30万余千瓦时。加强对区直街道各单位的业务知识培训工作，运行无纸化网络能耗统计管理直报系统。

（杜　琼）

信息化建设

区电子政务中心

主　任　肖道刚

【概况】 区电子政务中心为区政府办公室下属二级机构，财政全额拨款事业单位，编制4人。抓网络建设，保畅通。启动内网建设前期准备工作。按照国家、省、市关于内网建设的有关要求，提前准备，启动内网建设及涉密机房建设等相关前期准备工作。加强电子政务外网的维护管理。在现有电子政务外网的基础上，进一步拓展和完善了电子政务外网，完成了新接入单位和街道、社区的外网移机工作，形成了覆盖全区所有区直部门、街道、社区（村）的电子政务外网体系。

抓网站管理，扩影响。加强日常更新管理。制定区政府门户网站内容保障方案和考核细则，对区政府门户网站的重点栏目实行共建制；召开全区政府网站工作会议进行再部署和再动员。区政府门户网站上共发布各类信息26000余条，通过区长信箱回复群众各类咨询、投诉、建议等67余条，通过市长信箱回复167余条，回复率达到100%。实施网站升级改版。按国家、省市对于政府网站绩效考核的有关要求，对区政府门户网站进行了全新的升级改版，提升实用性和影响力，新版网站于11月份上线试运行。开展政府网站普查。根据国家、省市政府网站普查的有关要求，对部分长期得不到更新的部门网站进行了关闭，督促和指导教育局、青竹湖街道、保税中心等部门网站按照政府网站普查要求进行了整改。

抓维护管理，保安全。加强设备维护管理。采取政府购买服务的方式，引进专业的社会力量对全区所有终端、机房、视频会议等进行运维管理，对电子政务内外网设备设施实行定期巡检，对机房内的精密空调、UPS等重要设备，严格按照保养要求进行定期保养检测。实施全时段无缝监测。将重要设备及服务器纳入了全市7×24小时安全监控平台进行监测。加强政府网站安全隐患整改，对存在安全漏洞的区教育局、青竹湖湘一外国语学习、长沙市一中开福中学、北雅中学等网站进行督促整改。推进上网安全。争取区政府安排专项经费用于全区政府机关的软件正版化工作，购置一批专版操作系统和办公软件用于全区所有区直部门核心岗位电脑安装，并对涉密系统安装、上网安全等进行业务培训。

抓项目建设，强应用。深化网格化社会服务管理信息平台应用。完善网格化社会服务管理信息平台的应用，明确职责、理顺流程、完善平台的基础上，配套出台全区网格工作考核评定标准，对区指挥中心、区直部门、街（镇）指挥分中心、社区（村）、网格服务队进行痕迹化考核，每月对各单位网格化工作开展情况进行督查和通报排名，确保了网格工作落实。平台共录入人口数据51.22万人、房屋信息32246条、采集上报民情日志43万条、处理办结流程事件4.8万件，事件满意率达到85%以上。推进社区公共服务信息平台建设。完成全区社区公共服务信息平台一期5个街道、6个社区的试点建设，在试点单位配置了智能社工系统和便民信息亭，开通开福区居民网上家园网站，首批70项事项下沉至社区，将社区公共服务中心打造成为民优质高效服务的“链接点”，实现社区事务“一窗受理，一网协同”。启动全区应急综合平台建设。加强应急事件的日常监测和风险识别、信息收集和灾情统计、指挥调度和模拟决策，启动区级应急指挥平台建设，完成项目立项、招标公告发布等前期工作。启动智慧开福建设。借鉴其他地方建设的先进经验基础上，完成智慧开福建设总体规划编制立项、发布招标公告等前期工作，与湖南兴旺集团成功签订智慧开福建设战略合作框架协议。

（政府办 吴茜琴）

街镇政务服务中心标准化建设验收

政协长沙市开福区委员会

区政协第四届委员会

主　　席　熊建伟
副 主 席　刘永红
　　　　　杨庆江（兼）(2015.5免）
　　　　　苏松泉（兼）
　　　　　杨　艳
　　　　　焦　灿
正县级干部　邓毅芳
秘 书 长　李劲松

工作机构

办公室
主　　任　谭　栋（2015.7任）
提案法制委
主　　任　刘险峰
经科委
主　　任　章智民（2015.7任）
　　　　　章　俐（2015.7免）
文教卫体委
主　　任　欧阳桂兰
群团联络委
主　　任　杨　奔（2015.10任）
　　　　　贺国华（2015.7免）
人口资源环境委
主　　任　贺　滟（2015.10任）
　　　　　陈平英（2015.10免）

【概况】　开福区政协机关内设办公室、提案法制委、经济科技委、文教卫体委、群团联络委、人口资源环境委6个委办。编制12人。政协长沙市开福区第四届委员会于2012年11月换届，共有政协委员210名（其中常务委员33名），特约委员7名。政协委员会有主席1名，党组副书记1名，副主席4名（其中兼职副主席1名），秘书长1名。

组织委员资政建言。区政协充分发挥人民政协协商民主重要渠道的作用，有计划地组织委员参与全区“三重一大”问题的协商讨论、参与对四大家领导及区直部门的公开测评；区政协常委会议先后听取并协商区政工作、财政预算执行情况、区法院、区检察院工作，对区长人选、区划调整、乡镇撤并、“十三五”规划等重大事项进行协商讨论，助推决策的民主化、科学化。

积极开展专题协商。2015年，区政协主席会议就养老工作、规模畜禽养殖退出长效机制、社会组织创新发展、立案登记制度落实情况等进行了专题协商与对口协商，提出了切实可行的建议。其中《关于建立我区规模畜禽养殖业退出长效机制的建议》得到区委书记廖建华的亲自批示，要求区农水局研究落实；《关于我区社会组织工作的专题协商建议》等得到了区委、区政府的肯定与认可。

开展重点课题调研。主动接受区委“点题”，开展“我区棚户区情况调查与建议”“沙坪街道违法建设现象”等重点课题调研，区政协组织相关委、组及专业公司，采取实地察看、入户走访等形式，深入全区11个相关街道进行棚改调研，形成了《开福区棚户区现状及规划改造建议》《关于沙坪街道拆违控违情况的调查报告》报呈区委、区政府，得到了区委、区政府主要领导的批示。

认真组织专题视察。2015年，主席会议成员先后对开福区财政两保基金、义务教育“一校一特色”、高岭商贸城建设运营、基层医疗信息化建设、电商产业发展、小区物业管理等多个重大事项开展视察调研，形成了《关于加快高岭商贸城建成运营的建议》《关于加快开福区电子商务发展的建议》等10余份有情况、有分析、有建议的调研报告，及时报区委、区政府主要领导研阅，批转相关部门采纳落实，调研成果得到有效转化。

扎实办理委员提案。2015年，区政协收到提案137件，立案交办125件；区委、区政府主要领导各亲自领办1件，区政协主席会议集体督办3件。其中，肖兴科委员的《关于治理楚家湖水污染的建议》，汤凤英、黄勇、易浩委员的《关于进一步加强开福区浏阳河风光带建设与管理的建议》、汤萌等委员的《关于成立“开福区社会组织服务中心”的建议》、陈必韬等委员的《关于提高开福区专职人民调解员待遇的建议》、医卫组（高积慧委员）的《关于立项建设“仲景中医文化广场”的建议》等优秀提案，为促进开福区经济社会和谐发展贡献了智慧和力量。

民主监督纠正行风。先后组织对交警大队进行民主评议，对国土分局民主评议工作开展“回头看”。评议小组听取了交警大队2014年以来工作情况的汇报，深入相关单位、企业、街道、社区、居民群众召开座谈会10余次，发放调查问卷1000余份，并委托社会中介机构进行暗访；共收集4个方面22个问题，及时向交警大队进行了通报并提出了整改建议；针对国土分局在2014年民主评议中发现的5个方面问题，我们组织进行了“回头看”，以视察、座谈和督办等形式，落实工作回访。通过综合测评，交警大队和国土分局的满意率分别达到了83.3%、96.67%。

全面开展基层协商。区政协依托委员工作站，在开展委员服务基层，开展基层协商。2015年，全区18个委员工作站共组织履职活动442次，其中委员牵头组织履职活动222次，委员们在基层收集问题880个，通过反馈、跟踪、督办解决群众问题789个，直接立足基层协商解决问题72个，让群众得到实惠。

广泛收集社情民意。2015年，共收集社情民意377篇。其中，报省政协32篇，采用10篇；报市政协200篇，采用23篇；区政协采用13篇；4篇得到了市委书记、市长的亲笔批示。社情民意工作在全市25个考核计分单位中排名第一，荣获特等奖。其中《建议采取措施使挂失后的身份证“消磁”》《关于细分征地土地补偿中各类权益补偿费标准的建议》《关于尽快规范农村流转土地配套生产用房建设用地政策的建议》《关于拆违后继续拆围的建议》解决了一批涉及民生民利的具体问题。

组织委员奉献爱心。充分发挥品牌优势，鼓励政协委员扶贫帮困、助学助残，积极参与社会公益事业，用实际行动回报社会。2015年，区政协号召全体委员继续深入开展“双百帮扶”（在全区选择100户贫困家庭和100户残疾家庭，进行扶贫帮困公益活动）和“爱心助学”（资助中小学品学兼优的贫困学子50名）活动，委员自发捐款31.7万元。

主动增进联谊交往。先后就社会组织创新发展、PPP项目运作模式、新农村建设、历史文化街区保护与建设、区域经济发展等一系列课题赴兄弟区县调研，学习借鉴各地成功经验；主动邀请驻区省市政协委员为开福区经济社会发展排忧解难、献计出力。同时，接待了湖南省、浙江省、防城港市等多批省市县兄弟政协到区考察学习，加强了相互交流，扩大了政协影响力。

大力弘扬优秀文化。区政协成立了编委会，由文教卫体委

区社会组织创新发展专题协商会召开

牵头，聘请熟悉开福区山水历史文化的专家学者参与编辑工作，实地寻访街区80岁以上的老人，收集亲闻、亲历、亲见资料，芙蓉北路街道、沙坪街道、青竹湖街道等政协联络处积极参与，组织编写了20多万字的《开福山水》。同时，还就捞刀河抗日阻击战烈士纪念碑、楼建设和开元博物馆搬迁择址等工作进行协商督办，全方位展示开福区人文底蕴和时代风采。

深度融入发展大局。2015年，区政协领导班子成员带头落实区委的部署要求，多方位参与中心工作，在黄兴北路、火车北站、炮后街、拆控违等重点项目指挥部任政委、副指挥长，直接服务于中心，助力于发展。2015年，区政协联点伍家岭街道建湘新村社区，坚持走访群众，解民难、帮民困；区政协副主席焦灿牵头负责征拆遗留问题处理领导小组工作，共化解历史遗留问题26个。

全面加强队伍建设。组织政协委员参加情况通报会、专题报告会、工作座谈会等活动，制定了《委员学习安排意见》，编发了《开福政协》期刊和学习资料，定期组织开展新委员业务专题培训，与区委组织部、复旦大学共同举办了政协委员履职能力提高班，全年受训委员和政协工作者多达400余人次。修订完善了《政协委员履职考核办法》，建立了《政协委员履职考核档案》，评选了2015年“十佳”政协委员；另有7名委员由于履职不到位被约谈提醒，9名委员被书面提醒。

【人口资源环境委组织调研区棚户区改造】 为摸清区棚户区分布情况，为区政府棚改决策提供意见建议，根据区委安排，区政协人资环委将棚改调研作为2015年的重点课题。制定了详细的调研方案，成立了以主席熊建伟为组长的调研组，聘请专业规划设计公司参与，对任务、时限做了明确要求，并召开动员会，进行了具体安排部署。2015年3月至6月，调研组通过实地察看、入户问卷调查、听取工作汇报、在11个相关街道召开棚改调研座谈会，赴南京、苏州考察学习棚改工作经验等形式，对棚户区改造工作进行了深入调研，最终形成了《开福区棚户区现状及规划改造建议》的调研报告，经四届十四次常委会议协商通过后呈报区委、区政府。针对沙坪街道违法建设现象突出的现状，通过摸清底子、分析成因，形成了《关于沙坪街道拆违控违情况的调查报告》报呈区委、区政府，为区委、区政府建言献策。

【区政协经科委组织调研商贸市场建设及电商产业发展】 2015年4月，由政协副主席焦灿牵头，成立“区政协经科委调研组”，通过组织座谈、实地走访、调查问卷、多方沟通等方式，深入调研高岭商贸城建设运营情况和电子商务发展情况，了解建设中遇到的问题和困难，探讨商贸城建成运营及电子商务产业发展的情况，形成《关于抢抓机遇、加速高岭商贸城建成运营的调研报告》和《开福区电子商务发展调研报告》并提出意见和建议，得到区委、区政府重视和关注。2015年10月13日,区政协召开专题视察调研商贸市场建设及电商产业会议，区政协主席会议成员、区政府副区长张春雄、金霞经开区、保税物流中心、区商务局等单位相关负责人参加。会上建议：充分肯定成绩。开发区在招商引资、项目建设上都很有成效。切实把握机遇，牢牢把握跨境电子商务快速发展、物流平台建设加速等前所未有的发展机遇。扎实推进发展。增强紧迫感。加大横向赶超力度，缩小发展差距。同时园区的发展面临着仓储配套不足、楼宇空置、同质化竞争激烈的问题，要深刻认识当前形势，掌握规律，创新思维，奋勇争先，进一步做大商贸市场和电商产业。

重要会议

3月24日　区政协召开四届第十三次常委会议。主要内容为：（1）学习传达中央、省、市政协会议精神；（2）按照政协开福区委员会2015年工作要点部署相关工作。

7月15日　区政协召开四届第十四次常委会议，听取区政府上半年工作情况通报和财政工作情况通报。区委副书记、代区长沈裕谋，区委常委、常务副区长黄阳出席会议，区政协主席会议成员、政协常委、特约委员、街道政协联络处主任以及财政局主要负责人参加了会议。会议还协商通过了《开福区棚户区现状及规划改造建议》重点调研报告，通报了对区交警大队的民主评议情况。

8月17日　区政协召开四届第十五次常委会议，协商区人民政府区长人选，协商区政协人事异动，协商通过《开福区社会组织建设》重点调研报告。区委书记廖建华，区委副书记、代区长沈裕谋，区委常委、组织部部长、统战部部长周志军出席会议；区政协全体班子成员、政协常委、特约委员、政协联络处主任参加了会议。

10月20日　区政协召开四届第十六次常委会议，现场视察了开福区项目建设、拆违控违、楚家湖水污染综合治理等工作，并专题听取民主评议交警大队情况汇报及测评、听取民主评议国土分局回头看情况汇报及测评、提案办理情况民主测评、协商人事异动情况（辞免、增补委员、常委）。

11月5日　区政协召开四届第十七次常委会议。主要协商开福区街镇区划调整、《开福区“十三五”规划纲要（草案）》。区委常委、常务副区长黄阳、副区长汤建尧分别参加了相关议题。会前，全体常委、特约委员视察了开福区人防工程。

12月29日　区政协召开四届第十八次常委会议，会议听取“两院”工作情况通报、协商通过调整换届时间的决定、协商街道联络处、区政协机关委室和常委人事异动情况、听取委员履职情况的通报、协商通过政协全会报告、提案工作报告。区政协全体常委、特约委员、区委常委、组织部部长、统战部部长周志军、区法院院长耿明生、区检察院检察长谢勇参加了会议，各办委主任列席了会议。

（陈　阳）

文件目录

开政协〔2015〕1号　《关于转发〈政协长沙市开福区委员会2015年工作要点〉的请示》

开政协〔2015〕2号　《委员履职考核办法》

开政协〔2015〕3号　《关于谭栋等同志职务任免的通知》

开政协〔2015〕4号　《关于辞免杨庆江同志职务的决定》

开政协〔2015〕5号　《关于增补谭栋等同志为政协委员的决定》

开政协〔2015〕6号　《关于贺滟等同志职务任免的通知》

社会团体

工会

区总工会

主　席　齐　芳
副主席　徐　凡　杨新初

【概况】　开福区总工会下属4个系统工会联合会、16个街（镇）工会联合会、100个社区工会联合会，1858个基层工会，涵盖法人单位2779家，其中50人以上规模企业111家，会员68955人。总会工机关编制4人。

组织建设上台阶。2015年加大新经济组织的工会组建力度，积极开展农民工入会集中行动，通过抓项目工地等重点领域、加大服务农民工力度等有力措施来发展农民工入会，实现了城区工会组建、维权和服务的全覆盖。全区新建工会组织涵盖法人单位484家，新发展会员25429人，其中农民工会员20667人，职工入会率达99%以上。加强街道（镇）、社区工会组织和非公规模企业规范化建设，提升工会干部队伍业务水平。3月举办了厂务公开民主管理暨工资集体协商培训班，培训非公企业工会干部170人。补充完善了社会化工会职业工作者考评办法，通过以会代训，述职讲评，评优评先，经验交流，促进工作提高。

劳动竞赛建功业。继续深化“百家企业万名职工岗位技术练兵”的品牌。以劳动竞赛为载体，发动广大职工开展岗位练兵活动，组织报名参加全市数控装调维修、装配钳工、计算机编程员、动漫设计技能竞赛。联合区金融办在开福农合行举行了以“中国梦·劳动美”为主题的开福区金融系统技能比武手工点钞比赛总决赛。经过各大银行内部的初赛后，来自全区银行系统的代表共30名选手参加了总决赛。经过激烈角逐，开福农合行王灿、屈昊和招商银行廖迪、沈蔚4人以出色的点钞技能获得技术能手称号，长沙银行胡雪琴等7人荣获技术标兵称号开展“安康杯”竞赛活动。开展了安全生产宣传进企业活动，向全区企业发放了《安全生产歌》宣传册，《中华人民共和国职业病防治法》《防暑降温措施管理办法》以及《高温作业有关规定》等资料；开展了“安全生产月”集中宣传活动和安全文化进企业、进班组等系列活动。组织全区150家规模以上企业报名参加“安康杯”竞赛。

举办了庆“五一”表彰暨劳模事迹报告会，200余名职工代表、企业代表、基层工会代表参加，会上全国劳模董志平、省级劳模余柳英、市级劳模贺伟毅分别作了个人事迹报告，并对获得荣获全国和市级表彰的先进集体和2014年开福区120名劳动标兵和技术能手进行了表彰。

民主管理大推进。在全市率先启动工资集体协商“春季要约行动”，全区170多家企业积极响应倡议，开展了《湖南省企业工资集体协商条例》培训和集中宣传。大力开展企业工资集体协商，全区共签订工资集体协议194份，覆盖企业1037家，涵盖职工20900人，其中单个企业工资集体协议125份，覆盖职工12962人，其中50人以上规模企业68家，覆盖职工11257人；区域性工资集体协议73份，涵盖企业912家，覆盖职工7938人。

帮扶慰问显成效。开展困难职工帮扶。2015年上半年慰问困难职工571户，送慰问金（物）34万元。累计发放工会服务卡8165张，女职工特殊疾病保障参与人数3889人，累计补助1人共计1万元。参加医疗互助人数7405人，累计补助172人次共12.38万元。推荐申报2家（万达广场、三角洲社区）母婴关爱室，服务女职工。开展了新业态企业职工队伍状况和工会工作情况调研，为进一步加强新业态企业工会工作，有效维护职工合法权益提出对策建议。开展金秋助学活动。全区共筹措发放助学金11.6万元，资助困难职工和困难农民工子女上大学61人。开展了“清凉一夏、关爱同行”走访慰问活动。进一步加强高温季节职工劳动保护和防暑降温工作，围绕区重点工程建设项目开展“送安全、送健康、送清凉”三送活动，为黄兴北路、芙蓉北路、湘雅路、新河拆迁指挥部及风帆广场为拆迁一线干部职工及开福环卫一线职工送去了2700余件伊利金典牛奶。开展“关爱农民工、服务均等化”主题活动，为农民工送爱心风扇、防暑药品等，让农民工实打实感受到工会组织“家”的温暖。

职工素质大提升。开展职工文化活动。承办了全国“中国梦　健康家”——“心系女性——家庭药箱进万家”社区宣教活动，通过专家咨询义诊、宣教资料发放、中成药用药指导向广大居民介绍家庭小药箱常识和穴位保健等中医知识，并向10户困难家庭颁赠药箱。开展了“珍爱生命　拒绝毒品——禁毒宣传进企业、近职工”活动。倡导文明健康的生活方式，切实维护职工的生命健康权益。组织9支队伍参加了市职工智跑比赛，三支代表队获得二等奖。开展职工文体活动。举办了“我运动·我健康·我快乐”开福区职工广播体操比赛，来自区属各街（镇）、区直部门以及辖区内规模企业共17支代表队700余名干部职工参加了比赛。开展职工素质大讲堂。继续开展“学习十八大，送理论进企业”活动。举办了“红心向党　争当助手”开福区百名优秀职工进党校上党课培训。开展抗日战争暨世界反法西斯战争胜利70周年群众性主题教育活动，举办了纪念中国人民抗日战争暨世界反法西斯战争胜利七十周年开福区职工抗日歌曲演唱会，来自开福区企事业单位和街道、社区的12支合唱队伍共计500余名干部职工参加了活动。开展演出进社区，书屋进企业活动。在珠江花城大酒店前坪为周边社区居民送上了一场“欢庆“五一”，致敬劳动者——文艺演出送职工专场”演出。加强职工书屋建设，2016年以来共建设区级职工书屋10家，其中申报市级职工书屋2家。为湖南省沙坪湘绣图书博物馆、捞刀河街道捞刀河社区职工书屋、湖南珠江实业投资有限公司员工图书室分别送去了一台联想电脑和部分书籍，提高职工书屋的配置水平。

开福区庆“五一”表彰暨劳模事迹报告会

【长沙市“农民工入会集中行动”暨工会网格化管理工作推进会召开】 7月16日，长沙市“农民工入会集中行动”暨工会网格化管理工作推进会在开福区召开，来自全市各开发区、区县（市）总工会主席或党组书记，分管组织工作的副主席，组织科科长或组织专干参加了会议，并一同参观了开福区的全省工会网格化管理示范典型——四方坪街道工会网格化管理中心，对开福区网格化工作给予了高度评价。近年来，开福区总工会按照“三贴近”工作要求和“共驻共建，互利共赢”的工作思路，积极探索参与加强社会管理创新新途径和工会管理服务新模式，推动工会“二次覆盖”从组织管理向功能性服务的升级，取得可喜的成效。（陈　军）

团省委副书记罗琼（右一）带队观摩调研湖南省“青年之声”综合服务平台

共青团

共青团开福区委员会

书　记　蔡　哲（2015.2任）
副书记　肖冠男（2015.11任）

【概况】　共青团长沙市开福区委员会行政编制人数3人，政府雇员1人，其他编制人员2人。

共青团开福区委员共组建团组织351个，其中团委25个（街道16个、区直7个、非公2个），团总支6个（学校团总支），团支部312个（社区团支部129个，非公等“两新”团组织183个）。现有共青团员9830人，占青年总数的16.3%，各类注册志愿者达到45359人，已成功创建青年文明号国家级1家、省级4家、市级16家，雷锋号志愿者工作站省级3家、市级5家；全区团系统获评省级“五四红旗”团支部1家、市级五四标兵单位2家、市级“五四红旗”团支部共49家，获市杰出青年岗位能手2人、市青年岗位能手20人，省级少先队优秀辅导员1人、市优秀辅导员26人、市少先队标兵集体2家、优秀集体24家。

夯实工作基础，健全组织体系。党团共建上抓同步。开展“三个一百”培训工程。组织开展优秀职工、优秀青年、优秀妇女“三个一百”培训工程，培训人次达300人。参与组建党群顾问服务中心。组建顾问团，在开福区高岭国际商贸城设立党群服务中心办公点。发动基层团组织共建共进。部署街镇社区（村）基层团组织开展了“导航青春、点靓湘雅”“青年服务月”“党团连心、暖心富雅”等党团共建活动，其中“湘雅青年服务月”党团共建经验在全省推广。组织建设上抓实效。以“五抓五化”方法开展了“六街一社区”区域化团建示范创建工作，迎接了团中央副书记汪鸿雁、团省市委相关领导视察10余次。区域化团建中开展的“青年魔方”工作，共凝聚区域内团组织44家，开展青年服务20余场，惠及青少年800余人次。拓展非公等“两新”团组织建设。2015年以来，新建非公、社会组织等“两新”团组织52家，并针对非公企业、青年社会组织开展调研、共建等活动7场。推进基层团组织格局创新。根据省委湘发〔2015〕16号《关于加强和改进党对群团工作的实施意见》文件要求，在望麓园街道试点街道团组织创新工作，由该街道班子成员中最年轻者担任街道团委书记。队伍建设上抓提升。每月召开团系统例会，并结合工作推进会持续开展团青骨干集体学习、实地调研活动达9次。开展“我最满意”工作总结展示会，在区内各基层团组织中进行总结提升、竞技比武。服务大局。3月初，区委、区政府抽调了51名青年干部组建朝正垸片区青年突击队。青年队员共参与拆迁359户，拆违211栋。

服务青年群体，解决青年诉求。创业服务常态化。在“开福青年”微信开通“青创业”栏目，发布政策咨询、典型经验共64条。举办创业青年大讲堂暨小微信贷直通车活动，影响青年达300余名，促成创业青年小微信贷50余笔。加速创业基地孵化。指导菁芒创客空间、湖心岛创业空间等青年创业基地5家，向上级团委争取授牌“长沙青年创业示范基地”2家。加强创业资源整合。成立开福区青年创业者协会，联合湖南FM104.5电台开通“创客时代”广播栏目于周六日全天播出。开展青年创业沙龙9场，邀请

“我为精美开福献青春”报告会

团省市委、区委、区政府领导，省市直部门、高校青年技术骨干等参与调研走访，为创业青年解决项目实际问题7个。青年活动多元化。组织了青年足球赛、篮球赛、青年素质拓展工程等活动，共服务青年达400余人次。携手市住建委、市轨道公司等单位举办“精美开福　幸福人生”“邂逅地下铁”等交友活动，吸引900余名青年参与“脱单”活动。号召基层团组织组织开展了“微公益过元宵”“月湖环湖跑”“图书馆计划”等各具特色的青年活动达30余场，共吸引了青年近千人次参与其中。青少年维权品牌化。深化特殊儿童关爱。指导捞刀河社区等雷锋号工作站开展留守儿童引导帮扶工作，联同众仁社工、大爱无疆等社会组织开展“困境儿童摸底及成长陪伴”“事实孤儿救助”等工作，惠及青少年70余名。创新未成年人审讯帮扶。建立未成年人提审环节合适成年人志愿者库，为未成年人审讯环节提供志愿到场监督、协助帮扶、长期跟踪等服务，库内志愿者已达50人，共服务未成年人20余名。开展附条件不起诉评定。设立青少年维权岗，联合区检察院，对未成年犯罪嫌疑人一年观察期后，根据情况评定是否附条件不起诉，已深度跟踪服务青少年2名。

引领青年风尚，树建社会新风。加强思想引导。开设首届团队辅导员培训班，深化“红领巾相约中国梦”主题队日活动、“与道德模范同行”、保护母亲河公益活动、“有爱相伴　一路阳光”爱心活动等思想道德建设特色工作共8项，募集爱心款28万余元。在学校共青团和少先队工作中，国家级获奖31人次，市级获奖62人次，教育局团委获奖达7次，媒体报道32次。同时，开展了“核心价值入邻里、其乐融融元宵节”等弘扬传统道德的活动，共吸引300余人次到场。创新载体平台。打通线上传播渠道。深化“开福青年”微信公众号工作，设置开福青聚焦、开福青风采、开福青公益、开福青生活、开福青创业、开福青悦读六大板块。2014年，“开福青年”微信订阅号发布推送微刊57期300余条。搭建线下交流平台。围绕党政中心工作、青年热议话题开展了10余期“寻找最大公约数”青年沙龙，邀请区四大家领导担任嘉宾进行指导，用辩、论、议、商的形式直接影响青年近500人。深化青年社会组织工作和志愿服务。倡导指导街镇团委自主培育和引进志愿队伍。已有计卫局青年义诊队、金融中心便民队等56支志愿服务队常态开展工作。联合单位团委共同开展了“学雷锋组团服务进社区”“我是雷锋侠”等工作。引导校企志愿者提质。通过校地共建、青年文明号等工作，助推了长沙大学、国防科大、中建三局、农合行等一批校企志愿服务团队在开福区落地，推进了“军地共建　服务基层”“长大学子进社区”等服务。做平台，引领社会组织成长。建设和运营青年之声平台。在区委、区政府和街道社区的支持下，参与湖南省“青年之声”青年服务平台筹建及运营工作。联合团省委志愿者行动指导中心，研发了志愿服务手机软件，于12月在开福区试点使用（全省首批唯一试点）。做项目，整合力量关爱弱势。针对区内现实情况，策划和坚持了“暖冬行动”“新年新书包”孤儿救助项目、“与企业家牵手度童年”青年企业家与贫困儿童结对认亲项目、“微心愿”“图书馆计划”农村小学赠书送课项目等。

【团省委副书记罗琼调研基层团组织工作】 3月13日上午，团省委副书记罗琼一行到湘雅路街道油铺街社区现场调研区域化团建示范阵地，考察了“湘雅青年魔方”品牌的6个工作室，详细询问相关情况，并观看了基层团建工作的宣传展板和PPT工作演示，与共建委员会的成员单位进行了亲切座谈与经验交流。座谈会上，团区委、芙蓉北路街道、湘雅路街道油铺街社区以及三湘都市报、华润万家泊富店、乐翼天使志愿者组织等代表发言，团区委书记蔡哲介绍了开福区基层团建工作情况，并结合当前开展的“寻找最大公约数—青年沙龙”“青年双培工程”系列活动着重介绍了近年来党建带团建的工作重点。团区委围绕重点工作，协助区委组极组建朝正垸片区青年突击队，区团委书记担任青年突击队队长，抽调51名青年干部赴征拆一线开展 “青春建功在一线、青年圆梦在开福”大竞赛、拍摄《我为开福献青春》微电影等活动，激励和引导青年一线建功。青年突击队共参与拆迁366户、拆违216栋。突击队成员受组织提拔重用14人。青年突击队工作被《湖南日报》等媒体报道4次。罗琼书记对团区委所做的工作给予充分肯定，并要求团区委继续发挥青年先锋模范作用，为开福区的发展做出更大贡献。

【全国首家“青年之声”实体化平台揭幕】 8月21日上午，团省委书记汤立斌，团省委副书记廖良辉，团市委书记喻志军一行到开福区望麓园街道富雅坪社区共同为湖南省“青年之声”青年服务平台揭幕启动，开福区委副书记、区长沈裕谋，区委副书记谢伟峰，副区长汤建尧陪同。湖南省“青年之声”青年服务平台是由湖南团省委、长沙团市委、开福区委、区政府联合牵头，省、市、区三级团组织联建的综合性、枢纽型的青年服务平台，囊括近20家青年社会组织，涵盖线上线下，辐射全省范围，旨在“反映青年呼声、回应青年诉求、维护青年权益、服务青年成长”，平台根据青少年需求量身定制了“公益加油吧、心理加油吧、维权加油吧、成长加油吧、生活加油吧”五大功能阵地，为广大青少年提供志愿服务、心理咨询、法律援助、就业创业、成长陪伴、思想提升等个性化服务，为青年社会组织提供服务场所、项目辅导、能力提升、资源互助、信息交流、品牌推广等系。

（曹晶晶 龚平彰）

妇联

区妇女联合会

主　席　周庆辉（2015.8任）
　　　　陈朝晖（2015.8免）
副主席　李艳兰（2015.8任）

【概况】 开福区妇女联合会内设办公室、信访接待室。现行政编制3名，其中领导职数主席、副主席各1名。

巩固基础，推进组织共建。积极开展“示范妇女之家”省市创建活动，组织全区“妇女儿童之家”参加赛品牌活动，30余家“妇女儿童之家”经过初步审查，择优10个参加市妇联的优秀品牌案例征集展示活动，经过层层筛选，区芙蓉北路街道江湾社区的《“互联网+”打造网上妇女儿童之家新模式》荣获一等奖。覆盖网络，凝聚组织力量。5月中旬，联合区总工会、区团委开展“凝聚群团力量、培育党的助手”培训工程，50名妇联系统的工作人员参加了党建知识培训，增强了组织的凝聚力、创造力和战斗力。在全区全面推进各级妇联组织配备兼职副主席，通过差额选举，配备了2名区级副主席，17名街镇副主席。整合了社会资源构建“大妇联”工作格局，开辟了优秀女性参与社会管理的渠道。交流培训，强化干部队伍。举办了开福区基层妇女干部培训班，实地参观了岳麓区阳明山庄社区和高新区和馨园社区，区直

2015年开福区基层妇女干部培训班

市妇联对区进行“两纲”督查

妇委会主任、街（镇）分管领导、妇联专干、社区（村）妇女主任170余人参加培训。落实妇女代表大会代表联系工作办法，组织市妇联执委开福区代表小组成员到两馆一厅参观，感受长沙文化韵味，分享长沙建设成果。

加强宣教，弘扬传统美德。寻找“最美家庭”接地气。联合区文明办依托全区村居“妇女之家”，开展寻找“最美家庭”活动。通过讲家庭故事、展家庭风采、晒家庭幸福、秀家庭梦想，使广大妇女和家庭在参与中有感悟、受教育、得提高，弘扬了社会主义核心价值观，传播了家庭美德正能量。活动评选出“最美家庭”10户，征集家训、家规86条，其中吴玉春家庭荣获市“最美家庭”称号。在蚌塘社区开展“点赞最美公益家庭”活动，社区200多名群众一同点赞最美“公益家庭”。家庭教育项目受欢迎。开展“蒲公英课堂”，通过举办家庭教育讲座、知识竞赛、亲子活动，扩大家庭教育辐射面。主动与新闻媒体加强联系，利用新闻媒体的优势，传播有益于儿童健康成长的先进文化思想和先进家庭教育理。打造“父母学堂”品牌，先后在6个街道开展送课活动，在水风井社区开展“好家长、好孩子”座谈会。面向孩子、家长、家庭及社会，依托各级各类家长学校，主流媒体，社区等阵地，广泛开展宣传教育活动，全区数几万家庭踊跃参加。

倾力服务，助推妇女就业。广吸贤才，助力妇女创业就业。与区人社局、工会共同举办了“春风行动”的系列招聘会。为就业困难妇女送政策、送岗位、送信息、送服务。其中发放政策选宣传材料份数5000余册，提供岗位2000余个，100余人达成初步就业用工意向；继续做强“女大学生创业加油吧”，定期举办各类活动，帮助创业女大学生开阔视野、交流学习。带领成员来到长沙高新区科技园，对华曙高科和创咖啡进行参观学习，让科技的力量助推“加油吧”成长。组织成员走进湖南创业赢创业基地进行参观学习，参观茶物语等六个品牌的经营模式，了解以社区为中心的助智障家庭创业，成员与熊教授汇聚一堂进行创业交流，交流中创业者们分享了他们的创业故事，反映了他们创业过程中的困难和问题，熊萍教授都一一进行了解答，切实帮助她们提高创业能力，实现创业梦。宣传、推进妇女小额贷款。联合区人社局加大宣传力度，设法拓展筹资渠道，扩大小额信贷规模，规范和完善小额信贷管理、运行措施，全年贷出330万元，帮助城市和农村贫困妇女发展种、养殖和加工业等，运用小额信贷工作模式，使更多的妇女受益，实现发展。扶贫帮困，努力惠及妇女儿童。开展“联系困难群众，共建连心农家”的援建活动，帮助青竹湖镇的李忠重建家园。年初对辖区40名特困单亲母亲进行走访慰问活动，发放慰问金及物资。开展“春蕾计划”帮扶了40名特困女童，救助两癌对象3名，共救助对象困难妇女、儿童100余名，资金近6万元。“六一”儿童节期间，号召、组织了全区各部门对部分特困的儿童进行“六一”儿童节的慰问。在妇女病“两癌”普查普治中，全年共为6577名农村妇女进行了妇女病“两癌”的普查普治活动，做到了全免费和全覆盖。并与区妇幼所开展“关爱女性”活动，救助了10名“两癌”女性。

形成共识，保障妇儿权益。开展“六一”活动。区妇联发出通知，号召区妇儿工委成员单位和全区各级妇联组织在“六一”期间组织开展各类慰问和庆祝活动。对“春蕾计划”的10名儿童也在节日期间送去了物资和资金慰问。实施《妇女儿童发展规划》。多次组织各成员单位开展妇女儿童工作调研会，就“两纲”（《中国妇女发展纲要（2011-2020年）》《中国儿童发展纲要（2011-2020年）》）的实施情况进行调度。8月，组织对法院、妇幼所进行“两纲”完成情况终期督查，并在此基础上完成了全区终期监测评估报告。

启动妇联“社工反家暴”项目，为优化妇女发展环境进行新的探索。近几年，探索“反家暴多机构合作”模式，反家暴工作一直走在全市的前列，将社会工作引入，启动社工援助计划，让社工在处理家庭纠纷、夫妻沟通、危机婚姻改善方面提供专业的指导，从源头上预防家暴的发生，为受暴妇女提供心理辅导、法律咨询等服务;帮助施暴者建立对家庭暴力的正确认识，减少和消除施暴行为，建立良好的家庭沟通模式。2015年全区妇联系统共接待家庭暴力信访案件21宗，占所有信访案件的17.3%，其中12宗来自社工组织的处理。社工援助计划取得良好成效。开了个好头，进一步加大与社会组织的联系，切实发挥社工在反家暴行动中的作用，构建和谐、幸福的家庭生活。同时，与民政、司法联合，在政务中心的离婚登记处设立婚姻家庭调解室，及时妥善化解婚姻家庭纠纷，保障妇女合法权益、降低离婚率，促进社会稳定、构建和谐开福。

加强管理，创新工作方式。开福区鑫晨婚姻家庭综合服务中心的成立是妇女之家的升级，更是妇联参与社会管理创新的重要举措。中心于2014年在四季花城社区成立以来开展解调服务、技能培训、家庭教育、爱心帮扶等各类家庭服务，获得了居民群众的好评，也得到了省市领导的肯定。省委副书记孙金龙、市委书记易炼红、副市长夏建平一行考察了中心，肯定了“妇工+社工+义工”的管理模式，并为设在这里的“湖南省家暴危机干预中心”揭牌。为更好向社区妇女、群众、居民提供全方位的服务，在新居民的社区中进行摸底调查，经过多方面的筛选，确定在新河街道凤嘴路社区建立开福区鑫晨妇女儿童公益发展中心，开展家庭送温暖、妇女儿童培训、围绕新居民就业、就学和妇女儿童维权以及各种社会公共事务等民生问题开展各项服务。中心建设稳步推进。

2015年将社会工作引入，启动妇联“社工反家暴”项目，为优化妇女发展环境进行新的探索。有开福区鑫晨婚姻家庭综合服务中心、开福区众仁社会工作服务中心、开福区新翼晨光心理服务中心、开福区公众危机援助中心、开福区江湾同心议和团法律援助会、开福区新河社会工作委员会6家社会组织加入到反家暴工作中，他们参加社会治理创新的探索与实践，为妇女儿童家庭服务，就妇女创业就业培训、反家暴、婚姻家庭调解、家庭教育、法律援助、心理咨询等方面做了大量工作，形成了党委领导，妇联主导，协同社区，公众参与的态势，达到了政府和“社会组织”双赢的良好局面。

开福区实施社工反家暴项目得到了各级领导的重视和关怀。接待了各级领导来参观、调研和指导。2015年西藏贡嘎县党政代表、广西防城港政协、河南省漯阳市妇联和法院领导参观考察，北京、台湾的反家暴专家3次来参加反家暴研讨会议。湖南省委副书记孙金龙、省委常委、市委书记易炼红、省妇联党组书记、主席杜亚玲参加“鑫晨中心”授予“中澳反家暴危机干预中心试点项目”和“湖南省家庭暴力危机干预中心”授牌仪式并亲自揭牌。与此同时，国家民政部、省政协政、省民政厅、省妇联以及市主要领导都到

区庆“三八”国际妇女节暨“巾帼情，社会公德大家赞”的主题活动现场

"鑫晨中心"视察和调研，对社工们所提供的专业社会工作服务，及时有效地化解各类社会矛盾纠纷，为群众排忧解难，成为群众信得过、靠得住、离不开的知心人、贴心人，从而凝聚人心、化解矛盾、增进感情、增强社会和谐的作用给予了充分肯定，对开福区的社工参与反家暴工作给予了高度赞扬。

【女大学生创业加油吧】 开福区妇联根据女大学生就业难、创业难的实际，成立"女大学生创业加油吧"，定期举办各类活动，帮助创业女大学生开阔视野、交流学习，增强女大学生的就业和创业机会。7月，带领成员来到长沙高新区科技园，对华曙高科和创咖啡进行参观学习，让科技的力量助推"加油吧"成长。11月，组织成员走进湖南创业赢创业基地进行参观学习，参观茶物语等六个品牌的经营模式，了解以社区为中心的助智障家庭创业，成员与熊教授汇聚一堂进行创业交流，交流中创业者们分享了他们的创业故事，反映了他们创业过程中的困难和问题，熊萍教授都一一进行了解答，帮助她们提高创业能力，实现创业梦。

【开展最美家庭评选活动】 9月，依托全区村居"妇女之家"，开展寻找"最美家庭"评选活动。通过讲家庭故事、展家庭风采、晒家庭幸福、秀家庭梦想，使广大妇女和家庭在参与中有感悟、受教育、得提高，弘扬了社会主义核心价值观，传播了家庭美德正能量。活动评选出"最美家庭"10户，征集家训、家规86条，其中吴玉春家庭荣获市"最美家庭"称号。在蚌塘社区开展"点赞最美公益家庭"活动，社区200多名群众一同点赞最美"公益家庭"。

【"妇女儿童之家"参加市妇联赛品牌活动】 9月，组织全区"妇女儿童之家"参加赛品牌活动，30余家"妇女儿童之家"经过初步审查，择优10个参加市妇联的优秀品牌案例征集展示活动，经过层层筛选，开福区芙蓉北路街道江湾社区的《互联网+打造网上妇女儿童之家新模式》荣获一等奖。

【开福区婚姻家庭调解委员会成立】 与民政、司法联合成立婚姻家庭调解委员会，并在政务中心的离婚登记处设立婚姻家庭调解室，及时妥善化解婚姻家庭纠纷，保障妇女合法权益、降低离婚率，促进开福区社会稳定、构建和谐开福。

（漆雅蓝）

残联

区残疾人联合会

理 事 长　易献明

副理事长　刘向晖　唐春华

【概况】 开福区残联在编在岗职工4人，临聘人员3人，截至2015年12月，全区共有持证残疾人6427人。2015年开福区残联在长沙市残联年度工作目标考核中，评为县市区第一类第一名，在开福区委、区政府年度工作目标考核中，评为第一类，并获党群部门总分第一名。

实施残疾人康复项目。实施"0~14岁贫困残疾儿童抢救性康复"项目，84名贫困残疾儿童参加国家、省、市免费康复项目，所有受助对象康复训练成效明显，得到家长和社会的一致好评。实施"义肢助残"项目，为11名符合条件的贫困残疾人免费装配假肢。实施"光明·光爱"项目，为80名低弱视力患者免费配发助视器，为90名贫困白内障患者提供免费手术治疗。实施"辅助器具进家庭"项目，投入10万元，为4个街道共50户贫困残疾人家庭免费配发适用辅具222件。利用四方坪街道卫生院现有资源，与区卫生局联合共建"开福区残疾儿童康复中心"。

加强残疾人教育就业。完成年度残疾人就业保障金征收工作，63家单位参加年审，征收残保金1172万元。开展"残疾人就业援助月"活动，为28名残疾人找到工作岗位，服务残疾人200余人次。与区人社局共同举办"扶

副市长陈中（二排左一）到开福区残疾人综合服务中心调研残疾人工作

贫助残，真情关爱”专场招聘会，共有34名残疾人和用人单位达成初步就业意向；开办网络就业创业和盲人按摩培训班，3个班共有55人参加；举办两个农村实用技术培训班，共培训残疾人86名；同时，还为10名自主创业的残疾人申请每人1万元的创业扶持资金。完成200名居家托养任务。配合省市残联实施“连千村帮万户”工程，选取捞刀河街道凤羽村作为联点村进行帮扶。对全市一级、二级无固定收入的持证残疾人，按照农业户口60元/月、非农业户口80元/月的标准实施补助，全年共发放重残补助1315560元，受益对象1552人。全面落实重度残疾人护理补贴政策，全区有2356人享受补贴，发放补贴1392000元。开展扶残助学活动，为113名残疾学生和贫困残疾人子女申请助学补助171500元。为4户残疾人家庭进行危房改造申报，2户改造完毕。

维护残疾人权益。贫困残疾人家庭无障碍改造57户，为伍家岭街道建湘新村社区进行无障碍社区改造，经省市残联检查、考核、评估，荣获全省五个之一的“湖南省无障碍社区（村）”称号。开办残疾人法律知识讲座3场次，200余名残疾人及其家属参加。全年共接待残疾人来信来电来访300余人次，调解处置涉残矛盾纠纷30余起，特别是成功化解黄建华等15名残疾人维权上访、湘雅路拆违肢残人集体上访事件，保持残疾人群体的整体稳定。全年办理残疾人公交爱心卡309本。

加大对残疾人的人文关怀。“全国助残日”和“国际残疾人日”，开展一系列助残活动。全区举行活动30余场次，慰问、帮助残疾人400余人，成功推荐4个单位和个人获得“长沙市扶残助残四十佳”荣誉。春节期间走访慰问383户贫困残疾人家庭、部分优秀残疾人工作者，发放慰问资金及物资共约152000元。发动各街镇残联慰问困难残疾人2117人894000元。全年办理残疾人证764本，其中上门目测办证20余本。

【副市长陈中到开福区残疾人综合服务中心调研残疾人工作】 11月11日，长沙市副市长陈中到开福残疾人综合服务中心调研残疾人工作。开福区委书记廖建华，区长沈裕谋、副区长汤建尧陪同调研。副市长陈中一行听取中心各项功能的简介，实地考察残疾人综合服务中心，详细询问在训残疾儿童的训练、生活情况，与做手工活的残疾人进行亲切的交谈，参与盲人文化中心的活动，慰问部分在训残疾儿童和盲人。副市长陈中充分肯定开福区残疾人工作，并向残疾人工作者付出的努力表示感谢。他指出，残疾人工作要进一步创新理念，贴近实际，贴近残疾人，让残疾人得实惠，为率先全面建成小康社会做贡献。廖建华要求，加强对中心的管理，进一步把工作做实，保持常态。

【开福区残疾儿童康复中心成立】 6月30日，开福区残疾儿童康复中心正式挂牌成立，开福区残疾儿童从此有了自己的“家”。这也是长沙内城区成立的首家区残疾儿童康复中心。省残联理事长肖红林出席挂牌仪式，副区长汤建尧、何惠凤等领导陪同。开福区现有0～14岁已办证各类残疾儿童116名。残疾儿童康复中心配有康复医师2名、技师1名、管理人员1名，并专门成立了残疾儿童康复管理领导小组、康复治疗技术小组，为残疾儿童康复提供康复训练和治疗。肖红林充分肯定开福区残疾人康复工作，并强调，作为全市首家城区残疾儿童康复中心，要充分利用自身资源，创造特色，打造亮点，加强对中心的管理和指导，康复中心要切实发挥作用，搞好服务，造福全区残疾儿童，切实打造成全市领先，全省一流的残疾儿童康复中心。残疾儿童康复中心投入资金20万元，已有25名残疾儿童在中心接受训练，效果良好。

【杨德才获评“全国志愿助残阳光使者”荣誉称号】 杨德才，视力一级残疾人，2004年创办长沙市爱康盲人按摩院，十几年来弘扬“奉献、友爱、互助、进步”的志愿服务精神和中华民族助残济困的优良传统，积极参与志愿助残活动。失明20多年的杨德才身残志坚，免费培训安置残疾人、为老弱病残提供上门保健服务，还走访慰问困难残疾人2600多户。5月18日，中国残联、共青团中央、中国志愿服务联合会授予杨德才“全国志愿助残阳光使者”称号（湖南省仅此一名）。

（刘　恋）

工商联

区工商业联合会（总商会）

主　席（会长）　苏松泉
党组书记（第一副主席、第一副会长）
　　　　张曙辉
副主席、副会长兼秘书长
　　　　李桂英

在湘异地商会开福行

【概况】　区工商联（总商会）成立于1992年，行政编制3名。全区有基层商会28个，会员企业890家。有16个街道商会，另有直属商会、女企业家商会、青年企业家商会、纸业商会、通信行业商会、佛文化用品商会、建材行业商会、藏珑商会、金满地小商品商会、万达联合商会、钓鱼协会、青年创业者商会12个。商会会员行业涉及制造、贸易、建材、酒店、餐饮、旅游、化工、服务等各行业。

推进区域招商引资步伐。工商联发挥对外交流广、朋友多的优势，利用平台招商、商会招商、以商招商等多种形式，推进区招商引资步伐。与区委统战部联合承办“湖南知名企业开福行暨开福·同心发展论坛”活动。邀请省内80余位知名企业代表走进开福区参观考察，并在发展论坛上为开福区“十三五”规划的制定建言献策；赴广东东莞召开“2015东莞·佳海工业园专场招商推介会”，促成东莞（长沙）商会与区企业达成合作关系；走访20余家异地在湘省级商会，向各异地商会介绍区经济社会发展状况并推介了区优质楼宇资源及相关园区。全年邀请接待客商9批76人次，引进台中银融资租赁（苏州）有限公司长沙分公司等一批企业在区内落户。

加强非公企业教育培训。为开拓非公企业家的眼界视野，转变思维方式和0管理理念，提高企业家的战略决策能力和专业管理能力，组织47名非公企业家赴清华大学开展为期8天的“开福区2015年创新与发展研修班”学习。企业家们通过学习找到差距，开阔思路，鼓足干劲，表示为实现“两个率先、领跑三湘”目标贡献自己的力量。

帮助企业排忧解难。沙坪街道诸多工程机械配套企业厂房在长沙市“拆违控违”行动范围之内，牵涉范围广、遗留问题多、社会影响大，直接影响企业发展。工商联牵头对沙坪街道范围内机械企业的用地问题进行专题调研，联合区工信局、沙坪街道办事处、中小微企业服务中心等单位多次组织召开工程机械配套企业代表座谈会、实地走访、协调关系、汇聚力量、为会员企业维护合法权益，得到会员“点赞”。

促进非公经济健康发展。全区非公有制经济总量占全区GDP的70%左右，在促进自身企业发展的同时，适时引领和指导会员企业加强企业管理，积极开拓市场，做大做强企业，为区经济建设发展做出贡献。会员们勇担社会责任，300余家非公有制企业参与扶贫帮困、抗震救灾等活动，向社会捐款捐物近千万元。非公经济代表人士不断通过自身的行为向社会传递“正能量”，非公有制经济也逐步成为促进区域经济增长、增加财政收入、扩大就业、推动社会全面进步的一支不可或缺的中坚力量。

引导企业家积极参政议政。通过创办网页、刊物，组织会议、培训以及联谊活动，将企业家们团结在一起，及时传达中央、省市区指示精神，引导企业家中的人大代表、政协委员将关注的重点从本企业、本行业利益转向社会公共利益，内容涵盖经济发展、社会保障、科教文卫等各个方面，参政议政的着眼点也从个人和局部利益为主向国家和社会利益为主转变，积极参政议政。2015年政协工商联界别委员提交提案16件，占全区政协提案的13%。

【“2015金融服务园区行”银企对接会召开】　5月7日，“2015金融服务园区行”在长沙金霞经开区举行。活动以发展“产业金融”为核心，围绕金融政策解读、金融理念提升、金融知识推广、金融渠道拓展、金融方式创新、金融风险防控等主题，为企业在融资、投资、理财、上市、改制、风控等领域提供全方位、多层次的金融服务。长沙银行总行风险管理部总经理贺乃伍和湖南大学金融与统计学院副院长龙海明分别就“中小企业金融政策及融资方式”和“企业供应链融资的运作模式与风险控制”两个课题向与会代表进行了讲解；同时，长沙银行、渣打银行长沙分行、华融湘江银行等金融机构在活动现场设置了展台，展示和解读最新金融产品，与企业进行一对一交流。各业态金融机构分别对企业感兴趣的新型融资、国际业务、“互联网+中小企业”、上市辅导和小微特色融资5个板块进行座谈，为企业提供有针对性的金融服务建议，解决企业在融资、上市和其他金融服务方面所遇到的实际问题。

【民营企业家法律知识讲座开讲】 5月27日，邀请民建省委经济与法律委员会委员、长沙大学法学教授、湖南天地人律师事务所刑辩中心副主任孙喜峰主讲《法治中国背景下民营企业及企业家法律风险防控研究》知识讲座。全区100余非公企业负责人参加了培训。讲座多角度、深层次地对当前民营企业法律风险及防范进行了深入的剖析，指出了民营企业外部、内部的刑事法律风险。她的讲课深入浅出，旁征博引，使企业家们提高了法律素质，同时意识只有掌握法律知识，才能依法参与企业各项事务的管理和决策，维护企业的合法权益免受损失。讲座反响热烈，企业家们纷纷称赞活动很给力，自己深受教育和启发，一定会将学到的法律知识好好运用到企业经营管理。

【清华大学“非公企业创新发展研修班”开班】 10月9—14日，区工商联联合区委组织部、区非公党工委举办开福区2015年“非公企业创新发展研修班”。区委常委、组织部部长、统战部部长周志军，区政协副主席、区工商联会长、顺天建设集团有限公司董事长苏松泉，区委统战部副部长、工商联党组书记张曙辉，区非公经济党工委副书记樊思源等领导率区工商联45名非公企业负责人及高管参加此次学习。研修班课程涉及政治、经济、文化、国防建设、“互联网+”、企业品牌规划与投融资等方面，内容丰富，贴近非公企业建设和发展的实际。孙立平、左学荣、莫林虎、马骏等教授为学员们讲授相关课程，并热烈和学员互动。学习之余，学员们还参观考察了中国运载火箭研究院、联想集团等单位和企业。学习期间，开福区委书记廖建华看望慰问了全体学员，勉励大家珍惜培训学习机会，以饱满的热情投入学习当中，圆满完成学业。课程完成后，研修班举行了结业仪式。学员们纷纷表示，回去后将把学习到的知识运用到企业经营发展的实践中去，进一步增强企业转型升级、创新发展的活力，全面提升企业软实力，为开福区经济社会发展做出新的贡献。

【举行“湖南知名企业开福行暨开福·同心发展论坛”活动】 11月12日，由开福区委、区政府主办，区委统战部、区工商联承办的“湖南知名企业开福行暨开福·同心发展论坛”活动举行。湖南省内7个民主党派、7家知名企业代表走进开福参观考察，并在发展论坛上为开福区“十三五”规划的制定建言献策。中共湖南省委统战部副部长崔永平，长沙市委常委、统战部部长文树勋，中共开福区委书记廖建华，区长沈裕谋等有关领导出席相关活动。应邀前来的民主党派人士均为省内知名企业家和专家学者，他们考察了长沙金融生态区、湖南（高岭）国际商贸城、沙坪湘绣街、中民筑友建筑工业化产业园、芒果汽车及湖南进出口商品展示交易中心等6个项目，对开福区在项目建设上所取得的成绩表示赞赏与肯定。在论坛上，开福区委副书记、区长沈裕谋为与会民主党派人士、各企业家详细分析了开福区近年尤其是2015年以来经济发展的情况，从开福经济发展的特点、开福区未来发展的动力、未来开福将为企业家发展带来的机遇三个方面，阐述了开福区经济发展的前景。包括新长海发展集团执行董事苏亦武在内的7位知名企业代表围绕开福区“十三五”规划的制定，就产业发展、城区建设、“两型社会”建设等方面，多领域、多视角提出了建设性意见和建议。 （莫玲艳）

归侨侨眷

区归侨侨眷联合会

主　席　刘　芳
副主席　李晓明（兼）
　　　　颜建华　刘雅娜
　　　　柳俊杰
秘书长　兰　涛

【概况】　侨联行政编制2个。在职干部2人，其中主席1名，秘书长1名。另有兼职副主席4名。据不完全统计，开福区有海外侨胞及留学人员1.61万人，归侨侨眷2.13万人，归国留学人员320余人，侨资企业60余家。

加强自身建设，夯实侨联事业基础。2015年增补秘书长1名。组织部分归国留学人员联谊会会员、侨界人士参加了全区统战人士培训班，学习了中央统战工作会议精神解读、“同心工程”理论等课程。开展“走访季”活动，先后走访了顺昌再生能源投资有限公司、老百姓大药房连锁股份有限公司等6家侨资企业和部分新侨人士。巩固已授牌的侨联工作示范社区，培育新的创建点，加大对社区侨联工作的指导，积极帮助协调解决经费、活动开展等方面的问题。

坚持为侨服务，做好维护侨益工作。成立开福区涉外涉侨法律服务中心，按照无偿或低偿的原则，为涉外涉侨企业，海外华人华侨，归侨侨眷，港澳台同胞及眷属提供法律服务。接待归侨侨眷来信来访7件次。区侨联班子成员分组分批走访慰问困侨19户。

发挥侨界优势，开展联谊联络工作。组织侨资企业参与“湖南知名企业开福行暨开福·同心发展论坛”活动，邀请市海外高层人才联谊会会长刘国宪、香港金轮集团董事长王钦贤、美国休斯敦湖南同乡会会长罗雪梅到区考察。郭晓鸣先生率领侨心艺术团赴澳门参加合唱演出获得金奖。

关注热点难点，发挥参政议政作用。开福区侨界共有区级人大代表、政协委员5人，他们紧扣党委、政府中心工作，倾听侨声，了解民意，广泛征集意见和建议，从大气污染和治理、食品安全、加快建设绿色秀美开福等方面提出意见和建议，收集议案、提案和社情民意7条。

【区侨联“同心献力”系列活动之太极拳培训班正式开课】　为了弘扬中华民族传统文化，帮助广大归侨、侨眷特别是老归侨增进健康、增强体质、丰富生活，邀请湖南省太极拳协会会长、浏阳河艺术园太极摔跤健身馆馆长、开福区侨联副主席颜建华先生以及国家一级太极拳推手裁判、国家级太极拳推手高级教练颜跃华先生担任教练，面向全市广大归侨及部分侨眷，在开福区归侨侨眷活动中心正式开办太极拳培训班。既希望广大侨界朋友学练太极拳强身健体，也希望中华国粹太极拳能成为我们与世界各地华人、华侨及外国友人联系的纽带，成为海外联谊的重要力量。每周四上午开课，侨界朋友们踊跃参加，总计授课34次，参加培训人数累计达800余人次。

【开福区涉外涉侨法律服务中心成立】　7月10日上午，开福区涉外涉侨法律服务中心成立仪式在区政府会议室隆重举行，市侨联主席翁少兰，区委常委、组织部部长、统战部部长周志军等领导出席。开福区涉外涉侨法律服务中心是区侨联为了深入开展“五个一”服务活动，进一步探索维权机制、创新维权载体，提高依法护侨工作职能，依托开福区司法局、湖南弘天律师事务所等单位，对开福区现有的法律服务资源进行整合，打造的专门针对涉外涉侨企业，海外华人华侨，归侨侨眷，港澳台同胞及眷属，提供无偿或低偿法律服务的平台。　（周　涛）

党外知识分子联谊会

区党外知识分子联谊会

会　　长　廖紫君
常务副会长　涂　浩
副 会 长　江再红　肖　亮
　　　　　钟　斌　黄　勇

【概况】　区党外知联会有会员48人，其中区人大代表5人，区政协委员12人。

健全机构。2015年3月，成立了长沙市首个区县党外知识分子联谊会，一批学有专长、贡献突出、社会影响较大的党外知识分子被吸收为理事，首批理事50人。调动和发挥全区各类知识分子的聪明才智，组织和动员党外知识分子为实现“两保”目标，打造“三金”名片做贡献。

积极参与调研。知联会承接了省委民主法制领域改革专项小组课题组及市知联会关于基层协商民主的课题。针对该课题，组成了专门的调研组，深入基层社区，远赴浙江温州、台州、湖南郴州等地调研，结合实际，起草了《基于城乡社区治理创新的协商民主建设问题研究》报告，本课题成果也得到了湖南省委统战部的认可，省委统战帮崔部长亲自署名，并提交给省委民主法制领域改革专项小组课题组作为决策参考。

积极开展活动。党外知识分子是我国政治生活中的一支重要力量。为了把党外知识分子联谊会会真正办成党外知识分子之家，更好地团结党外知识分子，发挥党外知识分子人才多样、知识面广的优势，组织开展了一系列面向基层、面向社会、面向实际的主题活动。在长沙县金井茶园开展社会实践调研活动，观看茶叶制作流程，并对厂房的环境规划设计、周边绿化提出了可行性建议；到开福区沙坪湘绣城开展湘绣体验活动，了解湘绣这一传统产业的发展；在元盛大厦举行“我们在一起”公益书画义卖活动，共拍卖十幅名画，筹得善款9万元，全部用于“双百帮扶”，捐助给区域内200户残困家庭。（周　涛）

红十字会

区红十字会

常务副会长　曾静铉

【概况】　开福区红十字会2013年确定为乡镇正科实职参公单位，核定编制3人。

加大宣传工作力度。2015年联合区卫生局、教育局、安监局、人防办、妇幼所、疾控中心等单位，开展了以《红十字会法》《献血法》艾滋病预防、防灾减灾等知识为主要内容宣传活动，精心组织了“5·8”世界红十字纪念日、“6·14”世界献血日、“9·12”世界急救日等活动。通过悬挂横幅标语、黑板报，宣传展板、宣传宣传材料等形式开展宣传。在市红十字会组织的“5·8”世界红十字日活动中，开福区参展两块宣传板报受到好评；在罗汉山庄、成功村、金盆丘社区开展保健知识咨询，义诊、初级卫生救护知识宣传等为民服务活动，为群众测血压500余人，量身高、称体重250人，病情知识咨询100余人。提高了区红十字会的知名度和影响力，从而使广大人民群众进一步认识红十字事业，参与无偿献血和加入红十字运动。

开展救灾救助工作。2015年，区红十字会逐步完善备灾、报灾、救灾制度，及时上报灾情并争取救灾物资。组织开展“红十字博爱送万家”活动，看望慰问困难群众100多人，发放慰问金及物资价值共计10万余元。沙坪街道余远博小朋友因家中电器起火被烧成重伤，区、街道红十字会组织开展募捐并争取友阿救助基金累计3万余元，缓解了其高额的治疗费压力，保证了其得到及时有效的救治。

参与推动无偿献血工作。向各界人士宣传《中华人民共和国献血法》、无偿献血知识、捐献骨髓的目的意义，提高人们对科学献血无损健康的理解，组织3772人次成功进行无偿献血，在市五区中排在前列。

开展初级卫生救护培训工作。加强救护师资建设，选派4人参加红十字总会组织的师资培训；分两期对全区街道、社区选派的总计130余名志愿者进行了救护员资质培训。平常也利用各种活动广泛宣传公共安全、防灾救灾自救知识，努力提高群众自救互救能力，降低自然灾害和意外事件造成人员伤亡，真正履行好红十字会保护人的生命和健康，发扬人道主义精神，促进和平进步事业的宗旨。

加强队伍建设和组织建设。清水塘社区、捞刀河社区成功创建并通过省级红十字模范社区的验收，新河街道充分利用街道比较成熟的社工协会，将红十字元素融入其中开展工作，较好地宣传了红十字精神；夯实了红十字会组织体系、组织基础。一中开福中学、清水塘三小均通过了市级红十字模范学校，两所学校大力开展红十字青少年工作，发展壮大红十字志愿队伍，促进广大青少年健康成长，为开福区红十字青少年事业良性发展奠定坚实基础。清水塘三小还将红十字精神与社会主义核心价值观相结合，开展救护知识普及及志愿服务活动，其红十字志愿服务队代表开福区红十字志愿服务队参加市红十字志愿者趣味运动会，取得一等奖一个、二等奖一个的优异成绩，展现了开福区红十字志愿者的良好形象。（闻　华）

民主党派

民革开福区工委

主　委　廖耀群
副主委　易大林

【概况】　民革开福区工委有支部4个，党员105人，其中区人大代表2人，区政协委员8人。

加强组织建设，提升党员素质。年初民革开福区工委主委交接之后，召开了工委全体扩大会议，会议决定采取有效措施加强支部建设和工委自身建设，根据会议精神，民革开福区工委成立综合事务部、参政议政部、社会服务部3个执行机构，吸收骨干党员参加，规范了各自职责，解决了原来工委存在的没有相对固定人员、遇到任务临时安排的问题。2015年新发展党员2名，全部为本科以上文化。

依托政协平台，发挥党派参政议政和民主监督职能。民革开福区工委加强对本党派政协委员管理引导，通过撰写提案和社情民意、参与政协委组活动等方式，为开福区乃至全市的政治经济社会发展建言献策。所撰写的提案和社情民意先后被全国政协和省市政协转发采用。

整合党派资源，参与同心工程。按照区委统战部的统一部署，与芙蓉北路街道江湾社区结对，共建同心文化社区。区工委立足自身法律人才集中，法律资源丰富的实际，落实中共十八大建设社会主义法治国家的号召，以建设法治文化社区作为共建的主题。联合民革省委法律服务中心和民革长沙市委社会法制委员在社区成立了民革同心法律工作站，目前有驻站律师8名，全年为社区居民提供义务法律咨询。开展江湾青少年模拟法庭活动，组织社区青少年参与听庭，在此基础上吸收青少年组成模拟法庭。模拟法庭活动前后参与的青少年达60余人，江湾社区通过省市统战部门的验收，成为第一批省级同心社区。

发挥党派优势，关爱抗战老兵。开展重大节日上门慰问活动，对老兵身故上门悼念。以抗战胜利70周年为契机，民革开福区工委围绕这一主题，清明节前夕，组织40余名党员到影珠山长沙抗战遗址举行了隆重的公祭活动。组织30余名党员到芷江受降纪念馆进行参访。联合区政协、长沙雅贞口腔医院、黄埔后裔联谊会一起开展关爱抗战老兵公益活动，走访了5名老兵代表，为老兵送去了写有“民族英雄、国之干城，向抗战老兵致敬”字样的中国红磁纪念盘和瓷杯，并为老兵建立了口腔护理档案。为部分老兵进行了口腔治疗和假牙移植，共慰问生活在开福区的老兵26名。

民盟开福区工委

主　委　贺　滟
副主委　陈振华　毛光宇　张刚林

【概况】　民盟开福区工委下设支部8个，盟员310人，其中区人大代表2人，区政协委员7人。

参政议政履职。盟员积极参政议政、建言献策、撰写提案，委员个人提案被多家新闻媒体报道。区级“两会”期间，魏玛丽委员的工作室被开福区政协评为优秀政协委员工作室，其《关于开福区民办普惠性幼儿园建设管理的建议》被评为优秀提案；刘小军委员被评为重点课题调研工作先进个人。区工委的《关于弘扬湖湘文化，打造以广电集团为核心的文化产业高地的建议》《关于潮宗街历史文化资源的综合保护与开发的建议》等课题调研获得民盟长沙市委、开福区委统战部的三等奖。响应市政协“加强浏阳河流域水生态环境防治”“关爱农村留守儿童”的号召，组织部分盟员市人大代表、政协委员参与课题调研。

协商民主建言。区工委多次参加区委、区政府、区政协和“两院”的政情通报会、民主协商会和征求意见会，听取全区相关工作情况通报。

推进思想建设。加强领导班子的政治把握能力、参政议政能力、组织领导能力、合作共事能力和解决自身问题能力建设。注重培养基层盟务干部的政党意识。组织新盟员参加市社院民主党派新成员培训班、市委会新盟员培训班，听取“民盟的历史和责任担当”专题讲座。

强化组织建设。2015年是基层组织换届年，协助民盟市委会指导基层支部规范有序开展换届工作。加强与民盟市委和区委统战部的沟通与联系，确保换届政治交接工作依照组织程序有序推进。

创建社会服务品牌。联手开福区四方坪街道黑石渡社区创建同心环保宣导站。作为“四同”创建品牌，省委常委、省委统战部部长黄兰香专程带领全市和各区县统战部部长前往参观，魏玛丽委员工作室连续两年为社区老人、贫困家庭提供免费心理咨询，带领学龄前儿童参与环保知识学习；联合湖南省地贫家长互助会在湖南省儿童医院举行“关爱地贫，阳光同行”暨2015年湖南关爱地中海贫血儿童交流会",向地贫儿童捐赠爱心款5万元；组织多位盟员志愿者赴长沙县春华镇松元村和学校，开展“2015爱你有我·同心护童”活动；参与禁毒联盟志愿者赴省强制隔离戒毒所开展“让孩子的心声被听见”爱心帮扶活动；参与民盟市委与市第一福利院在湖南省群众艺术馆联合举办“温暖有爱、宝贝回家”大型公益活动，80多位盟员一起观看了由爱心志愿者和福利院儿童表演的精彩节目。民盟开福区工委被民盟长沙市委授予2015年度社会服务工作先进集体的光荣称号。

民建开福区工委

主　委　顾　涛

副主委　陈必韬　刘金明　陈　炼

【概况】　民建开福区工委设支部7个，会员130人，其中区人大代表5人，区政协委员9人。

注重学习，强化建设。完成支部换届选举，完善更新组织力量。在民建市委的统一部署与指导下，工委7个支部于2015年6月份全部完成换届。加强学习教育，提高会员综合素质。组织工委班子和各支部，学习掌握十八届五中全会等精神，学习国家法律法规等制度；组织会员参加市、区经济形势分析会、区情通报会、统战知识培训班，引导会员正确认识国情、省情、市情、区情。

参政议政，献计献策。作为参政党，积极参政议政、献计献策是应尽之责。围绕区情开展调研。工委通过走访企业、发放问卷、咨询专家、组织座谈等方式，围绕“开福区境内湘江流域水环境保护”的课题进行了专题调研，高质量完成了《打造山水开福·共建幸福北城——关于开福区境内山水生态资源保护的调研报告》，并形成了《关于加强湘江流域水资源保护》的集体提案；针对人民群众反映较强烈、关注度较高的热点问题，组织各委员完成《为公交车“不安全”座位安装安全装置》《别让学生托管中心真的“脱了管”》等社情民意12篇，政协提案3篇，人大建议11条。

关注民生，内部团结。组织各支部会员去往浏阳古风洞等地开展联谊活动，加强支部之间联系交流；组织20余名会员，参加党外人士趣味运动会，激发了会员凝聚力；参与“民建成立70周年”纪念系列活动，组织三支部会员李星明、周天平积极创作书法、篆刻作品，组织会员重温会章、会史；联合民建省委，组织15民知名企业家参加“湖南知名企业家开福行暨同心发展论坛”活动，其中，市委副主任张海岸代表民建作《大融合大发展开福“金”名片熠熠生辉》的主题发言，受到区政府领导的高度评价；11月，派出会员参与民建市委组织的“我的创业之路”演讲报告。同时，各支部也举办了各种活动，老年支部组织赴芷江参观抗战受降纪念馆，组织召开“纪念抗战胜利70周年民建成立70周年座谈会”。积极作为解民忧。工委与区政协一同到长沙市7中开展贫困学生帮扶活动，为家庭困难的学生捐款2万余元；各支部在关心动物诊疗、救护以及社区民营医疗机构在提升业务水平、优质配套服务，支持国家社康医疗事业发展等方面；会员王振武，致富不忘回报社会，成立“法兰典公益基金”关注公益事业，为大学生及退伍军人就业搭建良好的平台，为群众解决实际困难。

民进开福区工委

主　委　彭　超

副主委　蒋玲丽　何正波

【概况】　民进开福区工委有支部10个，会员170人，其中区人大代表2人，区政协委员7人。

加强学习，优化组织。组织参加形式多样的学习培训会、座谈会、外出交流活动，加强会员的学习和交流，提高会员的思想政治理论水平、参政议政能力和理论联系实际的能力，促进各项工作的扎实开展。按照市委的工作部署，全区10个支部全部改选完毕，新当选支部主委5人，通过选举，年龄结构进一步优化（在职支部主委平均年龄40岁）。2015年新发展2名（1名研究生、1名非公经济董事长）会员入会。

关注民生，认真履职。2015年民进开福区工委围绕区委、区政府的中心工作，按照顾大局、可操作、抓重点的原则，建诤言、献良策，共提交提案6篇，社情民意9份，涵盖教育、文体、综治、金融、交通、拆迁等多个方面。撰写提交《精美开福》调研报告，获得了区二等奖。

整合资源，积极参与同心工程。与四方坪街道科大景园社区结对共建同心文化社区。发挥会员教育资源优势，打造名师文化讲堂、传统文化展厅、机器人学堂等。组织全市10名律师到科大景园社区进行义务法律宣讲，现场答疑解惑，长沙晚报作了专题报道；牵线民进会省委副主委汤素兰捐赠图书600余册；邀请湖南省妇幼支部到科大景园社区对居民进行义诊100余人次。

农工党开福区工委

主　委　谷任光

副主委　王爱民　戴文兵

　　　　范　雯　袁法康

【概况】　农工党开福区工委有支部6个，党员200人，其中区人大代表4人，区政协委员7人。

加强学习，提升素质。坚持政治理论学习。通过“学精神，学党章，学党史”知识竞赛、基层组织工作会议等，全面提升党员政治理论素养。坚持开展实践教育。各支部定期组织党员积极组织参加爱国主义的实践教育活动。各支部等支部组织开展了纪念反法西斯抗战胜利70周年、纪念胡耀邦同志诞辰100周年活动。坚持业务知识学习。通过参加统战系统、党派组织的骨干培训、各支部订阅学习《前进论坛》等党刊业务知识，安排党员参加上级部门组织的统战信息、社情民意和提案知识培训。

强基固本，凝聚合力。基层组织换届全面完成。一医院总支、直属二支部、药业支部、教育支部、医卫支部、机械支部等6个总支和支部全部顺利完成换届任务。2015年共吸纳发展新党员9名。开展系列活动。组织开展统战人士趣味运动会，党员企业调研活动。开展了党员走访慰问活动，关爱老党员和贫困党员，每年春节走访慰问退休老党员，送去农工组织温暖。

履职尽责，服务发展。开展调研。组织年轻党员对开福区的拆违控违情况进行了深入细致的调研，形成了《开福区拆违控违调研报告》，为中共开福区委、区政府提供了决策参考。务实建言谋思路。带领党员同志积极参加开福区政协以及中共开福区委统战部组织的各项政治协商和对口联系会、座谈会，并积极建言献策。向省、市、区人大、政协递交了《关于设立精神病人肇事肇祸政府补偿基金的建议》《探索我市医保付费方式改革的建议》等建议11篇、提案14篇。关注民生显真情。全年共向农工党市委和各级政府部门上报了《关于加快我市充电桩建设的建议》《关于简化处理违章停车的建议》等10余条涉及公共卫生、教育、交通设施、市政建设等多个领域的社情民意信息。

关爱民生，社会服务。立足本职做贡献伍家岭街道建湘新村联合创建了“同心健康社区”。精心打造了“农工义诊”“健康加油站”“专家工作室”“就业帮帮团”四大服务品牌。建湘新村“同心健康社区”获评为“湖南省同心创建示范社区”。关注民生。党员继续开展“手牵手一帮一”扶贫助学活动，对口支援湘西矮寨小学送去了一个学期的生活费和住宿费。参加由农工党长沙市委组织的“长沙市政协农工界别委员爱心助学、医疗义诊、法律咨询”主题服务活动，党员易军代表农工党开福区药业支部捐赠学生学习用品1.8万元。参加“开展坚持和发展中国特色主义学习实践活动”，对张家界永定区大坪中学进行爱心帮扶活动，一次性捐资助学20万元。对湘西吉首30名贫困学生和老师给予了4万元捐助。

致公党开福区工委

主　委　陈　旻

副主委　胡海飞　杨春生

　　　　邓正君　杨雅琴

【概况】　致公党开福区工委有支部4个，党员100人，其中区人大代表4人，区政协委员9人。

加强自身建设，党员队伍展现新风貌。2015年实施了东风支部、周南支部、开福支部3个支部的换届工作，换届后支部委员平均年龄从原来48.6岁降为36.2岁，基层活力得到激发；发展新党员3名；加强支部建设，建立主委联系支部制度，确保组织推动有力。创新学习方式。通过工委扩大会议、支部集中学习和区工委、各支部建立的6个微信群等多样化的方式，组织学习十八届五中全会精神，组织党员参加各类学习班。支部活动丰富多彩。开展了在党员生日时发送生日祝福信息、走访慰问为困难病重党员、到革命根据地参观学习、组织老龄党员参加看长沙新貌等活动。

服务经济发展，参政议政实现新作为。精心选题，提高调研报告的准确度和实效性。组织党员深入企业、街道走访、掌握第一手资料，形成了《大力发展金融产业、全力打造“三金”名片》《以知识产权管理创新，推进长株潭国家自主创新示范区建设》等调研报告，获得了省市科技主管部门的认同和采纳。代表委员积极履职。提交（议）提案共计13件，提交社情民意2条，上报信息22条。

汇聚多方力量，社会服务迈上新台阶。打造水风井“同心科普社区”的精品工程，在望麓园小学选拔有科普兴趣且品学兼优的12名孩子成立了科技兴趣小组，开展科技指导活动16次，培训300余人次。困难帮扶奉献爱心。走访慰问困难群众12户，发放慰问金6400元。组织参与残疾人手工艺品爱心义卖活动；在望麓园小学举办了“缅怀先烈，铭记历史，珍视和平，展望未来”抗战胜利70周年纪念活动；组织企业家开展“迎中秋，送温暖”活动，重阳节走访慰问社区老人，送去慰问物资1500余元，全年在社区开展大型活动7次，服务群众1000余人次，慰问40余人次，捐赠资金物资达2.5万余元，《湖南日报》《三湘都市报》人民论坛网等媒体报道4次。主委陈旻长期资助郴州1名困难学生，副主委胡海飞牵头组织开展了湘西助学活动，向湘西龙山县留守儿童募集捐款1万余元。副主委杨春生科德公司长期资助了邵阳洞口县4名贫困学生；党员邓超长期资助邵阳、张家界等偏远山区贫困学生；党员冯忠参加百年老藤认养及公益拍卖会，将拍卖善款捐给康龙助学基金会，用于资助武陵山区贫困失学儿童。党员包胥琪牵头组织部分市政协委员，捐款20000余元，慰问长沙师范西藏班学生。

发挥桥梁作用，侨海联络打开新局面。党委联系日益密切。参加各项统战活动，专程走访企业，上门帮助解决企业发展面临的困难；组队参加区委统战部的趣味运动会。侨海服务逐步开展。参加的第二届湖南省青年海归发展论坛，为海归创业回湘创业积极呼吁奔走；党员在赴美高校学习期间，大力宣传推介长沙发展，弘扬湖湘文化。

九三学社开福区工委

主　委　鲁碧君
副主委　章异新　黄熙宇
　　　　国　晖　羿　莎

【概况】　九三学社开福区工委有支社4个，党员115人，其中区人大代表1人，区政协委员7人。

加强班子建设，健全组织机构。2015年，九三学社开福区工委成员班子进行了力量充实，增添了年轻有为的青年进入工委班子。对开福一支社、开福二支社、长大支社、一中支社班子成员也进行了换届。吸纳新社员4名。

发挥岗位优势，积极参政议政。2015年，在九三学社开组织社员在各自的专业工作领域发挥特长，为市、区经济社会和谐发展，为市民生活质量提高建言献策。组织了《关于开福区休闲渔业的思考与建议》课题调研。参加了“湖南知名企业开福行暨开福·同心发展论坛”系列活动，参观考察了长沙金融生态区、湖南（高岭）国际商贸城、沙坪湘绣街、中民筑友建筑工业化产业园、芒果汽车及湖南进出口商品展示交易中心等6个项目，并围绕如何发挥自身优势促进区域发展建言献策。

丰富学习活动内容，增强凝聚力。为加强各民主党派、工商联等人士的交流，增进彼此间的了解和友谊，组织举办了“开福区首届统战人士趣味运动会”，开展了重阳节游园活动，参观了洪山桥社区“同心圆桌会”协商民主成果展示会，参观了长沙市级文物保护单位惜字塔和茶亭花海，组织参加纪念九三学社成立70周年社章社史知识竞赛，引导广大社员重温多党合作光辉历程。

发扬传统，看望慰问困难社员。工委成员及企业家开展送温暖活动，访慰问社区老人，困难群众及困难社员，送去慰问物资。全年在社区开展大型活动，捐赠资金物资达2.5万余元。

（周　涛）

法 治

公安

区公安分局

局　长　廖　勇
政　委　欧阳伟沙
副局长　吴国旗　胡雨平　甘胜辉
　　　　刘海平　邓集锋　王　坚
副局长兼政工室主任　唐　江
副政委、纪委书记　李云帝

【概况】　长沙市公安局开福分局坐落于长沙市东风北路刘家冲1号，机关办公楼于1997年1月建成投入使用。2015年，区公安分局共有民警698人，其中派出所警力402人，占总警力的57.6%，职工6人、辅警346人。区公安分局设33个内设机构，其中6个机关科室：指挥中心（办公室）、政治工作办公室、监察室（纪委）、后勤保障、法制科、警卫科，3个党团部门（机关总支、工会、团委），10个大队（刑事侦查大队、经济犯罪侦查大队、禁毒大队、国内安全保卫大队、第一治安管理大队、第二治安管理大队、人口与出入境管理大队、单位内部安全保卫大队、网络安全保卫大队、开福巡警大队）和14个行政派出所：清水塘派出所、通泰街派出所、东风路派出所、新河派出所、洪山桥派出所、芙蓉北路派出所、望麓园派出所、湘雅路派出所、伍家岭派出所、四方坪派出所、捞刀河派出所、新港派出所、青竹湖派出所、德雅路派出所。联系区公安消防大队。

打击严重刑事犯罪。坚持“要案命案必破、黑恶势力必除”，不断深化命案侦破和打黑除恶工作，“2·16”抢劫杀人案、“9·27”故意伤害致人死亡案等8起现行命案100%侦破，破获命案积案1起。打掉何国先寻衅滋事团伙、陈忠良敲诈勒索团伙等6个黑恶势力犯罪团伙，抓获各类网上逃犯170名。

打防多发性侵财犯罪建立健全“情指联动”常态研判机制，实行分级研判、分类会商，对全区治安态势进行综合研判，以数据分析驱动决策、制导打防，提升了警力投放精准度。建立完善合成作战侦查机制，强化警种、

区公安工作会议

所队之间常态化合成对接，以专业对职业，达到了“1+1>2”的效果，侦查破案质效不断提升，相继破获一批“唐圣博冒充中央领导诈骗案”“‘3·27’特大网络诈骗案”“何芳等人微信销售假药案”等在全国、省、市有影响的重大案件，全年共破获多发性侵财案件1141起，刑拘侵财犯罪嫌疑人610名，移送起诉侵财犯罪嫌疑人641名，快速打掉宜春籍入室盗窃、安化籍入室盗窃等各类侵财犯罪团伙85个，“春季攻势”“打击盗骗毒”等专项行动绩效排名全市领先。

维护经济领域正常秩序。组织开展“猎狐2015”“打非”“打假”等专项行动，重点打击群众反映强烈、影响社会稳定的非法集资、制假售假等违法犯罪活动，成功抓获2015年全市第一名境外逃犯，打响“猎狐2015”第一枪。全年破获经济犯罪案件39起，刑拘犯罪嫌疑人44人，挽回经济损失500余万元。强力打击涉嫌非法集资行为，依法立案17起，破获案件9起，刑事拘留17人，监视居住1人，成功侦办易炼红书记督办的顺航投资担保公司涉嫌非法吸收公众存款案。破获受害人达1万余人的部督“何某等人微信销售涉外假药特大团伙”，公安部在全国范围发起集群战役，办案经验在全省推广。

扫除“黄赌毒”丑恶现象。全年查处“黄赌”案件170起，摧毁黄赌窝点46个，刑事拘留65人，行政拘留456人，收缴电游赌博机751台。成功捣毁洪西居民安置小区一特大赌博窝点，查获涉赌人员125人，打击处理43人，收缴赌资46万余元。破获毒品犯罪案件106起，捕诉146人，查处吸毒人员640人，强制隔离戒毒159名，社区戒毒155名，缴获毒品折合海洛因9113.45克。打掉一个制毒加工场所，抓获以张某、白某为首的6嫌疑人，缴获冰毒2100余克，毒资4.72万元，制毒工具2套，制毒原材料丙酮、咖啡因等共计20余公斤。

深化信息化建设。作为综合试点单位在全省率先建成无线Wi-Fi管控系统，公安网机房建设顺利通过网安三级网机房验收，完成天网二期验收及天网三期摸底、设备选型，天网工程在线率99.01%名列全市第一。推动旅馆业联网升级改造，774家有证旅馆全部联网升级改造完毕，年内旅店业信息录入量达144.69万条，安全检查7218条。为一线民警配发PDT数字化集群对讲机450台，38个社区警务室完成“双网”接入。发挥网技侦查手段优势，提高合成作战效能，协助抓获各类犯罪嫌疑人187名，破获刑事案件146起。加大情报信息分析研判，依托辖区重点医院信息实时对接系统抓获网上逃犯17名。

加强国内安全保卫。做好十八届五中全会、“9·3”阅兵、全国、省市“两会”等特护期的信访维稳工作，发挥专案打击职能作用，依法打处涉稳涉访违法对象83人次，稳妥处置各类集访、堵路、“维权”等群体性事件92起。办理的“曹水洪信访事项”作为长沙唯一案例入选中政委“司法救助经典案例”，《法治日报》《经济日报》等中央媒体专题报道。保持对两非民运、邪教组织的高压态势，及时消除新河街道北斗星商厦新疆维吾尔族人聚集引发的安全隐患。成功侦办国家“扫黄打非”办挂牌督办的“0始天运”等各类涉稳专案8起，收缴邪教刊物1万余册。警保卫工作提前谋划，周密部署，严格落实各项警保卫工作措施，出动警力6237人次，圆满完成中央领导到长视察及省、市、区“两会”、湘江国际帆船邀请赛、长沙首届国际马拉松赛、湖南汽车展览会等各类警保卫和大型活动安保任务268场次，确保万无一失。

实有人口服务管理创新服务举措，下放、缩短户口审批受理权限，主动推行“预约服务、上门服务、延时服务”和“一站式”服务，开辟办证“绿色通道”，设置证件自助办理机，切实为群众排忧解难。全年共预约出国境受理服务32人次、上门办理身份证20次，延时服务30余天，办理证件486本，受理、办理居住证57363张，办理居民身份证28649张。强化流动人口、出租房屋管理服务，全年新增登记流动人口159838人、出租屋13354户，查处出租屋违法案件2950起，查处涉外案（事）件71起。强化旅馆业监管，以查处促管理，以整顿促规范，限期整改旅馆48家，处罚旅馆479人次，旅馆业系统升级和前台监控安装率100%。严格落实场所监督管理制度，规范行业场所硬件设施，坚持定期检查整改，整顿场所54家。严格危爆物品管理，开展涉枪涉爆涉剧毒涉放射性物品整治专项行动，围绕施工爆破、危险物品流转等环节加强监管，严防各类安全事故发生，全年检查220余次，40家涉爆涉剧毒涉放射性物品使用单位全部落实安全防范措施，全区涉危单位治安防范达标率达100%。加强对银行网点、珠宝店面、物业公司、快递行业的监管力度，提升对重点场所、新兴行业的管控成效。

以预防和遏制火灾事故发生为目标，抓牢消防安全管理培训、火灾隐患排查整治和防火安全宣传等环节。检查单位1968家，发现火灾隐患1921处，整改火灾隐患1908处，行政处罚73家，临时查封单位20家，责令“三停”单位17家，罚款49.95万元。强化大型活动消防安全监督，落实各项防范措施，确保湖南汽车展览会、开福寺新春祈福等大型活动的消防安全。严厉打击纵火等违法犯罪行为，快速破获了袁某福、李某兵放火案等4起刑事案件。

从严治警践行“三严三实”要求，强化执纪监督和刚性问责。开展各类督察行动102次，编发督察及纪检监察通报42期，查纠问题643起，查办民警违法违纪案件6起、问责处理11人次，廉政约谈67人次。开展“基层基础工作大轮训”，送训民警336人次，举办枪支管理使用学习、社区警务工作、警务实战技能小教员等专题培训4期，参训民警569人次。

推进“法治公安”建设，严格执行案件质量审核把关，推行包片联点制、疑难复杂案件提前介入，严格执法责任制、执法过错追究制、离岗培训制等措施。推行阳光警务，依法向社会公众和特定对象公开相关执法信息。

【“3·27”特大网络诈骗案告破】 2015年3月以来，开福区接连发生多起以冒充银行工作人员办理高额信用卡为由诈骗钱款的电信诈骗案件，涉案金额巨大。分局开展专案经营，经大量工作，一个以朱某龙、谢某等人为首的双峰籍电信诈骗团伙浮出水面，并与部督“3·27”特大网络诈骗案串并。4月23日，公安分局收网抓获诈骗团伙成员30余人，捣毁犯罪窝点9个，缴获大量手机、银行卡、电脑等作案工具，依法刑事拘留19人。

【打掉微信销售假药案犯罪团伙】 2014年11月11日，公安分局接市食药监局线索，称有人在微信朋友圈大肆售卖泰国yanhee减肥药，该药含有国家明令禁止添加的“西布曲明”等成分，涉嫌销售假药。后经缜密侦查，现出一个以犯罪嫌疑人毛某军为泰国上线，犯罪嫌疑人张某为、何某等国内下线构成的特大涉外制售假药团伙，涉及全国32个省、直辖市、自治区1.3万余名受害人，涉案金额1020万元。5月11日，毛某军等6名犯罪嫌疑人悉数抓获归案。该案被公安部列为督办案件，并在全国发起集群战役。

【依法查处“0始天运”邪教刊物】 2015年1月，公安分局根据线索在伍家岭壹品装订厂和大路印刷厂发现1万余册涉嫌邪教刊物《“0始天运”感应篇续篇》。经专案调查，查清一个以原“中功”人员为主、逐步发展壮大的全国性邪教组织“0始天运”，并终将犯罪嫌疑人张某文、胥某龙等4人移送起诉，涉及全国各地案件线索上报公安部。该案涉及范围广、影响大，被国家“扫黄打非”办列为全国挂牌督办案件。

（邹　明）

检察

区人民检察院

检 察 长　谢　勇
副检察长　宋义平　刘　立　宫　平
　　　　　杨　华（挂职）
　　　　　廖耀群（非党）
政工室主任　黄　宇
纪检组长　曾广军
反渎职侵权局局长　陈广益

【概况】 开福区人民检察院（以下简称“区检察院”）共设置反贪污贿赂局、反渎职侵权局、侦查监督科、公诉科、监所检察科、民事行政检察科、职务犯罪预防科、控告申诉检察科、案件管理科、司法警察大队、政工室、办公室、纪检监察室13个科、局、室、队，在编83人。2015年区检察院被最高人民检察院、检察日报社授予“全国检察宣传先进单位”称号；继续保留全国检察机关“文明接待室”称号；保留“省级文明单位”荣誉称号。副检察长宫平被最高人民检察院记个人一等功，公诉科副科长彭玲获得“第一届全国检察机关未成年人检察业务竞赛能手”及湖南省第五届“优秀公诉人”称号；彭玲、周建朋被湖南省人民检察院记个人二等功。

依法履行惩防职务犯罪职能。共立案侦查各类职务犯罪案件15件23人，同比上升66.7%和130%，为国家挽回经济损失1200余万元。其中，立案查办贪污贿赂犯罪案件12件20人，立案查办渎职侵权犯罪案件3件3人。坚持标本兼治、惩防并举，贯彻落实区委主要领导的指示，结合辖区查办的职务犯罪案件，采取以案说法的方式，在全区征拆指挥部和重点单位，进行了为期一个月的预防职务犯罪法治讲座，推进了全区职务犯罪预防工作。

依法履行审查逮捕和审查起诉职能。共受理公安机关提请逮捕案件671件951人，同比分别下降9.6%和19.5%，其中批准逮捕464件624人，同比分别下降8.1%和15.7%。共受理审查起诉案件721件1084人，同比分别下降12.6%和26.8%，其中起诉 632件978人，同比分别下降11.2%和14.8%，全区刑事案件发案率在连续五年增长的情况下有所回落，社会治安形势实现好转。全面贯彻宽严相济刑事政策，最大限度地减少社会对立面。完善刑事和解、检调对接等制度，对24名符合刑事和解法定条件的犯罪嫌疑人，依法决定不捕、不诉。落实未成年人犯罪案件规定，实施诉前引导、案后帮教、犯罪记录封存，对3名涉罪轻微但有悔罪表现的未成年人，决定附条件不起诉。开展羁押必要性审查，强化检察机关法律监督职能，保护犯罪嫌疑人合法权益。

依法履行诉讼监督职能。监督侦查机关立案8件，监督撤案4件。对应当逮捕而未提请逮捕的，追加逮捕25人，应当起诉而未移送起诉的，追加起诉5人，追诉漏罪23件。对认为确有错误的刑事裁判提请抗诉4件。对侦查活动中的违法情况提出纠正意见79件次，对刑事审判中的违法情况提出纠正意见8件。畅通控告申诉渠道，提供网上举报、申诉和查询等服务。开展文明接待活动，处理群众来信来访25件，受理申诉案件4件。加强对监外执行和社区矫正工作的日常监督和专项监督，对暂予监外执行条件消失的罪犯，建议收监执行5人，提出书面纠正4份；贯彻落实《全国人民代表大会常务委员会关于特赦部分服刑罪犯的决定》文件精神，依法审查监督特赦服刑罪犯7人。加强民事审判和行政诉讼活动监督，受理各类民事行政监督案件39件，其中，依法办理执行监督案件11件，支持起诉案件11件，督促履职案件7件，发出再审检察建议1件。

【区人大代表现场听庭评庭促规范执法】 5月27日，区人大组织十余名人大代表在区法院全程参与旁听，评议检察官贺雨佳出庭支持赵某、夏某涉嫌职务侵占案的公诉。区检察院把接受人大听庭、评庭作为常态，并以此作为贯彻落实以审判为中心的诉讼制度改革，推进司法公开，接受社会监督的一项重要举措。被告人赵某利用担任某公司仓管员的职务便利，私自截留公司货物，伙同夏某对外销售，侵占公司财物。公诉人利用扎实的法律功底指控犯罪，又保障被告人权益，法院当庭对两被告作出有罪判决。庭审结束后，人大代表对庭审给予充分肯定，认为现场听庭评庭既有助于规范执法，又有利于提高公诉人公诉水平和法律监督能力的提升，同时，建议要把评庭议庭工作形成一种常态机制。

【举行“检察开放日”活动】 10月15日上午，区检察院举行“检察开放日”活动，20余名人大代表、政协委员、人民监督员和群众代表走进开福区检察院检务大厅，参加以“查办与预防职务犯罪，推进反腐倡廉”为主题的检察开放日活动。“检察开放日”是检察机关为推进检务公开，增强检察院工作透明度，主动接受社会各界监督，真诚听取社会各界对检察工作的意见和建议的主要举措。在检察长谢勇引导下，来宾参观了检察文化长廊、荣誉室、检务大厅、办案工作区、录音录像监控室等，以“零距离”的方式，向参加活动的嘉宾介绍检察机关的工作职能。随后举行了汇报座谈会，分管反贪的副检察长刘立汇报了2015年查办与预防职务犯罪工作情况，人大代表、政协委员和人民监督员对检察工作特别是查办与预防职务犯罪工作提出意见和建议。

【刑事庭审进院校】 12月3日上午，开福区人民法院刑事审判在湖南省商学院模拟法庭开庭，区检察院贺雨佳、王青枚两位女检察官出庭支持公诉，商学院200余名法学系的学生现场听庭。案件审理的是20岁女孩宁某贩毒案，案件简单，意义典型。听庭现场的学生在接受专业知识教育的同时从这个同龄人的经历中吸取教训。庭审结束后，检察官、法官与在场听庭的同学进行互动，回答了相关法律问题。

（胡 玲）

法院

区人民法院

院　　长　耿明生
副 院 长　张 虎　曹新凯　王利兵
　　　　　丁 艳（2015.9免）
　　　　　甘文韧
　　　　　胡继红（挂职）
纪检组长　唐小如（2015.9免）
政工室主任　朱 礼
执行局长　艾文博

【概况】 2015年，开福区人民法院（以下简称“区法院”）内设刑事审判庭、民事审判一庭、民事审判二庭、行政审判庭、未成年人案件综合审判庭、审判监督庭、立案庭、执行工作局、非诉行政案件执行局（与土地房屋征收审判庭合署办公）、司法警察大队、纪检监察室、政治工作室、办公室、研究室、审判管理办公室、金霞中心法庭共16个职能部门，在职工作人员共112人。

2015年，受理各类案件13087件，同比增长25.6%，审（执）结9570件，同比增长33.9%，法定审限内结案率98.4%，法官人均结案154件，解决涉诉标的额28.89亿元，为全区经济社会发展提供了有力的司法保障。执行指挥中心被确定为全省示范法院，全国50多家法院前来考察学习，司法理论宣传工作获最高法院通报表扬。

打击违法犯罪，维护社会稳定。审结一审刑事案件662件，判处罪犯1029人，其中判处五年以上刑罚的60人。严厉打击严重暴力犯罪和多发性侵财犯罪，审结故意伤害、抢劫、涉毒、盗窃、诈骗等案件446件588人。重视职务犯罪案件审理，审结武冈市原副市长雷某某等人贪污、贿赂、挪用公款等案件18件34人；加大对食品、药品安全犯罪行为的打击力度，审结葛兰素史克等案件3件8人;探索刑事审判方式改革，适用刑事速裁程序审理轻微刑事案件43件52人，案件平均审理期限仅5天，当庭宣判率100%。贯彻“教育、感化、挽救”方针，完善未成年人预防犯罪和判后帮教机制，积极参与对非监禁刑人员的跟踪帮教、社区矫正工作。共审结未成年人犯罪案件28件40人，其中适用管制、缓刑、单处罚金等非监禁刑的28人，占70%。

化解民商纠纷，实现案结事了。依法调节经济关系，审结民商事案件6050件，同比增长35%，涉案金额19.3亿元。充分发挥民事审判保障民生的职能作用，审结离婚、抚养、赡养等纠纷案件575件，保护妇女儿童和老人合法权益，筑牢社会稳定基石。处理新经济形势下的劳资纠纷，审结劳动争议、追索劳动报酬案件516件维护农民工的合法权益；加大对涉房地产、民间借贷等合同类案件的审查力度，审结合同纠纷案件3938件;成立交通事故巡回法庭，优化交通事故案件审理效果，审结该类案件322件。对事实清楚、权利义务关系明确、争议不大的150件简单民商事案件，适用小额诉讼程序审理，提高案件审理效率。成立金霞中心法庭，克服困难，租赁办公场地开展审判工作，自9月份以来共受理各类

7月28日，长沙市开福区人民法院开展“送法进社区，普法入人心”活动，在江湾社区公开开庭审理一起盗窃案件

9月7日，长沙学院政法系与开福法院共为新生上大学第一课

案件300件，审结133件，为偏远地区群众诉讼提供方便。

处理行政争议，促进依法行政。贯彻新修订的行政诉讼法及司法解释，监督行政机关依法行使职权，审结行政案件240件，同比增长293%。其中裁定驳回起诉、准予撤诉的43件；依法判决196件，其中判决行政机关败诉37件；对3件国家赔偿案件作出了不予赔偿决定。参与辖区重大项目和重大决策的社会稳定风险评估，对行政机关执法的规范性予以指导，促进依法行政。支持区域重点工程建设，做好炮后街、黄兴北路棚改、朝正垸城中村改造等重点项目征拆案件工作，受理征拆案件150件，审结126件，结案率84%，其中调解结案106件，调撤率84%。坚持调解协调为主、强制执行为辅的原则，依法审慎、实施司法强制执行，安排强制执行行动34场次，实际执行11场次，保障全区征拆工作的有序进行。

优化立案信访疏导，规范窗口服务。落实立案登记制，有案必立、有诉必理。加强立案指导服务，发放立案登记制相关规定的宣传手册，制作《起诉材料告知书》，诉讼群众一次性知晓立案需要提交的材料，当事人一次性立案成功率达95%。加大司法救助力度，对经济困难的当事人缓、减、免交诉讼费444万元，对特困执行申请人、刑事被害人实施司法救助金50多万元。健全诉访分离机制，畅通诉求表达渠道，落实院长接待日、中层干部轮流接待等接访工作机制，处理上级交办案件27件，有效处置进京访案件4件；审结申诉复查案件31件，进入再审程序4件；连线最高法院视频接访7人次。

推进数字法院建设，落实司法为民新要求。打造执行指挥中心平台，助推社会诚信建设。开展涉民生、金融案件等专项执行行动，共执结各类案件2503件，同比增长37%，涉案标的额9.48亿元。实行强制行动常态化，形成"周四晚上见"的特色执行品牌。建成信息化执行指挥系统，查到被执行人银行账户信息91278条、车辆登记信息4889条。发布失信被执行人信息2078条次，对 1879名被执行人采取限制高消费措施，迫使被执行人自动履行执行义务。打造司法公开网络平台，上网公布生效裁判文书4779份，文书上网率达100%，开展典型案例互联网庭审直播工作，通过庭审直播传播正确的法治理念，促进公众对法官的监督，进行庭审网络直播15次。设置LED显示屏，加大司法宣传力度，邀请600多名群众来院旁听庭审，法官到江湾社区、湖南商学院、长沙大学等地开庭讲课10次。在全国、省、市媒体发表新闻稿件124篇。

提升案件质效，探索审判管理新机制。强化审判流程管理。落实独任审判员和合议庭制度，管住重点岗位和重点案件，抓好审判流程和关键节点，法官"行权必有据、用权必受限、有责必担当"。对发改案件、超审（执）限案件进行重点评查，共评查案件9570件、裁判文书5922份，坚持案件质量通报制度，定期公布法官办案数量和质量综合评分情况。完善司法绩效考评办法，加大对上级法院发回重审、指令再审以及当事人反应强烈等重点案件的评查力度，提高案件当庭宣判率，保障公正司法。强化外部监督机制。自觉接受人大、政协监督，通过座谈、上门走访、电话沟通、旁听案件庭审等多种方式，先后邀请人大代表、政协委员100余人次监督视察工作；清理超审（执）限案件，督促限期结案，提高办案效率。依法接受检察机关的法律监督，对重大疑难敏感刑事案件的法律适用问题加强研讨，共同做好服判息诉工作，促进社会和谐发展。落实人民陪审员倍增计划，人民陪审员数量增至217名，组织专项培训2次，邀请人民陪审员参审案件3687件，陪审率达100%，促进了人民群众对司法活动的有效监督。

【张虎等5位法官获最高法院授予的“荣誉天平奖章”】　2月13日，受上级法院委托，长沙市中级人民法院举行隆重的颁奖仪式，为全市法院系统在人民法院工作满三十年的79名法官颁发最高人民法院授予的“荣誉天平奖章”。开福区法院张虎、龙伟、邓正海、朱辉杰、鲁晓钦5位资深法官获此殊荣。这5位法官均于20世纪70年代末和80年代初参加人民法院工作，平均年龄54岁。他们一直奋战在审判工作第一线，曾多次获得省、市、区表彰奖励。有的多年担任院、庭室主要领导职务，是法院的中坚力量。

【开福区首个中心法庭挂牌办公】　9月1日，开福区人民法院首个中心法庭——金霞中心法庭在青竹湖镇太阳山社区挂牌办公。该中心法庭辖青竹湖镇和捞刀河、新港、沙坪、秀峰四个街道办事处，总人口11万多。金霞中心法庭为开福区人民法院副科级机构，核定法庭庭长一名（乡科级副职），配备审判人员和司法警察4至6人。

（王必杰）

司法行政

区司法局

局　　长　刘洪斌（2015.8任）
　　　　　唐亮清（2015.8免）
副 局 长　任少文
　　　　　邹小华
纪检组长　彭富强（2015.12任）
　　　　　翁远斌（2015.10免）
政工室主任　龙　罡（2015.11任）

【概况】　开福区司法局内设办公室（含政治工作办公室）、法治宣传教育科（加挂开福区依法治区领导小组办公室牌子）、基层工作管理科、法律服务工作管理科（含行政审批科）、社区矫正科（2013年改为社区矫正工作管理局）5个科室，下辖16个司法所（2015年12月，因新港街道与青竹湖镇合并为青竹湖街道，原17个司法所变为16个司法所，月湖司法所未收编），1个二级机构即开福区法律援助中心（2015年12月升级为公共法律服务中心）。有政法专项编制40名，其中局机关编制12名，法援中心编制3名，司法所编制25名。另有驻法院、检察院、交警大队、派出所调解室专职人民调解员22人（临聘）。全区有4个区直律师事务所、7个法律服务所。从业律师36人，法律工作者58人。

落实国家机关普法责任制。提升主题法治宣传效果。组织开展“我们与法同行”法治论坛、青少年法治宣传周和农村法治宣传教育月等主题法治宣传活动，发放宣传资料14000余份；“法律六进”活动，邀请专家学者针对社会热点问题专题授课，提高广大群众防范法律风险的能力。开展法治创建。继续推动“法治开福”建设，大力推动行业和基层依法治理工作，东风路街道国防科大社区、伍家岭街道陡岭社区申报为长沙市2015年度法治社区。在月湖街道月湖社区、青竹湖街道金盆丘社区各建成一座社区法治公园，在望麓园街道水风井社区建成法治文化标志。完成全区“六五”普法迎检验收工作。

人民调解。2015年，区属各调委会共受理各类民间纠纷1257起，调解成功1257起，成功率为100%。重大矛盾纠纷调处成功45起，其中意外死亡纠纷38起，防止群体性上访事件7起，有效降低了非正常上访率。广泛设立专业性、行业性调委会。在成立医疗纠纷调委会、物业纠纷调委会等专门性调委会后，设立开福区望麓园街道人民调解委员会驻区交警大队调解室及法律援助工作站挂牌成立。八个月，调解室就接待调解139起，对案件提出调解建议51起，成功调处88起。9月21日，全省首个商协会人民调解委员会，湖南省投融资商会人民调解委员会挂牌成立。8月，公开招聘了8名专职人民调解员，充实了调解员队伍。

法律援助。2015年区法律援助中心共受理法律援助案件282件，其中民事案件146件，刑事案件136件。强化管理职能，提升法援质量。在案件咨询受理环节，建立了接待登记、首问负责、文明用语、窗口值班、一次性告知、限时办结、听庭监督、定期回访等制度，并免费发放法律援助指南、便民联络卡，便民措施得到进一步落实；在案件申请审核环节，建立了法律援助的申请与受理、告知与复核等制度；在案件办理环节，设立了案件指派与承办、庭审旁听及意见反馈等制度；在案件办结后，规定了案件验收、立卷归档、投诉处理、案件回访、统计分析、持续改进等制度。为弱势群体提供特殊帮助。区法律援助中心继续开展“法援苍生与您同行”活动，对农民工、妇女儿童、残疾人等提供优先政策，及时给予法律援助，帮助挽回损失保护合法权益。全年，共对27起案件进行听庭监督，对181起案件进行回访。

法律服务。2015年，全市公证体制改革，区公证处撤销，全区法律服务工作重点整合法律服务资源，引导律师、法律工作者服务全区经济社会发展。在10个社区设立社区法治工作室，完善社区法治工作室基础设施，打造集矛盾纠纷早期预警调处、社区便民法律服务和矫正安帮跟踪考察为一体的司法行政社会管理工作平台。各法治工作室共发放宣传资料2800余份，接待群众咨询690人次。处理公证遗留问题。区公证处于8月撤销后，共接受公证投诉3起，对每一起都依法依规及时予以了答复或处理。

社区矫正和安置帮教。2015年，全区新接收管理社区矫正对象176人，经教育帮扶有199名矫正对象顺利解矫。目前在册271人，其中管制6人、缓刑230人、假释18人、暂予监外执行17人，均未出现脱管、漏管和因工作失职造成的重新违法犯罪。在册刑释解教人员733人，其中刑释人员692人，解教人员41人，安置率90%，帮教率100%，为100人落实了低保。多管齐下抓监管。强化日常监管，定期召开社区矫正监管安全分析会，确保监管安全责任到人；强化电子腕带、GPS手机定位、指纹识别等科技监管，实现指纹签到率100%，严管及普管对象全部佩戴电子腕带；强化区政法各单位的常态化联动监管，整合资源抓帮教。区司法局率先全省开启社区矫正服务新模式，通过政府购买的形式引入德馨社会工作服务中心社工服务项目介入社区矫正工作，共为378名矫正人员进行心理测量，为1600余人次开展教育培训，开展6次团体心理辅导、12次主题小组活动、落实重点帮教对象“逢放必接”制度，确保全国信息管理平台的人员信息核对及时、真实，每月核实率不低于98%，衔接率100%。做好社区矫正特赦工作。

【区公共法律服务中心挂牌】 区公共法律服务中心于12月15日正式挂牌成立，中心位于开福区政府东门芙蓉北路临街1~5号门面，一楼、二楼面积总和超过200平方米。公共法律服务中心包含法治宣传、法律咨询、法律援助、人民调解、投诉受理、公证服务、志愿者服务等多项职能。挂牌之日，市司法局副局长贝先明一行对区公共法律服务中心进行验收，在现场察看时对开福区公共法律服务中心给予高度评价，指出中心选址佳、标准高、功能齐，做到公共法律服务“一站式”完成，在长沙市内五区中独树一帜。公共法律服务中心投入使用仅仅半个月，即接待来访来电300余人次，受理法律援助申请13起。

【特赦社区服刑人员】 8月29日，国家主席习近平签署主席特赦令，根据十二届全国人大常委会第十六次会议29日通过的全国人大常委会关于特赦部分服刑罪犯的决定，对参加过抗日战争、解放战争等四类服刑罪犯实行特赦。区司法局贯彻执行全国人大常委会《关于特赦部分罪犯的决定》和《中华人民共和国主席特赦令》，落实上级有关文件、会议精神，制定下发《长沙市开福区社区矫正特赦工作实施方案》（开司发〔2015〕7号），成立特赦工作领导小组，抽调专人依法依规组织实施我区社区服刑人员特赦工作，对在册的280余名社区服刑人员进行排查、甄别，经检察机关审核并报市中级人民法院审理裁定最终确定对7名社区服刑人员予以特赦，其中5人系犯罪时未成年人，2人系参战人员。12月15日，司法局举行社区服刑人员特赦宣告大会，向7名符合特赦条件的社区服刑人员送达了长沙市中级人民法院《特赦裁定书》，标志着开福区社区矫正特赦工作圆满完成。

（龙　罡）

劳动仲裁

区劳动保障监察大队

【概况】 劳动保障监察大队是开福区人社局下设二级机构，属于全额拨款独立核算事业单位。现有编制6人，实有编制数5人，“12333”临聘人员4人。开福区劳动保障监察大队负责局法规科工作职能；劳动仲裁和“12333”咨询热线与劳动监察合署办公，负责全区劳动保障监察、劳动人事争议仲裁和“12333”热线咨询工作。

2015年度按照全区劳动监察“网格化”管理要求，对全区的各级各类企业进行专项检查。截至2015年年底，累计检查用人单位52户，涉及劳动者2100人，规范了全区的劳动用工情况。截至2015年年底，全年共接待劳动保障监察举报投诉咨询1100件，立案74件，已结案54件，涉及劳动者134人，移送公安案件4件。对31家违法企业下达了限期整改指令书要求责令改正；处理20起劳资纠纷群体性突发事件；接到拖欠农民工工资投诉案件20起，依法受理并解决处理拖欠工资案件13起，涉及农民工1496人，追讨金额1851.7万余元，确保了全区社会大局的稳定。

（彭妮娜）

国 防

人民武装

区人民武装部

部　长　吴烂斌
政　委　陈松华（2015.8任）
　　　　张　泽（2015.8免）
副部长　王　雄

【概况】2015年人武部致力"始终聚焦强军梦、依法治军抓落实、安全稳定保底线、深化融合促发展、全面发展上台阶"。

党委班子建设不断加强。2015年部党委以"三严三实"教育整顿活动为契机，加强党委班子建设。抓学习，强素质。参加省军区、警备区党委中心组带机关理论学习及各种培训，把理论学习放在主要位置。抓团结，聚合力。部党委坚持把抓团结作为班子建设的重点和关键，坚持民主集中制，工作上互相补台，生活上互相关心。抓教育，讲奉献。对理想信念。按照习近平总书记系列讲话精神思考问题、干事创业，始终与党中央和中央军委同行同向。抓自律，树形象。努力提高委员们的自控能力。在经费开支、征兵工作等问题上，按程序办事，实施"阳光操作"，树立忠诚、干净、担当新形象。抓作风，求实效。坚持在大事上把方向，把自己作为具体落实者。

思想政治建设富有成效。开展"三严三实"专题教育整顿活动。按照习主席提出"严以修身、严以用权、严以律己，谋事要实、创业要实、做人要实"的要求，进行思想教育，认真对照检查，切实找准单位和个人存在的问题，提高认识、统一思想。肃清徐才厚、郭伯雄案件的影响。围绕　"六个肃清"，进行全方位清查清理，深层次挖根除弊，使全体党员干部有效履行使命任务提供坚强的思想保证。开展扶贫帮困活动。参加地方扶贫工作，开展对退伍军人及其贫困家庭扶贫帮困活动，为5名生活困难的退役军人进行帮助，扶持他们创业增收。军地联合开展"双带双促"（退伍军人带头建设家乡，促进经济发展；带头维护稳定，促进社会和谐）活动，有5名同志得到长沙市表彰。

军事斗争准备有序推进。以新形势下强军目标和军事战略方针为指导，坚持依法从严治军，着眼提高民兵预备役人员应急应战能力，加强对战备方案预案、军事训练及防卫行动等问题的研究，进行扎实演练：狠抓民兵军事训练。制定科学合理的军事训练实施计划。全年组训森林防火、舟桥分队骨干、应急分队民兵训练356人次；根据任务使命抓好机关"湘江—2015"演习。人武部与警备区同步开展了"湘江—2015"演习；根据任务要求抓民兵整组。人武部在整组前就在全区加大了国防法规、国防知识的宣传力度，调动广大群众及青年民兵积极参加民兵预备役组织活动。对辖区基层单位、大型企（事）业单位和大专院校等单位，进行走访调研，掌握驻地各行业动员潜力，摸清底数。调整基层武装机构和民兵组织布局，优化民兵组织结构，为提高民兵队伍遂行各项任务能力打好基础：根据制度法规抓兵员征集。围绕兵员质量这个核心，按照公开、公正、公平的要求，严把体检关、政审关和定兵关，确保把真正优质的兵员送到部队。经区征兵办各部门、各街（镇）及辖区内高等院（职）校共同努力，圆满完成征兵任务。

安全稳定工作规范到位。树立安全发展理念，把安全稳定工作作为事关全局的基础性、经常性工作来抓。一抓安全教育到位。加强安全防范，干部职工安全意识明显增强。二抓安全制度到位。完善人员管控、武器弹药管理、经费物资管理、涉密信息管理、营院安全管理和车辆使用管理等规章制度。三抓安全整治到位。把握安全管理的重点，定期组织对安全检查出来的隐患进行排查和纠治，并针对重要问题开展专项整治，逐项抓好整改，消除安全隐患。四抓安全责任到位。开福区涉军群体数量大、诉求多，发挥桥梁纽带作用，主动协调相关部门做好退役军人上访劝阻解难工作，涉军敏感问题得到有效控制。

后勤保障工作全面有力。推行改进作风、厉行节约常态化，提高经费物资的使用效益。严控经费管理使用。编制了经费预算。经费使用严格按照经费预算开支，坚持党委集体理财，保证各项收支透明公开，杜绝漏洞。完善工作保障。民兵整组、民兵训练、征兵工作等重大工作经费、油料保障，按照关文件规定标准执行保障，不克扣、不留存。加强营区环境整治。对营区环境进行整治建立生态停车场，拆墙透绿、还绿于民。

党管武装工作氛围浓厚。主动沟通协调，密切关系，赢得理解和支持，全区党管武装工作氛围浓厚。把国防形势、军事知识、国防政策法规纳入地方各级党委中心组学习内容，增强各级党政领导的国防意识，提高履行国防义务的自觉性。组织区委、区国防动员委员会成员过军事日，体验军事生活，参加军事训练等。邀请“人武部党委第一书记”到人武部现场办公，解决实际困难。建立党管武装工作长效机制，形成党委抓大事、把方向、人武部抓中心，谋打赢、组织部抓干部，强队伍、教育局抓教育，树意识、财政局抓保障，促人民武装发展的长效机制。

【湘雅医院武装部挂牌】 8月13日，中南大学湘雅医院人民武装部正式成立，这是湖南省医疗机构首家人民武装部。湘雅医院武装部挂靠院保卫办，由医院党委副书记兼纪委书记担任教导员，保卫办主任担任部长，医务部副主任担任副部长。该部将按照国家武装力量的要求组建医院应急医疗分队。区人武部部长吴烂斌上校、政委陈松华中校，湘雅医院党委书记肖平、院长孙虹、党委副书记兼纪委书记陈子华等领导参加医院成立武装部挂牌仪式。

【参加省“湘江—2015”国防动员演习】 11月3日，开福区人武部全体干部、职工参加湖南省军地联合组织“湘江—2015”国防动员演习。区人武部在开福区委、区政府的重视支持下，

5月12日，开福区大学生报名参军现场。

经过充分准备，在执行演习赋予的本级防卫责任分区指挥所演习流程任务中，全体参演干部、职工精神振奋，全力以赴，密切协同，精心实施，完成了10余个科目的演练任务。演习展现了区人武部国防动员与防卫作战的协同衔接能力、大规模战争中社会救援行动的组织实施能力，以及遂行多样化军事任务能力新的提高，演习于6日结束。

【举行“2015年开福区大学生征兵启动仪式”】 5月12日，开福区人武部在湖南机电职业技术学院德苑广场隆重举行“2015年开福区大学生征兵启动仪式”。区委常委、常务副区长、区征兵领导小组组长黄阳，区人武部部长、区征兵领导小组副组长吴烂斌上校，警备区动员办主任周彦上校，该院副院长刘晓林等领导出席仪式。长沙大学、湖南机电职业技术学院、湖南工程职业技术学院、湖南安全职业技术学院600余名学生参加启动仪式，积极咨询，踊跃报名，现场气氛热烈，当日就有300余名学生报名。

【组织民兵参加“保护湘江母亲河”活动】 5月7日，为积极开展学雷锋活动，充分发挥民兵队伍参建参治作用，开福区人武部部长吴烂斌上校和政委张泽上校带领50名民兵，参加警备区组织的民兵志愿者“保护湘江母亲河”活动。参加活动的民兵志愿者们拿着火钳、铁锹、环保垃圾袋等工具，到湘江两岸拾捡垃圾、杂物，他们认真细致，不嫌脏污，不辞辛劳，经过半天的努力，将责任区内清理的干干净净。还原了湘江两岸的美丽，得到了人民群众的褒扬。

（郑应琼）

消防

区公安消防大队

大 队 长　周　宏
教 导 员　李　骞
副大队长　刘　强　龚孝义
副教导员　唐建湘

消防干警向市民发放宣传资料

【概况】 开福公安消防大队下辖三个中队（伍家岭中队、丝茅冲中队、金霞中队），有防火监督干部10人，文职雇员11人。有现役官兵72人，政府专职队员93人。执勤消防车辆7台（4台斯太尔王水罐车、1台优唯斯水罐车、1台豪沃水罐车、1台一汽A类泡沫车）。2015年，列管消防安全重点单位151家（其中国家机关单位7家，商场市场12家，宾馆饭店36家，高层综合体13家，体育场（馆）会堂、公共娱乐场所和其他公众聚集场所33家，高层公共建筑、大型仓储场所6家，医院、养老院敬老院、寄宿制学校、托儿所、幼儿园14家，文物保护单位2家，客运车站码头1家、易燃易爆场所23家，其他单位4家）。

2015年全区共发生火灾304起，死亡6人，受伤1人，直接财产损失1675188元，同比2014年，火灾起数下降了40%，亡人数上升了200%，伤人数上升了100%，直接财产损失上升了36%　。

政治建警强素质、班子团结促和谐。抓班子和队伍建设，提升队伍建设水平。并严格按照支队下发的《武警长沙市消防支队干部管理规定》和《干部工作绩效考评实施办法》，细化了对干部日常工作情况的考评办法，推行竞争激励机制，奖勤罚懒，激发官兵的工作激情，营造了风清气正、干事创业的良好氛围。开展学好习主席关于新形势下加强和改进军队政治工作、依法治军从严治军、深化国防和军队改革、加强作风建设和反腐败斗争等方面的重要论述，开展“学习践行强军目标，做新一代革命军人”“三严三实”“秉公执法人民公安为人民”等专项教活动，组织官兵深入学习，了解掌握官兵思想动态，舒缓基层工作压力，听取基层官兵的意见和建议。并利用多角度、多渠道、多层次地宣传形式，循序渐进、常抓不懈地在部队宣贯上级指示精神，努力营造一个浓郁的政治文化氛围。每月与中队官兵开展一次交心谈心活动，了解官兵所思、所想、所需，极力疏导官兵的心理压力；利用宣传卡片、责任状、保证书、会议讨论等方式来使思想政治工作深入人心；2015年来，与大、中队官兵谈心达90余次，各类专项学习笔记3万余字，撰写了50余篇心得体会。

严明纪律保稳定、岗位练兵谋打赢。强化部队常规化管理。根据部队的条令条例管理部队，对中队的一日生活秩序、警容风纪、内务卫生、迎检程序进行明确规范，形成常态化管理。开展安全教育，坚持执行安全工作形势分析、教育、检查制度，并将安全训练融入执勤训练和比武训练中，强化训练器材装备使用前的安全检测、灭火救援现场复杂情况的安全风险评估等，确保部队高度稳定安全。作为全市消防部队率先实施合同制消防员试点工作，制定《开福区消防大队合同制管理考评办法》，通过改良结构、定岗定位、明确职责、提高待遇等措施，提高参与度和积极性，并使之逐步成为"社会认可、群众满意、组织信任、岗位胜任、工作合格"的消防生力军。提升部队实战化能力。开展有针对性模拟、实战化、单兵、班组等训练，并规范实战演练程序、强化战评总结和识险、处险、避险的技能，提升官兵能力；官兵并对所有的市政消防栓建立了档案，开展巡查，确保消火栓完好有效；全区全年共组织开展市政道路水源熟悉、辖区单位情况熟悉、灭火演练、建筑消防设施测试活动900余次，共制定和完善灭火预案93份，特种灾害事故处置预案10份；开展灭火演练103次，夜间演习28次。共接警647起，出动758次，出动消防车1088辆次，消防人员7618人次，抢救被困人员87人，疏散人员310人，抢救财产价值123.7万元，完成了春节、高考、国庆、中秋等重大活动消防安保任务。

消防安全从娃娃抓起

狠抓排查整治，全区社会消防安全环境有效净化。专项行动强整治。开展全区劳动密集型企业暨居民小区消防安全专项整治、夏季消防安全检查等专项行动，并督促部门、乡镇、街道、企业等落实消防安全责任。全年全区共排查社会单位1968家，发现火灾隐患1968处，整改火灾隐患1908处，行政处罚73家，临时查封单位20家，责令"三停"单位17家，罚款49.95万元，全民宣传氛围浓。深入辖区重点单位、街道、社区开展消防安全培训、指导，并对全区网吧、宾馆等人员密集型场所的主要负责人、安全管理人员及其他从业人员开展消防安全培训，开展"开学第一课，构建平安校园"消防宣传活动、安全生产月、中小学生安全教育日等活动；走街串巷深入敬老院、学校、超市及沿街门店、居民小区开展宣传活动等，提升群众消防安全意识。打造开福消防微信平台，依托"QQ群"、手机短信、电子屏、户外广告牌等多种宣传方式，营造浓厚的消防宣传氛围。多次组织广大市民亲身体验消防训练、学习火灾扑救技能、开展消防知识答题等，寓教于乐。全区全年共举行大型宣传活动5次，发放宣传资料10000份，在各类媒体进行10余次消防宣传，通过消防信息平台向广大

消防演习

市民发送消防知识2万多条，悬挂宣传横幅200条，消防站对外开放24次，接待参观群众5000人，大力营造宣传教育的浓厚氛围。通过省消防协会进行义务培训，培训单位80家，人员1000余人次。

（龚　牡）

人民防空

区人民防空办公室

书　记　薛平平（2015.10任）
　　　　杨　奔（2015.10免）
主　任　鲁碧君
纪检组长　刘鸿冰（2015.11任）
副主任　刘　杰
　　　　陈自力（2015.10任）
　　　　谈上希（2015.11免）
　　　　易利娜（2015.10免）

【概况】　开福区人民防空办公室为区政府人民防空工作主管部门，也是区国防动员委员会的常设办事机构。区人防工作以《中华人民共和国人民防空法》《湖南省实施〈中华人民共和国人民防空法〉办法》为依据，按照“长期准备、重点建设、平战结合”的方针，全面加强人民防空一体化建设，全力提高信息化、现代化水平，人防工作迈上新台阶。内设综合科、工程科（行政审批科）和指通宣教科3个职能科室，行政编制7人，实际在编9人，退休人员5人，临聘人员4人。

人防工程建设不断加强。依据《中华人民共和国人民防空法》有关规定，对工程维护管理中存在的问题依法依规逐一解决，并聘请专业律师作为法律顾问。积极维护国有资产的合法权益，对湖南省博物馆、湖南新华印刷集团等企业在项目开发建设中损毁的人防工程，依法要求其办理了人防工程拆除、报废手续。先后投入60余万元对汽电人防工程等进行改造、维修和维护，投入7万元对麻园岭泵站进行维护，确保工程安全。抓实安全生产，做到一周一小查，一月一大查，并建立季度检查台账。推进人防指挥所项目建设，已完成选址工作，项目建设稳步推进。2015年平战结合收入20余万元，在产生社会效益的同时产生了一定经济效益，为缓解人防工程维护管理经费不足提供了帮助，减轻了财政负担。

指挥通信建设稳步推进。根据上级要求，更换短波电台，指挥通信的可靠性和保密性得到提高。同时，积极做好警报器维护管理，完成上级下达的警报器安装任务，对全区几十台防空警报器进行了全面检修和刷漆，确保了“11·1”警报器试鸣顺利完成，11月1日，全省防空警报试鸣中，开福区警报鸣响率100%。

人防宣传教育彰显成效。创新工作思路，开展丰富的人防宣传活动，全员动员建设人防的社会氛围越来越浓。深入推进“五进”工作。利用“5·12”防灾减灾日、“11·1”防空警报试鸣日等时机，积极开展人防宣传“进社区”“进学校”“进企业”“进机关”“进媒体”活动。在四方坪二小、金鹰小学、开福第一小学、北辰小学、新竹二小、东风小学等开展人防宣传教育活动及应急疏散演练活动。四方坪二小人防宣传教育示范室已经初具规模。洪山桥社区开展了“学好人防知识，欢度快乐寒假”防灾减灾宣传教育活动，江湾社区开展了防灾救灾应急宣传活动。完善了陡岭和洪山桥两个人防宣传示范社区。发放宣传资料1000余本、观看人防专题科教片人数5000余人，宣传教育群众1万人次。积极打造人防宣传阵地。2015年启动了长沙市月湖人防主题公园建设项目，全力打造区人防宣传教育示范基地。

（黄　翔）

农、林、水、牧、渔业

区农业林业水利局

局　　长　李新民
党组副书记　黄跃坤（2015.7免）
纪检组长　袁　晖
副 局 长　张继业（2015.12任）
　　　　　陈伏明
　　　　　陈伏云（2015.11免）
总工程师　邹双七
农办副主任　刘　彬（2015.11任）

【概况】　开福区农水局内设办公室（行政审批科）、防汛抗旱办公室、农业农经科、林业科（森林防火办）、畜牧水产科、水利科6个职能科室。有二级机构6个，分别为开福区动物卫生监督所（开福区动物疫病预防控制中心）、农业科技推广站、农机安全监理站、水政监察大队、林业工作站、新河水利管理所，均为全额拨款公益一类事业单位。局核定行政编制12名，另核机关后勤服务全额拨款事业编1名，全额拨款公益事业编9名。区水利建设指挥部在区农水局挂牌，有聘用人员7人；2013年区河道整治领导小组办公室成立，聘用执法人员10人。隶属街道管理的水管所有8个，区农水局负责业务及工作经费，人事、财务由街道管理。开福区农村面积约120平方千米，辖“一江四河”（湘江、浏阳河、捞刀河、沙河、白沙河）有青竹湖街道、沙坪街道、捞刀河街道和秀峰街道4个涉农街道，18个农村社区，农业人口7.6万余人，耕地2666.67公顷，农业生产以水稻、蔬菜、花卉苗木种植和水产养殖为主，2015全年完成农林牧渔业总产值5.34亿元，同比下降10.3%，居民人均可支配收入42205元，同比增长9%。2015年获省、市农经统计工作先进单位、市林业工作绩效考核优胜单位、市水行政执法工作先进单位、区“六个走在前列”大竞赛暨绩效考核优秀单位、区项目建设先进业主单位、区安全生产目标管理考核先进部门等荣誉称号。

强化落实，农村经济稳步提升。粮食及种植业生产：2015年全区农作物种植面积2149.93公顷，双季晚稻29.08公顷。完成了全区重金属超标治理试点工作，范围涉及4个街镇的达标区和管控区，共933.33公顷：石灰施用962.27公顷，有机肥施用418.80公顷，绿肥种植66.67公顷，喷施叶面阻控剂485.47公顷，优化水分管理962.27公顷。完成抽取水样21个点，样品数量92个，底泥样21个点，样品数量21个，取土样115个，取谷样114个，投入资金451.20万元；菜篮子工程建设走在内五区前列，在沙坪街道、捞刀河街道创建了诺贝尔、文中和开心吧3个市级蔬菜基地，农产品加工业及农产品贸易规模效益明显，年产值115亿元，占全区GDP比重的10%，都市休闲农业蓬勃发展，沙坪街道汉沙公路两厢，一批休闲农业项目落地，实现年产值2.35亿元；农业产业化基地建设初具规模，全区共有农业产业化龙头企业22家，其中国家级龙头企业1家，省级4家，市级17

重金属治理之深翻耕

家，星级的农家乐27家；全省最大的抗病毒草鱼孵化基地落户双湖村；农产品质量安全工作保障体系建设稳步推进，全年完成蔬菜自检1021批次，完成年度计划的102.1%，市级例行抽样检测6次，60批次，合格率达98.33%；对394户养殖户36177头存栏生猪进行了抽检，抽检1100批次，检测结果全部为阴性，合格率达100%；耕地地力及家庭农场申报补贴发放到位，2015年耕地地力保护补贴发放计税内种植面积共2179.01公顷，共发放补贴资金346.25万元。2015年种粮大户种植面积为77.27公顷，共发放补贴资金45208元，共计11户。发放家庭农场项目补贴7.08万元。做好农民合作社分类定级：高源红葡萄种植专业合作社及竹坡蜜蜂养殖专业合作社为分别为AA级，A级；做好土地流转：家庭承包耕地流转总面积为496.07公顷（转包96.60公顷，转让23.67公顷，互换24.67公顷，出租351.13公顷），流转农户面积145.27公顷，流转入专业合作社面积19.67公顷，流转入企业面积327.80公顷，流转入其他主体面积3.33公顷，流转用于种植粮食作物的面积149.93公顷。流转出承包耕地的农户数6369户，签订耕地流转合同6289份，签订流转合同的耕地流转面积455.73公顷；调处土地纠纷；调处土地承包及流转纠纷总量26件；做好蔬菜基地监管与产品检测，全区30余个产品通过了农业部无公害农产品的认证，云尚庄园的“慕云”牌葡萄已被审核批准为绿色食品，并被评为长沙市十大土特产。加强对基地日常管理，基地自律性检测与上级抽检相结合，与基地签订农产品质量安全责任书，对季节性种植蔬菜抛荒进行督促，每季度进行一次交叉抽样检测；要求基地采用物理治虫技术，减少农药的使用，使用有机肥，减少化肥使用。每年基地自律性检测达400批次以上，区组织快速检测达1000批次以上，市例行监测60批次。检测合格率达100%，市抽样检测合格率达98.33%。农机监理：全年拖拉机新上户8台，收割机3台，共检审拖拉机177台，驾驶员安全教育100人。2015年年底共补贴机具50台套，共完成申报补贴资金22.54万元。休闲农业管理：休闲农业累计接待游客230万人次，创产值2.35亿元，上缴税收1250万元，解决农村剩余劳动力3500余人，带动基地周边农户种养殖业的发展，年鲜鱼产量2200吨，改善了农村生态环境。加强农民培训工作：坚持面向农村，服务农民，加强对农民实用技术的培训和科普知识的宣传推介。全年联合举办种养技术、农产品加工、农民素质教育等形式的培训共4期，培训人员680人次。通过培训及种养示范基地的引领，开福区的种养业朝名、优、特、新方向发展。全年向市民提供生态龙虾1500吨，时令水果1200吨，无公害名、优、特、新蔬菜4.5万吨。规范财务管理，向省、市争取到位专项资金1.01亿元；审计了5个涉农街道的社区（村）财务收支情况，开展了涉农乱收费乱摊派及损害涉农利益行为的专项整治，确保涉农资金专款专用，对农业粮食直补、渔

湖南省省长杜家毫（右一）视察开福区水利建设

民休渔期生活补贴、水稻保险等建立了数据库，做到公开、公正、公平，实行财政“一卡通”，杜绝损害群众利益行为；对农村安全饮水项目财务、涉农街道及9个水利管理所、4个动物防疫站的农业专项资金使用情况进行检查，发现问题及时督促其进行了整改。依法行政审批：聘请了1名法律顾问，为重大决策和依法行政提供法律服务。全年办理了行政审批4件，行政执法案件32件，共收缴罚没款49万元，全区案卷评查名列第二。全面清理了行政审批项目，共清理权利清单327项，责任清单41项（其中主要职责19项，与相关部门职责边界9项，公共服务事项13项）。

深化管理，森林资源保护得力。开福区林地面积3333.33余公顷，森林总面积2666.67公顷，林木绿化率36.57%。2015年，区林业总产值77150万元，第一产业3990万元，其中花卉苗木3000万元，第二产业52160万元，第三产业21000万元。全年完成造绿工作任务348.67公顷，占年度任务的104.6%，创建了2个绿色示范村庄（金霞村、成功村）、4个绿色示范社区（洪山桥社区、欣城社区、三角洲社区、福城社区）、60户绿色示范庭院，投入资金3亿元（含社会投资）；加速城市主干道绿化提质，提质改造芙蓉路、三一大道、福元路、营盘路等城区主次干道。芙蓉北路绿化提质改造约10千米，投资约14500万元，绿化面积约10公顷；福元路绿化提质改造约5千米，投资约4000万元，绿化面积约2.67公顷，提升了城市道路绿化水平；拆违透绿、拆违复绿为，对区政府大院、洪山公园地块、长沙学院地块、珠江花城西侧地块、广大环球地块等进行了拆违透绿和拆违复绿的改造，美化城市环境；相继建成了珠江郦城、万科、堤亚纳湾、恒大雅苑、北辰等楼盘的绿化美化工程，提升了楼盘的品位，同时也为市民提供了休闲场所；实施了长青公路、捞刀河路、汉回村、金霞村级公路绿化工程，开展绿色庭院的创建工作，增强了村民“爱绿、护绿、植绿”的意识，营造整洁、优美、文明的生活环境，达到了绿化家庭、改善乡村环境的目的。以河滩地、河洲地及河道岸线整治为契机，投资1200万元，对浏阳河、捞刀河、沙河的河滩地及楚家湖进行了5.5千米岸线整治并进行绿化，面积达40余公顷；多部门联动，完成了从湘江大道至捞刀河互通共5.5千米两厢各30米的环城绿带试点建设工作，共流转土地47.80公顷，栽植各类苗木1.2万株，铺设草皮9万平方米，投入土地流转及青苗补偿费用799万元，建设资金3700万元。加大执法力度，查处各类林业违法案件9起，全区933.33公顷市级生态公益林补偿资金足额发放到位，共发放生态效益补助资金42万元。

森林防火宣传培训

加强森林防火，年初对应急预案进行了修订完善，调整指挥机构进行，明确责任。加强森林消防站队伍建设，抓防火演练，抓巡山员队伍建设，严控火源等，全年未发生一起森林火灾。林政管理：配合协助市林业局，存在问题：林权流转和交易随意性大，林权抵押贷款需求旺盛，需进一步规范管理。加强森林保护，完成林业有害生物普查工作，开展森林病虫害的预测预报，对0.65公顷林业外来有害生物“加拿大一枝黄花”进行了清除；全区湿地保护共11处，面积达1229公顷，为生态建设和经济建设提供生态安全屏障。

加强监管，养殖产业健康发展。2015年生猪出栏12.3万头，禽出笼20.8万羽。开福区自2012年开始全面推广水产健康养殖模式，到2015年推广养殖水面400公顷，占全区养殖水面的70.5%，目前有海博水产种业养殖基地、金欧龙虾养殖基地及齐泰水产养殖场3家市级水产健康养殖示范场。2015年农水局编印了生产记录手册，定期抽检养殖水质和鱼样，各项检测指标合格率均达到100%，确保了水产品质量。重大动物疫病防控：完善修订了应急预案，调整了领导小组，签订了目标管理责任状，严抓基础免疫、源头控制和市场监管。全年，共组织各类动物防疫疫苗192.86万毫升（头、羽份），其中生猪口蹄疫苗31万毫升，牛羊口蹄疫苗0.66万毫升，禽流感疫苗19.8万毫升，蓝耳病疫苗18.2万毫升，猪瘟疫苗27.4万头份，鸡F4疫苗94.5羽份，

畜禽农产品质量安全检测

狂犬病疫苗1.1万头份，小反刍兽疫疫苗0.2万头份。春秋两季防疫免疫：根据检查情况，春季猪瘟免疫率为100%，高致病性猪蓝耳病为100%，挂标率为100%，牛口蹄疫免疫率为100%，家禽禽流感免疫率为100%，鸡新城免疫率为100%，狂犬病免疫率为97.7%，免疫档案到户率100%。秋季生猪“W”病免疫率为100%，猪瘟免疫率为100%，高致病性蓝耳病免疫率为100%；家禽鸡新城、禽流感免疫率分别为100%；狂犬病免疫率为100%，免疫档案到户率为100%。禽流感防控：1月成功处置毛家桥畜禽批发市场的禽流感疫情，部、省、市给予充分肯定。瘦肉精检测：全年对394户养殖户36177头存栏生猪进行抽检，抽检1100批次，检测结果全部为阴性，合格率达100%。水产品检测：开福区设立了两个水产品检测点：长沙金欧农业科技有限公司检测点和长沙德为舟农业科技有限公司检测点。区农水局委托休闲农业协会对各农庄的水产品及水质进行抽查检测。抽检50个水样均合格。金欧检测点抽检了20个虾样，检测结果均合格。动物无害化处理：开展建立病死畜禽无害化处理机制宣传月活动，发放宣传资料2000份，粘贴宣传挂图100张，宣传标语20条，制定了《开福区病死动物无害化处理体系建设实施方案》，按照“政府主导、属地管理、统筹规划、保险联动、财政补助”的原则，整体推进全区病死动物无害化处理工作，全年在流域内打捞病死动物379头（羽），全部进行了无害化处理。H7N9防控工作中处理病死活禽200多羽。春季禁渔补贴发放：4月1日至6月30日，湘江全面禁渔，为解决渔民生产生活的实际困难，区农水局与区民政局组织审核，按照240元/人·月的标准发放生活救助，全区有专业捕捞渔民634人，扣减低保金外共发放补贴40.1412万元。人工放流：区农水局组织鱼苗鱼种培育场，参加了省畜牧兽医水产局、长沙市人民政府4月1日在湘江橘子洲战备码头实施的人工增殖放流活动，共投10~15厘米的青、草、鲢、鳙鱼鱼种50万尾，增加了湘江水域的鱼类资源。渔政执法工作：区农水局联合市渔政站、区检察院、相关街道采取水陆结合方式，重点打击新河三角洲、湘江世纪城沿线，浏阳河、捞刀河非法捕鱼行为，共执法11次，收缴、烧毁捕鱼网具45条2000米，取缔1个非法市场，放生捕获鱼200千克。

抓住机遇，水利建设突飞猛进。开福区辖一江四河（湘江、浏阳河、捞刀河、沙河、白沙河），堤防长度75千米，小Ⅰ型水库2座、小Ⅱ型水库17座，山塘2180口，排渍泵站25个（市管11个，区管14个），总装机容量3万千瓦，涵闸10个（库区建设已封堵34个），万亩堤垸3个，千亩以上堤垸7个。

加强水利工程建设。2015年以湘江长沙综合枢纽库区工程扫尾和城市防洪排涝为重点。排渍泵站改扩建工程：完成了月湖、霞凝、戴家河泵站改扩建，山窑塘、墙板厂泵站投入运行；完成了月湖、霞凝、戴家河、山窑塘、陈家渡、社教桥、墙板厂7处泵站的双电源改造，全区新增泵站装机容量6000千瓦。水管所站所能力建

2015年4月8日，市委书记易炼红（右二）考察排水工程

设。完成汉沙公路南延线排涝工程，解决了长沙园林生态园防洪工程堤防渗漏及安全问题。完成中干渠泵站改造工程：为了确保苏托垸防洪排渍安全，对中干渠泵站进行管道和泵房整修、前池加固、清淤等，更换水泵2台；对苏托垸东干渠道上游5千米进行整修加固和清淤，完成了苏托垸罗汉庄至二环线4千米长堤防进行堤顶硬化。

加强河道管理：为做好河道整治和管理工作，成立了河道环境综合整治领导小组，制定了整治方案，签订了责任书。于开展了三次河道环境集中整治行动，重点打击乱堆、乱卸、乱围、乱占、乱排及河摊种菜养殖等行为。共出动280人次，大小挖机15台，清理菜地80余公顷、堆积物3000多立方米，清除违章棚53处。安排执法人员对发现的违规卸砂及危害河道行为进行执法，街道、水管所安排人员24小时值班巡查。全年累计执法案件31起，扣除违法作案铲车36台次，当场销毁砂石9次，销毁砂石上万吨，共计罚款51万余元。加强河道保洁：为改善水环境，成立了河道保洁工作领导小组，制定了《河道保洁工作方案》。建立健全了河道保洁责任体系，按属地管理原则，相关街道、水管所组建保洁专业队伍，按每5~6千米配备1~2名保洁员，每天保洁时间不少于8小时，实现水面无漂浮废弃物、水中无障碍物、水岸无垃圾堆的“三无”目标。在重要地段设立责任牌，共设立56块。健全了河道保洁监管体系。建立群众投诉、上级检查考核相结合的监管考评体系。健全河道保洁考核体系。5—10月，捞刀河段绿萍、浮漂草等各类水生植物滋生蔓延，启动了应急预案，组织人员进行了多次水葫芦打捞行动。共出动20余人次，船只4艘，专项经费20多万元对一江四河河面白色垃圾等漂浮物定期打捞。对浏阳河、沙河、楚家湖、捞刀河进行岸线整治，并对河滩地进行绿化，面积达40余公顷。

加强防汛抗旱工作。加强基础设施建设，利用泵站改扩建的契机，区8个水利管理所中有6个水管所完善了管理用房，配备了新的办公设备，包括办公桌椅、电脑等。区防汛抗旱指挥部迁入筒车坝泵站新址办公，防汛仓库2000平方米。建立了防汛信息短信平台，及时发布雨水情信息。青竹湖水库、立新水库两座小（1）型水库、湘江开福段、浏阳河开福段、捞刀河开福段均安装了视频监控系统。对应急预案进行修订完善，对指挥机构进行调整，确保责任到人。立足早应对、早防范、早排查，全面落实防汛责任制，编写区防汛工作手册，严格抓好防汛物资储备和队伍的建设，共储备编织袋20万条，纤维布9.4万平方米，桩木110立方米，钢架管77吨。各街道防汛人数达800人。值班值守预警处置到位，全年未出现一次险情，未出现一次内涝。

【区农林水利局整体搬迁】 2015年11月14日，开福区农业林业水利局按照区委、区政府指示，整体搬迁至筒车坝泵站办公。近两年，区农林水利局积极响应国家、省、市、区的号召，大兴水利建设，共建泵站7个，为区政府、街道解决部分水利管理办公用房做出了贡献。

【机构调整】 2015年4月22日 开编委发〔2015〕4号《关于调整水利管理所机构编制事项的通知》，为理顺街道析置后街道水利管理职责，对水利管理所机构编制事项进行调整，新成立秀峰、沙坪水利管理所，为差额拨款事业单位，分别归口秀峰街道、沙坪街道管理，业务归口区农林水利局管理，在街道农业技术综合推广中心挂牌，独立运作，编制在区水利管理所事业编制总额54个内调剂。调整后各水管所编制数：秀峰3个、沙坪5个、捞刀河9个、新港3个、青竹湖2个、涝湖12个、朝正10个、福安5个、新河5个。

【汉回村被评为省级美丽乡村】 由区农水局牵头创建的沙坪街道汉回村美丽乡村建设，总投入资金1300多万元，完成了19个项目的建设。2015年2月2日下午，省委农村工作会议在湖南宾馆召开，会上，开福区沙坪街道汉回村荣获“湖南省美丽乡村建设示范村”称号，副省长戴道晋为汉回村授牌。

（彭　响）

工业与信息化建设

区经济和信息化局

局　　长　王晓文
副 局 长　章异新
　　　　　何乐鸣（2015.12任）
　　　　　胡克荣（2015.10免）
　　　　　李爱兰（2015.10免）
纪检组长　黄　杰

【概况】　区经济和信息化局现内设办公室、企业运行科、环资电力科、信息化科、企业安全监管科等5个科室。共有干部职工14人。

2015年累计完成规模工业总产值181.9亿元，同比增长6.1%，增速比去年下降0.9%；实现规模工业增加值45.7亿元，同比增长6.4%，增幅回落0.9%。龙头企业支撑作用明显，工业总产值过亿元的企业30家，完成工业总产值147.2亿元，占全部规模工业总产值的80.9%。股份制经济占据主导地位。股份制企业完成工业总产值123.8亿元，占全部规模工业总产值的68.1%。新增规模工业企业20家，为全区工业经济的发展注入了新动力。

重点项目加快推进。2015年，共安排重点工业项目10个。佳海工业园项目二期南片已完成25万平方米标准厂房建设，北片正在办理报建手续。长重项目一期基础工作已完成，加比力新制品项目已完成场地平移工作。三新厂房及配套用房建设也已全面完成，项目已于今年4月份正式投产运营。电力配套项目按照预定计划有序推进。

产业结构不断优化。规模以上工程机械企业27家，实现产值36.2亿元，占全区产值20%；规模以上食品企业11家，实现产值30.5亿元，占全区产值17%；规模以上混凝土行业11家，实现产值20.2亿元，占全区产值11%；规模以上建筑材料企业6家，实现产值13.6亿元，占全区产值8%。改变了工程机械一业独大的局面，初步形成食品、工程机械、生物医药、建筑材料、电子信息等多点支撑的产业发展新格局。

产业招商形势喜人。2015年接待客商考察、实施小分队上门招商20余批次，正式签约了香港天赐网等项目，全面对接了国美物流、丰树物流、老百姓大药房电商基地等一批优质项目。抓实平台项目的二次招商。其中，长沙医药健康产业园入驻企业42家。卓尔电商总部基地已引企业4家。长沙佳海创业中心二期签订三方协议企业51家，一期、二期共引进企业140家。

服务企业成效明显。组织国家铁塔公司在佳海工业园片区进行铁塔建设，佳海工业园片区通讯信号弱的问题得到解决。协调长沙银行等金融机构召开银企座谈会，组织企业上市宣讲活动，指导16家企业进入上市准备期，其中，长沙沙电电气股份有限公司已成功在新三板挂牌上市，普天春药业在上海股权交易所挂牌上市。联合区人社局服务中心组织招聘活动5场，帮助89家企业招募普工、技术工人、管理人员等人才共计681人。

改革创新焕发生机。中民筑友，三新建筑、佑田思源、明湘科技等企业成为省、市住宅工业化创新示范企业，佳海工业园，长沙健康医药产业园，卓尔电商园进入省中小微企业创业创新示范基地行列。菁芒创客空间成为全市示范创客平台。成立了开福区企业创新创业联盟，搭建了产、学、研合作平台。沙坪湘绣被列入工信部区域品牌建设试验单位。

社会职能分离工作稳步推进。自2015年5月接手社会职能分离工作以来，分两批次完成107个小区的移交协议签订工作，协议涉及9个街道，11个企业主管部门，年度完成量达市属企业小区总数（152个小区）的70%，移交总数内五区排名第一，整体工作完成情况内五区排名第二。完成了市属企业社会职能分离移交补贴资金的申报工作，有关退休人员、失业人员、党员、非经营性资产及社区接收工作，小区物业管理交接工作有序推进，整个移交接收工作平稳顺利。

【举办“共享春风·农民朋友舞动人生”现场招聘会】 以“搭建供需平台、促进转移就业”为主题，以“各类有转移就业意愿的农村劳动者”等为主要对象的“2015年开福区春风行动之‘共享春风·农民朋友舞动人生’现场招聘会”，3月10日—11日在伍家岭生活广场隆重举行。为稳定和扩大农民工就业，缓解区内企业用工难的现状，招聘会组织了加比力（湖南）食品有限公司、湖南山河供应链有限公司、长沙和润香水湾水汇酒店有限公司、湖南第一物业服务有限公司等30余家用人单位的参与，招聘岗位涵盖了普工、仓管、服务员、营业员等34个工种，提供各类型工作岗位810余个。据不完全统计，招聘会进场求职人数350余人，128人与用人单位达成了就业意向，达成就业意向率36.6%。

【南宁市委统战部一行到区中小微企业服务中心调研】 7月1日上午，广西壮族自治区南宁市委统战部副部长李海光一行到区中小微企业服务中心参观调研区“同心工程”创建工作。长沙市委统战部常务副部长刘映群、区委常委统战部部长周志军等领导陪同。参观团一行观摩了“同心工作站”及区中小微企业服务系列活动开展成果展示，听取了区创建工作情况汇报，李海光、刘映群等领导对服务中心深入园区、融入园区、服务园区的工作理念、与同心工作站共建互存这种节约人力物力财力的工作模式及全面服务于企业所取得的成绩给予充分肯定，认为值得学习和借鉴，宣传推广。

【省中小微企业经济发展运行监测示范点挂牌】 10月15日，由湖南省中小企业服务中心和开福区工业和信息化局共同主办，长沙市开福区中小微企业服务中心承办的湖南省中小微企业经济发展运行监测示范点授牌仪式暨百家小微企业数据采集工作培训动员大会在开福区政府主楼901会议室举行。省市经信委中小企业发展促进处处长谢应钦、谢湘江、肖成晃、马核、吴纯等领导参加。建立湖南省中小微企业经济发展运行监测示范点，旨在通过收集小微企业经营过程中的基础数据，及时了解中小微企业生产经营动态，进一步增强中小微企业扶持工作的主动性、预见性，积极应对中小微企业发展过程中的困难和问题，帮助企业攻克发展瓶颈，借助良好的政策环境逐步做大做强。开福区工信局、宣传部、统计局、金融办等部门主管领导，金霞经济开发区产业局负责人，各街道经济办主任、统计员，以及开福区101家中小微企业董事长（总经理）、财务主管参加了本次活动。区中小微企业服务中心主任姜宽介绍湖南省中小微企业经济发展运行监测示范点项目，示范点将以百家中小微企业为依托，以采集企业运营数据为手段，以撰写小微企业发展运行分析报告为形式如实向政府部门提供决策参考。湖南省中小企业服务中心廖源以及崔毓剑博士分别就运行监测数据样本采集、中小微企业信心指数采集工作操作步骤做了详细说明。省经信委中小企业发展促进处处长谢应钦为开福区中小微企业服务中心授牌。湖南省经信委中小企业发展促进处处长谢应钦强调，中小微企业扶持工作要抓好股份制改革，规范股权管理；推进企业信息化，提升企业核心竞争力；加快企业创新步伐，推动产业转型升级；引导企业规范化运作，提高企业管理水平。同时中小微企业数据采集工作要确保数据的真实性、及时性、持续性和权威性，各级企业服务平台上下一心，把数据采集工作做好，要求中小微企业服务中心要运用好、分析透数据，不辜负企业们的辛苦填报。

【携手企业专家，助力“新常态”】 12月30日下午，由湖南省经信委、湖南省中小企业服务中心指导，开福区经信局、开福区中小微企业服务中心主办的携手行动第五期圆桌沙龙在佳海工业园举行。本次沙龙讨论的主题是“新常态”下的员工队伍建设。山河医药供应链、紫荆花涂料、君盛医药、芳卓优品4家企业上圆桌讨论，天劲医药、湘悦农机、桑尼重工等12家企业旁听学习。活动特邀隆平高科副总裁、湖南省人力资源学会副会长周丹、人力资源管理资深教授陈爱吾、湖南省人力资源管理中心部长刘辉祥组成导师团。企业家们各自带着问题上会讨论，导师们充分利用其专业优势和实战经验，为企业家们解惑答疑、分享经典案例。本次活动采用微信直播的方式，让更多的企业家感受到这场氛围热烈的头脑风暴。

重点行业发展情况

工程机械 2015年，位于沙坪街道范围内的工程机械配套大小企业有118家。其中，经过长沙市统计局审核认定的规模以上（年产值2000万以上）工业企业23家，达到规模工业企业认定条件的企业15家。沙坪街道118家工程机械配套企业年度生产总值达30.5亿元，占全区工业生产总值的15.25%，缴纳税收1.05亿元，吸收就业人数近7000人。沙坪工程机械企业绝大部分都是为三一重工、中联重科等行业巨头做配套加工，企业自主品牌及产品市场认知度不高。绝大多数企业都是自主创业而来，产品研发的后劲不足。

湘绣 沙坪是湘绣的原产地，被称为“中国湘绣之乡”。湘绣在沙坪地区已有两千多年的历史，与苏绣、蜀绣、粤绣齐名，为中国四大名绣之一，荣获中国非物质文化遗产称号。沙坪拥有一批湘绣大师，在湘绣行业中造诣非凡。拥有国家级工艺美术大师刘爱云、周金秀、李艳、江再红，国家级刺绣工艺大师成新湘、李露等20人；高级工艺美术大师、湖南省工艺美术大师王坚义、邵春林、毛珊、赵蓬勃、邵春林、佘利纯等省级工艺美术大师100余人；特级刺绣师200余人，高级工艺美术师300人左右，一级刺绣师500余人。沙坪湘绣协会、湘绣企业积极与高职、技校合作，发挥现有湘绣大师的引领、示范作用培养年轻的湘绣大师，目前构成了一批职称结构合理、年龄梯队明显的湘绣队伍。

沙坪湘绣作为湘绣行业的主力军，对湘绣这一传统产业的发展起到至关重要的作用。截至2015年年底，区内聚集有150多家湘绣生产经营企业。在国内外拥有较高知名度的自主湘绣品牌有湖南湘绣研究所、金球湘绣、再红湘绣、伊飞湘绣、玉玲湘绣、天利湘绣等30多个知名品牌，这些企业中湘绣原产地标志1个，中国驰名商标1个，拥有注册商标7个，获得各项专利近百余项，产品获得数百项各类工艺美术大奖。湘绣（沙坪产区）还被国家质量技术监督检验检疫总局列入地理标志保护产品。沙坪湘绣产量占全省湘绣总量的七成以上。

生物医药 2015年，全区规模以上生物医药企业主要有湖南金六谷药业有限公司、湖南杏林春药业有限公司等6家，年产值在2亿元左右，其他均集中在湖南山河医药健康供应链有限公司，湖南山河医药健康供应链有限公司是长沙医药健康产业园为提升与聚集湖南生物医学资源而重点打造的平台项目。通过孵化

沙坪湘绣文化广场

基地平台，打造湖南生物研发高地，聚焦产业各类资源，转化生物医学成果，提升湖南生物医学技术水平与产业发展，抢占我国中部地区医药健康产业发展先机。该项目是实现产业领先，科技领先，促进全省经济发展，加快产业转型升级的重大举措。基地的建设依托湖南医疗市场资源，以政府为引导，企业为主体，市场化运作。按照国家战略与市场需求，进行IVD诊断试剂、生物材料、康复理疗、3D打印技术等生物医学技术研发，成果转化。拟打造医疗器械、生物医学技术为特色的高端生物医学工程产业链。开展国际生物医学技术合作和技术转移，并通过提供一站式的政、产、学、研、金、介、贸、媒等完善的产业服务体系，加速待转化项目在园区的落地与产业化。

食品 2015年，全区规模以上企业11家，累计实现产值30.5亿元，同比增长1.55%，其中长沙统一企业全年实现产值12.5亿元，为全区规模最大的食品企业，长沙罗莎食品全年实现产值1.3亿元，同比增长24%，是产值增速最快的食品企业。2015年，新增了3家食品企业，分别为长沙市芳妹食品有限公司、长沙溢华斋食品有限公司、长沙银洲食品有限公司。

企业选介

湖南佑田思源智能建筑科技有限公司 湖南佑田思源智能建筑科技有限公司，是以生产无机保温板为主业，其他配套材料为辅的新型节能环保材料企业。公司开拓进取，积极转型升级，率先在湖南省首家引进A级防火无机保温板，并推动长沙市住建委“禁止使用保温砂浆”政策出台，使我市外墙保温行业又上升了新的高度，也使该公司成为长沙市外墙保温行业的标杆企业。该公司2015年完成了产值3000余万，利税近600万元，解决近千人的劳动就业，取得较好的经济效益和社会效益。2015年，公司继续进行供给侧结构性改革，与北京、深圳的科研、生产机构进行资源整合，优势互补，引进最新的“军转民”航天技术产品——纳米保温隔热涂料。截至2015年底，“华润”“立邦”“湘江涂料”也在稳步推进。

长沙新奥燃气有限公司 长沙新奥燃气有限公司是由新奥（中国）燃气投资有限公司与长沙燃气实业有限公司共同出资组建的中外合资企业，于2003年9月8日合资成立，注册资金15000万元，于2003年取得长沙市管道燃气20年特许经营权。自成立以来，长沙新奥燃气有限公司本着“创新清洁能源，改善生存环境，提高生活品质”的使命，为长沙市千万用户提供了清洁高效便捷的能源。截至2015年年底，拥有在用民用户125万户，工商用户8200余家，累计供气量近50亿立方米；先后成立城南、城北、河西3家分公司和星沙、宁乡、储配、浏阳（2家）5家子公司，从业人员1800多人；累计投资32亿元，建设完成了储配站、门站、高中压调压站等20多个场站，各种管线近7000千米。截至2015年年底，公司获得特许经营的区域已涵盖长沙市区及主要周边地区。公司2015年完成居民用户发展近15万户，工商户发展43万立方米/日，气量供应约8.6亿立方米，实现工业总产值29.1亿元，比2014年同期呈现小幅稳步增长趋势。同时，公司关注创新管理，定期组织创新创意征集、评比活动，截至2015年年末，公司拥有有效专利共计17项，其中2015年获得6项，包含调压器维护管理系统、空温式汽化器能源补偿器等。

2015年公司持续强化安全运营管理，构建全方位、多层次的安全“生态体系”：①投资3000万元建成高压管线应抢救援基地，为长沙市城市管网、湖南省长输油气干线甚至华中地区油气管网安稳运转供给应抢救援保障；②加强与物业、街道和社区的联动，初步建立了燃气管网设施联动保护模式；③强化应急管理，与全市联网的110联动报警系统、借助“天网工程”，有效提升公司监测预警能力；④完善了公司综合应急预案和各专项应急预案，已在政府主管部门备案。

作为长沙市公用服务企业，公司始终坚持“以人为本、事求卓越、和谐共生”的企业核心价值观，为满足客户需求、维护政府形象、提高居民生活品质，较好地履行了政府赋予的职责。十多年来，长沙新奥燃气公司一直致力于成为“用户满意、政府放心、社会认同”的能源服务标杆

企业，直接用于社会公益慈善方面的投入已累计近千万元，重大慈善项目有：捐款50万元支持长沙教育事业；为冰灾地区捐款近60万元；出资100万支持长沙市第十届中学生运动会；援建怀化辰溪、浏阳两所希望小学捐资助学150多万；先后两次出资45万元赞助长沙市职工羽毛球赛；出资30万赞助长沙市“职工文化低保”工程；设立“新奥善行孝老”百岁老人关怀项目，每年捐赠50万元，连续5年共捐赠慈善资金250万元。公司先后荣获“利税过亿企业”“全国五一劳动奖状”“工业三十强”“高新技术企业”“湖南省五一劳动奖状”“省级文明单位”等多项荣誉，城南分公司管网运行部抢修二班获得全国燃气行业班组安全竞赛“安全班组”称号等。

湖南粮食集团有限责任公司 湖南粮食集团是经湖南省政府批准，由湖南省粮食局和长沙市人民政府合作，整合有关优势资源成立的国有大型综合性粮食企业，总资产近100亿元。集团现有在岗职工4000多人，主要业务有粮油收储、粮油加工、中转物流、市场交易、期货交割、经营贸易、电子商务、种子繁育、房产开发等。拥有12个粮油收购储备公司，仓（罐）容量200万吨；拥有5个粮油加工企业，年加工能力近200万吨；拥有长沙国家粮油交易中心，年交易量320万吨，交易额近80亿元；拥有长沙南方大宗农产品交易中心有限公司，年交易额300多亿元；拥有2条铁路专用线，6个2000吨级泊位，年货物吞吐量500万吨；拥有湖南粮食饲料现货交易市场，年交易额15亿元；拥有早籼稻、菜籽油、硬小麦期货交割库，交割规模25万吨；拥有金健米业、金霞粮食、裕湘食品和银光粮油4个农业产业化国家级重点龙头企业，以及农业产业化省级重点龙头企业“新中意食品”，拥有“金健”“金霞”“裕湘”和“银光”“中意”五大品牌。产品向米、面、油、粉、奶、药、休闲食品等多元化发展，营销网络立足湖南，布局全国，辐射欧洲、美国、日、韩、东南亚等地。

长沙拓沃工程机械设备有限公司 拓沃重工（长沙拓沃工程机械设备有限公司及其子公司长沙拓湃工程机械设备有限公司）成立于2011年5月，公司位于开福区捞刀河镇广胜村。公司是一家大型集研发、生产、销售、服务为一体的大型桩工企业，公司专注服务建筑施工基础处理，打造基础处理设备专家，精造各种类型桩工设备。公司拥有8000平方米厂房，办公面积800平方米，拥有自己各种机加设备，有高标准从零配件到整机生产能力。公司现主要经营新型静力压桩机、滚筒桩机、半步履桩机、全步履桩机、入岩钻机、循环钻机、跟管钻机、混凝土车载泵、混凝土搅拌泵等设备。截至2015年年底，获取专利技术12项，其中发明专利2项，另有6项专利正在申请备案。

公司恪守标准化、规范化经营，坚持以“诚信为本、品质第一、客户至上、勇于创新、精致管理”的核心经营价值观，致力于打造一流工程机械加工配套企业。公司从成立起发展近5年，拥有专业的技术研发人员20人，一线技术熟练员工200人，融合国内外设备技术精华的同时创新设计，质量控制体系通过ISO9001:2008质量认证系统，并严格执行ISO9001质量保证体系，业务遍及全中国各省份及乡镇，国际业务拓展30余个国家。在公司核心团队的努力下，建立为客户创造价值为中心，提供完善服务体系为宗旨，秉承“持续创新，百年拓沃”的企业精神，服务于广大客户。

（杨　娟）

园区建设

长沙金霞经济开发区

书　记　杨应龙（2015.11任）
　　　　张　毅（2015.11免）
主　任　袁政国
副主任　刘熙宇（2015.9任）
　　　　李剑刚
　　　　罗　辉
工委书记　　　　　荣爱华
工委副书记（兼）　胡仕勇
副县级领导　　　　杨永达
青竹湖生态（产业）园
书　记　吴正豪
主　任　宋奇志
金霞保税物流中心党工委书记
　　　　裴文欢
金霞保税物流中心主任
　　　　侯凌新

【概况】　金霞经济开发区内设办公室、招商合作局、产业发展局、规划建设局和工务局5个科室，另设财政分局一个派出机构，现有编制18名。2015年，完成工业总产值441.01亿元、规模工业增加值106.24亿元、进出口总额25亿美元、社会物流总额1108亿元。财政收入和税收分别突破20亿元和10亿元大关。在全市省级园区领导班子绩效考核中排名第一，固定资产投资、规模工业增加值等指标总量居长沙市省级园区前列，财税收入、外资引进、企业入园的数量和质量等多项指标列长沙市省级园区第一位，获评“中国优秀物流园区”“湖南示范物流园区”和“湖南首批服务业示范集聚区”。

实施产业提质工程，产业发展日益壮大。以现代物流为基础、商贸市场为主体、跨境电商为亮点、特色工业为补充，全力打造国家一级物流节点和引领中部的商贸市场群。全年产业项目续建21个、新启动13个、正式投产4个、中小企业进入试生产55个。中民筑友、三新住工、台北豆浆、宝盛钢材加工等项目正式投产；湖南跨境电商产业园完成揭牌，跨境电商进出口通道全面打通，业务量已近万单/天；长沙佳海工业园二期南片区25万平方米、长沙医药健康产业园一期26万平方米已全部建成；快乐购芒果汽车正式开业，高岭国际商贸城一期、长沙金霞保税店年内将试营业；中石油西南化工、爱尚通程、普洛斯、九州通等“十大”产业项目全面启动建设。

实施招商质效工程，战略项目抢滩入驻。以构建引领全国的商贸物流产业生态圈为目标，锁定世界500强企业、行业龙头企业和上市公司，开展有针对性选商招商。战略招商共引进投资过亿元的重大项目9个：香江二期、高岭综合交通枢纽、嘉里物流、辉瑞医药、平安惠尔、明湘科技、金健油脂、山河供应链、快乐购芒果汽车，协议投资达130余亿元。已进入合同谈判的项目6个，其中丰树物流、湘雅国际项目投资过10亿元，郑明、纽曼、北鑫建材、炫烨生态农业等项目投资过亿元。平台招商取得实质性突破，高岭国际商贸城、长沙医药健康产业园、佳海工业园、卓尔电商总部基地共引进投资5000万元以上的企业30家。同时，长重、恩瑞、统一等企业积极开展“二次招商”，共引进投资过亿元企业3家（包括恒盛瑞通建材、恩瑞八方物流园、统奕包装等）。

实施精美园区工程，产城融合不断加快。园区以“十大市政道路”和“十大配套项目”为重点，纳入年度建设管理的工程项目29个，现已全面完成的项目14个，其中捞刀河路二期（兴联路-柏叶路段）、植基路、纸笔塘路、鹅秀路（南段）和湘捞西路西延线等已建成通车，青竹湖创业中心商业节点、公租房、湘江截污工程、沙坪污水处理工程、进港大道绿化提质、高岭1万伏电缆、沙河桥下公交站场等完成建设。正在加速推进的项目15个，冯蔡西路东段、金灿大厦、友谊大厦等年内将完成建设，长青路、大安路、广胜路、高岭组团路网（已启动3条）等正抓紧施工，湘江风光带一期已经开标，华宁路、湘江北路等节点绿化提质已经进场，市六水厂正在拆迁，汤家湖路污水顶管施工已完善技术方案，即将启动建设。

实施平台升级工程，竞争优势更为凸显。坚持将核心物流平台作为立园之本，不断拓展平台功能，提升物流效益，涵养核心竞争力。长沙新港三期完成拆迁启动建设，计划修建的6个2000吨级泊位已建成2个，港区铁路专用线已与广铁集团达成接轨协议；湖南粮食集团9个千吨级粮食专用码头已建成投入使用，每年将新增1000万吨粮食吞吐量；长沙传化公路港正式开工建设，打造全国首家3.0版“智能公路港”，全面解决物流“最后一公里”问题；火车新北站二期已完成项目可研审批，将重点完善集装箱、特货、快运等作业区建设；园区信息平台建设已完成方案设计，致力打造省内一流、全国领先的物流信息平台。

实施政务优质工程，服务效能大幅提升。开展“三严三实”专题教育工作，大力推进“产业兴园”评选活动，全面实施“一线工作法”和党政领导联点项目制、重点产业项目周工作调度制等工作机制，全方位优化项目服务，共召开项目专题调度会议68次，协调解决项目困难和问题400余个；完成拆迁扫尾项目9个，面积96.52公顷，在拆且计划年内完成238公顷；完成挂牌土地6宗/34.73公顷，正在办理挂牌手续的9宗/29.39公顷；完成统征储备土地6宗/56.30公顷，正在办理统征手续的项目10个/93.33公顷，为园区发展奠定坚实基础。

（黄雁青）

青竹湖生态科技（产业）园

书　　记　吴正豪
主　　任　宋奇志
纪委书记　易树新
副 书 记　黄伟斌（2015.11任）
　　　　　张继业
　　　　　张龙建（2015.11免）
副 主 任　龙广明　王宇州
　　　　　张　纲
　　　　　方云南（2015.11免）
办公室主任　黄　巍（2015.11免）
　　　　　张再军（2015.11任）

【概况】 青竹湖生态科技（产业）园地处开福区最北端，按照“一区一园一中心”的大城北发展体制，青竹湖园区纳入长沙金霞经济开发区统一管理，实行统一规划、建设、招商和投融资。青竹湖组团以创业大楼、芒果汽车架空馆、湖心岛软件园等为中心，重点发展服务外包、电子商务及文化创意等产业，有青苹果数据中心、芒果汽车销售公司、车聚互联汽车销售有限公司（汽车之家）、无极生命科学（长沙）有限公司等重要电商及产业项目入驻。青竹湖中心片区开发建成了绿城·青竹园、橘郡·青竹湖、太阳星城、青竹湖·曦园、中铁·水映加州等生态高端房地产项目。

经济工作。2015年，园区完成财税任务5080万元，完成社会消费品零售总额4.17亿元，完成规模以上工业生产总值4.85亿元，完成房地产销售10亿元，新增工业投资6.65亿元，实现固定资产投资29.12亿元，引进省外境内资金

24.34亿元，到位外资7392万美元，房地产销售为5.49亿元。推进经济工作。建立良好企业发展平台。湖南省物联网行业协会在园区挂牌成立，为青竹湖园区产业转型发展注入了新的活力。围绕培育“四上企业”，加速推荐“个转企、小升规、规改股、股上市”。园区3家企业得到市级创业富民资金扶持。湖南青苹果数据中心、华瑞联芯、长沙拓沃工程机械有限公司、湖南赛恩斯科技有限公司、人和未来等企业申报了科技创新、科技服务项目。坚持“企业转型”，辅助和引导企业更多依靠科技创新、知识和人才，鼓励企业创新改革。

招商引资。2015年，园区共联络接待考察洽谈20多批次，新引进入驻楼宇企业8家：湖南芒果车之家汽车销售有限公司、湖南意思科技有限责任公司（外资企业）、湖南泉之鑫进出口贸易有限公司、湖南华清科创生命科学药业有限公司、无极生命科学（长沙）有限公司、恩瑞网络科技股份有限公司、湖南汇米巴商业管理有限公司、长沙市观山物业管理有限公司。芒果汽车项目为过5000万元重大产业项目，芒果汽车公司系快乐购与澳大利亚汽车之家合资，注册资金1亿元人民币，芒果汽车生活体验馆开业运营。组织举办“印象青竹湖”首届全国摄影大赛，与快乐购联合举办了芒果汽车项目启动仪式，举行芒果汽车上线发布会暨开业庆典，并将其纳入2015年“福满星城”购物消费节系列活动。开通“青竹湖招商”微信服务号（qzhzshz@sina.com），完成青竹湖服务外包公共信息平台的开发建设和验收等工作。

项目建设。2015年，园区开展与市规划局的工作对接，完成园区规划成果的更新。（1）国土手续办理。完成天井8.33公顷置换地的国土手续办理和天井小学国土手续，份启动5公顷产业用地拆迁，做好湘雅国际医疗中心项目落地的前期服务工作；配合社区进行60号令安置小区房屋产权手续的办理和村部楼国土手续的办理。（2）项目建设服务。完成创业大楼的建设及扫尾工作，按照建设计划稳步推进房地产项目，完成东片污水（临时）排放工程项目建设，投入使用。（3）按区政府及国土部门的要求，完 成了8处需整改的卫星图斑，完成了区级下达的5户危房改造任务，做好农房审批工作，完成10户援建户援建房屋工作。

【快乐购汽车电商项目落户青竹湖】 5月26日，快乐购项目正式签约入驻青竹湖生态科技（产业）园，重点开发建设“O2O汽车电商平台”及产业运营基地。湖南快乐购物股份有限公司旗下全资子公司芒果生活（湖南）电子商务有限责任公司（简称“芒果生活”）与汽车之家（NYSE：ATHM）全资子公司车聚互联（天津）汽车销售有限公司（以下简称“车聚互联”）合资在青竹湖生态科技（产业）园成立“湖南芒果车之家汽车销售有限公司（简称“芒果汽车”）。芒果汽车设立后，主要在湖南地区经营整车销售业务，通过整合全媒体（mobile、PC、TV）、多通路（网络、电视、报纸、广播）、跨平台（互联网、电视台、呼叫中心、线下实体）资源，打造“互联网+汽车”的电商新模式。合资公司还将在长沙打造体验式汽车生活主题馆，力求为湖南地区汽车消费者提供包含试乘试驾、车辆展示、汽车及周边产品的购买、提车验车服务的全流程、一站式汽车消费服务，真正实现汽车电商从线上到线下的闭环。

【举办“印象青竹湖”首届全国摄影大赛】 7月8日，由《长沙晚报》和青竹湖生态科技（产业）园共同举办的“印象青竹湖”首届全国摄影大赛在水映加州正式启动。数百名摄影家和爱好者聚焦青竹湖，4000余幅（组）精美的图像，记录园区的生态人居之美、创新产业之美。12月22日，“印象青竹湖”首届全国摄影大赛颁奖仪式暨获奖作品展在青竹湖芒果汽车生活体验馆举行，近百幅精美作品，吸引了近500名摄影爱好者和市民现场观展。

（林 芝）

长沙金霞保税物流中心

书　　记　裴文欢
主　　任　侯凌新
纪委书记　王　湘
副 主 任　王　佐　李　燕
办公室副主任　谷向阳　刘宁湘
招商部副部长　傅驰景（2015.10免）
财务部部长　曹　宇
招商部部长　周桂平（2015.11任）

【概况】 长沙金霞保税物流中心设有综合服务部、招商部和运营管理部三个部门，共有员工16人，含副县级领导2人，正科级干部4人，副科级干部3人，一般干部6人，政府雇员1人。

2015年金霞保税物流中心获中部（湖南）进出口商品展示交易中心授予“湖南省外贸企业总部基地”和“跨境·产贸园”，是长沙市重点投资项目、长沙市2015年“六个走在前列”重大项目、《湖南省对接“一带一路”战略行动方案（2015—2017年）》重大开放平台项目之一。

产业招商。2015年引进天赐、美乐购、千斯仓、速易得、浩通供应链等81家优质企业，其中工商注册、税务登记已办理完成的62家（嘉德引进25家、千斯仓引进3家）。

跨境电商招商。重点瞄准与跨境贸易电子商务运营相关的网商、电商、支付商、贸易商、物流商等，签约引进了香港天赐、香港爱町堡、美乐购、西班酒业等一批跨境电商企业和邮政速递、三湘集团等一批跨境电商运营企业。

电商大厦招商。作为园区产业转型升级新的平台和载体，电商大厦10~12层，16~17层，24~25层已入驻了友联供应链、润川供应链、华海报关行、浩通供应链、爱町宝母婴用品商城、金霞通跨境电商服务公司、香港天赐网、千斯仓电商服务公司、嘉德集团、西班酒业等30家企业。

小分队招商。先后赴广州、郑州两地对跨境电商服务试点工作和保税店工作进行了调研学习和交流。参加“活力澳门推广周”行业对接会和行业交流座谈会。与省商务厅、长沙海关、珠海宏桥公司，赴杭州、上海考察了解跨境电商及保税展示交易市场（中心）的实际运营情况和成功经验。在香港召开了“港湘携手、连通全球”湖南跨境电商产业园暨长沙保税直销中心招商推介会。金霞经开区书记张毅带领长沙海关、金霞经济开发区、保税中心等相关部门负责人赴郴州考察快件运营企业，与湖南湘港投资控股有限公司对接跨境电商通路合作事宜，加快了跨境进口工作的实质推进。举办湖南对接“一带一路”重点平台通道专场推介会。赴深圳考察美乐购深圳分公司，旨在引进跨境B2C直购进口试点的第一家企业，对于金霞跨境进口流量上规模，具有示范带动作用。由省政府副秘书长熊方平带领长沙海关、湖南检验检疫、省口岸办、市口岸办、金霞经开区、保税中心等相关领导及工作人员赴郑州保税物流中心、广州状元谷跨境电商监管中心、卓志集团、南沙自贸区开展专题调研和招商，协调海关与国检联合监管。省商务厅副厅长周船带领长沙海关、湖南检验检疫、省商务厅、市商务局、市口岸办、保税中心等相关部门负责人赴重庆考察大龙网项目，旨在引进大龙网的跨境出口B2B平台，有效促进湖南跨境B2B通道的打通。金霞经开区书记杨应龙带领青竹湖生态科技（产业）园、保税中心、招商合作局等相关部门负责人赴北京考察京通易购商贸有限公司，旨在通过京东战略合作商京通易购将京东的电商物流配送资源引入园区。

业务指标。主营业务2015年，通过中心报关8399票，与2014年同比增长13.59%；其中“一日游”5517票，同比增长3.06%；总货值约31.13亿美元，同比增长79.62%；海关征收关税约5亿元人民币，同比增长11.01%。金霞保税物流中心成为全省保税功能发挥最优、业务最大、运营最好的海关特殊监管场所。跨境电商：出口方面，7月第一批货物正式通过监管中心实现批量出口，完成23.63万单，货值3292万元，日均单量约4000单，最高达9000单。完成跨境贸易电子商务BC进口试单，12月正式启动跨境电商BC直购进口运营。年底跨境进口完成1.38万单，主要品种为进口奶粉、辅食和卫浴用品、服装鞋帽等。

项目建设。联检大厅装修工程顺利完成，6月实现电商大厦4~6楼联检大厅项目联合验收，电商大厦整体外墙亮化工于10月完工。园区提质改造项目进展顺利，完成保税仓库和卡口管理系统的更新升级和提质改造。完成了跨境贸易电子商务监管中心及配套设施建设，积极配合支持嘉德公司做好了进口商品展示交易中心一期11.8万平方米建设并投入使用。

主动协调，理顺关系。按季主办口岸办、海关、国检、国税、外汇、财政等部门参加的联席会议，研究解决中心运营过程中出现的问题。与口岸办、海关、国检等职能部门保持良好的沟通协调，对企业在通关过程中遇到的实际困难，主动了解协调理顺关系，确保高效率运作。主动协调海关支持恒峰公司和嘉德集团开展转口贸易业务，较好地完成了省、市政府交办的任务。

9月29日，副省长何报翔（左四）调研中部（湖南）进出口商品展示交易中心项目

优化设置，明确职责。制定行之有效的管理制度和园区应急预案，做好日常经营管理，确保园区内无偷盗、火灾、人员伤亡等重大安全事故。完成国检辅助平台的软件开发工作，配置至电商大厦联检大厅。对海关监管辅助平台系统在使用过程中出现的问题，及时整改和优化，提高企业报关和海关审单的效率和数据的安全性。督促宏桥公司专门针对长沙市场成立了售后服务中心。经常深入企业，及时了解企业诉求，听取其合理建议，与企业建立了良好的互动关系。

【长沙跨境贸易电子商务出口第一单上线测试成功】 1月21日上午，长沙海关测试组关员启动分拣线实施监管，完成跨境贸易电子商务出口第一单货物上线测试，这标志着长沙市跨境贸易电子商务服务试点工作迈出实质性步伐。测试当日，长沙海关共测试并验放跨境贸易电子商务出口货物清单50单。跨境电商的发展将为湖南省发展出口贸易增添新的通道，为湖南省的开放型经济提供新的贸易形态和更广阔的发展空间，对长沙积极融入和参与国际经济合作、抢占国际竞争制高点具有重要而深远的意义。根据海关总署监管要求，跨境电子商务出口业务的开展，由电商及物流等企业通过中国电子口岸直接对接全国统一版的“跨境贸易电子商务通关管理系统”，货物经过长沙跨境贸易电子商务监管中心的分拣设备上线查验后，经过数据信息比对后，实行“清单核放、汇总申报”监管方式，货物通过快速验放、快速清关，迅速转运出口，送达境外买家。

【湖南跨境电子商务项目成功签约】 金霞保税中心与卓志供应链、湖南邮政速递、三湘集团合作投资成立“湖南金霞跨境电商服务有限公司”，6月16日上午，在长沙金霞保税物流中心成功签约。公司将依托社会资源，在长沙跨境电商监管中心等现有硬件基础上，实现跨境电商出口通路打通运营，这也标志着长沙跨境电商业务正式启动。同时，第一家跨境出口电子商务企业湖南天赐电子商务有限公司也正式签约落户保税中心。天赐公司在金霞开展跨境B2C出口业务，将实现工作日日均走货量3000单以上。

1月21日，长沙跨境电子商务监管中心第一单货物上线测试成功

【金霞跨境保税直购体验中心启动运营】 12月19日，中部（湖南）进出口商品展示交易中心的核心部分金霞跨境保税直购体验中心正式启动运营。金霞跨境保税直购体验中心作为湖南首家保税店，按照“一馆一特色、一馆一风情”的要求，引进“金霞馆”“欧洲馆”“韩国馆”“澳新馆”，分为“一般贸易进口直销区”“跨境商品体验区”“出口商品区”和“海外轻餐休闲文化体验区”几大板块，采取一般贸易进口、保税展示交易、跨境直购体验三种运营模式，进行经营布局。1A#栋为出口馆，旨在推动“湘字品牌”开拓国际市场，形成“永不落幕的湘交会”。开业当天，共吸引了近10万人次的境内外经销商、消费者参观采购，累积交易总额逾千万元。 （吴　静）

表1

开福区封关运行数据

日期	类别	报关票数（单）	货运量（吨）	货值（万美元）	关税（万元）	一日游（单）
2009年8—12月	总业务量	216	9996	2340	1036	31
2010年1—12月	总业务量	1241	45728	15500	5882	145
	同比增长	91%	53%	121%	89.20%	367.74%
2011年1—12月	总业务量	2056	53509	34789	8253	431
	同比增长	66%	17%	124%	40%	197.24%
2012年1—12月	总业务量	2850	54778	61879	10113	1467
	同比增长	38.62%	2.37%	77.87%	22.54%	240.37%
2013年1—12月	总业务量	4992	58761	94760	19452	2866
	同比增长	75.16%	33.63%	53.14%	92.35%	95.36%
2014年1—12月	总业务量	7394	98925	173361	45136	5353
	同比增长	48.23%	69.36%	83.25%	136.4%	86.78%
2015年1—12月	总业务量	8399	58230	311386	50107	5517
	同比增长	13.59%	-41.14%	79.62%	11.01%	3.06%
2009年8月10日—2015年12月31日合计		27148	379927	694015	139979	15810

商贸·旅游

区商务和旅游局

局　　长　王辉君
副 局 长　刘家庆　段平凡
　　　　　邓　婷
　　　　　傅驰景（2015.11任）
纪检组长　陈　磊（2015.11任）

【概况】　开福区商务和旅游局，为区政府机构，内设办公室、招商科、项目科、商贸科和旅游发展科五个科室，16人，其中，核定行政编制5人、事业编制2人。

商　贸　2015年，全区引进重点产业项目20个，总签约金额112.6亿元。其中10亿元项目3个（香江二期、高岭综合交通枢纽项目、湖南粮食集团食用油加工物流园），亿元项目3个（尚东钢构总部大楼、鹰皇长沙电商总部基地、嘉里物流湖南区域总部）。

夯实商贸流通基础，推进商贸繁荣。2015年实现社会消费品零售总额660亿元，同比增长12.6%，连续两年综合排名主城区第一。其中：限额以上企业实现零售额276.5亿元，同比增长7.1%，增长贡献率24.7%；限额以下企业及个体户实现零售额383.5亿元，同比增长17%。

举办多渠道、多层次、多形式的主题消费节会，释放消费潜力。2015年5月，启动2015“新丝路·新开福”时尚嘉年华活动，配合湖南省商务厅举办了英国品牌购物节，成功举办了芒果汽车开业庆典和泊富盈石I city美好生活开业庆典。在长沙市第八届“福满星城”购物消费节中，麦德龙、嘉德集团、友阿黄金、永通集团等11家重点零售企业参与。节会预计直接带动消费3000万元以上，消费潜力得到释放。

优化市场环境，招商引资成效显著。2015年，引进重点产业项目20个，总签约金额112.6亿元，引进项目涵盖金融、电子商务、商贸物流等多个产业。引进平安养老、英大证券等金融机构，引进红星美凯龙家具建材博览中心、嘉里物流、香江二期等大商贸物流项目，鹰皇电商总部基地大数据中心、国美(长沙)电商运营中心、快乐购芒果汽车之家等电子商务企业或项目，以及南方水泥、安永华明会计师事务所等企业区域性总部入驻，推进沙坪绣坊街招商工作。派遣了三个省外招商工作组分别进驻北京、上海、深圳三地进行驻点招商。帮助企业破解难题。组织纸业、湘绣、水果、化妆品、建材等相关行业协会和金融机构召开互助合作座谈会，缓解中小企业融资难问题。

深化改革开放，扩大对外贸易。开福区是湖南省唯一一个集铁路、公路、水路、航空和管道五种物流元素为一体的区域，同时也是湖南省口岸最多、功能最全的一个区域。因湖南省进出口商品展示交易中心开业以及“湘欧快线”常态化运行，外贸经济发展迅速。2015年，进出口总额占全省的35%，完成关税收入21.4亿元，占全省关税收入35.4%，保税交易共计33697单。金霞保税中心报关8399票，进出口货值311386万美元，分别增长13.59%、79.62%，园区财政收入和税收分别突破20

亿元和10亿元大关。

加快科技创新，推动成果转化。2015年，新增高新技术企业8家，全区实现高新技术增加值208亿元，同比增长33.8%，占GDP比重达28.9%；积极开展科技创新，通过科技培训、政策引导，全年申请专利2244件，同比增长51%，授权1222件，同比增长30%，全区自主创新能力不断提升。中国社科院发布的《中国中小城市发展报告（2015）》绿皮书中，开福区获评全国综合实力百强市辖区第37名、最具投资潜力百强市辖区第18名、新型城镇化质量百强市辖区第16名，排名均在湖南省市辖区首位。

强化市场监管，开展专项整治。加强市场监管，着力强化市场监管，开展专项整治，重点放在食品安全监管、环境监管、生产安全监管等方面。严厉打击私宰黑窝点，确保肉及肉制品安全。举行2015年食品安全宣传周活动。开展安全生产宣传以及专项检查活动。整顿私屠滥宰违法现。联合执法，取缔私宰黑窝点4个，缴毁白板肉2100多公斤，没收私屠滥宰工具，拆除灶台等生猪屠宰设施。对区内大中型商场超市和星级酒店开展了安全生产专项大检查。

旅　游　2015年共计接待游客780万人次，同比增长8%，完成旅游总收入85亿元，同比增长5%。

表2

2015年旅游业经济指标

项目	单位	2015年	2014年	比上年同期增长
接待游客人次	万人次	780	722	8%
旅游总收入	亿元	85	81	5%

科学规划，推进重点项目建设。科学编制旅游产业发展规划，着力推进重点旅游项目建设。启动沙坪湘绣文化旅游区创国家AAAA级景区工作。成立了高规格的创建工作领导小组，编制了景区创建提升规划，调整安排了2000多万元财政预算，启动生态停车场、游客服务中心、景区道路提质改造等基础设施建设。将潮宗街纳入全区重点棚户区改造计划，启动潮宗街历史文化街区建设。开福区充分挖掘湖南广电资源，整合世界之窗、海底世界、山鹰潭文化旅游公园等资源，启动金鹰文化城的建设，建设金鹰文化旅游新城。启动浏阳河文化旅游产业带的建设，各项工作有序推进。

多方联动，强化旅游品牌宣传。坚持以政府宣传旅游形象与企业推介产品相结合、业界推广与公众宣传相结合，充分利用类旅游交易会、博览会以及新闻媒体，宣传开福旅游。举办沙坪绣坊街开盘仪式暨招商推介会；组织赴昆明、北京等地开展开福区旅游形象宣传推广活动；参加省、市组织的各类旅游交易会和博览会，组织区内旅游企业参加全省旅游博览会，开展旅游资源推介和特色旅游产品营销；鼓励区内旅游企业开展多种旅游营销宣传活动；开展《中华人民共和国旅游法》的宣传，组织开展人才培训，组织辖区旅游企业开展职业技能培训和职能竞赛。伊飞湘绣在张家界“印象湘西”购物店租赁了一个近500平方米的展柜，展示系列伊飞湘绣产品，深受游客欢迎。利用各类媒体提升开福旅游知名度，在《长沙晚报》开辟宣传栏集中推介沙坪绣坊街、开福乡村休闲旅游等资源。编辑印制了《开福旅游手

中国智慧商贸战略发布会

册》，免费将手册分发到全区所有的星级饭店和旅行社，方便游客在开福区旅游。

夯实基础，加强旅游行业管理。夯实旅游基础工作，加强旅游人才队伍建设，做好权力下放后的各类承接工作；提升服务品质，深入开展旅游行业文明创建工作，倡导文明旅游；强化对旅游市场监管，开展旅游市场日常检查、联合检查和专项整治，净化旅游市场环境；印发《文明旅游手册》，将手册发送到旅游企业和社区；与辖区内的星级 宾馆、A级景区和旅行社签订安全生产责任状，开展6次安全生产大检查；联合区交通局、区安监局、区交警大队组织开展对非法组织包价旅游的行为进行联合执法检查；做好A级景区和星级文化街区、金鹰文化城和浏阳河文化旅游产业带的建设。

【举办“新开福·新丝路”时尚嘉年华暨开福区消费节活动】 5月20日，2015年“新开福·新丝路”时尚嘉年华暨开福区消费节活动在中山路国货陈列馆正式开幕。该活动由湖南省商务厅、长沙市人民政府指导，长沙市开福区人民政府、长沙市商务局以及开福区各大商贸流通企业承办，活动旨在将单一的商家促销整合为多行业参与的全城促销，打造开福区诚信商家联盟，让企业在诚信贸易环境中创品牌、增效益，让广大群众在放心消费中得实惠。通过与友阿集团、万达集团等重点商贸流通企业以及城市综合体共同搭建节会平台，举办“新开福·新丝路”时尚嘉年华活动，以进一步扩大开福区传统文化、外向经济和时尚消费的影响力及知名度。

【沙坪绣坊街开街】 8月6日，长沙市开福区沙坪湘绣文化旅游景区核心项目——沙坪绣坊街开街并正式启动招商。长沙市副市长何寄华、长沙市委副秘书长何季麟、长沙市旅游局局长孙卫东等领导出席。来自全国各地的湘绣、苏绣、粤绣、蜀绣等刺绣领域大师代表，共同见证开街仪式。沙坪·绣坊街是湖南首个“以绣为主、画绣结合、丝绣结合、旅游结合”的特色文化旅游商业地产项目，更是中国首条以湘绣文化为灵魂，集湖湘文化体验，度假旅游和商贸功能与一体的综合性文化旅游商业街。

【浏阳河开福区段风光带开工建设】 9月8日，备受市民关注的浏阳河开福区段风光带建设正式进入实施阶段。预计到2016年，浏阳河开福区段17千米风光带将建成开放。开福区浏阳河南北两岸风光带建设规划，将围绕滨江岸线功能品质的提升，以“绿色、人文、休闲、运动”为导向，充分利用好独特的自然景观和人文禀赋。整体风光带分为休闲互动区、生态游乐区、绿色活力区三大分区，整段将两岸风光带打造成开福区的标志性景观轴。

【编辑印制《开福旅游手册》】 为了方便外地游客在开福区旅游，编辑印制了《开福旅游手册》，并且免费将手册分发到全区所有的星级饭店和旅行社。

（张海涛）

重点旅游景点

开福寺

开福寺位于长沙市湘江之滨，是一座殿宇宏伟、气势夺人的千年古寺。开福寺是禅宗临济宗杨岐派的著名寺院，始建于五代时期，历宋、元、明、清各代，数经修缮，有著名的内外16景，是湖南省重点文物保护单位，也是汉族地区佛教全国重点寺院，长沙市佛教协会的所在地。每年春节，开福寺山门外都会举行盛大的庙会。除了祈福和赏灯，还有看戏、猜灯谜、舞龙狮、品美食。此外，湘绣、剪纸、面塑、糖画等级能手也在庙会展示传统手艺，尽显开福寺庙会质朴的民风民俗。

沙坪湘绣文化旅游景区 沙坪小镇（AAA）

沙坪风情小镇是开福区沙坪湘绣文化旅游景区的核心景区，是中国湘绣的发源地，国家AAA级旅游景区。景区依托沙坪湘绣产业和自然资源基础，融合当地特有的湘绣文化、民俗文化，成为国内外知名的以湘绣产业、现代农业、旅游产业为核心的文化旅游特色小镇。

沙坪小镇的核心景区为沙坪绣坊街。街区全长1.3千米，总建筑面积13.3万平方米。沙坪绣坊街是湖南首席湘绣文化旅游商业步行街，集休闲娱乐、湘绣体验、非遗展示为一体，分布有旅游工艺品展览区、湖湘特色餐饮区、湖湘文化展示区等景点，让广大游客充分领略湘绣文化的无穷魅力。

沙坪湘绣文化旅游景区 汉回民族村（AAA）

汉回民族村是开福区沙坪湘绣文化旅游景区中的特色景区，为国家AAA级旅游景区。汉回民族村是长沙市唯一的少数民族聚居村。全村2000多名居民中，三分之一是回族，回族在此生活已有300多年的历史。景区内有民族团结广场、回民清真寺和铁炉寺知名景区，是佛教、伊斯兰教宗教活动场所，尤其是村内保存有具有鲜明回族特色的民居、风俗和独特的饮食文化。在这个山水相映的村庄，汉族和回族村民和睦相处，共同居住，是个以汉回文化为依托、以民俗体验、生态农业、休闲度假为主体，以宗教、美食为配套的新型旅游示范区。

沙坪湘绣文化旅游景区 长沙园林生态园（AAA）

长沙园林生态园是开福区沙坪湘绣文化旅游景区中的重要景区，景区总规划面积为200公顷，目前已开放一期园区66.67公顷，景区内植物资源丰富，森林覆盖率达90%，空气质量极佳，负氧离子丰富。景区把文化、旅游生态的理念与园林融为一体，形成了独有的生态文化品牌。是集园林科研生产、花卉展示、科普教育、休闲旅游、户外拓展等多种功能于一体的现代生态园。自2009年开园以来，接待游客突破100万人次，是长沙市科普示范场馆、市青少年素质教育基地。

长沙世界之窗

长沙世界之窗坐落于长沙市金鹰影视文化城，占地40万平方米，是全国首批AAAA级旅游景区之一，中南地区最有影响力的大型文化主题乐园；湖南省最大的旅游、影视、文化、娱乐基地，也是湖南省重要的精神文明建设基地。

长沙世界之窗是由湖南电广传媒股份有限公司、深圳华侨城控股股份有限公司和香港中旅集团共同投资兴建的大型文化主题公园。1997年10月1日试营业以来，长沙世界之窗已发展成为一个融世界各国建筑奇观、五洲风情歌舞表演、大型儿童游乐、先锋时尚活动、水上活动乐园、影视拍摄基地于一体的综合性大型主题乐园。

长沙海底世界

长沙海底世界坐落于浏阳河畔金鹰影视文化城内，占地7公顷。被国家海洋局、中国海洋协会授予“海洋科普教育基地”，也是湖南电视台的影视拍摄基地。海底世界的游览区域由海洋馆（包括极地馆）、科教馆、水上乐园、儿童乐园、儿童乐园五大功能区组成。是一个集观赏、休闲、娱乐、科普于一体，中南地区展示物种最多、节目内容最丰富、参与性最强、最具时尚感的海洋主题公园。并先后获得了“湖南省最佳旅游景点”“长沙市文明示范窗口”等荣誉称号。被国家旅游局授予“国家AAAA级”旅游景区（点）。

铁炉寺

铁炉寺位于开福区沙坪街道汉回村，距长沙市区7.5千米，相传南宋初年有禅师来此结庐静修，得天人散花、猿猴献供。岳飞出兵洞庭湖时，慕名谒师，宾主谈禅论道，纵论国策，行前植茶树两株而去。康熙年间（1662—1722年），百隆普振禅师（1654—1735）平江颜氏子，幼时见羊跪乳，悟母恩难报，遂发离尘之志，依开福寺心辉世祖出家，25岁负钵远游，朝礼名山，广参善士。32岁始居金山，勤修苦参十五载，彻底神悟！康熙四十年（1701年）辞返星沙，见铁炉冲云烟缭绕，古茶蔚起，遂发愿于宋禅师结庐处，开山建寺。该处四面环山，西边低阔，中为腹地，形状酷似古人烧饭用的铁炉锅，故禅师为寺命名铁炉。铁炉寺原为和尚主持，1931年正式改为尼庵。

潮宗街历史文化街区

潮宗街是长沙市著名的老街巷，位于长沙湘江中路与黄兴路两条主干道之间，长约1000余米，明清时长沙县署就在潮宗街上。民国时期，出潮宗街、过潮宗门，便到长沙码头，长沙是中国四大米市之一，潮宗街又为长沙著名米市。走进麻石青路的潮宗街，有大韩民国临时政府旧址、时务学堂等著名景点，书社、教堂、戏台、公馆、牌楼、文化比比皆是，让广大游客和市民感受到老长沙历史的记忆。

湖南省博物馆

湖南省博物馆位于长沙市开福区，与烈士公园毗邻，占地面积5.1万平方米，筹建于1951年，1956年正式对外开放，是湖南省最大的历史艺术博物馆，也是首批国家一级博物馆、中央地方共建国家级重点博物馆、全国优秀爱国主义教育示范基地和湖南省AAAA级旅游景点。

湖南省博物馆藏品达18万余件，尤以马王堆汉墓文物、商周青铜器、楚文物、历代陶瓷、书画和近现代文物等最具特色，并以此打造了6个展示人类优秀文化遗珍的基本陈列。

中山亭

中山亭位于长沙市开福区黄兴北路与中山路交汇处。始建于1930年，现辟有辛亥革命陈列馆，陈设孙中山、黄兴、蔡锷、宋教仁等革命党人史迹。中山亭是省会近现代标志性文物建筑之一。

烈士公园

烈士公园是长沙市最大的公园，位于长沙城东北部东风路1号，是一座集纪念、游览和娱乐的综合性公园。1950年动工兴建，1953年正式开放。占地118公顷，其中水面约40%。东面浏阳河环绕，其他三门面向闹市。

长沙市博物馆

长沙市博物馆旧馆位于市中心八一路538号，占地4.26公顷，面积达40000平方米。1986年，长沙市博物馆在中共湘区委员会旧址纪念馆的基础上正式成立。长沙市博物馆新馆于2015年12月底搬迁至长沙滨江文化园长沙市“三馆一厅”。

长沙市博物馆作为一座中型综合性的地方志博物馆，它承担着收藏、保管和展示长沙市以及周边地区各类文物、照片、图书、文献资料的重任。为国家征集收藏了各级各类文物、照片、图书、文献资料共85000余件。其中出土文物10500余件，流散文物28000余件，字画和近现代文物6500余件；各种历史图书文献资料20000余件，各类照片20000余张。经专家鉴定，共有一级文物87件套，二级文物101件套，三级文物2750件套。

洪山寺

洪山寺位于长沙市开福区山鹰潭自然风景区，紧靠风景如画的捞刀河，依山傍水，风景秀丽。该寺始建于明代，寺庙建筑宏伟，气势非凡，佛光塔高达9层，供奉地藏菩萨。

长沙市滨江文化园“三馆一厅”

长沙滨江文化园12月28日开园，“三馆一厅”是包括长沙市博物馆、长沙市图书馆、长沙市规划展示馆、长沙市音乐厅以及景观塔和周边配套设施在内的长沙滨江文化园建筑群，位于长沙北辰三角洲，西滨湘江、北临浏阳河。

“三馆一厅”总建筑面积约15.5万平方米，其中：博物馆3.42万平方米，图书馆3.13万平方米，音乐厅2.76万平方米，景观塔650平方米，地下架空层5.75万平方米。整组建筑象征了湖南人勇往直前、迎难而上、自强不息的群体性风格。长沙“三馆一厅”位置十分优越、环境优美清新，是广大游客和市民休闲、阅读、养性、欣赏的最佳场地。

大明山庄

长沙大明生态休闲山庄位于长沙市开福区沙坪街道大明村，占地面积36.67公顷，环山抱水，风光旖旎，原始生态和人工雕琢浑然一体，既保留了自然生态美景，又体现出现代建筑之大气和风韵。山庄拥有三星级酒店一栋，雅韵别墅4栋，总建筑面积6000平方米，集餐饮、住宿、会议、茶楼、商务洽谈于一体的特色休闲山庄，是推广农业科技的示范基地。

和道源山庄

和道源位于长沙市开福区沙坪街道，占地40余公顷。山庄以休闲互动健身为主题，布局有生态垂钓、餐饮美食、娱乐休闲、锻炼健身等多种特色的体验项目。山庄环境秀美，闹中取静，是广大市民和游客休闲的绝好场所。

和道源山庄一年四季特色奉献，春天，400棵垂柳同时从尖尖角到郁郁葱葱，红枫林、迷宫园、花圃园也不甘示弱。夏季，阁楼用餐，知了虽吵但抵不过徐徐微风，七彩山鸡也来凑热闹。秋季，看红枫走红运，泥土中夹杂着收割的气息。冬天，现场烤全羊，喝一杯和道源自酿纯稻谷美酒，篝火晚会跳出你的激情。

海天山庄

五星级休闲度假山庄——海天山庄位于长沙市开福区沙坪街道海棠村境内，山庄依山而建，占地面积约21.80公顷。山庄各类配套服务设施齐全，是一个集生态苗木种植、农业观光、休闲娱乐、团体会务、修养健身为一体的乡村度假胜地。山庄设有标准套房、豪华套间，共46间98个床位。房内安装有卫星电视及空调让您享受温馨惬意的假日时光；山庄在乌溪村拥有13.33公顷无公害农产品基地供应自产自销的纯原生态家禽和蔬菜，拥有年出栏600头的生态养猪场，2公顷的原生态土鸡饲养园让您与健康同在；高档次KTV、乒乓球室、健身器材、台球、羽毛球、双人自行车、商场、垂钓让您与娱乐相伴。

楼宇经济

区现代服务业发展办公室

主　任　陈　迎
副主任　肖　亮

【概况】　长沙市开福区现代服务业发展办公室于2014年10月正式挂牌成立。公益一类事业单位，现有员工7名，目前空编2名。2015年开福区建成商务商业楼宇总数125栋，楼宇总面积达425万平方米，其中商业面积152万平方米，商务面积273万平方米。入驻楼宇企业2422家，主要集中在金融业、商务服务业、计算机服务及软件业、文化体育及娱乐业等现代服务业企业。金融生态区内40余家全国性和省级金融总部齐聚于此，各类分支机构和新型金融机构200余家，涵盖银行、保险、证券、基金、期货、担保、融资租赁、金融中介等数十种金融业态，覆盖率占全市90%以上。

2015年组织编制了开福区“十三五”楼宇经济工作规划、“十三五”现代服务业发展规划、制定了开福区促进楼宇经济快速发展的具体实施意见；完善了全区商务商业楼宇项目和入驻企业的基础数据。楼宇网络信息平台包含楼宇名称、面积、入驻企业情况等23项楼宇基本数据和25项企业基本信息，并已具备基础数据录入、主要指标查询、楼宇定位、对外展示等功能；创新性推行楼宇经济“四个一”工作模式。即：搭建一支工作班子、形成一套工作机制、建立一个综合服务站、制作一份服务手册。园区、各街道、区直相关单位明确一名班子成员主管楼宇经济工作，一名成员负责具体落实，全区形成了70人左右的专业团队来具体负责楼宇经济工作，并坚持按周跟进，按月反馈，建立健全了楼宇工作机制；5月24日，开福区首个“楼宇综合服务站”在绿地中心挂牌成立。开福区以甲级写字楼为依托的楼宇服务站以“零距离”服务的姿态正式运营，助推政府职能转变;为企业提供政策咨询、工商、税务等“一站式”服务，实现经济服务、民生保障、城市管理、综合治理、党群建设等“五进楼宇”；各相关街道都已建立楼宇综合服务站，明确专人分管、明确工作制度、明确工作内容；“开福区楼宇服务手册”，首次以便携手册的形式对区域内的楼宇进行宣传推介，内容涵盖楼宇的基本情况、租售价格、停车位、入驻企业情况、周边环境、楼宇联系方式、公众微信号等；同时，利用好驻外招商组、商会、中介等各项资源，做好二次招商工作。2015年12月3日，联合湖南省川渝商会举办了“活力大城北”在湘异地商会开福行活动，40家在湘异地商会的会长和秘书长齐聚大城北，实地考察了“三馆一厅”、长沙金融生态区、高岭（国际）商贸城、沙坪湘绣文化旅游景区、中部（湖南）进出口商品展示交易中心、芒果汽车等区域重点资源，展示区域资源，拓宽招商引资渠道。

【成立楼宇综合服务站】 5月24日，开福区首个“楼宇综合服务站”在绿地中心挂牌成立，区委书记廖建华亲自授牌。全区所有商务商业楼宇的街道也相继成立楼宇经济综合服务站，明确服务人员，助力全区楼宇经济发展。

（冯丹璐）

财税·金融

财政

区财政局

局　　长　李　杨
副 局 长　严　霞
　　　　　李伟新
　　　　　李铁钊
　　　　　宁小群（2015.11任）
　　　　　罗放军（2015.11免）
纪检组长　张　平
总会计师　黄　维
非税收入管理局局长　王晓莉
政府投资预决算中心主任
　　　　　　　　李　莎

【概况】　长沙市开福区财政局是区人民政府综合管理全区财政收支、主管财政政策、实施财政监督、参与对国民经济宏观调控的职能部门。设办公室、预算（国库）科、行政教科文科、协税办、会计监督科、采管办、经建科、国资办8个科室和国库集中支付局、工资统发中心、非税收入管理局、乡镇财政管理局、政府投资预决算中心5个二级机构；编制38名，在职在岗干部职工38人。

2015年完成地方财政总收入120.13亿元，同比增长12.5%，其中：税收收入完成100亿元，同比增长13.1%；非税收入完成20.13亿元，同比增长9.3%。全年上划中央、省、市增值税13亿元，同比增长47.7%；“营改增”增值税上划4.17亿元，同比增长25.6%；上划中央、省、市企业所得税19.95亿元，同比增长20.3%；上划中央、省、市个人所得税13.55亿元，同比增长25.0%。完成区级公共财政收入50.72亿元，同比增长11.0%；完成公共财政预算支出62.57亿元，同比增长8.5%。2015年，财政局获全国“青年文明号”（共青团中央）、湖南省“预算绩效管理先进单位”（湖南省财政厅）、长沙市“文明标兵单位”（中共长沙市委、长沙市人民政府）等荣誉称号。

收入征管。应对区域经济发展新形势，制定月度、季度、半年度和年度收入组织方案，督促各单位加强收入征管；加强财税收入形势分析，灵活、适时采取各项财政政策措施，促使财税收入按均衡进度及时入库。狠抓财政扶持政策的贯彻落实，加强税源企业的引进，全年共引进注册资金50万元以上的企业3798家；开展重点企业走访，加强对重点税源企业的支持力度，积极兑现奖励扶持政策。修订出台《开福区财税目标管理考核办法》，从机制上充分调动各方积极性，实现“以考促收”目标；坚持“抓大不放小”，适时开展小税种的专项清理行动，收入结构得到进一步优化。

非税收入管理。对区政府投资平台土地出让收入进行摸底跟踪，将区城建投、经开区的国有资源收入全部上缴国库，实行“收支两条线”管理；非税征收点设置POS机刷卡收费；以票管收，强化票据管理，及时开展票据年检和票据稽查，促进非税收入管理日益规范。

民生民本支出。全年安排民生民本支出55.56亿元，占公共财政预算支出的88.8%。安排基础设施建设资金1.50亿元，保障重点工程项目建设顺利推进；安排重点工程建设资金3.40亿元，确保城管、水利、城乡一体化项目顺利推进；安排教育经费6.50亿元，做到教育经费稳步增长，为巩固全省教育强区提供财力保障。城乡居民养老保险待遇进一步得到落实，累计发放城乡居民基础养老金2527万元，城市低保金4213万元，农村低保、“五保”金1229万元，实现城乡低保工作动态管理下的“应保尽保，应退尽退”。加大对水利建设、农产品质量安全、农业标准化基地建设、动物疫病防控等农业项目的投入，支出农林水利资金1880万元，通过“一卡通”发放惠农补贴1820万元。

财政支出管理。优化专项资金审批程序，坚持事前申报、事中审批、集中支付，确保专款专用。逐步推进财政预算绩效评价制度，出台《开福区绩效评价结果应用管理办法》，对2014年绩效评价结果进行公示。依法全面推进政府预决算、部门预决算和“三公”经费预决算公开。

规范国库集中支付。逐步扩大国库集中支付改革范围，完善制度体系建设，改革资金拨付流程，出台《关于进一步明确面审和网审事项的通知》，对面审事项进行现场审核原件；全年直接支付占支出总额的98.83%、授权支付占支出总额的1.17%。

政府采购监管。推进政府采购科学化精细化管理，创新政府采购管理工作新机制，扩大政府采购范围和规模，规范采购工作规程。制定《长沙市开福区财政局关于进一步加强公务用车定点维修监督管理有关事项的通知》，对公务用车定点维修进一步规范；开展公车维修专项检查和代理机构2014年度代理工作专项检查，针对检查中发现的问题下达整改通知书，要求逐一整改到位。

政府性投资建设项目监督管理。在全区拆违控违工作中，派出工作组全程做好签证工作；严格执行三审复核制，加强工程预算上限值审核，完成628个项目的预算审核，审定金额16.68亿元，核减金额5017万元，核减率2.9%。

国有资产管理。制定出台《开福区企业国有资产监督管理办法》《开福区企业国有资本经营预算试行办法》，严格按照“一总两分”国有资产管理模式对全区国有资产实施资产平台化管理。

财政监督检查。认真贯彻相关法规条例，加强对财政内部监督和财政资金监管，对年初预算的执行实行全程监控，确保财政资金的使用安全和效率。以制度规范为基础，建立健全预算编制、执行、监督、绩效考评四位一体的财政资金管理模式。以日常检查与专项监察相结合为手段，建立健全事前审核、事中监控、事后检查的全过程的动态监督机制。强化资金绩效管理，在保障资金安全的基础上，加强对资金使用效益的监督检查。完善内部监督和外部监督相结合的检查机制，充分发挥外部监督的作用。

会计监管。认真贯彻执行《中华人民共和国会计法》，将会计监管与预算管理、财务管理、国库集中支付管理以及财政监督等工作有机结合起来，全面提高会计信息质量。加强会计基础工作，推进内部控制制度建设，开展内部晒账和资金安全检查。

投融资管理。按照区委、区政府要求，在加强监管、规范运作的前提下，广泛约谈PPP咨询中介机构，积极学习PPP模式先进经验，为项目建设单位选取PPP项目提供建议，制定PPP操作流程等一系列文件。

街镇财务监管。加强街镇预算管理，完善区对街镇财政管理体制；大力开展标准化财政所建设工作，17个街镇全部通过全省标准化财政所检查验收，芙蓉北路街道和湘雅路街道被评为2015年度省级标准化财政所创建工作优秀单位。

财政队伍建设。将2015年定为“财政管理年”，对预算管理实行网上集中数据处理、对债务管理即将实行动态管理，通过加强党风廉政建设、优化流程设计、完善岗责体系、加强绩效考核等措施，鼓励干部职工参加学历、职称考试，财政干部素质明显提升。

金融生态区

区国有资产管理办公室2011年成立，为区财政局管理的二级机构，编制2人。实际在职在编工作人员3名。

2015年按照财政部最新颁发的财务规则，将原标准中固定资产的入账价值进行调整；细化办公家具及办公设备的分类，新增体育和音乐器材等专业办公器材的配置标准；对设备及家具的配置标准及报废年限进行调整和修改。

区资产配置预算已扩大至区直74个部门，从资产配置的申报到批复再到资产购买审核及购买款项支付形成了有效的有序管理机制。区直部门及二级机构共72家单位上报的2015年办公资产配置预算（不含专项资产、不动产、车辆）计划申报共计1850件，审核核减1176件，可配置资产预算计划批复674件，核减率63.56%。

加强和规范区事业单位及所办企业国有资产管理，维护国有资产安全完整，确保国有资产合理配置和有效利用。启动区属事业单位及其所办企业的国有资产产权登记工作，对符合省财政厅登记要求的118家事业单位（区直部门26家，教育系统65家，卫生系统14家，街道下属事业单位13家）及4家事业单位所办企业的国有资产进行产权登记并发放产权登记证书。对产权登记中存在的问题下达了整改通知书，要求按期整改。

对国有资产管理工作进行绩效考核。加强街道国有资产管理，落实国有资产管理责任，保障国有资产安全完整、合理配置和有效利用，对区内17个街道、镇进行2015年国有资产管理工作绩效考核强化监督，对区属国有企业进行摸底，为来年编制国有资本经营预算打下基础。签订资产监管责任书。按照区国有资产“1+2”管理模式，国资办与区机关后勤服务中心、区工务局签订国有资产管理责任书。国有资产管理责任书明确了各主管单位国有资产的管理范围，确定了日常资产的管理方法，对管理不善和使用不当造成资产损失的，明确了赔偿及处罚责任，避免了各单位之间互相推诿导致资产流失的情况。该责任书作为资产管理部门依法授权书，按年签订。

（郑和堂）

地税

区地税局

局　　长　陈学坚
副 局 长　宋绍斌　邓康路
　　　　　肖晓华　方　勇
纪检组长　邓康路
工会主席　陈中笑

4月8日，纳税服务日，地税干部接受纳税人的咨询

【概况】　开福区地税局下设7个科室、4个税源管理科、3个直属机构和9个税务分局。现有在职干部212人，退休干部41人。

开福区地税局2014、2015两年连续跨越50亿元、60亿元两个平台，税收总量、增量、质量“三量齐升”，并连续十四年保持“湖南省文明标兵单位”这一荣誉称号，先后荣获“湖南省职工职业道德建设标兵单位”、中华全国总工会“全国模范职工之家”荣誉，连续3年被评为市局“先进单位”；2015年，获得湖南地税系统“先进单位”称号，并在开福区委、区政府“六个走在前列大竞赛”暨绩效考核评比中荣获一等单位荣誉，区局第十四支部荣获“湖南省地税系统党建工作创新成果优秀奖”。

抓收入，保增长。面对经济下滑、结构性减税、营改增扩围等多种因素叠加影响，千方百计抓收入、攻坚克难保增长，强化收入分析质量，加大汇缴结算力度，积极挖潜增收，大力清缴欠税，企业所得税、个人所得税分别增长146.41%、26.05%，房产税、印花税、土地使用税“三小税”同比增长10.5%、37.73%、91.12%。2015年，累计入库各项收入61.5亿元，计划口径收入60亿元，较上年同期增长18.86%，税收收入达到历史峰值；其中省、市、区级收入分别较上年同期增长22.34%、13.32%、7.51%。虽然增速有所放缓，但增量可观、质量更好，真正实现了“稳”中有进。

紧扣“向税政要税源”理念，强化政策执行与落实，强化税费种

纳税人课堂

分析与管理。深入推进“营业税清零”专项行动，摸排营业税欠税情况，共清理房地产业151户，建安业5460户，金融保险业18户，其他企业2448户，共入库营业税7.64亿元。有序开展土地增值税清算，严格按照“三级审核”制度对所有清算项目开展专项复核，全年共清算复核房地产项目13个，补税4.48亿元。落实惠民政策，2015年享受减免纳税人4366户次，共减免各类税费15621.98万元。行政事业单位个税清理取得突破，对内，明确行政事业单位税收征管政策法规，统一公平税负；对外，通过事项告知、责令限期改正、涉税信息核对等程序，加强沟通协调，提高纳税遵从度。辖区内227户行政事业单位自查补缴个税4852万元，清理出省级单位104户，市级单位29户，区级单位94户，打开了行政事业单位税收征管的新局面。

抓队伍，强素质。推进绩效考核落地。建立并试运行“部门绩效考核指标体系”和“个人绩效考核指标体系”，将全年工作任务分解落实到领导、部门和岗位，该局全年绩效考核全市排名第四。强化作风建设督查。坚持作风督查常态化，每周由一名副局长带队，就全局劳动纪律、着装规范、局容局貌等六个方面进行督查。全年开展督查22次，下发通报22期，点名通报19人，干部遵纪守法意识和执行力大大增强。严格规范权力运行。围绕“清”权、“控”权、“束”权，该局在内网公布8个行政审批事项，重点加强对政府采购、信息化建设、基本建设的监督；推行《税务中介代理业务备案制》，共备案税务中介代理业务240项，并全部进行公示；对近两年的收费罚款项目开展自查，不存在乱收费、乱罚款、乱摊派行为。结合自身实际，以争创“省级文明标兵单位”这一工作目标为契机，把文化建设工作贯穿到全局工作的各个环节，在已构建的“福”文化理念框架基础上，进一步加强文化与工作的融合整合，组建工作团队，开展“福文化”建设方案的讨论研究，对“聚福、造福、惜福、纳福”的“福”文化核心价值理念进行升华提炼，形成特色鲜明、内涵丰富、感召力强的“福”文化品牌，为下一步全力推开文化建设打下良好基础。

【金税三期上线】 10月8日，开福区地税局“金三”系统成功上线运行。“金税三期”系统是税务机关税收管理信息系统升级改造的一个实现业务规范统一化、税收管理规范化和制度化的大型系统软件，是国家“金”字号工程的重大项目。为确保“金三”顺利上线，克服人员紧张的困难，保障一线窗口正常运转，制定《信息化工作应急预案》，累计配置更新38台“前台”电脑、33台POS机和针式打印机，检测、升级与更新“后台”电脑132台。成立10支应急小分队，在上线当天，班子成员提前赶到各办税窗口，对现场情况扫网排查，业务骨干与办税志愿者协同开展引导，确保窗口不拥堵。在平稳运行后，不定期从局内调派业务骨干到各办税服务点进行指导与维护，有效确保“金三”运转有条不紊。“金税三期”成功上线，切实维护了纳税人的合

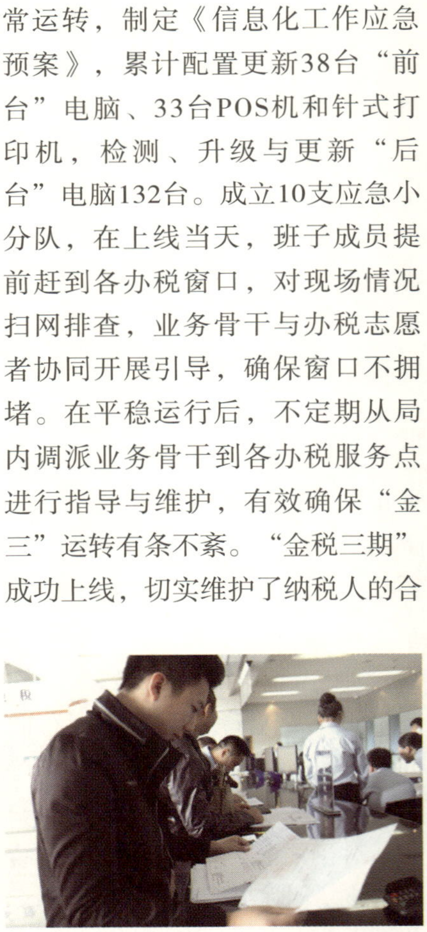

“金三”正式上线运行，并顺利开出税票

法权益，减轻纳税人办税负担，进一步提高办税服务效率。

（周　娜）

国税

区国家税务局

党组书记　谭小卫
局　　长　邓志荣
副 局 长　侯才良　范建革
　　　　　王中华　陈仕斌
　　　　　田晞由　王立新
纪检组长　罗颖莉

【概况】 开福区国家税务局内设16个行政科室，下辖5个税务分局；担负全区21500多户企业和个体户的国税征管工作。现有干部职工235人。

攻坚克难，组织收入。加强对收入状况的动态管理，定期分析收入完成情况，对月度任务完成率、税收增长率等动态指标进行细化跟踪，确保税收资金的安全与真实，提高组织收入工作质量。向市国税局和区委、区政府汇报税收预期，防止税收任务脱离税源实际，实现税收经济协调发展；了解和掌握税源变化趋势，定期开展税收经济、政策效应、税源预警，防范风险等分析，增强收入工作预见性，确保税收合理增长。同时，针对2015年经济增速放缓、组织收入难度加大的实际情况制定相应对策，逐户摸清税源底子，通过加大征管力度、清缴欠税、强化漏征漏管管理和纳税评估等措施，提高组织收入的效率。2015年共计完成税收收入31.9亿元，区级税收全口径28.3亿元，区本级5.9亿元，其中增值税16.28亿元，消费税0.075亿元，企业所得税15.60亿元。基本保持了2014年税收总量水平，完成了区政府调整后的任务，全年无一笔新欠。

持续用力，依法治税。坚持“放、管、服”三管齐下，在税务行政审批上做“减法”，在后续管理上做“加法”，推进税务行政审批改革，取消71项非行政许可事项，保留法律规定的7项。推行税收执法权力清单制度，公布税务行政处罚权力清单，规范权力运行流程。加强增值税、消费税、企业所得税后续管理工作，避免出现管理真空，实现了取消审批与强化监管的无缝对接。落实税收优惠政策工作，对未主动享受税收优惠的纳税人逐月逐户进行提醒、提供辅导，确保应退尽退、应免尽免、应抵尽抵。

精准发力，征管改革。加强6218户“营改增”企业后续管理，顺利实施“三证合一、一照一码”，全面推行增值税发票系统升级版，将1030户纳税人纳入升级版，为税收工作提供可靠的信息保障。2015年3月成立进出口税收管理科，9月成立金霞税务分局，10月调整税源管理科室职责，借助政府、社会力量在世纪金源居然之家、月湖大市场，以及红商建材市场等3个市场480户纳税人中推行“民主评税、阳光征管”，初步构建了“重点企业个性化管理、中小企业行业化管理、个体税收社会化管理”的全新的税源专业化管理模式。上线税收征管档案智能化管理系统，全年归档征管资料6万多件，归档率达到90%以上。探索企业所得税后续管理方法，开展对股权转让、房地产企业、非学历教育培训机构、财政补贴事项的风险核查，查补税款103万元。

成立开福区国税局税收风险应对领导小组，明确工作责任，制定风险应对方案，独创巡查记录本，实行税源“三级监控”和税收管理员“四有”进户制度。对全局税源分经济类型、分级次、分行业进行动态监控，办法多，效果好，在全市国税工作会议上受到点名表扬。大力开展打击虚开增值税专用发票行动，全年共编制风险识别模型1个、行业评估模型2个，重点评估出口退税、纺织、新办商贸企业、房地产等行业企业72户，查补入库税款1444万元，全年共完成风险应对任务774户次，评估入库税款1699万元。

深处着力，服务纳税。继续开展“便民办税春风行动”，推行免填单服务、绿色通道服务、预约服务、延时服务、导税服务等服务，打造“互联网+税务”，推广网上办税、自助办税，逐步完善纳税服务专业体系。落实纳税服务规范，纳税人报送的资料、办税环节、办税次数、办税时间等平均减少30%以上，有的甚至减少40%以上，即办事项增加50%以上。开展纳税信用等级评价，共评定A级纳税人21户。建银税合作平台，释放诚信纳税红利，通过银税互动授信2户企业、995万元。做好纳税人学校工作，新办纳税人培训班每季度

1期，共4期，举办所得税汇算清缴、小微企业优惠、固定资产加速折旧、增值税发票管理系统升级版专项培训班4期。未发生一起纳税投诉事件，多项优质纳税服务举措被中央人民广播电台、《人民日报》《湖南日报》湖南卫视、红网等多家主流媒体宣传报道20多次。

克难奋进，提升素质。采取重点培训与全员培训、集中学习与个人自学相结合的形式，开展业务骨干、专业人才的培养，以赛促考，以考促学，干部综合素质在考试中锤炼，在锤炼中提高。在2015年全市国税系统三项劳动竞赛中，在全市“岗位大练兵、业务大比武”活动竞赛中，获得团体总分第一。奋勇争先，纳税服务、税收分析同获全市第二。在全市系统创先争优活动中，年终考评得分1004.52分，位列全市国税系统15个基层局第3名，被评为全市国税系统绩效管理先进单位。

（廖建娜）

金融

区金融工作办公室

主　　任　陈　旻
党组书记、副主任
　　　　　王　凤（2015.8免）
　　　　　胡　斌（2015.9任）
纪检组长　罗　丹
副 主 任　王晓文

【概况】　金融工作办公室有员工11名，其中领导班子成员4名（含1名纪检组长）、在职在编干部2名、聘用人员5名。金融办内设四个科室：办公室、金融产业发展科、资本市场建设科和金融监督管理科。2015年，共引进10家金融机构总部，全区已汇聚46家金融总部，各类分支机构和新型金融机构200余家。涵盖银行、保险、证券、期货、基金、融资租赁、融担、小贷、资产管理、企业集团财务、金融中介服务等业态，业态覆盖率在全市的占比90%以上。实现金融业增加值76.47亿元，占地区生产总值的10.59%，同比增幅23.5%；实现金融业全口径税收30.98亿元，占总税收31.32%，同比增幅37.97%。

金融商务区建设全面推进。牵头做好金融生态区领导小组办公室的各项工作，把市政府下达的18项任务分解成31项具体工作，下发到各个职能部门，搜集督促工作进展，定期组织调度会议和现场办公会议，组织召开了4次金融生态区调度会议、2次现场办公会议，为项目和企业解决问题，并加强协调和督促，推动了金融生态区建设。

金融政策支持体系逐步完善。2015年，撰写了开福区税收分析调研报告，完成了《开福区金融业“十三五”发展规划》；补充制定《开福区促进金融产业发展的奖励办法》，进一步拓宽对金融机构的奖励面，鼓励各类新型金融机构、金融商业服务机构和金融人才的聚集，形成了较为完善的金融政策支持体系，共兑现金融机构奖励1721余万元。

金融监管严格规范。区内有2家小额贷款公司和5家融资性担保公司。定期组织专家对小贷及融担公司提交的分类评级报告书进行现场核查，完善了管理办法，在其批筹和政策性补贴方面，使用信用征信手段进行风险评估。

金融风险防控及时到位。全年组织召开了3次全区打非专项调度会，张贴发放了4万余份宣传资料，邀请和润律师事务所对全区8个街道20个社区、区内退休老干部开展防非专题讲座，参与居民达2000余人；开展了2次打非专项督查，重点查看投融资理财咨询类公司运营情况，全区共排查、建立台账467家，立案19起，受理上访、投诉90批次。

【与中国建设银行湖南省分行续签全面战略合作备忘录】

区金融业联合会“活力开福·领跑三湘”第二届篮球赛开幕

5月29日上午，长沙市开福区人民政府与中国建设银行湖南省分行续签《全面战略合作备忘录》，再次开启双方携手发展、合作共赢的新篇章。出席并参加签字仪式的有：廖建华、沈裕谋、谢伟峰、黄阳、袁伟洁、张春雄、李剑刚以及中国建设银行湖南省分行行长刘力耕和副行长梁德顺、尹利芳和黄天祥。沈裕谋、尹利芳代表双方签署了《全面战略合作备忘录》。

全面战略合作备忘录签约仪式

【2015长沙金融服务节开幕式暨开福区银企对接会活动】 10月22日上午，由长沙市人民政府金融办、中共长沙市开福区委员会、长沙市开福区人民政府及长沙晚报报业集团主办，由长沙晚报社、开福区委宣传部、开福区人民政府金融办、开福区财政局及开福区工商业联合会承办的2015长沙金融服务节开幕式暨开福区银企对接会活动在泊富广场开幕。开幕式上开福区委副书记、区长沈裕谋致欢迎词。开福区副区长张春雄介绍开福区金融产业发展情况以及“活力大城北　金融生态区”发展规划。湖南省金融办党组副书记、副主任张立东先生宣布2015长沙金融服务节暨开福区银企对接会开幕。活动由与会金融机构（约50家）按照统一布置，采取摆设宣传台的形式与开福区中小微企业（约300家）面对面沟通洽谈融资。

【开福区驻京招商工作对接会成功举行】 10月22日上午，市驻京办党组书记、主任雷曙超主持召开工作对接会，开福区驻北京招商工作组和市驻京办进行了工作对接。市驻京办办公室、接待处、财务处、长沙宾馆、北京长沙企业商会负责人和开福区驻京招商工作组全体组员参加对接会。市驻京办党组书记、主任雷曙超指出，市委、市政府高度重视招商工作，开福区向京、沪、深派驻长期招商工作组是贯彻落实市委、市政府战略意图加快区域发展的务实举措。工作组要依托长沙（开福）区位、交通、产业优势，积极作为，主动做好招商工作。雷曙超认为，目前实体经济增长趋缓，区域间竞争压力增大，招商工作面临很多困难和挑战，开福区驻京招商工作组对此要有充分的思想准备。雷曙超强调，搞好招商工作要注重以下几个方面：一要夯实基础。对招商地块、项目的规划布局、各项指标要具体细化，招商人员要全面掌握项目信息，特别是企业所关注的数据、指标等；二要精准发力。开展点对点招商，针对意向客商，逐一走访，认真了解企业的投资意向和需求。今后，市驻京办如有相应的企业走访或接待活动，开福区招商工作组可以积极参与。三要务求实效，不能大而空、广而泛，要扎扎实实做好招商工作的各个环节。最后，雷曙超要求市驻京办各处室全力支持开福区的驻京招商工作。

金融机构

中国工商银行湖南省长沙中山路支行

行　长　张　薇

中山路支行下辖12个网点，内设5个部门，现有员工229名。地处城市中心，是新中国在湖南建立的最早国家银行服务网点。经过多年的积累，经营业绩不断攀升，多次获得上级行金融先进单位、全国先进基层党组织、金融服务先进单位、文明单位等荣誉称号，2015年获得年度城区一级支行经营先进奖。

2015年，实现拨备后利润4.73亿元，实现人均拨备后利润204万元；实现EVA2.74亿元，人均EVA约118万元。完成净利润

3.54亿元，同比增加3372万元，增幅10.56%，在湖南分行营业部净利润总额占比17.46%；信贷资产（不含表外）总额189.73亿元，较年初新增14.3亿元，增幅为8.15%。实现中间业务收入1.95亿元，同比增加2147万元，增幅12.37%，在营业部中间收入占比达19.22%。2015年支行经营绩效考核位居营业部第一，拨备前利润、净利润、总资产规模、中间业务收入名列全省工行系统第一。

深入推进存款领先战略，着力夯实发展基础。巩固储蓄存款领先优势。本外币储蓄存款35.06亿元，较年初新增4.04亿元，时期数新增3.40亿元，储蓄存款时期时点始终保持营业部第一。大力拓展公司存款新源头。本外币对公存款27.51亿元，较年初增加5.38亿元。提升同业存款经营贡献。本外币同业存款时点余额为7.45亿元，较年初增加4.98亿元。

深入推进信贷结构调整，提升可持续发展能力。2015年，公司贷款余额为183.08亿元，贷款发放及贷款净增额持续在全省排名第一。

深入推进客户拓展和产品渗透，培育新的增长点。有效对公客户净增349户，个人客户净增63053户。

深入推进风险管理和内部控制，确保高质量发展。抓好内控、安全、运行队伍建设，竭尽全力为推动支行业务发展保驾护航，全年各项检查项目完成率为100%，保证支行运营无重大差错事故、无重大风险事故。

深入推进企业文化建设，增强发展内生动力。根据员工提案，对办公大楼的整体装修，改善办公环境。对有困难的员工进行组织慰问、关心。以“大服务”为指导思想，提升服务质量为手段，对员工着重进行优质文明服务培训，用优质服务留住客户、深挖客户、维护客户，提升网点的核心竞争力和支行全体员工的凝聚力、创造力。开展丰富多彩的文化活动，2015年支行精心组织的《追梦工行人》在营业部“梦之杯”舞台剧赛中荣获第一名及最佳人气双奖。

开福农村合作银行

董事长　李建文

行　长　黄志刚

长沙开福农村合作银行（简称“开福农合行”）于2007年12月由开福区辖内的农村信用社联合改制而来，是一家区域性的地方银行，主要服务于本区域的“三农”、社区居民、中小商户和中小微企业。开福农合行下辖1个营业部、13家支行、13家分理处，全辖27个营业网点遍布于开福区，在职从业人员292人。经过多年的发展，如今的开福农合行在规模、实力、管理、创新、发展能力等方面，都取得显著的进步，在支持地方经济发展中，也积累了潜在优势。

2015年，开福农合行认真践行“三严三实”要求，继续坚守“幸福银行”的发展目标，深入推进“三员定位”和“三个打造”经营原则，加快改革转型步伐，加大产品服务创新力度，各项工作保持了良好发展态势，在转型发展中实现了稳中有进、稳中向好。一是做好存量客户的基础服务和跟踪服务，持续开展“五扫一进”营销活动，用便捷、周到和温情服务践行普惠金融、履行社会责任，通过电子银行多维度助力转型发展、提升惠民利民能力。二是重点抓好客户拓展，分组成立专攻团队，搭建合作营销平台，跟踪客户重大事项保持良好互动，跟踪项目资金保存款稳定性。优化信贷流程，创新信贷品种，让客户获取资金途径更多样。截至2015年12月末，全行各项存、贷款余额97.7亿元和58.9亿元，其中涉农贷款新增12.33亿元，小微企业贷款新增4.89亿元。全年实现总收入6.62亿元，其中利息收入4.8亿元，资金营运收入1.62亿元，经营利润实现3亿元。在自身综合实力不断增强的同时，开福农合行对区域经济发展的贡献度也在逐年提升，全年累计投放60亿元支持地方经济发展，缴纳各种税款共计9050万元，比2014年同期增加2050多万元。

在紧抓业务发展的过程中，开福农合行坚持把企业文化建设作为再造竞争优势的战略目标，坚持以人为本，将“心律”与“他律”相结合，“从心出发，以爱为根”，将传统文化的学习融入日常工作中，制定并开展了“每季读一本好书”、一年一度的技术比武、“述学”“晨会”等学习制度。开福农合行在取得自身长足发展成果的同时，不忘饮水思源，本着“吸开福氧，做开福事”和“大民生，小银行”

的服务宗旨，关注社会进步，关注百姓生活，长期将爱心和温暖送进敬老院和儿童福利院，设立了“开福农合行·爱心暖童心”专项慈善救助基金，定向支助辖内重病重残儿童，开展“保护湘江母亲河，共植金融青年林”“雷锋时间银行”等一系列志愿活动，不断传递正能量。截至2015年年底，“幸福银行”的企业文化理念已经潜移默化融入到了每个开福合行人的内心，已经内化为全体员工的归属感和认同感，转化为促进和支撑开福农合行持续健康发展的强大精神动力。

中国银行长沙市松桂园支行

行　长　司马莉

中国银行长沙市松桂园支行成立于1999年，地处长沙市芙蓉中路一段456号，前身为中国银行长沙市分行，现隶属于中国银行湖南省分行，为湖南省分行六家直属支行之一，其内设综合管理部、业务管理部、风险管理部、个人金融部、公司金融部5个机关部门、支行营业部，下辖14个经营性支行，全行员工总人数约320人。

开办业务范围：办理人民币存款、贷款、结算业务；办理票据贴现；代理发行金融债券、代理发行、代理兑付、销售政府债券；买卖政府债券；代理收付款项及代理保险业务；外汇存款、外汇贷款、外汇汇款、外汇兑换；其总行在中国人民银行批准的业务范围内授权的业务；经中国人民银行批准的其他业务。

2015年，松桂园支行依托中国银行的广阔平台，服务当地经济建设，锐意进取、求新思变，经营结构不断调整优化，经营业绩逐年上升。截至2015年12月，支行各项存款余额（不含理财）为116亿元，各项贷款余额134亿元，其中零售贷款总余额90亿元，零售贷款规模和客户数量在湖南省中行系统内排名第一。近年来，在持续发展优势产品的基础上，该行始终坚持个金、公司业务齐头并进，注重均衡发展、提倡开拓创新，使支行业务结构、客户结构得到进一步的优化，支行整体呈现业务蓬勃发展，内控高效稳健，队伍士气昂扬的大好局面。

中国建设银行股份有限公司长沙湘江支行

行长　吴向农

中国建设银行股份有限公司长沙湘江支行（简称“中国建设银行长沙湘江支行”）成立于1999年，是建行湖南省分行直属的一家二级支行，位于长沙市开福区湘春路169号，下辖营业网点14个，本部职能部门8个，营销团队4个，2015年年末，全行在岗员工总数为297人。

2015年，中国建设银行长沙湘江支行认真贯彻建行总行、湖南省分行的战略部署和转型发展要求，挖潜支行现有优势，抢抓各种新机遇，主动适应新常态，转型创新，依规办行，依法治行，加强人本管理，提升团队竞争力，进一步夯实管理和业务发展基础，推动了各项工作快速稳健可持续发展，实现了无重大违规、无重大安全责任事故、无案件、无重大舆情的“四无”工作目标。截至2015年年底，一般性存款时点余额142.12亿元，比年初新增18.32亿元。2015年累计发放贷款34.29亿元，各类贷款余额105.95亿元，比年初新增8.65亿元。2015年，湘江支行KPI考核在建行系统长沙地区排名第2，较2014年前移3个名次；等级行评定为第1等级，提升1个等级；2015年重点城市行转型推进考核在建行系统长沙地区排名第2。2015年建行系统旺季营销竞赛活动荣获长沙地区优胜单位二等奖。

中国建设银行长沙湘江支行立足开福区，服务开福区，将“六个走进”（走进街道社区、商圈市场、商会、综合体和写字楼、园区、政府机关事业单位）活动推动落实到位，2015年与开福区政府续签战略合作备忘录，在基础设施建设、财政非税、资金存管、代发工资、养老保险、职业年金等领域，实现了全方位、立体化合作。“十二五”规划期间，中国建设银行长沙湘江支行累计为开福区各类企业投放贷款超过100亿元，获得开福区政府及区内企业的高度评价。

长沙银行开福支行

行长　周尚梅

长沙银行开福支行位处芙蓉北路，毗邻开福区政府，更名成立于2015年2月，下辖营业部、华联、浏阳河、兴汉门、四方、东风路6家一级支行，内设公司业务部、零售业务部、风险内控部、综合保卫部、运管管理部5个部门，现有员工167人。2015年年底，支行一般性存款近110亿元，其中储蓄存款35亿元，表内外授信余额共85亿元，不良率0.24%，实现经济增加值近3亿元。被评为市级“工人先锋号”，并获长沙银行授予优秀分（支）行、最佳经营奖等奖项。

加深共赢合作，提升政务服务品质。支行着重加强支持地方经济建设，与政务客户联动不断加深。2015年，支行先后协办或参与了“2015融服务园区行银企对接会”“2015长沙金融服务节暨开福区银企对接会”等全区重大金融活动，支持了区内朝正垸、佳海工业园、双河湾土地综合治理等多个项目的推进，面向开福区全年累计新增授信30亿元，实际投放16亿元，贷款余额达到31亿元，已成为推动开福区经济发展的重要力量。在市级政务合作方面，作为市维修资金管理中心的战略合作伙伴，长沙银行开福支行下辖华联支行被市住建委定为维修资金划转业主大会自行管理业务的唯一试点行，协同推进维修资金使用向透明化、便捷化变革。

推进园区布局，创新服务中小企业。开福支行在长沙银行“表内+表外”“融资+融智”的业务导向下，不断创新合作方式，解决企业“融资难”“融资贵”等问题。积极搭建面向金霞产业园区、伍家岭商圈、高岭国际商贸城及各协会的业务拓展平台，强化责任担当，延伸服务市民触角。支行担当社会责任，通过常规性上门服务与社区营销相结合，不断延伸服务触角。2015年累计向开福区居民发放社保卡7万张，代理拆迁款发放逾10亿元，较好地配合了政府各项民生工程的推进，在开福区经济建设中的积极作用日渐突显，享有良好的社会声誉。

加强服务管理，提高整体服务水平。2015年，开福支行开展网点转型与服务提质工作，通过细化服务管理流程、统一网点标准、展开高频度服务督察、定期考核评价等方式，切实，实现了网点管理、营销和服务的标准化、流程化和规范化，全面提升了网点核心竞争力。下辖营业部成功创建省级“三星级文明规范服务示范单位”和市级“青年文明号”，下辖华联支行获“中国银行业文明规范服务示范单位”和“湖南省银行业文明规范服务示范单位”等荣誉称号。下辖一级支行有5家被长沙银行评为“四星级”以上网点。

邮储银行开福支行

行　长　陈军辉

邮政储蓄银行长沙市开福区支行成立于2013年9月，位于开福区东风路40号博雅楼。内设综合管理部、综合业务部两个部门，下辖支行营业部、华夏支行、中山路支行、双拥路支行、湘江支行、人民路支行6个二级支行，拥有营业网点15个，自助设备21台，从业人员129人。截至2015年底，全支行各项存款19.2亿元，年净增-5.5亿元；累计向开福区投放各类资金共计80多亿元；各项贷款余额近43亿元，年净增23亿元；存贷比超200%，是开福区投放贷款最多的银行机构之一。支行多次被省总工会、省市行表彰，曾荣获全国五一巾帼标兵岗、省芙蓉标兵岗、市芙蓉标兵岗、优秀支行等多项荣誉，并多次被市分行评选为先进单位，支行行长被分行评为行长标兵。

开福支行突出“帮大扶小”，做到既坚持特色又履行大行责任。坚持服务“三农”、服务社区、服务中小企业的市场定位，紧跟国家政策导向，确立了具有邮储银行特色的小额贷款、小企业贷款“两小”金融服务品牌。推出了林权抵押贷款、建筑器材抵押贷款、再就业小额担保贷款、小企业“接力贷”、互助贷、税贷通等100多项新产品，“一行一品”“一行一式”“公司+农户”“公司+商户”等数十种信贷新模式，建立区域集中一站式审批模式，为“三农”和小微企业提供专属阳光快捷服务。围绕开福区“大北城”建设，配置专项额度，开辟绿色通道。截至2015年底，支行与恒大雅苑、恒大江湾、恒大半岛、富兴地产、万科城、湘江世纪城、开福万达、悦江苑、中铁山语城、万国城、绿地海外滩等30多个楼盘开展合作，累计合作项目64个、累计放款30多亿元，余额21.5亿元，其中，2015年放款13亿元，为当年全省放款第一、净增第一、余额第一，占全市十家支行放款总量的39%。2015年支行新增小微企业贷款7200万元，余额2.3亿元；新增商务贷款5600万元，余额1.7亿元；新增消费贷款11.5亿元，余额21.5亿元；新增小额贷款2107万元，余额4700万元。为湖南省福利彩票发行中心、中国石化湖南分公司、电广传媒等大型企业提供资金归集服务，年归集资金高达数百亿元。为电广传媒公司授信14亿元，已放款11亿元；为中铁五局授信6亿元，放款1亿元；为黄花机场授信2亿元，已放款1.5亿元；为恒大集团提供开发贷5亿元；为长沙万达拟授信8亿元;为先导拟授信20亿元；为机场集团拟新增授信17亿元；湘投控股、湖南发展、省财政产业基金等项目正在跟进。在区政府的支持下，支行还代理了开福区财政社保资金、代理非税资金等项目，截至2015年底，区财政存款为2500万元。与此同时，与开福区财政局、城建、棚改办、金霞开发区等部门主动联系，对民生银行的资产置换积极洽谈、对一类、二类政府债务置换全力推进，力争为金霞开发区基金项目、开福区棚改项目和其他城市建设工程投放更多贷款。积极推进全省邮储银行税收缴纳落户开福区工程，受到区委、区政府、财政局等领导的表扬和肯定。

友谊投资咨询集团

友谊投资咨询集团董事长　张海岸

友谊投资咨询集团成立于2000年，是一家以工程系列服务和商务系列服务为核心，同一行业多个专业综合运营的现代咨询服务机构。集团下辖友谊国际工程咨询有限公司，目前拥有注册结构师、一级建造师、造价师、招标师、监理工程师等各类资格人员1000余人。主营工程设计、造价、税务、PPP、BIM、信用评级等咨询及招标代理、工程监理、项目代建、财务审计、资产、房地产评估等业务，工程服务标的突破1300亿元，年审计、评估商务服务客户近10万户。

集团经营稳健增长。在国家经济增速持续下滑和房地产投资建设大量缩减的情况下，集团主营服务业收入仍保持较快增长，人均产值的显著提升、人才队伍的不断扩大、薪酬福利保障体系的日益健全标志着集团厚积薄发的扎实功底和不断增长的竞争力量。作为咨询行业的领先企业，集团正加速区域化、标准化、股份化战略发展，积极运用BIM等工程管理技术，实现由传统服务业向现代科技服务业转型升级，不断提升核心竞争力和客户服务价值。

区域拓展辐射全国。集团在巩固省内现有业务的基础上，持续开拓省外业务，设立北京总部、湖南本部及天津、南京、广东、广西等分支机构，将业务拓展至上海、天津、杭州、青岛、温州、大连等城市，实现了立足三湘、辐射全国的战略布局，为稳步推进全国区域化发展奠定了坚实的基础。

项目人才争先创优。卓越的员工铸就伟大的项目，巴溪洲水上公园景观工程、金南家园保障住房一期3#、6#栋工程监理项目等一大批大型综合项目获得委托方或业主的充分肯定，并多次荣获“全国市政金杯示范工程奖”“湖南省建设工程芙蓉奖”“湖南省优质工程奖”“标准化示范工程奖”等荣誉奖项，用行动体现了“做一个项目，树一座丰碑”的执业信条，构成了集团不断发展的品质保障和人才基础，铸造了友谊咨询诚信专业的“金字招牌”。

文化品牌卓有成效。集团高度重视企业文化建设，恪守“诚信、专业、守法、勤奋”的价值理念，注重党团组织建设和爱国主义教育，成立了党委、团委、民建支部、工会等组织，积极参与捐资助学、扶贫帮困、公益志愿活动并设立友谊微基金，自觉承担社会责任；同时，成立了年轻人培养发展管理委员会，着力培养后备人才，增强企业发展后劲，培训工作的扎实开展、文化活动的丰富多彩都持续助力集团品牌的熠熠生辉。

友谊咨询大厦竣工入驻。集团投资建设的友谊咨询大厦正式竣工并入驻办公，总建筑面积约5万平方米，30层，定位于AAAAA甲级写字楼，配备国际品牌电梯、中央空调、新风系统、地源热泵、直饮水等高品质硬件配套；拥有星级酒店标准的多功能国际会议中心、商务接待中心、员工餐厅等商务功能配套，打造舒适高效智能的商务办公体验，大厦的运营使用标志着集团进入中介咨询软服务与投资发展硬实力相得益彰的新阶段。友谊咨询大厦致力于打造“湖南工程建设服务产业基地”，通过定向引进工程建设产业链优质品牌企业入驻，发挥专业服务集群和品牌效应，在开福北城、湘水之滨打造立足全省、辐射中南、服务全国的工程建设高端服务业体系，服务标的预计突破万亿元。

（尹　超）

经济管理与监督

发展和改革

区发展和改革局

局　　长　周朝旭
副 局 长　彭建如　蒋三阳
　　　　　武华强
　　　　　陈　新（2015.8免）
纪检组长　苏朝晖（2015.10任）
两型办副主任　宁双飞
重点办主任　王晓文（2015.10任）

【概况】 开福区发展和改革局成立于2005年5月，由区计划统计物价局改组为区发展和改革局，加挂区物价局的牌子，为区政府的工作机构，核定行政编制15名。区发改局内设办公室、发展规划科、投资管理科（行政审批科、重大项目稽查）、体制改革科、价格管理科5个职能科（室）；1个派出机构，由价格监督监测局与价格管理科合署办公；设有重点办、能源办公室、价格认证中心3个二级机构。

全年实现第三产业增加值589.4亿元，同比增长13.7%；完成地方财政总收入120.1亿元，同比增长12.5%；完成全社会固定资产投资670.3亿元，同比增长17.4%；完成社会消费品零售总额660亿元，同比增长12.6%；全区三次产业结构为0.4：18：81.6，经济发展结构持续优化。完成生产性服务业固定资产投资300亿元，占固投总额的45%；单位GDP能耗下降指标全面完成，市对区重大项目建设任务全面超额完成；“两型社会”综合配套改革任务全面超额完成，通过市政府检查组的检查验收。

2015年全市重大项目观摩内五区排名第一，金鹰社区、科大家园社区、荷花池社区、凤羽小学等10多家单位分别获评省、市级“两型”示范和“两型”创建单位，较好地完成了上级赋予的各项工作任务。

加强经济形势研判。制定和分解了全区2015年主要经济和社会发展主要预期目标任务，定期编制《开福经济工作动态》和区域经济运行情况监测分析，为区委、区政府科学决策提供了参考依据。编制“十三五”规划。在深入走访调研，广泛征求各方意见的基础上，立足开福实际，融入国家、省、市发改战略，谋划未来五年开福区发展蓝图，完成了《开福区国民经济和社会发展第十三个五年规划纲要（审议稿）》的编制，确定的17个重点专项规划均已形成研究成果。

铺排重大项目计划。全年铺排重大项目122个，年度投资估算238亿元；其中，纳入市重大项目58个完成投资123.5亿元（年计划投资102亿元，系长沙市内五区中项目申报最多、年度投资总量最大、新建项目最多的区），投资完成率121%，33个新建项目全部开工。在年底全市项目观摩市领导现场打分中名列内五区第一。强化重大项目建设工作领导。成立由区长任组长的重大项目建设服务协调领导小组，下设区推进重大项目建设领导小组办公室，统筹推进全区重大项目建设。出台了《关于下达2015年开福区重大项目计划的通知》（开办发〔2015〕1号）、《关于下达2015年开福区重大项目责任领导及帮扶单位安排的通知》（开办发〔2015〕8号）、《全区重大项目考核办法》等文件。不断完善重大项目调度机制。坚持和完善“一周一碰头”“一月一调度”“一季一讲评”“半年一考核”的重大项目调度推进机制，全年组织召开项目讲评会4次，现场察看项目建设20余次；专题研究问题50余次，下发交办函40件，交办问题近80个，集中研究解决了渔业路、星沙联络线、汤家湖路、长青路、大安路、广胜路、捞刀河路二期、高岭组团路网项目等100多个具体问题。重大项目建设优质高效。在金融商务项目方面，泊富国际全面开业，北辰三角洲B1区、B2区（凤凰商业街区、文化创意产业园、大健康产业园）23万平方米商业中心竣工验收；商贸物流方面，金霞经开区获批全省首个跨境电商产业园，高岭国际商贸城一期、跨境电商监管中心、金霞保税店、快乐购芒果汽车开业运营，长沙医药健康产业园一期建成交房，中民筑友、三新住工竣工投产，并成功引进高岭国际商贸城二期、高岭综合交通枢纽、湖南粮食集团食用油加工物流园3个投资过10亿元项目；文化创意方面，朝正垸城中村改造项目完成拆迁，九道湾公园及水环境综合整治工程、湖南广电节目生产基地项目启动建设。全年道路等交通建设完成投资14.5亿元，公路通车里程新增34千米。实行拆违还路、拆违治脏、拆违增绿、拆违添景，新建停车场29处，新增停车位6850个，新增绿化面积64万平方米，修复路面72万平方米；完成18项为民办实事，建设重点民生项目29个，总投资45.7亿元。完成城市棚改签约3660余户；实施农村拆迁项目43个，实现腾地373.33公顷。

“两型”示范创建活动深入推进。深化两型示范创建工作，组织申报了金鹰社区、科大佳园社区、上麻园岭社区、清水塘路社区、金霞村5个单位创建省级两型示范社区；在沙坪、秀峰、新港、捞刀河、青竹湖5个街镇全面推进了“美丽乡村”建设。清洁低碳技术逐步推行。湘雅医院、区机关大院、中山路社区等单位高能耗用水设备进行了升级改造。10个乡镇安装太阳路灯300余盏。统一集团、省粮食集团、沙坪街道机关、中山路社区和青竹湖湘绣公司3家单位完成了光伏屋顶改造。开展宣传活动。通过节能宣传周、“6·5”世界环境日、“保护地球一小时”等活动载体，开展了形式多样的系列宣传活动，引入了暖心义工组织等6家公益组织，引导全社会积极参与“两型”宣传，不断增强全民“两型”理念，主流媒体3次集中予以报道，社会反响良好。

加强价格监管。集中开展了教育、医疗等专项收费检查和市场价格巡查，对社会反响大、群众关注度高的停车收费、药品价格、商品促销和明码标价等热点价格行为进行了重点整顿规范，确保了价格政策的落实和价格秩序的稳定。化解价格矛盾。全年处理各类价格投诉举报170件，对湖南梦洁移动互联网电子商务有限公司、购宝乐商业（湖南）有限公司、旺和生鲜第二店（家润多）等单位的价格违法行为及时进行立案查处，有效维护了消费者的合法价格权益。规范收费行为。编制了区本级涉企行政事业性收费项目清单、区本级行政审批前置服务收费目录清单和区本级行政事业性收费目录清单，进一步规范区级收费行为。

处置遗留问题。初步完成了四方公司与先福村算大账问题，着手处理了原市畜牧水产局12户15套房源安置、四方公司与芙蓉区火星街道开发建设过程中遗留的房屋产权办理以及学宫街A栋、B栋房屋产权办理等遗留问题，全面完成了长沙市苗圃的拆迁任务。

（满一斐）

表3

开福区2015年政府投资

序号	项目名称	项目单位	实施单位	建设性质	建设内容	起止年限	2015年计划投资（万元）		半年度建设计划
							合计	其中拆迁	
政府投资项目（64个，不含14个预备项目）							641730	442799	
一、推进较为顺利的项目（21个）									
1	滨河南路★	区城建投	区城建投	续建	①东起长阴路163医院门口、西至芙蓉北路、南临浏阳河，全长2390米，路幅宽20米 ②滨河南路下穿芙蓉北路西侧箱涵	2014—2015	3180	0	竣工通车
2	九尾冲定向房源建设项目★	区城北投	区城北投	续建	总用地面积7.47公顷，一期工程建设总建筑面积27.5万平方米，地下室4万平方米,A区建设7栋住宅，23~32层；B区建设2栋住宅，18和23层；C区建设2栋23层住宅	2013—2016	30000	0	完成主体建设
3	洪山局福鑫苑农民安置房★	区城北投	区城北投	续建	占地面积23.87公顷，总建筑面积约62万平方米（地下建筑面积约12万平方米）。一期建设地块东侧23栋住宅，总建筑面积约30万平方米（地下约6万平方米）	2014—2018	30000	0	启动一期建设
4	荷叶村农民安置房项目★	区城北投	区城北投	续建	占地面积3.49公顷，净用地面积2.59公顷，总建筑面积12万平方米，建4栋32层住宅	2014—2016	12000	0	完成主体工程
5	板塘安置房二期★	区城北投	区城北投	续建	项目占地面积3.33公顷，二期总建筑面积7.1万平方米，共建4栋保障房	2014—2016	9500	0	完成基础工程
6	洪山局保障住房配套商业用房	区城北投	区城北投	续建	总建筑面积1.3万平方米	2014—2015	2000	0	完成主体工程
7	受湘江航电枢纽影响的排水管网改造工程	区城建投	区城建投	续建	完成五一路、营盘路、湘春路、汤家湖路四个高排管涵二期改造工程	2014—2016	6774	0	完成五一路、汤家湖路改造工程
8	胜利村城中村改造★	区城北投	区城北投	新建	二环线东西两厢，三一大道以南，浏阳河以西，总用地面积3.91公顷，有效用地面积2.33公顷，总建筑面积约12万平方米	2015—2017	21000	16000	完善手续
9	芙蓉北路两河之间（浏阳河—捞刀河段）提质改造	区工务局	区工务局	新建	对芙蓉北路捞刀河桥以南，浏阳河以北段（全长3.6千米）进行改造，分为路面提质工程、人行道及两侧绿化提质工程	2015—2016	6800	0	完善手续
10	芙蓉北路绿道建设	区工务局	区工务局	新建	建设芙蓉北路城市绿道	2015—2016	2000	0	启动建设

重大项目调度表（10月）

单位：万元

年度建设计划	2015年已完成投资	投资完成比例(%)	手续办理情况	形象进度	存在问题	工作要求或建议	责任单位
	366288	57.08%					
	311338						
/	3180	100.00%	已完成	已完成建设任务	/	/	/
完成装修及室外配套工程	27500	91.67%	已完成	已完成B区、C区主体施工，正在进行装饰装修；A区正在进行主体施工。已完成售楼部装修并正在使用。设计要点和蓝线分割已完成，A区、B区正在办理补交出让金手续；C区待区政府确定实施方案。计划年内完成A区主体工程，B、C区装饰装修工程，2016年6月份竣工交房	/	/	/
完成一期部分主体建设	26000	86.67%	质监、安监备案已完成征收拆迁方面：预算招标方面：施工方、监理方已完成招标。合同完成初稿审定	工程建设方面：一期三区桩基全部完成，塔吊安装完成，开始基坑支护及主楼基坑土方开挖；二区地下室部位桩基完成，开始主楼桩基施工；一区地下室部位桩基完成	/	/	/
竣工验收	11680	97.33%	已完成商业配套用房及室外配套工程预算上限值，4标室外附属及商业招标已挂网	已完成住宅部分主体工程，正在进行装饰装修	/	/	/
完成主体工程	8800	92.63%	已完成	施工方面正在进行主体施工，其中3栋、4栋、5栋均施工至18层，6栋施工至20层	/	/	/
完成建设	1965	98.25%	已完成	已完成主体工程并验收，正在进行室外附属工程施工、电梯及太阳能热水安装	/	/	/
完成营盘路改造工程，湘春路改造工程完成至八一桥北	6378	94.15%	已完成	五一路已完成竣工验收工作，汤家湖路高排口已完成施工，正在完善工程竣工资料。湘春路正在进行顶管施工，营盘路正在进行沟槽开挖及管道预埋施工	/	/	/
启动建设	18750	89.29%	已完成国土手续，前期手续已完成总图批复、能评批复，已召开可研评审会。下一步计划下达可研批复、环评批复；召开初步设计评审会，编制报建图	拆迁方面：红线内3.91公顷拆迁共180户，已完成176户，剩余4户正在走法律程序	/	/	/
基本完成建设	6500	95.59%	已完成立项，可研批复及初步设计批复；施工招标与主材采购方面已完成市政及绿化苗木移栽施工单位邀标,已完成六个标段邀标	已完成前期手续，并已完成中央绿化带的拆除，恢复道路路面、西侧人行道改造，完成东西绿化带、机非隔离带绿化改造，增设东侧绿道、浏阳河桥至福城路路面提质改造；已完成盛世路—福元路段路面提质改造。项目目前已停工	/	/	/
基本完成建设	2700	135.00%	已完善	已完成	/	/	/

续表3

序号	项目名称	项目单位	实施单位	建设性质	建设内容	起止年限	2015年计划投资（万元）		半年度建设计划
							合计	其中拆迁	
11	鹅羊路★	长沙金霞经开区开发建设总公司	长沙金霞经开区开发建设总公司	续建	咏鹅路—冯蔡西路，长997米，宽26米	2014—2015	3920	0	完成路基工程
12	鹅秀路西段★	长沙金霞经开区开发建设总公司	长沙金霞经开区开发建设总公司	续建	湘江北路—芙蓉北路，长1299米，宽36米	2014—2015	7288	0	完成路基工程
13	冯蔡西路东段★	长沙金霞经开区开发建设总公司	长沙金霞经开区开发建设总公司	续建	芙蓉北路—京广铁路桥，长993米，宽46米	2014—2015	3424	0	完成路基工程
14	捞刀河路二期★	长沙市城投铁路站场迁建开发有限公司	长沙金霞经开区开发建设总公司	新建	绕城高速—兴联路，长3380米，宽46米	2015	12700	9500	完成土方工程
15	陡岭路两厢（东片区）棚改项目★	大城北棚户区改投	大城北棚户区改投	续建	总占地面积2.73公顷，陡岭路东地块棚户区改造及配套建设	2014—2015	18500	18500	完成50%征收
16	清水塘炮后街棚改项目★	开福棚改投	开福棚改投	新建	国际金融大厦以东，长沙市一中以南，清水塘路以西，八一路以北范围内棚户区改造，以及安置房、学校、停车场等配套设施建设	2015—2016	96000	96000	完成征收
17	开福寺周边棚改项目★	开福棚改投	开福棚改投	新建	湘江大道以东、三一大道以南、黄兴北路以西、开福寺路以北棚户区改造	2015—2016	53400	53400	完善手续
18	公共停车场建设	区建设局	相关企业与单位	新建	新增公共停车场20处，新增停车位2000个	2015	3000	0	启动建设
19	背街小巷提质改造项目	区市政局	区市政局	新建	对麻园岭、西园北里等背街小巷、停车位进行提质改造，以及交通微循环改造	2015	960	0	完善手续
20	人行立体过街设施建设★	区市政局	区市政局	新建	福元西路新欣路口新建人行地下通道	2015	500	0	完善手续
21	立体绿化★	区园林局	区园林局	新建	对芙蓉路八一桥、波隆立交桥等桥梁进行立体绿化	2015	2550	0	完善手续
22	基层水利设施建设	区农水局	区农水局	新建	1.苏托垸东干渠整修加固工程：对苏托垸东干渠道进行清淤，整修、提质加固 2.苏托垸大堤硬化工程：对4.6千米苏托垸大堤进行硬化提质"	2015	1400	100	启动建设
23	星沙联络道（开福区段拆迁项目）★	长沙市城投基础设施建设项目管理公司 区城建局	捞刀河街道	新建	道路全长2473米，宽21米，我区负责二环线—捞刀河东岸路幅范围以内的征收拆迁	2015	9673	9673	完成拆迁
24	湘江风光带湘江世纪城段绿化提质	区园林局	区园林局	新建	对现有风光带进行提质改造，增加绿道、自行车道、园建、绿化等建设	2015	400	0	完善手续
25	社区环境综合提质★	区城管局	区城管局	新建		2015	2000	0	完善手续

年度 建设计划	2015年已 完成投资	投资完成 比例(%)	手续办 理情况	形象进度	存在问题	工作要求 或建议	责任单位
竣工通车	3810	97.19%	已完成	已完成废土外运20万立方米，完成水泥搅拌桩施工，完成20组复合地基承载力检测，完成200米雨水主管、支管安装及预留井的砌筑	/	/	/
竣工通车	5612	77.00%	已完成	一标：完成碎石垫层9000立方米，土方回填6万立方米，完成B段水泥搅拌桩，完成A段箱涵垫层浇筑。二标B段完成水泥搅拌桩完成。其他段在进行箱涵墙及顶板、钢板桩支护、箱涵土方开挖等工作	/	/	/
竣工通车	3065	89.52%	已完成	已完成侧平花坛石人行道平整后完成垫层，开始铺贴；挖填方高边坡骨架支护完成。待天气好转，进入铺油工程	/	/	/
竣工通车	12700	100.00%	已完善	沥青铺设及路灯交安设施、综合管线等全部完成，已竣工通车，完成年度目标任务	/	/	/
完成征收 启动土地招 拍挂	18500	100.00%	已完成	累计完成签约86户，完成率100%	非经营性资产移交协议已签订，请求督促尽快落实协议内容	/	/
完善手续 启动建设	85440	89.00%	已完成	项目已签约610户，完成比例89%	/	/	/
启动征收	53400	100.00%	已完善	已签约527户，完成比例100%	/	/	/
完成建设	2500	83.33%	已明确建设计划	确定新建停车场29处，目前已建成18个，8个正在修建，3个暂未启动	/	/	/
完成建设	945	98.44%	已完成	除石油厂宿舍道路需与区城管局社区整治项目同步进行外,其他7条支路街巷均已全部完工,共计完成总工程量的95%,预计12月中旬竣工验收。	/	/	/
完成建设	280	56.00%	已完成	现正在对桩基进行开挖、浇筑，并同步对箱梁进行加工制作,已完成总工程量的40%	/	/	/
完成建设	160	6.27%	已完善	营盘路三座人行天桥立体绿化工程已完工，芙蓉路波隆立交桥绿化计划待定	/	/	/
完成建设	1400	100.00%	已完善	已完成建设任务	/	/	
完成拆迁	9673	100.00%	已完善	施工单位已进场	/	/	/
完成建设	400	100.00%	已完善	已完成	/	/	/
完成建设	1600	80.00%	已完善	紫荆园道路改造完成70%，新安寺社区平改坡完成80%，警备区宿舍完工30%	/	/	/

续表3

序号	项目名称	项目单位	实施单位	建设性质	建设内容	起止年限	2015年计划投资（万元）		半年度建设计划
							合计	其中拆迁	
26	历次提质改造隐患整治	区城管局	区城管局	新建	对东风路、新河、望麓园等街道历年来进行了立面整治、招牌整治、平改坡、景观街和社区整治改造，现因年久失修等原因留下安全隐患和功能缺失等问题，进行提质改造	2015	500	0	完善手续
二、推进情况一般的项目（22个）									
1	高岭商贸城支路网★	香江集团长沙金霞经开区开发建设总公司	香江集团长沙金霞经开区开发建设总公司	新建	裕兴路：翔通路—兴联路，长685米，宽26米	2015—2016	344	待定	完成工可批复
					顺达路：铁港路—昌隆路，长647米，宽16米		347		完成工可批复
					湘辉路：捞刀河路—竹隐路，长678米，宽26米		200		完成工可批复
					鑫鹏路：捞刀河路—昌隆路，长367米，宽16米		262		完成工可批复
					柏叶路：捞刀河路—竹隐路，长695米，宽36米		200		完成工可批复
					昌隆路:鑫鹏路—顺达路，长451米，宽16米		205		完成工可批复
					高岭路:捞刀河路—昌隆路，长373米，宽36米		488		完成工可批复
2	高岭客运综合交通枢纽工程	市交通局龙骧集团	市交通局龙骧集团	新建	公交、长途汽车、出租车、停车场、邮政、加油站等六位一体的综合枢纽站建设	2015—2016	6000	1502	完善用地手续
3	长沙市第六水厂	长沙水业集团	长沙水业集团	新建	占地面积10.53公顷，总规模40万吨/天，其中一期规模10万吨/天	2014—2016	20000	4924	完成拆迁
4	长青路★	长沙金霞经济开发区建设总公司	长沙金霞经济开发区建设总公司	续建	青竹湖路—北山大道，长1990米，宽29米	2014—2015	8100	0	完成路基工程
5	汽电地块和潘家坪路以北棚改项目★	开福棚改投	开福棚改投	新建	汽电宿舍（精英路以东，四季花城以南，湖南省体育局以西，景园小区以北）和精英路（潘家坪路以北段路幅）区域棚户区改造与配套设施建设	2015—2016	50000	50000	完善手续启动拆迁
6	汤家湖路及芙蓉路立交	长沙市城投铁路站场迁建开发有限公司	长沙市城投铁路站场迁建开发有限公司	新建	粮四库—跨京广铁路桥，长2243米,宽60米，与芙蓉北路为互通式立交	2015—2016	600	待定	完成用地手续
7	鹅秀组团路网（替换为广胜路和大安路）	长沙金霞经开区开发建设总公司	长沙金霞经开区开发建设总公司	新建	大安路	2015—2016	2500	0	完善手续
					广胜路		2800	1800	
8	渔业路及延伸工程社保融资用地土地整理	区城北投	区城北投	续建	福元路以北，家园路以西，双河路以东，捞刀河风光带以南。总用地面积39.80公顷，有效用地面积16.53公顷	2014—2015	24500	24500	启动拆迁
9	兴联小学地块土地整理	区城北投	区城北投	新建	九号路以南，芙蓉北路以西，兴联路以北，总用地面积5.59公顷，有效面积2.98公顷	2015	6640	6640	启动拆迁

年度建设计划	2015年已完成投资	投资完成比例(%)	手续办理情况	形象进度	存在问题	工作要求或建议	责任单位
完成建设	560	112.00%	已完善	天桥桩基部分已全部完工，并已养护到位，天桥箱梁及楼梯部分委托船舶厂进行制作，现已全部制作完毕，共计完工总工程量的80%，12月底完成亮化、排水施工，并扫尾出场	/	项目未开工，需加快推进	区城管局
	52979						
启动建设	0	0.00%	土地红线划拨到位，手续已完备	暂未启动建设	已将施工图、预算上限值移交香江集团，具体实施方案待定。相关用地红线暂未办理，无法办理正式规划、建设的行政审批手续	尽快启动建设	金霞经开区
启动建设		0.00%					
启动建设		0.00%					
启动建设		0.00%	鑫鹏路已完成施工图设计，正在进行施工图审查			经开区加快手续办理，加紧征地，加快动工。	区征地办金霞经开区秀峰街道
启动建设		0.00%	柏叶路正在办理划拨手续，进行地籍调查				
启动建设		0.00%	完成施工图审查；正在办理划拨手续，猴王茶厂征收协议已签订			1.经开区协调香江项目加快征收资金的拨付；2.三季度进场施工	秀峰街道金霞开区区征收办
启动建设		0.00%	完成施工图审查；正在办理划拨手续				
完善手续启动拆迁	1502	25.03%	金霞经济开发区正在办理规划依据图跟设计要点，由龙骧集团进行设计招投标等后续工作	拆迁：拆迁已完成，已完成4户协议（总4户）。暂未启动	/	/	/
完成主体建设	4924	24.62%	项目已完成立项、环评、能评、可研批复及集体用地转建设用地审批	拆迁：正在进行拆迁，剩余8户未签订协议（总51户）。暂未启动	/	/	/
竣工通车	5570	68.77%	已明确线型，正在办理国土手续	一标：完成水系恢复横管，路幅内汉沙公路已封闭交通施工，箱涵位置渠道已改造；二标：完成95区土方施工	/	/	/
完成50%征收	0	0.00%	项目已签订贷款合同，国开行授信66100万元；已发布征收一公告	暂未启动征收签约	/	/	/
启动建设	0	0.00%	现已完成召开方案及初步设计审查会，正在办理可研及初设批复	南北站负责段已开工建设	1.中石化油气管道预埋需再勘测。2.用地手续未办好，金盆丘社区有8户房屋要拆迁	1.经开区加快前期手续办理；2.新港街道加快拆迁	金霞经开区区征地办新港街道
完成土方工程	1270	50.80%	已完善	完成水稳上基层施工和侧石施工，完成上基层养护和平石施工	/	/	/
	685	68.50%	已完善	大安路至青竹湖路段雨污水预留管道完成，95区土方完成，进行96区施工			
完成拆迁办理招拍挂手续	21269	86.81%	已完成调规手续、土地手续，暂停拆迁	暂未启动拆迁	拆迁时序未明确	待区政府明确拆迁时序	/
完成拆迁启动招拍挂手续	684	10.30%	已完成调规手续、土地手续，已与区征地办、国土分局、秀峰街道、兴联社区相关负责人衔接，准备启动地块拆迁的相关前期工作	暂未启动拆迁	需进行拆迁后，再进行土地出让，目前拆迁时序未明确	区工务局拿出具体意见报区政府研究决定	区工务局

续表3

序号	项目名称	项目单位	实施单位	建设性质	建设内容	起止年限	2015年计划投资（万元）		半年度建设计划
							合计	其中拆迁	
10	洪山片区路网★	区城建投	区城建投	新建	横河路长约690米、宽约16米，北起福元路，南至双河路 洪山路长615米、宽37米，北起福元路，南至双河路 腰塘路长约450米，宽16米，西起斗门路，东至横河路	2015—2017	2000	1300	启动建设
11	火车北站片区路网	长沙市城投铁路站场迁建开发有限公司 区城建投	长沙市城投铁路站场迁建开发有限公司 区城建投 区棚改办	新建	1.精英路南段：潘家坪路至支路一，长1500米，宽20米(工程费用6184万元，征收拆迁纳入片区棚改) 2.潘家坪路：东风路—芙蓉路，长523米，宽20米（工程费用2100万元，征收拆迁纳入片区棚改） 3.开福寺路：东风路—芙蓉路，长500米，宽30米(工程费用1950万元，征收拆迁纳入片区棚改) 4.精英路北段：潘家坪路至三一大道，长980米，宽20米(工程费用2548万元，征收拆迁纳入片区棚改)	2015—2016	7500	待定	1.精英路南段启动建设 2.精英路北段完善手续，启动拆迁 3.开福寺路、潘家坪路完善手续，启动拆迁
12	油铺街S8棚改安置房源建设项目★	区城北投	区城北投	续建	占地面积0.86公顷，总建筑面积51211平方米，共建2栋32层住宅楼	2014—2016	7000	0	完成基础工程建设
13	葡园路	区城建投	区城建投	新建	月湖大市场—栏山路，长约300米，宽36米	2015	4000	2900	完成拆迁启动建设
14	陡岭片区路网★	区北城棚改投	区北城棚改投	新建	伍岭路：西起陡岭路，东至学院路，本次修建320米，路幅宽20米南；兴隆路：南起三一大道，北至学堂园路，全长415米，路幅宽12米	2015—2016	2150	1100	完善手续
15	河口小学★	区教育局	长沙金霞经开区开发建设总公司	新建	净用地面积14266平方米，全日制30个班小学	2015—2016	2660	0	完成主体建设
16	浏阳河小学★	区教育局 区城北投	区城北投	新建	总用地面积约1.76公顷；总建筑面积15000平方米，总投资5000万元，拟将现浏阳河小学扩建为24班约8300平方米，并新建9班幼儿园约2600平方米	2015—2016	2000	0	完善手续
17	湘江风光带建设（金霞段）☆	市市政建设局和长沙金霞经开区开发建设总公司	市市政建设局和长沙金霞经开区开发建设总公司	新建	长4500米，占地约26.6公顷，定位为滨江旅游休闲区，建设湘江博物馆、滨江文化广场、慢性系统等设施	2015—2016	13000	0	启动建设
18	高岭商贸城电力配套	长沙金霞经开区开发建设总公司	长沙金霞经开区开发建设总公司	新建	从捞刀河变电站敷设两回10千伏电缆至高岭商贸城	2015	800	0	启动建设

年度建设计划	2015年已完成投资	投资完成比例(%)	手续办理情况	形象进度	存在问题	工作要求或建议	责任单位
完成路基工程	1200	60.00%	用地手续已完成，正在启动新增拆迁手续；已完成可研、初设、施工图审查等工作，待用地手续完善后办理放线定位及工规证；招投标方面预计12月7日开标，下一步计划启动新增用地拆迁手续	项目现场正在进行路基和排水施工	/	/	/
1.精英路南段完成建设 2.精英路北段完成棚改征收，完善手续 3.开福寺路、潘家坪路启动建设	0	0.00%	潘家坪路、精英南路均已发布五公告共308口，现已签约140户；开福寺路项目征收签约工作已全部完成	潘家坪路已进场，正在进行施工箱涵、路口管线迁改	/	/	/
完成主体工程	6131	87.59%	已完成	2015年7月复工，现已完成基坑支护、桩基础施工，正在进行桩基检测	由于停工三个月，年度计划需请更改，需与发改局对接	/	区发改局
竣工通车	3600	90.00%	正在办理施工许可证，清单正在重新编制	施工方面南半幅路基已开挖至设计标高，北半幅已完成老路破除，目前已完成污水管道施工，正在进行雨水、箱涵管道施工；涉及燃气、路灯、强电、自来水、弱电改迁，目前正在进行燃气、强电改迁	/	/	/
完成路基工程	720	33.49%	已完成可研、初设、施工图审查等工作，待用地手续完善后办理放线定位及工规证；已完成预算上限值，预计12月7日开标	兴隆路门楼已搭设	征收拆迁尚未启动	伍家岭街道在土地手续办理后，启动征收	区工务局伍家岭街道
建成开学	381	14.32%	已完成	完成施工水电接入，围墙美化广告，施工便道，塔吊安装并施工；完成管桩施工，完成土方外运6000，约60%；完成排水、污水管安装；完成综合楼基础土方，完成1号、2号楼基础土方开挖，承台筑层，完成全部桩机，完成架空层车库基础土方	项目推进较慢	加快项目推进	金霞经济开发区
启动主体建设	1800	90.00%	已办理施工许可证	1~9轴已施工至3层，9~18轴已施工至2层，准备进行基础验收	土方施工范围内仍有3栋房屋及一些小门面未拆除	伍家岭街道在加快拆除倒地，区工务局加快项目推进	伍家岭街道去工务局
完成一期建设	223	1.72%	已召开方案评审会，设计单位已完善方案，已上报市规划局。已委托市水利院做防洪评价，通过后由市规划局下达总图批复	已启动建设。进行湘江大道东侧三环线段土方施工；其间，完成技术交底，已与区园林、城管对接，开始挖换行道树	/	/	/
完成建设	400	50.00%	已完成招标	已完成捞刀河变电站两条线路施工。另两回线路已完成初设审查会	/	/	

续表3

序号	项目名称	项目单位	实施单位	建设性质	建设内容	起止年限	2015年计划投资（万元）		半年度建设计划
							合计	其中拆迁	
19	竹坡路排污管	长沙金霞经开区开发建设总公司	长沙金霞经开区开发建设总公司	新建	霞凝垸至新港污水处理厂	2015—2016	1300	0	完成手续办理
20	特色街区建设	区城管局	区城管局	新建	对东二环胜利村周边进行特色街区提质改造	2015	2500	0	完善手续
21	社区公园★	区园林局	区园林局	新建	新建4个社区公园	2015	1050	0	完善手续
22	环卫工班房、站厕建设★	区环卫局	区环卫局	新建	新建30座环卫工班房，对辖区内站厕进行维修提质	2015	868	0	完善手续
三、推进较慢，存在较大问题的项目（16个）									
1	车站北路北延线☆	区城建投	区城建投	新建	捞刀河大桥至北二环，长3940米，宽46米	2015—2016	36000	32000	启动拆迁
2	家园路（福元路至滨河南路段）	区城建投	区城建投	新建	连接福元路与滨河南路，长950米，路幅宽度16米	2015—2016	1800	1500	启动拆迁
3	栖凤路（三一大道至东二环段）☆	区城建投	区城建投	新建	连接三一大道与东二环段，全长约800米，路幅宽26米	2015—2016	3420	3120	启动建设
4	江湾半岛小学	区教育局	长沙市金霞公司	新建	新建小学，建筑面积约17000平方米	2015—2017	2000	待定	完善手续
5	创远小学	区教育局	长沙创远置业有限公司	新建	新建小学。建筑面积约11000平方米	2015—2017	待定	0	办理前期手续

年度建设计划	2015年已完成投资	投资完成比例(%)	手续办理情况	形象进度	存在问题	工作要求或建议	责任单位
启动建设	1000	76.92%	根据现场实际情况，原方案已调整为由汤家湖路做顶管的方案	已纳入金霞片区排水、排污工程运营工作一周一调度，新港污水处理厂及金霞片区（含沙坪污水处理工程）已于本月底试运行。	/	/	/
完成建设	750	30.00%	已完善	胜利村、教师村立面整治完成30%，市政道路完成10%，环线以北节点整治完成50%	/	/	/
完成建设	670	63.81%	已完成	已完成总工程量的60%	/	/	
完成建设	200	23.04%	6座站厕建设、完成立项，五处用地合同和设计方案，正在进行施工图设计。30座环卫工班房完成招投标，已开始施工。10座站厕提质改造完成招投标已动工，60套负压除臭设施升级改造完成立项，因特殊原因 需重新开标	30座环卫工班房完成招投标，已开始施工，湘江世纪城公共厕所建设项目已动工改造	/	/	/
	2971						
完成拆迁完成土方工程	14500	40.28%	用地手续方面：目前已完成统征用地审批手续；征收拆迁方面：正在进行拆迁手续，一段二段已完成入户调查和三轮会审，三段、四段已完成入户调查，计划年内完成拆迁；预算招标方面：土方路基工程已挂网；预算情况：23日预算已进窗，预计26日出报告，招标公告已发出，计划本周完成预算上限值的编制工作。线形已入库，待片区控规上会后对接方案审查报批程序	暂未启动建设	规划设计院提出三个问题：高压塔（需改迁）；排水与标高已与编制处和重点处衔接，暂时无法明确，标高可先按入库标高进行设计，排水问题暂无可实施方案	/	/
完成拆迁启动建设	150	8.33%	该项目已完成国土手续；已将拆迁资料报至国土局，等国土局做拆迁估算；用地手续：正在市规划局办理建设用地规划许可证；前期手续：正在办理施工图审查，预计本月可以完成施工图备案	暂未启动	/	/	/
竣工通车	150	4.39%	该项目已完成国土手续；已将拆迁资料报至国土局，等国土局做拆迁估算；已完成立项、现状地形，由于道路线型问题，已申请调规并进行道路线型调规论证会，下一步按会议纪要修改文本落实相应要求	暂未启动	/	/	/
启动建设	1000	50.00%	已完成调规工作、市政府已审批。方案正在市城乡规划局进行方案审查，正在与项目方对接建设协议书签订工作	已经完成土地勘探，正在进行三通一平工作	小学国土置换手续需开福区人民政府出函至长沙市国土资源局给予支持	/	/
启动建设	0	0.00%	划拨用地手续已基本完成，正在出具用地红线项目开发商已经完成设计方案初稿	暂未启动	项目方对建筑面积建设指标存在争议	/	/

续表3

序号	项目名称	项目单位	实施单位	建设性质	建设内容	起止年限	2015年计划投资（万元）		半年度建设计划
							合计	其中拆迁	
6	芙蓉盛世小学	区教育局	长沙市天健房地产开发有限公司	新建	新建小学，建筑面积约11000平方米	2015—2017	1800	0	完善手续
7	基层医疗体系建设	区卫生局	区城建投 区卫生局	新建	1.新建总用地面积为17066平方米、净用地面积为12848平方米的沙坪社区卫生服务中心，建设内容为社区服务楼及办公用房，员工宿舍建设 2.按标准化建设要求完善基层医疗体系建设	2015—2016	5105	1100	完成沙坪生中心拆腾地；完5—8个村卫生室建设
8	基层派出所办公用房建设	区公安分局	区城建投	新建	建设新河、洪山桥、湘雅路、沙坪、浏阳河、月湖6个派出所办公用房	2015	5154	0	完成基础设
9	鹅羊山公园☆	长沙金霞经开区开发建设总公司	长沙金霞经开区开发建设总公司	新建	面积61.78公顷，建设集旅游、礼学、健身、教育实践与一体的文化休闲公园	2015—2016	6500	待定	启动建设
10	北二环高架快速化改造项目☆	区城建投	区城建投	新建	北二环（跨京广线高架桥—跨彭家巷路高架桥）路线长度约2千米。从车站北路至彭家巷路全线连续高架，南北向主干道与北二环交叉口形成地上、地面、地下三层立体交通	2015—2016	3000	0	完善手续
11	捞刀河路三环立交	长沙金霞经济开发区建设总公司	长沙金霞经济开发区建设总公司	新建	捞刀河路与三环线互通式立交	2015—2016	600	待定	完成用地续
12	洪山局双河湾农民安置房★	区城北投	区城北投	续建	项目总用地面积19.40公顷，总建筑面积约42万平方米。一期建设南侧7.07公顷地块，建筑面积约22万平方米	2014—2018	20000	0	完善手续
13	苏家托污水处理厂一期工程	长沙水业集团	长沙水业集团 长沙金霞经开区开发建设总公司	续建	项目总占地面积12.53公顷，其中一期占地4.96公顷，工程建设规模为10万立方米/天，我区负责用地范围内征收拆迁	2014—2016	9500	7500	完成拆
14	九尾冲二期（新码头）棚改项目★	大城北棚户区改投	大城北棚户区改投	续建	总占地面积1.53公顷，新码头路棚户区改造及配套建设	2014—2015	10000	10000	完成50%收
15	栏山路	区城建投	区城建投	新建	葡园路—319国道，长1246米，宽30米	2015—2016	3500	1500	完善前期续，启动迁
16	湘江东岸绿道建设	区园林局	区园林局	新建	建设湘江东岸湘江一桥桥至浏阳河段城市绿道(市建委下达项目)	2015—2016	1000	0	办理前期续

说明：★项目为市重大建设项目，☆项目为市重大预备项目

年度建设计划	2015年已完成投资	投资完成比例(%)	手续办理情况	形象进度	存在问题	工作要求或建议	责任单位
启动建设	0	0.00%	正在进行控规公示，预计10月出批复，土地费用已全部缴清，正在办理项目（含学校）国土证。设计方案已组织召开方案评审会，下一步征求职能部门意见，进行并联审查	暂未启动			
1.完成沙坪卫生服务中心主体工程建设 2.完成15个村级卫生室改扩建	500	9.79%	沙坪项目用地手续已完成统征手续，暂未启动拆迁。前期手续已完成总图审批一阶段进窗	沙坪卫生中心暂未启动建设；15个村级卫生室建设中已完成14个村卫生室建设，剩余1个正在选址	/	/	/
新河、洪山桥、湘雅路、浏阳河派出所完成建设	0	0.00%	洪山桥派出所、浏阳河派出所分别设置在福鑫苑农民安置房建设项目和双河湾农民安置房内，同小区统一规划	暂未启动	/	/	/
完成一期建设	0	0.00%	已召开方案评审会，设计单位已完善方案，已上报市规划局。已委托市水利院做防洪评价，通过后由市规划局下达总图批复。同时准备总图、市园林局的行政审批等手续办理	暂未启动	/	/	/
启动建设	0	0.00%	前市政府已明确该项目由市工务局牵头负责	暂未启动建设	/	/	/
完善手续	0	0.00%	暂缓办理手续	暂未启动建设	重点调整至三环收费站改造	已明确由市住建牵头对捞刀河收费站的改造进行科学论证	
启动一期建设	217	1.09%	已完成总图批复，正在进行环评、能评和可研编制报批；外立面色彩已定，需重新报批；初步设计对接中。已完成勘察、设计招标	待拆迁完成后启动建设。	正在拆迁，拆迁总户数为348户，已完成48户，还有300户未完成	加快拆迁进度	征地办浏阳河街道
启动建设	0	0.00%	市水业投已委托省建筑院完善一期平面布局方案	暂未启动建设	项目推进较慢	建议区政府明确一名牵头领导和部门配合市水务局推进项目前期工作	金霞经济开发区
完成征收启动土地招拍挂	1754	17.54%	已完成	项目已签约18户，经区政府研究同意，项目目前以维稳和政策宣讲为重点，征收签约暂缓	/	/	/
完成拆迁启动建设	0	0.00%	已完成立项，蓝线等手续，正在协调舟桥部队土地问题	暂未启动，建设时序调整，暂停启动该道路建设	根据领导指示，该项目已取消	/	/
启动建设	0	0.00%	正在进行方案设计	暂未启动	项目推进较慢	加快前期手续办理	/

表4

开福区2015年重大项目（社会投资类）调度表（11月）

序号	项目单位	项目名称	建设地点	建设性质	起止年限	2015年计划投资（万元）	年度主要建设内容	项目联系人及联系方式	2015年1—11月已完成投资（万元）	2015年1—11月已完成投资（调整）（万元）	11月形象进度	存在问题
全区重大产业项目合计58个						1736900			1142906	1294349	74.52%	
一、进展较顺利的项目（共28个）						664000			573825	636610		
1	中铁房地产集团长沙置业有限公司	中铁·山语城三期	鹅秀组团	续建	2013—2016	10000	基本完成一组团5栋高层建设，启动二、三组团建设	朱清爱 15211068077	17170	17170	1~5号栋及1号地下车库竣工备案完成；二组团在进行开工前期准备工作；三组团暂未开工	项目已建成并完成现场验收的幼儿园因移交问题，仍未取得市教育局验收批复，影响部分业主产权手续办理。
2	湖南宏吉置业发展有限公司	楚天逸品	鹅秀组团	续建	2012—2015	5000	完成一期工程建设及装饰	吴梦芳 15111030121 85772249	8393	8500	项目5号、6号栋室内清查、整改；1~4号栋内装修完成40%，1~3号栋拆外架	
3	湖南青竹湖国际商务社区开发有限公司	绿城青竹园	青竹湖镇新源社区	续建	2005—2019	9000	北区四组团西侧及南区三组团整体竣工，南区四组团（40栋），北区五组团启动建设	王兰 82681130	14600	14600	南区四组团主体封顶40栋，8栋样板房开放，继续景观及道路施工中	
4	长沙乐莎食品有限公司	罗莎蛋糕生产配送基地（罗莎二期）	沙坪组团	新建	2015—2016	3000	启动建设	张静宇 13755006879	3600	3600	已摘牌，并支付部分土地款	
5	传化公路港物流有限公司	长沙传化智能公路物流枢纽港☆	东至中青路（汤家冲路），南至大明大道，西接李家冲路，北至曲湾路	新建	2015—2016	30000	完善前期手续，启动建设	赵世豪 13682626719	36000	36000	规划方案已通过规划评审，已取得环评批复，完成一期A1地块场地平整施工，完成一期临时排水施工，已动工建设，强夯、水系施工中	
6	长沙市富盾置业有限公司	富兴旺角	福元路与东二环交汇处东南角	续建	2014—2016	4000	完成主体工程	许东生 13807303525	4460	4500	2号、3号、5号栋第四层完成封顶，6号、7号栋第九层完成，4号栋第8层完成	
7	长沙创远置业有限公司	创远·湘江壹号	鹅秀组团	续建	2013—2017	20000	开工建设23万平方米，启动4栋高层、多栋别墅、会所，以及配套小学建设	梁坚 13973120523	21500	22500	1号、2号栋正在办理联合验收、竣工验收；55号外立面完工，进入室内施工阶段；56号、57号打桩完成，其他高层报建进行中；四期土方已完成，正在进行道路施工	

续表4

序号	项目单位	项目名称	建设地点	建设性质	起止年限	2015年计划投资（万元）	年度主要建设内容	项目联系人及联系方式	2015年1—11月已完成投资（万元）	2015年1—11月已完成投资（调整）（万元）	11月形象进度	存在问题
8	长沙深国投商用置业有限公司	龙湾一号公馆	浏阳河街道	续建	2013—2016	3000	4号栋竣工	蒋海平 13786125450	3000	3300	4栋商业主体结构完成。暂停施工中，在加大招商	
9	长沙统一企业有限公司	长沙统一（一期）扩建项目	一期项目以东，大安路以北，广胜路以西，罗莎项目以南	续建	2014—2015	3000	完成建设并投入使用	曹伟文 18975197957	3290	3290	报建手续已经完成；各单体建筑均已经建设完成。正在进行绿化施工厂商的招投标的工作，并同步办理消防验收、规划验收及环保验收的相关手续。绿化厂商确定后即开始施工；消防审核后对部分未达标的地方进行整改，直至验收达标	
10	湖南友泽房地产开发公司	友谊咨询广场（友谊大厦）	秀峰街道	续建	2013—2015	6000	完成建设	唐柯 13319529125	4980	6500	项目外幕墙施工完成90%,智能施工完成75%，精装修施工完成65%,园林绿完成15%	
1	湖南省湘诚新城置业有限公司	湘诚新城二期（德峰小区）	鹅秀组团	续建	2013—2015	15000	全面完成项目建设	周王发 15973161677	14550	16000	项目所有住宅主体封顶，目前正在进行扫尾	1.交房在急，周边四条道路（景明路、鹅羊路、柏君路、鹅秀路）未通，影响小区交通、给排水等 2.景明路与我小区高差相差6—7米，导致现C区无法形成一个整体，地下室外露，规划、消防验收无法通过，进而影响交房,需尽快回填土方
2	湖南长重机器股份有限公司	长重生产基地项目一期工程	新港街道	续建	2014—2015	8000	完成一期建设	王小平 15111039228	8000	8300	一期项目室外道路、管网工程施工已全部完成，联合厂房内正在进行配电工程及设备安装工作；销售中心（办公楼）继续进行室内精装修工程施工	项目雨水污水管网现已接至红线边，由于市政道路上没有污水对接接口，恳请协调解决污水管网接口问题
3	长沙雅居乐房地产开发有限公司	长沙雅居乐花园	湘江大道以东，鹅秀路以北	续建	2014—2016	30000	完成项目主体工程建设	谭香山 13808453233	30000	31000	一期已完成主体工程建设	1.公共交通不方便 2.市政配套不完善
4	当代置业（湖南）有限公司	万国城三期	浏阳河街道	续建	2013—2015	30000	完成建设	陈灿 13974805735	30000	30000	三期、四期已全部完工，并完成了联合验收和竣工验收	

续表4

序号	项目单位	项目名称	建设地点	建设性质	起止年限	2015年计划投资（万元）	年度主要建设内容	项目联系人及联系方式	2015年1—11月已完成投资（万元）	2015年1—11月已完成投资（调整）（万元）	11月形象进度	存在问题
15	湖南华创地产集团有限公司	华创国际广场★	伍家岭街道	续建	2012—2016	50000	1号栋主楼封顶，2、3号栋和裙楼基本完工	宁益群 13487581988	38000	48000	项目1栋（300米高,66层）1号栋66层完工全栋封顶 ,2号、3号栋玻璃幕墙收尾 ,商业裙楼机电设备、消防、电梯安装	
16	湖南日报报业集团	湖南日报传媒中心★	望麓园街道	续建	2013—2016	40000	办公楼、写字楼主体结构封顶	苏冰清 13617311232	36300	38000	文化产业、文化事业、裙楼全面进入进入墙幕安装、室内外装饰装修	
17	湖南英祥房地产开发有限公司	英祥苑（英祥春天）二期	浏阳河街道	续建	2013—2015	7000	完成商业1、2栋主体建设、装修	张漫丽 15274979631	6600	6600	2号房内外粗装饰完成80%；1号房内外粗装饰完成6层	
18	湖南泓龙置业发展有限公司	金鼎苑	伍家岭	新建	2015—2017	10000	启动项目建设，完成基坑施工	王总 18975164636	9350	9350	项目北区1、2、3栋（33、34层）和5栋（6层）已封顶；项目南区地下室完工，4栋（33层）已建到25层、6栋（5层）已封顶。 项目1、2、3、5栋已拿到预售许可证	
19	长沙佳海产业园建设投资有限公司	长沙佳海工业园二期★	青竹湖路以北，纸笔塘路以南，中青路以西，广胜路以东	新建	2015—2016	30000	完成二期南地块建设，启动二期北面地块多层厂房建设	凌象春 15974271368	28000	28000	项目南片区已交付，并完成联合验收；北面E区正在办理规划许可证手续,正在进行土方平整	
20	湖南长城投资有限公司	长城一万富汇商务大厦	四方坪街道	续建	2014—2016	15000	完成主体建设	何立顺 13755018336	13500	13500	主体内灰已完成、外装饰完成85%	
21	湖南省三新建筑工业有限公司	湖南省三新建筑工业化住宅PC预制构件建设项目★	三环线以北，西临华宁路，北临新安路，东临植基路，南临规划的港成路	新建	2015—2015	20000	完成生产厂房、办公楼及其他辅助用房的建设并投产	梁晓轩 13627497507	24332	17600	厂房基本全部完成；办公楼地下室目前正在装修，地下室装修全部完成；一层、二层装修正在进行中	
22	湖南沙坪新农村建设投资有限公司	沙坪新街（绣坊街）	沙坪街道	续建	2013—2015	24000	完成建设	方苏 15116271236	17000	21000	南北两区主体已全面下架，正在进行附属工程施工	
23	湖南天格物资贸易有限公司	中石油西南化工湖南分销基地	芙蓉北路与汤家湖路交汇处东北角	新建	2015—2016	15000	基本完工	刘学斌 13307477755	12000	13000	1#、2#、3#、4#、5#高层仓库主体框架已经完成，2#、5#仓库砌体工程完成，正在进行装饰工程及配套工程施工，1#、3#、4#仓库正在进行墙体砌筑及相关配套安装。场坪道路硬化完成总量的1/3	

续表4

序号	项目单位	项目名称	建设地点	建设性质	起止年限	2015年计划投资（万元）	年度主要建设内容	项目联系人及联系方式	2015年1—11月已完成投资（万元）	2015年1—11月已完成投资（调整）（万元）	11月形象进度	存在问题
24	长沙上城置业有限公司	绿地海外滩	高冲路8号	续建	2014—2016	50000	完成一期建设	戴巧林 18684777600	27000	43000	一期一标段内外装饰工程、给排水、燃气等配套工程、园林景观工程收尾；一期二标段土建工程收尾，正在执行土方回填	1.配套小学建设用地的土方回填超出设计标高，请协调降低至设计标高（41.0M） 2.请求加快启动周边市政道路（景明路）建设
25	湖南绿地金融城置业有限公司	绿地中心★	清水塘街道	续建	2014—2016	70000	1.T1栋19层至主体封顶，外墙玻璃幕完成； 2.T2、T3、商业裙楼及地下室竣工	陈娟 18674866559	50400	59800	中心商业主体及沿街玻璃幕墙完成，T1栋主体完成37层，T2栋幕墙玻璃及石材安装完成，T2栋精装修过道粉刷全部完成，吊顶主龙骨完成100%。T3栋幕墙玻璃及石材安装完成，T3栋公共部位精装修过道粉刷完成，吊顶主龙骨完成95%	
26	湖南盛长安房地产开发有限公司	凯乐楚源	陡岭路与栖凤路交汇处	新建	2014—2017	17000	七幢高层主体工程完工	江涛 13755014377	14500	14500	结构设计论证已完成，设计方案、总平面图审批已完成；目前主要进行报建图审查（10月份提交）、施工图审查和施工许可证办理等审批程序	
27	富兴集团金地公司	富兴世界金融城★	东风路街道	续建	2014—2019	100000	低密度商业主体封顶；集中商业主体封顶；一期写字楼主体封顶	吴庆元 15211138282	79300	85000	低密度商业封顶，集中商业封顶，幕墙安装正在进行，写字楼地上17层	
28	湖南嘉德投资置业有限公司	中部进出口加工物流中心★	湘江北路与开顺路交汇处东北角	续建	2014—2016	40000	完成一期建设	陶猛初 13974858910	18000	34000	1#A外墙砖铺设完成100%，景观完成90%，保税直销店装修完成90%，消防验收完成	
二、进展一般的项目（共15个）						794000			522813	599209		
29	长沙香江商贸物流城开发有限公司	高岭国际商贸城一期★	秀峰街道捞刀河街道	续建	2014—2015	200000	完成项目一期建设	谢中兴 18670029678	152450	167700	1.A1—1地块：仓库建设已完成 2.A1—2地块：A—F馆结构主体已完成，砌筑基本完成，市政园林、装修准备招标 3.A2地块：主体及装修样板房已完成，室外地坪硬化、管网施工完成80% 4.A3地块：11月15日已启动集中交楼，工程主体已完工，正在进行验收整改 5.A4地块：商铺工程除个别铺面外基本已移交物业，路面沥青铺设及道路画线已完成 6.B2、B3地块：前期地勘已完成，土石方工程招标中，建筑结构设计方案已进行初步交底	

续表4

序号	项目单位	项目名称	建设地点	建设性质	起止年限	2015年计划投资（万元）	年度主要建设内容	项目联系人及联系方式	2015年1—11月已完成投资（万元）	2015年1—11月已完成投资（调整）（万元）	11月形象进度	存在问题
30	湖南海洋环球置业有限公司	海洋半岛三期	四方坪毛家桥市场北向	续建	2011—2016	15000	启动建设	陈总 15874843338	12500	12500	三期正在办理报建手续	
31	湖南福晟房地产开发有限公司	福晟·钱隆世家	鹅秀组团	续建	2012—2015	30000	住宅部分建设完成80%	汪讲文 18670718991	18000	25000	洋房9#—14栋完成竣工验收，17栋砌体施工完成，22#栋完成32层梁板砼浇筑，23#完成32层梁板砼浇筑	
32	湖南天景名园置业有限责任公司	太阳星城	青竹湖镇天井社区	续建	2011—2017	5000	一期39栋竣工	杜丽 13618496628	4000	4000	1.项目一期几项绿色技术：太阳能光伏并网发电及智能配电工程与供电部门在衔接，封闭式垃圾自动收集智能化管理系统工程、园林景观工程、部分管网工程正在施工 2.特斯拉充电桩设备完成，正在建设超级能源广场 3.一期D区正在进行扩初设计	
33	长沙北辰房地产开发有限公司	北辰三角洲	新河街道	续建	2007—2018	250000	E3区竣工，C2、C3区开工	陈洋 13873117287	181854	199170	D3E5区竣工入住；F1F2中小学已竣工开学；D1区已竣工；A1区已竣工；D2区已竣工；E3区已竣工；B1E1、B2E2区全部结构封顶，正在二次结构施工；E4区、E6区正在进行主体结构施工	
34	中民筑友有限公司	中民筑友建筑工业化产业园★	沙坪组团大安路以南，广胜路以东	新建	2014—2015	30000	完成主体工程建设	童宁 13802689985	20850	23900	土方回填已完成98%，主厂房竣工正在调试生产，办公楼主体装饰扫尾工作，5号宿舍楼、成品库进行吊装施工。研发楼和6号宿舍楼正在办理相关手续待施工	
35	湖南金隅阳光投资有限公司	金隅桃园	青竹湖镇天井社区	续建	2014—2018	30000	低层一期建设竣工，洋房部分完成报建并开始建设	彭运良 13875920818	23500	23500	项目一期园林工程完成95%，商业装修、样板房装修已完成，一期三批15栋主体封顶，二批主体已验收	
36	长沙新港有限责任公司	新港三期	新港街道	续建	2014—2017	5000	完成主体工程建设	王伟宏 13387491739	3639	3639	1.南片区征地省公路局国有土地已由市国土局收回 2.北片区被征收单位重建用地已由望城区上报省国土厅 3.11#泊位港池疏浚	

续表4

序号	项目单位	项目名称	建设地点	建设性质	起止年限	2015年计划投资（万元）	年度主要建设内容	项目联系人及联系方式	2015年1—11月已完成投资（万元）	2015年1—11月已完成投资（调整）（万元）	11月形象进度	存在问题
7	湖南珠江实业投资有限公司	珠江郦城	浏阳河街道	续建	2013—2016	80000	郦城二组团璞墅竣工；郦城三组团熏衣道竣工；郦城四组团主体结构封顶	秦田 15874066393	48600	55200	30#栋、19层楼面混凝土浇筑完成；砌体完成样板、31#栋、东单元22层钢筋绑扎完成，西单元22层模板安装完成50%；砌体：东单元完成1—8层；33#栋、东单元25层模板安装完成50%，西单位25层模板开始安装。砌体工程：1—17层砌筑完成；34#栋：24层楼面钢筋绑扎完成。砌体：1—11层完成；35#栋、24层楼面混凝土浇筑完成。砌体：1—11层完成；36#栋：25层楼面模板安装完成50%，砌体：1—12层完成；37#栋、东单元26层楼面混凝土浇筑完成，西单元27层楼面模板安装完成30%。砌体：东单元 1—14层完成、西单元1—16层完成。38#栋：29层楼面混凝土浇筑完成，砌体：1—18层	
8	湖南鸿源物流有限公司	湖南鸿源物流霞凝码头工程	湘捞西路	续建	2013—2015	4000	完成仓储建设	谭德辉 15116472238	2000	2600	1号库已基本完成；2号、3号库已完成主体建设；办公楼完成主体建设，倒班楼已完成主体建设	1.因建筑密度、绿地率的限制，无法按整体规划进行报建，急需调规，完善其手续；2.调整竹坡路纳入土地出让程序；3.湘捞西路共同修建的问题。湘捞西路设计12米宽幅，水泥路面，承载30吨，而我公司要修建的是改型路面，承载350吨，因衔接和各项技术处理都不同，很难达到统一，特请求同步修建，形成整体美观一致
	长沙通程控股股份有限公司	“爱尚通程”电子商务物流园★	新港大道以东，开顺路以南，九州通项目以北	新建	2015—2016	10000	启动项目建设	章棉水 13974810223	5400	6300	总部办公楼已建至地上4层，2栋仓库已完成地上1层	

续表4

序号	项目单位	项目名称	建设地点	建设性质	起止年限	2015年计划投资（万元）	年度主要建设内容	项目联系人及联系方式	2015年1—11月已完成投资（万元）	2015年1—11月已完成投资（调整）（万元）	11月形象进度	存在问题
40	湖南毛家桥贸易有限公司	海盟国际大厦	湘雅路街道	续建	2014—2015	8000	主体完工，完成室外工程及精装修	孙文晴 15570856666	5000	5000	幕墙安装完毕	
41	湖南山河实业有限公司	长沙医药健康产业园二期★	中青路577号	续建	2014—2017	20000	完成二期主体建设	汤志敏 13973153656	9985	11500	4~16号栋装修工程正在按计划逐一完成	
42	迪卡侬（上海）体育用品有限公司	迪卡侬长沙旗舰店暨湖南总部项目	芙蓉北路和植基路交汇处东南角	新建	2015—2016	7000	完成前期报建手续，启动建设	伏天 13701705244	4000	4000	目前已经取得摘牌保证金,正在办理红线图和国土证，正在安排报建等工作	
43	长沙宝瑞房地产开发有限公司	恒大雅苑	洪山街道	续建	2008—2017	100000	恒大雅苑二期部分项目及三期商业项目	陈万林 18807400733	31035	55200	土地平整	
三、进展缓慢或存重大困难的项目（共15个）						278900			46268	58530		
44	五矿地产建设集团	沁园金城	二环线往福元西路500米	新建	2015—2018	57000	5栋高层结构封顶，11栋别墅结构封顶，社区公园对外开放，洪山路通车	张帅炎 13975899876	23000	30800	1#、2#栋内外装饰施工、水电安装施工，外架拆除完，施工电梯和塔吊拆除施工；1#～14#栋内外装饰收尾；15#、16#、17#栋主体封顶、砌体施工收尾	
45	长沙普霞仓储有限公司	普洛斯金霞物流园★	彩霞路以北、铁路专线2号线与3号线之间	新建	2015—2016	8000	完成项目主体建设	周磊 13865646695	4000	4000	B—1、C—1地块已完成土方平整、高压杆线迁移和迁坟。厂区临时道路、强夯作业、临时水电、临时围挡已完成。土地证、建设用地规划许可证完成办理，总图方案已审批，经济指标复合，面积复合已完成。初步设计已审批	
46	湖南晟冉房地产开发有限公司	福晟·钱隆国际	鹅秀组团	新建	2015—2020	10000	完成4万平方米商业配套主体建设	陈仰贤 13787265239	4000	4800	项目已办理规划许可证，施工许可证，桩基完成80%	
47	湖南九州通医药有限公司	湖南九州通现代医药物流中心★	新港大道以东、铁路二号专线以西、湘之杰项目以南、保税中心二期用地以北	续建	2014—2016	9900	完成分拣中心、倒班楼的建设	苏学军 13635779077	2800	4500	施工许可证已办理完毕，消防备案需按新规范重新设计，员工到班楼结构施工到7层，分拣中心结构施工到3层	1.正式用电申咨询得知需霞凝变电站接，与入园议不符，望予大力支持；2.村民阻工需府协调
48	长沙新时代医药有限公司	新时代医药	新港街道	续建	2014—2016	1000	启动建设	刘亚夫 13549651111	200	200	项目围墙施工已完成，目前停工中	

续表4

序号	项目单位	项目名称	建设地点	建设性质	起止年限	2015年计划投资（万元）	年度主要建设内容	项目联系人及联系方式	2015年1—11月已完成投资（万元）	2015年1—11月已完成投资（调整）（万元）	11月形象进度	存在问题
9	卓尔发展（长沙）有限公司	卓尔第一企业社区·长沙基地二期★	青竹湖路以南，植基路以西，兴安路以北，金盆路以东	新建	2015—2017	30000	全面实现开工建设	石伟 15926244947	1638	3600	一期完成竣工验收，二期暂未动工	
[illegible]	湖南健郡房地产开发有限责任公司	健郡大厦	伍家岭街道	新建	2015—2017	30000	启动建设	肖太宏 13787196343	3000	3000	本月形象进度：项目建设规划由2栋调整为4栋,总平面图修改已提交市规划局进窗；项目工程总承包招标有9家单位参与,初步入围3家单位进入下一步洽谈;因规划调整原有基础施工需进行勘探、补桩和加固，项目计划11月开始按南北片分区、分步进行基础施工	
[illegible]	长沙双瑞房地产开发有限公司	藏珑湖上国际社区三期	洪山街道	续建	2012—2016	30000	三期工程别墅及酒店	吴江 18673166361	2800	2800	已暂缓酒店建设，3.2期其他楼栋7月份已交房	
[illegible]	长沙理想房地产开发有限公司	红星美凯龙	洪山街道	新建	2015—2017	20000	启动建设	李冰 13875812422	1500	1500	土方开挖已暂停，正在进行单体报建和临时施工手续办理	
[illegible]	湖南君悦环球发展有限公司	君悦新天地	新河街道	新建	2015—2017	8000	完成前期报建手续，启动建设	黄雯 13974864920	480	480	拆除区域清除工作继续推进，土地勘察工作已经完成，规划评审会已召开，资料已进窗，正在进行日照分析、交通影响评价	
[illegible]	长沙大和置业有限公司	维一星城·原山苑二期	洪山街道	续建	2013—2016	20000	原山苑二期住宅配套设施建设。维一国际综合商务楼启动建设	柯烽 18873108885	1150	1150	土方及基坑支护工程已完工，拆迁已完成，暂处于停工状态	
[illegible]	长沙深业置业有限公司	沙河提亚纳湾	捞刀河街道	续建	2013—2016	4000	三期二区洋房开工	唐珂 82123829	200	200	已停工，暂缓建设	
[illegible]	长沙复地房地产开发有限公司	复地崑玉国际	湘雅路街道	续建	2011—2016	40000	二期主体完工	尹盛刚 18684851616	1500	1500	一期已完工，二期因规划局不能批复规划方案，从2014年7月至今处于停工状态	
[illegible]	金色地标房地产开发有限公司	湖南湘商大厦（滨江华尔街）	竹山园市日杂公司	新建	2015—2017	10000	完成拆迁征地，完成前期手续，启动建设	李小银 13574120066	0	0	目前正处于棚改征收手续的申报办理与项目规划设计阶段	
[illegible]	开福城市建设投资有限公司	新河大厦	新河街道	新建	2015—2016	1000	完成前期报建手续，启动建设	盛宇 13974806240	0	0	已停工，待手续完善后恢复建设	

工商行政管理

长沙市工商行政管理局开福分局

局　　长　唐劲松（2015.5任）
　　　　　邹　展（2015.5免）
副 局 长　刘金山　戴海明
　　　　　刘利军　李海祥
纪检书记　沈　剑

【概况】 分局现有干部职工202人，其中在岗干部职工158人，离退休人员44人；在岗干部中，机关76人，工商所82人，在岗干部的平均年龄47.1岁。分局设有综合、职能科室17个，基层工商所9个。

目前全区共有各类企业8700多家，个体工商户23600多户，商品交易市场42个（其中农贸市场23个，专业市场19个）。拥有全国驰名商标8个，湖南省著名商标42个，地理标志性商标3家。

整顿和规范市场经济秩序。2015年发挥职能优势，把握角色定位，关注民生服务经济发展，帮扶企业，助推地方经济发展。深化商事登记制度改革，优化区域经济环境。截至2015年底，新办私营企业3680户，比2014年同期的3319户增长10.8%;新办个体户6461户，比2014年同期的3589户增长80%;2015年4月1日至9月20日共办理三证合一执照1278户，9月20日至今共办理多证合一、一照一码执照1001户；全区现有各类企业15875户，个体工商户32413户。对辖区内自2015年元月起新办商事主体进行了实地检查，应检户数10956户、实际检查10956户，其中检查外资企业78家，检查完成率100%。向相关部门平台抄送监管信息1561条；在监管中，手工挂号邮寄593户；对商事主体实行“一周内电子标注，一月内新办回访，两月内动态跟踪”。电子地图标注户数共计45646户，标注率98.1%。完善企业信用信息公示平台建设。改巡查监管为分类抽查，重点监管前置、后置许可审批项目经营情况；推进年报公示、信用信息公示、异常名录等新的监管举措。年报率80%，皆达到历史最高水平。列入经营异常名录5206户，公开企业违法记录362条，发布典型案例12个，并在湖南企业信息公示平台公示。

服务至上，提升行政效能，促进区域经济发展。2015年共办理股权出质30件，帮助企业融资5.96亿元。帮助企业解决燃眉之急，促进区域经济快速发展。帮助大、中、小型企业建立健全合同管理制度，示范文本制度，为企业排忧解难，企业得到良性发展。共有31家企业参加2014年度省级守合同重信用企业公示活动，同比上年度数量增加68%。有30家企业参加2014年度市级守合同重信用企业公示活动，有力促进区信用体系建设。建设“资源节约型、环境友好型”单位，助推“两型”社会建设，华润万家世纪金源店、润万家四方坪店两家企业申报2015年长沙市两型示范市场（门店）。为26户资料齐全的企业办理了动产抵押登记，共为企业办理抵押贷款金额6.05亿元。发展经纪人工作稳步推进，全年共发放经济人证15户，完成市局下达的任务。鼓励、指导企业注册驰名、著名商标、马德里国际商标，打造一批知名度高，美誉度好的商标品牌。新增注册商标1206件，商标总量较去年同期增长25.3%；其中有国家驰名商标8家、湖南省著名商标46家、地理标志性商标3家。继续加强网络经营主体数据库建档，进一步提高数据质量。全区新录入网络经营主体经济户口3481户；登记网络交易平台或大型电商8户。2015年，开福区网络经济户口总数为22135户。

加大执法力度，提升执法效能。以专项整治为依托，狠抓流通环节监管，积极查处假冒伪劣商品。2015年，查处了“欧普集成吊顶”案等多起典型假冒伪劣案件。抓好食品质量监测，进一步加强流通领域食品质量监管。9月底流通食品安全职能交接前，共进行快速检测2617批次，合格率100%。抽检90批次，其中食品85批次为合格，5批次不合格，合格率94.4%，且对5批次不合格食品都进行了立案查处。积极履行行政许可，全年共核发食品流通许可证1184本。继续保持打击传销的高压态势。出动执法力量1226人次，捣毁传销窝点423个，遣散传销人员1641人，并发放“打传”宣传资料30000余份，加大查处无照经营行为力度。组织召开了2次查处无证无照经营联席会议，全年共组织查无专项活动40余次，取缔无照经营户270户，引导办证共计2600户，结合食品安全专项整治，办理食品流通证近1000多户，解决了超市、南杂店等食品经营户的无证无照经营。取缔无证无照水上餐饮船只30艘，立案查处无照的40户，罚款18.21万元，向相关职能部门抄告593户。将合同监管纳入日常巡查，及时立案查处合同违法案件。共出动检查人数60人次，车辆30台次，检查合同份数150余份，发出行政建议书24份、责令改正通知书10份。对经营涉嫌侵犯注册商标专用权的假冒伪劣商品经营户加强监管查处，对涉嫌侵犯注册商标专用权的“迅达”牌吸油烟机、“白沙溪”牌茶叶、“芝华士”牌苏格兰威士忌、假冒“五粮液”酒、“欧普”牌集成吊顶和配件等违法产品进行了查处，扣押涉嫌侵权商品500余件。加强广告监管工作，查处了湖南喜家装饰设计公司违法广告案、湖南供销电子服务有限股份公司网络虚假宣传案等一批广告案件。继续开展非融资性担保公司专项清理整治工作。调动各方力量，形成上下联动、协同配合、职能明晰、齐抓共管的监管体系。共摸排 466家投融资、担保、理财、资产管理类公司，对涉嫌非法集资的湖南华银宏大投资有限公司、钻石财富、钰轩投资担保公司、胜煜投资管理公司等4家企业移交公安部门立案调查。继续开展非法拼改装车辆专项整治行动，做到责任到人，清查到位。对辖区内所有车辆维修点进行了摸底排查，并与其签订了承诺书，确保辖区内无一处非法拼改装车辆窝点。开展节日期间消费品市场专项整治、寄卖行业规范整治、社会办学专项整治等专项整治行动，出动检查人员930人次，检查相关经营业户1700余户。一般程序案件立案165件，已结案125件（其中：食品安全案件26起，商标案件10起，合同案件12起，无照经营案件22起，广告案件7起，传销案件5起，不正当竞争案件22起，产品质量案件9起，其他案件12起）罚没金额共计221万元。

帮扶企业建设，服务消费民生。大力开展消费维权宣传教育，送法上门，发放新《中华人民共和国消费者权益保护法》宣传资料6500余份，努力增强消费维权意识。2015年，分局共受理投诉2422件，已办结2282件，办结率94%，受理举报490件，已办结445件，办结率90%，帮助消费者挽回经济损失400余万元。大力推进12315体系建设，发展“五进”建设单位及“一会两站”单位。“五进”建设单位30家，“一会两站”单位61家，超额完成了市局的目标任务。借助工商行政管理部门的职能优势，充分发挥基层工商所的工作主体作用。2015年共有4家企业建立了共青团组织，4家企业建立了关心下一代工作委员会。 （王 琱）

质量技术监督

长沙市质量技术监督局
开福分局

局 长 杨万红

副局长 胡建军

刘 慰（2015.12任）

【概况】 开福分局为长沙市质量技术监督局派出机构，内设办公室、特种设备监察科、标准计量科、质量和监督科4个职能科室，人员编制7人。设局长1名、副局长2名。

2015年，开福分局围绕“保安全、促发展、强质量”工作主题，履行质量技术监督综合管理、行政执法和特种设备安全监察职能，推进各项工作目标落实，圆满完成各项工作任务，特种设备安全监管与节能减排工作目标管理绩效考核在市内五区排名第一，全区绩效考核一类单位，全区安全生产先进单位。

保障特种设备安全。调优配强监管力量，首次明确考核机制——将特种设备安全工作纳入对各街道的安全生产目标绩效考核中，强化经费保障力度，制定应急预案，充分发挥各街道作用，形成合力，延伸监管触角。开展各类专项检查工作，做好事故隐患整改查处。开展了元旦、春节期间等节假日特种设备安全检查、校用特种设备的专项检查、电梯安全监管大会战、特种设备的“隐患排查”、特种设备 “九打九治”的打非治违和危险化学品易燃易爆品安全检查、公共场所电梯安全专项检

发放宣传资料

查、油气管道攻坚战、涉安产品专项执法行动等八大专项行动。电梯安全大会战共摸排电梯4143台，发现存在隐患电梯178台，完成整改及监护运行168台，停梯10台；公共场所电梯安全专项检查共检查商场、酒店等公共场所192家，检查自动扶梯及人行道199台，检查客梯852台。开展特种设备安全生产宣传培训。开展集中培训、专家送训、网络教学专题培训活动6场、主题宣传咨询活动3次，为辖区内245家单位、3个消防中队、1个社区共计417人送训，接受群众咨询120余人次，解惑答疑30多个，发放资料4000多份，借助各类媒介发送信息上千条。开展安全生产约谈对话活动。分局负责主谈1次，参与全区谈心对话活动3次，共与60多家重点企业主要负责人谈心对话。有序推进电梯安全管理标准化试点项目。确立电梯安全管理服务通用基础标准体系，建立电梯安全管理服务保障标准体系和电梯安全管理服务提供标准体系，共搜集各类法律法规38个，撰写中期预审标准共56个，支持试点社区望麓园街道荷花池社区工作经费5万元。

提升质量技术监督综合管理水平，完成认证认可获证后监管工作。对辖区16家生产许可证企业、14家3C认证管理企业、11家食品相关产品企业、3家车检机构的证后日常监管、巡查和建档工作，对11家食品相关产品企业实施生产许可证年审工作；指导1家企业申办工业产品生产许可证。集中开展涉安产品专项检查工作。对区特种设备、机动车安检机构、危险化学品及包装容器、消防产品、电线电缆产品等涉及安全生产和领域开展专项集中执法检查工作。出动执法人员120多人次，执法车辆50多台次，共检查涉安企业210家，下达整改通知13份。加强质量管理工作。组织召开贯彻质量强区实施意见工作会议，牵头制定质量强区工作方案并提出可行性建议。实施品牌培育，培育出新亚胜、金湘权、畅通物流、鸿胜物流等4家湖南省名牌企业，长沙统一长沙名牌企业。帮助区内的紫荆花涂料、加比力食品2家公司与华南理工大学进行院企对接，并成功签订技术研发合作项目。对辖区6家汽车销售企业开展家用汽车三包监督检查。推进标准化建设工作。做好了《城市园林绿化管理规范》和《淡水白鲳鱼池塘养殖积水规程》2个地方标准立项申请工作，培育了“食在不一样”和“老百姓大药房”2家标准化试点单位。帮助加比力（湖南）食品有限公司成功申报市科技局“乳制品中阪崎肠杆菌的防控”科研课题并获得扶持资金50万元。开展标准化调查工作，完成区内36家重点工业产品企业采标用标的调查工作。做好计量管理工作。开展农贸市场电子计价称的专项整治，重点做好民生计量和能源计量工作。配合市质监局免费为16个农贸市场和农贸市场和12家乡镇社区医院检定各类计量器具2500余台件；打造1家计量诚信示范单位——福城农贸市场；联系省计量院对区内25家加油站共300多台加油机、3家机动车车检机构共50台计量器具、2家污水处理厂及重点排污单位和3家环保空气质量检测站共10台环保测量计量器具进行了检定，检定合格率达100%。加强湘绣地标产品保护工作。参与编写了湘绣地理标志保护大典资料现已收入《国家地理保护标志大典（湖南卷）》并发行。

加强行政监督执法力度。全年共出动执法人员1000多人次，排查出安全隐患电梯213台，整改并消除隐患203台，停梯10台；排查出其他特种设备事故隐患15处并全部整改到位，整改率100%；现场检查特种设备生产和使用单位和各工业产品生产企业共400多家，查办案件10起，端掉假冒浴霸窝点1个，下达监察指令书15份，责令2家企业自行拆除违规使用的特种设备，收缴罚没款19.9万元，处理各类投诉举报67起，领导的批示件4起，不合格报告后处理14起，做到了处置回复率100%。

围绕中心，服务地方经济。配合做好食品安全监管工作。组织开展全区食品生产获证的94家企业负责人参加集中培训，并签订责任状和承诺书94套，发放资料700多份。共出动执法人员180多人次，有针对性地开展日常巡查。落实监督抽查，全年共抽查463批次，合格率98%。及时为企业提供咨询服务40多次。配合做好商事登记制度改革的各项工作。做好商事平台开通及办理的各项工作。做好“三证合一”和组织机构代码办理等各项工作。全年共办理业3299件，其中免费为2077家中小微企业办理组织机构代码业务。

为国有资产更换报废提供技术支撑。为北雅中学、三角塘小学2

家单位60台电脑、新竹二小户外电子显示屏、沅丰坝中学锅炉等的更换出具科学严谨的质量鉴定报告，确保国有资产更换有据可依。

【为电梯安全保驾护航】 12月8日，开福区人民政府通过申报获批首家国家级电梯安全标准化管理试点项目，将全面实施“电梯安全管理综合标准体系”，为辖区内的电梯安全保驾护航。作为此次电梯安全综合标准体系实施试点之一的荷花池社区，从2015年下半年开始着手系统梳理、统计社区内的电梯信息，工作人员对社区内78台电梯所属的使用单位、物业公司、维保单位做了详细调查，同时对每个单位小区含几个业委会、多少维修基金、电梯数量、电梯来自哪几个制造单位、是否有电梯管理员、每台电梯已使用年限、物业公司现场负责人详细联系方式、维保单位现场维保人员详细信息等都做了记录。荷花池社区还对电梯的年检是否过期、电梯内报警电话是否有效，以及电梯发生故障应急维修员是否能第一时间到位，做了详细跟踪、动态管理。建立由上至下的信息反馈网络，在辖区单位及每栋楼设置网格信息员，如若存在特种设备安全隐患，信息员及使用单位第一时间将隐患反馈给社区，社区再报送街道安监站及区质监分局。“比如有居民提出哪台电梯出现故障，社区能很快找到责任人，找到该电梯之前的‘病史’，更快地解决电梯出现的问题。”荷花池社区工作人员罗孟说。长沙市质监局开福分局局长杨万红介绍，电梯安全综合管理标准体系预计2016年在开福区全面推行，这个试点在全国是第一家，届时将起到带动引领和示范作用，运行成熟时会在全市全省推广。

（吴艳琴）

安全生产

长沙市开福区安全生产监督管理局

局　长　肖铁华（2015.8任）
　　　　章智民（2015.8免）
副局长　辜自力　黎伟军
　　　　张仕敏　李长军
　　　　苏朝晖（2015.11免）

【概况】 区安全生产监督管理局于2015年10月由开福区政府直属事业单位调整为区政府工作部门，在职工作人员9人，临时聘用人员6人。内设办公室，危险化学品、烟花爆竹安全监督管理科（行政审批科），工贸行业安全和职业安全健康监督管理科，综合监管科（政策法规科）四个职能科室。下设一个二级机构：开福区安全生产监督执法大队，为全额拨款公益一类事业单位，编制7人，在职工作人员6人。2015年，全区共发生各类生产安全事故（不含火灾事故）15起，死亡5人，受伤20人，经济损失51.84万元。同比2014年事故减少4起，事故总数下降21%；亿元GDP各类事故死亡人数0.0068人，下降43.3%；工矿商贸企业10万从业人员事故死亡人数0人（2014年死亡3人），死亡人数下降100%；安全生产事故死亡人数5人，下降37.5%，减少受伤5人，下降20%。全区无较大安全生产责任事故发生，事故指标较好的控制在市安委下达的控制考核指标范围内。

理顺职责、健全机制，严格落实安全生产制度。印发了《安全生产联合执法检查制度》《开福区安全生产行政问责办法》等七项制度，将全区安全生产工作制度化、规范化，为全区安全生产工作依法、规范、有序、高效开展提供了保障。

严查事故，顶格追责，启动安全监管行政问责机制。首开生产经营性道路交通事故调查先例，实行生产经营性交通事故每案必查制度，对“10·5”生产经营性交通事故成立了由安监、交警、公安、监察、工会等部门组成的联合事故调查组，对涉事渣土运输公司展开

烟花爆竹零售经营门店火灾事故应急救援演练

调查，分析了事故原因，依法对该企业做出了处理意见。根据事故责任追究相关规定，在“4·1”火灾事故责任认定及处理中，启用顶格处罚与追责机制，在监管责任方面，原捞刀河镇和沙坪街道党政主要负责人及相关人员共6人，均以失职论处，由区纪委给予行政问责。

强化主体，督促指导，全面推进企业“五落实五到位”。共开展“五落实五到位”检查2198家，对123家未落实“五落实五到位”要求企业下达责令整改和处罚决定，目前，全区规模以上企业已基本落实了“五落实五到位”的主体责任。

以“人人受到宣传教育，人人增强防范意识，人人掌握基本常识”为目标，2015年全区累计开展各类安全生产宣传教育培训1600多场，发送手机短信63万条，接受宣传教育人员超过40万人。举办以安全生产为主题的文艺演出59场，举办领导干部专题培训班15场，组织安全生产知识有奖问答126场，播放警示电影115场。在危险化学品、易燃易爆、烟花爆竹、建材、机械、轻工、纺织、商贸、建筑施工、交通运输及有限空间作业和粉尘防爆等企业开展“千人送训进万企”安全大培训活动，完成送训企业数769家，培训人员12287人，完成率128%。

全区8个街道安监站已通过市“标准化安监站”验收，另外8个街道安监站全部按“六有标准”建设到位。超额完成企业标准化创建任务。“三自”系统建设拓面工程已在园林和交通领域铺开。区政府拨款150万元打造高危行业电子监控系统。结合实际整合应急资源，做好企业应急预案与政府相关应急预案的衔接，联合区消防救援队、区城管救急队以及各大型企业救援队伍，并在各街配置相应应急救援力量，实施区域协作应急联动。临建违建市场和物流仓储火灾事故隐患整治工程走在全市前列，共拆除安全隐患违章建筑215万平方米。

制定出台了《安全生产督导约谈》《企业安全生产黑名单制度》。加强诚信信息结果的运用，对不落实安全生产责任的单位和项目纳入不良信用记录，实行“黑名单”管理，实施严密监控，对湖南资远钢材、湘春路高排口管涵项目3家单位（项目）实行黑名单管理，严格惩戒失信企业，对2家未按要求开展标准化创建企业取消30万元的科技资金扶持资格；通过《长沙晚报》等媒体曝光燎原电影院等不良信用企业6家，曝光违规校车、非法经营危险化学品等行为25起，约谈不良信用企业185家，其中油气管道使用单位22家，危险化学品运输企业7家，商贸企业149家，幼儿园7家；通过政府官方网站和政务中心电子显示屏对安全生产行政处罚信息进行公示，接受社会监督，公布行政处罚信息25条，形成舆论监督的强大震慑，有力推动了企业严格落实主体责任。

开展打非治违、隐患排查整治工作，特别是天津港“8·12”特大火灾爆炸等事故后，更是把深入开展安全生产大检查、“九打九治”、危险化学品专项整治三项行动作为头等工作来抓。共组织集中执法行动1177次，派出执法人员2432人次，检查生产经营单位11209家，排查各类安全隐患2282处，整改2174处，投入隐患整改资金2121.2万元，关闭生产经营建设单位20家，责令停产整顿企业48家，打击、取缔非法违法违规行为2369起，罚款866.5万元，立案查处561起，其中安监局立案14起，罚款33万元，共拆除安全隐患违章建筑215万平方米，采取限期整改、挂牌督办、强制关停等措施整治火灾隐患，彻底整改了长沙商标线带厂、明月商贸城、湖南省汽车城等一大批重大火灾隐患。

加强危险化学品及易燃易爆物品专项整治。由区安监、公安、交警、消防、建设五部门以规范性

开展“全国安全生产咨询日”活动

文件形式联合下发了《关于加强加油（气）站安全管理的通告》，对加油站违规停车等违规违章行为进行全面规范，根据“春雷、飓风、霹雳、清剿”行动要求，开展全行业领域的打非治违行动。区安监局取缔非法储存、经营危险化学品窝点10处。收缴储油罐7个、危险化学品6.5吨、柴油2616升、查封氧气、乙炔瓶1101个，捣毁临时设施三处，立案查处11起，罚款27万元，取缔非法违法经营储存烟花爆竹门店和储存点3处，收缴烟花爆竹1428件。11月30日，根据群众举报，区安监局执法大队联合洪山街道办事处安监站执法人员在洪西社区查处危险化学品和烟花爆竹非法储存库2处，当场查获甲醇12吨、烟花爆竹1000多件。

加强职业卫生及粉尘防爆整治。开福区有限空间作业企业136家，粉尘爆炸危险作业企业21家，加大对以上工贸企业执法检查力度，责令27家企业限期整改，3家企业停产整顿，对长沙沙坪消防设备厂等3家企业未如实记录事故隐患排查治理情况、未按规定对从业人员进行安全教育和培训进行了立案查处，行政处罚6.3万元。

（谭大为）

食品药品监督

区食品药品监督管理局

局　　长　郭昶虹（2015.8任）
副 局 长　黎　军（2015.10任）
　　　　　宋世平（2015.8任）
　　　　　李　珊（2015.12任）
纪检组长　杨　晓（2015.12任）
区食安委办副主任
　　　　　汤叶峰（2015.12任）

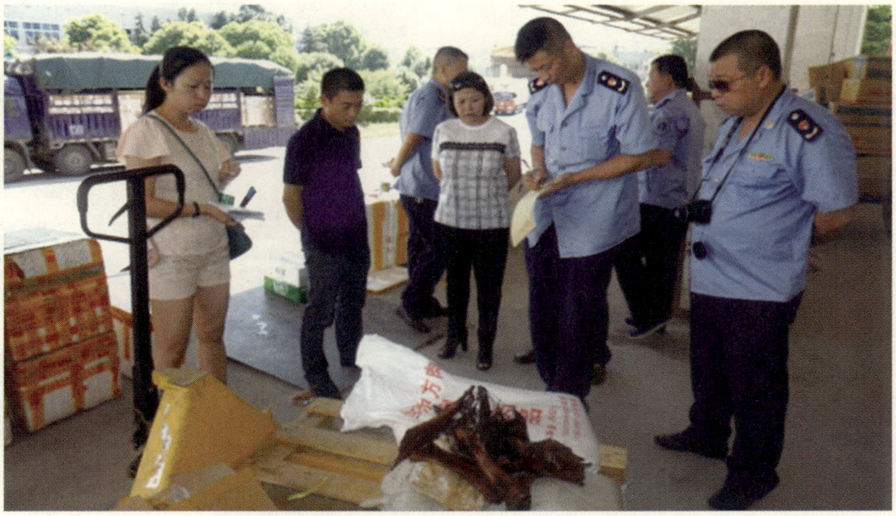

开展冷冻肉、肉制品市场联合执法检查

【概况】　2015年8月，按照市委、市政府关于食药系统机构改革的文件精神和《三定工作方案》，区委、区政府着手对区食药系统开展改革，重新组建区食品药品监督管理局（以下简称“区食药监局”），新组建的开福区食药监局内设办公室、综合管理科、政策法规科（行政审批科）、食品生产流通安全监管科、餐饮服务安全监管科和药械化安全监管科6个职能科室，设区食品药品稽查大队（挂投诉举报中心牌子）为二级机构，下设街道食品药品监管所16个为派出机构。定编76人，至年底到位63人（原机关14人、工商25人、卫监6人、街道18人）。11月，办公场所从区政府搬迁至开福区兴隆路8号区工商分局二楼，办证窗口正式进驻开福区政务服务中心。全区有各类食品药品生产经营单位近1.2万家，其中，食品生产企业132家，食品流通单位6458家，餐饮单位3763家，学校食堂149家，区级监管医疗机构221家，单体零售药店58家，医疗器械经营零售店48家，保健品经营单位380家，化妆品经营单位616家。

2015年，区食药监局以保障公众饮食用药安全为中心，深化机构改革，开拓创新，在年度工作中获得“2015年开福区目标管理考核优秀单位”荣誉。

食品药品市场保障有力。排查生产、流通、消费等各环节的食品药品安全隐患，加强监管力度。推出生产经营单位自查、社区每周普查、镇街每月抽查，食药监局不定期抽查“四查并举”方式，推行食品药品安全隐患排查及信息报送制度。以街镇为单位，每月定期报送食品安全隐患排查信息，消除食品安全隐患，不留监管盲区。加大日常巡查工作力度，深入排查生产、流通、消费等各环节的食品药品安全隐患，对辖区内区级及以下医疗机构、药品零售门店、医疗器械零售门店日常监管实现了全覆盖。

对全区制售分离食品小作坊开展集中安全大检查行动，核查全区制售分离食品生产加工小作坊9家，其中，关停1家臭干子加工小作坊，对其余8家小作坊提出整改意见。开展全区食品小作坊、小食品经营店、小诊所、小药店暨食品药品“四小”整规行动，普查食品生产小作坊22家，小食品店1607家，小餐饮店1502家，药店49家，诊所204家，取缔无证无照食品生产经营户49户，开展监督抽检食品59批次，合格51批次。开展食品药品主体大普查、风险大排查、执法大检查、问题大清查暨“四查”行动，全区普查食品药品主体共6510家，系统录入4790家，力做到入户普查、现场检查、数据入库、风险排查和问题整改“五个100%”。

全区食品药品安全工作推进暨“四查”行动动员

专项整治行动实效显著。联合相关职能部门，围绕幼儿园食堂、校园周边、农家乐及城郊接合部等重点区域，加强对米粉、豆制品、食用油、肉类及其加工制品的专项整治行动。全年共开展执法行动30余次，责令60家药店及诊所进行整改，查封各类问题食品240.5千克，查获各种冷冻肉及白板猪肉1730千克。联合区质监分局、街道开展制售分离食品小作坊专项整治，帮扶一批豆制品加工小作坊进园区。开展面食米粉专项整治行动，全面排查全区餐饮单位，整顿餐饮服务市场。在“百日利剑”专项整治行动中，督促3家冷库及25家食品经营市场与45户冷库承租单位或委托贮存单位、211家市场食品经营者签订食品安全保证协议；检查食品经营门店3066家次，对14家肉制品生产企业、7家食品生产加工小作坊进行排查摸底，取缔了毛爱民、郭兴胜等5家小作坊，查封冷库5个，查扣或销毁冷冻肉等问题食品及原材料2477千克；抽检冷冻肉及肉制品、豆制品等109批次，其中畜禽产品19批次，保健酒10批次，馒头、花卷、粉丝、糕点等42批次。开展秋季校园及周边食品安全专项整治，检查学校和幼儿园食堂73家，校园周边餐饮店142家、食品超市10家、药店2家、诊所1家，校园及周边食品经营门店244户次，取缔无证经营食品经营户7户，下架过期食品和“三无”食品36.3千克。

检验检测工作超额完成。2015年，加强对腌制食品、薯类食品、熟食、保健品等重点品种的抽检工作。完成食品药品检验检测6578批次，其中定量检测1566批次，定性检测5012批次，并逐月通过区政府信息公众网公示检验检测结果。抓住重要时间节点，开展监督抽检。对超市、农贸市场和“两会”就餐地等场所进行监督抽检，共抽检50个批次样品。开展夏季食品安全监督抽检，抽检冷冻饮品、饮料、糕点、乳制品、粮食加工品等8类品种共计100个批次样品。开展打击含“瘦肉精”畜禽产品联合执法检查，到畜禽交易市场和农贸市场随机抽检样品9个批次。

执法办案效能逐步提升。落实《食品安全违法行为举报奖励办法》，全年受理投诉举报217起，兑现举报奖励4000元。立案查处食品安全行政执法案件29起，移交公安1起，罚款22.1万元。开展以冷冻肉品、进口牛羊肉为主的大型超市冷冻肉品专项检查行动，突击检查了多家大型超市，查获无生产企业、无生产日期、保质期信息、无进口商中文信息的各种冷冻肉共计132公斤。开福区捞刀河街道凤羽村苏树明户等开展专项行动，取缔小作坊2户，查封冷库5个，现场查扣假冒伪劣鸭爪成品及原材料2277千克，拆除扣押冷库主机4台、泵1台，扣押封口机5台，查封包装袋13.8万个。开展鹅羊山村夏赞文户无食品生产经营许可证加工鸭脖子开展专项行动，现场销毁无标示的原材料酱油2桶（约50千克），查封鸭脖子150千克。

食药安全宣传氛围浓厚。全年共发放宣传资料16.5万余份。开展“3·15”国际消费者权益日期间食品药品安全系列宣传活动，出动工作人员100余人，车辆20余台，发放宣传资料10000余份，悬挂横幅80余条，展板80余块，现场接受群众咨询1000余人次。联合芙蓉北路街道、芙蓉北路社区服务中心在湘江世纪城开展主题为“放心饮食、守护健康”的“3·31”全国食品药品投诉举报主题宣传活动，介绍“12331”投诉举报的方式方法，共发放知识手册、宣传海报、宣传单页等资料5000余份，现场接受群众咨询50余人次。开展2015年农村集体聚餐食品安全培训，传达《长沙市农村集体聚餐食品安全管理办法》文件精神，169名帮厨人员及餐饮从业人员接受培训并接受预防性健康检查，覆盖率100%。召开药品和医疗器械不良反应报告与监测工作会议，培训260余人。开展大型食品安全知识培训，开展餐饮单位行政许可与日常监管工作专题培训，规范办证流程。

统计

区统计局

局　长　陈　新（2015.8任）
　　　　邹　健（2015.8免）
副局长　陈　涛　晏　昭
　　　　谢　桦

【概况】　区统计局内设办公室、法规科和综合业务科3个职能科室，下设经济调查队和统计普查中心（副科级）2个参公二级机构。核定编制17人，在编在职15人。

着力提升统计服务功能，服务领导决策。2015年，发挥统计部门的参谋助手作用。深入挖掘普查资料和经济数据的潜力，积极开展专题调查和分析研究，及时为上级部门上报统计信息，提出观点鲜明、参考价值较高的统计分析报告。区统计局编发各类统计分析及信息50多篇，参谋职能不断深化。全区实现双轨制报送率100%。

区统计局认真研究考核办法，加强对考核数据的监测评估，对运行过程中出现的问题，如第三产业增加值增速、当前服务业发展存在的问题进行及时预警。加强数据审核把关，确保数据质量，达到数出有据，经得起检验；加强部门联系，实现消息互通、数据共享，能及时、动态反映全区各项指标进展情况。

做好民意测评工作，组织2015年度社会公认度评估问卷调查活动，了解社会各界对全区各有关单位依法行政和服务工作等方面的满意度以及存在的主要问题，并征求宝贵的意见和建议，为区委、区政府决策提供依据。

加强对街道、镇综合性考核工作指导，在全市“十强十快”街镇评比中，新河街道被评为“十强”街道，浏阳河街道被评为“十快”街道（2014年）。

做好年报及定期报表工作，数据质量问题零案例。完善报表制度，注重联网直报工作规范。加强统计信息化，建设联网直报指挥调度中心发挥实效，全区各专业直报率均为100%；完善区、街道（镇）、社区（村）三级统计网络；加强台账规范和机表一致等检查力度，规范基层工作。加强名录库维护。落实境外来湘工作专家统计调查工作。

根据全市统一安排，分别对国税、地税、质监2014年度新增（注册资本250万元以上）和2015年新增（注册资本500万元以上）的4362家单位名录进行维护，实际新增法人单位入库2107家。产业单位入库365家。《2014年统计公报》《2014年统计提要》，及

时做好全区经济运行月度通报，为社会公众提供优质统计产品。印发《开福区统计局2015年统计巡查方案》。局加强对统计数据的核实，提高数据质量。

完成市对区绩效考核各项指标监测工作。开展绩效考核社会公认度评估调查，做到提供数据及时准确无误。主动协助区优化办做好有关民意测评工作，组织开展2000份社会公认评估问卷调查工作。

组织完成统计继续教育培训141人，统计资格证及中级职称培训考试共141人。开展统计开放日、在砚瓦池社区开展民生统计课堂等宣传活动。深化“基层统计人员业务培训”学习；联网直报保障体系项目全面完工，完成联网直报指挥调度中心装修工程及视频设备安装、调试，同时对统计网络进行升级改造，添置IPS、防火墙等安全设备。严把“三关”，结合统计开放日活动，通过微信等网络平台转发《全国1%人口抽样调查系列宣传片》，推进1%人口抽样调查。对浏阳河、芙蓉北路等5个街道进行统计巡查，对辖区内35家单位进行统计执法检查。加强统计人员管理，对17个街、镇——131个社区（村）——近600家驻区报表单位三级统计人员实行在册管理、动态维护。区、街道（镇）、社区（村）、驻街单位四级统计网络健全、队伍稳定、运转高效，为各项统计工作的开展提供支撑。

对全区投资统计改革工作进行全面布置。追加23万元的投资统计改革专项经费，增聘2名临聘人员充实投资统计力量。

加快户籍制度改革。及时公布户籍人口数据。全力做好城乡划分工作。

按要求、及时、准确公开政府信息，全年共82条。网上政府服务系统数据同步率达到100%。无商事及综合治税信息。无网络安全漏洞。

区统计局荣获湖南省第三次全国经济普查省级先进集体称号。谢桦荣获湖南省第三次全国经济普查省级先进个人；肖菁、肖小冬、韩金周、黄敏4人获长沙市第三次全国经济普查目标考核优秀个人。

（周启元）

国土资源管理

长沙市国土资源局开福区分局

局　　长　覃松柏
副 局 长　邓朝晖
　　　　　龙跃林（2015.8免）
　　　　　黎冬梅
　　　　　陈晓山
党组副书记　付　煜
执法监察大队大队长
　　　　　周　芳（2015.8任）

【概况】 区国土分局是直属长沙市国土资源局的一个科级单位，分局现有在职干部职工121人，其中，正式在编干部职工39人，政府雇员1人，聘用人员81人。分局领导班子设局长一名，党组书记一名，副书记一名，副局长4名。内设办公室、人事监察室、财务科、用地科、地籍科、基建办、拆迁科、信访办8个科室。下设长沙市国土资源执法监察支队开福区大队、长沙市开福区征地拆迁事务所和中心所、捞刀河镇国土所、新港镇国土所三个基层国土管理所。荣获区“2015年度项目建设先进要素保障单位一等奖”，征地拆迁工作在全市年底绩效考核中五区排名第一。

保障发展。保障发展用地。2015年为开福区争取了34个项目214公顷报国务院批准城市建设批次用地指标。申报供应计划41宗，面积347公顷。全区全年共从省厅批回土地33宗，面积291.47公顷，共出让土地12宗，面积36.30公顷，收取土地出让金57227.7万元。共受理区辅助流程93宗，办结88宗（其中农用地转用和征收45宗，办结44宗，收回和划拨46宗，办结42宗，确权2宗）。认真做好基本农田划定工作。通过调查摸底，汇总举证材料，分析统计得出开福区可划为永久基本农田的耕地面积为520公顷，不能划定为永久基本农田的耕地面积为2520公顷，初步完成了开福区城市周边永久基本农田划定的工作。节约集约用地。严格按市节地办的要求，开展2015年开福区国土资源节约集约模范县（市）创建活动，9月底通过专家评审，开福区评分排名市内五区第二。开展城镇低效用地再开发工作。拨付35万元作为专项工作经费，与技术单位和相关部门联系，一起收集资料，形成了开福区城镇低效用地调查汇总表，并通过了开福区人民政府审查认定。

执法监察。加强闲置土地清

查。对辖区内55处、面积395.47公顷涉嫌闲置土地逐宗核实，配合市国土资源局依法进行分类处置。对53宗“围而未建”的项目用地开展了调查核实。加大土地动态巡查和违法案件查处力度。全年开展动态巡查396次，发现违法用地行为76宗，占地面积13.95公顷，其中耕地7.87公顷，及时上报区整治办，并协同区整治办按属地原则及时交办至各街镇处置，有效控制了违法用地行为；全年土地违法案件立案共12宗，结案12宗，收取罚没款35.58万元。积极配合开福区人民政府开展拆违控违行动，依法认定项目内违章建筑163宗，面积13.6万平方米，参与区政府违章认定2913户，面积143.31万平方米。开展土地矿产卫片执法检查。开福区违法占用耕地面积占新增建设用地占用耕地面积比例为0.35%，相比上年的4.45%，有较大幅度下降，在六区两县一市中排名第二。

维护权益。征地拆迁。2015年，开福区实施在拆项目51个，其中新启动拆迁项目29个（含省市重点工程10个），跨年在拆项目22个，完成腾地408.87公顷，拆除房屋（合法）2939栋，拆迁面积（合法）46.41万平方米，动迁8903人。全年征地拆迁工作推进有力，在全市年底绩效考核督查中排名五区第一。地质灾害防治。制定了开福区《地质灾害应急预案》，节假日和汛期24小时安排专人值班。对幸福考拉附近山体山石崩塌的地质灾害隐患，第一时间到现场进行处理并报告了开福区人民政府，未造成人员及财产损失。依法行政和信访维稳。办理行政复议案件19件，行政诉讼案件58件。组织召开涉及征拆用地听证会8次。接待来访群众27批/45人次，全部按要求进行了及时回复和调解。

基础工作。村民建房。2015年开福区国土分局下发5000份宣传手册到镇、村，依法依规办理村民住宅建设用地许可证82本。对于在征地拆迁过程中发现的多年前不符合规定办理了村民住宅建设用地许可证和国有土地使用证的，专门成立了撤证工作小组开展认证及撤证工作。政务信息公开。面对群众越来越强烈的公开诉求，加大推行政务公开的力度，确保15个工作日内按时办结需公开事项。受理政府信息公开申请86份，回复及时稳妥。信息化建设。及时将分局最新的工作动态、政策信息发布到网站，接受社会监督。2015年通过开福区人民政府网站主动发布征地拆迁三公告信息89篇，补偿信息1篇，通过长沙市国土资源局政务网站主动发布征地拆迁三公告信息34篇。档案整理。全年共整理档案9958卷，已全部扫描录入计算机管理。财务管理。2015年实现财税收入190.3万元。协助区地税收取耕地占用税3354万元。

（刘　莎）

4月28日，土地矿产卫片执法监督检查工作部署会议

审计

区审计局

局　　长　潘建军（2015.2任）
　　　　　樊　伟（2015.2免）
副 局 长　伍树军　金小钢
纪检组长　张　平
总审计师　肖亚琴
政府投资审计中心主任　杨铃达

【概况】　长沙市开福区审计局为正科级行政单位，内设办公室、审计一科、审计二科和法制科等4个科室。下属内审指导中心、政府投资审计中心两个二级机构，局机关编制17个，其中行政编制12个、工勤编制1个、内审指导中心全额拨款事业编制1个、投资审计中心全额拨款事业编制3个。

2015年共完成全区审计项目581个。其中财务审计项目38个，查出违规资金67万元、管理不规范资金80212万元，收缴财政62万元，提出审计建议38条，向区纪委移送案件线索3条。政府投资审计项目543个，送审金额100987万元，审计核减金额19148万元，核减率18.96%。

2015年获得“长沙市区县（市）审计机关审计工作考核先进单位”“区项目建设先进要素保障单位”、长沙市文明标兵单位等荣誉称号。区审计局报送的《开福区企改遗留办2012年1月至2014年6月财务收支情况审计项目》获市优秀审计项目，连续三年获得市级优秀审计项目；报送的《社区财务收支审计案例》学习课件，被审计署采用，在审计干部网络学院上线，供地方各级审计机关审计干部学习。

预算执行情况审计。对区本级2014年财政预算执行情况、3个区直部门财政预算执行情况（即：区人口和计划生育局和民政局、财政局）、6个社区财政预算执行情况（即：芙蓉北路街道办事处、通泰街街道吉福街社区居民委员会、伍家岭街道花城社区居民委员会、东风路街道砚瓦池社区居民委员会、浏阳河街道陈家渡社区居民委员会、望麓园街道营盘街社区居民委员会）、2个协会（即：区老体协、残疾人联合会）财政预算执行情况等进行审计，对民政、计生、残联三类民生资金进行重点审计，对社区办公用房建设资金进行专项审计。提出了科学细致编制预算，强化预算支出约束；完善专项资金监管，提高资金使用绩效；强化责任主体职能，提升国资经营效益；探索资金归口管理，保持社区投入均衡等审计建议，完善政府财政预算体系。

经济责任审计。完成6个单位、6名党政领导干部的任期经济责任审计，2003年8月至2014年9月任期经济责任审计，揭示部分领导干部履行职责不到位，违反决策程序、资产处置不当、资金运用不规范等问题。实行离任交接制度，创新经济责任审计形式，通过经济责任审计，强化对权力运行的制约。

政府投资审计。区政府投资审计中心审结项目543个，送审金额100987万元，审计核减金额19148万元，核减率18.96%，为区政府节约资金，有效提高政府投资绩效。加强业务管理，规范二类变更审批流程。区审计局牵头，组织区监察局、发改局、建设局、财政局等职能部门重新商议修订完善二类变更审批流程及表格，并于2015年8月初通过实施。此举规范和优化区政府投资的变更管理，对投资额较小的项目效果更加明显，使得二类变更办理更加规范及时，杜绝先实施后补办二类变更的情况。为规范政府投资项目建设管理，对政府投资管理办法中未细化的条款，就相关问题进行研究，以会议集体决议的方式，解决政府投资项目审计中发现的相关问题，使政策更具操作性、规范政策执行。

重点审计结合购买服务，推进审计全覆盖。探索通过政府购买服务实现审计“扩面增效”的新路子，逐步形成“审计机关主导、社会审计参与”的审计工作新机制。开展10个农村征地拆迁项目审计、2个农村征地拆迁片区指挥部审计检查、1个棚改项目审计检查、6个社区财务收支审计、原新港镇政府资产负债清查及全区24个农村集体经济组织债权债务清查，促进区拆迁秩序和社区财务管理的规范化、制度化。

绩效审计结合审计调查，强化审计预警效果。开展科技发展资金等3个专项资金审计、鹅羊山村60号令清查核算专项审计和原新港镇政府资产负债清理等项目，其中科技发展资金等3个专项汇报得到区长的亲自批示。

审计成果运用。制定《开福区审计成果运用办法》，强化审计结果运用，推进问责和责任追究机制的健全完善。建立整改清单销号制、整改检查跟踪机制和定期汇报机制，并将整改落实情况纳入年底区目标管理考核，促进整改工作落实。联合区纪委对该年审计涉及的9个单位进行审计整改督查，督促被审计单位按审计整改台账逐笔逐项整改到位。已整改问题65个，正在整改问题30个，整改率84.21%，整改率比2014年提高30%。

开展村级财务培训。对全区涉农村、社区相关人员进行财务管理专题培训。各街道、乡镇纪检书记、财政所长，各村、社区书记、村长（主任）、报账员等共计200多人参加村级（社区）财务培训。

（方 艺）

交通 · 公路

交通 · 农村公路

区交通运输局

局　　长　李　程
党组书记　谢立平
副 局 长　陈振湘　明国强
　　　　　文舜清
　　　　　刘　平（2015.11任）
　　　　　周纪梅（2015.10免）
纪检组长　陈高祥（2015.10免）

【概况】 开福区交通运输局为开福区人民政府直属事业单位。内设机构5个（办公室、财务统计科、农村公路管理科、运政综合科、稽查科），派出机构3个（捞刀河交通运输管理站、洪山交通运输管理站、新港交通运输管理站），全局干部职工31名，退休职工8名，临聘人员46名。2015年荣获全市交通目标绩效考核第一名、全市交通系统安全生产管理第一名、全市打击非法营运工作先进单位、全市治超工作先进单位、全区项目建设要素保障先进单位；荣获全区目标绩效考核先进单位。

农村公路建设稳步推进。开福区现有县道64千米，乡道37千米，村道558千米，全区农村公路总里程659千米。

推进路桥建设及提质改造，优化路网结构。2015年，协调市交通局和市农村公路局，农村公路建设和提质改造计划18千米，争取上级补助资金约1000万元，对汉回大道2.8千米（牌楼—铁炉寺路段）及汉沙公路（沙坪绣坊街段）进行提质改造，完成汉沙公路南延线项目建设及白土线的中修、成功村单咀桥、白沙河口乌溪桥建设施工。

推进安保补漏优化，提升管理养护。抓好县乡道的管理养护，重点抓好项目建设和农村公路安保工程建设，特别是农村公路通校车路段安保设施建设。组织沙坪街道及其14个村（社区）书记召开农村公路建设养护专题会议，完成全区32条农村公路通校车线路安保设施建设，保障农村公路校车行驶安全。

运输市场监管规范有序。2015年，开福区内市管危货企业22家，危险货物运输车辆480台，市管客运企业4家，客运车辆280台。普货运输企业28家，运输车辆9600台（含个体经营车辆），三类维修企业134家（一类、二类维修企业由市局发证管理。）加大市场监管力度，采取上路检查、上门监督的方式，查处忽视安全的违章车辆1614台次，纠正违反安全规定的企业13家，超载客车30台次，转客分流230多人次。成立安全生产工作领导小组，制定《关于印发〈2015年度安全生产行政执法工作计划〉的通知》（开交发〔2015〕11号）。建立隐患排查治理长效机制，按照“安全第一，预防为主，综合治理”的工作要求，开展道路运输行业安全生产隐患大排查大整治专项行动，检查危货运输企业17家、区管普货企业9家、市管普货企业30家，排查整改安全隐患68起。加大安全法规常识宣传力度，在客运中心站、人员流动性大的主要场所，开展新《中华人民共和国安全生产法》、安全出行知识、安全警示案例的宣传咨询服务，发放宣传资料。

打击非法营运。以“网络化”管理模式加强路面执法，构建区、街道、社区、网格四级联动机制。宣传法律法规政策，引导和鼓励社区居民自觉抵制非法营运车辆，把开展打击非法营运工作延伸至辖区各个角落。开展“联合整治”，交通、公安、交警、巡警、市行政执法局开福大队等多部门组成联合执法队，安排七个执法小组，对汽车北站、湘雅路等重点区域和重点路段的客运市场秩序进行非法营重点整治，依法取缔和查处非法营运。全年共查扣非法营运车辆757台，处罚641台，罚款508.82万元。

超限超载整治。调整开福区治理车辆超限超载领导小组，制定《长沙市开福区道路货运车辆非法超限超载治理办法》《开福区开展车辆超限超载集中整治工作方案》。规范道路运输市场源头管理，加大宣传力度，在原沙河收费站进入开福区入口、进港大道两头入口处、福元路与二环线交汇处、福元路与万家丽路交汇处、长青路与中青路交汇处、长沙县北山进入沙坪入口增设七个告示牌，出动执法车进行上路宣传。与全区20家货运单位签订《道路货物运输源头治理车辆超限超载承诺书》，全年开展集中整治行动360余次，查扣违法超限超载运输车辆1283台，处罚1271台，处罚金额383.925万元，对86名超载驾驶员做了违法记分。

公交事业发展稳健有序。做好市中心城区“畅通城市”工作，对辖区内公交站场建设提出合理化意见并推进公交基础设施建设，完善城区公交线路及公交首末站：开通了湘江世纪城—沙河大桥、星沙—高岭商贸城两条公交线路，湘江世纪城—青竹湖夜间公交线路。全年协调建设4处公交首末站场（沙河桥下地块、湘江世纪城浏阳河端地块、栖凤路浏阳河中间地块、香江集团地块），进一步优化大城北公交线网，有效填补区部分地区公交出行空白，满足周边群众公交出行的需求。

汉沙公路

【趸船综合整治】 2015年10月15日至2015年12月20日，根据市政府统一部署，开福区开展了为期两个月的趸船专项综合整治工作。全区召开趸船综合整治行动调度会，成立整治领导小组，研究制定《开福区趸船综合整治工作方案》。12月2日签订长沙市首份趸船取缔协议，12月7日完成全区20艘趸船的协议签订工作，签约率100%，率先完成任务，获得市趸船整治办的肯定。

【开展安全生产谈心对话活动】 7月3日，区交通局组织辖区内汽车北站、畅通物流、联运物流、金和石油、新源石油、5家客运、危化品运输企业等企业安全生产负责人开展安全生产谈心对话会。要求各企业要进一步紧绷安全生产工作弦，督促企业落实安全生产责任制，立即开展自查自纠工作，切实把安全生产各项措施落到实处。

【开展非法改拼装货运车辆突击整治行动】 区交通运输局从货物运输车辆源头上把关，开展非法改拼装货运车辆突击整治行动。采取“违法必查、查实必扣、扣下必割、割后建档”的要求，100%强制恢复非法改拼装货运车辆原状，防范货运车辆非法改装拼装、改装上路营运的行为。两日共查扣非法该拼装货运车辆11台，在湖南都市、长沙政法、《长沙晚报》三家媒体的现场监督下，全部强制恢复原状。

（张亚萍）

交通·城市交通管理

区交警大队

大 队 长　陈积辉
教 导 员　何志华
副大队长　刘志强　贾　畅
　　　　　李　毅　邓日超

区交警大楼外景

【概况】 开福区交警大队位于蔡锷北路324号，是长沙市公安局交警支队直属单位，主要负责辖区道路交通管理，维护辖区交通秩序，确保辖区道路交通安全畅通的职能部门。大队下设18个中队，其中10个路面中队、7个机关中队、1个分控中心，共有民警180人，职工1人，协警73人，交通劝导员192人。

2015年度以“六类车”（客车、校车、货车、危险品运输车、农村面包车、摩托车）及驾驶人为重点，开展了“电动车、黑车专项整治”“九打九治打非治违专项整治”“货车非法改装专项整治”“酒后驾驶集中整治行动”“疏堵治乱百日攻坚”等专项整治行动21类103次，查处各类交通违法247566起，其中扣摩托车523辆，货车超载23起，客车超员30起，涉牌涉证1413起，酒驾351起，其他违法159807起，电子眼抓拍85419起，道路交通秩序明显改善。

运用最大流量运行理念优化交通组织。实行五二二网格化管理，定人、定责、定岗、定时，实现见警最大化、管理精细化、效果公认化。创新交通组织，提出了“最大流量运行”概念，开福辖区不卡车，打造最畅通的城区。针对二桥、四方坪立交桥、湘雅医院、湘江世纪城等车流量大的重要交通节点提出了各类交通组织优化70多项，90%以上已经实施到位，通过优化配时、护栏顺延、单向禁停、调整增设指示标志、施划停车位等措施，取得优化效果。在湘江二桥采取高峰期关闭东北匝道措施，加速三一大道由东往西的车流速度，提高了二桥通行能力。

力保警卫工作质量高，开福区地处出入机场要道，且拥世界之窗、海底世界、省广电、会展中心、三馆一厅、烈士公园、博物馆、开福寺等大型文化节会及娱乐活动场所，交通安保压力巨大。通过实战，警保工作根据自身特点，采取运端分流、乱源控制，减少管控时间、阶梯式绿波、闸门式管理、滴水式放车、确保交通畅通和安全。2015年，担负一级警卫7趟次，二级警卫13趟次，三级警卫15趟次，车队保卫180多趟次，现场保卫55场次，无一例重大恶性交通事故。

聚焦“安全”，提升事故预防。将事故安全预防贯穿于日常事故处理和勤务管理工作中。辖区内共有危货单位21家、车辆450台（其中挂车155台）；校车47家单位（专业校车服务公司1家　湘一），共有校车120台、驾驶人136人；客运单位1家（联运公司）、客运车辆62台、驾驶人52人；营转非车辆42台（涉及19家单位）。2015年，大队结合校车安全专项整治及危化品“三项行动”安全专项整治，重点对企业进行安全宣传检查达875余场次，走访单位785家。与各企业建立基础管理台账，对排查中发现的问题及时下达整改通知书，对危货车辆单位下达限期整改通知267份次，限期整改车辆1572台次，限期整改驾驶员96人次。对校园车辆单位下达限期整改通知单68份次，限期整改车辆31台次。对客运车辆单位下达限期整改通知单27份，限期整改车辆14台次，“三临”道路在区相关部门的重视推动下，治理18处。

细致排查隐患。发现道路安

全隐患及时整改，无法解决得及时向上级相关部门报告，并配合积极整改。共排查上报道路危险路段（黑点）60处（段），其中涉及乡村县乡道路18处（段）、“三临”道路20处，城市道路42处。通过增设信号灯、路灯、监控设施，完善标志（识）标线，清理视界不良遮挡物等措施，并安装安保设施6000余米，整治危险点（段）49处，安全通行条件得到改善。

规范处理事故。切实整改“出警慢”“出警效果不佳”等突出问题。根据工作实际，提出了“建立一个机制、把握一个时限、树立一个意识、带着一份感情、转变一个观念”的“五个一”工作要求。运行三级回访制度，满怀真诚去化解，力促“执法为民”内化于心。事故处理侧重时限性和程序性，制定了事故处理工作规定及考评细则，2015年事故责任认定按时下达率近90%，相比往年提高了196.6%，复核案无一被撤销，信访案件也逐步减少，逃逸事故侦破率达100%。保证严重伤害人身安全的重大事故逐步减少，杜绝了群死群伤事故的发生。2015年辖区事故四项指数稳中有降，且未发生一起死亡3人以上重特大事故。其中，事故立案104起，同期比+30%；死12人，同期比-14.3%；伤115人，同期比+35.3%；直接财损10.12万元，同期比+53.7%。

李睿智获市业务技能比武第一名

【李睿智勇夺业务技能大比武第一】 12月10日开福交警大队三中队民警李睿智在全市公安交警部门业务技能大比武中勇夺第一名。本次大比武活动分为交通指挥疏导、假牌假证识别、交通违法行为查处和处罚文书制作、快速接处警、执法记录仪的使用五个项目，由评委当场亮分后，在公示栏上统计公布成绩，整个过程公平、公正、公开。李睿智自2014年入警以来，虚心向老干警学习，认真钻研各方面的交管业务，勤学苦练，各方面表现突出。能够拿到技能大比武第一名，离不开日常工作中打下的坚实的基础，可以说是实至名归。

【优化交通组织，力保银盆岭大桥施工期间车畅人欢】 8月1日起，银盆岭大桥东、西引桥加固工程正式启动，施工期间，西引桥进行半封闭施工、东引桥进行全封闭施工。受银盆岭大桥施工、三一大道车流分流的影响，开福区福元路大桥、芙蓉北路福元路口、芙蓉北路盛世路口早晚高峰道路通行能力处于饱和状态，对北区交通出行产生了很大影响。为改善交通现状，针对辖区道路的实际情况，加大道路通行效率，开福交警大队重点管控芙蓉路福元路口等12个路口，湘江路（橘子洲大桥北—三汊矶大桥）等6个路段，大队涉及新增或调整的勤务岗点14个，其中，全白天执守岗4个、早晚高峰岗4个、外围卡车分流点6个。在银盆岭大桥东南匝道口、芙蓉路沐霞路口增设2个交通信号灯。另外，大队在湘江路新河路口等17个路口每天的7:30—19:00，安排1名交通协管员负责疏导指挥，引导车辆绕道行驶，确保路口交通畅通。为不影响市民出行，开福大队7月20日起利用大队官方微博、微信对施工期间的交通组织方案进行宣传引导，“双微”累计发送宣传信息52条，路况信息101条，大队处罚窗口发放“银盆岭大桥施工期间出行引导卡”410余张。开福大队以芙蓉路福元路口为中心，对其周边5个路口交通流进行重点优化，避免拥堵对城区整体道路交通带来连锁影响。

（谭志升）

城乡建设和管理

城市规划

长沙市城乡规划局开福区分局

书　　记　曾莫为（2015.9任）
　　　　　全学文（2015.8免）
局　　长　刘　军
副 局 长　周　讯
执法大队大队长
　　　　　李江华（2015.9任）
　　　　　李　彤（2015.8免）
副大队长　陈孜孜（2015.9任）
　　　　　肖林红（2015.8免）

【概况】 长沙市城乡规划局开福区分局是长沙市城乡规划局的派出机构，内设综合管理室、审批管理室、规划监察执法大队，共有干部职工15人，其中在职在编人员9人，临聘人员6人。

高起点编制城乡规划。为提高城市宜居水平，打造中南地区城市最大湿地公园，开展苏托垸规划概念性编制工作，启动重大基础设施方案设计，形成苏托垸控规初步成果。启动金融生态区周边立体交通及地下空间利用研究，并通过专家评审。完成捞刀河东北片概念性规划编制。加大历史文化名城保护力度，开展潮宗街历史文化街区保护规划，对潮宗街历史文化街区内的建筑开展摸底调查，就潮宗街保护和建设问题，多次召开对接会，配合区政府组织召开潮宗街历史文化街区城市设计方案专家咨询会。现场查勘朝正垸（鸭子铺）、广电前坪、山鹰潭等地，申请下达山鹰潭文化旅游区城市设计要点。配合市规划勘测设计院完成“金鹰文化创意城”概念规划现状情况及规划思路梳理的策划方案。配合市城乡规划局全面启动竹坡片、白霞片控规编制，针对控规编制各阶段成果，多次与市城乡规划局、区政府及设计单位沟通、协调，竹坡片控规已通过方案审查，形成初步成果，白霞片控规已形成送审成果。参与鹅秀组团控制性详细规划修编，对高岭组团、青竹湖南片、白霞西片控制性详细规划（送审稿）提出了相关意见和建议。开展金霞片区、高岭片区以城市设计交通工程规划为主要内容的规划提升。牵头组织对全区中小学校布局规划进行优化提升，在中小学专项规划的基础上，配合区教育局对辖区范围内中小学规划布局方案进行全面优化，形成中小学布局一张图，并在控规中基本予以落实。

高效率审批规划许可。坚持依法依规依程序办事，坚持例会讨论制，对建设项目进行集体会审，形成分局审查意见，确保规划审批公平、公正、公开。全年共接待单位（个人）报建70项次。核发建设工程规划许可证55项，批准建筑面积29.01万平方米，其中核发城市居民（单位）建设工程规划许可证25项，批准面积17.41万平方米，核发临时建设工程规划许可证30项，面积11.61万平方米。开展60号令历史遗留农民安置房规划手续办理的扫尾工作，对辖区内共约67个农民安置房建设手续办理情况进行摸底调查，建筑面积共计约328万平方米。截至2015年底，已发证的小区有46个，纳入处遗项目已出具规划意见的有3个，总建筑面积为285.2万平方米；已进窗办理但因资料不齐暂不能发证的小区有10个，总建筑面积约为30.7万平方米，已完成工作总量的87%，审批完成率为90.3%。

高要求强化规划执法。执行《长沙市城乡规划局建设工程监督检查程序规定》，落实建设项目批后管理责任制，对90个在建项目的关键环节进行动态管理，确保放线验线核实、正负零核实、竣工检查核实三个环节核实100%到位。全年共巡查53次，放线36次，正负零验收9次，竣工测量57次，竣工检查48次。完成规划修改及批前公示75次。对批后项目违法行为下达整改通知书11份，下达停工通知书25份，下达行政处罚决定书12份，处罚面积约2887平方米，处罚金额约74396元。上报支队立案处罚案件10起。向区城管综合执法大队移送违法建设案件23起，参加城管组织听证会33次。完成第十期（2014年11月至2015年5月）、第十一期（2015年5月至2015年8月）图斑核查上报。共核查异常图斑242处，发现违法建筑图斑48处，底层建筑面积合计约2.1万平方米。对异常图斑向区拆控违办提出强制拆除、责令补办、暂缓拆除等三类处置意见。严格按照《长沙市拆违控违规划工作实施方案》和《拆除国有土地上违法建筑面积认定复核办法》要求，完成90735平方米国有土地拆违面积认定复核，出具规划专业意见130份、简易程序认定表2536份，鉴定违法建筑面积共计26万平方米。

高品质提供规划服务。为解决老旧城区停车难问题，多次进行停车场现场踏勘和摸底调查，并与省广电、麦德龙等业主单位对接，争取公共停车设施建设项目落地。支持社区办公用房建设，对全区社区办公用房进行调研，在政策允许范围内为社区办公用房建设创造条件，提供规划指导与支持。参与区文体中心、青少年文化宫、区交警队办公楼的规划选址工作，提供规划指导。参与混凝土搅拌站整治及三环外混凝土搅拌站规划布点工作，并将长重片区混凝土搅拌场违法建设项目移送城管。参与国有土地上未办理房屋产权登记情况的摸底统计，共完成望麓大厦、万代商业广场、华盛新外滩等房产办证遗留问题项目8779个，协助14374户居民办理产权证，解决房产证办理遗留问题。参加高岭国际商贸项目调度会，解决高岭国际商贸城项目仓储配套问题，协调项目规划报建工作。牵头组织将富兴旺角临建、开福寺入口以南竹山园棚改、广胜村社区服务中心等12个项目提交开福区土地资源管理和城乡规划工作审核领导小组会研究，为全区重点工程的项目建设提供规划保障。参与全区79处“围而未建”地块的整治工作，总面积达299.67公顷。拆除围墙38处约5967米，增绿6.8万平方米，绿化20处，完成停车场建设13处，新增1699个停车位，督促项目开工建设4处，承诺年内开工建设12处，保留围墙提质改造6处。作为领导小组成员单位，全年共完成三年造绿工作任务348.67公顷，占年度任务的104.6%，完成了环城绿带开福区段5.5千米两厢各30米的建设任务，打造了芙蓉北路、福元路、凤亭路的道路绿化提质改造，湘江风光带、浏阳河风光带的造绿项目，创建示范村庄2个，绿色示范社区4个，绿色示范庭院60户，总投资额达3亿元。高度重视人大代表和政协委员建议提案办理。完成市人大代表建议各1份，市政协委员提案2份，区政协委员提案3份，区人大代表建议6份，办理率、满意率100%。（黄怡心）

城乡建设

区城乡建设局

局　　长　李红权

副 局 长　徐建国（兼总工程师）

　　　　　刘石泉　易厚德

　　　　　陈晓蓉　熊更姣

　　　　　周庆辉（2015.8免）

纪委书记　谭登峰（2015.11免）

【概况】　区城乡建设局内设办公室、市政基础设施建设管理科、总工室（行政审批科）、房产市场科、房屋管理科，5个职能科（室）。下设：开福区城市房屋征收和补偿管理办公室、开福区建筑工程质量安全监督站、开福区城市建设监察大队、招投标办公室（与总工室合署办公）、房产管理中心（与房屋管理科合署办公）5个二级机构。共有干部职工52人，其中行政编18人，事业编14人，副科级以上领导干部9人。

推进区重大项目实施。2015年共铺排政府投资项目64个，年度计划总投资64.17亿元，已完成投资额36.84亿元，完成比例57.08%；政府投资项目已开工42个，开工率为65.6%。做好省市重点工程协调服务。区范围内市投市建重点工程共23个，年度计划总投资95.79亿元。已开工建设项目12个，轨道交通1号线开福区5个站点正在进行机电安装和附属工程施工，万家丽路快速改造工程已竣工通车；沙坪工业园公交停保站进行主体施工；三一大道快捷化改造工程等7个项目办理前期手续，六水厂等4个项目正在进行征收拆迁。

加强基础设施项目技术审查。截至11月底，对高岭组团、新世纪片区、马栏山涵洞改造、伍岭路、兴隆路、家园路等19个项目下达初步设计批复，并完成秀峰山边坡工程、楚家湖污水处理厂、沙坪社区综合服务中心等15个项目施工图审查备案。开展既有居住建筑节能改造工作。启动并实施荷花池社区、四方坪胜利村社区13.5万平方米既有居住建筑节能改造，全面完成市对区下既有居住建筑节能改造任务。加快两型产业化住宅落地。启动九尾冲定向房源、中民筑友产业园2个项目28.9万平方米两型住宅建设，超额完成市对区两型住宅产业化25万平方米考核任务。

推进房产办证。国有土地办证情况：开展国有土地房产办证遗留问题处理工作，市对区下达房产办证任务13000户全面完成。集体土地房产办证情况：截至12月底，共办理植基社区安置小区栋证18栋，登记面积5.3万平方米。共完成秀峰街道鹅羊山小区、荷叶村农民安置房等项目共计20万余平方米的测绘工作。指导房协开展工作，借力棚户区改造，为潮宗街棚改、开福寺周边棚改等棚改征收项目筹措房源，组织北辰三角洲、极目楚天等区内楼盘针对被征收户开展团购活动。2015年全年实现房产销售200万平方米。

坚持依法办事，提升监管水平。建筑行业持续健康发展。2015年新增建安企业10家，全区建安企业共完成建安产值约133亿元，利税总额约12.6亿元。继续实行招投标精细化监管，不断加大围标、串标和资质挂靠违法行为查处力度，全年共监管工程招投标项目95个，总中标造价2.62亿元，节约建设资金1500万元，应公开招标项目的公开招标率和入场率均为100%。办理施工许可证9本，开展“九打九治”专项行动，整治安全隐患26处，开展专项执法行动，检查在建工程项目42个，发出停工整改通知书18份。建筑行业安全形势平稳可控。深入开展农村危房改造、“扶贫帮困”农村危房改造，完成农村危房改造76户；申报市城市危旧房屋“以补促改”改造项目9处，完成7处，争取市里拨付危房改造资金170余万元。化解物业矛盾纠纷，完成各类投诉处理共计140余件（其中“12345”市民服务热线工单办结113件）；指导10小区成立业主委员会，完成3个业委会备案工作；开展物业维修资金审批，完成3万元以下和应急维修资金审批51笔，办结47笔，完成资金拨付金额142.3万元。开展燃气安全大检查，对全区110处燃气站点进行拉网式排查，共下发整改通知110多份，关停18家，共有48家便民燃气点办理备案登记证，15家站点被评为省、市安评三级站点，13家通过安评。

“围而未建”地块及搅拌场整治取得实效。全区53块“围而未建”地块（总面积198.33公顷）整治工作全面完成；累计投入改造资金1600万元。完成拆违复绿8处，新建停车场13处停车位1699个，提质改造33处，共拆除围墙4967米，新增绿化面积共计6.8万平方米。实施公共停车场建设。指导协调全区开展公共停车场建设，共完成已建或在建公共停车场29处6717个，超额完成2015年市对区下达22处4850个停车场建设任务。关停搅拌场。全区51家混凝土搅拌场中，需关停拆除的41家，提质改造10家。41家搅拌场已全部关停并拆除；10家混凝土搅拌场提质改造工作全面完成。推进开福建改制工作。始终坚持依法依规推动开福建改制工作，指导开福建成立企业改制工作领导小组，帮助改制领导小组制定企业改制初步方案，企业改制工作正有序推进。

危房改造工作有序推进。城市危房：2015年区城市危房改造项目9个，涉7419.3平方米危旧房屋（构筑物），是市内五区中改造项目最多的区。区危房改造创新了以街道（镇）为实施主体、区建设局进行业务指导的改造模式，投资1070万元，解决345户共1200名群众的居住安全隐患特别是原灯头厂宿舍改造项目，得到了省、市、区各级领导的重视和关注。农村危房：2015年区财政计划改造预算资金为80万，改造40户，另外，由区直机关开展“联系困难群众，共建连心农家”援建活动，重点援助36户，通过前期的申报、审核、公示、现场确认等工作，76户全部竣工验收。

【136名被征收人喜选新家】 2015年3月1日是清水塘炮后街棚改征收项目定向房源“潇湘华庭”第一批选房的日子。8时未到，清水塘小学内早已人头攒动、热闹非凡，挤满了等候签约选房的居民。清水塘炮后街棚改征收项目已有203户签订征收补偿协议，通过房源部认定，有购买意向并通过资格认定的被征收人有136名。按照“公开、公平、公正”原则，截至12时，136名房屋被征收人全部选得中意房号。为杜绝弄虚作假、确保整个程序合法公平，指挥长邹犇淼、常务副指挥长焦灿全程进行指挥，范晓军、李茁、王中柱、陈晓蓉、黄雅晖、汤伟平等率全体区街相关工作人员及安保等相关部门全程参与，公证人员进行监督公证，摄像机实时拍摄，整个过程井然有序、和谐圆满，为全力促推下一步征收工作起到了积极推动作用。

【组织开展建设工程质量安全现场观摩会】 为进一步做好建筑工程特别是保障性住房质量安全工作，落实建筑工程安全生产“三项行动”要求，杜绝安全事故的发生，12月11日，开福区城乡建设局联合区工务局在沙坪街道板塘保障性住房项目现场组织开展建筑工程质量安全现场观摩会。全区在建保障性住房项目、有关公益项目的建设单位、施工单位、监理单位的负责人以及施工员、监理员共计150余人参加。与会人员参观了板塘保障性住房项目施工现场，重点观摩了该工地规范化的施工方法、工艺以及安全生产监管的措施。通过观摩，与会者对做好开福区保障性住房以及公益项目质量安全工作有了更清醒的认识，也将进一步促进施工单位、监理单位做好有关质量安全工作，确保开福区在建保障性住房和公益项目质量优良，安全生产形势稳定可控。

（杨　桉）

城市建设投资

区工务局

局长、城建投总经理（兼）
　　樊　伟（2015.2任）
　　李　忠（2015.2免）
副局长、区城建投总经理（兼）
　　王晓阳
副局长、投资运营中心主任（兼）
　　刘勇红
纪检组长　翁远斌（2015.10任）
副局长、区城建投副总经理（兼）
　　罗礼芳
　　黄启明（2015.10免）
　　杨启军（2015.10任）
副 局 长　张明蓉

【概况】 区工务局内设办公室、前期工作科、土地开发科、合约结算科、工程技术科、资本运营科、计划财务科、物业管理科八个职能科室。现有干部职工89人，编内25人，其中，全额拨款事业编制25名，临聘64人。

2015年，区工务局被评为区级“先进业主单位”“宣传文化思想工作先进单位”“工作评议询问满意单位”、绩效考核红旗单位等。

资金筹措。强化资金组织，拓展渠道，最大限度归集资金，全年筹集资金25.79亿元。着力保障支出。量入为出，统筹调度，全年累计支付22.02亿元，保障了还本付息、重点工程、安置房建设等各项支出。盘活存量资产。基本完成泰阳商城违法强占经营户清退工作，收回公司资产，配合伍家岭商圈棚改拆迁，实现资产价值最大化；完成福润园门面招商，加大福嘉园门面招商力度，启动洪山商业楼及福港苑门面招商工作。优化融资模式。利用市级通道申请发行“2015年开福城投公司债券”，核定发行规模17亿元，11月完成审批，将择机发售。提高资金效率。运用部分闲置资金购买低风险的理财产品，降低财务成本；根据项目资金需求申请放款，确保放款与用款同步，提高资金使用效率。

土地储备。2015年，积极新增土地储备，大力协助拆迁、科学铺排选址，加强土地储备。年内分别完成了福鑫苑二期3.13公顷、渔业分场10.40公顷、竹隐安置小区3.47公顷、板塘三期农民安置7.40公顷、天井安置小区3.87公顷、胜利村农民安置7.47公顷及沙坪卫生服务中心建设用地1.10公顷等7宗用地共计36.83公顷土地转征手续办理；完成家园路0.86公顷，洪山路网0.85公顷，车站北路北延线25.72公顷，栖凤路及绿化带用地1.83公顷等4宗用地共计28.41公顷基础设施建设用地手续办理。以合理的价格完成长沙环宇耐火材料有限公司工业出让地4.49公顷土地的收购。协助拆迁，协助街镇及相关部门做好福鑫苑一二期、车站北路北延线、福嘉园二期、栖凤路及路幅绿化带、胜利村大屋山片、中岭6.47公顷等重要项目的拆迁工作，为项目顺利推进提供有力保障。

项目建设。2015年，科学铺排、推进了55个重点项目建设工作，涉及总投资约141亿元。2015年已完工项目10个，在建项目19个，办理前期手续项目26个。2015年承建市政基础设施项目共28个，其中四方大道、芙蓉北路提质改造（捞刀河—青竹湖段）、滨河南路、机关大院提质改造、栖凤路（东二环—三一大道段）、福嘉园南侧临时绿化、植秀路等7个项目完成建设，道路总长约11千米，总投资50285万元。民生保障建设。2015年，实施农民安置房、定向房源及社保融资用地项目共18个。其中福嘉园、金盆丘农民安置房小区2个项目完成建设，总建筑面积156773平方米，提供房屋总套数1251套，解决安置指标1512个，总投资46500万元。在建项目5个，福鑫苑、荷叶村、板塘二期农民安置房项目和九尾冲福泽园、油铺街S8福善园棚改定向房源项目，总建筑面积共计1184706平方米，可提供房屋总套数9131套，可解决安置指标7919个，总投资约44亿元。公益配套建设2015年承建公建项目共9个，总建筑面积约41000平方米，总投资约48091万元。“围而未建”拆违复绿。2015年承担　“拆围覆绿”地块改造任务11个，完成改造项目8个，改造总面积逾60000平方米，总投资1283万元。

探索安置房货币处置新模式。开展福嘉园安置户自愿申请处置多余安置房工作，处置指标430.5个，处置房屋389套，其中80平方米房屋310套，120平方米房屋75套，160平方米房屋4套，涉及建筑面积34440平方米，资金约1.2亿元，盘活农民手中的存量安置房，将处置的安置房用于安置缺口的分配，减轻四方坪片区实物安置的压力。

加强物业管理。2013年9月，成立长沙市北鑫物业管理有限公司，工务局负责福润园、益安公寓、福竹园、福嘉园及福港苑5个小区的物业管理工作。2015年，组织参与益安公寓、福竹园、福嘉园及福港苑4个小区的分房工作，交付房屋1097套，解决4个小区生活垃圾免费清运；成立安全管理小组，开展消防培训及演练，加强安全日常管理；加强小区公共设施完善，消除安全隐患。

【芙蓉北路提质改造项目完工】 芙蓉北路提质改造项目南起伍家岭波隆立交桥，北至青竹湖大道，全长13.82千米，其中波隆立交桥—浏阳河段长0.9千米；浏阳河—捞刀河段长3.6千米；捞刀河—青竹湖段长6.8千米，青竹湖—沙河桥段长2.52千米，工程总投资为3.22亿元。按照“简单明快，整齐划一”原则进行全面提质。提质改造对绿化带进行全面清理，种植银杏，银杏树下种植桂花树，形成立体绿化效果。改造后的芙蓉北路机动车道为“西5东4”，机动车道增加三条，即由北往南机动车车道比原来增加两条，由南往北机动车道比原来增加一条。通行能力增加50%。从八一桥出发，沿着芙蓉路一路向北，可以看到东西两侧人行道外，增加了一条长达13千米的银杏景观带，成为长沙一道亮丽的风景线。

【福元西路添“绿肺”】 7月14日，经过清理整治，作为“围而未建”地块之一的福元西路洪山公园闲置土地拆围复绿全面完工。福元西路洪山公园闲置地位于万国城小区对面，总面积20余公顷。由于种种原因，洪山公园建设迟迟未能动工，而待建的闲置空地逐渐“沦”为菜地和垃圾场，严重影响了当地环境。此次清理整治“围而未建”地块专项行动，洪山公园地块展开“拆围复绿”建设，沿福元西路278米沿线进行绿化改造，改造内容为围墙拆除、混凝土破除、渣土外运、苗木栽种、排水工程改造等。新增的5560平方米绿地有如“绿肺”取代了以往沉闷围墙，市民多了一个娱乐休闲的好去处。

（陈　帅）

城市管理

区城市管理和行政执法局

局　　长　朱旭东
副 局 长　艾延灿
　　　　　何爱民
　　　　　雷　鸣
　　　　　尹洪辉（2015.10任）
　　　　　周立辉（2015.8免）
　　　　　黎　军（2015.10免）
　　　　　孙杨克（2015.10免）
纪委书记　曹桃平

【概况】 区城市管理和行政执法局内设综合办公室；业务指导科、社会卫生科、行政审批科、督查考核科五个科室。另设区城市管理监督指挥中心一个。核定机关行政编制15名。二级机构为全额拨款事业单位，编制5名。获得2015年度建设更高水准全国文明城市工作先进单位、2015年度项目建设先进业主单位奖项。

爱国卫生扎实有效：开展健康教育宣传活动，利用“世界卫生日”“世界无烟日”“艾滋病日”等时机，宣传《湖南省爱卫条例》《长沙市病媒生物防制办法》和相关法律法规，开展健康咨询、健康教育讲座，提高群众卫生意识和自我保健能力。组织爱卫月活动，发动各街道利用横幅、标语、橱窗、专栏、板报等方式进行宣传，制作宣传横幅200余条，更换宣传橱窗150多个，开展20多场集中宣传活动，承办长沙市第27个爱国卫生月暨健康教育大课堂活动开展病媒生物防制工作。开展迎接省爱卫会对长沙市蚊蝇密度C级达标复查考核。全年新建毒饵室11000个、投放灭鼠药43吨、投放灭蟑药1.5吨、投放灭蚊药包27000个。开展下水道热烟雾灭蟑杀虫2次。开展城乡环境卫生整洁行动。在全市城乡环境领导小组半年度、年度检查中，青竹湖镇的金霞村获得了“优胜村”和“十佳村”光荣称号，整洁行动工作在全市内六区名列前茅。开展卫生创建工作。创建3个市级无烟单位、14个无烟家庭、4个市级卫生社区、1个省级文明卫生单位和1个市级文明卫生单位。

2015年，对全区背街小巷清扫面积进行重新测量。清扫总面积为：560.69万平方米（不含河堤河滩）。全区共投入清扫保洁经费3471万元。在全区范围内实施了门前责任制，门前责任书签定率达到了100%。完善班子成员联社区、联点干部（含执法中队、社区干部）包路段、城市协管员包门店的“四位一体”责任体制，制作门前市容环境卫生“四位一体”责任牌4981块，将门前“三包”责任落实到人，清扫保洁到位。加强星级门店创建。对门店、单位进行星级评定。按照星级级别，统一制作了1120块星级门店牌，对每个街道的星级门店进行了挂牌。开展“两创”工作。通泰街街道、望麓园街道被评为2015年长沙市“城市管理示范街道”。2015年共创建市级“精品社区”5个、“样板社区”16个、“示范社区”5个。

行政许可操作规范。窗口共接待办事群众3400人次，共办理许可证2523个：其中占用街道两侧和公共场地许可证1428个、城市道路临时占用许可证341个、城市道路临时挖掘许可证178个、临时户外广告（围挡）设置许可证60个、城市树木移伐许可证9个、城市绿地临时占用许可证41个、棚亭占用城市道路许可证234个。办理临时户外广告（招牌）234个、临时设摊夜市规范点3个，每个案卷资料齐全，操作规范，按时办结。

督查考核落实到位。每月不定期对全区主次干道、背街小巷和各街道进行督查，与数字化及政府办督查室联动，确保督查工作的开展。分门别类，确保工作秩序井然有序，根据督查情况及时反馈，督促相关部门落实整改，并对未及时整改的街道实行考核扣分，月底通过对街道的考核进行统一汇总排名。

拆违控违卓有成效。贯彻落实市委、市政府“实施史上最大规模拆违控违行动”的决策部署，举全区之力，集全区之智，出实招、提实效，拆违控违工作取得成效。2015年，全区拆除历史违章建筑221.45万平方米，完成全年任务数145.38%；4个应“清零片区”已通过市级复核；复核拆违面积212.74万平方米；清理3464处、176万余平方米、

105.84万吨建筑垃圾。

拆违复绿打造绿景。2015年投入1.06亿元实施芙蓉北路、福元西路、东二环线提质改造工程，全面实施绿化、美化、亮化工程，打造绿色景观走廊。同时，将拆违控违与老旧社区改造提质相结合，完善公共设施配套，改善社区居民居住、出行条件。共计增绿61.26万平方米。

金鹰地块停车场改造后

社区综合提质步伐加快。2015年社区综合整治项目总投资为5380万元，对紫荆园（二期）、新安寺，油铺街、胜利村、浏阳河、蒋家垅及中山路社区道路、下水管道、门店招牌、绿化、交通设施等进行提质改造。共改造67栋房屋，绿化提质800平方米，改造市政道路及下水面积约57900平方米，设置停车位581个，并对5万平方米的建筑进行节能改造。

美化亮化城市更美。2015年景观亮化项目总投资10498.5万元，对区内出入城口、主干道、主干道两厢楼宇、桥梁及重要节点进行了美化亮化。完成五一路海事局、鸿业皮肤病医院、华融湘江银行3栋楼宇亮化建设和46盏绿化带庭院灯建设。完成了湘江中路白蚁防治站及周边、通泰商住楼、排水管理处3处建筑群共15栋房屋的楼宇亮化。完成了湖南广电大楼、高速公路管理局大楼、西湖楼等26栋楼宇亮化建设，建设了海底世界至波隆立交桥全线约7千米长的绿化带亮化，及世界之窗跨线桥和三一大道浏阳河大桥两处桥梁亮化。建设和提质261栋楼宇亮化，建设湘江风光带银盆岭大桥至三馆一厅沿线2.4千米长岸线灯，在浏阳河两岸和湘江东岸增设12盏长空利剑灯，建设八一桥、波隆立交桥、芙蓉路浏阳河大桥、车站北路浏阳河大桥、营盘路三座人行天桥的桥梁亮化，建设和提质芙蓉路（八一桥至开福区政府）沿线的绿化带景观亮化和人行地下通道口亮化，建设橘子洲大桥东侧匝道绿化带、湘雅医院前绿化带景观亮化等。

（胡　丹　周　旋）

油铺街社区整治效果

市容环境

区市环境卫生管理局

局　长　李俊全
书　记　陆学龙
副局长　蒋向阳　彭　斌
　　　　陈　迪

【概况】　开福区环卫局下设“三办”（办公室、收运办、渣土管理办），“三科”（督查科、财务科、基建设备科），“两队”（机械作业车队、垃圾运输车队），“九所”（望麓园环卫所、湘雅路环卫所、东风路环卫所、四方坪环卫所、芙蓉北路环卫所、洪山环卫所、青竹湖环卫所、秀峰环卫所、沙坪环卫所）。在编职工541人。合同制工人2162人，其中管理员151人，驾驶员373人，渣土管理员48人，清扫员1590人。

2015年，开福区环卫局机械作业车队获长沙市市容环卫工作先进集体称号，丁建军、邓胜勇、陈岳林、陈交中获长沙市城市美容师称号，陈迪、敖沙、常瑞桃、薛柞辉、舒厚钦、邓亮、彭文亮、张稳根、刘登发、谢秋英获长沙市市容环卫先进工作者，四方坪环卫所站厕清扫员谭完利因在2015年6月5日将拾到的20多万元银行卡等交还失主而受到市民和媒体的广泛赞誉，被长沙文明网评为“长沙好人—我身边的雷锋榜”。

精细化作业提升道路卫生品质。人工作业按“六定”要求，每天对道路两厢人行道、果皮筒、绿化带等按扫、掏、捡、铲、抹“五

洒水车对绿化带实行叶面除尘

步清洁法”精细化作业，重点加强非机动车道、人行道的清扫保洁；57台路面养护车实行“3人1车捆绑配置”方式，5:00—7:30清洗道路双黄线，8:30—11:00清洗人行道和非机动车道；36台洒水车23:00—次日6:00对道路进行二次全覆盖集中冲洗，白班下所作业。全年共出动洒水车作业12300台次；26台洗扫车按照清晨、中午两个时段开展错峰深度作业，出车13540台次。局督查科分二组开展常规检查和专项督查，繁华路段徒步检查，采取现场指证、图像取证和下发“整改函”等进行记录立档纳入当月考核，对当月排名末位的扣除绩效奖金。2015年迎接上级检查、视察及各种会议服务工作90余次，保障全区市容道路卫生洁净。编印督查通报50份，下达整改函120余份，现场整改问题2100余个，高效处理“12345”等平台热线700余件。

加强餐厨垃圾处理。率先在全市推行圾餐厨垃集中收运。制定《开福区中小餐饮单位餐厨垃圾集中管理收运工作方案》报区委、区政府审批，成立收运机构，明确岗位职责，规范收运流程，合理配置人员设备，采购9台先进的餐厨垃圾转运车和2000个门店垃圾桶。积极与市、区城管局、街道和市联合餐厨公司协调对接，在全市率先启动开福区中小型单位餐厨垃圾集中收运，签订门店收运协议1300余家。上门收运主次道路两侧餐饮单位780家，收运量从最初的每天4.5吨增加到24吨，月产量达700吨以上，收运率65%。

开福区率先在全市启动辖区中小型单位餐厨垃圾集中收集运输

加强“三车”专项整治。加强区渣土车、砂石车、搅拌车运输专项整治工作，形成“设驻点、强执法、分片治、控源头、划禁区、定线路、严审批、抓回填”的工作机制。履行牵头单位责任，坚持局领导带队指挥和一线调度，保持“三车”整治的强劲势头。全年区交警大队纠正违章3315起，区交通运输局查扣车辆329台次，城管执法共扣车372台次；分片整治处置污染现象712次、乱倒渣土46次，下发整改函38份，“三车”撒漏、污染现象明显减少，合围区以内及禁行线路已无老式渣土车运输；严格规范渣土消纳场、项目回填区的审批流程，采取多部门现场踏勘、联合审批的办法，将原有的10多家渣土消纳场规范调减至4家，根据项目建设推进情况，30多家回填区控制为15家以内；强制推行场内硬件建设标准，4家消纳场的过水槽、洗车设施、冲洗水枪、民工等全部按照标准配置到位，出入道路硬化长度均在20米以上，基本达到市级规定。

探索生活垃圾自动化压缩运输。为解决生活垃圾散装运输带来的撒、冒、漏、滴和运输效率低下，引进具有自动压缩、自动提升、自动除臭、自动装卸的垃圾压缩设备，投资160万元，完成北辰三角洲自动化垃圾压缩转运站建设。投资260万元，完成10座老旧垃圾站提质改造，投资36万元，完成湘江世纪城公共卫生间建设，建设30座环卫工人休息室，为60座公共站厕安装除臭设施，对30台垃圾运输车进行密闭和液压系统改造。

【全省首个“智慧环卫”平台试运行】 2015年9月8日，全省第一家“智慧环卫”监督指挥调度平台开始试运行。为提升城区保洁度，实现环卫系统科学化管理，开福区投入540万元，率先在全省环卫系统启用智慧环卫业务管理平台。为210多台车辆机械安装高清摄像头和北斗卫星定位终端，采集路面卫生机械作业和状况，记录机械作业时间，全过程监控车辆行驶线路和油料消耗状态。230多名所（队）负责人、管理员、驾驶员配备卫星定位卡片机，与“智慧环卫”平台实现双向互联互通，随时掌握其行动轨迹，实现即时指挥调度。人员每天的出勤、工作、纪律等做到“可视化”管理并自动生成考核资料。此外如果环卫人员遇

“智慧环卫”监督指挥调度平台

到交通事故等意外状况，可及时报警求助，指挥中心在第一时间响应，提供帮助。区环卫系统现有环卫人员近2000人，承担660万平方米路面清扫保洁。“智慧环卫”业务管理平台的运行，不仅能降低管理成本，还将提升区环卫系统清扫保洁的效果。

【开福区环卫局在全市首次给1500名一线环卫工人配发冬装】 2015年 2月4日，开福区环卫局为帮助环卫工人抵御寒冷，在全市首次为1500名环卫工人发放的冬装外带毛领，内胆填充物为丝绵，可分拆洗换，且有防雨功能。1500余套冬装价值共50万元。

【开福区首批环卫“爱心驿站”启用】 2015年8月5日，由开福区文明委、区环卫局和东风路街道联合组织的“关爱环卫工，酷暑送清凉”暨“爱心驿站”活动在东风路街道举行，家润多欧泊港湾店、九九连锁酒店、益丰大药房、和泰面馆、观园物业、安康按摩医院6家门店的“爱心驿站”授牌启用。每个站点都标配了饮水设备、防暑药品、微创伤处理医药包和休息座椅等措施。

（汤正明）

投资300万元建成30座环卫工人休息室

公共设施建设

区市政管理局

书　记　龙亚雄
局　长　夏圣猛
副局长　刘正伟　戴晓金
　　　　吴建红　宋双林

【概况】 区市政局下设综合办公室、生产维护科（下设4个维护队）、路政管理科、工程技术科、督查科、财务科、设备供应科一室六科；另设市政专业执法队。现有职工187人：在职89人，离退休85人，内退13人。补充2015取得的主要成绩

严抓生产管理。重点抓好路政巡查、路政管理和执法队的执法工作。2015年办理占道许可证236个，挖掘许可证127个；处理市、区督办反馈情况103个；应急处置因燃气、自来水抢修的市政设施114处；开具因自来水破路、燃气破路、自来水井盖破路恢复等问题的破路修复单219起；在全区范围内开展专项整治等活动，共计发放围挡公示牌200余个，修复破损人行道846处，清理主次干道违章障碍设施1214个，发现并修复损害的市政类设施476个。

抓好日常维护计划落实。2015年，共修补路面741059.4平方米，维修人行道62143.8平方米，调整、安砌侧平石2689.3米，疏浚各类排水管沟564630米，清挖各类井185014个/次，更换各类井盖板块5212（套），疏浚化粪池2503座；受理数字化案件3290余件，处置到位“12345”热线和城管“110”的案件666件。

抓好项目建设。2015年，完成背街小巷提质改造、标准化示范道路提质维护、支路微循环改造、人行天桥建设、排水堵点疏浚改造、大型管道疏浚、防沉降井盖提质、“五一商圈”微循环改造、老旧化粪池疏浚改造、中青路东幅道路提质项目、体育馆路人行道提质等11项市、区两级考核项目建设和自来水户表改造破路修复，三一大道浏阳河桥下环卫停车坪应急改造，福元东路（二环线至万家丽路）局部基础补强、整体罩面应急改造，二环线毛家桥片区排水管道应急疏浚，上麻园岭（十间头至潘家坪路）老铁路应急改造，新欣路、湘江大道路面沉塌应急抢修，鸭子铺拆迁区域临时道路（共3期），福元路桥调头车道迁改项目，戴家河燃气破路修复项目，通泰街大地金墅地坪改项目造，北二环燃气破路修复，东兴园巷应急改造，福元东路（万家丽路至锦绣路）应急维护13项应急交办项目任务。

抓好防汛应急处置。汛期严格按全员网格化要求进行安全隐患巡查，完善应急工作预案，做好人员、物资、装备的准备，遇情迅速启动预案；开通区城防信息平台、建立QQ群，及时将各类预警信息和防汛通知发至区委、区政府相关领导和区城防指各成员单位；汛后对堵水原因进行分析，协调施工单位对排水管道进行疏浚和改造并增设泄水井。全年组织和参与城区防汛11次，全区未出现大面积、长时间路面积水情况。

【体育馆路人行道提质改造工程完工】 2015年10月初，市政局启动了对体育馆路人行道提质改造工程。该项目采用“烧结砖+麻石板”的模式新建3.5米宽人行道，并采用“透水彩色砼新型材料”新建3米宽自行车道，同时对空坪隙地进行提质改造，明确其用途，优化其功能。新建人行道3950平方米、新建自行车道2650平方米、改造停车坪及卸货通道3100平方米、增设停车位约95个、统一铺装商铺麻石火烧板台阶约400平方米、增设更换树围石约2000套米、新建排水管道约230米、迁改非市政管线交接箱和报刊亭6个、提质更换非市政管线井座井盖约40座、改造社区文化走廊1处，项目总投资351万元。改造后人行道的通达性和整体美观性及文明城市形象得到全面提升。

【区市政局对福元东路进行应急抢修】 为解决福元东路（二环线至万家丽路）沥青路面坑洞、裂缝、翻浆、沉塌等病害，延长道路的使用年限，2015年4月，区市政局对该路段进行局部基础补强、整体罩面。工程主要是对沉塌、翻浆严重的病害部位采取拆除松散基础，用ATB-30沥青料进行基础处理；对病害轻微的网裂、松散、无结构力的部位进行沥青面层拆除；对道路反射裂缝采用SA自贴性抗裂贴进行处置；对道路整体采用S米A沥青料进行面层摊铺，并按规范要求重新施划标志标线；同时采取防沉降井座井盖新工艺，对道路全线机动车道上的井座井盖进行提质更换。提升区出城口的良好形象，推进市政改造操作流程标准化、精细化，打造优质亮点工程。

（魏锦芳）

园林绿化

区园林绿化管理局

局　长　黄长科

书　记　盛建军

副局长　娄雪华　肖林生

　　　　贺光荣　才　源

【概况】 开福区园林绿化管理局为区政府一级职能局，单位性质为公益一类事业单位。下设“一室四科五园区”，即局机关综合管理办公室、绿化维护督查科、绿化管理科、工程技术科、财务科；下设湘江风光带管理办公室、月湖公园管理办公室、社区公园管理办公室、秀峰山公园管理办公室和沙坪·汉回景区管理办公室五个生产维护部门。现有在职职工64人，内退、退休职工73人，临聘人员441人。其中局机关29人，公园管理办公室35人。维护作业车辆52台，其中皮卡车19台，水车12台，路面清扫车4台，打药车4台，特殊作用车辆3台，小型货车10台。负责全区316.72万平方米绿化维护工作。

2015年完成市里下达新增绿地面积98.393公顷，其中完成新建公园绿地46.598公顷，完成林荫广场2个，林荫道路2条，林荫停车场3个，立体绿化3.01万平方米及绿道建设28.28千米的任务指标。

确保精美城区建设成果。全面加强开福区园林绿化维护作业的精细化、全域化、长效化管理。安排部署业务主管部门下达的工作要求，制定各个时期的绿化维护工作计划，确保工作铺排有序到位。2015年，计修剪乔木约40798株、修剪模纹花坛约29.40万平方米、修剪绿篱522万平方米、修剪草坪230万平方米，清理垃圾105080吨、浇水44238吨、打药约758吨、施肥439吨、树木扶正120株、除杂557万平方米、中耕作围2.95万平方米、抹

芙蓉北路市民休闲公园

芽9.9万株、铺草坪砖约2395平方米；督查监管，问题整改到位。班子成员与相关科室上路巡查，发现处理问题。成立数字化案卷处置办公室，配置数字化案卷处置专员（2人）及精细化处置专员（1人），各公园分别配备数字化接收专员，明确案卷现场处置人员，对每一条案卷及时下达、接收、处理、跟进、回复。接收数字化案卷2781条，按期结案数2781条，结案率100%。

项目建设稳步推进。按照“绿色城市”要求，2015年完成芙蓉北路、福元西路的提质改造及营盘路天桥立体绿化、三环线环城绿带、社区公园、东二环绿化提质、栖凤路绿化提质改造以及立体绿化等建设项目。芙蓉北路绿化提质改造项目南起伍家岭波隆立交桥，北至青竹湖大道，全长11.3千米，总投资为1.44亿元。福元西路提质改造项目西起芙蓉北路，东至车站北路，全长1.853千米，以银杏、桂花为主。营盘路人行天桥立体绿化项目主要包括营盘路与蔡锷路交界东西向两座天桥以及省政协人行天桥，全长728米。工程总投资120万元。三环线环城绿带建设西起青竹湖三环线入口，东至白沙河，全长约12.5千米，立项投资额2706万元，完成项目一期5.5千米的建设，新增、提质绿化面积近20万平方米。栖凤路绿化提质改造项目从两馆一厅至东二环，全长4千米，绿化提质面积7022.9平方米，总投资708万元。东二环环城绿带，南起洪山桥，北至苏托垸高架，全长1.64千米，绿化面积

环城绿带大安段

3万平方米，启动施工。完成芙蓉中路八一桥、三一大道浏阳河大桥、三一大道广电跨线桥、二环线福元路桥、芙蓉北路桥桥墩、开福区实验小学的立体绿化项目建设。2015年，各项目建设总投资8325.5万元。

依法推进行政审批工作。严格查勘审批工作，2015年，办理行政审批报告52件，经过工作人员现场查勘，符合办理政策办理行政审批44件。受理“110”接警、查勘死危树及占绿毁绿查处工作。接市、区“110”接警及市民举报各种占绿毁绿及各种违章164起，接来信来访153余次，查勘死危树256株，处理“12345”工单244件。拆墙透绿工作。根据市、区政府关于拆墙透绿的指示，完成区政府、区地税局、区法院、市海事局等单位拆墙透绿工作，拆除围墙2234米，拆墙透绿4.65万平方米，绿化提质改造面积1.55万平方米，新增绿地3.04万平方米。开展义务植树活动。“3·12”植树节组织和接待1000余人开展义务植树活动，种植乔灌木1600株。通过组织接待市民参加义务劳动，对古树名木认养等活动，加强大市民爱绿护绿造绿环保意识。

【园林专家来区问诊 绿化提质工程项目】 4月20日长沙市风景园林专家顾问组一行10人到区开展评估调研。对开福区辖区内81条主次干道，20个社区公园，2个公园（月湖公园、秀峰山公园），1个广场（湘江风光带广场）的绿化整体情况以及开福区2015年推动“绿色城市”所开展的各工程建设项目（芙蓉北路波隆立交桥至青竹湖段绿化提质，二环、三环线环城绿带建设，福元西路绿化提质，栖凤路绿化提质，三座人行天桥立体绿化，4个社区公园的新建）进行了全面、系统的评估和问诊，针对区绿化提质工程项目出现的问题提出了合理化建议，开出了药方。

【长沙首座立体绿化天桥亮相】 4月30日，长沙首座立体绿化天桥在营盘路与蔡锷路交会路口正式亮相。这是长沙2015首批完成的立体绿化人行天桥。天桥采用了藤本牵牛花、常春藤、美女樱搭配的方式，色彩明艳，层次丰富，天桥的桥面和楼梯安装6处斜拉钢索，供油麻藤攀缘生长。天桥立体绿化设计以节能、环保、经济、易维护为原则。种植土壤采用以珍珠岩为基础的轻质培养介质，由于质量比普通土壤轻，花箱容量可达到原来的2倍以上，利于植物根系生长。花箱还全部采用自动滴灌技术，无须人工灌溉。

（李 军）

征地工作

区征地办公室

主　任　苏　武
副主任　余　彬　曹　希

【概况】　开福区人民政府征地办公室内设1办3科，即综合办公室、拆迁管理科、安置审核科、财务管理科。征地办核定全额拨款事业编制9名，2015年实有工作人员19名，其中在编人员7名，聘用人员11名，借用人员1名。2015年完成腾地408.87公顷，拆除房屋2939户，为全区项目建设、产业发展奠定了坚实基础。

依法依规实施项目拆迁腾地。征地办发挥牵头抓总作用，与各街道分指挥部和相关职能部门通力协作，按照省、市、区各级征拆文件规范操作，遵循征地拆迁安置工作程序，执行“三审三公开”制度，抓拆迁、推项目、促腾地，营造了良好的征拆氛围。2015年，共实施拆迁项目51个（含超计划实施项目8个），涉及拆迁房屋4991户，动迁人口约16604人，征收土地646.80公顷，其中：新启动项目29个，征收土地341.19公顷。完成腾地408.87公顷，拆除房屋2939户，拆迁腾地量居全市前列。

尽职尽责抓好群众安置保障。完成福嘉园、益安公寓、福港苑等小区8批次分房工作，26个项目的577户拆迁群众喜迁新居，累计安置指标1605个，针对朝正垸城中村改造暨环境整治工程二期项目中老弱病残等特殊人群，征地办联合洪山管理局、工务局，组织实施了益安公寓安置房第六批次分房工作，实现安置42户，实施即拆即分配安置房，为群众解忧。就四方坪福嘉园安置小区存在303个安置指标缺口问题，制定货币处置房源方案，报区人民政府审批同意后实施，得到了拆迁群众响应，成功处置安置指标432.5个，有效缓解安置房源压力。

依法依规做好指标报审。报审“两保”用地指标，向市征地办、市国土局汇报协调，共审回“两保”用地指标83.13公顷，做到了应报必报、应审必审。严格审核安置指标，对申购对象、申购面积及价格等方面进行层层把关、严格审定，完成28个项目2981个安置指标（申购保障住房指标数2144.5个，申请货币补贴指标数836.5个）的审核工作。切实抓好社保转户纳入，全年共完成7447人的转户工作，纳入社会保障体系4489人，已拆项目全部办理转户手续。严格审核延期过渡费，核实拆迁户数，计发过渡费面积、房屋倒地时间、发放金额等，完成34批次628人、月发放额45.75万元的延期过渡费审核工作，切实保障被征地群众的合法利益。报审“半边户”申请，全年报送22个拆迁项目“半边户”资格申请507户，批回资格确认单487户，批准率96%。

（吕　燕）

棚户区改造

区棚户区改造办公室

主任、棚改公司董事长　李　茁
副主任　刘红南　吴建军

【概况】　开福区区棚户区改造办公室于2013年9月成立，为全额拨款事业单位，核定编制5名，同步组建长沙市大城北棚户区改造投资有限公司。2014年7月，根据市棚改统贷平台的要求，成立长沙市开福棚改投资有限责任公司，作为市棚改公司的全资子公司，专门承接国开行棚改贷款资金。棚改办、大城北棚改公司、开福棚改投实行“多块牌子、一套人马”，合署办公。棚改办和棚改公司内设办公室、项目部、财务部、工程部，在编8人，临聘人员15人。2015年，全区共完成棚改户数3601户（完成率122%），改造面积57万平方米（完成率103%），获评全市棚改工作“先进单位”。

2015年全区9个内街中，6个街道有棚改项目，通过坚强组织领导和科学调度决策，棚改征收工作推得动、签得下、稳得住，征收质量大幅提升。

项目铺排科学。在通过广泛调查摸底，做到“房产状况清、动迁面积清、补偿数量清、安置意愿清”基础上，制定年度棚改计划，推进棚改工作。严格落实政策，履行程序，全区征收政策和补偿标准保持平衡。在符合政策的情况下最大限度地保证被征收人的合法权益。推进阳光操作，及时将征收补偿结果在项目范围内核心地段进行公示，公开承诺并接受群众的举报。将任务分解到人，征收结果及时公示，与奖惩挂钩。讲究征收方法，强调思想工作，化解征拆矛盾，95%以上协议有序签订征收补偿协议，剩余户数通过后续的工作化解并签订协议。2015年，全区启动黄兴北路、金鹰片区、火车北站三大片区共6个棚改项目，累计完成棚改签约3601户，改造面积、投资额均创历史新高，超额完成省市考核任务，黄兴北路棚改工作经验被《人民日报》推介。

征收保障有力。调动全区资源，合力推进棚改征收。以市统贷平台为抓手，争取开行贷款资金，共完成6个项目70亿多元的评审授信，通过其他途径筹资约5.5亿元，保障了项目资金需求。按照统贷平台资金管理使用要求，实施征收台账、支付台账管理，资金封闭运行，保证资金规范、高效、安全运作。房源保障。支持被征收人获批住房保障资格，与推进商品房去库存相结合。全区廉租房和公租房优先支持棚改，棚改安置补贴应报尽报。通过市场化途径筹集商品房，以优惠价格供向被征收人，多途径改善老百姓住房需求。力量保障。各街道统筹处理好中心工作与棚改征收关系，攻坚征收签约。抽调街道力量补充参与棚改征收。争取动员政府其他职能部门的支持，开展“支帮促”，集中力量攻坚。

服务群众有为。从解决群众的实际困难和问题入手，做好棚改安置工作，把安置作为促进征收签约的重要手段，通过创新和完善选房审批和管理服务等方式，及时高效解决群众安置问题。在征收安置的同时统筹解决企业改制、扩大发展和个人住房、就医、就业、教育等实际问题，以真心服务赢取支持。

（何　森）

城市管理执法

区城管公安大队

大队长　江　南
教导员　张　平
副队长　贺国宗　陈伟中
队　长　武雷冈　任白寓

【概况】　开福区城管公安大队于2000年，由市政府批准成立，为正科实职单位，编制为20人，有正科实职2人，副科实职2人，中队干部（副科实职）4人，下设两个中队。负责区内城市管理综合执法治安、法治宣传教育，侦查、调处刑事、治安案件和治安纠纷，协同做好城市管理综合执法工作等工作。

2015年，大队共破获刑事案件21起，查处治安案件6起，抓获各类违法犯罪嫌疑人26人；刑事拘留17人，监视居住2人，逮捕13人，移诉11人;强制隔离戒毒3人；社区戒毒2人；行政拘留1人；摧毁扒窃犯罪团伙1个；抓获在逃人员2人。打击各类违法案件，保障和维护开福区的社会治安稳定。开展反扒防扒工作，对重点时段、重点路段开展反扒工作，抓现行控发案。同时采取每个民警联系1至2个城管中队的工作模式，在保障城管中队的日常执法活动的同时，加强执法工作的前期介入，及时发现问题，解决执法难点，以减少和预防阻碍执法事件的发生，保障执法顺利开展。

派出民警配合全区的拆控违工作，从宣传发动、综合整治，直到违章建筑倒地，确保拆违工作的顺利进行，拆除违章建筑42万平方米。

配合开展早夜市、占道经营、三车治理、市场整治等专项整治行动。派人协助三车治理工作执法。开展西长街街道店外经营及劳务市场、毛家桥水果市场、沙湖桥店外经营等专项整治工作和新疆摊担的专项整治工作，配合城管大队开展餐厨垃圾集中收运，协助城管执法大队完成餐厨垃圾收运的试点工作等。

（吕　艳）

区城市管理综合执法大队

大 队 长　朱旭东
教 导 员　聂新伍
副大队长　陈　焰　胡　丹
何世林
周继元（2015.12任）
殷建锋（2015.7免）
纪委书记　胥动军
工会主席　张　群

【概况】　开福区城市管理综合执法大队成立于2000年6月，是参照公务员法管理的正科级全额拨款事业单位。大队下设4个科室：办公室、法治科、政工科、督查中队科室；6个直管中队：控违拆违中队、广告中队、餐厨垃圾中队、园林中队、渣土中队、市政中队；16个驻街道中队。

开福区城市管理综合执法大队编制数为221人，现有干部职工217人。下辖特勤队编制数为190人，现有队员190人，特勤队主要协助大队做好拆违控违和应急处突工作。

2015年服务于区委、区政府中心工作，全力维护全区经济社会发展大局，按照各级领导和各重点项目建设指挥部的要求，加强部门联动和工作对接，做好各项服务保障工作。配合做好了黄兴北路三期、香江项目、朝正垸改造项目、苏托垸综合整治、清水塘炮后街棚改、伍家岭陡岭路棚改、滨江三期、鸭子铺综合整治等二十多个市区重点工程项目内的拆违工作，确保了各项重点工程的顺利推进。副大队长胡丹被长沙市委、市政府授予长沙市拆违控违工作优秀个人

深化最严城管执法。2015年继续强化常态化市容管控，加强电瓶车巡控和动态纠章力度，全区主次干道市容控制常年维持较高水准，背街小巷市容秩序进步明显，办案数量、罚款金额激增，共计办理门前三包类案件6148起，其中乱吐乱扔案件2828起，店外经营案件182起，设摊经营案件1428起，不履行市容环境卫生责任案件1710起，罚款51.5万元；拆除违章户外广告招牌440处，拆除面积4.5万平方米；查处洒水车辆18台次，查封加工窝点5个。

周密部署，强势推进拆违控违。落实市委、市政府“关于开展史上最大规模拆违控违行动”的指示，深入开展大拆违竞赛活动，坚持按照“清零”标准，联合国土、规划、工商、消防、公安等部门开展联合执法，上门入户做工作，督促群众自行拆除违法建设。采取铁腕手段，依照法律程序进行强制拆除，同时应对行政诉讼，18起行政复议案件和22起行政诉讼案件全部维持原行政决定，捍卫了法律尊严。共配合拆除历史违法建设221.45万平方米，完成全年任务数的145.38%；4个应“清零片区”已通过市级复核；实现了新增违法建设“零容忍、零增长”。

标本兼治，严格落实“十严”要求。推进“百日行动”，以渣土车、砂石车、混凝土搅拌车为重点开展集中整治。加强人防技防建设，运用GPS定位、摄像监控等设备对渣土工地和运输车辆实行动态监控，对未按规定使用专用车辆运输渣土、沙石或未按核定线路、时段运输以及沿途抛撒、车身不洁、车轮带泥上路等违法行为进行查处，全年现场教育处罚车辆4300余台次，暂扣和证据先行登记保存各类违章渣土车辆204台次，关停工地10个，罚款52.49万元。

勇于担当，服务全区中心工作。强化全局意识，自觉服从、服务于全区经济社会发展大局，按照各级领导和重点项目建设指挥部要求，加强部门联动和工作对接，共配合完成黄兴北路三期、苏托垸综合整治、清水塘炮后街棚改等20多个市、区重点工程项目内的拆违、综合整治、先予执行、行政排危和配合法院行政强征等工作，确保了各重点工程的顺利推进。积极应对突发事件，完成区委、区政府交办的各项急难险重任务，共参加大型维稳行动30多次，出动执法力量3500余人次，完成省、市主要领导视察沿线市容秩序的保障、强拆现场突发性事件处置、开福寺庙会维稳等任务。

【“史上最大规模拆违控违行动”开启】 2015年3月26日，长沙市委、市政府吹响了“史上最大规模”拆违控违行动的号角。2015年4月3日，开福区召开全区动员大会。作为全区拆违控违的主力军，开福区城市管理综合执法大队严格按照市、区统一部署，抽调班子成员带领精兵强将密切配合各项目指挥部，无论是项目内的拆违行动还是先予执行、行政排危，或是配合法院行政强征，执法队员都勇挑重担，冲锋在前，有力地保障了各重点工程的顺利推进，为全区经济社会的发展贡献了一份力量。

大规模拆违控违行动

【创建日常市容管控“清水塘模式”】 2015年8月12日，长沙“最严城市管理”启动升级版，全面开展城市管理大整治、大排查，着力解决一批市民反映强烈的市容难点问题，目标是做到“四个基本看不见”，即：早夜市流动摊担基本看不见、店外经营基本看不见、随地乱吐乱扔基本看不见、门前三包违规行为基本看不见。开福区城市管理综合执法大队清水塘中队，在街道的牵头组织下，主动作为、突破难点、创新方法，让城市管理“标准”起来，突出体现“精准”和“精确”的特点。重点对迎宾路、德雅路、体育馆路及烈士公园周边开展市容市貌专项整治工作，打击流动摊贩、店外经营等违章现象；重点对东风路、八一路机动车辆侵占人行道和盲道开展专项整治，在加大抄牌力度的同时，争取街道、社区支持，加大隔离桩等设施的投入；重点对芙蓉路、营盘路违章户外广告开展专项整治，对辖区主次干道、商业街设置的违章户外广告进行清理整顿；对夜市进行规范，取缔违规经营，减少夜市扰民；对社区内违法违章建筑进行专项整治，坚决制止新的违章建筑出现。中队坚持做到了市容管控“白天与晚上一个样，上班时段与下班时段一个样，雨天与晴天一个样，工作日与节假日一个样”，创建了日常市容管控的“清水塘模式”。

创建日常市容管控“清水塘模式”

【首推“社区建议”举措推进最严执法】 2015年8月18日，经开福区荷花池社区签署处罚建议后，望麓园城管中队依建议从轻开出200元罚单，这是开福区城管执法大队最严城管执法推行社区签署处罚建议举措以来开出的第一单。成为开福区城管执法大队“社区建议”举措处罚第一单的某便利超市，在荷花池社区稻谷仓巷，因三次将冰柜摆在超市门外被社区发现，从而面临城管处罚。此次处罚，超市老板表现积极，也很配合，并向社区签署保证书，依据社区签署的处罚建议，望麓园城管中队最终决定予以200元的从轻处罚。荷花池社区现有大小门店284个，举措推行以来，在社区城管理事会成员的日常巡逻中，几乎看不到店外经营等违章现象，社区的前置管理成效非常明显。城管理事会成员每天在社区背街小巷巡逻，详细记录社区各门店的违章情况以及劝导后的表现，依此签署处罚建议。此次接受处罚的便利超市，此前社区已进行温馨提示，后来又下达黄牌警告。作为“最严城管执法的升级版”，城管一改过去的被动执法，由社区签署处罚建议举措，将处罚的自由裁量权交给社区及居民，充分调动社区及居民群众参与城市管理的积极性，将管理与处罚有机地结合，增强了城管的执法力度。

（王　泽）

环境保护

区环境保护局

局　　长　缪　舜
副 局 长　李鹤群
副 局 长　高　勇　刘　声
纪检组长　孙杨克（2015.11任）
　　　　　易向阳（2015.10免）

【概况】 长沙市开福区环境保护局是开福区人民政府组成局，内设4个科室（办公室、法规综合管理科、污染物总量控制科、科技自然生态保护科），下设2个二级机构（环境监察大队和环境监测站），2015年共有干部职工27人，其中在编人员25人，政府雇员2人。局机关共核定人员编制8名，环境监察大队共核定人员编制8名。环境监测站核定人员编制5名。2015年全区重点监管单位150家，分A、B两级，A级监管单位45家，报市级备案进行日常监管，B级监管单位150家，由区环保局监管；其余辖区内的单位为一般监管单位，分C、D两级，C级一般企业由环境监察大队监管，D级五小企业由街道、社区协助监管。

加强环境保护顶层设计，2015年，出台《长沙市开福区环境保护工作责任规定》和《关于进一步加强生态环境保护工作的意见》。牵头抓总环保绩效考核，实施了水、气、声、固废与核辐射等环境污染防治工作，完成了市下达至区政府的8个方面33项环保绩效考核任务，实现了金霞、涝湖垸、朝正垸3大片区全面截污，新港污水处理厂通水运行，完成了楚家湖水环境综合整治和浏阳河口、捞刀河口2个省级水质自动监测站建设。加强环保执法监管，全年开展重点执法行动40余次，对4家单位进行了立案查处，依法依程序退出了圣通、奥能2个保温材料厂，拆除了大明机砖厂、中岭第二砖厂2根烟囱。加强环境保护宣传教育，在市级以上媒体宣传报道100余次。按照《环境空气质量标准》（GB3095-2012），全年空气质量优良天数258天，优良率71.5%，排名长沙市第一；湘江开福段水质符合水环境功能区标准；区域噪声达标率100%。

开展"清霾"行动，空气质量持续提升。制定《开福区2015年大气污染防治特别防护期环境执法工作方案》，分解任务、落实责任，开展混凝土搅拌场（站）、洗砂场整治，建筑工地整治，混凝土搅拌车、渣土车、砂石车运输整治和烟尘整治四大整治行动。出台建筑施工场地扬尘污染防治规范，加强日常检查和监管，减少建筑施工扬尘危害。加强道路冲洗保洁，落实常态化清扫机制。要求所有涉气企业大气污染防治特护期期间停产或者减产，组织各街道镇做好日查夜巡工作。成立大气污染防治特护期工作领导小组，开展烟尘整治工作，排查餐饮单位300余家，关停区建荣洗涤服务部，雪莲洗涤服务部、韵海洗涤经营部、讯洁洗涤服务部、大明村机制砖厂、楚华洗涤服务部、世求洗涤服务部等7家存在废气扰民的单位。完成城区19座加油站油气回收改造工作。加强垃圾和秸秆禁烧整治，形成环保、城管局督促、街镇负责、社区（村）具体落实的工作机制。

（陈思思）

开展"碧水"行动，减少涉水污染源。编制《开福区污水处理情况的调研报告》，完善新港污水处理厂纳污区（金霞片区）、涝湖垸区域、朝正垸东西两侧区域三大片区截污工程，进行楚家湖区域环境综合整治，实现开福、中科成2个国控污水处理厂工艺整体稳定运行并达标排放、新港污水处理厂通水运营。推进农村水环境治理工作，印发《关于进一步加强畜禽养殖反弹整治工作的通知》，建立由监察、环保、督查室和街镇协同负责的长效监管机制，打击反弹户40户，对严重污染周边环境、拒不落实整改措施、情节严重的青竹湖袁硕养殖户开展重点执法，报公安机关予以打击。

（周　良）

开展“静音”行动，解决噪声扰民问题。开展“三考”期间环境噪声污染控制工作，由区政府牵头，区政府办、区环保局、区文体新局、区公安分局、区工商分局、区城管执法大队、区城管公安大队等相关部门和街道共同参与，组织3次静音集中执法行动，共出动执法人员70余人次　，检查涉噪单位13家，下发《关于在“三考”期间严格控制环境噪声污染的通告》1000多份。高考期间，环境监察执法人员对各考点轮流守点，为考生开展“绿色护航”。全年收到噪声投诉74件，受理率、处理率、回复率100%。

（陈思思）

开展固废、医废、危废污染防治。宣传《中华人民共和国固体废物污染环境防治法》，对混凝土搅拌站废渣进行专项整治，落实无害化处理措施。在辖区内组织开展危险废物污染环境专项整治行动，对汽修、印刷、机械加工、家具制造、医疗等行业进行现场执法检查12次，出动执法人员288人次，检查单位共72家，并建立健全危险废物管理台账和档案，纳入日常监管。

（邹　霞）

开展污染物总量减排，减少区域污染总量。对全区工业源、农业源、生活源、集中式处理设施源及国家重点监控企业开展环境统计。根据环境统计数据，2015年，化学需氧量、氨氮、二氧化硫、氮氧化物总量分别为：3601.54吨（其中工业和生活2957.76吨）、687.36吨（其中工业和生活616.01吨）、333.4吨（其中工业102.1吨），26.14吨（其中工业5.44吨）。化学需氧量、氨氮、二氧化硫、氮氧化物总量减排均超额完成《开福区“十二五”主要污染物总量减排目标责任分解书》下达的任务。执行《长沙市建设项目主要污染物总量指标管理实施细则》，严控工业企业的新增排放量，规范实施新改扩建项目总量审核。开展结构减排和管理减排工作，搬迁九芝堂陡岭厂区、正盛特种活塞环厂，启动丽臣黑石渡厂区、湘江涂料丝茅冲厂区搬迁以及开福污水处理厂提标改造，金霞污水处理厂提标改造工程完成，出水由一级B标准提高至一级A标准。

（周　良）

严格环保审批，杜绝新增污染源。根据《中华人民共和国环境保护法》《中华人民共和国大气污染防治法》等环保相关法律法规，区环境保护局行政许可事项为建设项目环境影响评价文件审批、三同时竣工验收、排污许可证（水、大气）的核发、危险废物经营许可证核发、建设项目防治污染设施的拆除或闲置批准审批5项，均由区纪委监督实施。2015审批建设项目环境影响评价文件62个，办理三同时竣工验收　16个，核发排污许可证20本，办理危险废物经营许可证1个。

（孔文杰）

加强环境监察执法。组织开展废水、废气、噪声、危险废物、医疗废物、辐射装置等环保安全大检查15次，出动执法人员500余人次，检查企业600余家次，依法查处30家，责令限期改正26家。及时有效处理环境污染投诉432件，回复率及处理率100%，全年未发生群体性赴京上访、重大群访事件。推动7家企业购买环境污染责任保险。全区共征收排污费42254元。

（邹　霞）

提升环境监测能力和水平。根据《湖南省环境保护厅关于抓经做好湘江流域主要一级支流水质自动站建设工作的函》（湘环函〔2015〕348号），完成浏阳河入湘江口、捞刀河入湘江口两个断面水质自动站站房建设，通过站房专家验收。浏阳河入湘江口、捞刀河入湘江口建成后将对捞刀河、浏阳河流域水体主要污染物进行自动取样、分析监测，真实反映水质情况，确保开福区以及湘江流域及其下游人民群众的用水安全。完成监测报告21份，其中，一般委托监测1项，协助监察大队排污收费监测18项，执法监测1项；协助城管中队执法监测1项，为环境执法提供证据。按照区域环境噪声监测要求，一年两次对开福区17个噪声控制点位的区域环境噪声进行监测，获得有效监测数据34组，全年区域噪声平均值54.9分贝。开展国控重点源监测工作，污染源自动监控数据传输有效率98.3%、自行监测结果公布率96.2%、监督性监测结果公布率95%。

（周　良）

提升环保宣传教育范围和影响力。开辟立体化宣传阵地，在报刊、电台电视台、新闻网站等阵地宣传的同时，加强微博、微信、客户端等新媒体阵地的舆论引导，全年市级以上媒体宣传报道103次。在辖区主要交通干道醒目位置设立大型环保户外广告牌2块，在全区主干道LED电子显示屏开展环保宣传，发放环保宣传资料5万份。组织“践行绿色生活，促进可持续发展”环保知识抢答赛、“环保开福，志愿先行”环保志愿者服务活动、“六五世界环境日”等宣教活动。鼓励企业创建环境教育基地，组织开展教育基地参观学习活动，以“践行绿色生活，促进可持续发展”为主题，在全区范围内开展新环保法宣传五进（进机关、进社区、进学校、进企业、进媒体）活动。

（王　俊）

组织实施环境经济政策。开展排污权有偿使用和交易，完善排污许可制度、主要污染物排污权有偿使用和交易机制，实现24家新建企业排污权交易，新改扩建项目排污权按交易率100%。配合推进河流生态补偿，对开福、金霞污水处理厂、湘江涂料3家企业开展环境行为信用评价，并将评价结果对社会公布。通过引导公众参与环境监督、银行等市场主体了解企业的环保信用和环境风险、构建环境保护“守信激励”和“失信惩戒”机制等主要措施，形成以信用机制督促企业履行环保法定义务的工作局面。

（周　良）

【开展环境保护百日攻坚行动】 2015年10—12月，按照全市要求，集中开展建筑施工扬尘、道路交通扬尘、餐饮油烟、秸秆综合利用、排口截污改造、水上餐饮、畜禽养殖、社会生活噪声、建筑施工噪声等清霾、碧水、静音专项整治行动。全面完成市环委会下达的5项环境保护重点项目任务，完成楚家湖环境整治，基本解决彭家巷社区楚家湖区域水环境污染问题；完成工业园区环保项目建设，实现佳海工业园污水集中处理；全省率先完成浏阳河站、捞刀河站两个省级湘江流域水质自动站建设；完成望城石油化工厂和湖南湘江涂料公司2家重污染企业环保搬迁改造项目。通过全面完成各项环境保护任务，改善和提升全区环境质量，空气质量较2014年明显提升，可吸入颗粒物（PM10）年均浓度较上年下降12%，细颗粒物（P平方米.5）年均浓度较上年下降26%；水环境质量稳步提升，主城区实现100%截污；区域声环境质量全面达到国家相关标准。

（李　丹）

【楚家湖水环境综合整治】 位于长沙市开福区捞刀河街道高岭社区的楚家湖，面积约23.33公顷，原为捞刀河一级支流桃花溪，2005年对捞刀河进行水患整治，修建了防洪堤和楚家湖排渍泵站，因而逐步形成了内湖水面。形成内湖后，湖水流动性变差、自净能力下降，水体出现富营养化，湖水发黑发臭。为改善楚家湖水体质量，2015年4月，楚家湖开始综合整治。对上游水质提质、入湖水治理、湖面生态修复，在中岭村白霞撇洪渠、双塘撇洪渠、高源村卫星桥撇洪渠、彭家巷社区工农垸撇洪渠及楚家湖入口处等5处增设拦污设施，严查污染企业污染防治设施等具体措施，减少上游垃圾等固体废弃物进入渠道，提升上游水质，对楚家湖上游渠道进行全面清淤。同时，建设楚家湖污水处理厂，对入湖水进行治理，确保入湖水质达到一级B标准。对湖面进行生态修复，增加湖水含氧量，增强湖内植物净水和湖水自净能力，在湖内安装6台曝气泵，曝气增氧，促进污染物生物降解，在湖岸采用沉箱式种植了水生植物，增强湖内净水植物量；每月清理一次湖内垃圾、水葫芦等固体漂浮物。通过整治，湖水水质得到改善，消除了发黑发臭现象。

（孔文杰）

社会管理和服务

民政

区民政局

局　　长　张　检
副 局 长　谢　礼　陈　衡
　　　　　黄　拉　朱　静
　　　　　张金华（2015.11任）
纪检组长　肖文中

【概况】 区民政局设办公室、计划财务科、基层政权和社区建设科、救灾救济科、双拥优抚退伍安置科、社会事务科、社会福利与慈善科7个职能科室，下设开福区社会救助局、开福区生活无着人员救助管理站、开福区社会工作局3个二级机构，开福区老龄工作委员会由区民政局管理，开福区慈善会秘书处设区民政局，由区民政局承担区慈善会日常工作，共有编制26名（其中行政编制13名，事业编制13名）。

最低生活保障。全面落实低保政策。制定《长沙市开福区社会救助申请家庭收入评估实施细则》。自7月1日起，正式实施城乡低保一体化试点工作，农村低保与城市低保并轨，农村低保保障标准由340元/人·月提高到450元/人·月。全面推行低保金社会化发放，由银行代发低保资金，确保了低保资金的安全运行和低保家庭每月按时足额领取低保金。截至2015年底，区民政局累计保障城市低保65353户次、114158人次、4212.85万元（其中：低保金3792.88万元，节日费155.85万元，生活补贴264.12万元）；累计保障农村低保26105户次、49083人次、1228.4万元（其中低保金1096.23万元，节日费17.69万元，生活补贴114.48万元）。

医疗救助。严格执行《长沙市困难居民医疗救助办法》文件精神，提高救助比例及封顶线，注重大病救助，降低小病救助门槛，做到分层次实施救助。从7月1日起，医疗救助比例由原来的救助20%~50%提高到50%~70%，救助最高限额由1万元提高到5万元。截至12月底，支付医疗救助资金620万元，救助困难群众2564人次。

特困人员供养全面落实。现有城市特困人员188人，其中集中供养83人，分散供养105人；农村特困人员387人，其中集中供养38人，分散供养349人。继续引入长沙市开福区创乐福家庭综合服务中心负责敬老院管理工作，提升院务管理水平和运营效果。

加强基层政权建设。出台《进一步加强社区建设的意见》《开福区社区工作人员管理办法（试行）》等文件，加强社区运转保障，规范社区工作人员准入制度，加强人才队伍建设。对7个街道进行社区撤并，共减少社区11个。对金霞村、高岭村、竹隐村、鹅山羊、大明村和板塘村6个村进行“村改居”工作。新成立秀峰街道湘民社区，截至2015年底，全区共有100个社区，24个村。打造2个全市和谐社区示范社区（望麓园街道富雅坪社区、伍家岭街道科大佳园社区）、3个全市和谐社区精品社区（四方坪街道科大景园社区、秀峰街道宿龙桥社区、望麓园街道营盘街社区），创建5个服务品牌（新河街道幸福桥社区言和工作室、洪山街道洪山桥社区“藏珑·探索岛少儿俱乐部”、通泰街街道寿星街社区和煦书画社、望麓园街道荷花池社区“错时停车”服务、捞刀河街道彭家巷社区银杏学园），共拨付区级社区工作经费、惠民资金及党建工作经费近5200万元；2015年全区新注册登记社会组织16家，备案社区社会组织39家；截至2015年底，全区共计注册登记社会组织314家，备案登记社区社会组织670家。

慈善工作全面推进。抓好慈善救助项目的实施。积极协助市慈善会开展助学、助医、助孤，金叶情心连心以及友阿知青困难帮扶等常规性救助项目，区本级慈善会安排了32.4万元开展慈善助学、低保户尿毒症救助等救助活动，惠及各类困难人群120人次。按照精准扶贫要求，组织实施了“联系困难群众，共建连心农家”爱心帮扶活动，全区57家区直单位和党员干部捐赠援建资金上百万元，联合援建37户农村特困户房屋。培育和发展社会慈善公益组织，登记注册了开福区快乐事业发展中心等十余家公益类社会组织，开展公益慈善活动。

殡葬管理更加规范，抓好殡葬宣传月活动。出动宣传车6台次，展出板报10余块，印发宣传资料百余份，重点宣传中办、国办《关于共产党员带头推动殡葬改革的意见》。加强白事理事会建设。通过居民自治、协会自律，引导居民文明治丧，无违法土葬，火化率100%，执法工作机制得到理顺，搭棚治丧扰民行为得到了及时处置。惠民政策全面落实，对全区784名丧者家属发放殡葬补助资金67.13万元。

社会福利有序推进。巩固提质社区居家养老服务中心建设。利用社区办公服务用房改造，提质了一批社区养老服务中心建设。全区社区养老服务中心27家，街道老年人日间照料中心6家。积极谋划区福利中心建设。对11名散居孤儿监护全面到位。生活费及时足额发放，生活得到切实保障。强化福利企业日常监管，牵头组织税务、残联等开展专项检查，全面完成福利企业年检年审工作。

救助管理。生活无着人员救助管理站严格执行省市民政厅局的相关文件要求，组织开展“夏季送清凉”“冬季送温暖”“两会两节”、文明创建、开福寺祈福安保等多项救助专项整治工作。共救助2926人次，其中医疗救助流浪乞讨人员200多人次，未成年人20人次，上街主动劝导救助800余人次。发放棉被126床、衣物637 件(套)、鞋子263双、方便面113箱、矿泉水329件（箱）。启用第三期全国救助管理信息系统，完成救助站中文域名注册和网站标识管理。

健全救灾救济体系建设。完善冬春、旱灾、突发灾害应急救助和灾后恢复重建工作规程，严格救灾款（物）下拨、发放管理，确保“三无户”和重灾群众生活不出问题。完善自然灾害救助应急预案，参加市救灾培训与省、市民政局联合开展了5·12减灾宣传周和国际减灾日活动,取得较好的社会效应。救灾救济款物管理使用全面规范。市拨两笔35万元和10万元的救灾资金全部采取社会化发放方式，通过银行打卡直接发放到受灾群众手中。市拨专项物资全部发放到社区雷锋超市，专项救助困难群众，协助配合区城乡建设局对40户农村危房户和倒房户进行了改造。新建气象防灾减灾示范社区5个，每个建设经费7万元，维持运转经费2万元，合计45万元已全部拨付市气象局专户。为居民购买民生保险，由保险公司承担自然灾害和见义勇为所致的赔偿责任，提高民生保障水平和自然灾害自救水平。年保险资金近100万元，全部由区财政承担。关注民生，抓好帮扶救助和春节走访慰问工作。春节期间，牵头组织开展了走访、慰问活动，为困难群众排忧解难。全区各级各部门共走访慰问困难群众10000余户，发放慰问金和慰问物资折合800余万元。继续落实20世纪60年代精减老职工救济工作。对全区82名60年代精减退老职工按标准发放救济金，落实省市相关政策。开展国家、省级“综合减灾示范社区”创建活动，金帆社区、三角洲社区、科大景园社区、丝茅冲社区和上麻园岭社区参加创建活动，并成功创国家级与省级优秀。

做好双拥优抚及退伍安置工作。落实军属优待政策。发放义务兵家庭优待金514.8万元。全区按照农村每户每年4500~6000元、城镇每户每年12000~15000元的标准将义务兵家庭优待金发放到位。落实抚恤补助政策。区登记在案的各类优抚对象共1559人，其中新评各类优抚对象计110人。发放各类优抚资金2834万元。做好数据、档案的更新维护。安排专人将各类新增人员的数据全部录入优抚信息管理系统，对信息发生变化和不完整的数据进行了更新完善，做好减员处理工作，确保享受待遇人员与系统内的数据保持一致。完成档案数据化管理工作，成立专门军人档案保管室。做好退伍安置工作，接收2015年秋季退役士兵83人，2015年冬季退役士兵68人。符合政府安排工作24人，安排到位24人，占总人数16%。符合教育培训120人，组织教育培训77人，培训率64%。推荐就业55人，就业率46%。接收复员干部档案10份。

保障老年人基本权益。落实老年人优待政策，随到随办“老年优待证”，办理老年优待证3237余本，接受咨询4374起，高龄老人生活补贴按时足额发放，发放高龄津贴264.67万元。做好基本养老服务补贴覆盖率监测核查工作，基本养老服务补贴覆盖率为100%。推进老年风险防范机制的建立。申请由财政出资为全区2955人特殊困难老人（农村“五保”老人、城市“三无”老人、城乡低保老人、失独老人、重点优抚对象）办理老年人意外伤害保险。推进老年维权工作稳步发展。全区法律援助中心共接受老年人法律援助4件，区老龄办调解涉老纠纷3件，社区成立了老年人法律援助站，为老年人提供法律服务。

依法做好婚姻登记工作。严格落实《民政部关于进一步规范（无）婚姻登记记录证明的通知》（民函〔2015〕266号）文件精神，按规定开具（无）婚姻登记记录证明。加强婚姻登记“窗口”建设。做好婚姻登记，规范登记程序流程，全员统一着装配牌上岗，婚姻登记与婚姻服务实现“机构、人员、场地、收费”四分离。受理结婚登记4919对，补办结婚登记296对，补发结婚证571对，离婚登记1759对，补发离婚证161对，登记合格率准确率100%。完成1990年至2007年4月1日婚姻登记历史档案补录工作。

推进福彩销售工作。开福区募办负责全区福利彩票销售管理的专门机构，下设松桂园厅和军人厅，2015年，销售福利彩票6727.9万张。改善购彩环境。完成辖区内原省厅直营的军人大酒店销售厅移交接收工作，对销售厅进行提升改造，改善彩民的购彩环境。优化管理模式。引进保安公司对销售厅进行24小时安全固定岗及夜间巡防，保障福彩厅的安全运营；加大对日常员工的礼仪服务培训，积极组织参加全市福彩中心礼仪大赛。

（陈　婵）

卫生

区卫生局

局　　长　肖秀容（2015.11免）
副 局 长　李国良
　　　　　朱定武（2015.11免）
　　　　　晏　强　曾静铉
纪委书记　刘慧玲（2015.11免）

【概况】　2015年，区卫生局核定机关行政编制9名，内设综合办公室、财务规划科、医政法监科、基层卫生科4个职能科室。下设区妇幼所、区疾控中心、区卫生监督所、区人民医院（已转型为通泰街、望麓园街道社区卫生服务中心）4个副科级二级机构，其中前3家为全额拨款单位，后1家为差额拨款单位。开福区作为一个医疗大区，辖区内有丰富的医疗资源。驻区省部级医院4家，市级医院4家，其他各类医疗机构320余家。包括政府举办的基层医疗卫生事业单位15家（14家社区卫生服务中心、1家镇卫生院）、社区卫生服务站31家、村卫生室40个。10月，开福区卫生局与开福区人口和计划生育局重组与整合的全新政府职能部门开福区卫生和计划生育局正式成立。2015年在全区目标管理考核中获一等奖，并荣获全市卫计工作先进单位。

加强人才队伍建设。按照“四个一批”的人才队伍建设思路和三年行动方案的要求，2015年培训人员638人次；落实“手牵手”对口支援工作，返聘中高级退休专技人员26名，农村订单定向生3名已按文件要求全部分配至各基层医疗卫生机构，按要求安排至市中心参加住院医师培训。

加强医政管理服务。严把医疗机构和人员准入关，严格医疗机构审批、医疗技术及人员准入制度；强化基础医疗质量管理，加强医疗行为的规范与管理，提高医疗服务质量整体水平；加强对医疗机构的监督管理。开展对医疗机构的现场校验工作，以及全科医生注册工作。医疗机构现场校验街道社区卫生服务中心、镇卫生院、社区卫生服务站、门诊部、诊所、村卫生室、医务室等329家，全科医师注册共计92名，临床全科共75人，中医全科共17名。参与医疗纠纷处理，全年成功调处医疗纠纷19起，维护正常的医疗秩序。稳步推进无偿献血工作，完成无偿献血3761人次，为年任务的105%。

规范实施12项基本公共卫生服务项目，强化项目执行力度。推进老年人体检、慢病管理等服务项目，建立居民健康档案479153份，建档率81.43%；城区65岁及以上老年人开展健康管理服务43863人，规范开展高血压患者健康管理服务35864人、糖尿病患者健康管理服务12680人。

加强疾病预防控制。创建全省慢性病综合防控示范区，健全防控体系，夯实防控措施，加强对禽流感等重大传染病的预防控制工作；继续实施结核病控制项目，强化归口管理，落实免费检查治疗政策；推进计划免疫工作，完成国家扩大免疫规划任务；血吸虫病防治达到国家标准，全区无一例重大传染病暴发疫情，未发生急性血吸虫病暴发疫情。

加强妇幼卫生保健工作。应对计划生育政策调整后妇幼保健工作的新形势，加强对驻区各级医疗卫生机构妇幼保健、优生优育和出生缺陷综合干预工作的指导督查，落实2016年创建妇幼保健优质健康服务示范区的筹备工作；全区5岁以下儿童死亡率控制在4‰以下，孕产妇可避免死亡率连续5年为0，达到国内先进城区水平。

加强卫生监督执法。实施卫生监督管理网格化，每个卫生监督员联系一个街道，加强对医疗机构的监管力度，开展以打击非法行医为重点的各类专项整治行动，全年共打击各类非法行医10家次（起），未发生一起重大食品安全事故和医疗安全事故。开展学校卫生、生活饮用水、游泳场馆等专项监督检查，做好“两会”“湘江国际帆船赛”“汉语桥”等重大活动保障，全年无一例重大公共卫生事件发生。

（闻　华）

人口与计生

区人口和计划生育局

局　　长　陈　殷

纪检书记　杨国慈

副 局 长　吴向阳　　王湘虹

　　　　　胡爱群（2015.10免）

　　　　　蔡戈燕（2015.10免）

　　　　　陈　游（2015.10免）

【概况】　区人口和计划生育局下设二级机构两个（区药具站、区计划生育协会），人员编制14人。2015年，区计生局成功创建全省计划生育基层群众自治示范区和湖南省慢性病综合防控示范区，继续保持全国全省人口和计划生育先进区称号。

加强日常管理。出台全区人口计生工作考评方案和业务线平时工作考核细则，方便基层操作；采取分线培训、分层授课、分类讲评、以会代训、分片区送课上门等形式开展业务培训28场次，基层专干业务能力和操作水平不断提升；建立了平时工作月通报制度，坚持周例会、月讲评、季督查、年评估，开展重点调研和解剖调查，推动工作均衡发展。

规范计生执法。建立健全行政执法责任制、过错责任追究等15项制度，制定区街（镇）两级《计划生育依法行政工作手册》《一本通》指南，对生育证发放、病残儿鉴定等18项行政执法程序和调查取证、告知、决定等41种执法文书进行规范，指导基层操作。全面导入ISO9001质量管理体系，在行政执法工作内容、目标、范围以及行政执法人员岗位职责、执法权限、办事要求进行系统的归纳整理和流程再造，同时聘请第三方机构对日常工作情况开展质量认证，以流程来落实责任，确保依法行政工作的有效落实。同时加强依法行政日常监控，开展行政执法质量考核评议、案卷评查工作，规范了社会抚养费征收管理、行政处罚、行政许可等执法行为。

推进信息运用。依托全市人口网格化系统，开展人房关联，以房管人，以业管人。全区已网上搭建楼栋2.9万栋，房间31.5万间，关联居住和从业人口65万人，人房关联率98%；采集流动人口信息33538条，信息反馈及时率100%、入库率85.29%以上、准确率98.4%以上。通过网格、编码、流程和管理的四个统一，实现了信息采集更新及时，动态管理服务更加到位。

深化基层群众自治。开展创建全省计划生育基层群众自治示范区创建活动，出台了全区性创建方案，开展了创建工作督查。突出示范带动和重点指导，按照“一地一品牌、一点一特色”工作思路，共打造34个区级示范点、7个省市示范点，并在全区范围内推广了“三民自治”和“网上自治”模式。开展了协会主题活动78场次，落实本级生育关怀资金11.8万元，惠及群众1130人。5月12日，举办了计生系统“最美基层协会人”演讲比赛，推进了“5·29”会员活动日系列活动开展。

奖扶服务覆盖到位。全面落实计生利益导向政策，兑现“五项奖扶”资金1141.38万元,惠及群众16867人；落实城镇独生子女父母奖励1955万元，惠及群众29828人，奖扶对象上报准确率100%，资金发放到位率100%。关爱特殊家庭，为964户失独伤残家庭发放救助金462.72万元，并为其开展关爱帮扶、康复治疗、精神慰藉等服务，为全区1025户符合单独政策家庭开展咨询诊查、爱心助孕、免费优检、送证上门等服务。开展技术服务。免费孕前优生健康检查2760人，早孕随访率93%，妊娠结局随访率90%，爱心助孕33对，出生缺陷干预35对，病残儿鉴定6人，妇科病查治76925人，为42334名育龄妇女提供了各种避孕服务。推进均等化服务。计卫联合下发文件，推进“5+6”计生卫生服务均等化。免费为38321名流动育龄妇女提供生殖健康体检，为3.2万流动育龄妇女建立生殖健康档案。全区避孕节育措施落实率100%，生殖健康普查率90%，药具应用率98.5%。优化办证服务。实施办证首问责任制、一次性告知制度、服务评价反馈制度和责任追究制度，实现“一孩生育证”即时办结、当场发证和“再生育证”提速办结、送证上门。2014年10月以来，3526对夫妇办理了“一孩生育证”，为1187户家庭审批办理了“再生育证”，其中“单独两孩”家庭 664例，为流动人口家庭办理一孩生育证112本。开展宣传服务。开展“服务育龄群众百日行”集中宣传服务活动，举办宣传服务活动近100场次，发放宣传品6万余份，建成农家书屋和新家庭文化书屋30个。

综治管理到位。抓实目标管理。各综治部门分别与所属单位签订责任书，纳入年终考核并奖罚兑现。定期召开综合治理联席会，开展定期督查，发现和解决工作中存在的问题。抓实信息共享。各部门建立信息通报机制，实现部门间的信息共享。相关部门联合开展计生证明查验，严把“两非”关。所有综合治理部门信息严格按要求上传至省人口计生考核评估上报系统，各部门综治信息互通共享。抓实部门联动，各综治部门主动将计生工作融入本部门工作中，实现政策兼容。成部门联动，整治“两非”专项行动小组和“两非”案件查办专案组，建立B超机登记备案制度，执行实时通报制度。

（闻 华）

疾病预防控制

区疾病预防控制中心

主 任 曹群良

【概况】 区疾病预防控制中心（CDC）于2003年3月正式组建，是政府全额拨款的事业单位，履行疾病预防控制、食品风险监测及预警、卫生监测检验、免疫规划、健康教育和健康促进、公共卫生从业人员体检培训、卫生学评价等。2015年推进省级慢性病综合防控示范区创建工作，成功创建省级慢病防控示范区。

科学处置各类突发事件。2015年，共妥善处置手足口病、禽流感、狂犬病、肠道传染病等各类聚集性疫情和公卫事件46起。完成埃博拉出血热和中东呼吸综合征的防控，落实传染病疫情、死因病例报告管理工作，全区的医疗机构共报告传染病8444例，全年漏报调查共查出登记的传染病1176例，全年查出登记或收集的死亡病例815例，确保2015年全年未发生急性传染病暴发流行。

三大传染病管理得当。完成136.76万平方米的查螺、灭蚴工作和226人的查病任务，血吸虫病任务高质量达标，全年无急血病例发生。对新发现的511名HIV病人进行首次随访，全区艾滋病抗病毒治疗率87.7%，CD4检测率87.7%，配偶检测率96%。管理在册结核病人289人，对涂阳、耐药患者以及其他贫困结核病家庭96家进行逐一上门访视和慰问，结核病得到有效防控。

免疫规划工作成效显著。指导区内18家预防接种门诊、5家医院产科全部开展疫苗的电子监管，扫码覆盖率达到100%，对全区50所小学和153所幼儿园开展接种证查验工作，查验覆盖率为

100%，保障开福区儿童的健康成长，全区适龄儿童建卡、建证率100%，常规免疫单苗分剂次接种率均95%以上，预防接种事故发生率为0。

健康证办理工作有序进行。中心建立体检信息平台，实现健康档案数据化，工作信息化。全年健康体检总人数16373人，甲肝、戊肝复查323人，指甲癣、手癣共61人，肺部透视异常30人，五病调离2人，严把质量控制关，控制院内感染，开展多种便民服务，全年无一例投诉。

监测采样工作开展顺利。采集餐具样1312批次，食品样119批次，水质监测样300批次，公共场所样288批次，医疗机构消毒监测样740批次，海产品、水产品的霍乱弧菌监测样90批次，在中考、高考前，对设了考点的学校（北雅中学、市一中、市七中等）等直饮机水进行卫生监测，保障了考生的饮水安全，对全区中小学校直饮机水进行卫生监测，总监测覆盖率100%。

实验室检测任务圆满完成。中心实验室通过了省疾控的致病菌、盐碘、水中硒含量、艾滋病、麻疹，风疹抗体检测的能力验证活动，在突发公共卫生事件应急演练活动中，取得采样第一名。全年检测麻疹、风疹抗体15例，出血热抗体36例，乙型脑炎抗体40例，血吸虫抗体188例，HIV、丙肝、梅毒抗体652例，疟原虫血片15份，痰涂片156份，盐样400份。

质量控制工作进一步夯实。做好受控文件的编号和归档，抽查审核试验室的原始记录，共出具有效报告3853份，组织内审员培训、新准则学习，实验室能力验证活动等一系列质控，并通过三年一次的计量认证复审工作。

健康教育工作亮点突出。2015年共举办7场形式多样的慢性病防治的宣传日活动，与200多名健康指导员一起开展进机关、进社区、进学校的健康生活方式推广活动。全年创建健康单位2个、健康社区3个、健康学校3个、健康餐厅4个、健康步道2个、健康小屋10个、健康主题公园2个，首次与报纸、电视、网络媒体合作开展专题、专栏节目。

（闻　华）

妇幼保健

区妇幼保健所

所　长　易　娟

【概况】　区妇幼保健所（计生服务站）是开福区卫生局和计生局的二级机构，为副科级全额拨款公益一类事业单位。有在职职工24人。单位设置一室六科，分别为办公室、妇保科、儿保科、医技科、信息科、健教科、财务后勤科。承担着全区婚前医学检查、孕前优生健康检查、妇女保健、儿童保健、出生缺陷综合防控、计划生育技术服务等工作。

母婴保健管理。加强母婴保健专项技术服务监督管理，2015年8月对辖区内所有母婴保健专项技术单位进行了机构效验检查，重新复核了各母婴保健专项技术单位的准入；开展“两非”专项整治，每季度均组织人员对驻区各大医院开展打击非法鉴定胎儿性别和选择性别终止妊娠等行为进行督导。同时，就凭证接生、凭证引产、查验生育证、孕妇B超双签名、终止妊娠药品管理、妊娠实时通网络直报进行全面督导，并进行了通报，对违反政策的相关单位进行查处。

妇女保健工作。加强孕产妇健康管理。通过多渠道收集孕妇信息提高了早孕建册率及建档率；严格按《国家基本公共卫生服务规范》要求，做好了建档、随防、产后访视工作；落实妊娠风险预警分类管理，加强高危管理。严控孕产妇死亡。通过加强产科质量督导、畅通孕产妇急救绿色通道、落实危重孕产妇评审等一系列措施，孕产妇可避免死亡率连续5年为0。全年孕产妇系统管理率为95.93%、农村孕产妇住院分娩基本医疗全免费补助率为103.18%、艾滋病、梅毒、乙肝孕期检测率96.23%、农村“两癌”普查完成目标任务的100.57%，孕前优生检测率110.63%、叶酸服用率95.95%、婚前医学检查率90.47%、产前筛查率98.98%，各项指标均超额完成任务。

儿童保健工作。巩固儿童保健合格区创建成果，拓展服务内容，提高服务内涵，规范儿童保健服务。加强0~6岁儿童健康管理工作，全年0~3岁以下儿童系统管理率90.49%，0~6岁儿童健康管理率90.59%。控制5岁以下儿童死亡。通过畅通儿童急救绿色通道、开展儿童意外伤害防范宣传教育和儿童院前急救知识培训、落实新生儿死亡评审等措施，5岁以下儿童死亡率控制在4‰以下。落实新生儿疾病筛查和新生儿听力筛查。全年新生儿疾病筛查率99.66%、新生儿听力筛查率99.53%。规范了托幼机构卫生保健管理，建立健全了托幼机构卫生保健员网络体系和质量控制体系，托幼机构卫生保健工作质控率100%。

健康教育工作。安排专人负责,制定了工作制度、计划，明确了岗位职责。全年参加婚姻学校6400人次，孕妇学校4567人次,父母学校11507人次。全年向市妇幼保健院投稿35篇，被长沙市妇幼保健院卫生信息简报采用了14篇。围绕妇幼健康重点工作，为基层开发健康教育材料9种。利用“3·8”国际妇女节、“4·7”世界卫生日、“12·1”世界无烟日、世界艾滋病日、母乳喂养周、出生缺陷预防宣传周等一系列重大节日开展宣传活动，共发放宣传资料12842余份，悬挂宣传横幅、展板82个、宣传标语39条、优生优育讲座37次，咨询服务17次，播放音像资料180多个小时，广播电视节目8次，QQ信息1231条。（闻 华）

住房保障

区住房保障局

局　　长　王中柱
书　　记　李　茁（2015.10任）
　　　　　袁　晖（2015.10免）
纪检组长　吴丽芳（2015.10任）
　　　　　刘晓明（2015.9免）
副 局 长　邱　波
　　　　　李顺霞（2015.9免）
　　　　　贺石元（2015.9免）

【概况】　区住房保障局是开福区政府直属事业单位，主要承担全区基本住房保障中长期发展规划和年度建设计划并督促实施，负责区本级保障性住房的选配、回购、租售、转让和租赁补贴发放、调整、终止，负责全区廉租住房、经济适用房、公共租赁住房等保障性住房的申请、审核、信息录入、上报核批，负责各类保障房源的分配、入住、调整和已享受住房保障住户异动以及年度审核等。在职工作人员23人，退休人员215人，临时聘用人员6人。内设综合办公室、登记管理科、住房管理科3个职能科室。2015年，全局围绕市区下达的安居工程目标任务，进一步理顺完善工作职能，不断加大保障性住房供给，科学调配房源，精准服务对象，圆满完成年初市区下达的责任目标。

保障性住房登记审核工作。全年共办结住房保障登记审批手续942户。其中廉租房实物配租437户，廉租住房租赁补贴161户，经济适用房货币补贴96户，清理取消各类保障资格248户。政务中心窗口全年交接各类资格申请表675人次，电子政务系统录入547人次，职能科室全年受理住房保障资料1529件，来访咨询接待3191人次。超额完成解决全区500户住房困难户的任务。服务区内重点工程及棚户区改造项目，建立“住房保障绿色通道”服务各项目指挥部。全年共办结重点工程及棚改项目各类住房保障资格1220户。其中廉租房实物配租47户，经济适用房货币补贴15户，金额90万元，经济适用房购房资格213户，公共租赁住房10户，棚户区改造安置补贴资格935户，金额1.4亿元。针对征收对象中特殊住房困难户，采取实地调查，个案协调处理，当年共申报11批次282人住房保障个案问题。办理农村征地重点工程半边户在本辖区未享受住房保障情况证明543户。

廉租住房租赁补贴资金发放工作。2015年年初，全区在册廉租住房租赁补贴户数1362户、3020人，其中无房户967户、1940人，住房困难户395户、1080人，截至12月31日止，全区在册廉租住房租赁补贴户数1167户、2566人。其中无房户826户、1643人，住房困难户341户、923人。全年享受廉租住房租赁补贴对象各月份均有户数和人数的增减变化，年底较年初减少了195户、456人。全年累计发放租赁补贴资金454.37万元。高校毕业大学生自主创业及就业廉租住房保障对象3人，每月发放大学生自主创业及就业廉租住房租赁补贴480元，全年累计发放5760元。

公共租赁住房管理与项目建设。2015年，全区管理公共租赁住房2902套、13.67万平方米。辖11个楼盘，福润园，楠熙筱苑、新诚小区、山水新苑、麓谷锦和园、诚兴园、谷山庭院、鄱阳小区、凤凰苑、凤凰佳园、粟塘小区。上述楼盘中已配租安置1945套，另有618套定向配租给湖南巴士公司、嘉年华巴士公司、金霞经济开发区，用于安置园区内企业职工，全年办理配租入住租赁凭证471户，办理退出手续15户。租金收缴已入安居工程非税账户45.85万元。

集中开展对廉租住房存在的转租、转借、擅自调换、改变用途以及闲置现象进行专项整治行动，有效遏制了廉租住房违规行为。为加大对廉租住房管理，积极探索廉租住房管理服务社会化方式，拟委托有资质的社会运营机构实施，从而实现小区管理有序，租户安居乐业，惠民工程取得实效。此项工作列入2016年管理工作重要议题。

为满足区内重点工程和园区急需公租房解决园区企业员工的住房问题，增加保障房供应渠道，局组织专人协调和服务，力促湖南九州通医药有限公司公租房在当年6月如期开工。该项目计划投资1.2亿元，其中员工倒班楼含公租房200套，建筑面积7600平方米，完成了市政府下达的当年新开工项目考核。

【稳妥推进职工住房补贴】

2015年2月9日开福区人民政府办公室下发《开福区区属行政事业单位职工住房补贴实施方案》文件，正式启动区属行政事业单位职工住房补贴审批发放工作。文件对住房补贴的发放对象及范围、住房补贴标准及发放方式、住房补贴的办理程序、住房补贴资金来源、组织机构和部门职责、工作要求等作出了规定。专门成立开福区住房货币补贴工作领导小组，下设办公室。按政策统计标准，符合区属职工货币补贴政策的人员近7000人，涉及跨度时间长，工作量大，人员变动大，数据核算复杂，采取分批次实施。当年已对全区教育系统职工分七批次1814人的住房补贴进行了审核，并报市住房保障局审批办理，补贴资金2469.69万元。

【棚户区改造项目房源保障】

棚户区改造征收工作中的房源保障是项目顺利推进的重要保证。全局高度重视，明确以局主要负责人带队，分管副局长驻守项目，抽调专人深入全区各棚改项目开展对接服务，保障房源。筹集“四类房源”保供需。配建定向安置房项目，福泽园小区2056套、20余万平方米，福善园小区629套、4万余平方米，蒲湘华庭项目582套、6.1万平方米。团购商品房，在全市范围内与47个楼盘签订团购房源4000套。在全市调配经济适用房作房源保障基础，筹集经济适用房2047套。筹集产权调换房820套和租赁周转房552套，为棚改项目强制征收提供房源保障。“三项公开”管理保高效。公开房源状况、公开房源价格、公开选房情况。使棚改安置房源在阳光下运行，选房配房科学有序，房源管理高效准确。“四项服务”配套促棚改。强化政策引导；加大公共租赁住房配租力度；保障住房申请对象的房屋状况、收入状况核查，实现与长房集团、市住建委、市民政局联网“一站式”申报，加快办事效率；联合《长沙晚报》、《0731房产网》等媒体以及房企共同举办“2015长沙棚改购房大集市”系列活动，为被征收户实现安家置业梦想。

（邓国安）

社会保障管理

区社会保障管理中心

主　任　孔　飙

【概况】　区社会保障管理中心是区人力资源和社会保障局下设二级机构，为参照公务员法管理的副科级全额拨款事业单位，编制19名，负责全区养老保险、医疗保险、失业保险、工伤保险、生育保险等社会保障工作以及企业退休人员管理工作。

2015年，区企业养老保险基金征缴收入70347万元，完成2015年目标任务42000万元的167%。离退休人员基本养老金按时足额发放，社会化发放率100%；全年基本养老保险覆盖率100%。区机关事业单位在职参保人数4334人，基金征缴收入766万元，完成2015年目标任务400万元的192%。开福区城乡居民基本养老保险征缴收入316万元，完成2015年目标任务275万元的114%。工伤保险参保人数2.9万人，完成2015年目标任务2.8万人

区全民参保登记工作动员大会现场

的103%。社会保障卡持卡人数15.5万人，完成率100%。

（彭妮娜）

医疗保险管理服务

区医疗保险管理服务中心

主　任　柳义军

【概况】　区医疗保险管理服务中心是长沙市开福区人力资源和社会保障局下设的二级机构，为参照公务员法管理的副科级全额拨款事业单位，编制9名，负责全区职工基本医疗，职工生育保险、城乡居民基本医疗保险工作以及本辖区内二级医院的监管审核工作。

2015年，为549家城镇职工医保单位、3943人次办理社会保险参保手续，发放医保卡11000余张和职工医保手册10000余本；征地项目中，4280人纳入医保。办理退休人员医保一次性补缴手续668人次，补缴金额1555万余元。灵活就业人员新参保及续保5184人。年末，城乡居民医保参保人数17万余人，登记率100%，征缴金额8328万余元，为6700万元目标任务的124%。区级异地报账共支付医疗保险医疗费用1114万元，其中职工医保150万元，城乡居民医保333万元。生育保险支付生育津贴和补助631万元。参保人员异地医疗和生育安置登记280余人次。享受生育津贴和一次性生育补助金609余人次，共计金额650余万元。对符合条件的城乡居民医保特困参保人员发放城乡居民医疗补助224人次，金额212万元。

加强监管及审核。监管抽查22家定点医疗机构，抽查病例300余份。审核支所辖11所医疗保险定点医疗机构结算基金，其中城镇职工医保住院4920人次，实付金额1210万元；城乡居民医保住院7960人次，实付金额1771万元。

加强年度审核工作，对区属机关各部门，教育系统各单位，以及街道乡镇等下属单位等的社会保险基数进行年度审核，确保基金的征缴和参保人员待遇的落实。对190余家单位完成医保年审工作。城乡居民医保参保人员个人信息修改1645人次。参保单位信息修改650家次，参保人员信息修改432人次，机关在编人员异动4636人次，参保单位注销48余家。医保定点药店POS机刷卡业务申报审批21家。

【举办“人社进社区　惠民在身边”大型户外公益活动】9月，开福区“人社进社区　惠民在身边”的大型户外公益活动先后在长沙湘江风帆广场和沙坪湘绣广场举办。活动以抢答赛、趣味活动、现场咨询等多种形式广泛宣传养老、医疗、就业等人社政策和业务知识，特别是社保“一卡通”相关知识。活动现场，抢答赛和

“人社进社区　惠民在身边”户外活动现场

趣味活动交错进行，居民群众踊跃参加，建设银行和新晃龙脑保健品有限公司等企业派出工作人员助阵活动，协助发放纪念品，人社热线12333专业解答团队为社区群众现场解答各类人社热点问题，使现场数百名居民深刻感受到了“人社进社区　惠民在身边”活动带来的优质、便捷的服务，进一步普及了人社政策和业务知识，加大了对长沙市社会保障“一卡通”的宣传力度。

【长沙市城乡居民大病保险实施方案颁布】　为完善城乡居民医疗保障制度，健全多层次医疗保障体系，提高重特大疾病保障水平，减轻人民群众大病医疗费用负担，12月，长沙市城乡居民大病保险实施方案颁布。总体目标。大病保险覆盖所有城乡居民基本医疗保险参保人群，建立比较完善的大病保险制度，城乡居民医疗保障的公平性得到显著提升。保障对象。为参加市城乡居民基本医疗保险的参保人员，参保人员从享受基本医疗保险待遇之日起同时享受大病保险待遇。保障范围。参保人员患大病发生高额医疗费用，经城乡居民基本医疗保险按规定支付后，个人负担的合规医疗费用由大病保险按规定比例补偿。补偿标准。合规医疗费用超过大病保险起付标准以上的医疗费用：3万元（含）以内补偿50%；3万元~8万元（含）补偿60%；8万元~15万元（含）补偿70%；15万元以上补偿80%。年度累计补偿不超过20万元。

（彭妮娜）

教育·科技

教育

区教育局

局　　长　谭树茗
纪委书记　王众思（2015.11任）
　　　　　薛平平（2015.11免）
副 局 长　王　平（2015.12任）
　　　　　彭　意　龙　舟
　　　　　杨庆江（2015.12免）
　　　　　谷任光（2015.11免）
主任督学　毛建高（2015.11任）

【概况】 区教育局内设办公室、基础教育科、民教幼教科、组织人事科、学校安全科、规划建设科、计划财务科及监察审计科8个职能科（室）；设区教育科研培训中心、区少年宫、区教育考试中心、区教育后勤服务中心、区教育集中支付核算中心及区现代教育技术中心6个二级机构。2015年，全区共有在职教职员工1870人，辖区内共有义务教育阶段学校62所，在校学生53249人；有注册幼儿园108所，在园幼儿21225人；民办学校44所，在校学生13679人，专任教师537人。

2015年，开福教育继续保持了全国义务教育基本均衡区和全省教育强区地位，荣获2015年度湖南省中小学教师远程培训工作先进单位、湖南省首批国家校园武术段位制试点工作先进单位等荣誉称号。成功举办中国教育学会教育教学改革成果展示会、长沙市开福区公民教育现场会和第四届中国小学校长大会分论坛。

区属各中小学办学成效显著。长沙市一中开福中学创建湖南省安全文明校园；国庆小学创建湖南省防震减灾科普教育示范学校；长沙市北雅中学被评为湖南省心理健康特色学校；凤羽小学被评为湖南省“资源节约型、环境友好型”示范学校及湖南省农村中小学劳动实践场所达标单位；自安小学、清水塘北辰小学及金鹰小学被评为长沙市文明单位。

优化学校规划建设，促进教育高位均衡发展。2015年区委、区政府制定并出台了《开福区学校建设“三年行动计划”实施方案》，计划2015—2017年，新建、改扩建学校22所，其中九年一贯制学校2所、小学12所、初中3所，幼儿园4所，投资22.1亿元。“三年行动计划”中周南秀峰学校已建成开学；浏阳河小学（幼儿园）、河口小学、北辰E6区配套幼儿园、江湾小学、鹅羊山小学等5所学校（幼儿园）正在建设；与山语城、北辰三角洲、金色溪泉湾、绿地海外滩、天井明园项目分别签订办学协议；成功举办清水塘·溪泉湾小学建设签约仪式及中国铁建·山语城二期配套幼儿园移交仪式。

全年共实施基建维修项目34个，投入资金约2584万元，已完工项目30个，在建项目4个。启动　“美丽校园”创建工作，拟定实施吉祥巷小学等23所中小学校“美丽校园”创建项目以及应急维修预备项目，预计投入资金3500万元。

抓好教育教学质量，提升教育内涵发展水平。深化课堂教学改革　2015年全区教育系统以打造高效课堂、提高课堂效率为学校教学工作的目标，深化“生本课堂”的理论研究和实践，打造“学本课堂”“生本课堂”“精品课堂”。通过教研员扎根课堂、校长管理课堂、教师研究课堂、学生乐学课堂等系列举措，带动和促进了全区课堂教学改革，营造了“轻负担、高质量”的良好教学氛围。12月，中岭小学作为省市“课改样板校”代表，接受长沙市评估团专家检查获得好评。加强教学常规管理。基础教育科联合督导室和区科培中心，坚持下校调研和教学常规视导，深入了解学校教育教学工作开展情况，为学校发展问诊把脉。全年累计对30多所中小学进行40次集中下校调研（中学一般每校调研3~4次以上），共听课达1100多节次，促进了学校常规管理和教育教学的发展。对44所中小学开展了教学常规调研，开展四课程建设、“联片教研”“送教下校”和“订单式”等教研服务。金鹰、清水塘二小被教育部确定为全国青少年校园足球特色校；凤羽小学创建为“湖南省两型示范单位”；清三小和清实验被授予“市两型创建单位”；开福一小、新竹二小创建为“区绿色示范学校”；金沙、新竹、凤羽等8所学校创建为“市语言文字特色学校”；10月，举办第四届中国小学校长大会分论坛观摩研讨活动，《湖南日报》《红网》等进行了报道。开展课堂教学竞赛 教师素养大赛、“精品课堂”展示、“新蕾杯”“星城杯”青年教师教学基本功比赛、名优教师优质课展示活动、“微课程”教学比赛、“一师一优课、一课一名师”等活动。全区共有1000余名教师在网络平台上进行晒课和优课推送，推出优课达1289节，涵盖了各个学科、不同学段，如期超额完成了上级要求的晒课、优课推送任务指标。推荐51堂课参评市级优课，有35堂课获评市级优课，其中12堂课获评省级优课，涵盖有语文、英语、品德与社会等多个学科。

坚持以“立德树人”为基本目标，实施“践行核心价值观培养合格小公民”德育项目。举办中国教育学会教育教学改革成果展示长沙市开福区公民教育现场会，向全国推介开福区公民教育取得的经验和成果。《区域推进中小学公民意识教育的实践与探索》案例获得全国中小学社会主义核心价值观优秀案例奖，四方坪小学的德育主题方案《让友谊之花盛开》被评为湖南省中小学优秀德育主题活动方案。承办“我的中国梦——爱国情·报国志”向国旗敬礼主题活动、“快乐，从‘心’开始”——长沙市首届心理游戏节等全市性主题教育活动。推进省、市、区级“资源节约型、环境友好型”学校、“绿色”学校、“语言文字特色校”及省级国家校园武术段位制试点校的创建工作。全区特色项目学校建设工作成效显著，通过验收并挂牌的特色项目学校32个，占全区学校的60%，区属学校一校一特格局逐渐形成。

举办“放飞艺术梦”中小学生艺术展演活动，1600名学生参与舞蹈、声乐、器乐等65个节目的展演。学生参加各级各类艺术比赛、科技竞赛、书法绘画比赛、DI创新思维比赛、作文竞赛等比赛，共获得国家级奖励4718人次、省级奖励8680人次、市级奖励7728人次。

加强教师队伍建设，健全教育人才培养机制，完善人才引进机制 公开招聘或选调中小学骨干教师126名（中学52名、小学74名），北雅专任教师进编29人，竞争性选拔教育局副局长1名，公开选拔教育局团委书记1名，完善教师补充机制，充实教师队伍。认定第三批198名区级骨干教师，分两批推荐78名教师参加市级骨干教师评审并获得认定，全区共有市级骨干教师81人（推荐评审78名，外加选调市级骨干教师3名）。先后组建完成第二届第一批名师工作室，包括7个学科名师工作室和1个名校长工作室，有名师75人，学员69人。先后两批遴选了第一批湖南省国家中小学教师资格考试面试考官60名，“长沙市第三期英才工程·优秀中小学骨干教师综合素质提升培训”人选15名，组织23名教师赴郴州市汝城县支教，依法受理审核认定各类教师资格93人。召开教师节表彰会，表彰“开福区十佳校长（园长）”“开福区十佳教师”“开福区十佳班主任”“农村教师奉献奖”等荣誉的优秀教师519人。全年市级培训216人次，省级培训10人次，国家培训128人次，参训率均为100%。利用省级远程平台，开设小学语文、小学数学、教师职业道德、心理健康教育、班主任等系列学科（项目）13个远程培训班，培训873人。开设校本课程新任教师研修班、教育评价（班主任）研修班、教学常规管理研修班等102个区本级培训班，培训教师600

“中国教育学会教育教学改革成果展示——长沙市开福区公民教育现场会召开”现场

余人。实施区级信息技术提升工程，培训教师近900人。开办新聘教师培训班、后备干部培训班、后备校长培训班、专职书记党性党建培训班及中小学校长高级研修，合计培训310人。

抓好校园安全工作，营造教育和谐发展环境。承办市校园安全工作专家咨询论证会议；落实2014年校车奖补资金78万元，把关区域内校车半年度审核270余台次，开展打非治违行动4次，取缔黑校车5台次；完成省长市长区长信箱、省市区信访局下派信访件和12345市民热线工单170余件，优化了教育民生服务环境。

推进公民教育工作，形成开福区域品牌特色。组织开展公民教育学科渗透竞赛、“微课程”作品与修订征集等系列主题活动，完善公民教育的读本等系列素材资源库，编辑9套公民教育资料。“中国教育学会教育教学改革成果展示长沙市开福区公民教育现场会”在湖南宾馆举行，教育部和中国教育学会的领导以及来自全国各省的专家共计400多人参加此次会议。《光明日报》《湖南教育》、湖南教育电视台、湖南经视等多家媒体报道。12月，《区域推进中小学公民教育的实践与探索》案例获得教育部优秀案例奖。

抓实党风廉政建设，常态推进了其他各项工作。抓严财务工作。完善采购流程，严格审批程序。开展教育系统财务人员培训，培训390人次。加大学生资助力度，全区各阶段学生资助金额合计4177.35万元。抓好其他工作。学生活动精彩纷呈。承办市第八届青少年机器人竞赛，组织各校筹集爱心款34.52万元资助困难学生，组织7000余名中小学生参加田径运动会等7项大型比赛。文明创建如火如荼。承办市教育系统文明创建工作推进现场会，学校管理及校园周边文化环境测评走在全市前列，全系统在市文明网等媒体进行了80余次报道，其中新竹小学等3所学校活动在全国未成网进行报道。社区教育扎实推进。申报特色课程30项，网上注册学习新增注册人数2969人，全市排名第一。

【中国教育学会教育教学改革成果展示——长沙市开福区公民教育现场会召开】 4月24—25日，由中国教育学会主办，湖南省教育学会、长沙市教育局协办，开福区政府承办的“中国教育学会教育教学改革成果展示——长沙市开福区公民教育现场会”在湖南宾馆举行，会议围绕开福区开展的“践行核心价值观，培养合格小公民”公民主题教育进行为期两天的交流、展示和研讨，并在北雅中学、育德小学、清水塘第三小学设立分论坛和现场观摩。教育部和中国教育学会的领导、专家以及来自全国各省的教育行政人员、专家、校长、教师，共计400人参加。《光明日报》《中国教育报》《湖南日报》《长沙晚报》和湖南经视、湖南卫视、长沙新闻频道等十余家新闻媒体进行了宣传报道，为近年区教育系统承办的规模最大、规格最高的一次教育成果展示盛会，全面、充分地向全国推介区公民教育取得的经验和成果。

【市第八届青少年机器人竞赛开赛】 4月26日，长沙市第八届青少年机器人竞赛在开福区四方坪小学举行。比赛有来自全市58所学校和培训机构的302支队伍675名选手参加，区45支队伍参加了机器人即兴擂台赛并获奖，其中7支队伍获得一等奖，四方坪小学获评长沙市第八届青少年机器人竞赛优秀组织单位，区教育局获第八届长沙市青少年机器人竞赛优秀组织单位。

【第四届中国小学校长大会在清水塘三小举行】 10月13日，第四届中国小学校长大会在清水塘第三小学设立分论坛。会议围绕“班主任队伍建设和管理”进行了专题研讨，中国教育学会小学教育专业委员会常务副秘书长、副主任、北京教育学院教授、市教育局副局领导等专家及全国200多名校长参加了研讨活动。区清水塘第三小学校长周满意作了《谱写管理“三部曲”，培养“三自”小公民》专题报告，获得专家和同行们的一致好评。本次研讨活动得到中国教育学会和市教育局的高度评价。（彭向忠）

学校介绍

长沙市一中开福中学

校　长　蒋明权

长沙市一中开福中学，前身为长沙市第七中学，2014年9月与长沙市一中合作办学，是一所全日制完全中学学校，学校坐落于开福区德雅路482号，占地3200公顷，总建筑面积44367平方米，拥有教学班46个，学生2278人，教职员工189人。2015年，长沙市一中开福学校高考上线率居市内同类学校第二；高中学业水平考试合格率95.02%，超过区教育局制定的目标值；中考有语文、文综、理综、提前学科获学科奖，数学获学科进步奖，获理科实验插标奖第一名、语文口语插标奖第二名；校足球队获得2015年长沙市“可口可乐杯”中小学生足球比赛暨校园足球四级联赛第五名；获开福区艺术展演舞蹈比赛一等奖；开福区第六届“创意杯”建筑模型比赛团体金杯奖；区十九届“雏鹰杯”车辆模型比赛团体一等奖。

加强教师队伍建设，强化立德树人意识。组织教师参加教育心理健康、班主任工作远程培训、信息技术提升工程等培训，制定骨干教师、学科带头人、青年教师培养计划；参加一中集团组织的研修、培训；适应教改潮流，开展一系列的“翻转课堂”“微课堂”“微课”的培训与实践活动。大力引进人才。2015年，长沙市一中开福学校选调骨干教师8人，调入3人。

聚焦核心素养理念，培养阳光健康学子。加强风纪建设，创优成长氛围。学校通过加强年级组长、班主任队伍和学生干部队伍建设，修订和完善有关制度，加强对学生的日常行为规范教育、形成风清气正的学校氛围。开展主题活动，强化公民意识。进行公民教育的学科渗透。拓宽培养途径，提高综合素质。提出立足于学生和谐发展的“四课程”建设理念，统筹规划，为初中学生开出艺体类拓展课程，为高中学生开艺体类选修课程；建设足球特色学校聘请喀麦隆专业运动员带训。

加强学校内部管理，提升管理水平效能。制定完善制度，依法依规治校。完善教职工管理制度和教职工考评体系，教职工绩效考核办法执行到位。

加强校园安全建设，建设平安法治校园。制定系列安全管理规章制度，明确各岗位的安全职责和突发安全事件的应急处置流程。定期开展专项检查，定期巡查制度，组织开展消防和紧急疏散演练，与街道综治办紧密联系，设立护学岗，注重校外联动，提高防范能力。学校以严格的管理和显著的实效荣获“湖南省安全平安校园”称号。

长沙市周南秀峰学校

校　长　瞿　林

长沙市周南秀峰学校创办于2015年，是区内第一所公办九年一贯制义务教育学校，委托百年名校——周南中学管理办学。学校位于钟灵毓秀的鹅羊山畔，占地2.67公顷，总规模可达54个教学班级。2015年下学期拥有26个教学班级，学生总人数1422人。其中初一8个班，学生465人；小学部18个班，学生957人。学校教职员工共计85名，其中硕士研究生及其以上学历者9人，市、区级骨干教师6名，区优秀教师15名，区优秀班主任10名。学校利用太阳能光伏集热发电，设施设备齐全，拥有屋顶花园、理化生实验室、信息室、语音室、心理室、机器人室、图书馆、报告厅、室内篮球场等功能教室和专业运动场馆。

办学特色学校坚持开放的办学思路，提出“让每一位学生享受最前沿的教育”的思想，大力推进“互联网+教育”，建设智慧校园，提升学生信息化素养，每间教室配备连接互联网的80寸触摸一体机，并试点人手一台信息化终端设备，在“班班通”的基础上实现信息化“人人通”，并且开通教室监控信息设备，学校教师、家长能够即时在线观看学校课堂直播。学校与韩国善州中学校缔结姊妹学校，并于2015年12月派16名师生去到韩国进行了首次交流访问。学校与美国、韩国、新加坡以及国内名校洽谈，计划结对6所国内外姊妹学校，为学校提供持续领先的动力。

硕果初显。2015年，学校获得湖南省经典诵读特色学校、长沙市心理健康教育专业委员会会员单位、长沙市数学团体会员单位、长沙市安全文明校园、开福区“两型”示范创建先进单位、新闻宣传先进单位、校务公开民主管理先进单位等荣誉称号。

长沙市北雅中学

校　长　严　莹

北雅中学是开福区政府与雅礼中学联合创办的一所高起点、高规格、特色鲜明的公立性质初级中学，2015年，拥有教学班48个，学生2401人，教职员工195人。

学校秉承百年雅礼的优良传统，践行“为学生的终身发展奠基”的办学理念，恪守“公、勤、诚、朴”的校训，发扬“心有大爱、放眼未来”的精神，坚持质量兴校、学术立校、民主治校、精品办校的方针，倡导师德规范，推行学术立校之风，不断创新教学模式，构建特色德育体系。着力建设外国语、信息学、心理学、校园足球特色教学，重点打造美之教育、文化立校、校本课程群、幸福家园4张名片。获得湖南省依法治校示范校、湖南省心理健康教育示范校、长沙市校本研训示范校、长沙市安全文明校园、长沙市创新型单位、长沙市花园式单位、长沙市“两型”创建工作先进单位等荣誉称号。

教育质量全面提升。在数学、语文、艺术、科技等学生竞赛活动中，荣获国际级奖励10人次，国家级奖励700余人次。中考成绩，屡创新高，2012—2015年，学科一次性合格率均达96%以上。在长沙市初中毕业学业水平考试中，学校荣获教学质量优秀单位、综合素质评价先进组织单位、考察插标先进组织单位，在各级各类学科竞赛中学生获奖1000余人次

德育工作稳步提升。重点落实过程导向，促进教学质量提升，促进学校品牌形成。着力建设外国语、信息学、心理学、校园足球特色教育，重要打造“美式教育，文化学校、校本课程群、幸福家园”四强名生，举办了语种、艺体、信息学竞赛、数学竞赛等20余门兴趣选修课程，培养具有君子品行、健康之心、终身学历、国际视野的新型人才。

教研教改成绩突出。在省级以上的教学竞赛中，语文、数学、英语、物理等学科共24名教师荣获一等奖；在数学、信息学、艺术等学科的奥林匹克竞赛中，有40余名教师获得省级以上优秀竞赛教练称号；心理健康教育朝“专业化、课程化、活动化、系列化”发展，《中国教育报》大篇幅报道长沙市北雅中学的相关经验做法。

交流合作彰显实力。与美国牛盛顿中学、卡布里学校、福特中学等国外名校建立友好访问关系，与沙坪中学、望城乔口中学建立了对口帮扶关系，开福区数学名师工作室落户长沙市北雅中学。

长沙市长雅中学

校　长　许鹏辉

长雅中学于2013年由开福区政府与雅礼中学联合创办。长沙市长雅中学地处开福区新河北辰三角洲，学校占地面积约4.60公顷，总建筑面积约4.5万平方米。学生1636人，教职员工153人，其中特级教师1人，高级教师6人，省市级名师4人，研究生学历53人，外籍教师1人。

学校均秉承百年雅礼的优良传统，践行“为学生的终身发展奠基”的办学理念，坚持“开放教育、个性教育、自主教育”策略，通过品学修养、开放视野、个性发展、自主自立等综合全面

的教育，弘扬“心有大爱，放眼未来”的学校精神，彰显足球、心理健康教育等鲜明办学特色，打造成为长沙教育品牌。办学三年，先后荣获湖南省2014年度中小学研究性学习成果奖，长沙市中小学德育管理先进单位，文明道德养成示范基地等十多个等级示范学校。学校连续两年荣获开福区教育局目标管理考核一等奖，多次在科技、艺术、竞赛等各级各类活动中获奖。

师资队伍建设不断加强。深化和推广集体备课，探究和实践“幸福课堂”理念，摸索和实施“小组合作”学习机制，完善和创新教师培训方式，打造多元舞台促进教师专业成长，成效显著。学校教师在各级赛课中勇夺佳绩，蒋毅、唐丽娜老师荣获全国一等奖，孙丹、陈品辉荣获二等奖；4名教师荣获湖南省一等奖；有25名教师荣获长沙市市级特等奖或一等奖；有38多名教师荣获开福区一等奖；200余篇次论文国家级、省级刊物上发表。

素质教育成效显著。坚持“为学生的终身发展奠基”的办学理念，以养成教育为突破口，以多彩德育活动为载体，实施和谐德育建设。定期举办“三节、一周、一课、一活动”给学生提供施展才华、张扬个性的舞台。学校素质教育硕果累累，学生1600人次在各级各类学科竞赛、艺体、科技竞赛中获奖，其中，陈诚、李明震同学等十余人在奥林匹克竞赛、机器人竞赛中荣获国家金奖。

学校课程心理健康教育特色初现。长情雅致心理辅导中心建立，设立个体心理咨询室，宣泄室、沙盘游戏室、团队辅导室等，配备专业心理学教师，成立心理协会。心理咨询室向学生和老师开放，排解学习生活困惑，培养向上阳光乐观的个性。

清水塘第二小学

校　长　李春喜

清水塘第二小学建校于2007年8月，原名清水塘小学——江滨校区，2009年8月更名为清水塘第二小学。学校东临开福区政府大院，西面是美丽的湘江，占地面积为17316平方米，现有教学班66个，学生3480余人，教师190人，其中，特级教师1人，中学高级教师1人，市、区级骨干教师12人。学校拥有功能齐全的教学设施，优雅的教学环境。

学校坚持“以人为本、民主管理、科学高效”的管理原则，以“乐学笃行”为校训，以“清水气质，江海情怀”为办学理念，狠抓特色建设，狠抓校本研训，获得了“全国青少年校园足球活动布点学校”“全国校园足球特色学校”“全国体育工作先进单位”“全国课堂教学先进单位”“教育部‘国培计划’中西部农村骨干教师培训影子教师实践研修优秀基地”“湖南省安全文明校园”“湖南省文学艺术教育特色学校”“长沙市红旗大队”等众多荣誉，多次得到《中国教育报》、湖南电视台等多家媒体的宣传报道。语文、数学、英语、综合实践活动、艺术等学科教研组也多次被评为省、市优秀教研组。

学校注重加强教师队伍建设，形成团队作战，以点到面，共同成长的特点。通过专题式的网上视频学习、集体备课、空间课堂建设、专家讲座、典型课例式研讨、名优教师带动辐射（师徒结对），对口支援、切磋交流等形式促进教师的专业成长。学校研究的三个课题一个被评为省优秀课题。教师撰写论文189篇，其中124篇获各级奖励。

作为“全国校园足球特色学校”“湖南省文学艺术教育特色学校”，经过几年发展，“清荷艺术团”逐渐成熟，校园足球快速成长。在全校开设了足球课程，建立足球特色教研组，还开展了主题为“神采飞扬足球梦”校园足球艺术节活动，通过征文、绘画、摄影、艺术歌舞表演、游戏节、足球联赛等一系列足球主题活动，全面推进了学校足球运动和艺术特色的不断提升和发展。

清水塘第三小学

校　长　周满意

清水塘第三小学创办于2011年8月，是开福区万国城小区的配套学校。学校总面积1.95公顷，拥有教学楼2栋，综合楼1栋，室内体育馆1栋，学校共有37个班级，

103名教师，1967名学生。2015年，学校先后承办中国教育学会教育教学成果展公民教育活动、中国教育学会第四届小学校长大会分论坛活动，获得近30余种荣誉称号，接受各级媒体正面报道达10余次。学生在科技、艺术、体育、文学、书法等方面获奖达到1000余次。

构建尚水育人体系。确定“一训三风”和办学理念，设计与水文化吻合的校徽，确定校歌，校诗，开辟“尚水文化长廊”“尚水文化节展示栏”“尚水文化理念展示厅”“水文化诗词长廊”等，让“尚水”文化像空气一样无处不在、无处不有。

开辟《发现最美教育》栏目，利用教师例会，从身边人、身边事说起，讲述她们和孩子们的故事，感受师德之美。行政班子的师德示范。教育大师的引领。利用校本培训开展“教育箴言”的分享，让教师在分享中感知教育大师的智慧，树立教育信仰。

学校通过设立名班主任工作室，开展德育工作经验交流提高教师管理能力，开展专题研讨、课例研究、同课异构、一课多轮等活动提升教师的课堂教学能力，开展师生联谊活动建立良好的师生关系。关注教师课程领导力、活动执行力、家校沟通力等能力的培养。

致力打造书香校园。每个楼层都设置开放式的读书吧，教室里摆放了图书柜，学生随处可得，随时可看。把“书法”课程引进课堂。坚持以硬笔为主，软硬笔兼抓的原则开课。课程开设面向全体学生，挖掘学生的书法潜能。让“以礼始，以礼终”的跆拳道课程进课堂。弘扬跆拳道的“武德”精神，结合校园文化建设内涵，进行礼仪教育，让“礼义廉耻、忍耐克己、百折不屈”的跆拳道精神在校园潜移默化。

清水塘北辰小学

校　长　李春喜

清水塘北辰小学创办于2013年，占地2.07公顷（建筑面积约20667.06平方米，绿化面积3716平方米），可容纳48个教学班，现有39个教学班，学生2060人，教师111人，本科学历100%，其中研究生7人，小学高级教师28人，市级骨干教师8人，区级骨干教师15人。校园分为A、B、C三区。A区为教学楼，B区为综合楼，拥有多媒体报告厅、星辰城市少年宫及各类功能室；C区为学生餐厅及北辰击剑馆。教学区、办公区、活动区，布局合理，彰显了人本特点。

着力打造两大教育特色名片——艺术教育特色、击剑教育特色。2013年，学校成立清荷艺术团，为学生在舞蹈、器乐艺术方面的成长提供了展示的平台，2015年12月，成功创建开福区艺术教育特色项目学校；2014年，湖南省青少年击剑训练基地落户北辰体育馆，填补了湖南省击剑运动项目的空白。学校击剑训练队员参加国家级、省级赛事多次，100多名击剑校队队员均取得花剑、重剑等组别的冠军，并打破击剑运动项目在湖南运动史上零的纪录。2015年，成功申报区“击剑”特色项目建设学校。

学校在坚持抓好文化课程教育的同时，注重以公民教育为主线的“礼仪教育”“名著欣赏”“快乐阅读”“五子棋入门”“灌篮高手队”“传统绘画与创意美工”“DI”科技组等，课程的多元惠及每一个学生，达到“全面发展与张扬个性兼修”的育人目的。全年学生获奖国家级32项，省级184项，市级16项，区级21项。

金鹰小学

校　长　喻惠中

金鹰学校创办于2013年9月，有33个教学班，1600余名学生。在职48名教师，研究生3人，本科45人，本科学历100%，任职资格合格率100%。小学高级教师19人，市、区级骨干教师5人，平均年龄31岁。

学校以“科研兴校、特色立校”为导向，逐步形成了环境教育、国学教育、足球教育、艺术教育等几大特色，是全国足球特色布点学校，湖南省实施国家武术段位制试点学校，长沙市经典诵读特色学校、长沙市现代教育实验学校、长沙市标准化实验室合格学校、长沙市文明单位。

坚持师德为先。加强教职工的思想教育，建立师德建设长效机制，开展专题培训，强化师德

意识，要求教师坚守职业操守，心怀进取，追求职业幸福感。组织教师参加市、区教研活动，参加国培、省培等远程培训240多人次，培训覆盖率达到100%。

坚持素质教育。学校将诵读经典国学作为特色，通过了长沙市经典诵读特色学校验收。通过诗配画创作、经典国学吟诵、经典国学征文、传统书法剪纸等多种形式，使国学经典渗入孩子的血液中，使国学成为他们生命的部分；足球品牌初具雏形。作为“恒大皇马足球俱乐部后备人才培养基地”“全国校园足球布点学校”，足球课程纳入学校总课表，每班每周有足球课；依托“金鹰少年宫”，开放电脑室、舞蹈室、棋艺室、音乐室、美术室、劳技室、图书室、体育馆等场馆，开发学校特色课程，如经视熊晓雯主播担任校“小主持班”的辅导员，世界冠军鲍春来任“快乐羽毛球班”的总教练。开设“科普世界、阳光体育、知识海洋、艺术天地、心理励志”五类特色课程，36个活动小组，推动学校的课程建设推动教师的专业成长，丰富学生校园生活。

潜心耕耘，硕果累累。2015年，学校先后获得了国家级足球特色学校、长沙市经典诵读特色学校认证、长沙市常规管理一等奖奖牌。学校集体获国家级1项、省级4项、市级6项、区级16项的奖项。教师在各类教学竞赛及论文评比中获国家级3项、省级37项、市级40项、区级57项奖；学生在各级各类比赛中获国家级8项、省级213项、市级224项、区级91项奖。

开福区新竹第二小学

校　长　陈利球

新竹第二小学，坐落于秀峰山下，芙蓉北路旁，建立于2011年9月，占地17200平方米，是开福区内唯一一所获得长沙市教育局、长沙市物价局核定认证的公办寄宿制学校，现有31个教学班，1524名学生，融寄宿、走读于一体，实行多元化管理。学校有95名教师，其中市、区级骨干教师5名，研究生学历5人，教师学历合格率100%。2015年，教职工群体荣获个人荣誉50项，在专业刊物上发表（出版）6人次，课堂教学、基本功比武等获奖15项，辅导类获奖72项，论文、案例96篇获奖，数学组、信息技术组、体育组均被评为长沙市优秀教研组。

廉洁文化扬美德。作为“开福区廉洁文化进校园”示范点，学校以“尘远竹行，青莲立身”为主题，将廉洁文化渗透到学校管理的各个方面。学校领导班子廉洁从政、教师廉洁从教和加强学生的理想信念教育、基础道德教育、传统美德教育、法治意识教育，使学生继承和发扬中华民族的传统美德，从小根植“敬廉崇洁”理念的重要举措，注重培养学生正确的价值观念和高尚的道德情操。

特色教育提素质。学校注重学生特色教育，开发了“竹韵”系列校本课程和艺体为主的社团活动，开设信息、科技、篮球、田径、定向越野、健美操、合唱、舞蹈、器乐等多姿多彩的特色社团，使新竹学子的特长得到发挥，个性得到张扬，孩子们灵动的生命如花儿般美丽绽放。竹韵声声、竹韵舞动、竹韵趣描、竹韵墨宝、竹苑画风等校本课程全面开放让孩子们自选。2015年，学校在溢美童心第五届全国青少年儿童书画大赛中获得国家级一等奖；在DI比赛中分别获得国家级二等奖、三等奖，省级一等奖、三等奖；在湖南省青少年健美操锦标赛中荣获小学组全民健身轻器械四级第一名和小学组自编花球啦啦操第一名，新竹学子在各级各类比赛中得到锻炼并喜获佳绩。

科技 · 知识产权

区科学技术局（知识产权局）

局　长　周　砾
副局长　陶新力
　　　　李　文（兼科协主席）
　　　　肖　芳
　　　　杨　红（2015.10免）
　　　　周岳念（2015.10免）

【概况】　长沙市开福区科学技术局（加挂知识产权局、区科学技术协会两块牌子），内设办公室、科技发展科、知识产权科，工作人员10人。

2015年，落实以项目带动企业发展战略，加快推进产业转型升级，积极实施各级科技计划项目，获中央、省、市科技计划项目43项，争取上级科技专项资金1024万元。突出企业在科技创新中的主体地位，组织企业参加创新创业和科技竞赛，雷邦电子科技公司获青年创新创业大赛一等奖，健硒保生物科技公司获省级科技进步二等奖，青草生物科技公司获市级科技创新创业大赛一等奖，爱康电子科技公司获市级科技进步三等奖等科技奖项；加强专利申报、运用及保护工作，全年全区专利申请2244件，同比增长52%；专利授权1222件，同比增长31%。中民筑友有限公司，2015年申请专利420项，已获授权180项，申请量和授权量位居湖南省企业第一名。加大知识产权宣传力度，以“保护知识产权、促进创新发展”为主题，开展“企业专利保护与创新发展知识讲座”“社区全民食品安全及鉴真辨假宣传”等活动，普及知识产权知识，增强全社会保护知识产权的意识，提高企事业单位运用知识产权制度参与竞争的能力和水平，促进自主创新，规范市场秩序竞争，树立全区保护和运用知识产权的良好形象。高新技术产业规模扩大。通过开展高新技术企业培训，引导培育，新增高新技术企业7家，并新增了一批有科研投入的传统转型企业入库，促进全区高新产值大幅增长，全区实现增加值208亿元，同比增长33.8%，增加值占GDP比重28.8%。科技支撑作用明显增强。与经信等部门成立了“开福区企业创新创业联盟”，为中小微企业的创立、成长和发展提供创业指导、管理咨询、科技创新等服务；搭建了“青芒创客空间”和“湖南生物医药产业孵化中心”等创新平台，与佳海工业园、生物医药园、卓尔企业社区等工业园区形成了“众创空间、孵化器、园区”完整的创新创业链。企业转型创新能力有效提升。发挥科技人才的作用，开展对接、交流、培训等工作；扎实实施“科技特派员”工作，科技活动周期间组织专家企业对接，搭建政府、企业、院校交流平台；与国防科大、长沙学院开展互访，建立了科研、转化对接关系。组织企业参加科交会，补充成功实例促进了区内企业的创新交流。同时，推动了传统建筑企业、湘绣产业的提质改造。高新行业企业老百姓大药房主板上市，沙电机电有限公司、童梦文化公司创业板上市。

【中民筑友科技集团】 该公司系首家国字号民营大型投资公司中国民生投资股份有限公司（是由全国工商联牵头组织，经国务院同意成立，由59家知名民营企业发起设立的大型投资公司，以下简称“中民投”）通过旗下二级投资平台中民嘉业投资有限公司设立的首家全资实业公司，致力于打造中国建筑工业化杰出品牌。公司总部位于长沙市开福区金霞经济开发区，项目总投资15亿元，占地26.67公顷，公司以深化建筑业改革，加快促进建筑产业现代化为己任。公司定位为新型建筑工业化制造商和核心成套技术提供商，拥有多位国内一流的技术专家，经营团队具备国内一流建筑工业化研究设计及实施能力。公司在借鉴和吸收美国、德国、新加坡、比利时等发达国家建筑工业化技术的基础上，依据国内相关标准与规范，通过自主研发形成了拥有完全知识产权的、领先行业的五大建筑工业化技术体系，涵盖建筑设计技术、装备制造技术、现场装配技术、建筑信息技术和新材料技术。该公司2015年全年申请专利近500件。

【长沙市开福区企业创新创业联盟】 该联盟是以长沙市开福区相关政府职能部门、企业、高校、科研机构、金融机构、中介服务机构自愿组成的不以营利为目的非营利性团体。旨在响应李克强总理提出的“大众创业、万众创新”的号召，搭建开福区“政产学研金介”发展战略联盟，聚合政府、企业、高校、科研机构、金融机构、各类企业服务中介机构到一个平台，以推动科技型、生产型企业创新创业为中心，完善企业服务体系，实现资源共享、信息互通、渠道共建，实现共荣共存，共同发展，打造开福区经济发展新引擎，助推开福区工业兴区战略与科技强区战略，促进开福区科技创新创业的繁荣发展。

【科技普及】 2015年，区科协切实以“三服务，一加强”为抓手，大力实施《全民科学素质行动计划纲要》，扎实开展科学知识普及，不断探索工作新思路，增强科普服务和科学发展能力，各项工作取得新的进展和成绩。为保持全国科普示范城区的荣誉，积极申报创建“2016—2020年度全国科普示范城区”，将所涉及的创建工作任务，细化分解到各街镇镇和各部门，建立动员社会力量参与实施全国科普示范区创建工作的有效机制。紧扣“创新发展”的主题，积极开展科普宣传，成功举办“科技活动周”“科普日”系列活动。科普氛围日渐浓厚，重点开展“开福专家企业行”“科普进社区”“送科技下乡”特色活动，同时积极开展青少年科普、农技培训、社区科普宣传及科普基地开放等创新活动，引领了全民科普新风尚。区科协被中国科协评为全国科普日特色活动组织单位，被省科协评为科普日优秀组织单位。青少年科普通过抓活动、抓普及、抓竞赛，创新载体、内涵提质等措施，基本形成了区域性青少年科技教育体系，学校科技教育更趋合理化、科学化、现代化，逐步形成了一些品牌项目和科技特色学校，不断地争取政策，大力支持学校参加市、省、全国乃至国际的竞赛活动，取得可喜成绩，区科协协办市第八届青少年机器人大赛，并获得优秀组织奖。扎实开展基层科普创建，获评全国科普示范社区1家、全国农村科普带头人1名、省级农村科普示范基地1家、市级科普示范基地2家、市级科普示范社区2家。全年获评各级“基层科普行动计划”项目5项，市科协传统项目3项，争取上级科协项目资金66万元。发挥科技人才优势，依托“科技特派员”政策，实施科普惠农兴村计划，3名市级科技特派员和4名区级特派员驻点280余天，举办各类培训20余次，培训农民320人，推广新技术6项，引进新品种8个，协助驻点单位实施各类科技计划6项。鼓励开展平台建设，成立了开福区企业创新创业联盟，为中小微企业的创立、成长和发展提供创业指导、管理咨询、科技创新等服务。为发挥学术交流在促进科技创新方面的源头作用，启迪创新思维、引领学科发展，提高学会服务创新服务能力，特别是与长沙学院进行对接，在科技服务、学术交流及人才培养上建立了合作意向。

【科普活动周启动】 科技活动周从5月17日至23日在全区范围内举行，启动仪式在湘雅路街道油铺街社区启动。活动周以“创新创业　科技惠民”为活动主题，开展系列科技活动，面向普通市民开展的社区科普宣传活动，针对企业实际需求开展的“专家企业行”讲座，面向农民朋友开展农技培训，承办长沙市第八届青少年机器人竞赛。启动仪式后开展了食品安全知识和用药安全知识的知识抢答赛，穿插街道民间艺术团队湘江乐艺术团的口琴表演，向居民普及食品安全和用药安全等科普知识，彰显科技创新的力量，掀起科技惠民之风。

【老年科技工作者协会成员服务“三农”】 区老科协结合“全国科普日”“科技活动周”开展形式多样科普活动，服务“三农”。国防科大老科协和金鹰社区老科协部分会员、老教授、老科技工作者对沙坪街道汉回村进行了考察和交流。为汉回村制订十年规划，打造布局合理、环境优美、设施完善，具有民族特色，农业观光休闲为主导产业的民族团结示范村的目标建言献策。老科协主席在调查研究，查阅大量的技术资料基础上撰写了《关于水资源保护的一点思考》《建议从国家战略高度推动全民健身运动》等论文得到领导的赞誉和农民朋友的欢迎。

附表：2015年开福区企业争取上级科技项目汇总表

（邓　军）

表5

2015年开福区企业争取上级科技项目汇总表

序号	企业	项目	扶持金额（万元）	项目类别	备注
1	长沙同盛电子科技有限公司	基于传感器网络的高智能工程监测系统	15	中小企业技术创新基金	
2	湖南科德信息咨询有限公司	湖南省中小企业产学研合作技术转移服务平台	100	中小企业技术创新基金	
3	长沙科宇企业管理咨询有限公司	面向先进制造业中小企业技术创新服务平台	62	中小企业技术创新基金	
4	长沙讯网科技发展有限公司	投资保障	80	中小企业技术创新基金	
5	湖南大顺和新型建材有限公司	投资保障	100	中小企业技术创新基金	
6	湖南新亚胜科技发展有限公司	LED显示屏多态组合与无缝连接技术	6	市科技进步二等奖	
7	长沙爱康电子有限公司	基于互联网的心电图分布式专家服务系统	3	市科技进步三等奖	
8	长沙新宇高分子科技有限公司	年产500吨大分子双官能团α-羟基酮光引发剂的研发与产业化	25	市第一批	
9	湖南省德立工贸有限公司	环保节能型电解锰用阴极的研发及产业化	15	市第一批	
10	长沙市鹏扬教学设备有限公司	模拟机车控制视景仿真系统的中试及产业化	15	市第一批	
11	湖南华海电子科技开发有限公司	基于MEGA16单片机的智能矿用甲烷传感器的研发与中试	10	市第一批	
12	长沙康乃馨医疗器械科技有限公司	活动义齿及防食物嵌塞装置的研发与推广	10	市第一批	
13	湖南奥莎富士电梯股份有限公司	电梯用永磁同步无齿轮曳引机研发及产业化推广	20	市第一批	
14	长沙绿骑士生物科技有限公司	生态蚊虫引诱剂的研发及产业化	20	市第一批	
15	湖南中信安科技有限责任公司	无线预览便携式高清现场执法记录仪的研发及产业化	15	市第一批	
16	长沙爱康电子有限公司	基于家用体检仪器和“健康护航”网远程健康系统的研发及产业化	15	市第一批	

续表5

序号	企业	项目	扶持金额（万元）	项目类别	备注
17	加比力（湖南）食品有限公司	婴幼儿配方奶粉中肠杆菌控制技术研究	50	市第一批	
18	湖南人健干粉砂浆有限公司	湖南人健预拌砂浆生产线建设	15	市第一批	
19	湖南明创信息系统集成有限公司	新型优抚对象医疗保障系统研究	25	市第一批	
20	湖南恩瑞投资开发有限公司	基于物联网的智慧物流系统建设	15	市第一批	
21	湖南沙坪玉玲湘绣有限公司	3D钻石湘绣艺术品的研发与产业化	10	省第二批	
22	湖南湘风文化艺术发展有限公司	水晶湘绣关键技术研究与开发	10	省第二批	
23	湖南长重机器股份有限公司	大气污染防治技术开发与应用——工业高温烟气P平方米.5高效净化关键技术研究及装备的产业化	70	市第二批	
24	湖南亿年酉鱼农牧渔业发展有限公司	大鲵人工繁养特色产业科技示范基地建设	20	市第三批	
25	深圳艾泰克工程咨询监理有限公司湖南分公司	信息系统工程监理管理系统研发	8	市级部分科技项目	
26	长沙依麦尔信息科技有限公司	B2M电子商信通系统	15	中央创新基金验收尾款	
27	湖南先悦科技有限公司	双液自动化灌浆泵	21	中央创新基金验收尾款	
28	长沙轻工机械有限公司	智能型定量灌装及检测分拣生产线成套设备	27	中央创新基金验收尾款	
29	长沙楚一机电有限公司	恒流高效智能型电磁加热系统	15	中央创新基金验收尾款	
30	湖南路桥路翔工程有限公司	废胶粉/废塑料/SBS符合性沥青	21	中央创新基金验收尾款	
31	湖南省紫继超速机械有限公司	高效节能余热回收系统	21	中央创新基金验收尾款	
32	湖南紫皇冠新能源技术服务有限公司	高性能锂离子电池聚合物微孔隔膜材料	15	中央创新基金验收尾款	
33	湖南罡拓能源科技有限公司	水平井全通径分段酸压完井工艺技术	15	中央创新基金验收尾款	

续表5

序号	企业	项目	扶持金额（万元）	项目类别	备注
34	湖南文中农产品有限公司	科技特派员	10	市第六批	
35	长沙市开福区竹坡水产养殖有限公司	科技特派员	10	市第六批	
36	长沙金欧农业科技有限公司	科技特派员	10	市第六批	
37	长沙宁格光电科技有限公送	节能环保LED隧道照明灯具的开发	15	市第八批	
38	长沙红枫园林绿化有限公司	秋红枫种苗培育及种植技术推广	10	市第八批	
39	长沙益晨教学设备有限公司	轨道交通仿真实训系统的研究与开发	15	市第八批	
40	湖南渔缘生物科技有限公送	鳡鱼规模人工繁育与健康养殖技术研究	15	市第八批	
41	PC+移动多终端全网分销商城管理系统开发	长沙海商网络技术有限公司	20	市第八批	
42	湖南湘风文化艺术发展有限公司	湘绣创新与红色文化旅游产品创意设计研究	15	市第八批	
43	长沙凯雪粮油食品有限公司	长沙市主食产业化工程技术研究中心	20	市第八批	
合计			1024		

文化 · 体育

区文化体育新闻出版局

局　　长　王　艳
副局长、文化市场综合执法局局长
　　　　　古　华
副 局 长　陈　林（2015.12任）
　　　　　张　磊（2015.10免）
　　　　　谭国兵（2015.10免）
　　　　　成　娟（文化馆馆长）
纪检组长　郭云建
文化市场综合执法局副局长
　　　　　黄建华（2015.12任）
图书馆馆长　彭　葳（2015.12任）

【概况】　区文化体育新闻出版局下设文化市场综合执法局（正科级参公事业单位）、文化馆（副科级事业单位）、图书馆（副科级事业单位）和文物管理所四个二级机构，行使文化、体育、文物管理、文化市场综合执法、扫黄打非、新闻出版等工作职能。有在编干部22人，另区核定临聘人员8人。

2015年，局先后荣获长沙市扫黄打非先进集体、长沙市不可移动文物安全管理先进单位、区绩效考核优秀单位等多项荣誉。

繁荣文化事业，夯实文化基层基础。紧扣国家公共文化服务标准化试点工作，落实文化民生实事工程，争取市区投入136万元新建沙坪街道市级示范性综合文化站，提质四方坪街道市级示范性综合文化站和金帆、江湾等12个市级示范性社区综合文化服务中心；争取中央专项资金为捞刀河、新港2个街道文化站和营盘街等15个社区配送文化器材300余件；借助“互联网+”，大力推进数字化公共文化服务项目建设，在机关大厅设立1台云屏中文数字阅读机，在人口密集的公共场所试点设置Wi-Fi无线网络。至2015年，区图书馆创建为国家一级馆，区文化馆评估为国家二级馆，全区建有特色文化集市5个，街道综合文化站13个，社区（村）综合文化服务中心107个，达到市级示范标准的街道综合文化站6个（捞刀河、青竹湖、四方坪、芙蓉北路、秀峰、沙坪），市级示范标准社区（村）综合文化服务中心56个，建有长沙图书馆分馆9家，文化馆分馆和基层服务点8个，全民艺术普及工程示范点5个，市级公益电影固定放映点6个，农家书屋31家，形成了

开福区公共文化服务标准化试点工作专题研究会召开

总分馆、中心馆、基层服务点、全民艺术普及工程示范点覆盖全区的文体服务网络，区域文化承载力进一步增强。提升文化服务效能。开辟文化馆、图书馆等文化阵地免费开放服务新途径，开展声乐、书法、化妆等特色培训200余次，举办“开福大讲堂”17场，全年完成送戏36场，送电影500余场；倡导全民阅读，书香开福，新建4家长沙市图书馆分馆，实现与市图书馆资源共享和书籍通借通还；组织开展“书香开福·幸福北城”“中国梦·汉语美”等系列全民阅读活动，荣获“湖南省阅读活动奖”“长沙市优秀组织奖”等荣誉；制定《农家书屋星级评定管理办法》，对31家农家书屋进行分类定级，汉回村农家书屋被授予“长沙市第一批示范性农家书屋”称号。丰富文化活动载体。围绕“三个多出”要求，组织区第十二届“湘江韵律”系列群众文化活动，全年演出40余场，服务群众数万人；开展了校园文化进社区之“青春星声音”校园歌手争霸赛，举办3场片区初赛和1场总决赛，参与人数达千余人，辐射50多所学校，100余个社区；举行了“精美城区·品质开福”群众美术、书法、摄影作品大赛，征集作品500余件，经过区初赛、市复赛和省决赛3个阶段评选，共荣获省级一等奖1个，二等奖3个，三等奖1个；市级一等奖3个，二等奖5个，三等奖6个，作品征集数和获奖数位列区县第一。打造文化品质品牌。引导规范民间文化组织、文体协会发展，打造了

开福区文化市场管理专题会议

红叶组合、中山艺术团、爱心妈妈艺术团等多个优秀文艺团队，2015年底，共发展文艺团队154支，登记在册团队76支。指导文艺团队进行艺术创作，打造了一批原创精品节目冲刺第五届湖南省艺术节，在省艺术节“三湘群星奖”评选长沙市荣获的2个声乐器乐类金奖、2个舞台舞蹈类银奖中，女声小组唱《鸡咯咯鸭嘎嘎》、舞蹈《打牙祭》分别荣获1金1银的好成绩；“湘江韵律”广场群众文化活动荣获内五区唯一1个项目类奖项；开福区被省文化厅确定为省艺术节“三湘群星奖”三个专场优秀节目巡演承办方，“湘江韵律”广场群众文化活动荣获内城区唯一1个项目类“三湘群星奖”。在其他群文赛事中，荣获国家级奖项13个，省级奖项9个，市级奖项29个，其中金鹰艺术团《长长花腰情》在韩中文化艺术交流比赛中荣获一等奖，爱心妈妈艺术团《留守妈妈盼儿归》在第二届国际中老年艺术节展演中荣获金奖。推进文化产业发展升级。围绕区委“三金”名片的发展战略，服务金鹰文化区打造，参与完成片区整体概念性规划设计；围绕“滨江文化园”长沙文化地标，做好产业引导、宣传和对接工作，协助举办北辰三角洲动漫游戏招商推介会；组织文化企业参加深圳文博会、意大利米兰世博会等国内国际知名展会，《父己尊》《金蚕颂》等7幅湘绣作品在文博会“中国工艺美术文化创意奖”评选中获2金3银2铜；青苹果数据中心获“2015年中央文化产业发展专项资金——出口奖励”；锦绣神州之《奇游迹》纳入湖南省对接“一带一路”战略行动重点扶持项目。

发展体育事业，完善全民健身活动圈。贯彻《中华人民共和国体育法》和《全民健身条例》，落实民生实事工程，完成捞刀河全民健身中心建设，为基层配送室内外健身器材9套、篮球架1套、乒乓球桌2处、室外健身器材1套。截至2015年底，配备室外健身路径共163处，室内健身房11处，篮球场77个，乒乓球场38处，全区人均文化体育设施面积约4.45平方米，区、街、社

区三级文体设施提质升级，城区15分钟、农村30分钟健身圈日益完善。开展全民健身活动。策划了“活力开福·领跑三湘”一大主题，“青少年篇、机关篇、企业篇、群众篇”四个篇章的2015年开福区全民健身节系列活动，组织了健康长跑、户外拓展、气排球现场教学赛、大众趣味运动会等九大全民健身活动。《湖南日报》《长沙晚报》《潇湘晨报》、长沙新闻频道等多家主流媒体进行了宣传报道，4月28日《长沙晚报》A12版进行专题报道。深化全民健身理念。引入社会体育资源，以政府购买服务的方式，组织辖区内6家游泳场馆在暑假期间免费向中小学生开放，服务人数达5万余人；开展了为期20天的社会体育指导员培训，培训人数200余人，举办了太极拳、广场舞等培训20余场；参与长沙市“公仆杯”篮球赛、市体育系统门球教学培训赛、省体育系统登山比赛、“羽协杯”区县羽毛球友谊赛等活动赛事，强化了全民每天运动1小时、健康工作30年、幸福生活一辈子的健身理念。

强化文物保护，加强文物安全。制定《开福区不可移动文物安全管理年度考核办法》，对街道、社区文物保护工作进行定等考核，强化街道、社区文物保护职责；组织区、街、社区三级文物保护员开展专题培训，加强文物安全保护意识和业务能力；挖掘区域文化遗产资源，新增东岳宫古井、青少年宫长沙古城墙、新河龙王庙3处不可移动文物点；落实第一次全国可移动文物普查工作，完成全区系统外可移动文物普查。荣获长沙市不可移动文物安全管理先进单位。服务项目建设。在旧城提质改造过程中，做好黄兴北路棚改、潮宗街、开福寺历史文化街区等重点建设项目中的文物保护工作，组织省市专家指导建设方制定项目内的不可移动文物保护方案；参与制定潮宗街历史文化街区风貌保护城市设计概念性方案，收集整理街区内14处现存不可移动文物及3处历史名人遗址资料，确定了文物保护建筑级别、数量、范围。推动非遗传承。结合全国文化遗产日，举办了“保护成果·全民共享”非遗宣传展览、展示、展演活动；开展了“非遗”进校园活动，将花鼓戏、彩编等非遗项目送进校园；支持谭国斌当代艺术博物馆、沙坪湘绣博物馆、开元博物馆等民办博物馆发展，举办了北美洲原住民艺术展、齐白石画展等20余场。

文化部党组副书记、副部长杨志今（右二）考察开福区公共文化服务体系建设工作

强化文化市场管理，加强文化市场监管。延伸文化市场“四级联动”管理触角，召开全区文化行业专题工作会议，与街道、涉文企业负责人签订安全文明经营责任状，健全完善文化市场网格化管理长效机制，以信息反馈、志愿者守点、网吧业主约谈、“黑名单”等制度，加强对文化市场的常态整治，打造了开福模式。净化文化市场环境。以文明创建、“扫黄打非”等工作为抓手，开展“净网”“清源”“秋风”“护苗”和“阳光暑期”等专项整治行动，联动市执法局、区工商等部门进行错时、重点执法，全年出动检查人员2650人次，检查场所2200余家；联合市执法局、区公安分局办理了1起全国“扫黄打非”重大挂牌案件，办结行政处罚案件30起，办结率100%。在文明创建市级“季检”、行业测评、交叉检查和“省检”中排名靠前，荣获“长沙市扫黄打非先进集体”，获批长沙市文明单位称号。优化文化市场服务。清理职权审批项目，承接市级行政审批下放权限，减少审批事项，精简审批流程，提升服务效能；组织参与“长沙市阳光娱

“文化惠民 文化志愿者”送春联活动

乐节”活动，服务文化行业发展，推动大众创业、万众创新；引导网吧升级转型，在全省推动上网服务行业转型升级现场推介会上，藩城网络会所作典型发言，其工作经验入选文化部案例集，获评“中国上网服务行业年度榜样单位”。

【“活力开福·领跑三湘”2015开福区全民健身节系列活动正式启动】 4月26日，由市体育局、区人民政府主办，金霞经济开发区、区文体新局承办的“活力开福·领跑三湘”2015年开福区全民健身节系列活动启动式暨“绿城青竹园”杯健康长跑比赛在青竹湖生态科技产业园举行，区委副书记、区长廖建华，区委宣传部长杨应龙，区人大副主任李正元等区领导出席，来自全区3000多人参加健康长跑。全民健身节系列活动包括“跳跃青春·奔跑少年—青少年篇”“同志同行·健康工作—机关篇”“热土开福·律动北城—企业篇”“全民健身·共享精彩—群众篇”四个篇章，从4月份一直持续到11月份，通过群众喜闻乐见、形式多样的活动，进一步倡导运动、健康、快乐的生活方式，为开福发展凝聚强大正能量。

【“欢乐潇湘 品质长沙”开福区第十二届“湘江韵律”广场文化暨校园文化进社区系列文化活动节目展演举行】 5月7日晚上，由区委、区政府主办，区委宣传部、区文明办、区文体新局、区教育局承办的“欢乐潇湘 品质长沙”开福区第十二届“湘江韵律”广场文化暨校园文化进社区系列文化活动节目展演在开福区风帆广场举行，省委宣传部文艺处调研员蔡宁、市委宣传部常务副部长赵柏林、市文广新局局长杨长江、市委宣传部文艺处处长闫丽、区委常委、宣传部长杨应龙，区政府副区长邹特，区政协副主席刘永红出席活动

【群众美术、书法、摄影作品展览进机关】 8月10日，由区委、区政府主办，区委宣传部、区文体新局、区直机关工委承办的“精美城区 品质开福”群众美术、书法、摄影作品展览在区政府一办公楼大厅举办，展出群众美术、书法、摄影优秀作品120幅。此次展览既是一次难得的群众美术、书法、摄影作品的展示交流，也是对群众美术、书法、摄影创作成果的一次检阅，对提升广大群众文艺素养，推动区域群众文化事业繁荣发展具有积极推动作用。

【“书香开福·幸福北城”全民阅读活动启幕“互联网+读书”阅读更便捷】 2015年9月29日上午，“书香开福·幸福北城”全民阅读暨“流动书吧·行走开福”活动在星辰国际艺术中心启动。活动现场免费送书，并请名师分享读书经验，打造全民阅读的良好氛围，让书香浸润长沙北城。本次活动充分运用“互联网+读书”的新模式，为读者专门打造“书香开福”官网，并量身定制“国学书包”，囊括百部国学经典、千本热销书刊、万册掌上图书。网友只需一键下载链接，便可享受终身免费阅读。市民还可关注“长沙网”微信公众号，回复“书香开福”在线提交“读书微心愿”，就有机会获赠想看的书籍。“流动书吧·行走开福”为市民提供上门服务，免费书吧、图书、讲座将被送进机关、企业、社区、校园、农村及千家万户。

【第五届湖南艺术节“三湘群星奖”优秀作品巡演（社区专场）开演】 11月4日下午，由湖南省群众艺术馆、开福区文化体育新闻出版局承办的第五届湖南艺术节“三湘群星奖”优秀节目巡演（社区专场）在开福区湘江风光带风帆广场开演。省文化厅副书记、副厅长禹新荣，市副市长何寄华，区委常委、宣传部部长杨应龙，副区长何惠风等领导出席并现场观看演出。参加巡演的12个节目均是本届湖南艺术节“三湘群星奖”评奖出的优秀作品，开福区打造的女声小组唱《鸡咯咯，鸭嘎嘎》和舞蹈《打牙祭》分别荣获省艺术节节目类金奖、银奖。

（刘莎莎）

街　道

望麓园街道办事处

工委书记　孙铁龙（2015.8任）
　　　　　袁　坚（2015.8免）
办事处主任　雷凌湘（2015.8任）
　　　　　张雄伟（2015.8免）
工委副书记、纪委书记、人大工委主任　刘　川
工委副书记、政协联络处主任　彭英明
工委副书记　赵潇枭
党政办主任　胡　容
工委委员　张　博
副主任　盘剑华
　　　　谷任光（2015.10任）
　　　　尹红霞（2015.11免）
　　　　任新臣（2015.10免）

【概况】　望麓园街道位于长沙市开福区南端，东起芙蓉中路，西至黄兴北路，北抵湘春路，南临中山路，总面积1.0平方千米。常住人口46947人，流动人口13032人，辖荷花池、水风井、营盘街、富雅坪及中山路5个社区。街道内设机构8个，党政办、民政办、卫计办、经济办、安监办、城管办、综治办、财政所，在职在编的工作人员50人，其中行政编13人，事业编32人。辖区内有中学3所、小学4所、幼儿园6所。

2015年，完成税收11420万元，其中地税8569万元，国税2851万元；完成固定资产投资22亿元；完成社会消费品零售总额101.8亿元；新增限上商贸企业4家；引进新项目35个，市外到位资金11亿元；引进外资3亿美元。全街商务楼宇19幢，总商务、商业面积48.37万平方米，421家企业入驻。新引进入驻楼宇企业28家。中石化湖南分公司和友阿黄金集团投入2400万元，建设立体停车场一座，新增308个停车位。街道统计站被评为“省示范基础统计站”。

《湖南日报》报业集团传媒中心项目总投资12亿元，总建筑面积206474.80平方米，于2012年6月完成搬迁腾地，2012年10月动工建

运达广场

设，至2015年8月文化产业大楼已建至53层（已封顶），文化事业大楼和文化展示裙楼已进入室内装饰装修。湖南中医药大学第二附属医院医疗教学综合楼项目总投资0.9亿元，于2010年启动征迁工作，与42户私房户签订征迁协议，征迁面积为6000.66平方米，于2012年4月启动建设，2015年年底正进行室内外装饰、附属设施施工扫尾工作。长沙市青少年宫项目总投资4.1亿元，总建筑面积55294.44平方米，2013年11月动工建设，地下隐蔽及附属配套工程正在紧张施工，部分建至主体二层。黄兴北路及棚户区改造项目一期已全面腾房倒地；黄兴北路及棚户区改造项目二期，私房已签订协议10户，完成总户数的100%、长房公房已签订协议4户，完成总户数的90%。

2015年，街道贯彻“立即停、坚决拆、严格管”的九字方针，安排城管概预算经费400万元，拆除违法建设72处，总面积4554.21平方米。全年数字化信息处理案件6000条，处置率、结案率均为100%，与沿街单位、商户签订“门前三包”责任状2975份，实现街道主次干道、背街小巷“五无五净”，全街店铺广告招牌90%以上得到更换；完成对富雅坪东兴园巷和北正街左局街沿线破损路面、墙面提质改造。荷花池社区荣获长沙市“红旗社区”和“最美社区”，街道城管工作连续三次荣获全区“第一”，荣获“长沙市城市管理示范街道”。

全年走访慰问军烈属等优抚对象34人，发放慰问金2万元，一次性生活补助5529元；为33名参战退役人员和退役士兵的家属发放补助金67500元；为185位80岁以上高龄老人发放补贴115150元；全年发放火化费补助金7612元；为127名一级、二级重度残疾人发放生活补贴116160元，为220名一级、二级重度残疾人发放护理补贴128550元。城镇新增就业820人，失业人员再就业470人，就业困难人员再就业170人；城镇登记失业率2.3%，办理“就业失业登记证”205本；企业养老保险征缴基金181.81万元，城乡居民养老保险征缴基金5.49万元，城乡居民医疗保险征缴基金321万元，工伤保险参保人数1176人，发放疗保卡1702张；新增小额担保贷款发放45万元，城乡居民养老保险新增参保20人，已享受居民养老保险待遇242人。全年为6081户次、10124人次，发放低保金339.88万元；大病医疗救助136户，救助金额39万元。新增廉租房租赁补贴28户，实物配租52户，经适房货补与资格25户。

全年出生443人，符合政策生育率98.19%，性别比104，自然增长率4.5‰，超额完成免费孕前优检129对，办理流动人口一孩生育证12例，流动人口孕检率98%，统计准确率100%；为全街654户独生子女家庭购买家庭意外保险，对计划生育困难家庭进行走访并送去慰问金额达4万元；全年独生子女保健费申领家庭516户，城市低保奖励扶助家庭74名，计划生育特别家庭扶助对象120名，申报独生子女父母奖励4156人，落实各类奖励、扶助经费80万元。建立文体专干、文化辅导员、文化志愿者三支队伍，组建11支文艺团队；开展“三金名片，闪耀开福”为主题的送文化进社区展演活动；围绕黄兴北路征收工作及群众工作等在中央、省、市主流媒体宣传报道61篇；开展“唱响党建主旋律，共建幸福望麓园”“支部对对碰，送绿进楼栋”“四点半酷乐园”“贴心课堂”“快乐假期”“诚信联盟”“少儿环保队”“老书记调处室”等文明创建活动。2015年，街道被评为“全国社区教育示范街道”“长沙市创建更高水准全国城市先进集体”“长沙市人口与计划生育优秀单位”“长沙市计划生育模范协会单位”。

2015年，深化平安街道建设，围绕“一强二升三降”的总体要求，开展“零发案”“五引进”“手牵手”“心连心”共建共创活动，发挥驻街单位、物业公司、经营门店联手“防”，全年收集上报各类涉稳信息200条。健全“一健三联”信访工作机制，有效化解黄兴北路棚改一期遗留问题；调处各类纠纷206件，调解成功率100%。严格落实安全生产专任制，街道与6个社区、90个辖区企业签订了安全生产目标管理责任书，开展全方位安全生产大检查5次，整改消除安全隐患42处，全年未发生一起安全生产责任事故。

【李万通调研“同心科普社区”】 12月7日，致公党中央社会服务部部长李万通及专委会成员一行到社区调研望麓园街道水风井“同心科普社区”创建工作。水风井社区地处长沙市中心，常住、流动人口万余人，有湖南省参事室、湖南省少年儿童图书馆，有运达国际广场等大型写字楼，有曾国藩祠、左宗棠公馆、小吴门邮局等历史文化遗存，以及省重点文物保护单位、湖南省爱国主义教育基地等，社区内统战资源丰富。2014年，致公党开福区工委与社区结对联姻，以社区全民科普潮建设为切入点，共建“同心科普社区”，创建服务于社区青少年的“科普畅想吧”、服务于楼宇科技企业的“科普直通车”以及党外人士参与社区建设的“同心1+1”三大服务品牌，打造了开福区首个社区科普体验馆，制作同心科普文化长廊及同心科普漫画墙，拍摄以同心社区创建纪实为背景的《放学去哪儿》微电影，由“第四届中国十大最美社工”、致公党员罗狄烽创办了“罗哥哥工作室”，为社区青少年成长保驾护航。同心科普社区组织社区居民、辖区科技企业开展各类科普服务活动百余次，帮扶困难群众六百余人次，吸引10余家单位团体、数百名统战成员和社会爱心人士主动参与同心社区建设。水风井同心科普社区成功创评为湖南省委统战部及长沙市委统战部首批“同心社区”“同心科普社区”的创建，让党外人才、智力资源汇入社区，增强了居民对社区的认同感和归属感，也激发了统战成员服务社区建设、服务地方发展、服务身边群众的热情，为社区建设凝聚了强大正能量，有效地传播了“同心声音”。李万通对同心社区创建工作给予了高度评价，他指出，同心科普社区的创建，为致公党员参与社会服务搭建了平台，创建了一系列社会影响好、思路新颖、可持续的品牌项目，为其他地区的社会服务工作作出了典范，同时他也希望致公党员要更加深入地参与社区服务，夯实各品牌的根基，创出更大影响力，形成更加系统、可持续、可推广的社会服务工作品牌，探索出一条具有湖南特色的社会服务新路子。

【段林毅考察营盘街社区残疾人服务大楼】 9月1日上午，湖南省民政厅厅长段林毅一行，在区委副书记、区长沈裕谋陪同下，视察望麓园街道营盘街社区残疾人服务大楼。残疾人综合服务大楼坐落于学宫街155号，于2014年9月正式运行。大楼设有喜憨儿优果屋、家长休息阅览室、培训活动、晴天评估、盲人文化、怡智家园智障人士服务、星苑儿童康复中心等功能室，为0~55岁的残障人提供早期康复、青少年教育、成人托养、就业评估、就业支持、就业推荐六位一体的体系化服务。段林毅一行听取了工作汇报，走访慰问社区部分困难群众。段厅长对残疾人服务中心大楼建设运作以及基层民政工作给予充分肯定，同时希望社区继续加大社会救助力度，推进社区治理创新发展，提升工作方法，为民做实事办好事。

（鲁红宇）

清水塘街道办事处

工 委 书 记　范晓军
办事处主任　黄雅晖
工委副书记、纪委书记、人大工委主任
　　黄　伟
工委副书记、政协联络处主任
　　罗海嵩
办事处副主任　王宏亮　孙艳文
　　邓恒阳
党政办主任　黄　巍
工 委 委 员　廖连兵　杨　丹

【概况】 街道地处长沙市开福区南部，南接八一路，北抵德雅路，西临芙蓉路，东达迎宾路，辖清水塘、芙蓉路、便河边、四季花城四个社区，总面积2.93平方千米，常住人口27260人，其中城镇常住人口23150人，流动人口4110人。街道内设党政办、经济办、综治办、城管办、民政办、卫计办、财政所等7个办（所），在职在岗人员49人。辖区内有中国银行湖南省分行、中国邮政储蓄银行湖南省分行等金融机构；省体育局、省新闻出版局、省出版集团、省博物馆、省展览馆等文化产业领军单位；中共湘区委员会旧址、烈士公园等红色景点；省政协、省委统战部、省交通厅等机关大院汇聚一起；有中学1所，小学2所，幼儿园3所。

2015年，全街完成地方财政收入7421万元，为年计划的100.1%，其中国税收1516万元，地税5905万元；实现内联引资项目形成的固定资产投资156000万元，为年计划的115%；完成省外境内资金58000万元，为年计划

清水塘湘区委员会旧址

的120%；完成到位外资3500万美元，为年计划的112%；完成外贸进出口总额5600万美元，完成年计划的116%；实现社会消费品零售总额20.6亿元，为年计划的100%；完成固定资产投资30.1亿元，为年计划的100.03%；完成工业总产值4670万元，为目标任务104.2%；完成工业投资18091万元，为目标任务的100.9%。新增限上企业3家，外贸倍增企业2家，外贸企业破零企业1家。

项目建设进展顺利。绿地项目签约入驻的企业有21家，已累计缴纳区级税收3272万元；炮后街棚改征收项目完成私房633户，占97.38%，完成公房32户、单位9个均为100%；协助做好汽电项目的调查摸底工作；协助市城投做好了精英路和德雅路两条道路改扩建工作，多次与道路两厢的盛世金融城、绿地、公园九号、汽电、四季花城、枫林投资有限公司等单位进行工作对接、实地查勘，确保道路建设的顺利进行。

城市管理全面加强。2015年，街道全面建设“精品名街”，开展“四拆”“四清”“四治”“四补”行动，投入350万元对清水塘路、四季花城入口通道等街巷道路及两厢景观进行提质改造；争取区相关部门投入1000万元对便河边巷道路、立面、下水道及网线进行提质改造；开展“星级门店”“精美单位”“精美路段”“精美楼栋”等评选活动，把门前“三包”延伸到背街小巷、居民楼栋，把辖区群众都调动到评选活动中来，评选出一星级门店66家，二星级门店36家，三星级门店19家，四星级门店9家，“精美单位”4家、“精美路段”2条、“精美小区”2个、“精美楼栋”3栋。2015年，街道荣获长沙市城市管理“五佳街道”、长沙市城市管理“十佳街道”。

2015年，全街低保对象193户、295人；办理购房货币补贴186户，经济适用房4户，廉租房实物配租15户，公共租赁住房9户，社会面已办廉租房租金补贴4户，廉租房实物配租9户，经济适用房货币补贴4户；申请办理特困家庭大病医疗救助41户；社会精神病救助对象24人，其中长期服药对象12人，2015年新增2人；办理临时救助47人次；参加过抗日战争、中印边境自卫反击战、抗美援朝、抗美援越和自卫反击战的优抚对象40人；全年按季发放符合条件的高龄老人生活补贴58450元。城镇新增就业人数668人，城镇下岗失业人员再就业384人，帮助就业困难人员实现再就业132人；企业养老保险征缴基金202万元，城乡居民养老保险征缴基金征缴基金1.63万元；城乡居民医疗保险征缴基金120万元，工伤保险参保人数1344人，社会保障卡持卡人数744人。

街道教育事业蓬勃发展，2015年年末，有幼儿园3所，在园幼儿600人，专任教师67人；小学2所，在校学生1153人，班额23个，专任教师65人，小学适龄儿童入学率100%，小升初升学率100%，九年义务教育覆盖率达100%；普通高中1所，在校生3800人，班额72个，专任教师336人。街道三支群众文艺团队，参加开福区“湘江韵律”广场文化系列活动5场，推荐作品6件；开展了清水塘地区“全民健身周”羽毛球赛活动；配合区委宣传部开展“最美浏阳河　神奇九道弯”主题文艺创作烈士公园采风活动。梳理、整合、公开和落实各项计生利益导向政策，全年发放五项奖扶资金25.89万元，受惠群众

256人；落实城镇独生子女父母奖励计生发放5.92万元，惠及群众26人；全年出生人口198人，自然增长率4‰，符合政策生育率98.4%，被评为长沙市2015年人口和计划生育工作模范单位。立足网络平台传播，坚持办好“首尚清水塘”微信平台，充分运用街道官方微博“红色发祥地”，对街道发展动态、好人好事、工作亮点及时报道；围绕棚改征收、拆违控违、文明创建精心策划红色服务、鑫晨婚姻家庭服务中心等服务品牌；与省、市媒体主动对接，挖掘打造经济发展、志愿服务、社会管理、民生改善等方面新亮点、新品牌，全年在各类新闻媒体正面宣传报道100次。

坚持以“一推行四公开”和“三社联动”为平台，落实街道主要领导每月9日的信访日接待制度，组建了以网格民情员、网格管理员、“五老人员”和社会志愿者等社会矛盾化解队伍；认真落实社区戒毒机制，督促抓好吸毒人员的尿检工作；全力稳控，着力化解各类信访积案；认真落实“五包一”稳控措施，全力稳控涉军群体；制定了“六五”普法依法治理年度计划，广泛开展普法教育“进社区、进学校、进单位、进楼宇、进企业”五进活动；与社区、辖区成员单位签订综治目标责任书62份，为加强长沙市一中和清水塘小学校园周边的安全及清水塘路沿线的停车问题，建立了街道、派出所、交警中队“三位一体”长效机制。全年未发生一起安全生产责任事故，被评为长沙市综合治理红旗街道。

【王宁考察炮后街“有机棚改”】 9月1日，住房和城乡建设部副部长王宁一行考察长沙保障性安居工程，对清水塘炮后街等棚改项目进行实地调研时，为长沙“有机棚改”经验点赞，认为该项目按照“不大拆大建、不破坏居民生态、恢复建筑风貌、改善居住条件、完善基础配套设施”的原则，仅拆除了一些影响交通、存在消防安全隐患的破旧建筑和违法建筑，腾出了步行街、小巷、小广场等公共空间和消防通道，增加了街头绿地和公共设施等并重点恢复了重要历史建筑，总结了“有机棚改”的经验。王宁指出，城市改造不是一味地“拆”，要区别对待、合理规划，要在棚改项目的基础上，把环保、节能、生态、绿色的项目引进来。

【打造“社会主义核心价值观”廉政文化园】 3月27日，在清水塘路社区公园“廉园”里，清水塘街道以“社会主义核心价值观”为主题的廉政文化园顺利完工，吸引了众多游园人员的眼球。近50幅系列宣传牌匾由清水塘街道文化志愿者创作而成，以文字为主，配以模范人物或漫画形式，宣传社会主义核心价值观，告诫人们需要坚持什么，需要改进什么，需要杜绝什么。幽静的公园小道旁矗立着12座核心价值观主题灯柱，《雷锋日记》的经典摘要镌刻于上，与红花绿叶相映成趣。社区居民们茶余饭后到公园游玩，不时驻足细读随处可见的雷锋语录。清水塘街道期望通过这种形式，传递正能量，促进党员干部居民群众素质的全面提升，营造风清气正的良好氛围。

【获评首批城市管理示范街道】 6月2日，长沙市城市管理示范街道创建工作现场观摩推进会上宣布，经过一年的创建、评估，开福区清水塘街道被评为长沙首批“城市管理示范街道”之一，跟芙蓉区荷花园街道成为唯一获此殊荣的两个街道。清水塘街道在示范街道创建过程中，街道和社区将辖区单位、门店沿街住户组织起来，成立门店自治协会，明确他们的具体责任，并通过开展“星级门店”评选、邀请专家进行城市管理知识培训等，让协会自主、自觉参与到城市管理中来，并通过推行门店、单位协会自治模式，市容秩序管理由“少数人管多数人”变成了“多数人管少数人”，充分调动了门店履行门前‘三包’责任的积极性。

【成立楼宇经济工作服务站】 5月24日下午，“大金融时代，共话未来”绿地企业家俱乐部高峰论坛，在长沙举行。此次论坛，政商界金融精英同聚一堂，研讨大金融时代下的金融创新与经济转型。与此同时，开福区清水塘街道楼宇经济工作服务站、绿地企业服务平台招商招租中心，也宣布揭牌启动。楼宇经济工作服务站由街道牵头统一管理，为企业提供咨询服务、代办服务、物业服务、商务扶持服务和政策的“现身说法”等服务，成员单位共享信息、服务等资源。开福区清水塘街道楼宇经济工作服务站的成立，顺应湖南省、长沙市关于将长沙建设成为区域金融中心的战略目标，及“扶持和发展具有国际功能的金融城”的金融产业化新要求。街道将同步配套增设长沙金融生态区规划发展的现场展示，制定楼宇发展规划，实施政策扶植、服务楼宇企业、协调解决问题，以招商带规划、做大规模、做强特色、做优布局、做精服务，提高楼宇企业入驻率和税收贡献率，促进政企联动招商引资工作。

（肖丽娟）

湘雅路街道办事处

工委书记　蒋　君

办事处主任　张　华

副书记、纪委书记、人大工委主任　马子房

副书记、政协联络处主任　李　智

副书记　谢新飞

工委委员　陈芝社　粟拱垡

党政办主任　龚莎莉

副主任　李　诚　黄　毅

【概况】　湘雅路街区地处开福之南，东至芙蓉中路，与清水塘街道相邻；南到湘春路，与望麓园街道、通泰街街道接壤；西临湘江大道；北部接竹山园，与新河街道搭界，辖上麻园岭、新湘路、留芳岭、文昌阁、三角塘、百善台6个社区，202个居民小组，总面积1.39平方千米，总人口45316人，流动人口11902人。街道内设机构10个，党政办、党建办、综治办、司法所、安监站、社会事务办、计生办、经贸办、财政所、城管办，在职在编人员44人，社区工作人员107人。辖区内有中南大学湘雅医院、湖南省卫生厅等单位，有湖南科技出版社、老百姓大药房、泊富国际广场、华声在线等知名企业，有中学1所、小学3所、幼儿园6所。

2015年，街道完成财税收入10649万元、社会消费品零售总额24亿元、固定资产投资40亿元。街道紧扣“一轴两翼四金角”的发展布局，以黄兴北路为中轴，以沿江经济带和金融生态区为振兴之两翼，激活泊富国际广场、华尔街中心、复地·昆玉，凯乐国际等四大楼宇活力，勾勒一张独具湘雅路特色的发展蓝图。街道重视楼宇经济发展，主动招商引资，楼宇内汇聚了众多商贸、金融、信息服务、文化传媒等现代服务企业，凯乐国际已有华声在线、新华健康管理有限公司等50家企业单位正式营业；盛大金禧、广发银行等47家企业成功入驻华尔街中心；泊富国际广场项目引进了华润超市、华为、三星电子、盈石Icity美好生活中心等46家优秀企业，盈石Icity美好生活中心已入驻企业商铺近60家。

团中央书记处副书记汪鸿雁（右二）到街道调研指导区域化团建工作

黄兴北路棚改征收湘雅路段共分三期进行，一期项目1573户私房已全部签约，化解遗留问题5户；二期项目涉及私房232户，完成签约229户，为98.7%，化解遗留问题12户；三期项目涉及私房101户，完成签约99%。S10-3地块，于2015年11月份启动，全部签约，刷新了新的征收速度，创造了湘雅速度。复地·崑玉国际项目一期建设全部完工；海盟国际项目已完成主体建设与室外装饰，福善园项目已建至地上5层。

2015年，街道制定了《城市管理工作实施办法》，做到责任上肩、落实到位。实施精细化管理，开通“智慧城管”系统，实行“一点一巷一路”综合整治试点。坚持建管并重、敢抓善管、精细管理，使城市管理更加严格，切实提升了城市品质。拆违控违实现基本清零，全年拆除违法违章建筑195处、11854平方米，清理场地1.1万平方米，清运垃圾0.45万吨，在开福区内街中荣登榜首；在“水上拆违”方面，完成7条趸船的签约和取缔任务；积极创建长沙市城市管理示范街道，完成了上麻园岭西巷、工农街、文昌阁巷的微循环改造，修建了铁佛东街、上麻园岭社区停车场，强力整治了湘雅医院周边、大王家巷等重点区域；开展“学雷锋志愿大清扫”活动40次，全面清理了街巷“牛皮癣”、卫生死角。2015年，街道荣获长沙市城市管理工作“十佳街道”，荣获开福区项目建设、征收拆迁、拆违控违等工作一等奖。

建立了“一站式”政务服务中心，做好了社保、救助等工作，2015年，发放低保金2680万元，大病救助103人、25.85万元，优抚金28.8万元、临时救助3.6万元、残疾人救助36.5万元；街道“手牵手　一起走”书记项目，实行党组织、党员、团员、群众手牵手，结对党组织23个，帮扶困难群众237户，办理各类民生问题230余件，并结合“一进二访”工作，重点帮扶了87户特困家庭。推行网格化管理、“文明门店联盟”，结合“湘雅青年魔方”区域化团建品牌，创建“新家园”品牌。全街办理居民生育证524本，符合政策生育率为97%，人口出生率11.8‰、人口死亡率4.98‰、人口自然增长率4.98‰；组织免费优检105人，申报城镇独生子女1042人，除城镇独生子女奖励外，共发放计生奖励扶助85.946万元。制定了《社区工作者管理办法》，在全区率先实施；所有社区均安装了健身器材，与单位共建篮球场4个，各类体育活动场所5处。辖区有中学1所，即湘雅中学（2015年6月最后一届学生毕业），小学3所，即三角塘小学、新竹小学、麻园岭小学，幼儿园6所；辖区有医院6所，分别是湘雅医院、湘雅口腔医院、中信湘雅、仁爱妇产医院、中心医院分部、新华健康医院，卫生监督机构1所，湖南省卫生监督所；社区卫生服务中心一个，社区服务站2个（湘雅路街道湘雅路站、湘雅路街道油铺街站），其中医生17人，护士24人，医技人员9人，病床57张。

全年调解各类纠纷52起，提供法律咨询98起；破解各类刑事案件31起，治安案件67起；做好了83名刑释解教人员的安置帮教工作，实现帮教率100%，安置率100%。街道领导亲自带队对辖区内大型商业、宾馆、旅社、工贸企业进行安全生产检查，安监站对存在的无安全标识、安全通道堵塞、灭火器过期、货梯存在安全隐患、无职业病防治监测与评价报告等问题进行了一一排查，详细登记，下达整改通知书，督促立即整改，做到安全问题零容忍。全年开展安全生产隐患大排查8次，专项整治检查13次，发现各类隐患65处，整改到位30处，辖区内无一起安全生产责任事故。

【成功处置地铁1号线施工灾情】　5月8日凌晨1时，1号线地铁施工因地质情况变化引起位于盾构上方的开福区大王家巷猴王集团宿舍部分墙体开裂、2平方米左右地面出现沉降。事件发生后，长沙市委、市政府主要领导高度重视，分别作出指示，开福区、市轨道集团迅速开展工作，开福区委副书记、区长廖建华要求立即采取措施，确保群众安全；开福区委副书记沈裕谋迅速赶赴现场；黄兴北路棚改征收指挥部、湘雅路街道立即启动了应急预案。凌晨3时，开福区、市轨道集团联合召开了现场调度会，成立现场处置领导小组，下设人员疏散组、现场管理组、现场检测组等10个工作组，各司其职，有条不紊的开展工作。5月8日7时40分左右，市政府副市长黎春秋到现场指导工作，要求查明情况，采取措施，确保施工安全和人民群众的生命财产安全。灾情共疏散600人次，无人员伤亡。

【开展“暖心驿站”送温暖活动】　12月14日，湘雅路街道工委联合老百姓大药房湖南党委举办了“暖心驿站”送温暖活动，为冽冽寒冬里的环卫工人送去了丝丝温暖。为了让环卫工人在冬日喝上热腾腾的暖心茶、用上热烘烘的暖手宝，老百姓大药房在全国启动1500家环卫工人“暖心驿站”，为环卫工人准备热水、热茶、微波炉、休息桌椅，真正让环卫工人有个避暑避寒的休息区。活动现场，第五届全国道德模范提名奖、全国劳动模范、老百姓大药房董事长谢子龙用实际行动诠释了“一切为了老百姓”的真意，为开福区的环卫工人赠送了2000个暖手宝，让环卫工人们倍感温暖。此次活动是湘雅路街道工委通过“手牵手　一起走”与老百姓大药房湖南党委共同服务辖区环卫工人的一个缩影，街道将继续与辖区党组织用行动共同诠释“为人民服务”的宗旨，让群众更舒心、更幸福。

【开展“导航青春　点靓湘

雅”活动】 5月7日上午，湘雅路街道携手辖区单位在华声在线凯乐国际前坪举行了以“导航青春　点靓湘雅”为主题的“青年服务月”活动启动仪式，团省委领导冯子龙、团市委领导叶妙、长沙市中级人民法院、区文明办、区团委等领导到活动现场，中南大学湘雅医院、湖南省教育报刊社等辖区单位及街道、社区代表参加了此次活动。启动仪式上，湘雅医院青年代表邓磊带领全体青年朋友宣读“导航青春　点靓湘雅”倡议书，倡导青年争做“四好青年”，用坚持和汗水去争做爱国敬业、诚信友善、勤学修德、明辨笃实好青年。团省委部长冯子龙宣布湘雅路街道“青年服务月”活动正式启动，为活动拉开了帷幕。仪式后，与会领导与辖区青年朋友纷纷在“用社会主义核心价值观导航青春、点靓湘雅”的海报上签名，用行动去证明：以青年力量点靓湘雅。“青年服务月”还开展了急救知识培训、青年沙龙、青年联谊会等一等系列活动，进一步以社会主义核心价值观导航青春，引航湘雅路街道的各项事业发展。

（石芳宇　陈秋萍）

伍家岭街道办事处

工委书记　黎　琴
办事处主任　易福龙
副书记、纪委书记、政协联络处主任　张　燚
副书记、人大工委主任　谢俊灿
工委委员　龙文彪
副主任　谢险峰　李建波

伍家岭街道办事大楼外景

贺伟毅　罗　洋

【概况】 伍家岭街道地处长沙市开福区中部，东与开福区四方坪街道为邻，南连东风路街道，西临新河街道，北接芙蓉北路街道，总面积6.01平方千米，总人口50796人，其中常住人口39976人，流动人口10820人，辖科大佳园、浏阳河、蒋家垅、紫荆园、建湘新村、陡岭社区和花城7个社区。街道在编人员48人，其中行政编制10人，事业编制28人，工勤编制10人，内设7个机构，党政办、综治办、计生办、经济办、财政所、城管办、民政办。街道获评长沙市“宣传思想文化工作先进单位”“建设更高水准全国文明城市工作先进单位”“首批标准化安监站”“2015年度护路护线平安典型培育示范街道”“长沙市乡镇街道统计站目标管理综合考评二类单位”“2015年基层人社平台标准化建设优秀街道人力资源和社会保障服务站”等荣誉。

全年完成财税收入8004万元，社会消费品零售总额53.26亿元，固定资产投资54.2亿元，规模以上工业总产值1.92亿元，内联引资14.6亿元，外贸进出口2000万美元，利用外资3200万美元。华创国际广场30万平方米建设实现封顶，商业裙楼进入室内装修阶段，凯乐微谷引进了数十家知名企业入驻；健郡大厦、九尾冲定向房源建设项目稳步推进，宜家湘颂1栋、2栋、3栋已开始预售。全年办理国有土地房屋产权证7000本，企业社会化职能分离移交工作已完成17家，圆满完成了31%人口抽样普查和2014年、2015年新增、变更、注销单位核实及录入工作。

2015年，围绕长沙市史上“最严格、最精细、最到位”的城市管理工作要求，积极作为，深入开展城市环境综合整治。成立7支志愿者协会，全年开展大清扫等志愿服务活动38次，与全街1203家门店业主签订了“门前三包”责任书，纠正各类违章行为1万起，办理行政处罚案件912起，处罚金额89760

元。全年，拆除各类违法违章建设392处，8371.35平方米，实现辖区违建“基本清零”的目标；提质改造路（地）面27000平方米、改造立面10000平方米、新增停车位342个、晾衣架50套、休闲桌椅4套。拆建和提质让老百姓得到了实惠，获得了广泛好评，前三个季度街道数字化城管排名内街前三，元月被评为长沙市城市管理“十佳”。

陡岭路东厢棚改项目、开福寺路（芙蓉路—东风路）建设项目、伍岭路和浏阳河小学建设项目257户私房、36户公房及20个临街门面全面征拆完成，征收工作走在全区前列，其中陡岭路东厢棚改和开福寺路（芙蓉路—东风路）两个项目的征拆更是为区政府在市对区绩效考核中赢得加分。安置工作及时跟进，共办理85户棚改安置补贴，11户经适房，1户廉租房，1户公租房，有力保障了拆迁户的合法权益。

坚持“深怀爱民之心，恪守为民之责，多办利民之事”的执政理念，成功处理多起长期困扰街道发展的历史遗留问题，调处矛盾纠纷110起，调处成功率100%；成功化解区级重点信访事项2件，有效制止进京非访14次；开展各类整治行动7次，环境得到改善，治安得到好转，群众安全满意度大大提高。全年共开展10次安全生产大排查和5次“打非治违”专项行动，举办了以“加强安全法治，保障安全生产”为主题的安全生产月活动。《长沙晚报》、长沙新闻频道进行了专题报道。全年未发生一起安全生产责任事故。

坚持“以人为本、为民解困、为民服务”的工作宗旨，全力推进民生保障工作。2015年，全街低保户数9532户，19676人，发放低保金额531.68万元；发放优抚对象、参战人员补贴、节日慰问、立功受奖奖励等优抚款26.93万元；实施大病医疗救助194人次，发放救助金34.55万元；办理低收入认证135户，无房证明351户，经济适用房货币补贴120户，廉租补贴42户，廉租房32户；实施精神病人药物救助94人，住院救助6人；实现再就业537人，办理“就业失业证”198本；新增企业养老保险816人，工伤保险979人，城居居民医疗保险市级缴费人数8769人，城居养保缴费率100%；办理殡葬服务费用补贴25人，补贴14174元；享受高龄老人生活补贴65人，全年发放补贴金额75150元。全街持二代残疾证残疾人433人，全年发放残疾人各类补贴4.3万元。

紧紧围绕“加大力度，夯实基础，创新特色，争先进位”的工作思路，正确面对新情况，努力适应新形势，积极探索新机制，推进社会事业全面发展。年末街道全员人口信息录入人数39449人，育龄妇女人数9484人，流入人口11299人，流出人口915人；全年出生359人，符合政策生育率95.26%；全年街道特别家庭奖扶新增4人，通过年审85人，发放金额40.8万元，其中伤残28人，失独57人。城市低保奖扶新增3人，通过年审37人，发放金额2.18万元；符合再生育政策自愿放弃生育奖励一对夫妻，享受金额0.2万元；独生子女保健费新增187人，城镇独生子女父母奖励自2009年10月22日以来或享受5000元或享受每月80元的对象已录入4546人次；荣获长沙市流动人口卫生计生基本公共服务均等化示范单位。街道通过租赁、扩建和开发商提供办公用房等形式，实现社区服务阵地的达标提质；依托党员骨干队伍组建了52支志愿服务队，引入了“快乐堡”青少年培育、“爱希会残疾儿童康复中心”等一批专业化的社会服务组织，提高了社区服务的专业化水平；创建了被中央电视台报道的邓学东先锋工作室，全国道德模范“任菲莉爱心热线”“党员服务群众直通车”等一批在全国、全省有影响力的服务品牌；举办了“幸福社区节”7期，群众活动精彩纷呈，中央、省、市各类新闻媒体全面宣传报道75次，其中中央文明网13次、省级媒体20次、市级媒体42次。

【举办“幸福社区节”】 伍家岭街道“幸福社区节”创办于2010年，目的是为本地区的群文爱好者搭建一个自娱自乐的交流平台，经过五年发展，它已经成了街道群文活动的场所，更是成了市民教育的阵地、政策宣传的舞台、群众工作的延伸，以及精神风貌和文化特色的展示平台。3月27日，伍家岭街道2015年度“幸福社区节”启动仪式暨第一期“美丽中国梦·幸福伍家岭”主题活动在波隆立交桥下市民文化广场拉开序幕，区政协主席熊建伟，区委常委、宣传部部长杨应龙，区委宣传部副部部长甘芳出席。4月29日，伍家岭街道第二期“幸福社区节”暨花城社区“党员志愿者服务群众直通车”项目启动仪式在湘水谣酒家前坪举行，区委宣传部副部长、文明办主任彭震出席。5月19日，伍家岭街道2015年第三期“幸福社区节”活动在波隆立交桥下市民文化广场举行，农工党省委邓学君、区政协主席熊建伟、政协党组副书记邓毅芳、政协秘书长李劲松、区文明办主任彭震出席。7月24日，伍家岭街道在市民文化广场举办了第四期“中国梦·社区美”为主题“幸福社区节”活动，长沙市环保局机关党委书记熊罗明、法宣处处长陈启栋、开福区文明办主任彭震出席。8月27日，伍家岭街道举办了第五期“关心下一代·共筑中国梦”为主题“幸福社区节”活动。区宣传部副部长、文明办主任彭震，文体局局长王艳，文体局副局长成娟出席。举办“幸福社区节”活动，极大地丰富了群众文体生活，进一步连民心，听民声，解民忧，把党的关怀和温暖及时传达组基层群众，力所能及为群众办好事、办实事，收到了良好的社会效果。

（吴晓玲）

新河街道办事处

工委书记　梅文辉

办事处主任　殷建锋（2015.8任）

　　　　　　孙铁龙（2015.8免）

副 书 记　李东海（2015.11任）

　　　　　　易松柏（2015.4免）

街道工委委员　杨　剑　李　宏

　　　　　　封新跃

　　　　　　聂义平（2015.10任）

副　主　任　王小明

　　　　　　张正军

　　　　　　贺迎春（2015.10任）

【概况】　新河街道东临芙蓉北路，南接百年湘雅，西望湘江，北眺浏阳河，三馆一厅，开福寺聚集于此，辖区总面积6.14平方千米，总人口5.4万人。街道有行政、事业编50人，内设机构7个，党政办、民政办、城管办、计生办、综治办、社会事务办、经济办，辖三角洲、幸福桥、开福寺路、凤嘴路、友谊、北桥新村、陈家湖、新河路、竹山园9个社区。辖区内有1所中学、2所小学、4所幼儿园、1所区妇幼保健医院。

2015年，新河街道辖区内有法人单位932家，个体工商户1075家，全年完成区级税收11825万元，占年计划的101%；社会消费品零售总额47亿元；固定资产投资59亿元；规模工业产值29亿元；内联引资形成固定资产投资22.3亿元，省外境内投资17.5亿元。

2015年，街道有重点工程项目6个，北辰三角洲、天健芙蓉盛世二期、君悦新天地项目、新河大厦项目、湘商大厦项目、开福寺文化街区棚改项目，街道主动沟通协调，优质服务，项目建设成效显著。岁宝百货所在时尚公寓楼已入住各类公司、酒店17家，成为街道新培育过500万税收的商务楼宇；北辰三角洲中央核心商务区和现代凤凰商业区引进中信银行湖南省分行、洲际酒店、日立湖南总部等企业400家，注册资本20亿元，孵化上市企业10家，其中蓝猫、山猫、畅飞动漫、草花互动、天磊等核心动漫游戏企业将在核心园区购置集团办公场地，引进动漫游戏产业企业160家，还引进了

开福寺全景

创客空间打造中南五省第一家创客空间，创新驱动湖南省的产业转型升级，华安保险公司湖南总部与深天健即将签约入驻，其他楼宇招商的项目也正在对接和洽谈中。中信银行增加营业税2亿元，所得税1亿元。2015年，街道荣获开福区项目建设先进街道、开福区城市征收工作先进街道（一等奖）。

2015年，新河街道成立控违拆违专业队伍，明确专人负责，建立日常巡查制度，实施"动态拆除"，全年拆除违章62处、6481.37平方米，超额完成任务数；加强日常管理，严格按照"城市管理网格化"要求抓好数字化管理工作，实行"分片、分区、定人、定位"原则，及时有效进行处置，街道会同执法中队，建立联动和督办机制，提高数字化处置率和结案率；成立由公安、工商、城管组成的综合执法队伍，开展"最严城管执法"和"四大行动"，进行劝导纠章1500人次；联合组建专业队伍，专门负责清理乱张贴、乱涂画以及市容环境管理；建立市容环卫巡查监督制度，落实"门前三包"责任制，与2360个单位、商铺签订长沙市门前市容环境卫生责任书；积极组织街机关干部与社区志愿者，每周星期五对辖区开展环境卫生大扫除活动，整治卫生死角，参加人员3000人次；扎实开展了春季灭鼠灭蟑活动，发动单位和社区居委会治理"四害"滋生场所，完善室内外除"四害"设施，组织爱卫专干进行春季灭鼠对口检查，确保了灭鼠灭蟑、除四害工作有序进行；协调区食安局等职能部门，对辖区内中、小餐饮行业进行地毯式清查行动，将各门店进行登记造册，并录入食药监局信息系统，对存在食品安全隐患的门店下发整改通知书100份。2015年，街道荣获开福区街道拆违控违优秀街道。

2015年，设置8个治安岗亭，加强重点部位治安防范，推进视频监控系统建设，形成由巡逻中队巡线、社区民警管片、派出所控面，"天网""地网"联动的治安防控网络；开展校园周边环境综合整治、反对邪教、禁毒等工作，取得良好效果；街道有社区矫正对象90人，解矫59人，所有矫正对象再犯罪率为零；全年调解各类矛盾纠纷80起，调处成功78起，参与市、区处置突发性维稳事件8起，接访、劝访200人次，受理各类来信来访29件，其中信访件18件，在这些来信来访件中，已处置27件，做到事事有回音，件件有落实。在各次的维稳特护期内，街道对涉拆、涉军、传销及国企改制群体做了大量而细致的思想劝导和化解稳控工作，全年无一人进京上访，未发生一起安全生产责任事故。

2015年，街道完成五项保险扩面2370人；城镇新增就业人数594人，办理"社会失业登记证"795本，失业人员实现再就业475人；全街城市低保3779户、6454人，发放低保金211.56万元；大病救助22人次、2.97万元；发放助学金16人次、3.8万元；特困户救助24.79万元。全年为271户提供住房保障（其中廉租补贴12户、实物配租21户、货币补贴238户）；申报低收入认定327户、发放低收入凭证319户、居民住房信息上传537户、出具无房证明478户、无公房证明478户、低收入信息审核331户；发放高龄补贴人数850人、20.71万元；发放城乡居民殡葬服务费补助30人、1.27万元；发放重点优抚对象生活补助金72人、43.09万元；春节慰问73人，发放慰问金3万元；残疾人补贴9人，发放补贴5.4万元；"八一"慰问优抚对象73人，发放优抚金1.48万元；"85人"发放慰问物资、发放抗美援朝慰问金6000元，慰问抗日老战士2人、发放慰问金1万元；重残补助人员184人，补助费8.8万元，发放重残护理补贴14万元；扶持救助五保户、优抚对象、贫困残疾人、孤寡老人、参战退伍军人、贫困党员1697人，发放各类慰问扶助金18万元。

2015年，3个社区完成办公用房达标建设，2个社区制定了办公用房改造计划书。街道辖区户籍人口为45336人，其中流动人口9235人，育龄妇女12658人，已婚育龄妇女9855人，年度出生总人数为281人，与2014年同期对比减少了9人，其中男婴127人，女婴154人，男女性别比为82.47，死亡165人，人口自然增长率0.394‰。街道全面开展生育关怀行动，为822户纯居民独生子女家庭，发放保健费19.04万元；为133户死亡伤残家庭，发放扶助金额63.84万元；为30户低保家庭，发放扶助金额1.7万元；为3名放弃再生育对象，发放奖励金额3000元；全年办理特别扶助专项补贴（当年失独）对象10个，扶助金额5万元；

全年共申报城镇独生子女父母奖励1675人，现有6087人进入发放状态；为独生子女家庭购买疾病和意外伤害保险共计7万元，开展生育关怀专项及特困家庭生育关怀补助共计2.7万元。

【承办“中国梦·福汇新河”长沙市第二届琼花艺术节】 4月8日，“中国梦·福汇新河”长沙市第二届琼花艺术节开幕式在开福区紫凤公园隆重举行。此次艺术节是由长沙市园林管理局、中共开福区新河街道大工委主办，开福区新河街道办事处、长沙市紫凤园管理处承办，长沙新时代医药有限公司、湖南省粮食集团、省粮食局、长沙市新奥燃气公司等协办。作为此次琼花艺术节的承办单位，新河街道办事处及紫凤公园旨在通过此次活动，深化“中国梦·福汇新河”党建宣传及群众文化品牌，号召全社会共驻共建以琼花为主题的文化公园，活跃群众文化，营造追寻“中国梦”的浓厚氛围，全民共建共享文明和谐秀美幸福新河新家园。此次艺术节为期4天，由谱写党建新河、精美新河、幸福新河和圆梦新河4个篇章组成，节目形式多样、内容丰富，既有时尚弦乐演奏又有诗琴书诵。其中最具特色的是大型原创歌舞《魅力紫凤、福汇新河》，既唱出了紫薇栖凤的高洁意境、又舞出了新河人的骄傲与奋进，把新河精神传递得更广更远。

【政协委员进社区　名家会演唱响“幸福新河”】 4月10日，街道围绕区政协提出的“汇聚委员正能量，共促开福大发展”的主题思想，由新河街道政协联络处及政协委员工作站10位政协委员共同出资捐款，开展“政协委员‘三服务’社区行暨湖南省花鼓戏艺术研究会名家会演”活动，旨在弘扬湖南独特的文化品牌“花鼓戏”这一非物质文化遗产。在“中国梦·福汇新河”长沙市第二届琼花艺术节第三篇章“幸福新河”中，以湖南省花鼓戏艺术研究会选送的琼花花鼓戏的形式，为群众带来精彩的文艺会演，委员们通过社区行活动在现场收集社情民意，认养琼花树，发挥政协委员在基层服务群众的重要作用。区政协主席熊建伟、副主席邓毅芳、秘书长李劲松、区工商联党组书记张曙辉、区政协专委会主任及全体政协委员等出席活动。

【市人大常委会主任会议成员调研开福寺建设】 11月5日，市人大常委会主任袁观清率主任会议成员，就“关于将开福寺恢复成为湖湘佛教名刹的建议”进行调研督办。2014年年初，在市十四届人大二次会议上，裴文欢、释能净、张智博三位市人大代表提出了“关于将开福寺恢复成为湖湘佛教名刹的建议”（第130号）。建议市政府将开福寺整体规划列入打造长沙两型社会”及国际文化名城的重点项目，恢复千年古寺的历史风貌。市委、市人大、市政府领导高度重视，亲自实地调研、亲自组织督办，明确了办理单位和督办领导，建议办理工作取得明显成效。当天，市人大常委会主任袁观清一行深入新河街道，实地调研开福寺周边地块棚改征收情况，现场察看了清代光绪年间修建的龙王庙文物项目及开福寺整体情况和现有格局，随后召开市人大常委会主任会议成员调研座谈会，听取了区长沈裕谋开福寺周边地块棚改项目征收及建设情况汇报。袁观清强调，相关责任单位应主动协调、积极配合，以这次棚改为契机，再加油再加速，尽早尽快恢复好、建设好开福寺，让代表满意、为百姓造福。

（彭　清）

东风路街道办事处

工委书记　田　营
办事处主任　王　强
副书记、纪委书记　刘桐开
工委副书记　常　青
办事处副主任　陈　林（2015.11免）
　　周飞跃　马雄辉
工委委员　王雄球　夏大石
党政办主任　陈鑫敏

【概况】 东风路街道位于长沙市开福区东南部，东邻车站北路，南接德雅路，西至芙蓉中路，北达三一大道，总面积5.6平方千米，辖东风路、精英路、王

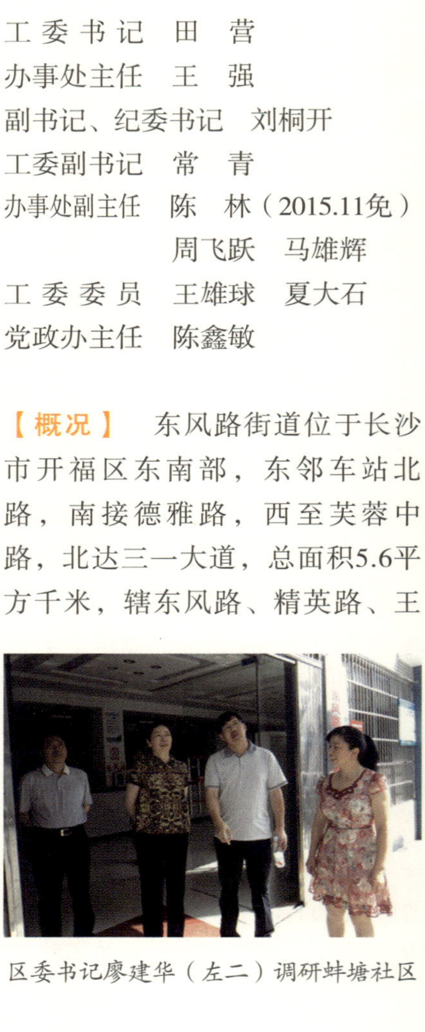
区委书记廖建华（左二）调研蚌塘社区

家垅、砚瓦池、德雅路、蚌塘、浏河、国防科大8个社区，共395个居民小组，总户数21009户，总人口56760人，其中流动人口5799人。楼宇有新时代广场、好来登酒店、华府一航线、观园国际、欧波港湾，金融企业有北京银行、渣打银行、新韩银行、平安财险、鲁银融资租赁有限公司，政府机关单位有湖南省民政厅、省社会科院、省招标局、省长线局、省电视台、省电影公司、市综合开发公司等单位，有大学（含区老干大学）2所、中学（含职业中专）2所、小学5所、幼儿园6所。街道内设机构7个，党政办、经济办、综治办、城管办、卫计办、社会事务办和财政所，二级机构2个，两保站和政务服务中心，行政编制11人，事业编制34人，实有在岗人员51人。

2015年，全年实现工业总产值84.2亿元，完成财政税收7116万元，其中地税5655万元，国税1461万元，同比增长10.2%；完成社会消费品零售总额24.55亿元，完成社会固定资产投资31亿元，完成内联引资固定资产投资14亿元。街道成立了楼宇经济领导小组，制定了《东风路街道促进楼宇经济发展的实施办法》，在新时代广场、富兴金融城等重点楼宇挂牌成立了服务工作站，已形成规模楼宇5个，新时代广场已入驻企业186家，年税收近3亿元。引进企业77家，其中注册资金千万以上的企业有7家，注册过亿的企业1家。完成了34栋共390户房产处遗，其中完成湖南制药7栋处遗办证182户，自行处遗27栋共208户。

2015年，街道重点推进了富兴金融城、蚌塘双子座2个项目建设，其中富兴金融城是市级重点项目，街道靠前服务，协助富兴集团解决施工问题8个，保证了富兴金融城的顺利建设，富兴金融城除影院部分外均已封顶，集中商业基本封顶，写字楼平均已建至地上12层，蚌塘双子座已于8月份封顶开售。三维地块102户棚改征收扫尾工作顺利完成，全部签约并腾房；潘家坪路冷库二栋63户棚改已全部签约腾房；精英路棚改征收项目，完成签约218户，为签约任务的70.8%。

2015年，东风路街道综治维稳工作按照“为民解忧，矛盾化解”为主线，服务棚改征收，召开集体法律现场答疑会10场次，出具或修改法律意见书15份，接待法律咨询100人次；调处各类矛盾纠纷112起，调解成功110起，纠纷受理率100%，调处成功率98%。与10个社区、62个驻街单位签订《安全生产目标管理责任状》，开展“九打九治”等安全生产大检查，现场检查记录160份，检查电梯58台次，检查生产经营单位155家，取缔2家无证经营液化气站，全年无一起安全生产责任事故。

街道城市管理工作坚持“以制度化促常态化，以常态化达标准化”的工作思路，按照打造“品质城市样板区”的目标要求，力促管理行为规范化，整治行动常态化，执法处罚透明化，制定了《东风路街道城市管理工作考核办法》和《东风路街道协管员制度实施细则》，开展了“史上最大规模的拆违控违行动”“双百”竞赛活动和城乡综合整治行动，拆除项目外违章34处、4297.88平方米，控制新建违章9处，开展整治行动120次，处罚流动摊贩234起，纠正店外经营480起，提质改造老旧化粪池19处，疏通下水管网15处。投入资金35万元，对拆违空地进行提质改造和绿化美化，建成社会停车场1个，社区小花园2个。

全街享受低保1089户、2126人，全年发放低保金额743.59万元；为62名重点优抚对象发放优抚补助42.82万元，为1256人次的80~100岁高龄老人发放高龄补贴35.2万元。新增重残补助11人，共110人，发放补贴10.68万元。为5人办理了就业证，为20位残疾人发放辅助器具，为6名残疾人申请了轮椅，为20名残疾人申请了康复检查，为7名残疾人申请了“康复零距离”活动，为19户残疾家庭申报了托养服务；为20户残疾家庭发放了阳光家园资助2万元，为286名残疾人办理了公交爱心卡。新增计划生育家庭特别扶助20人，发放独生子女父母奖励金23.9万元，办理生育服务证352本、独生子女父母光荣证275本、流动人口婚育证明22本。全年辖区出生人口508人，计划生育率98.6%。辖区学校有小学5所，即东方小学、东方二小、四方坪小学、育德小学、国庆小学；幼儿园6所有；中学2所，即长沙市一中开福中学、长沙经贸职业中专学校；大学2所，即国防科技大学，开福区老干部大学。街道有图书室、科普室、电教室、多功能室、舞蹈室、老年大学活动室，各社区都有体育健身器材，王家垅社区成立了麻将协会。街道图书室共计图册3520多本，社区图书室有8个，配备了书籍8000多册，全街道共计11520册。街道开展文体活动形式多样，举办了“奇迹杯”迎新年乒乓球比赛；在开福区老年电视大学举办了“希望之星”学雷锋演讲比赛；在长沙市一中开福中学举办了“湘江韵律”校园文化青春星声音歌唱比赛。

【易炼红调研王家垅社区党建工作】 3月12日，省委常委、市委书记易炼红到王家垅社区调研基层党建工作，开福区委书记李蔚等领导陪同调研。按照党建工作的统一部署，王家垅社区将10个草根协会与党建工作完美结合，建立健全了先锋理事会、兼职委员进社区、庭院支部3个平台，使广大居民群众增强了党建工作意识，发挥了党员作用，聚集了党建资源。调研中，易炼红对王家垅社区的党建工作给予充分肯定，并鼓励社区继续发挥创新精神，进一步加强基层党组织建设，增强党组织凝聚力，充分发挥党员在经济社会发展中先锋模范作用。

【举行“爱心驿站”授牌仪式】 8月4日，由开福区文明委、环卫局主办，东风路街道办事处承办的“关爱环卫工，酷暑送清凉”暨“爱心驿站”授牌（揭牌）仪式在东风路鸥波港湾前坪举行。东风路街道分别在东风路沿线久久连锁酒店、益丰大药房、观园物业、爱康按摩医院、和泰面馆等5家门店设立“爱心驿站”，倡议沿街门店、企事业单位“关爱环卫工人，共建爱心驿站”，用实际行动善待环卫工人、关心环卫工人、爱护环卫工人，彰显城市文明，关怀弱势群体，弘扬社会主义核心价值观。

【举办“点赞最美公益家庭”活动】 5月20日上午，东风路街道在蚌塘社区，举办点赞最美公益家庭，共建友善邻里关系—2015长沙市“最美家庭”公益家庭展示活动。省妇联副主席周迎春、省妇联宣传部部长李凯辉、市妇联主席谭慧慧、市文明办副主任胡述斌、区宣传部部长杨应龙等领导出席。“寻找最美公益家庭”活动，以自荐或他人推荐的形式将“公益家庭”典型事迹上报社区，并通过层层筛选，最终确定了10个家庭，参与最美公益家庭微信平台展示和点赞活动，点赞时间为5月9日至18日，活动期间获得点赞总票数3265票，最高得票刘建光1164票。活动现场，刘建光、张建军、邹佑红、周文波、刘艳和袁亮坤等家庭的先进事迹在广场屏幕上进行了集中展示，同时“最美公益家庭”还被请到舞台上集中亮相，接收居民代表的“点赞”。通过正能量的传播，弘扬了中华民族的传统美德，更是倡导居民充当志愿者，发扬助人为乐、服务社会、服务人民的“新时代雷锋精神”。

（高小军）

市委书记易炼红（左二）调研王家垅社区党建工作

通泰街街道办事处

工委书记　于文韬
办事处主任　邓宜春
副书记、纪委书记、人大工委主任　杨　佳
工委副书记　吴新辉
工委副书记、政协联络处主任　方云南（2015.11任）　谢跃明（2015.08免）
副主任　王晓工　易海军　周剑兰
工委委员　毛善永

【概况】 通泰街街道位于长沙市中心城区，东部由北向南，依次与开福区望麓园街道、芙蓉区府后街街道相邻；南部与天心区坡子街街道接壤；西部濒湘江，与岳麓区望月湖街道隔江遥对；北部与开福区湘雅路街道搭界，总面积约1.05平方千米，总人口39375人，流动人口12036人。街道办事处内设机构8个，党政综合办公室、社会管理综合治理办公室、社会城市管理办公室、经济贸易办公室、人口与计划生育办公室、社会事务办公室、征收办公室、财政所，在职在编干部总数49人（其中行政编9人，事业编40人），临聘人员16人。街道辖轩辕殿、盐道坪、吉福街、连升街、寿星街、湘春路、西园7个社区。街道有中学2所，小学2所，幼儿园4所。

2015年，完成财税6933万元，固定资产投资31.6亿元，社会消费品零售总额49.5亿元，外贸进出口总额734万美元，内联引资13.52亿元，到位外资3090万美元，新增限上企业2家，楼宇新增企业108家。加强楼宇招商服务，与万达广场搭建了楼宇二次招商工作班子，探索业主返租、整体招租的二次招商模式，B区写字楼出租入驻率88%，C区出租入驻率30%；加强万达广场经营户的税源清理和新入驻企业的手续办理，确保应收尽收。完成财税任务进度居全区第一，街道荣获“湖南省优秀统计站”。坚持征拆遗留问题化解和棚改项目筹备两手抓，多渠道化解涉拆遗留户上访问题，黄兴北路一期的强拆未签户和补征户全部签约清零；做好了潮宗街棚户区改造及历史文化街区项目中山亭西南角棚户区项目和太平路东厢棚户区改造等项目的前期调查摸底工作，为地铁1号线、太平变电站、湘江高排管涵等重大项目建设提供了良好的施工环境。

万达广场

全年累计投入清扫保洁经费220万元，增加社区清扫保洁人员16人，加大背街小巷的清扫保洁和环境维护力度，清除主次干道、背街小巷牛皮癣、小广告600多处，清除地锁180个，纠正店外经营门店800多家，取缔流动摊担300多人次，暂扣、收缴违规经营物品386件，清理和劝离民工占道摆放工具和招工揽活人员300多人。共拆除各类历史违章81处共计5380.62平方米。在主次干道两边规划建设了12处共计200多米非机动车停车位和标识牌，对辖内破损、破旧的基础设施进行维修更换，对缺失的设施进行配备完善，共投入100多万元，累计补损路面6000多平方米，补栽补种绿化带1000多平方米，更换下水道井盖16个，新增配备垃圾桶800多个，更换楼道灯600余个，配备灭火器1500余个，新建大地金墅、湘江大道、西长街、藩城堤4个停车场，增加停车位316个，发放宣传资料8000份。秦皇食府投资20余万元，安装了超低空油烟净化器，解决了油烟污染问题；全年处理解决市民投诉环保问题198起。街道荣获“长沙市城市管理示范街道”。

采集核对信息2600人，做好了社会保障一卡通发放工作；城镇新增就业人数800人，失业人员再就业人数450人，就业困难对象再就业224人，城镇登记失业率控制在2.3%；扶持近5年高校毕业大学生自主创业30人，发放失业保险金领取存折125人，累计办理失业保险金领取资格认证2460人次；新增办理“就业失业登记证”266人，认定就业困难对象149人，企业退休人员办理养老金领取资格认证4886人次，居民养老保险参保实际缴费率100%；城乡居民医疗保险实际参保缴费6720人；审批廉租房补贴44户，廉租房实物65户，经适房货币补贴12户（其中2户为拆迁户），另有12户已享受廉租房补贴的家庭正在集中统一办理转廉租房；全街在册低保总户数1291户，2238人，累计发放低保金989.01万元，办理大病救助295人、救助金额81.97万元。

加强社会治安防控体系建设，抓信访遗留问题化解，化解原中山西路涉拆信访遗留问题5户，化解黄兴北路一期强征排危和补征户6户，现场维稳40次，赴京拦劝、接访30次；解决万达C区100多户危房户和堤下街6户房屋垮塌户的安置补偿。加大安全生产工作的监管力度，开展“九打九治”“打非治违”集中行动，针对无证经营销售烟花爆竹门店、危险化学品存放点、液化气便民供应点进行重点整治，及时发现安全隐患，督促整改并实施关停。全年未发生一起安全生产责任事故，荣获省级安全生产示范街道。

社区阵地建设成效显著，通泰街、中山西路两个社区实现撤并；西园、盐道坪社区分别通过租赁、扩容实现提质扩面达标；吉福街、湘春路两个社区通过功能调整和提质改造，成为社区阵地建设和服务群众的形象窗口。吉福街社区依托社区项目按照标准配套办公用房，打造了市民文化广场、党建文化长廊、梦想孵化馆、“归家之路”党员活动室等阵地。西园社区依托原有办公用房，采用租赁整合办公用房，将原有面积420平方米通过租赁方式增至730余平方米。寿星街社区采用扩建的方式，将办公服务用房由目前的2层半320平方米改扩建为4层600平方米办公用房，现已报建到位。盐道坪社区采用扩建的方式，建立老年棋牌活动室、休息室、阅览室、主任书记办公室。人口与计划生育工作有序推进，全年出生231人（含流动人口）性别比90.9%，自然增长率-0.88%；完成孕前优检119对，办理流动人口一孩生育证14例，流动人口孕检率92%；发放独生子女保健费716人，发放城镇独生子女父母奖励4851人，城市低保奖励扶助家庭新增31人，放弃再生育家庭1户，计划生育特别家庭扶助对象新增31名，共计142名，落实各类奖励、扶助经费92.12万元。街道范围内有社区文体活动中心7个，公共图书室7个，藏书2.3万册；社区文艺团队9支和一支外来务工人员团队，参加的文艺团队人数800人，以“社区艺术节”这个文化品牌，利用各种重大节日，开展自编、自演、自娱的群众性文化活动；以“老巷新文化”品牌为载体，以时务学堂、民国梓园老戏台、韩国临时政府等历史文化资源为平台，邀请知名专家、教授举办各类讲座，在群众中反响良好，全年举办各类文艺演出活动和讲座39场。

【推选服务群众“五彩桥”项目】 通泰街街道人口计生工作坚持“以人为本、服务至上”的工作理念，结合街情，启动“五彩桥”项目，创新“政府主导、部门协同、社会参与、多方关怀”的工作模式，真心实意关怀关爱计生特殊家庭，成效明显。通泰街街道高度重视，成立以街道工委书记为总策划、街道办事处主任为组长的“五彩桥”项目领导小组，联合劳动就业、残联、计生协会、心理服务机构、义工以及社会工作者等多方力量，共同参与，编织一张全方位的服务计生特殊家庭网络；街道在计生特殊困难家庭最多的寿星街社区先行试点，将面积为356平方米的社区服务中心改建为“五彩桥”活动中心，配设专业心理咨询工作室，配备沙盘、沙袋、计生服务室、党建活动室、警务室、图书阅览室、文化娱乐室等，打造工作平台；街道围绕“心理健全、家庭发展、身体健康、夫妻和睦、社会和谐”，精心设计蓝色服务（即成立“五彩桥”服务小分队，建立“一对一”帮扶机制，开展常态化、多样化的服务）、绿色希望（即统一购买医疗保险和家庭意外险，每年免费开展两次体检）、红色关怀（即用足用活现有政策，向计生特殊家庭重点倾斜）、粉红生命（即实施“爱心助孕”项目，对有条件再生育或有领养意愿的家庭给予帮助和支持）、橙色温暖（即开展生日关怀、温暖陪伴、除夕团聚、住院探望等主题活动）五大服务项目，不仅从经济上保障计生特殊困难家庭的生活，更注重以社区为平台从精神上、心理上给予人文关怀，提供贴心服务；街道组织开展十大主题活动，传承希望——赠送绿色植物，感恩母爱——给妈妈的一封信，温暖陪伴——DIY食品，家的味道——除夕团聚，民生关怀——生病慰问、临终关怀，亲人团聚——庆祝生日，健康行动——组织体检，心灵之约——情感疏导，怡智家园——助残行动，共建社区——社区活动，促使计生特殊困难家庭成员积极地重建身体和心理双重的健康心态，重新融入社会。其成功做法在《中国人口报》《湖南日报》、湖南省卫计委门户网站等媒体报道推广。

【举办社区寿星文化艺术节】 11月5日上午，寿星街社区在潮宗御苑C栋前坪举办第三届寿星文化艺术节暨金婚老人庆典活动。社区书记社区内五对金婚老人颁发了“金婚和谐家庭”荣誉证书，活动现场分享他们四代同堂、和谐美好、感动生活的家庭故事。通泰街街道寿星街社区是典型的人口老龄化社区，为弘扬尊老、敬老、孝老美德，让社区老年朋友享受到更多关爱，真正让他们“老有所乐、老有所学、老有所为”，社区精心策划每年一届的“寿星文化艺术节”活动，能打造寿星文化全新服务模式，让辖区老人有一个自我展示平台，全方位多视角培育和践行社会主义核心价值观。

【长沙首个社区综合服务中心成立】 3月31日上午，通泰街寿星街社区综合服务中心正式挂牌成立，标志着今后该社区居民可享受到社工提供的专业服务，同时这也是长沙市首个社区综合服务中心项目，开启社区综合服务先河。寿星街社区综合服务中心是由长沙市民政局支持，开福区社会服务组织联合会与寿星街社区联合实施的社区服务项目。项目主要以社区居民为中心，派驻专业的社工运用社区工作手法提供社会工作服务，针对社区居民需求提供活动和常规服务两种模式相结合的服务，由浅入深的满足居民的需求，丰富社区居民的生活。

【召开“城管示范街道”推进大会】 10月22日下午，通泰街街道召开创建“城管示范街道”推进大会，街道工委副书记、办事处主任邓宜春作大会报告，他从深化创建认识、查找创建差距、强化创建措施三个方面全面梳理“示范街道”创建工作，把准创建工作脉络，并号召辖区各门店经营户、驻街单位、居民群众积极参与到创建中来，共建美好城市。市城管局基层指导处处长匡绍武，对通泰街街道创建工作予以高度肯定，并提出要更加坚定信心、更加精准发力、更加攻坚克难，以取得更好的工作实效。区委常委、副区长邹犇淼指出，通泰街街道作为典型的老旧中心城区，背街小巷多，棚户面积大，基础设施薄弱，能够取得目前良好的成绩，说明街道是下了狠功夫的。他强调，创建“示范街道”要真正做到切实领会创建工作的意义，城市管理工作既是提高城市品位的需要，也是文明创建的需要；要转变观念，变被动为主动，街道要主动作为，广泛发动居民群众积极参与，提高市民积极性、门店自觉性、公众参与度和驻街单位的融合度，共同发力，共驻共建。

【市委书记易炼红调研指导通泰街街道城市管理工作】 8月30日上午，省委常委、市委书记易炼红在开福区委书记廖建华、区长沈裕谋的陪同下，调研指导通泰街街道城市管理工作。易炼红书记一行实地考察了中山路、三贵街、连升街、楠木厅、永清巷，以及连升街社区“陈云章公馆”“韩国临时政府”文物保护点。调研中，易炼红对通泰街街道狠抓背街小巷市容环境整治工作表示肯定，并指出连升街社区作为通泰街街道重点打造的“人文社区”，有着极为深厚的历史文化底蕴，是街道对外展示的一个形象窗口，严抓城市管理工作不仅要抓“面子”，更要抓“里子”。他强调，全市开展“史上最严城管”归根结底是为广大市民营造更加舒适宜居的工作生活环境，开展“史上最严城管”，务必要做到：一是要把“城管为民”“城管从严”的理念落实到每时每处，把最严格、最精细、最到位的城市管理深入至大街小巷。二是要坚持整治从严、执法从严、考核从严外，还要以严的理念、严的措施、严的作风开展城市管理工作。三是要全面发动市民参与，汇聚民力抓好城管，形成常态，共治共建共享“品质长沙”。

（李　治）

四方坪街道办事处

工委书记　李　智
办事处主任　贺华勇
工委副书记、人大工委主任
　　周　强（2015.11任）
　　何乐鸣（2015.11免）
工委副书记、纪委书记、政协联络处主任　王　丹（2015.11任）
　　雷凌湘（2015.07免）
　　黄卫国　张文俊
党政办主任　胡　蓉
副 主 任　黄永革　彭　超
　　袁玉宝（2015.11任）

【概况】　四方坪街道地处开福区中南部，东部及东南部临浏阳河，与开福区月湖街道一衣带水；南部以浏阳河为界临芙蓉区；西部以车站北路为界与东风路和伍家岭街道毗连；北部临栖凤路濒浏阳河下游，与开福区浏阳河街道隔河相望。街道辖科大景园、丝茅冲、李家冲、金帆、黑石渡、四方、四季美景、左岸、滨江、胜利10个社区，总面积3.91平方千米，总人口82379人，其中城镇常住人口48612人，流动人口33767人。辖区内有中学1所、小学1所、幼儿园20所。街道内设机构10个，党政办、综治办（含安监站）、经济办（含食安办）、社会事务办（劳动保障站）、卫生和计生办、城管办、综合开发办、创新办、先福红色遗留办、财政所，归口管理福安垸水利管理所，在编在岗工作人员54人。

2015年，全街完成财政税收7138万元，同比增长0.31%；完成全社会固定资产投资38.2亿元，同比增长17.54%；完成消费品零售总额90亿元，同比增长18.24%；完成工业总产值16亿元，招商内联引资形成固定资产投资11亿元，到位外资1980万元。加强永通商邸、鑫政大厦、捞建大楼等楼宇“二次招商”及长城万富汇、海洋半岛三期等项目“一次招商”的服务指导，引进了湖南裕丽机电安装有限公司、湖南泽一资本管理有限公司、湖南孜达科技发展有限公司等50万元以上的企业124家。联合公安、工商、税务对胜煜投资公司、信德投资公司两家涉嫌非法集资的企业进行了调查。

树立“抓项目就是抓发展”的理念，以求真务实的工作作风，全力配合相关部门做好栖凤路、海洋半岛、长城·万富汇等项目建设的服务工作，完成地铁三号线建设腾地工作，完成海洋半岛花园项目二期建设，优化长城万富汇商住楼宇施工环境，完成项目封顶。抓好胜利村城中村改造项目，将胜利村可供开发改造的13.84公顷土地分三期进行。一期胜利村拆迁农民安置房项目于2014年启动，二期栖凤路项目线外拆迁（约2.87公顷）于2015年4月10日正式启动签约，三期二环线以西整个片区（约7.07公顷）于2015年11月1日正式启动签约，签约215户，完成98.2%，项目进入征拆扫尾阶段。做好319国道以南的丝茅冲棚户区、毛巾厂等工矿棚户区的调查摸底，为来年启动棚户区改造打下基础。

全年清理垃圾185车，清扫路面180万平方米，清洗路面150万平方米，清理堆物900处，清除“三乱”小广告、牛皮癣14000平方米，确保辖区“五无五净”。开展大拆违“双百”竞赛活动，拆除毛家桥二环线附近桥下、毛家桥水果市场南面违章建筑1万平方米，拆除胜利社区教师村北开安置房周边违法建筑3万平方米，全年拆除违章户外广告4250平方米，全年拆除违法违章建筑13万平方米，《湖南日报》《长沙晚

浏阳河

报》等多次进行了宣传报道，产生了较大的社会影响，城乡环境品质倍升。新建公益停车位1569个，在金帆小区、麦德龙前坪建成停车位800个，拆除违规地锁208个，清除路障27处，对违规停放车辆抄牌715起。

2015年，辖区低保户762户、1123人，人均享受低保金269.98元，占城市人口比例2.06%；114人次的困难群众申报了各类临时救助，发放金额3万元；51人次的特困居民得到大病救助，救助金额14.52元；参加城镇基本养老保险395人，参加企业基本养老保险395人，参加城镇基本医疗保险261人，参加城镇居民基本医疗保险12518人，参加失业保险135人，领取失业保险金201人；参加工伤保险170人，参加生育保险85人，23人次享受了生育保险待遇。推进福嘉园保障住房分配工作，分房837套，分房过程稳定有序，拆迁群众喜迁新居。

建立健全信访责任体系，把先福村遗留问题处置工作摆在维稳工作的重中之重，协调区审计局、国土、城建投等单位，进一步审定核实先福村土地、集体资产相关问题，加快先福村算大账工作；开展房产证处遗工作，针对左岸春天小区、先福村和原红色渔场农民安置房产权证办理等九个重点难点问题加强调度，完成办证712本，1566本正在进窗中。全年接待集体访68批次，个人访215人，成功化解信访积案8起，辖区社会大局稳定有序，未发生一起安全生产责任事故。

开展“双面清单、双向积分”书记项目，坚持服务为民，全年结对帮扶困难群众、残疾家庭、未成年人228人次，解决社区居民重点、难点事件109件；办理“单独两孩”再生育证119本，落实计划生育奖励特别扶助28.52万元，独生子女保健费27.72万元，独生子女保险47080万元，妇女团体险7320元。辖区有文化馆（站）1个，文化活动中心11个，公共图书馆（室）12个，藏书2万册，成立群众性艺术团体8个，建成6个社区公园；辖区有体育场地5个，运动场3个，游泳池4个。2015年年末，辖区幼儿园20所，在园幼儿3225人，专任教师314人；小学2所，在校学生3346人，专任教师161人，小学适龄儿童入学率100%；初中1所，在校学生1900人，专任教师115人，初中适龄人口入学率100%，小学升初中率100%，九年义务教育覆盖率100%。辖区有各级各类医疗卫生机构8个，其中医院1所，疾病预防控制机构1所，城市社区卫生服务中心1所，社区卫生服务站5所，病床50张，专业卫生人员58人，其中执业医师21人，执业助理医师6人，注册护士20人，城乡居民规范化电子健康档案建档率87.8%。街道被评为“2014—2015年度湖南省‘六好’乡镇（街道）工会”。

【国家卫生计生委副主任崔丽考察H7N9流感防控工作】 1月28日，国家卫生计生委副主任崔丽到四方坪街道毛家桥市场调研H7N9流感防控工作，省市领导詹鸣、夏建平等领导陪同调研。崔丽实地察看了毛家桥市场监控、从业人员个人防护、卫生清洁制度落实等方面的情况，并听取了相关部门防控工作情况介绍后。崔丽指出，市场H7N9禽流感防控工作关系到广大群众的生命安全，各级相关部门要高度重视，严格落实相关防控措施；工商、卫生等部门要加强源头管控，严格活禽准入制度，强化对入市活禽的检验检疫和索证索票；督促市场方和经营户每日消毒，引导经营户做好自我防护工作，多措并举，全力保障居民群众的生命安全。

【举办失地农民招聘会】 3月24日，由开福区人力资源和社会保障局、四方坪街道共同主办的失地农民就业招聘会在胜利社区拆迁指挥部前坪广场举行。正值春节过后用人高峰期，企业均有大量用工需求，此次招聘会吸引了博禧楼、湖南永通汽车集团有限公司、顺天黄金海岸等30家用人单位参加招聘，提供涵盖销售、服务、保安、仓管等28个工种的岗位820个，就业岗位主要针对失地农民。现场招聘会进场求职人数557人，有157人与用人单位达成了就业意向，达成就业意向率达28.2%。在招聘现场，湖南好来登酒店直接将5名求职者带回企业进行面试。四方坪街道原属城郊接合部，随着城中村改造，安置失地农民成了一项重要工作，街道每年举办多场招聘会，帮助他们实现再就业，取得良好的效果。

【成立“同心环保先导站”】 6月5日，黑石渡社区联合民盟开福区工委整合多方资源，打造的湖南省第一家以环保为主题的社区服务站点——“同心环保先导站”正式成立。社区以此为平台，创建微信平台和微信订阅号（kftxhb），搭建居民与社区沟通桥梁；成立党员环保宣讲团，开展同心大讲堂、同心魔法室、图书漂流活动室、同心家庭农场等活动，让社区居民深入了解环保、关注环保，让环保变成一种生活习惯。组建“同心环保”志愿者队伍，结合社区实际开展了志愿大清洗、变废为宝、亲子手工艺等形式多样的志愿活动。引进多家社会组织，如随手公益，暖心义工等，开展环保大行动——变废为宝、“我是环保小达人”等活动，被中国文明网、《三湘都市报》《长沙晚报》等多家媒体报道，取得良好的社会效果。

（郝立群）

芙蓉北路街道办事处

工委书记　魏建良
办事处主任　廖紫君（2015.4任）
工委副书记、纪委书记
　　严　禹（2015.9任）
工委副书记　周　强（2015.12免）
副主任　杨日平　刘　丹
　　黄格男　李良军
　　宋　娜　雷元喜

【概况】 芙蓉北路街道位于开福区湘江东岸，东起京广铁路，毗邻浏阳河街道；西至湘江东岸，与岳麓区观沙岭街道遥遥相望；南抵浏阳河，与新河街道相邻；北滨捞刀河，与秀峰街道一水相隔。全街三面环水，又称“江湾半岛”，总面积3.4平方千米，下辖江滨、欣城、福城、凤亭、金泰路、江湾、盛世路7个社区居民委员会。截至2015年底，辖区总人口70285人，其中城镇常住人口55104人，流动人口15181人，男性35185人，女性35100人，汉族63403人。辖区内有中学1所，小学1所，幼儿园21所。街道内设机构7个，党政办、经济办、卫计办、城管办、综治办、社会事务办、财政所，其中党政办下设创新办。街道共有编制内干部44人，其中行政编13人，事业编31人。

2015年，完成一般预算收入6114万元，同比增长43.3%；规模以上工业总产值3.45亿元，同比增长12.9%；固定资产投资21.22亿万元，同比增长27.7%；社会消费品零售总额34.15亿元，同比增长76.6%；工业投资2.12亿元，房地产销售任务5.08万平方米，外贸进出口655万美元，内联引资11亿元，利用外资2884万美元。

参与和支持全区棚改拆迁工作，黄兴北路二期棚改剩下的9户全面进入司法征收，全面完成炮后街、鸭子铺片区拆迁拆违工作任务。2015年，新建、续建、项目共13个，计划投资9亿元，已完成金霞污水处理厂提标（中科城）、世纪春天二期综合楼、福天兴业综合楼、湘江北路迎霞路口、凤亭路口过街通道等项目改造建设工程。

坚持“建管并重”、严管严控、疏堵结合，实施“史上最严城管执法”，开展“四大”（大清扫、大拆除、大整治、大修补）集中行动，全年组织了50次大清扫活动。贯彻落实拆违控违工作要求，街道拆违任务数3800平方米，实际拆除4925.31平方米，及时处理突发违章20处，面积300平方米；全年清查污染企业289家，新设流动摊贩疏导点，从源头上治理安置小区，环境整治和日常清扫保洁初现常态；建设精致精美街区，完成180栋居民楼栋楼宇轮廓灯提质改造，打造芙蓉北路、湘江大道、沿河路等景观亮化，城市品质得到有力提升。

街道全年未发生一起安全生产责任事故，未发生一例群死群伤事件，各类安全生产控制指标全面完成。全年单位安全检查73家，下达隐患整改书3份，被评为市级标准化安监站。街道成立了办理安置房产权证的专门班子，明确专人，实行点长联系制和每月调度制，福城苑23号地的第2~10栋的资料送审工作基本完成，22号地20栋安置房办证年底全面完成，金盛小区82栋安置房已进市处遗办窗口。

城镇新增就业800人，失业人员再就业120人，就业困难对象再就业30人，零就业家庭动态就业援助100%；在册低保户43户60人，月发放低保金21067元，全年发放低保金287027元，各类物价及节日补贴28720元。提质街道文化站，新建了江滨社区公共文化服务中心，组织开展了“全民健身节”、湘江世纪城篮球赛和象棋赛、送戏下乡等文体活动，全年新增公共健身器材2套，督促修补、移除坏旧健身器材5处。全年新闻媒体报道66篇，其中中央媒体报道2篇，省部级以上媒体报道7篇，中央电视台《朝闻天下》对街道计生工作进行了重点推介，湖南卫视《湖南新闻联播》对街道社会管理创新工作进行了专题报道，《长沙晚报》头版头条专题报道了江湾模式。创建“两型网格”“绿色网格”和“法制网格”等特色网格，开启“互联网+居民自治”模式，方便群众办证，计划生育基层群众自治经验受到了国家计生协的充分肯定；计划生育符合政策生育率96.25%，统计准确率98.5%，综合治理准确率100%，政策知晓率99%，计生工作考核全区排名第一。江湾社区依托网上世纪城、掌上世纪城、社区APP等信息化手段提升政务服务效率，通过互联网+社会治理，逐步形成新常态下社区管理与服务的新模式，全年接待中央省部及外省市县观摩学习385批，5000人次，荣获全国和谐社区建设示范社区称号。

【打造“五零”街道】 芙蓉北路街道工委在年初提出了党建引领街道各项事业发展的思路，致力于打造“服务零距离，居民零上访，治安零发案，安全零事故，环境零污染”的“五零”街道，“五零”工作法应运而生。在办好民生实事上赢点赞，实现“服务零距离”，组成“党建顾问团”，开展党员干部开展的“百日大走访”；在解决群众诉求上争主动，实现“居民零上访”，充分发挥在职党员“八小时”之外的正能量，组织在职党员参与街道社会矛盾调处中心的接待走访工作；在开展群防群治上促提升，实现“治安零发案”，把党支部建在网格上，617名直管党员全部融入街道32个网格中，建立治安志愿服务队；在预防排查隐患上下真功，实现“安全零事故”，构建“街道工委+社区总支+物业支部”联防联控新模式，开展安全隐患大排查、大管控、大整治工作；在打造宜居环境上抢先行，实现“环境零污染”，重点治理马厂114栋安置小区卫生环境与城市品质。3月12日上午，省委常委、市委书记易炼红在区委书记李蔚的陪同下进行了专题调研。湖南卫视《湖南新闻联播》《长沙组工通讯》专题报道了芙蓉北路街道“坚持党建引领、打造五零街道”的经验。

市委书记易炼红（右三）到芙蓉北路街道调研“五零”街道书记项目

【区委书记廖建华调研街道经济社会发展】 6月23日上午，区委书记廖建华到街道调研经济社会发展和各项工作开展情况，谢伟峰、袁伟洁、李忠等区领导陪同调研。廖建华对街道前期工作给予充分肯定，并指出，街道经过几年努力，基本实现了城市化，解决了一批历史遗留问题，在社区建设方面打造了特色，积累了经验。就下段工作，廖建华要求，芙蓉北路街道是区治所在地，各方面关注度较高，各项工作要走在前列。一是要突出抓好社区治理。芙蓉北路街道作为新城区，存在着安置小区、开放式小区、封闭式小区和湘江世纪城特大楼盘等不同类型的社区，要探索新的治理机制，采取分类治理模式，整合各类资源，加强居民活动阵地建设。二是要突出抓好城市管理。要下大决心拆除违章建筑，保持主次干道整洁畅通，加大对湘江世纪城和农民安置小区等重点区域的整治力度。三是要突出抓好项目建设。要加快遗留问题的处理，加强招商引资工作，加大规划把关力度。四是要突出抓好党的建设。着力增强社会治理能力，构建区域“大党建”格局，健全社区工作队伍，有序引导居民参与社区治理，把社区建设得更实、更有效果，更加吸引居民，把芙蓉北路街道建设成为形象最好、管理最好、人民满意的街道。

【芙蓉北路街道商会成立】6月29日上午，芙蓉北路街道商会正式成立。第一届商会执委会会长、湖南春江科贸有限公司总经理何磊作了表态发言，他表示：作为芙蓉北路街道商会的会长，做好认真履职，团结商会的同时，一定要作出芙蓉北路街道商会的特色。要着力提高商会服务水平，服务社会责任感，增强商会的凝聚力和影响力，带领商会的兄弟们拧成一股绳，抱团发展，为创造芙蓉北路街道经济发展贡献力量。街道工委书记魏建良号召商会要严格按商会章程规定办事，要建立健全商会的各项规章管理制度，加大对外交往，以商会为交流互动平台，拓宽思路，内引外联，积极响应政府政策，服务社会，服务企业。最后区委统战部副部长、工商联党组书记张曙辉提出三点希望：一是希望找准定位，加强商会自身建设；二是依据平台，发展商会职能作用，积极建言献策，增强凝聚力，扩大影响；三是争取支持，为商会发展创造良好环境。

【创新“江湾模式”】 芙蓉北路街道基层计生自治经验全国推广，以现代网络为切入点，打造“两个世纪城”，在湘江世纪城上建立“掌上世纪城”微信公众平台；创新“网上社区”服务新模式，以市人口计生网格系统为结合点，推行精细管理，打造“五位一体”管理新平台；以服务群众为着力点，打造“两个计生”，打造“温馨计生”和“家园计生”，提高群众满意度。9月17日，中国计生协2015年度基层群众自治示范县项目（南片）研讨班在江湾社区举行。中国计划生育协会副会长勾清明，中国计划生育协会党组成员、副秘书长王景水和各市计生协会成员等130余人参加了研讨班。勾清明强调，当前计生基层群众自治工作的核心内容是在城乡群众中落实好现行的计划生育政策，稳定适度低生育水平，严格控制政策外生育，提高出生人口素质，治理出生人口性别比偏高的问题。11月5日，中央电视台《朝闻天下》栏目以《完善特色服务，满足群众计生需求》为题综合报道芙蓉北路街道基层计生工作，街道通过建立网上世纪城（网站）、湘江世纪城（微信公众平台），方便群众办证、加强计划生育基层群众自治的经验，得到了中国计生协会，省、市卫计委领导的充分肯定，其经验在全国全省推介。12月4日，《长沙晚报》以《“互联网+”建和谐大家庭　江湾里飞出欢乐的歌》为题，头版头条报道芙蓉北路街道“江湾模式”社区治理模式，“一张网”织出了居民生活的便捷之歌，“一腔情”奏出了心系百姓的为民之歌，“一家亲”展现了邻里互助的和谐之歌。江湾社区能用、善用移动互联网治理社区并取得实效，促进了社区社会治理水平的新提升，通过线上、线下良性互动，在治理创新与作风建设上把住了为民服务的根本点。

（刘达敏）

洪山街道办事处

工委书记　周桂林
办事处主任　杨兴高
政协联络处主任　甘佩君
纪委书记、人大工委主任　谭尚丰
党政办主任　刘玉娥
工委委员　唐伟胜
办事处副主任　柳双林
　李少林
　杨贵忠（2015.11免）

【概况】 洪山街道总面积9.05平方千米，常住人口2.5万人。街道内设机构7个，党政综合办公室、经济发展办公室、人口和计划生育办公室、城市建设与管理办公室、社会管理综合治理办公室、社会事务办公室、财政所，核定编制31人，实际在编在岗31人，辖洪西、金鹰、洪山桥、洪雅四个社区。辖区内有月畔湾、圣爵菲斯、藏珑·湖上国际花园、恒大雅苑等12个小区；湖南广播电视台、兴旺集团、洪山建筑有限公司等大小单位1500家；幼儿园9所、小学2所、中学1所、大学1所；有湖南省军区装备修理所、长沙民兵仓库两家军事管理单位，世界之窗、海底世界、洪山寺、月湖公园等旅游景点。

2015年，完成固定资产投资38.4亿元；社会消费品零售总额58.5亿元；规模工业总产值4.18亿元；完成到位外资970美元；内联引资形成固定资产投资8亿万元；全年实现税收21457万元（排全区所有街道第一）；新增限上企业申报7家，个体3家，新引进注册资金50万元以上的企业63家。

辖区内新续建项目8个，包括5个房地产项目：藏珑地产、恒大雅苑、富兴旺角、原山苑、美利新世界；1个产业项目：金鹰前广场建设；2个基础设施项目：福鑫苑农民保障房、万家丽快速化通道；其中藏珑地产项目于2015年6月竣工，万家丽快速通道10月通车，原山苑项目正在进行地下基础施工，福鑫苑农民保障房、富兴旺角等项目有序推进。征拆工作老项目扫尾与新项目征拆同步推进，福鑫苑28.80公顷安置房项目完成扫尾；朝正垸二期项目基本实现倒房腾地，未签约的24户全部进入限期腾地程序；新项目征拆再创佳绩，朝正垸四、六期项目，历时三个月，征拆80.73公顷，其中合法房屋559户、10万平方米，完成签约99%，违章建筑688栋、50万平方米，基本倒房清零，坚持政策刚性，没有产生一起遗留和信访问题；支援浏阳河街道双河湾保障房项目征拆（19.13公顷）。被评为开福区“2015年度项目建设先进街道”。

顺应全市“大拆违”和“最严城市管理”的大势，全年实现拆违59万平方米，完成143%，占全区“双百竞赛”总量的51%；拆除盘踞世界之窗前坪17年之久的32个违章搭建棚点3400平方米，彻底清除了这一困扰长沙东大门形象的历史“斑点”；拆除违章广告招牌80块、围挡广告480平方米，整治洪山路沿线占道摊点、洪西翠园路口垃圾站、洪山桥夜宵规范点，查处“门前三包”不到位商户200个；处置城管数字化案卷3000条，完成率100%。洪山街道被评为全市城市管理“十佳”街道、开福区“2015年度拆违控违工作优秀街道（一等奖）”、开福区“2015年度建设更高水准全国文明城市工作先进单位”。

浏阳河洪山桥

加大民生保障力度，发放城乡低保金12万多元，医疗救治27人次；城镇新增就业321人；慰问各类困难对象191户，发放慰问金10.97万元；扶助大学生创业9人，举办辖区失地农民创业培训班；完成辖区内 1689名居民社保卡信息核对和发卡工作。街道总人口18473人，已婚育龄妇女3522人，出生人口为387人，死亡184人，违法生育14例；农村计划生育奖扶、特扶申报、年审100%，共发放7例，总金额3.36万元；独生子女保健费新增20例，总发放户数226户，总金额5.23万元；完成免费孕前检查32对；流动人口4467人，办流动人口婚育证明6本，流动人口信息通报率95%以上。对辖区非法民办教育机构进行摸底整顿，协助区教育局完成朝正垸二期、四期、六期被拆迁对象子女就近入学问题。社区学校围绕“科教兴街、教育强街”的战略方针，倡导全民学习、终身学习，创建了长沙市示范性社区学校，荣获长沙市社区学院特殊贡献奖，“长沙终身教育学习网”网上注册“优秀组织奖”，选送的微课程作品分获长沙市社区教育优秀微课程一、二、三等奖为洪山经济社会发展起到了助推作用。开展了“绿色和谐家庭”评比和“两型”示范创建活动，金鹰社区被评为开福区“两型社区”示范点。

开展“平安建设活动”“法治洪山”和“红袖章”工程建设，全年矛盾纠纷排查24次，排查出纠纷苗头150起，化解纠纷隐患131起，其中调解社会矛盾纠纷19起（其中重大纠纷3起），涉及金额204万元。街道刑满释放人员14名，今年新增5名，均为矫正解除人员。新接受矫正对象7名，解矫5名，现在册的矫正对象13名。加强了学校、幼儿园教学秩序维护及周边环境治理，进行了学校安全隐患排查，建立安全隐患排查台账，尤其对学生用车管理进行了督查。全年开展安全生产讲座3次，受教育人数600人；印刷宣传标语200多条，制作固定展板6块，居家安全温馨提示小册子6000份；做好了元旦、春节、清明等节假日以及汛期、夏秋特殊时期的安全生产大检查；排查道路交通安全隐患，对辖区内生产企业进行安全生产检查，排查安全隐患8处，落实整改100%。全年未发生一起安全生产责任事故。

【朝正垸拆迁拆违工作刷新纪录】 2015年，洪山街道把征地拆迁作为工作重点，把安置作为工作责任，合理计划铺排，逐项贯彻落实，较好地完成了各项目标任务。2015年洪山街道的拆违任务为41.56万平方米，实际完成58.57万，超额完成约40.93%，其中朝正垸片区二期拆除18.77万平方米，四期、六期拆除39.20万平方米，街道辖区范围内拆除违建1.2万余平方米。累计签约合法房屋332栋553户，签约率98.9%；倒房328栋549户，倒房率99.2%。累计签约违章建筑676栋，签约率98.7%；倒房675栋，倒房率99.8%。5月21日，湖南经视报道了《易炼红调研拆违控违工作：倒下的违法建筑要尽快变成绿地、街景、城市通道》（易炼红考察朝正垸拆违成果）。6月26日，湖南经视报道了全市拆违控违和造绿透绿现场观摩会，易炼红考察朝正垸拆违成果。9月10日，《湖南日报》报道了全省拆违工作现场会，报道了朝正垸拆违经验。

【“世界文化名地”唱响未来】 按照“构建湖南‘文化高地’”的文化湘军省级战略部署，在市委、市政府“加快浏阳河文化旅游产业带建设”大决策统领下，2015年年初，开福区委、区政府大手笔作出战略部署：把金鹰文化区作为“金名片”产业项目之一重点布局，打造区域经济增长引擎，促进区域经济差异化、特色化、功能化发展，实现文化创意产业的壮大升级。经过前期酝酿和规划论证，金鹰文化区开发主题定位与总体城市设计浮出水面：规划建设以湖南广电为核心，以朝正垸（金鹰湾）、山鹰潭等片区为重点，以长沙学院、国防科技大学等为科技支撑，充分挖掘湖南广电、长沙海底世界、长沙世界之窗等优质文化资源和浏阳河、捞刀河、山鹰潭等宝贵的生态资源，集中发展影视传媒、文化创意、休闲旅游等文化产业，打造长沙文化名片、湖南文化标杆、世界文化名地。按照规划设计，金鹰湾规划范围北临三一大道，西、南靠浏阳河，东至洪山桥，涉及鸭子铺、朝阳、月湖、马栏山四个社区，规划范围总用地面积280余公顷。该湾根据现有片区区位优势和资源禀赋情况，总体规划打造以文化演艺、主题旅游、创意办公为主导的文化旅游综合区。

【举办“5·29”计生协会活动周活动】 5月29日是中国计生协会成立35周年的纪念日。5月22日，洪山街道计生协会联合开福区科技局、共青团长沙学院委员会，在月湖公园东门组织开展以“科技引领生活　和谐关爱永恒”为主题的文艺会演暨“5·29”计生协会活动周活动，现场有丰富多彩的文艺会演、形式多样的计生知识有奖问答，还有温暖贴心的现场医疗服务，吸引了众多群众参与，气氛热闹非凡。活动现场共向群众发放计划生育知识宣传资料300份，接待群众咨询200人次，免费发放避孕药具100盒。广大群众在享受庆祝气氛的同时，进一步增长了对计生政策、生殖保健、优生优育知识的了解。

【洪雅社区揭牌成立】 8月28日，洪山街道洪雅社区揭牌成立，此举顺应洪山地区城市化加速进程，将同步推进社区服务和社会治理。洪雅社区毗邻月湖公园，东临圣爵菲斯小区，南靠归心苑小区，西以万家丽北路为界，北至福元东路。社区辖区内主要有恒大雅苑小区，该小区规划77栋高层楼宇，可容纳8000余住户，可居住人口3万余人。洪雅社区属于只管理一个商业楼盘的城市化社区，是一个集环境优良、秩序井然、管理规范、人际和谐于一体的综合性现代社区，是一个以高标准建设、以高水平整合、以高质量服务，以高效能管理的社区。

（刘加莉）

月湖街道办事处

工委书记　易文斌
办事处主任　黄忠球
副书记、纪工委书记、人大工委主任
　　曾君湘
副书记、政协联络处主任
　　唐立志
工委委员　刘晓健
副主任　申　波　肖军群
　　周可佳（2015.10任）
　　隆井江（2015.03任）
　　罗　坚（2015.03任）

【概况】　月湖街道位于开福区东南部，北靠三一大道，毗邻月湖公园，东面与长沙县和芙蓉区接壤，西、南面浏阳河蜿蜒而过，万家丽北路贯穿其中，辖6个社区（鸭子铺社区、朝阳社区、月湖社区、马栏山社区、舟桥路社区、溪水湾社区），归口管理朝正水利管理所，全街总面积6.56平方千米，现有家庭总户数 1.38万户，总人口3.71万人，其中常住人口1.87万人，流动人口1.84万人。街道内设机构10个，党政办、党建办、经济办、卫生和计生办、城建办、社会事务办、综治办、城管办、财政所、安监站（食安办），下设政务服务中心，街道在编在岗工作人员43人。辖区内有楼盘小区、农民安置小区10个，驻有解放军舟桥84团（75105部队）、武警湖南省总队、长沙公共卫生中心等数十家企事业单位，有小学3所，幼儿园16所。

2015年，月湖街道完成国民生产总值18亿元，比上年增长10%；人均国民生产总值80011元，人均可支配收入22295元；完成固定资产投资31.028亿元，比上年增加14%；完成区级财政税收3947万元，其中国税收入274万元，地税收入3673万元；实现社会消费品零售总额13.43亿元，比上年增长12.6%；完成规模工业产值7097万元；完成内联引资6.5亿元，到位外资1000万美元，外贸进出口105万美元。全年引进各类企业80家，新增限上商贸企业1家，新增规模工业1家，全街第三产业从业人员共7585人；第三产业增加值7.45亿元，比上年增长11.9%；住宿和餐饮业营业额1.04亿元，比上年增长5%；银行各项存款余额13.6亿元，比上年增长20.2%；人民币贷款余额38.51亿元，比上半年增长13.6%；保险公司原保险保费收入6227万元，比上年增长20.3%。街道财政所通过省级验收，获得“湖南省标准化财政所”称号。

基本完成朝正垸城中村改造二期、三期、四期、五期、六期的拆迁任务，项目完成合法签约393户，签约率达97.51%，倒房率100%；开展了扫尾攻坚行动，完成扫尾任务10栋，依法强制拆除2户房屋，并促成多户签约。全力支持服务重点项目建设：葡园路项目征拆扫尾已完成，进入施工阶段；浏阳河朝正垸段水环境综合整治工作有序推进；月湖泵站改扩建工程完工；万家丽路快速化通道建设竣工并通车，正在进行桥下配套工程建设；配合做好了马栏山地下通道的建设服务工作。

按照“史上最严城市管理”和“史上最大规模拆违行动”要求，全面深化城管体制改革，大力抓好街区净化美化亮化，推进城乡环境综合整治，街区环境明显改善。拆违控违树立新标杆，朝正垸城中村改造三期、五期项目内及片区所有违章已清零，共拆除违章371处、40万平方米，拆违后适时清场48.2万平方米，绿化3.67万平方米；数字化城管快处快结，全年共处置数字化城管案

月湖公园

卷3968例，处置率100%，按期结案率100%，实现数字化实时动态清零。围绕快速道通车快整治，街道组织对西湖楼前坪5.33公顷闲置地、财富名园工地、月湖一期夜宵一条街等西厢重点地段进行了集中整治，共拆除违法建筑1200多平方米，拆除围墙830米，清理工地内垃圾140车，取缔夜宵一条街违章亭棚9处共800多平方米。坚持常态拆后快复绿，共拆违清场48.2万平方米，拆违复绿3.67万平方米。适应城市化安置小区快提质，对月湖大市场、月湖安置小区、马栏山老街和金马大市场周边等重点地段的脏、乱、差问题进行集中整治行动，拆除、收缴广告牌760余块，清运垃圾260余车。提质改造了月湖一期安置小区和区花园，配合做好了三一大道沿线楼宇亮化工程建设。

2015年，城镇新增就业完成225人，失业人员再就业7人，纯农户家庭未就业高校毕业生动态援助完成比例100%，城镇登记失业率为4.0%，办理就业失业证339本，其中进行困难认定的就业困难人员264人，新增就业困难人员就业6人，新增下岗失业人员就业110人；职业培训人数30人，离校未就业高校毕业生摸底调查28人。五大保险应保尽保，全年居民养老保险新增55人，城镇居民医疗保险新增499人，发放失业保险金40320元，居民养老保险生存认证1118人，为688人进行了社保卡个人信息采集，配合银行进行社保卡的发放工作。民政工作惠及全民，共为46户、78名困难户申请了最低生活保障资金32万元；医疗大病救助共计救助39人次，救助金额122401元；春节对辖区423人进行春节走访慰问，慰问资金115400元，慰问物资300份米、油、面；在册精神病人38人，全年度药物救助共计131人次，救助金额12415元；全年死亡57人，发放殡改补助费42368元，火化率100%；现有各类优抚优待对象59名，共计发放优抚金202245元，春节对41名重点优抚对象发放春节慰问费16400元，“八一”建军节共发放慰问金13000元，为15名优抚对象缴纳居民医保2400元；2015年有高龄老人147人，发放补贴10万元；新增重度残疾人生活补助5人，新增重度残疾人护理补助4人。

注重创新管理快服务，形成“1+5+X”的工作模式，发挥整体联动效应；开展流动人口的集中清查工作，特别是对重建地小区和工地实时掌握流动人口信息，及时采集、录入，加强管理。组织开展丰富多彩的文体活动，开展“送戏下社区”免费演出4场；做好拆迁区域的校园安全工作，帮助拆迁区域学生转学分流。安全监督不留死角，落实“党政同责”“一岗双责”机制，建立健全安全监管工作的规章制度，与社区以及辖区980家企业、门店、仓库业主签订《安全生产责任书》，街道班子带队对辖区单位进行全面检查共6次，对发现的问题及时整改；建立“打非治违”长效机制，严厉打击各类非法违法生产经营建设行为；开展隐患排查和安全生产“九打九治”等各类活动，整治非法储存香蕉水、酒精企业4家；加大了打击传销工作力度，配合公安、工商在辖区共进行68场次清查行动，取缔非法传销窝点16个，共处理、遣散涉传人员300人次。全年未发生一起安全生产责任事故，无一起群体性上访事件发生。

开展“三严三实”专题教育，打造“亮出党员身份、争当发展标兵”书记项目，在拆迁拆违工作中，公示党员干部签约情况、组织党员入户宣讲，党员干部按期签约率达100%。开展“一进二访”活动，全街18名领导干部和科室干部与辖区范围内71名困难群众结对认亲，发现并解决基层难题30个，帮扶群众资金2万元；认真履行行党风廉政建设责任制，严格查办案件，全年立案5件，结案5件，开除党籍4名，对工作懒散、不作为的1名社区干部予以辞退。全年在中国文明网、《湖南日报》《长沙晚报》等媒体刊发各类正面新闻报道20篇。完成了民兵整组和两次民兵训练，参加预备役高炮训练3次，在2015年湘江演习中获优异成绩，圆满完成年度征兵任务。强化计生优质服务，推进综合改革，完善全员人口数据，全年出生271人，符合政策生育95.2%；走访计生困难家庭4户，发放慰问金4000元及生活物资4份；五项奖扶对象共929人，发放各项奖励资金25.13万元；落实领导干部联点，创建长沙市人口与计生模范街道。

【市政府办公厅在鸭子铺社区开展“结对认亲、排忧解难”一对一帮扶活动】 4月3日，长沙市政府办公厅主任蒋集政带领厅班子成员、副县级以上领导干部以及各处室负责人等一行43人，分2个批次，对鸭子铺社区的43户困难群众开展“与群众交朋友，帮基层解难题”暨“结对认亲、排忧解难”一对一帮扶活动。市政府办公厅为帮扶的困难群众、困难党员、空巢老人等家庭送去慰问金共计1.7万元；在活动走访过程中，悉心倾听群众诉求，并详细记录；宣传党和政府的利民惠民政策，让帮扶对象深切感受到了党和政府的温暖。市政府办公厅群众工作组2015年定点联系鸭子铺社区，将着力做好“朝正垸城中村改造和环境整治工程”中失地农民的群众工作，服务基层，服务群众。

【徐守盛视察朝正垸片区拆违控违和城中村改造工作】 8月7日，省委书记、省人大常委会主任徐守盛一行到开福区调研城市建设工作，现场视察了朝正垸片区拆违控违和城中村改造工作。易炼红、廖建华等领导陪同调研。徐守盛对开福区城市建设推进情况和整体发展态势表示肯定，对奋战在项目建设、城市建管、拆违控违工作一线的全体干部表示敬意和谢意。在朝正垸片区拆控违现场，徐守盛强调，对违法建设一是要坚决拆除，党员干部带头，在既定时间内实现全面清零；二是要拆控同步，对新建违章建筑零容忍，对相关责任单位和责任人进行问责；三是要有情操作，在拆违过程中把人文关怀贯穿始终，解决好涉拆群众的基本生活保障问题。

【万家丽高架快速路正式通车】 历时一年半建设，10月1日10时，长沙第一条真正意义上的快速路——万家丽高架快速路正式通车，构建起长沙城东区域南北交通大动脉。万家丽路快速高架主线是长沙市首条高标准、高质量、高水平的城市快速化道路，北起福元路、南至湘府路，全长约16.635千米。全线高架、主辅分离，高架主线6车道，设计时速80千米/小时；地面辅道8车道（含一对BRT快速公交专用道），设计时速50千米/小时。万家丽路快速高架主线的通车，构建起快速路、BRT（城市快速公交系统）、地铁“三位一体”的立体交通格局，并与星沙联络线、湘府路和西、北二环连接形成新的城市快速通道圈。通车后，万家丽路通行能力提高3倍以上，从最北端到最南端，以80千米/小时的设计时速行进，只需约20分钟。通车前，省委书记、省人大常委会主任徐守盛，省委副书记、省长杜家毫来到项目现场考察，并亲切看望慰问一线建设者。杜家毫代表省委、省政府对项目的顺利建成通车表示祝贺，并向坚守在工作岗位上的广大干部职工和广大建设者致以亲切问候。他指出，长沙是全省的政治、经济、文化中心，是湖南的窗口和名片。当前，长沙全力践行“六个走在前列”，积极实施“三个倍增”计划，努力率先建成全面小康，加快实现现代化。这些宏伟目标的实现，需要广大建设者的辛勤劳动、无私奉献，也需要全省上下形成合力，共同支持长沙的发展。希望长沙市以此为新的起点，加快转型发展、绿色发展、创新发展，一级带着一级干，一级做给一级看，创造更加美好的未来。

【长沙市首届心理游戏节在马栏山小学举行】 12月21日，长沙市首届心理游戏节“快乐，从心开始”在开福区马栏山小学举行。游戏节以情景剧的模式，通过马兰花开、毛毛虫跑、袋鼠跳跳、勇敢者上等一系列充满个性的心理游戏，向大家展示了一名自卑胆小的“璐璐”小朋友，从害怕与人交流到一步步打开心扉，最终融入集体当中，并在游戏中获得了快乐的心路历程。截至2015年年底，团队心理辅导已成为开展心理健康教育的一种重要方式，亲子互动、智慧勇气、心灵成长、沟通交往，以趣味丛生的心理游戏不仅内容丰富，也能让孩子们在体验游戏乐趣的过程中得到心灵成长。马栏山小学党支部书记李煌介绍，“小学阶段提前的心理干预，比到了中学时出现心理问题再来辅导效果要强很多，我们打造心理游戏节，让孩子们在互动中体会到责任与担当，实现心理健康发展。”

（张磊琪）

浏阳河街道办事处

工委书记　毛　毅
办事处主任　陈红升
工委副书记、纪工委书记、人大工委主任
　　　　肖　杨（2015.11任）
　　　　陈自力（2015.11免）
工委副书记、政协联络处主任
　　　　王开文（2015.07任）
　　　　王长华（2015.5撤）
工委委员　许攀芳
党政办主任　张金华（2015.11免）
副 主 任　邱自力
　　　　杨贵忠（2015.11任）
　　　　罗小红　王登攀

【概况】　浏阳河街道地处长沙市开福区治“东大门”，位于浏阳河与捞刀河二水之间，总面积为5.9平方千米，常住人口7536户，总人口17910人，辖毛家垅、双河、陈家渡、史家坡、福元路5个社区。街道内设机构10个，党政办、党建办、经济办、卫生和计生办、城建办、社会事务办、综治办、城管办、安监站（含食安办）、财政所，归口管理涝湖水利管理所，街道在编在岗工作人员40人。辖区内有楼盘小区、农民安置小区10个；有解放军163医院、湖南珠江实业投资有限公司、湖南旷代房地产开发有限公司等数十家企事业单位；有小学3所、幼儿园11所。

2015年，完成固定资产投资总额62亿元，同比增长10.7%；完成社会消费品零售总额8.41亿万元，同比增长326.2%；完成区级税收10797万元，为年任务的101%；实际到位外资1500万美元，同比增长36.4%。街道主动适应、积极引领经济发展新常态，推进产业转型升级、结构调整，成立了楼宇经济工作领导小组、楼宇经济综合服务站，对辖区商业楼宇进行了调查摸底，建立跟踪台账，现有商业楼宇面积53万平方米，入驻企业80家，全年新入驻楼宇现代服务生企业34家，全年新引进企业179家，其中注册资金50万元以上的企业141家。街道荣获长沙市“2014年度经济社会发展十快街镇”，街道财政所荣获“湖南省标准化财政所”，街道统计站荣获长沙市“优秀统计站”。

全年安排重大投资项目14个，其中政府投资类项目9个，社会投资项目5个。推进征地拆迁，先后启动了渔业路隧道、双河湾农民保障住房两个新项目的征拆工作，其中渔业路隧道项目涉及房屋30栋（48户），完成签约29栋，完成任务率97%，完成了所有已签约房屋的倒房腾地工作；重新启动了双河湾农民安置房项目，该项目涉拆合法房屋207栋（348户），纯违章20栋，于2015年11月11日召开征拆动员会议，12月8日发布第二公告，进入协议签订阶段。加快渔业路及延伸工程、车站北路扩征项目扫尾工作，渔业路主线竣工通车，福元路人行主体过街天桥工程竣工并向市民开放，万国城三期项目竣工验收。

完善了街道城管工作考核方案，调整了背街小巷清扫保洁体制，建立了街道城管通讯基站和信息化平台。全年拆除违章建筑166处、面积61938.85平方米，实现了拆违清零。坚持拆违治脏、拆违改造、拆违增绿、拆违添景相结合，投入25万元对拆违后的建筑垃圾及时进行清理，完成了7处拆围场地复绿提质建设，新增绿化面积5万多平方米，拆除了12家混凝土搅拌场，规模性牲猪养殖场全部退出，在《湖南日报》、《长沙晚报》《长沙通讯》等省市媒体以及市、区拆违简报和区政府督查通报等进行了专题典型推介。街道荣获长沙市城市管理“十佳街道”。

全年城镇新增就业286人，失业人员实现再就业85人，就业困难对象再就业6人；办理城乡居民养老保险38人，居民医保人数940人，享受医保待遇人次1872人次，统筹支出300.1万元；全街低

浏阳河街道办事处

保户199户，困难群体应保尽保；殡改工作宣传到位，遗体火化率达100%；全年发放优抚军人生活补贴18.13万元，发放生活补贴4.7万元，发放临时救助金1.82万元、救助23人次；为5户中低收入住房困难家庭申报登记，为3户办理了廉租房实物配租，为3户进行了中低收入的认定；新增特困重度残疾人家庭护理15人、补助金9000元，大病救助72人、金额29.91万元，组织精神病人免费看病12次、213人，强制入院治疗2人。创建绿色示范性社区1个，创建绿色社区公园3个，冬修水利完成沟渠清淤9条、11.5千米；全年共出生人口295人，符合政策生育率97%，人口自然增长率5.8‰，统计准确率98.9%。举办了首届“趣味运动会”，组织了多场“送戏进社区”慰问演出，组织了“青春星声音”校园歌手争霸赛第二场海选，组织了洪山家园广场舞队多次参加区文艺演出活动；新建了长沙市图书馆福元路分馆、福元路社区文化活动中心。组建了“浏阳河爱心帮帮团”，相继举办了“弘扬传统感恩幸福春节庙会”“欢喜闹元宵爱溢浏阳河”“童话里的中国梦”“迎‘七一’作表率比贡献”等志愿服务实践活动；开展“两型”示范单位创建活动，组织开展了“少放鞭炮，文明过年”“绿色环保小卫士”等两型主题活动，倡导低碳生活。

4月17日，浏阳河街道拆除双河社区、史家坡社区违建办公用房，在全市拉开了党政机关、部门单位和党员干部带头大拆违的序幕

街道加大人力、物力、财力投入，创新社会管理，加强数据录入和走访工作，动员驻街单位、门店、小区物业公司等共同参与，建成1个二类网格、10个三类网格。制定了应急工作预案，完善了救援队伍建设、应急物资及设施建设，落实应急值守、信息报送和隐患排查，开展了“安全生产宣传月”“火警应急知识培训”“消防应急演练”等一系列应急宣传培训活动；加强安全生产日常监管，与辖区企业负责人开展安全生产谈心对话，完成了2家安全生产企业标准化达标任务，组织安全生产检查200次，排查一般安全隐患50处，全部已整改到位；对5家无证经营的液化气站、1家无证经营的乙炔氧气站和1个非法存储存烟花鞭炮的仓库依法予以强制收缴和关停，全年无重大安全生产责任事故。深入开展“平安浏阳河”创建活动，完善治安防控体系，加强专职巡防队伍和“红袖章”队伍建设，定期开展不稳定因素排查，狠抓社会矛盾化解，杜绝了群体性、极端事件发生；严格按照信访工作“八个一”要求，抓好对重点信访对象的接访约谈、包案化解工作，非法进京上访人数批次下降。街道安监站荣获长沙市“标准化安监站”。

【浏阳河街道商会成立】 1月27日，开福区工商业联合会（总商会）浏阳河街道商会正式选举成立。市工商联副主席张明刚，区政协副主席、工商联主席苏松泉，区委统战部副部长、工商联党组书记张曙辉等领导出席会议，共有房地产、物业管理、酒店、餐饮、商贸业等20家企业入会。会议审议通过了《浏阳河街道商会章程》《浏阳河街道商会执行委员会选举办法（草案）》，并选举产生了浏阳河街道商会第一届执委班子，选举湖南雄新建筑集团有限公司董事长周戈担任首届会长，选举何玄、雷海虹、陈灿、龚银钢为副会长，魏先知为秘书长。周戈表示，将主动作为，积极履职，加大对会员的引导服务力度，增强

市委书记易炼红（右四）到浏阳河街道调研

商会的凝聚力和影响力，为浏阳河街道经济社会发展做出更大贡献。市工商联副主席张明刚要求，街道商会要积极发挥桥梁和纽带作用，加强与政府部门的联系，加强与商会会员的联系，加强与兄弟商会的横向联系，自觉服务中心大局，自觉承担社会责任，凝聚正能量。

【易炼红调研福元路沿线拆违复绿工作】 6月11日，省委常委、市委书记易炼红考察浏阳河街道万国城小区、福元路沿线及洪山公园拆违复绿工作。易炼红要求，咬定拆违控违总目标，善用法治手段拆违，善用深入细致的群众工作拆违，以党员干部、公职人员、人大代表、政协委员以及企业家带头自拆带动群众自拆，确保拆得快、拆得稳、拆得好。要切实维护群众利益，保障群众不因拆违发生临时性、突发性生活困难，拆出的土地和空间要用于城市绿化、用于公共服务、用于基础设施建设、用于产业发展，让宝贵的公共资源最大限度地惠及于民。

【渔业路一期主线、滨河南路通车】 10月31日，渔业路主线双线正式放开交通。渔业路一期工程全长2481.5米，从开福区政府门口盛世路向东，一直通到双河路。渔业路一期工程通车后，与福元西路、广铁路、滨河北路、双河路等形成交通环网，极大方便了周边居民出行，打通了连接河西河东的一条黄金通道。截至2015年底，渔业路二期工程仍在紧张施工中，将从双河路向东延伸到北二环线；建设完成后，从长沙县和浏阳市到河西，将又添一条与三一大道、福元路平行的快速干道。2015年11月，位于浏阳河北岸的滨河南路正式通车。滨河南路是长沙市新世纪大道西段两厢控规中的一条城市支路，为东西走向，西起芙蓉北路匝道，中间下穿京广铁路，东抵163医院前的长阴路，全长2.39千米，路幅宽20米，双向4车道。通车后的滨河南路，除了是一条设计行车速度30千米/小时、两侧带人行和非机动车道的出行道路外，还将是浏阳河北岸风光带一条高标准绿化景观道。

【开福区首家民办街道社区卫生服务中心成立】 12月30日，开福区首家民办街道社区卫生服务中心——浏阳河街道社区卫生服务中心正式成立运行。该中心投资总计460万元，业务用房1400平方米，设置住院病床24张，开设了全科医疗科、预防保健科、妇幼保健科、儿童保健科、妇科、中医科、医学影像科、医学检验科、口腔科，设置了集中医门诊、中药房、中医康复理疗为一体的中医馆，购置了彩超、全自动生化仪、血液分析仪、心电分析仪、阴道镜、红外乳透仪、LEEP刀、产后康复治疗仪、乳腺治疗仪、盆腔治疗仪等检验检查治疗设备。现有医务人员28人，其中副主任医生1名，主治医师1名，主管护师1名，并与湘雅医院、省妇幼保健院、长沙市中心医院等上级医院建立了双向转诊关系，对辖区居民开展13项免费公共卫生服务。

（曾令文）

秀峰街道办事处

工委书记　杨知强
办事处主任　徐路明
工委副书记、人大联络工委主任　陈印鑫

工委副书记、纪委书记、政协联络处主任　吴群辉
工委委员　罗　军
武装部长　谢刚毅
党政办主任　莫　琳
副主任　甘浩文　莫茂庭　甘培虎　谢建阳

秀峰公园

【概况】　秀峰街道地处开福之北，是“大长沙”战略的北拓前沿阵地和主战场。东临青竹湖街道石长铁路，南至捞刀河大桥，西接湘江大道，北靠三环线，距离地铁1号线开福区政府站仅3分钟车程，未来地铁1号线北延线将贯穿秀峰南北。区域面积21.5平方千米，下辖3村6社区。秀峰街道山清水秀、风光旖旎，自然生态环境得天独厚，原生态植被覆盖率高达33%，居全区第一，水资源和岸线资源丰富。辖区东西最大距离5.84千米，南北最大距离6.15千米，总面积21.5平方千米。2015年年末，街道内设“六办”（党政综合办公室、经济发展办公室、人口和计划生育办公室、城市建设与管理办公室、社会管理综合治理办公室、社会事务办公室）“两中心”（公共服务中心、农业技术综合推广服务中心）“一所”（财政所）。下辖宿龙桥社区、戴家河社区、兴联社区、大塘基社区、竹隐社区、大塘村、荷叶村、湘粤村、鹅羊山社区6个社区3个村。2015年年末，辖区内总人口为22687人，其中常住人口17822人，流动人口4865人。街道所属中小学校、幼儿园6所。全年完成税收收入1.47亿元，其中国税541万元，地税1.41亿元，占全年任务的100.6%，其中一般预算收入1.46亿元，比2014年增加35.85%。完成社会消费品零售总额65.23亿元，外贸进出口1.49亿美元，内联引资21.29亿元，利用外资7450万美元。主要产品有机电产品、高新技术产品、化工产品以及金属轧机及零件产品，销往欧盟、美国、日本、韩国等10余个国家和地区。

坚持把项目建设作为总抓手，早部署、勤调度、强推进、优服务。公交投项目一期20多天完成红线范围内所有66户合法户拆迁，3天完成24户代征户协议签订工作；7天全面完全鹅羊路项目合法户的协议签订和5户违章户自拆工作。于3月底前完成了捞刀河路二期项目拆迁任务。香江项目二期、六水厂、滨江三期项目正在按原计划有序推进。在建项目开工开业过程中，协调职能部门提供工商执照、税务登记等“一条龙服务”，全力保障了高岭国际商贸城年底顺利开业。继续为冯蔡西路东段、石长铁路、城际铁路以及园区产业项目、中铁山语城等房地产业开工建设提供优质服务，确保项目顺利推进。

立足抓早抓紧抓主动，街域经济稳中有升，财税指标逆势上扬。全街完成税收收入1.47亿元，其中国税541万元，地税1.41亿元，占全年任务的100.6%；截至11月，规模工业产值、固投、社零、工业投资分别完成1.53亿元、59.36亿元、59.75亿元、4.29亿元，分别占全年总任务的101.9%、98.9%、90.9%、101.6%，均为全区前列；截至11月，外贸进出口、内联引资、利用外资分别完成1.49亿美元、21.29亿元、7450万美元，完成情况处于全区前列。新增长沙市业成金属容器包装制造有限公司、湖南靠谱科技股份有限公司等6家限上企业。

扎实推进拆违控违大行动、“双百”竞赛活动。全年完成11万平方米拆违目标任务，共拆除违章建筑390处，面积15.06万平方米，完成目标任务13.4万平方米的112%。突出以芙蓉北路、湘江大道、兴联路等主次干道及周边为重点，在全街设置“严管街”“控管街”“规范路”，实行分级管理；突出以农安小区和居民集中居住区环境整治为重点；突出以新建和在建产业项目以及项目拆违控违为重点；突出渣土污染治理为重点，全面提升文明城市管理水平。狠抓芙蓉北路、湘江大道主干道拆违以及广告、店面综合整治，坚持拆管结合，对主次干道沿线拆违复绿；突出湘江风光带治理，督促水政、海事“拆墙透绿”，新建生态停车场；督促钱隆世家小区自拆围墙、宏邦置业启动建设综合性游园，确保了沿线观瞻整洁。

进一步加强对困难群体的关爱帮扶，认真做好困境儿童、空巢老人、残疾人、失独家庭等群

体的权益保护和困难救助工作。全年发放区级自然灾害救助资金70000元，临时救助金54800元，发放福彩公益金慰问金42000元。继续加强居家养老、社区养老工作，鼓励、支持社会力量参与养老事业发展，先后成立了荷叶敬老院、宿龙桥社区居家养老服务中心、戴家河社区居家养老服务中心等养老机构。全年新增就业239人，失业人员再就业128人，就业困难人员实现再就业11人，零就业家庭动态就业援助完成100%，新增农村劳动力转移就业124人。城镇登记失业率完成2.31%，扶持大学生创业25人，充分就业社区创建率达100%，城乡居民养老保险征缴基金33.75万元，新增小额担保贷款发放45万元。各村（社区）共提供就业人员211人，分别就业于文员、物业、保洁、服务员、保安、后勤等岗位。为符合条件的辖区内失业人员办理“就业失业登记证”299本，办理社保补贴6人，补贴金额48340.9元；对8家企业进行企业薪酬调查。全年城乡居民医保累计缴费人数11481人，缴费金额96.99万元，待遇享受1684人，待遇享受金额1241.99万元。大病医疗救助共救助98人，累计金额44.06万元；精神病药物救助累计共救助108人次，低收认定办理2人，精神病人20人。

积极引导失地农民就业，联合区人社局、高岭国际商贸城项目部开展“订单式培训”，年内举办10余场保洁、保安、物业等专题培训；指导竹隐、大塘成立了租赁和就业指导服务中心。帮助210多名农民工实现了“家门口就业”。协助鹅羊山村为12个小组发放1300多万人口安置费，解决了多年的历史遗留问题。协调消防、规划等部门加快推进了161栋安置房产权证办理。全年下发各类补助、救助金300余万元，让所有人都享受发展红利。完善泰和医院、周南附小以及兴联、大塘、湘粤、鹅羊山4个村卫生室等公益设施建设。扎实推进了宿龙桥、戴家河社区居家养老服务中心等民生项目建设，积极打造“10分钟居家养老生活圈”。极大方便了居民就医、就学和社区养老，百姓幸福指数不断攀升。

牢牢把握街道地处城北大开发桥头堡、园区产业升级核心块的优势，牢固树立“高标准、当标杆”意识，胸怀不进则退、慢进也是退的忧患，跳出秀峰看秀峰。结合项目拆迁、招商引资等，强化干部在一线锻造，作风在一线锤炼，大力推行拆迁包点、包组、包户责任制，采取倒排时间、倒逼责任的方式，强力推进责任落实；固化“严明作风、务实工作”活动成效，推进党风带政风促民风。引导党员干部从遵守工作制度、落实廉政准则、严格拆迁纪律等方面身体力行，带头示范。简化各种农村风俗和习气，落实村（社区）“两委”成员和党员办酒申报、事后报告等制度；倡导支委成员和党小组长、村民组长带头拆违拆迁，第一时间签订协议，并积极做通周围群众和亲戚朋友工作，形成党员带头、群众自觉的风气。

【高岭国际商贸城项目介绍】 项目位于中国物流2025“三纵五横”主干线的“南十字中心”，长沙市北二环与三环之间，长沙市物流产业唯一核心园区、长沙城北副中心门户地段。占地面积520公顷，规划总建筑面积960万平方米，总投资500亿，定位为集市场集群化、电商产业化、仓储物流一体化、业态多元化、功能复合化、硬件现代化、管理专业化为一体的全产业

链第五代专业市场，构建全球首座“商贸4.0”版的全产业链资源协作平台，是长沙市政府指定的中心城区传统市场外迁承接地，被列为2014—2015年“湖南省重点项目”“长沙市重点项目”。也是政企商联手打造的中国中部最具全球影响力的“商贸生态圈”，荣获“中国光彩事业促进会重点项目”“国家电子商务示范基地”“湖南省人民政府重点项目”“长沙市人民政府重点项目”等一系列重大政府立项。项目依托建材城、食品城、小商品城、五金机电城、酒店用品城、民俗文化城等“43+N”市场集群，配套“商贸交易区、智能化仓储物流区、品牌商贸综合体、创客公园、电商创业园、CBD城市副中心、国际会展中心、客运枢纽中心、商务酒店区、企业总部区、生活居住区、生产加工区”12大城市功能中心，全面集成IBM基于Wi-Fi和蓝牙ibeacon技术的智能硬件，打造“线上线下、仓储物流、全产业链、全服务链”四个一体化的全新一代“中国智贸区”，全方位助力湖南自主品牌崛起和中国商贸产业的升级转型。项目全部投入运行后，将云集10万品牌、43+N大行业、2000余个品类、数百万种单品集中展示，创造数十万计的就业岗位，年交易量过千亿元，真正做到“买全球、卖全球”，成为立足湖湘，辐射中西部三亿多消费人群的全球商品交易中心和全产业链服务集群，为长沙、湖南、中国中部地区打造新的经济增长极。项目于2013年启动拆迁，截至2015年底，项目共完成投资16亿元，小商品城入驻商户6000余家。

【长沙市六水厂开建】 项目位于开福区秀峰街道芙蓉北路与兴联路交会处西北角，总用地面积为10.49公顷，耗资约5亿元。取水点选址于银盆岭大桥以南湘江上游约340米处东岸，项目设计供水规模近期为9×104立方米/天，远期为20×104立方米/天（同时预留远景扩建至30×104立方米/天的余地），一期工程预计在2016年年底完工并投入使用，主要为金霞经济开发区及周边望城区丁字镇、桥驿镇等乡镇供水，大幅度减小五水厂的供水压力。

（胡泽海）

捞刀河街道办事处

工委书记　刘　勇
办事处主任　吕宏凯
工委副书记、纪委书记、人大工委主任
　宋世平（2015.7免）
　王宇州（2015.10免）
　尹红霞（2015.10任）
工委副书记、政协工作联络处主任
　易建威
办事处副主任　王　辉
　李泽民（2015.10免）
　金星刚（2015.10任）
　杨　艳
　易　清
党政办主任　陈友俊（2015.10免）
　董　鹏（2015.10任）

【概况】 街道辖区总面积41.5平方千米，总人口为29092人，其中常住人口25222人，流动人口3870人，总人口中，以汉族为主，并有少量的土家族、苗族、回族等少数民族。街道编制37人，其中为事业编16人，行政编21人，内设机构7个，设党政综合办公室、经济发展办公室、人口和计划生育办公室、城市建设与管理办公室、社会管理综合治理办公室、社会事务办公室、财政所，两个二级机构——水利管理所、市容监督管理所，辖捞刀河社区、彭家巷社区、高岭村、高源村、中岭村、捞刀河村、伍家岭村、凤羽村、大星村、白霞村、罗汉庄村11个社区和村。

2015年，捞刀河街道深入贯彻区委“两个率先，领跑三湘”的发展战略，围绕“建设宜居宜业宜游幸福捞刀河”的发展目标，以打好打赢党建创新仗、项目攻坚仗、拆违控违仗、安全稳定仗“四仗”为抓手，全面统筹经济社会各项工作，全力保增长、保民生、保稳定，全街经济社会保持了持续、快速、协调发展的良好势头。全年，完成规模工业总产值10.05亿元，固定资产投资28亿元，社会产品零售总额10.09亿元，内联引资形成的固定资产投资17.64亿元，到位外资3040万美元，税收收入2500万元，超标完成全年经济任

开展食品安全集中宣传

务指标。

全面完成了停滞8年之久的紫荆、大地服饰及大地智能项目等历史遗留项目的扫尾工作，完成了30户的征拆腾地；完成了星沙联络道121户的协议签订工作；完成了高岭交通枢纽10.92公顷涉及18户、中岭保障房6.47公顷涉及30户全部签约，实现倒房腾地；车站北路北延线24.87公顷涉及138户，全部签约完成。

健全制度，建立垃圾日清理、定期卫生清扫、专人负责等制度，安排两台垃圾车每天清运垃圾，全年清运垃圾2700吨。联合区城管执法大队、街道、派出所、区交警大队等部门开展卫生大整治行动25次，集中整治了卫星桥、彭家巷、楚家湖路一条街的户外广告、占道经营、乱停乱放、非法营运等现象。采取引进来和退出去的策略，有序清退了19家混凝土搅拌场。

建立了维稳期分组值班专人汇报、工作日专人信访接待的工作责任制度以及重点对象、重点问题领导包案制度，通过看住重点人、守住重要点、控住重要面等有力措施，化解了罗汉庄村群体性事件等信访疑难问题，排除不稳定因素16个，调解各类矛盾纠纷57件，没有出现越级上访、进京上访事件，未发生一起安全生产责任事故。

2015年，街道进一步加强对困难群体的关爱帮扶，认真做好困难儿童、空巢老人、残疾人、失独家庭等群体的权益保护和困难救助工作，街道共有低保、残疾、特困等家庭的困境儿童142人，市级慈善慰问4人8000元；区级自然灾害救助48人，发放救助资金6万元，临时救助72人、5.48万元，福彩公益金慰问18人、2.9万元。城镇新增就业225人，失业人员再就业82人，就业困难人员实现再就业11人，零就业家庭动态就业援助完成100%，新增农村劳动力转移就业210人；城镇登记失业率2.31%，扶持大学生创业30人，充分就业社区创建率100%；城乡居民养老保险征缴基金80.52万元，新增小额担保贷款发放30万元；办理“就业失业登记证”128本；办理社保补贴6人，补贴金额4.83万元；对8家企业进行企业薪酬调查。2015年，城乡居民医保累计缴费人数17510人，缴费金额197.98万元，医疗补助86人、补助金额71.48万元；大病医疗救助118人，救助金额33.01万元；精神病人72人，全年药物救助391人次。

全年办理单独二孩生育证36本，全面落实计划生育奖励扶助，2015年共计发放农村奖扶、特别扶助奖励、城镇独生子女父母奖励等计生利益导向资金80.42万元；为1289户独生子女家庭和18户失独家庭购买了4.19万元的家庭意外险；对35户独生子女家庭在星沙联络道项目的征地补偿时享受“增加一人份额”政策优惠。新建村（社区）健康运动场所25处，组建广场舞等健身团队32支，建成了罗汉庄综合文化服务。

开展科技周义诊

【启动“史上最大规模拆违行动”】 自长沙“史上最大规模拆违行动”启动以来，街道坚决贯彻市委、市政府的决策部署，迅速抽调了机关干部、支村两委、村组骨干100余人成立苏托垸片区拆违控违指挥部，分3个片区14个工作组强力推进片区拆违控违工作。苏托垸片区位于捞刀河街道，面积22.75平方千米，涉及凤羽、捞刀河、高岭、中岭、大星、白霞、罗汉庄、彭家巷等8个村（社区），共有违章建筑862

处，面积34.61万平方米，涉及村民群众862户。其中，违建仓库、厂房416处，面积29.7万平方米；堆场（含禾场）38处，面积1.03万平方米；菜棚408处，面积为4.88万平方米，呈现数量大、分布广、分类多、用途杂等特点，在市、区的坚强领导下，指挥部始终以斩钉截铁的态度、壮士断腕的魄力和求真务实的精神完成了苏托垸片区违章建筑全部清零，是全区率先实现违章建筑清零街道之一。

【构建“支书+队伍+示范”党建新格局】 捞刀河街道构建“支书+队伍+示范”，党建工作取得明显成效。抓村支部书记建设，街道制定下发了《加强村级“领头雁”队伍建设的实施方案》，将村支部书记队伍建设作为干部队伍建设的重中之重，并作为贯彻区委一号文件精神的街道工委书记项目，从走出去、请进来、大家谈、定制度、换人选、评实绩6个方面入手，提升了村支部书记公正处事的理念、遵规守纪的意识、敢打硬仗的能力。抓党员队伍建设，制定下发了《捞刀河街道党员教育管理实施意见》，坚持标准，把好党员的入口关；注重实效，把好党员的教育关；创新制度，把好党员的管理关；丰富载体，把好党员的履职关；严肃处理，把好党员的出口关；通过积分管理、分类管理、联岗管理三大举措，充分发挥党员先锋模范作用。抓党建示范点建设，因地制宜，重点打造捞刀河社区和白霞村两个党建示范点，其中捞刀河社区以深化“三管理一发挥”为主题，通过分类定职、设岗定责，开展志愿服务，突显了农村社区党建特色；白霞村以整顿软弱涣散基层党组织为切入点，通过开展“百日蜕变”活动，从问题村转变成亮点村，并在全区整顿软弱涣散基层党组织工作推进会上作典型发言。

【项目建设彰显成效】 2015年，街道相继启动了高岭交通枢纽、中岭保障住房、香江2-2期、车站北路延长线四个项目的征地拆迁。高岭交通枢纽项目涉及高岭村共征地9.28公顷；中岭保障住房项目涉及中岭村共征地6.47公顷；香江2-2期项目涉及高岭村和捞刀河社区213栋房屋301户，共征收27.9公顷（不含原5号令安置小区1.13公顷40户），分别为长河一期4.28公顷、长河二期14.91公顷，当代二期8.71公顷；车站北路北延线项目共征地24.27公顷，涉及凤羽村、捞刀河村、高岭村、中岭村、彭家巷社区和捞刀河社区共6个村（社区）的土地或房屋，共163栋房屋238户。在政策执行上，牢牢掌握工作主动权，将拆迁工作重心下移，突出村级组织的作用，推行“班子成员包段、大办主任包组、支部书记包村、工作人员包户”的工作模式，并加强与区国土、征地办等部门的协调，及时发现和解决征地拆迁过程中的出现的问题和矛盾，建立快签快审快付款快倒房的联动机制，共同保障和推进征地拆迁工作顺利开展。

（李 锦 魏 玲 罗振兴）

沙坪街道办事处

工委书记　邹　畅
办事处主任　李　旅
工委副书记、人大工委主任
　　曹　雄
工委副书记、政协联络处主任
　　任功胜（2015.08免）
　　王伟华（2015.11任）
工委委员　王科林
副 主 任　王亚平　张　钧
　　胡海飞　杜卫峰
党政办主任　杨夏女

【概况】 沙坪有“中国湘绣之乡”的美誉，是“湘绣原产地，星城后花园”，是开福区重点打造的集旅游休闲、文化产业、健康养生的综合旅游景区。街道辖1个社区居委会（沙坪社区）、12个行政村（钟石村、茶子山村、自安村、板塘村、大明村、成功村、双湖村、竹坡村、告塘村、海塘村、汉回村、乌溪村），总面积47.5平方千米，是开福区面积最大的街道，常住人口18600人，流动人口3329人，境内有长沙地区唯一的少数民族村——汉回村，村中有回族422人，占街道总人口的2.27%。辖区有幼儿园2所，小学4所，中学2所（含现代职业中专）。街道内设机构9个，党政综合办、经济发展办、人口与计划生育办、城市建设办、城市管理办、社会管理综合治理办、社会事务办、财政所、农业技术综合推广服务中心，设有编制43名，实有62人（在职在编38人，市容环卫所人员6人，大学生村官8人，临聘人员10人），离退休人员11人，社区（村）两委成员68人。

全年完成税收3205万元，同比增长40%；完成规模工业产值71亿元，同比增长23.6%；完成社会固定资产投资51亿元，同比增长27.5%；完成社会消费品零售总额10.2亿元、工业投资26.6亿元、内联引资8.1亿元、外贸进出口5470万美元、利用外资2680万美元。全年新增规模工业企业7家、限上商贸企业2家；新增创业主体591个，带动635人就业，发放小额贷款1笔40万元；佳海工业园、山河实业等产业园区招商引进企业100家，解决就业1万人。举办创业培训班1期，参培人数30人。

2015年，完成了传化物流一期、太阳能新材料基地、桑达科技等3个老项目的扫尾清零；完成4个新启动项目征拆，其中广胜南路用地面积3.99公顷、涉及19户、43人，传化二期用地面积18.73公顷、涉及37户、106人，传化三期用地面积26.31公顷、涉及58户、106人，深国际项目用地面积19.29公顷、涉及28户、77人；3个已拆项目启动建设，其中公交停保场、传化物流一期项目正在进行土地平整，长青路项目已竣工通车；完成了太阳能新材料基地、传化物流项目的社保、医保及转户工作，其中太阳能新材料基地项目完成两保及转户35户107人，传化物流项目完成两保及转户55户164人；完成了传化物流项目55户合法户、太阳能新材料基地项目38合法户以及桑达科技项目2户合法户的保障性住房申购工作；福竹园117户共计22.7万元分房过渡费已经全部发放完毕，按时足额发放沙坪三路、沙坪板块、大明南片、青竹湖东沿线二期、公交停保场5个项目的延期过渡费108.7万元；进行了福竹园小区3次分房工作，分配住房134户、180套，福竹园小区分房工作圆满完成。

落实市、区拆违控违工作要求，全年共拆除违建696处，面积30.94万平方米，其中拆除项目外532处，面积16.55万平方米，项目内164处，面积14.38万平方米；完成拆违后空坪复绿16处，面积4.17公顷，建成1个农民公园、1个社区公园、1个生态篮球场、1个廉政文化园、1个廉政警示园、1个生态菜地、10处绿地，做到拆违还路、拆违增绿、拆违添景；开展“五彩沙坪先锋行，每周奉献一小时”志愿服务活动20余次，清除卫生死角300余处，清除垃圾180余吨；投资200多万元，开展长青路、竹坡路“卫生大清扫、秩序大整治、违建大拆除、绿化大提质”的综合整治行动，取缔茶子山村、成功村、大明村、汉回村、板塘村赶集场所5个，实现重点路段区域大提质。

在汉回村率先开展美丽乡村建设工作，完成村级主干道路提质改造、水渠山塘清淤护砌、公共厕所及移动式污水处理站建设、民居改造、生态停车场建设、景化绿化、盘活闲置土地等19个项目建设，获评湖南省美丽乡村示范村、长沙市为民办实事新农村示范村，成为全区美丽乡村建设的窗口;完善“沙坪小镇”景观配套，采取“街道引导，村组管理，农户参与”的模式，在湘绣文化广场附近的成功村合心组建成“荷莲观赏园”2.67公顷；长春路、汉沙公路等主要道路周边景观打造，新建绿地4公顷，竹坡村、双湖村村级主干道两厢绿化提质，新建绿地4公顷，政府投入100万元完成了汉回村核心景区主干道两厢绿化和民居家庭绿化。实施“三项补贴”改革工作顺利完成，将原有的“种粮农民在接补贴、农产品良种补贴和农资综合补贴存量资金80%”用于耕地力保护（2015年沙坪街道早稻种植面积43.39公顷、中稻种植面积846.08公顷、晚稻种植面积48.87公顷）；将农资综合补贴存量资金20%，加工农业“三项补贴”增量资金，统筹用于支持粮食生产适度规模经营（2015年沙坪街道申报粮食适度规模经营大户有5户，涉及5个村8个村民小组38.34公顷耕地）。

全年接待来访群众48批次，共165人，收到群众来信5封，收到网上信访件7人次，全部给予满意回复和办理；调处各类社会矛盾纠纷53件，成功率100％；接收社区矫正对象9名，解矫7名；开展百日大走访活动，发放走访群众联系卡1500张，收集群众意见79条，帮助24户解决生活困难。落实街道安全生产监管责任，企业安全生产主体责任，与辖区内3家重大危险源企业、9家烟花爆竹门店签订安全生产承诺书，督促辖区内180家机械制造和食品加工企业完善安全管理制度；开展5次隐患排查治理行动，查出安全生产隐患200项，全部得到整改。2015年，无一人进京上访，没有发生一起严重集访事件，没有发生一起安全生产责任事故。

2015年，城乡低保户544户，1082人，其中三无“五保”对象136户，153人，集中供养21人，共发放低保金381.5万元；城乡医疗救助92人次，发放资金60.3万元，大病救助63人，救助金额20.7万元，临时救助141人次，救助金额78400元；对特困家庭的15名大中专和高中生进行扶助，资助4.3万元；完成农村危房改造12户，区直机关援建农村危房10户；享受高龄补贴共有367人，发放高龄补贴6.24万元；新增养老保险85人，工伤保险125人，医疗保险、生育保险65人，失业保险75人，发放失业保险金27.2万元；退休人员养老金资格认证234人，医保参保人数15001人，参保率100%，城乡居民养老保险参保人数11293人，3171人享受了养老待遇，发放永保卡4294张，农村居民普遍实现病有所医，老有所养。

全年出生238人，人口出生率92.02‰，死亡人数150人，人口自然增长率4.8‰；办理一孩证270本（其中流动人口一孩证12本），再生育证170本，独生子女父母光荣证446本；认真落实计划生育奖励扶助政策，共发放六项奖扶资金53.7万元；严格执法，全年新立违法生育案20例，法院强制执行1起，征收社会抚养费7.7万余元；为931户独生子女家庭、9户失独家庭、148名计生专干及信息员购买4万元家庭保险。建立健全了党政干部联点学校制度，建立控流保学责任制，开展校园周边环境整治，沙坪街道社区学校荣获市级示范社区学校；开展“沙坪·我身边的好党员”活动，开通“五彩沙坪”微信公众平台，全年在市、区政府信息网上稿信息100条，接待省、市主流媒体采访20批次、报道50条；以“五彩沙坪先锋志愿服务队”和“最美夕阳红志愿服务队”两支志愿者队伍为载体，开展敬老爱幼、服务项目征拆、服务项目建设活动；新建街道示范性综合文化站和双湖村综合文化服务中心的；开展“文明祭扫·无烟清明”“六一·微心愿”“到最美乡村·过五爱端午”“七一·唱红歌颂党恩”“七夕·相亲相爱益家人”“中秋嘉年华”等系列活动，营造良好精神文明风尚。完成了对成功、板塘、茶子山、告塘、汉回5个村的卫生室改扩建任务，通过了区验收。

【2015“相约长沙最美乡村”活动在沙坪绣坊街启动】 4月28日晚，以“记住美丽乡愁、筑梦美丽乡村”为主题的2015“相约长沙最美乡村”活动在长沙市开福区沙坪绣纺街正式启动。长沙市委常委、宣传部部长宣布“相约长沙最美乡村”活动开幕，长沙市副市长黎石秋，开福区委副书记、区长廖建华，区委常委、宣传部部长杨应龙，副区长汤建尧，副调研员任新良等出席。“相约长沙最美乡村”是由长沙市委、市政府主办的城乡共建共享的品牌文化活动，也是长沙市深化农村文明建设系列活动之一，由市委宣传部、市农业委员会、市文明办、市旅游局、长沙晚报报业集团承办，各区县（市）人民政府联合协办。“相约长沙最美乡村”活动期间，活动主办方推出了“沙坪一日游”、乡村特色美食、湘绣体验等活动，全面展示了湘绣之乡的生态、产业和人文之美，吸引了众多长沙市民参与其中。

区委书记廖建华（左二）在沙坪街道调研

【湖南首个湘绣文化旅游景区落成】 8月6日上午，沙坪湘绣文化旅游景区核心项目——沙坪绣坊街，在“中国湘绣之乡”沙坪风情小镇举行落成仪式暨招商推介会。来自全国各地的湘绣、苏绣、粤绣、蜀绣等刺绣领域代表齐聚一堂，共同见证绣坊街落成。沙坪绣坊街位于长沙市开福区沙坪街道，全长1.3千米，总占地面积12公顷，总建筑面积12万平方米。项目总投资7.6亿元，是湖南首个“以绣为主、画绣结合、丝绣结合、非遗结合、旅游结合”的特色文化旅游项目。街区业态以湘绣文化为灵魂，规划有湘绣主题文化酒店、湖湘特色美食、湘绣艺术博览中心、湖南旅游商品展示中心、非遗文化博览中心等多种主力业态。“未来，整个片区36平方千米将打造成以湘绣为主题的湖湘文化旅游景区，目标瞄准AAAAA级。”开福区委副书记、代区长沈裕谋介绍。截至2015年底，沙坪绣坊街主体已经完工，聚集了56家湘绣生产和经营企业，从业人员2万人，年产值6亿元，占全省湘绣总量七成以上，预计将于2016年5月正式开街。

【长沙传化智能公路港项目正式开工】 11月20日上午，长沙传化智能公路港项目正式开工。胡衡华、廖健、谭勇等市领导，廖建华、袁伟洁、袁政国、李光华、张春雄等区、园区领导，及中国物流与采购联合会，省发改、商务，市发改、住建、交通、国土、商务、规划、经信等部门负责人出席开工典礼。长沙传化智能公路港项目于2014年9月正式签约落户开福区沙坪街道。该项目占地40.27公顷，已被列入2015年湖南省“十三五”规划重点建设项目、2015年长沙市重点建设项目。预计到2016年年底，一期核心区将建成使用。项目全部建成后，预计将集聚1500多家物流企业，新增就业岗位超2万个，整合逾百万辆货车运力资源，显著提升物流运输效率并降低物流成本。

【市民间手工女艺人协会成立】 11月27日，长沙市民间手工女艺人协会成立大会暨创新创业作品大赛在沙坪湘绣广场举行。市委常委、副市长张迎春，区委书记廖建华，及省市妇联负责人出席。开福区以弘扬湘绣文化为核心，成立了沙坪湘绣文化旅游景区建设领导小组，打造了沙坪绣坊街，建设了湘绣博物馆，修建了湘绣文化广场，有效促进了民间手工艺产业的发展。廖建华表示，市民间手工女艺人协会的成立，进一步推动我区民间手工艺行业向规模化、产业化、品牌化发展，努力实现“手工小产品、经济大产业、创业大舞台”的综合效益。

（莫 晶）

青竹湖街道办事处

工委书记 吴正豪（2015.11任）
办事处主任 宋奇志（2015.11任）
副书记、纪委书记
易树新（2015.11任）
副书记、政协联络处主任
黄伟斌（2015.11任）
党政办主任 张再军（2015.11任）
工委委员 陈贻勤
刘昌成（2015.11任）
副主任 龙广明
王宇州（2015.11任）
张 纲 袁 波
黄永忠（2015.12任）

【概况】 青竹湖街道于2015年11月区划调整，由原青竹湖镇和新港街道成建制合并设立。街道地处开福区北大门核心地段，东连沙坪街道，西濒湘江，南抵秀峰街道和捞刀河街道，北靠龙飞岭与望城区桥驿镇相连，东北部毗邻长沙县北山镇，西北部与望城区丁字镇隔沙河相望，总面积41平方千米，常住人口约4.2万人，下辖（金霞社区、新安寺社区、霞凝港社区、综合场社区、金盆丘社区、植基社区、湖畔社区、天井社区、太阳山社区、霞凝社区、新源社区、群力社区、金霞村、广胜村、大安村）15个社区、村。辖区范围共有幼儿园5所，完全小学5所，初级中学2所，学生6984人，教师540人。机关设6办1所2中心（党政综合办公室、经济发展办公室、卫生和计划生育办公室、城市建设与管理办公室、社会管理综合治理办公室、社会事务办公室、财政所、公共服务中心、农业技术综合推广服务中心），在职在编人员58人。街道先后被评为“全国环境优美镇”“湖南省安全生产示范镇”“湖南省两型社会试点镇”“长沙市社会管理综合治理先进乡镇”“开福区优秀基层党组织”等。

2015年，累计完成财税任务5080万元，其中国税366万元，地税4714万元。全年完成固定资产投资29.20亿元，其中内联引资形成固定资产投资23.9亿元，实际到位省外资金10亿元，到位外资7040万美元；外贸进出口总额2亿美元，外贸倍增企业1家、外贸破零企业1家（长沙拓湃工程机械设备有限公司）；社会消费品零售总额4.17亿元；规模以上工业总产值4.85亿元。新引进入驻楼宇企业8家，分别为：湖南芒果车之家汽车销售有限公司（租赁写字楼21~22楼，面积1970平方米）、湖南意思科技有限责任公司（外资企业）、湖南泉之鑫进出口贸易有限公司、湖南华清科创生命科学药业有限公司、无极生命科学（长沙）有限公司、恩瑞网络科技股份有限公司、湖南汇米巴商业管理有限公司、长沙市观山物业管理有限公司。其中，芒果汽车项目为过5000万元重大产业项目，芒果汽车公司系快乐购与澳大利亚汽车之家合资，注册资金1亿元人民币，芒果汽车生活体验馆已于2015年11月6日开业运营。

2015年，街道积极与市规划局工作对接，完成了规划成果的更新。完成了天井8.33公顷置换地的国土手续办理和天井小学国土手续办理，启动了5公顷产业用地拆迁，做好了湘雅国际医疗中心项目落地的前期服务工作；全力支持社区进行60号令安置小区房屋产权手续的办理和村部楼国土手续的办理。完成了创业大楼的建设及扫尾工作，按照建设计划稳步推进房地产项目；完成了东片污水（临时）排放工程项目建设，已投入使用。按区政府及国土部门的要求，高质高效地完成了8处需整改的卫星图斑；完成了区政府下达的5户农村危房改造任务，做好农村房屋审批工作，完成了10户农村危房援建户危房改造工作。

印象青竹湖”首届全国摄影大赛

全年拆除违建302处9.92万平方米，18家搅拌场已拆除牛力、勃泰等8家，10家正在提质改造。启动“波斯菊”和“油菜花”行动，在湘江大道、芙蓉北路和三环线周边植绿33.33余公顷，打造了沙河南岸绿化景观带、街域乡村交通景观带，启动青竹湖森林公园提质改造，完成了星月路两侧道路景观带和街心公园的提质改造。开展主次干道两厢提质改造工作，以芙蓉北路、湘江大道、进港大道为中心，完成29处提质改造，其中补栽补种4处，围墙修补和建设7处、整治围墙广告8处、整治店外经营8户、道路硬化2处。完成新沙河桥湘江北路东侧原沙河桥建设工程指挥部违建1357.38平方米复绿工作。重点管控违规行为，对辖区内主次干道所有过街条幅、店面招牌、违章灯箱广告、临街晾挂、流动摊贩、违章占道、店外经营等进行清理整治，拆除违规设置的店面招牌300块、破旧破损招牌40块，过街横幅100条、取缔流动摊担257个，规范和取缔各类违章占道50处，店外经营280处，各种影响市容市貌明显改观。

构建安全生产齐抓共管大格局，针对辖区森林防火、交通治理等，建立“应急指挥系统”，2015年全年下发安全生产执法检查记录180份，安全生产整改指

芒果汽车上线

令书16份，复查意见书16份，发现隐患89起，现场整改73起，限期整改16起，联合区直部门关停取缔了创力农化等重大安全隐患单位。全街共有烟花爆竹合法经营户2家，坚决杜绝辖区范围内非法经营和违规存储烟花爆竹，取缔非法经营户一家。顺利完成“省级安全生产示范街道”创建及验收。综治维稳工作突出。紧扣平安载体建设，除日常维稳工作外，做好了全国及省市两会等大型维稳工作；通过与“一推行四公开”“百日大走访”、联点干部“五包一”、群众工作站以及“网格化社会治理服务工作”微信平台紧密结合，抓好重点对象稳控，全年非访进京为零。举办20场法律知识讲座和普法培训班，建立了金盆丘社区法治公园。全年未发生一起安全生产责任事故。

文体活动异彩纷呈。更换了2个社区室外文体健身器材，完善5个社区周边配套设施，新建金霞村等卫生室。启动太阳山景区环湖道路提质改造，完成了太阳山景区入口广场改造方案设计。联合区直部门、学校开展送戏送电影下乡、“湘江韵律”“绿城青竹园杯”健康长跑等活动30场次。计生工作有序推进。定期开展妇检、老年人健康检查和助残活动70场次；严格按照区计生局下发的出生医学证明名单和实时通反馈信息名单，逐一核实，杜绝瞒报、错报、漏报现象，全年出生人口128人，一孩出生84人，二孩出生44人，出生人口性别大大低于107的责任指标；出生缺陷综合防控进度基本完成，有1例参加免费出生缺陷综合防控；免费孕前优生健康检查完成81对，完成进度为100%；城镇独生子女父母奖励制度落实到位，农村奖扶和特扶对象确认准备率100%，发放到位率100%。社会保障全面深化。全年共有城乡低保311户，保障人口600人，发放保障金85.87万元；积极开展劳动就业培训，健全社会保障体系，推荐新增就业211人次；争取开通3条线路公交，新建2个社区饮水工程，硬化道路22.6千米；完成了9口山塘水坝的出污、护坡工程，完成霞凝泵站清淤工程。争取投资1000万元对新安寺社区15栋进行平改坡提质改造，完成福港苑107户155套保障住房分房工作，天井小学的前期手续办理工作正在稳步推进中，青竹湖东片区（临时）污水管网建设基本完成。健全村（居）务公开管理制度，组建了41个特色社会组织，成立了7个老年人协会组织。进一步完善社会救助体系，有序推动慈济慈善事业，落实双拥优抚政策，完成残联“明星社区”创建。在太阳山、天井、金霞等建立了4个“雷锋超市”，协助台湾慈济慈善基金会对辖区困难群体进行走访调查，发放棉内衣642套、棉夹克626件、棉被409床、大米9705千克、食用油385瓶、生活包279个。对低保户和特困家庭的子女给予慈善助学，帮助贫困学生。慈善助学5人，发放助学金1.7万元。落实双拥优抚政策，发放优抚金20.48万元。创建残联“明星社区”，完善残疾人员服务机制。殡改工作火化率100%。三农工作扎实推进。认真落实了长政发〔2015〕6号《长沙市人民政府关于加快构建新型粮食生产经营体系进一步稳定粮食生产的意见》，签订了粮食生产工作目标管理责任状，争取区政府奖励了辖区4户种粮大户。根据耕地及产品“一对一”监测采样点的位置，依据污染源类型、水流状况、地形部位、成土母质等，在2014年的基础上进一步界定实施区域，将任务面积落实到村、组、农户和田块，并登记造册，完成了456吨石灰的发放。

【青竹湖街道挂牌成立】11月30日上午，青竹湖街道正式挂牌成立。区委书记廖建华出席授牌仪式并讲话，区委副书记、区长沈裕谋主持授牌仪式。青竹湖街道办事处是根据省、市关于开展乡镇区划调整改革的文件精神，经上级批复同意，由原青竹湖镇和新港街道办事处合并而成，办事处驻原青竹湖镇政府所在地；调整后，青竹湖街道辖大安、广胜、金霞3个建制村，群力、天井、新源、太阳山、霞凝、青竹湖畔、植基、金盆丘、新安寺、综合场、霞凝港、金霞12个社区，总人口4.2万人。

（林　芝）

“印象青竹湖”首届全国摄影大赛

文件选编

关于2015年财政预算执行情况和2016年财政预算（草案）的报告

各位代表：

受区人民政府委托，向大会报告2015年财政预算执行情况和2016年区本级财政预算（草案），请予审议，并请各位代表和列席人员提出意见。

一、2015年财政预算执行情况

（一）2015年收入预算执行情况

2015年，全区完成地方财政总收入1201288万元，比上年增加133100万元，增长12.46%，税收收入占地方财政总收入的83.26%；完成一般公共预算收入507221万元，比上年增加50292万元，增长11.01%。

（二）2015年一般公共预算支出执行情况

2015年完成一般公共预算支出626328万元，比上年增加49724万元，增长8.62%；其中，区本级公共财政预算支出为555314万元，比上年增长43448万元，增长8.49%。

各支出项目的具体执行情况如下：

一般公共服务支出150309万元（区本级支出148684万元），比上年减少4919万元，减少3.17%；

国防支出356万元（区本级支出247万元），比上年增加123万元，增长52.79%；

公共安全支出17740万元（区本级支出17369万元），比上年增加1319万元，增长8.03%；

教育支出131086万元（区本级支出121173万元），比上年增加13361万元，增长11.35%；

科学技术支出10589万元（区本级支出10004万元），比上年增加1452万元，增长15.89%；

文化体育传媒支出3533万元（区本级支出3047万元），比上年增加454万元，增长14.75%；

社会保障和就业支出63604万元（区本级支出51898万元），比上年增加8254万元，增长14.91%；

医疗卫生和计划生育支出19312万元（区本级支出15569万元），比上年增加3036万元，增长18.65%；

环境保护支出12471万元（区本级支出10400万元），比上年增加1159万元，增长10.25%；

城乡社区事务支出110158万元（区本级支出85689万元），比上年增加14248万元，增长14.86%；

农林水事务支出41684万元（区本级支出37346万元），比上年增加3993万元，增长10.59%；

交通运输支出37042万元（区本级支出36958万元），比上年增加3745万元，增长11.25%；

工业商业金融等事务支出18124万元（区本级支出13305万元），比上年增加1823万元，增长

11.18%；

其他支出10320万元（区本级支出3625万元），比上年增加1691万元，增长19.60%。

（三）2015年公共财政收支平衡情况

按照现行市区财政体制，公共财政预算收入加中央、省、市专项拨款，加“两税”返还补助，加所得税基数返还补助，加新体制基数下划，加其他补助，加预算稳定调节基金，加上年结余，减去体制上解，当年可用财力为679620万元，支出626328万元，安排债务还本支出34890万元，预算稳定调节基金安排15000万元，结余3402万元，其中结转下年使用1102万元，净结余2300万元，实现了收支平衡，略有节余。

二、2015年财政预算执行的基本特点

2015年以来，面对复杂严峻的经济形势和不断增大的经济下行压力，全区一手力抓财政收入组织，做大做强收入蛋糕，一手坚持民生优先，提高财政资金使用绩效，实现了财政增收、民生改善、监管增强的财税目标。

1.强化措施，拓宽收入来源。全年完成地方财政总收入1201288万元，同比增长12.46%，为市定目标任务的100.41 %。（1）收入组织措施得力。在经济新常态下，财政收入持续增收的压力加大，面对经济增速放缓、重点行业税收下降、结构性减税等多重因素影响，我们积极关注宏观经济形势和国家税收政策变化，密切跟踪收入动态，认真分析影响我区收入的各种因素，强化部门工作协调机制，明确重点税源、重点项目和收入征管薄弱环节。（2）非税管理更加完善。建立和完善非税收入收缴管理系统，抓大控小，深化“收支两条线”管理改革，依法征收，应收尽收，实现了财政收入的平稳增长。（3）资金争取卓有成效。积极争取省、市专项追加资金71014万元，争取债券资金34890万元，有效地弥补区级资金不足；同时，加快落实市属区建项目资金，有力地缓解项目资金支付压力。

2.保障重点，构建和谐民生。积极优化财政支出结构，合理安排财力，财政支出继续大幅度向民生领域倾斜，全年安排民生民本支出55.29亿元，占公共财政预算支出的88.28%。（1）全力保障重点支出。坚持集中财力办大事，全年安排基础设施建设资金12.08亿元，比上年增加1.84亿元，增长17.97%，有力地保障了重点工程项目建设顺利实施，确保城管、重点水利项目顺利推进。（2）逐步完善社保体系。城乡居民养老保险制度实现一体化，补助标准进一步提高，城镇居民基础养老金发放2527万元；城乡居民医保待遇水平逐步提高，2015年财政补助标准提高到380元/人，参保人数达到147304人，累计支出1043万元；城市低保和农村低保实现一体化，累计发放低保资金5442万元，享受低保人数达到12602人。（3）惠农资金全面落实。加大对冬季农业补助、农产品质量安全、农业标准化基地建设、森林防火、动物疫病防控等农业项目的投入，安排农林水利专项资金1950万元。

3.深化改革，提升资金效益。建立健全财政监督机制，加强财政预算管理、扎实推进财政资金绩效评价、完善政府采购资金监管、做好国有资产监管等工作，全面推动绩效财政建设。（1）切实加强预算管理。全面推行财政预算公开，督促所有区直部门（除涉密部门外）开展部门预算网上公开，提高财政预算的透明度；同时，按照新《中华人民共和国预算法》的规定，逐步建立由公共财政预算、社会保险基金预算和国有资本经营预算构成的全口径预算体系。（2）扎实推进财政绩效评价。探索建立了全区预算绩效管理体系，在内五区率先开展公共项目绩效目标申报审批工作并加强对专项资金的绩效评价。2015年全区对21个重点项目开展绩效评价工作，涉及金额超过1.2亿元，并将绩效评价结果作为2016年预算安排的参考依据，提高财政资金使用绩效。（3）更加突出政府采购监管。严格规范政府采购程序，出台《关于长沙市开福区2015年度政府集中采购目录及政府采购限额标准的通知》等两个规范性文件；同时，积极开展专项检查，督促采购单位、供货商、代理机构严格执行政府采购制度，努力提升采购监管水平。

各位领导，2015年开福区财政预算收支执行情况整体较好，基本完成了年度各项财政工作，但是，还存在一些不容忽视的问题：一是税源的培植依然任重道远，在宏观经济形势和“营改增”的影响下，确保全区财政收入持续较快增长的压力进一步加大；二是财税体制改革有待进一步深化，政府间财权和支出责任依然不匹配，区级财政公共保障能力仍显不足；

三是政府债务实行限额管理，全区资金的运行压力加大；四是非生产性专项资金总量仍然较大，财政资金使用绩效、财政管理科学精细化水平还待进一步提高。我们将高度重视这些问题，在今后的工作中采取有效的措施努力加以解决。

三、2016年区本级财政预算草案

根据新《中华人民共和国预算法》的规定，为确保“收支平衡，略有结余”， 我们建议2016年预算编制的指导思想为：以党的十八届五中全会精神为指导，主动适应经济发展新常态，牢固树立和落实科学发展观，实现“两个率先、领跑三湘”总目标，加快建成“五区”，保持稳增长、促改革、调结构、惠民生、防风险综合平衡，促进区域经济社会持续较快发展。2016年预算编制的总原则是：量入为出，稳健运行；突出重点，推进改革；改善民生，优化结构；防控风险、科学精细；具体为：一是坚持量入为出，合理安排收入预算，科学编制支出预算，以财政效益为导向，确保财政稳健运行；二是突出重点，全力保障改革支出，确保机关事业单位养老保险制度、工资制度、公务用车制度等改革顺利推进；三是坚持改善民生，进一步优化支出结构，不断提高基础教育、医疗卫生和社会保障水平，确保各项公共保障政策提标扩面及时到位；四是逐步消化债务，科学安排资金消化基建老账，平衡信贷资金还本付息、大城北建设和社会发展的投入。

（一）公共财政预算方面

1.公共财政收入预算草案

结合2016年全区税源摸底及市财政局可能下达的收入任务情况，开福区2016年地方财政总收入计划增长11%，全年预计完成1333430万元；测算一般公共预算收入增长9.78%，全年计划完成556830万元。

2.公共财政支出预算草案

根据2016年公共财政预算收入、预计的上级补助收入和上年结余及上解支出，测算全年区可用财力为614696万元（未含省市专项追加），较2015年增加财力54838万元。根据可用财力的测算情况，2016年区本级拟安排一般公共预算支出614300万元，比上年增长10.62%，预留结余396万元。具体如下：

（1）一般公共服务支出155913万元，比上年增长4.86%；

（2）公共安全支出19232万元，比上年增长9.17%；

（3）教育支出136609万元，比上年增长12.74%；

（4）科学技术支出11060万元，比上年增长10.56%；

（5）文化体育与传媒支出3474万元，比上年增长14.01%；

（6）社会保障和就业支出58638万元，比上年增长12.99%；

（7）医疗卫生与计划生育支出17290万元，比上年增长11.05%；

（8）节能环保支出11562万元，比上年增长11.17%；

（9）城乡社区事务支出96740万元，比上年增长12.90%；

（10）农林水事务支出41122万元，比上年增长10.11%；

（11）交通运输支出42079万元，比上年增长13.86%；

（12）工业商业金融等事务支出14256万元，比上年增长7.15%；

（13）其他支出6325万元，比上年增长74.48%（含总预备费6140万元）。

另外，根据财政部《关于完善政府预算体系有关问题的通知》财预〔2014〕368号文件精神，不再单独编制政府性基金预算，政府性基金收支情况全部调入公共预算进行核算。

（二）社保基金预算方面

根据省、市财政部门的工作部署，开福区的社保基金预算暂只编制机关事业单位基本养老保险基金预算和城乡居民基本养老保险基金预算，企业养老保险基金预算等其他基金预算由省财政厅统筹编制。

1.社保基金收入预算草案

2016年全区社保基金预算收入17773万元，比上年完成数增长192.99%，其中机关事业单位基本养老保险基金收入14853万元，2015年没有安排机关事业单位基本养老保险基金；城乡居民基本养老保险基金收入2920万元，比上年增长11.15%。再加上上年结余

3019万元，2016年基金收入总计20792万元。

2.社保基金支出预算草案

2016年安排社保基金预算支出17409万元，其中，安排机关事业单位基本养老保险支出14790万元，安排城乡居民基本养老保险基金支出2619万元。预留结余3383万元，其中本年度结余364万元。

（三）国有资本经营预算方面

1.国有资本经营收入预算草案

2016年开福区国有资本经营预算收入512万元，其中，利润收入236万元，股利股息收入276万元。纳入2016年度国有资本经营预算的区属国有企业有3家，分别为区城建投、青竹湖城建投和春景园林公司，其中，区城建投2016年国有资本经营预算收入188万元，青竹湖城建投2016年国有资本经营预算收入124万元，春景园林公司2016年国有资本经营预算收入200万元。

2.国有资本经营支出预算草案

2016年安排开福区国有资本经营预算支出512万元，支出功能科目为城乡社区事务。国有资本经营预算支出根据预算收入平衡，不列赤字。

四、全面完成2016年财政预算的主要工作举措

2016年是开福区“十三五”规划的开局之年，中央、省、市财税改革和预算制度改革将进一步深化，全区面临的财税形势将更加复杂，财政工作面临的压力将更大；我们将积极作为，攻坚克难，确保全面完成年度财政工作任务。

1.实施精准招商，培植挖掘长效财源。项目建设是经济发展的生命线，企业是财税增长的聚宝盆，我们要挖掘和培植长效财源。（1）精准招商，大力引进产业项目。立足开福区产业优势，进行有针对性、点对点的精准招商，重点布局金霞经开区、金融生态区、金鹰文化区，打造区域经济增长引擎。（2）政策扶持，完善经济发展政策。根据区域经济发展实际和招商引资重点，不断完善开福区现有的招商引资政策，出台专门促进金融、文化创意、电子商务等新兴产业的优惠政策，着力发展电商、文化创意、数字出版、动漫游戏制作等新型业态。（3）夯实基础，强力推进项目建设。加快炮后街、火车北站等棚户区拆迁进度，尽快确定鸭子铺、黄兴北路发展规划，做好招商引资基础服务工作，为项目落地创造良好的条件；加大项目建设的推进力度，大力帮扶，促进拓财源能力强的高岭商贸城、嘉德等项目如期开业。（4）积极作为，狠抓收入组织工作。按照全年收入总目标，分解收入任务，并将收入责任落实到具体单位、个人，按月考核，形成全区狠抓税收收入的浓厚氛围。同时，积极应对国地税改革，提前研判政策，科学制定对策，确保区级既得利益。

2.深化预算改革，提高财政管理水平。现代预算制度是现代财政制度的基础，我们将按照中央、省、市全面预算制度改革的决策部署，不断深化预算管理制度改革。（1）强化管理，完善全口径预算体系。逐步建立和完善包括一般公共预算、国有资本经营预算和社会保险基金预算在内的政府预算体系，做到了三部预算统一算账、统筹安排。（2）立足基础，全面推进预算公开。在2015年实现预算公开范围全覆盖（除涉密部门）、支出细化到功能分类最末级“项”级科目的基础上，以公开为常态，进一步细化公开内容，扩大公开范围，逐步将重大民生政策性资金和重大产业类专项资金的分配、使用全过程公开。（3）积极研究，探索中期财政规划管理。建立健全预算稳定调节基金制度，逐步建立跨年度预算平衡机制，启动三年滚动财政规划编制，探索实行中期财政规划管理。

3.严格预算执行，优化财政支出结构。结合开福区面临的财税形势和收支矛盾，严格预算管理，不断提高财政运行效益。（1）规范管理，强化重点保障支出。着力保障民生支出，不断增进人民群众福祉，促进社会事业发展。进一步加大对农业、医疗卫生、就业和社会保障、教育等公共服务领域的财政投入，社会保障和就业支出不断提标扩面。全力保障改革支出，积极筹措资金，保障实施机关事业单位养老保险和工资制度、公务用车制度等重点改革。（2）统筹安排，提升财政资金效益。硬化预算支出约束，牢固树立先有预算后有支出的观念；坚持厉行节约，强化过程管控，严格控制“三公经费”等一般性支出，确保“三公经费”只减不增；积极盘活财政存量资金，及时清理收回沉淀的结余结转资金，调入财政稳定调整基金或用于城市建设等重点支出，提高财政资金使用效益。

4.防控债务风险，加强政府债务管理。（1）出台办法，完善债务管理机制。以稳健财政政策为指导，出台符合区级实际的债务管理办法，建立“借、用、还”相统一的地方政府性债务管理机制，规范债务举借机制、严格举债程序、明确债务资金用途。（2）积极探索，开辟新的融资渠道。密切跟踪国家宏观政策导向，积极探索开辟新的融资渠道，加强政府债券发放对接，最大限度地争取区级置换债券和新增债券，降低融资成本；大力推行政府与社会资本合作（PPP）模式，广泛吸引社会资本参与开福区基础设施建设和运营。（3）严格管理，实时监控债务动态。健全政府债务管理信息系统，实时监控全区债务发展动态；逐步实行政府债务公开制度，将债务报告作为财务报告的一部分定期披露，切实防范化解财政金融风险，保证资金安全，确保政府债务保持在限额内的良好债务结构。

各位代表，在新的一年里，我们将在区委的正确领导下，在区人大及其常务委员会的监督支持下，按照“两个率先、领跑三湘”的总目标，加快建成“五区”，加强改革创新，聚势合力，提质增效，为开创开福“领跑三湘”新篇章做出新的贡献。

中共长沙市开福区委员会
长沙市开福区人民政府
关于进一步加强生态环境保护工作的意见

开发〔2015〕4号

为切实提升开福区生态环境质量，以大爱保护环境，以铁腕治理污染，现就进一步加强生态环境保护工作提出如下意见。

一、明确总体目标要求

1．指导思想。深入贯彻落实党的十八大和十八届三中、四中全会关于加强环境保护、建设生态文明、全面推进依法治国的战略部署和改革要求，牢固树立保护生态环境就是保护生产力、改善生态环境就是发展生产力的理念，以广大人民群众对生态环境建设的迫切期盼为导向，努力探索生态文明建设新路径，为加快建设精美城区奠定坚实的环境基础，让城市更加宜居宜业、精致精美、人见人爱。

2．基本原则。坚持以“两型”发展为导向，强化生态环境保护与治理，促进环境效益、经济效益和社会效益相统一。坚持环境保护规划与经济社会发展规划、土地利用规划、城乡总体规划相统筹，突出环境保护在经济社会发展战略体系中的引导作用。坚持预防为主，防治结合，源头控制，重点整治环境污染，大力提升可持续发展能力。

3．主要目标。以《长沙市环境保护中长期规划》为指导，系统解决环境突出问题，大力发展生态经济、改善生态环境、培育生态文化、强化科技支撑、创新体制机制，通过十年的努力，全面完成国家、省、市下达的主要污染物总量减排任务，优化环境容量；环境空气质量基本达到国家二级标准，全年空气质量优良率达到80%以上；水环境功能区水质达标率、集中式饮用水水源水质达标率、农村饮用水卫生合格率均达到100%，城市集中式污水处理率达到100%，建成区集中式污水处理率达到100%，农村集镇生活污水处理率达到90%以上；建成区声环境质量全面达到功能区标准；城镇生活垃圾无害化处置率、医疗废物和危险废物集中处置率均达到100%；环境监管能力达到全市领先水平。

二、统筹城乡生态建设

4．科学画定生态保护红线。加快区域生态安全建设，对生态红线区域，实行一级、二级分区管控。生态保护红线一级区内，严禁一切与生态保护无关的开发建设活动。生态保护红线二级区内，严禁有损生态功能的开发建设活动，严格环境影响评价，严禁污染项目进入。

5．统筹城乡重要生态功能区保护。加大农村环境综合整治力度，加强重要水体生态保护，强化湘江及浏阳河、捞刀河、沙河等重要流域和年嘉湖、楚家湖、星月水库等湖泊的生态保护与污染治理。突出加强太阳山、鹅羊山、秀峰山等森林公园的生态保护与生态旅游服务功能；重点抓好农村环境基础设施建设，以规划为统领，加快对捞刀河东北片区的控规编制，以保护为主、适度开发为辅为原则，注重对捞刀河东北片区的自然资源和生态环境的保护，推进苏托垸湿地的保护与建设。

6．优先实施城乡重要资源保护。大力加强水资源保护，实施最严格水资源管理，确立水资源管理“三条红线”控制目标，推进备用水源建设和保护，全面推进水生态文明建设试点和节水型城市建设。着力推进土地资源保护，严格保护基本农田，确保耕地、基本农田数量不减、质量不降。切实加强森林资源保护，突出森林综合效应，实现全区森林覆盖率达到35%以上。

三、突出污染防治重点

7．加强大气污染防治，改善空气质量。突出工业大气污染防治，全面提高工业锅炉准入标准，加强汽车、电子、涂装等重点行业挥发性有机物排放控制，推进重点企业清洁生产审核。强化扬尘污染控制，落实扬尘网格化管理，加强道路保洁，减少二次扬尘污染，实施建筑工地、渣土运输扬尘污染控制标准化管理。加大机动车排气污染防治，全面实施机动车环保标志管理，加快淘汰黄标车和老旧机动车；大力发展清洁能源，严格执行国家车用燃油标准，大力推行绿色出行方式，实施公交优先战略。加强油烟污染防治，强化餐饮企业排污许可管理。加强秸秆和垃圾禁烧工作，推进农林废弃物综合利用产业体系建设。完善空气重污染应急社会联动工作机制。

8．推进水污染防治，确保水环境安全。全力开展饮用水水源保护，明确水源保护区范围，加强饮用水水源地的保护建设。加大环境综合整治力度，强化饮用水水源和重要水环境功能区监测，加强水环境污染源监管和在线监控。新、改、扩建城市污水处理厂，污水处理能力满足城市发展的需要，特别是要加大对金霞经济开发区污水处理基础设施项目的建设力度；提标改造现有城市污水处理厂，尾水排放达到国家"一级A"标准；提高中水回用率；推进截污管网建设，实现建成区配套管网全覆盖、排污口全截污。加强农村生活污水集中处理，完善乡镇污水处理厂和分散式农户污水处理设施；严格控制农业面源污染，积极推广测土配方施肥。

9．开展噪声污染防治，营造宁静环境。根据声环境功能区区划，合理规划城市主干道、快车道两侧用地，逐步完善城区范围内临近铁路、高速公路及城市主干道、快车道、高架桥、立交桥的居民集中区敏感地段隔声防噪设施，降低主干线两侧交通噪声影响。加强机动车噪声污染控制，严格实施禁鸣、限行、限速措施，建设低噪声路面，主要交通路口建立噪声自动监测系统，实施在线监控。加强建筑工地施工噪声控制，严格限定施工作业时间。加强商业、文娱、健身、室内装修等社会生活噪声执法监管，开展噪声达标区创建工作。

10．妥善处置固体废弃物，控制面源污染。强化农业用地污染防治和生态修复工作。全面推广城乡垃圾分类化、减量化、资源化利用，完善垃圾分类收集和各街镇中转设施，合理规划垃圾转运、污水处理项目周边用地性质，健全垃圾收集处置体系及长效管理机制。

11．加大生态保护力度，建设绿色城市。坚持生态优先，对重要生态区、生态脆弱区进行封山育林，禁伐天然林。深入推进城乡造绿行动，构建生态植被良好、生态功能凸显、生态环境宜居的绿色生态体系，实现绿化总量增长、质量提升，城区绿地率达到45%以上；逐年严格落实控规中要求配建的城市公园，加强社区公园建设，实现城市居住区500米以内能见公园绿地；加快湘江流域主要干支流水系岸线、滩涂和水库、水塘周边绿化美化。

12．加快推进产业转型，保障绿色发展。严格项目环境准入，制定产业负面清单目录，提高环保门槛，引导新建工业企业进园区发展，推进工业园区环保设施建设。加大城区棚改力度，逐步引导二环内的工矿企业退出城区。加快淘汰落后产能和设备，重点整治耐火材料等行业，分批淘汰"两高一资"企业，促进传统产业提质改造。大力发展节能环保产业，制定节能低碳优惠政策，支持节能环保骨干企业做大做强，打造环保名牌产品。积极推广绿色建筑，加快促进"两型"住宅产业化，实现节能减排，改善人居环境。

四、实施环境经济政策

13．推行环境资源有偿使用。开展重要生态资源产权登记，明确生态资源所有者、使用者、保护者的法定责任和权益。坚持政府调控和市场调节相结合，进一步推广水体、矿产、森林、湿地等自然资源有偿使用和使用权转让，使保护者受益、使用者付费。农村地区先行试点水资源使用权转让交易。

14．完善绿色环境经济政策。建立以绿色信贷和环境责任保险为核心的绿色环境经济政策体系。对研发和生产治污设施、开发和利用新能源、从事生态保护和建设的企业及项目提供低息贷款扶持；对不符合产业政策和环境违法的企业及项目，金融机构停止信贷和融资。继续推行环境风险企业管理制度，鼓励、引导涉重金属、危险化学品和危险废物等环境风险企业购买环境责任保险。

15．全面优化生态补偿政策。加大生态保护地区补偿力度，对生态红线一级管控区实行全面生态补偿，对生态红线二级管控区实行部分生态补偿。构建生态保护职责和生态补偿相适应的评估考核体系，实现补偿方式多样化。

16．严格规范排污权交易政策。核定环境容量，严格执行排污许可制度，控制主要污染物排放总量。全区工业企业实施二氧化硫、化学需氧量、氨氮、氮氧化物、铅、镉、砷等主要污染物排污权有偿使用和交易；鼓励减排企业转让富余排污权指标，开展排污权政府回购和储备工作，提高企业减排积极性。

五、创新环保体制机制

17．完善决策协调机制。成立长沙市开福区环境保护与生态建设统筹领导机构——“长沙市开福区生态环境保护委员会”（简称“区环委会”），统筹、决策、指挥、调度全区生态环境保护工作。由区长任主任，区人大、区政府、区政协分管副职任副主任，经开区、各街镇和区直相关部门行政一把手为成员。区环委会办公室设在区环保局，区政府协助分管环保工作的副调研员兼任办公室主任。区环委会每年定期听取工作汇报，统筹决策重大环保工作，协调解决环保问题。经开区、各街镇成立相应组织机构，提升环保决策水平和执行能力。

18．建立战略环评机制。探索开展区域发展、人口、贸易、能源、城镇化、工业等政策环评。严格执行《规划环境影响评价条例》，强化规划环评，开展区域开发等综合性规划和工业、能源、水利、交通、城建、自然资源开发等专项性规划环评，从源头预防环境污染和生态破坏。

19．深化环保审计机制。建立健全街镇党政领导干部环保责任审计制度，重点审计领导干部环保责任履行、环保项目建设、环保资金管理和辖区内环境污染事故及损害等情况，作为领导干部提拔任用的重要依据。建立健全生态环境损害责任终身追究、问责和责任倒查机制，对因决策失误造成重大损失、恶劣影响的，依法依规追究责任。

20．健全环境监管机制。完善“区—街镇—村（社区）”一体化环保监管体系，大力引进环保专业人才，加强环境监察和环境监测能力建设；涉及环境保护相关职能的区直部门均需明确环保专干，街镇均需明确专人负责环保工作，落实环保职责。推进环保数字化、信息化建设，建立覆盖全区的环境监察移动执法系统，建设环境监测和监察基地，搭建环境（监管）信息平台，实现区、街镇数据共享。加强科学研究，创新污染防治和生态保护技术。加强环境应急能力建设，建立环境风险源数据库，完善环境保护应急体系和机制。

21．深化公众参与机制。完善环境信息公开体系，加强环境质量信息和污染源监管信息公开，实行重点污染源强制公开环境信息制度。建立污染举报和治污奖励制度，对有效举报污染和有力治理污染的社会团体、单位和个人实施奖励。加强环境保护和生态文明的宣传教育，搭建公众参与平台。将生态环境保护内容列入大中小幼和职业技术学校及党校的教学大纲。在电视、广播、报纸及网络等媒体开设环保专栏，播放环保公益广告，加大环境保护正能量宣传和环境违法行为曝光力度，广泛动员社会各界参与生态环境保护。

22．完善工作督查督办机制。区政府督查室、区监察局、区环委会办公室组成联合督查组，对环委会部署的重要工作开展、完成情况进行督查督办。各成员单位要按照各自职责，加强沟通协作，加强环保日常监管，加大环保执法力度，实现环保日常监管常态化，环保执法专项化，信访投诉处理规范化，确保环保目标、任务全面完成。督查组对重点单位、重点工作每年开展1至2次督查，对重点信访投诉处理问题随机跟踪督办，督查督办的结果将作为年终绩效考核的重要依据。

六、强化工作组织保障

23．明确党政环保职责。探索建立环境保护党政同责机制，突出党委的环境保护领导责任，形成党委领导、政府负责、部门协同、公众参与、上下联动的环境保护工作格局。健全环境质量政府负责制和部门联动制，进一步完善园区环境保护监管职能；加强部门分工协作，各单位、各部门严格按照职能分工，明确工作目标，强化具体措施，认真履行环境保护责任。

24．严格环保工作考核。强化环境保护目标责任制，定期将环境质量改善、主要污染物总量减排、重点环保工程、环保投入等阶段目标任务分类下发至各街镇和区直相关部门，实施差异性考核，并将考核结果纳入年底绩效考核内容。

25．加大环保投入力度。逐年增加区级财政环保投入，重点支持生态建设、污染防治、环保监管和环保技术研发应用等。推进环境污染第三方治理和环境监测社会化服务，运用市场机制，鼓励企业和个人以资金、实物、劳动力等方式参与生态环境保护工作。

26．强化环保法治保障。严格依法行政，贯彻新修订的《中华人民共和国环境保护法》，推行资源环境领域内的综合执法，实行联合检查、联合督办、联合整治，构建环保执法联动机制。建立健全环保行政执法和刑事司法衔接机制，完善环境违法案件移送标准和程序。探索建立环境公益诉讼机制，完善法律援助、司法救助等环境公益法律服务体系，优化生态文明建设法治环境。

经开区、各街镇和区直相关部门要认真贯彻本《意见》精神，抓好贯彻落实。区委、区政府督查部门严格监督《意见》的贯彻执行情况，定期向区委、区政府书面汇报。

附件：长沙市开福区生态环境保护委员会成员单位工作职责（略）

中共长沙市开福区委员会

长沙市开福区人民政府

2015年4月22日

（此件发各街道、镇党（工）委，各街道办事处、镇人民政府，区直机关各单位）

中共长沙市开福区委员会
长沙市开福区人民政府
关于印发《长沙市开福区人民政府职能转变和机构改革方案的实施意见》的通知

开发〔2015〕10号

各街道、镇党（工）委，各街道办事处、镇人民政府，区直机关各单位：

《长沙市开福区人民政府职能转变和机构改革方案》已经中共长沙市委、长沙市人民政府批准。根据我区实际，区机构改革领导小组、区机构编制委员会提出了《长沙市开福区人民政府职能转变和机构改革方案的实施意见》，经区委、区人民政府同意，现印发给你们，请结合本部门、本单位的实际情况，认真贯彻执行。

中共长沙市开福区委员会
长沙市开福区人民政府
2015年10月29日

长沙市开福区人民政府职能转变和机构改革方案的实施意见

为深入贯彻落实党的十八大和十八届二中、三中、四中全会精神，根据《中共中央国务院关于地方政府职能转变和机构改革的意见》（中发〔2013〕9号）、《中共湖南省委湖南省人民政府关于市县政府职能转变和机构改革的意见》（湘发〔2014〕14号）和《长沙市机构编制委员会办公室关于区县（市）政府职能转变和机构改革有关事项的通知》（长编办发〔2014〕101号）精神，结合长沙市开福区实际，制定本实施意见。

一、机构改革的指导思想和基本原则

（一）指导思想

高举中国特色社会主义伟大旗帜，以邓小平理论、“三个代表”重要思想、科学发展观为指导，适应社会主义市场经济发展需要，围绕全面深化改革和建立中国特色社会主义行政体制目标，与国务院、省政府、市政府职能转变和机构改革相衔接，从开福区实际出发，以职能转变为核心，大力简政放权，优化机构设置，理顺职责关系，切实加强监管，严控人员编制，提高行政效能，努力建设人民满意的法治政府和服务型政府。

（二）基本原则

1. 切实转变政府职能。按照全面深化改革的要求和精简、统一、效能的原则，积极推进政府转变职能，深化行政审批制度改革，减少行政审批事项，理顺职责关系，突出政府履职重点，更加注重公共服务。

2. 因地制宜推进改革。在搞好上下衔接对应的同时，积极探索符合本地特点的改革路子，紧密结合全面深化改革和事业单位分类改革，探索创新，加大机构和职责整合力度，因地制宜、统筹协调推进政府机构改革。

3. 依法依规加强管理。按照行政体制改革的总体要求，依法依规解决机构设置不规范、行政职能体外循环、权责不一致和政企、政事、政资不分等现实问题和历史遗留问题，实现机构编制管理科学化、规范化、法制化。

4. 积极稳妥有序实施。正确处理改革、发展、稳定的关系，客观分析和把握改革力度与各方面可承受程度，寻求改革的最大公约数，坚持统筹规划与分步推进相结合，着重解决当前突出问题，条件成熟的事项积极推进，尚未具备条件的逐步研究解决。

5. 严格控制机构编制。坚持机构限额和编制总额不突破。建立健全机构编制管理与财政预算管理、组织人事管理的协调配合机制。通过创新管理，严控总量，盘活存量，优化结构，实现机构编制增减平衡，提高机构编制资源效用。

二、加快政府职能转变

把政府职能转变放在更加突出的位置，处理好政府与市场、政府与社会、政府层级间的关系，把该放的权力放开放到位，把该管的事情管住管好，强化对行政权力的制约监督，推动政府职能向创造良好发展环境、提供优质公共服务、维护社会公平正义转变，进一步激发市场和社会的创造活力，切实提高政府管理科学化水平。

（一）推进简政放权，激发市场、社会和基层活力

1. 最大限度精简行政审批事项。把深化行政审批制度改革作为职能转变的重要抓手和突破口，最大限度精简行政审批事项。做好上级政府下放行政审批事项的承接工作，转给市场和社会的，任何部门不得截留或变相审批。明确由区一级审批的事项要接好管好，有必要由上级政府进一步取消和下放的，由区政府汇总报上级政府提出调整建议。

进一步清理现有投资审批、生产经营活动审批、资质资格许可和认定、评比达标表彰、考核评估、年检年审等事项。全面清理不符合法律法规、利用“红头文件”设定的非行政许可审批项目。除依照行政许可法要求具备特殊信誉、条件或技能的职业行业外，其他资质资格许可一律予以取消。除法律、行政法规或市政府有明确规定的外，政府部门或政府部门委托专业机构对企业、社会组织发展情况的评比达标、检查评估活动一律予以取消，依附于政府机关的各类评估咨询等机构一律脱钩。

2. 加强对行政审批事项的管理。贯彻执行《长沙市行政审批事项目录管理暂行办法》，结合开福区实际，对已公布的行政审批事项目录实行动态管理，没有纳入目录的一律不得实施，每年根据调整变动情况予以更新。今年要清理并取消非行政许可审批事项，确需保留的要通过法定程序调整为行政许可。推进行政审批标准化，推行重大项目审批代理制和并联审批制，对保留的行政审批事项，要优化审批流程，推行“阳光”审批。最大限度减少预审和前置审批环节，创新审批方式，明确办理时限，公开办理流程，接受社会监督。今后，一般不再新设行政审批事项，确需设立的，必须严格遵守行政许可法的规定，加强论证和审查，严格审批程序，切实防止行政审批事项边减边增、明减暗增。

3. 进一步加强和规范财税管理。建立透明预算制度，进一步推进预算信息公开工作。完善政府预算体系，将政府收支全部纳入预算管理。完善财政预算和国库管理等相关支出管理，强化预算约束，严格预算执行，预算一经审定，原则上不得调整和追加；健全预算管理、绩效管理及绩效评价结果应用机制。严格执行“收支两条线”，对非税收入项目尤其是涉企收费事项进行清理、规范、公示，实行目录管理。

4. 加快培育发展社会组织。重点培育、优先发展行业协会商会类、科技类、公益慈善类、城乡社区服务类社会组织，民政部门依法加强登记审查和监督

管理。指导社会组织完善治理结构，强化行业自律，规范行业管理，充分发挥其提供服务、反映诉求、规范行为的作用。2017年基本形成布局合理、结构优化、功能完善、运行有序的社会组织体系。

（二）改革政府管理，强化事中事后监管

1．改善和加强宏观管理以及市场监管。区政府各部门要转变管理理念，改进工作方式，加强事中事后监管，有效履行职责，避免管理缺位，防止“一放就乱”。区政府要着重加强公共服务、社会管理、市场监管、环境保护等方面的职责。加大对市场主体和市场行为的监管力度，着力规范市场秩序。市场监管原则上实行属地管理，执法重心逐步下移，建立权责统一、权威高效的行政执法体制。

2．改善和加强基本公共服务保障。加强政务服务体系建设，打造更为综合、更为完善、更加高效的政务服务平台，方便公民和企业办事。强化基本公共服务保障工作，改进和创新公共服务提供方式，鼓励和公平对待社会力量提供医疗卫生、教育、文化、群众健身、社区服务等公共服务。积极稳妥地推进政府向社会购买服务工作，凡属事务性管理服务，原则上都要引入竞争机制，通过合同、委托等方式向社会购买。建立健全政府购买服务的标准、招投标和监督评估等制度，在与民生密切相关的领域先行试点并稳步推进，加快形成提供公共服务的新机制。

（三）加强依法行政，规范行政权力运行

1．加快法治政府建设。全面实施《法治湖南建设纲要》，加快推进依法治区建设。完善依法行政各项制度，推进政府事权规范化、法律化，坚持用制度管权管事管人，提高政府公信力和执行力。推行政府权力清单、责任清单制度，梳理行政职权，明确政府责任，及时公布政府权力清单和责任清单。严格依照法定权限和程序履行职责，规范行政权力运行，坚决消除权力设租寻租空间。

2．加大政务公开力度。严格执行政府信息公开条例，推进决策公开、执行公开、管理公开、服务公开、结果公开，主动接受群众监督，逐步实现政务公开规范化、标准化、法制化。区政府及其工作部门依据权力清单和责任清单，向社会全面公开政府职责权限、法律依据、实施主体、管理流程、监督方式等事项。除涉及国家秘密和依法受到保护的商业秘密、个人隐私外，行政机关要及时公开行使行政职权的依据、过程和结果，切实抓好重大突发事件和群众关注热点问题的公开。

3．完善决策监督制度。认真落实《湖南省行政程序规定》，完善科学民主依法决策机制，建立行政机关内部重大决策合法性审查机制，对涉及经济社会发展全局的重大决策和涉及公众切身利益的重大事项，将公众参与、专家论证、风险评估、合法性审查和集体讨论确立为法定程序，并建立决策评估和纠错制度。建立健全各项监督制度，拓宽群众监督渠道，将权力置于人民群众的监督之下。强化督导督查，完善行政问责制度，改进和规范绩效管理，建立重大决策终身责任追究制度和责任倒查机制，严格责任追究，突出责任落实，做到有令必行、有禁必止。

三、深化政府机构改革

按照精简统一效能的原则和稳步推进大部门制改革的要求，结合开福区实际，规范机构设置，加大机构和职责整合力度，理顺职责关系，加快形成精干高效的区政府组织体系。

（一）优化组织结构，合理设置政府工作部门

1．组建区卫生和计划生育局。将区卫生局除餐饮服务许可和餐饮业、食堂等消费环节食品安全监管以外的职责、区人口和计划生育局计划生育管理和服务的职责整合，组建区卫生和计划生育局，为区政府工作部门。将区人口和计划生育局研究拟订人口发展战略、规划及人口政策的职责划入区发展和改革局。不再保留区卫生局、区人口和计划生育局。

2．重新组建区食品药品监督管理局。将区食品安全管理办公室（区食品药品监督管理局）的职能，区卫生局餐饮服务许可和餐饮业、食堂等消费环节食品安全监管的职责，区商务和旅游局酒类食品安全监管及肉类、蔬菜追溯体系建设的职责，市工商行政管理局开福分局流通环节食品安全监管的职责，市质量技术监督局开福分局生产环节食品安全监管的职责整合，重新组建区食品药品监督管理局，为区政府工作部门，挂区食品安全委员会办公室牌子。不再保留区食品安全管理办公室(区食品药品监督管理局)。

3．将区农村工作领导小组办公室的职能、区商务和旅游局牲畜屠宰监管的职责划入区农业林业水利

局，挂区委农村工作办公室牌子。区委办不再挂区农村工作领导小组办公室牌子。

4．区安全生产监督管理局由区政府直属事业单位调整为区政府工作部门。

5．区人民防空办公室由区政府直属事业单位调整为区政府工作部门。区人民防空办公室既是区国防动员委员会的常设办事机构，也是区政府人民防空工作主管部门，列入区政府工作部门序列，不计人区政府机构个数。

区政府机构改革后，设置工作部门18个（详见附件）。

（二）加强协调配套，统筹推进相关改革

1．推进事业单位分类改革

政府机构改革要与事业单位分类改革相协调，对承担行政职能事业单位，逐步将其行政职能划归相关行政机构或转为行政机构，涉及机构编制调整的，不得突破政府机构限额和行政编制总额。具体做法是：按照“分门别类、区别对待，先进笼子、下步明确，成熟一个、处理一个，平稳过渡、逐步规范”的思路，适时进行调整规范。除部分纳入行政机构序列以外，有的机构和职责整合归并，调整原有建制；有的整合进入所属行政部门的内设机构；有的将所承担的行政职能剥离划入相关行政机构，保留事业单位，仍承担相关事务工作，重新明确职责划定类别，相应核减事业编制。

2．理顺公共资源交易管理体制

整合各类交易平台，建立健全统一规范、上下衔接的公共资源交易系统。进一步改革完善公共资源管理体制和运行机制，将分散的各类公共资源交易逐步纳入公共资源交易平台。

3．推进行政执法体制改革

有机整合同一部门、同一领域内的执法机构和队伍，减少执法队伍种类，积极推进综合执法，有条件的领域可以推进跨部门综合执法。加强文化市场监管和综合执法，理顺体制机制，建立高效统一的文化市场监管体系。

将区文物管理所的行政职能划入区文化体育新闻出版局，保留区文物管理所。

（三）规范机构设置，理顺职责关系

1．规范机构设置。区政府不再设置部门管理机构，政府工作部门内设机构要综合设置，区政府工作部门的机构规格为正科级。全面清理规范限额外自定行政机构，从严规范和管理合署办公机构、政府派出机构、开发区（含各类经济功能园区）管理机构、挂牌机构、议事协调机构和临时机构。不得超限额自定行政机构，挂牌机构不得设为实体机构，议事协调机构不单设办事机构，具体工作由相关职能部门承担。不得新设立承担行政职能的事业单位，也不得将行政机构改为事业单位。部门所属事业单位机构规格一般应低于主管部门的机构规格。

（1）区政府法治办公室在区政府办公室挂牌。

（2）区招商合作局的职能并入区商务和旅游局，区商务和旅游局不再挂区招商合作局的牌子。

（3）将区工业和信息化局更名为区经济和信息化局。

（4）将区机关后勤服务中心由归口区工务局管理的事业单位调整为区政府直属事业单位，正科级。

2．清理解决部门间职责交叉和分散事项。按照同一件事情由一个部门负责的原则，最大限度解决部门职责交叉和分散问题，建立健全部门间的协调配合磋商机制。理顺城市市政、环卫、园林管理体制，规范市、区两级动物卫生监督（动物疫病预防控制）职责，进一步明晰部门之间和市、区两级职责分工。

四、严格控制机构编制

按照财政供养人员只减不增的要求，严格控制机构编制，创新机构编制管理，严肃机构编制纪律，切实解决机构庞杂、人员臃肿、人浮于事等现象，确保机构编制得到有效控制。

（一）严控机构编制总量

涉及改革的部门和单位人员编制调整，必须在编制总量内进行，确保改革后不突破省核定的各级行政编制总额和各类专项编制员额。事业编制总额以2012年底统计数为基数，由区政府负责总量控制，制定并落实控编减编工作方案。严禁新设承担行政职能的事业单位和从事生产经营活动的事业单位，严禁将行政职能转由事业单位承担，做到参照公务员管理事业单位、经费自理事业单位、职能萎缩事业单位的机构编制和机关后勤服务事业编制只减不增。严格控制经费自理事业编制转为财政补助事业编制。严格落实人员编制与经费预算联合管控办法，在2012年底全区财政供养人员总量内，以编制数为依据核定经费，原则上不再考虑增人因素。严格按中央有关规定和《中共湖南省委办公厅湖南省人民政府办公厅关于〈湖南省党政群机关领导职数设置管理规定〉的通知》（湘办发〔2012〕23号）核定领导职数，严格按规定职数配备领导干部，不再实行“低职高配”。必须采取有效措施清理编外人员，妥善处理编外用人问题。

（二）创新机构编制管理

加大机构编制管理创新力度，向深化改革要编制，向加强管理要编制，向运用信息技术要编制，不断提高机构编制资源效用。按照严控总量、盘活存量、优化结构、增减平衡的要求，坚持“要增编、必清理、先减法、后加法”的原则，对职能未作大的调整、工作任务没有大幅度增加、内部还有空编、没有提出编制使用情况评估意见和内部挖潜具体措施的部门，机构编制部门不受理和研究其增编事项；对职责相近、设置重复分散、规模过小的事业单位，予以撤并整合；对职能减少、工作任务不饱和的单位，相应划转、核减、收回人员编制。加强事关中心工作、全局工作和重大民生保障方面的人员力量。进一步完善机构编制和组织、财政、人力资源和社会保障等部门协调配合机制，全面推行和不断完善机构编制实名制。加大政府购买服务力度，对可由市场提供、社会承担的公共服务，逐步通过政府购买服务或由政府设立公益岗位的方式完成。

（三）严肃机构编制纪律

任何组织、单位和个人都必须严格遵守机构编制各项法律法规和政策。继续深入开展干部人事和机构编制领域突出问题专项治理工作。严禁行政编制和事业编制混用。上级部门不得以会议、文件、领导讲话、项目经费和评比达标等形式，干预下级的机构编制事项。要将机构编制政策规定执行情况纳入党委和政府督查工作范围，纳入巡视、审计、绩效评估和领导班子及成员考核内容，健全机构编制监督检查协调机制，加大对机构编制违纪违法行为的查处力度，对相关责任人员，按照有关党纪政纪规定严肃处理，维护机构编制管理的严肃性和权威性。

五、机构改革中几个具体问题的意见

（一）部门职责、内设机构、人员编制和领导职数的确定

1．职责的确定。部门职责是其履行行政职能的主要依据，要依法依规予以确定：一是凡与市政府对应设置的部门，其主要职责原则上大体对应；二是市政府无对应部门的，以部门原“三定”规定主要职责为基础；三是部门职责调整，应以现行法律、法规和党中央、国务院、省委、省政府、市委、市政府以及上级机构编制部门有关文件和规定为依据，上级临时交办的事项、阶段性任务不列入部门的主要职责。

2．内设机构的核定。内设机构名称应体现承担的主要职责，其称谓一般为办、科、室。合并新组建的部门，内设机构要整合和精简。各部门业务科（室）应占内设机构总数的60%以上。单位人员编制在5名（含5名）以下的一般不设内设机构。

3．人员编制的核定。这次机构改革，合并新组建的部门，行政编制总量精简20%，整体转为区政府工作部门的单位，精简编制30%。部门间机构或职能调整变动的，其人员编制核定按“人随事走”的原则办理，即在划转职能时，原确定给该项职能的编制和在编人员随职能一并划转。

按照市委、市政府此次机构改革的要求：本轮政府职能转变和机构改革涉改单位重新核编后，实有人员超编制的，除政策性安置外，超编单位实行“只出不进”，逐步消化到核定的编制以内。

4．领导职数的核定。按《中共湖南省委办公厅湖南省人民政府办公厅关于印发〈湖南省党政群机关领导职数设置管理规定〉的通知》(湘办发〔2012〕23号)文件及市编办批复的职数进行核定。改革后，干部配备应与机构规格相一致，原则上不再实行“低职高配”。

对此次改革中涉及机构调整撤并、人员编制划转的，原则上保留干部原职级待遇，逐步消化到位。在空余岗位调整补充干部时，优先考虑安排撤并机构的干部。组织、人力资源和社会保障、财政等部门应研究提出相关优惠政策，尽量减少干部队伍的波动。

（二）机关党组织及工青妇等群团组织办事机构、离退休工作机构、纪检监察机构，按有关规定和章程设置

六、认真抓好组织实施

区政府职能转变和机构改革在区委、区政府的

统一领导下，由区机构编制委员会负责组织实施，区机构编制委员会办公室具体负责职能转变和机构改革的日常工作。区政府机构改革工作于2015年底完成，职能转变工作在3到5年内按照中央和省、市部署要求完成。

（一）加强组织领导

涉及政府职能转变和机构改革部门的“一把手”要负总责，成立精干高效的工作班子，负责本部门职能转变和机构改革的具体工作。调整设立的单位，在新机构正式组建之前，原有机构及其工作人员要继续履行职责，积极做好衔接工作，防止工作出现脱钩断档的现象。涉及职能、机构、人员编制和财产等划转的单位，要做好交接工作，处理好遗留问题。要加强思想政治工作，正确处理改革发展稳定的关系，确保思想不散、工作不断、秩序不乱。

（二）做好“三定”工作

各部门按有关制定“三定”规定的具体要求，认真草拟本部门的“三定”规定草案或者本部门有关职责和机构编制调整的请示，并在规定时间内向区编委办呈报。“三定”规定和相关调整文件印发后，各单位要严格按照规定的要求，做好组织实施工作。

（三）严肃改革纪律

区政府各部门要严格执行改革纪律和机构编制管理有关规定，严禁突击提拔干部、突击进人，严防国有资产流失，对违纪违法的，一经发现，坚决查处。机构编制部门要积极履行职责，纪检监察机关和组织、人力资源和社会保障、财政、审计等部门要密切配合，确保顺利完成改革任务。区政府职能转变和机构改革任务完成情况列入绩效考核和领导班子及成员考核内容，区委、区政府适时派出督查组，对各部门转变职能、简政放权情况进行督促检查，对各部门“三定”规定实施情况进行检查和评估，确保各项改革措施落到实处、取得实效。

附件：长沙市开福区人民政府机构设置

附件

长沙市开福区人民政府机构设置

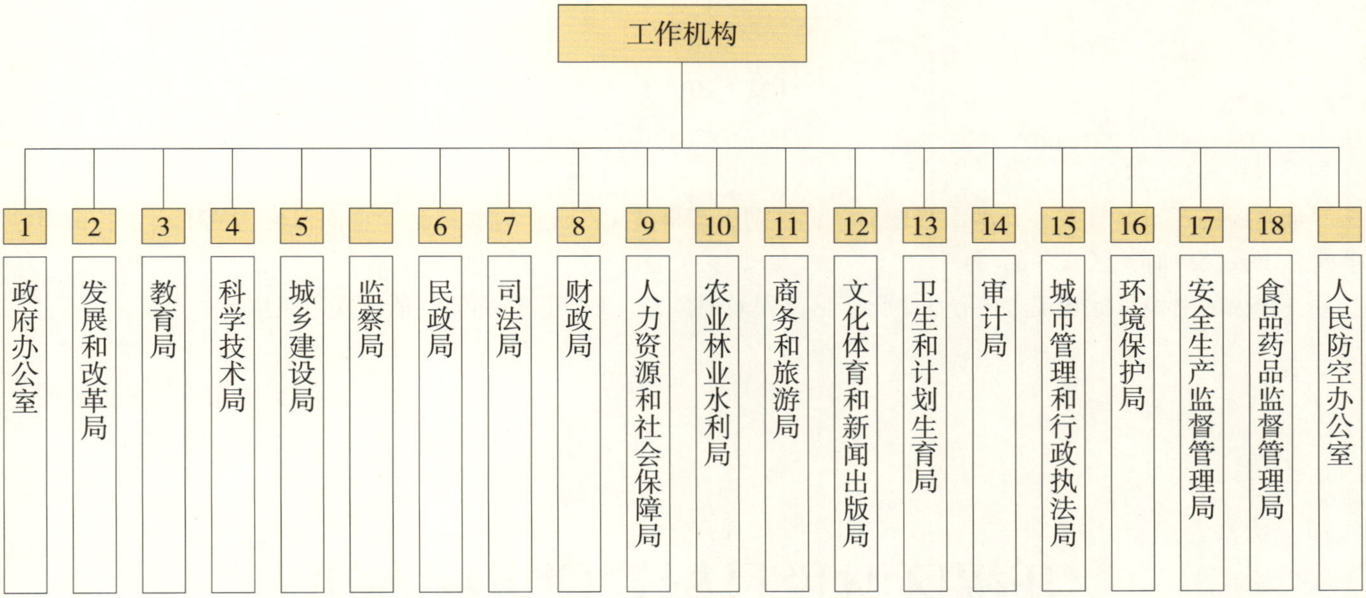

说明：长沙市开福区人民政府设置工作部门18个。区监察局与区纪律检查委员会机关合署办公，列入区政府工作部门序列，不计入区政府机构个数；区政府办公室挂区政府法制办公室牌子；区发展和改革局挂区物价局牌子；区科学技术局挂区知识产权局牌子；区农业林业水利局挂区委农村工作办公室牌子；区食品药品监督管理局挂区食品安全委员会办公室牌子。

区人民防空办公室既是区国防动员委员会的常设办事机构，也是区政府人民防空工作主管部门，列入区政府工作部门序列，不计入区政府机构个数。

长沙市开福区人民政府
关于印发《开福区财税目标管理考核办法》的通知

开发〔2015〕13号

长沙金霞经济开发区管委会，洪山管理局，青竹湖生态科技（产业）园管委会，金霞保税物流中心，各街道办事处、镇人民政府，区属各部门：

《开福区财税目标管理考核办法》已经区人民政府同意，现印发给你们，请认真遵照执行。

长沙市开福区人民政府

2015年6月9日

开福区财税目标管理考核办法

为深入实施“两型引领、南提北拓、五轮驱动、领跑三湘”发展战略，实现“两保”目标，打造“三金”片区，做好四篇文章，加快建设开放、繁荣、秀美、幸福新开福，调动相关单位收入组织和财源建设积极性，特制定本办法。

第一章　对街（镇）的考核

对街（镇）的考核分为三部分，其中财税收入任务考核占50%，财源建设考核占30%，财政财务管理考核占20%。年度考核得分即为区对街（镇）年度财税目标管理考核得分，具体情况如下：

第一条　财税收入任务考核

1．考核内容：采取“按月考核，按季兑现，以月考评全年”的方式，每月考核均衡进度、基础税收两项指标，每月总分是100分，具体分值分配如下

考核分值分配表

	均衡进度	基础税收	考评总分
分　值	80	20	100

街（镇）年度考核得分按照每个月的月均考核得分确定。

2．考核评分：每月根据考评得分确定优秀、良好、合格和不合格四个等次，具体是：考核评分在96分（含）以上的，其考核等次为优秀；考核评分在92分（含）–96分之间的，其考核等次为良好；考核评分在85分（含）–92分之间的，其考核等次为合格；考核评分在85分以下的，其考核等次为不合格。

3．结果运用：根据考核结果发放年度财税收入奖励。

第二条　财源建设考核

1．考核内容：考核采取年度考核的形式，按百分制计分，具体考核内容如下：

（1）建立财源建设机制。该项指标为5分，考核各街（镇）财源建设机制建立情况，主要内容有：①是否有专职副职负责本单位的财源建设工作，并成立了专门的机构（1分）；②是否制定本单位中长期财源建设规划、年度财源建设工作计划、工作措施和奖惩办法（1分）；③具体执行情况（3分）。

（2）做好税源服务及培育。该项指标为15分，按以下内容考核并计分：①继续按百日行动工作要求，对税源漏征漏管户进行清理，并尽快将经营地址在我区而税务关系不在我区的企业变更至我区（4分）；②对于辖区内区级税收10万元以上的企业建立领导联点负责制；每年不少于一次召开辖区内纳税大户座谈会（2分）；③每年不少于两次对区域内楼宇、门面等进行清理，建立房产闲置及出租台账，能及时为税源户提供闲置房产信息，并确保房屋出租所产生的税收不流失（3分）；④协助被拆迁企业在区内选址落户，确保年纳税额30万元以上的被拆迁企业继续留在区内（2分）；⑤协调本辖区新开发的房地产项目在我区注册公司，确保项目的两个所得税留在我区（2分）；⑥完成区协税办交办的其他财源建设工作任务（2分）。

（3）新引进企业。该项指标共为40分，按各街镇年内新引进企业的个数和税收情况进行计分，①新引进企业个数：引进一家注册资金在50万元（含）~100万的企业计0.5分；100万元（含）~500万元的企业计0.6分；500万元（含）~1000万元的企业计0.8分；1000万元（含）以上的企业计1分。②新引进企业质量：为确保各街镇新引进企业质量，对街镇新引进的税收规模企业（年纳税额10万元以上）进行考核并计分，每家税收规模企业计2分。

（4）税收上台阶企业。该项指标为40分，按各街（镇）税收上台阶企业数量及税收情况进行计分，具体办法是：税收总额新达到50万元（含）~100万元的企业计2分；100万元（含）~200万元的企业计3分；200万元（含）~500万元的企业计4分；500万元（含）—1000万元的企业计5分；1000万元（含）以上的企业计6分。

2．财源建设考核扣分项目。对因协税护税措施不到位、税收征管不力而导致重大税收流失（包括税收征管关系在开福区，而税收未在开福区税务机关缴纳和税收无法追缴到位两种情况），且其对税收流失情况出现“三未”（未发现、未报告和未追缴到位），年底由区财税考核办对相关情况进行审核汇总，提出具体的扣分建议报领导小组审定。对于重大税源（地方财政总收入100万元以上）跑漏的，财源建设考核结果为不合格。

3．结果运用。对街镇年度新引进的税收规模企业（引进当年纳税20万元以上）和新增的“四上”企业，每家奖励所属街镇2万元。

第三条　财政财务管理考核

1．考核方式:采取半年度督查和年度集中考评的方式。

2．考核内容:考核采取百分制打分，共有五项考核指标，分别是：财务管理28分、资金监管12分、惠民补贴5分、会计基础工作15分、村（社区）财务管理40分。其中村（社区）财务管理部分的考核对象为村、社区，街（镇）考核分值根据各村（社区）得分的平均分值确定。具体考核指标与计分标准见附表“开福区街镇财政财务管理考核表”。

3．结果运用:根据各项考核指标核算计分并排名，得分排名在前七名的街（镇）为财务管理部分优秀等次；其他的街（镇）均为财务管理部分良好等次；对年度内出现重大违纪违规行为的街（镇），或重大税源（地方财政总收入100万元以上）跑漏的，财务管理部分考核结果为不合格。

第二章　对财税收入征管单位的考核

本考核得分即为区对各财税收入征管单位年度财税目标管理考核得分。

第四条　财税收入任务考核

（一）区地税局

1．考核内容：采取“按月考核，按季兑现，以月考评全年”的方式，每月考核均衡进度和收入结构两项指标，每月总分是100分，其中均衡进度主要考核总税收和区级收入两部分的完成情况，收入结构主要考核基础税收完成情况，具体分值分配如下：

考核分值分配表

	均衡进度		基础税收	考评总分
	总税收	区级收入		
分　值	30	30	40	100

区地税局年度考核得分按照每个月的月均考核得分确定。同时将耕地占用税作为年底的扣分项目，扣分基数为10分，全年完成任务不扣分，未完成任务按未完成进度部分倒扣分。

2．考核评分：考评得分参照街（镇）方法执行。

3．结果运用：根据考核结果发放年度财税收入奖励。

（二）区国税局

1．考核内容：采取“按月考核，按季兑现，以月考评全年”的方式，每月考核均衡进度和收入结构两项指标，每月总分是100分，其中均衡进度主要考核总税收和区级收入两部分的完成情况，收入结构主要考核增值税收入任务的完成情况。具体分值分配如下：

考核分值分配表

	均衡进度		收入结构	考评总分
	总税收	区级收入	增值税	
分值	40	40	20	100

区国税局年度考核得分按照每个月的月均考核得分确定。

2．考核评分：考评得分参照街（镇）方法执行。

3．结果运用：根据考核结果发放年度财税收入奖励。

（三）园区

1．考核内容：金霞经济开发区考核采取“按半年考核，按半年兑现”的方式，每半年考核区级税收、地方财政总收入两部分完成情况，每半年总分是100分，具体分值分配如下：

考核分值分配表

	区级税收	地方财政总收入	考评总分
分　值	60	40	100

金霞经济开发区年度考核得分按照每半年的平均考核得分确定。

2．考核评分：考评得分参照街（镇）方法执行。

3．结果运用：根据考核结果发放年度财税收入奖励。

（四）区财政局、区城建投资公司。

1．考核内容：考核非税收入任务完成情况，采取“按半年考核、按半年兑现”的方式，每半年总分是100分。

2．考核评分：考评得分参照街（镇）方法执行。

3．结果运用：根据考核结果发放年度财税收入奖励。

（五）省地税直属局、市国税直属分局、市地税直属分局。

1．考核内容：采取“按季考核、按季兑现”的方式，每季度考核均衡进度完成情况，主要考核总税收和区级收入两部分的完成情况，每季总分是100分，具体分值分配如下：

考核分值分配表

	均衡进度		考评总分
	总税收	区级收入	
分　值	40	60	100

2．考核评分：评分在92分（含）以上的，其考核等次为优秀；评分在85分（含）~92分之间的，其考核等次为良好；评分在80分（含）~85分之间的，其考核等次为合格；评分在80分以下的，其考核等次为不合格。

3．结果运用：根据考核结果发放年度财税收入奖励。

第五条　非税收入任务单位考核

1．考核单位：包含4个非税收入任务单位，即区法院、区妇幼保健所、区交通运输局、区疾病预防控制中心。

2．考核内容：考核非税收入完成情况。年度根据非税收入完成情况确定优秀、良好和不合格三个等次，具体是：完成年度收入任务120%（含）的，其考核等次为优秀；完成年度收入任务100%（含）~120%的，其考核等次为良好；未完成年度收入任务的，其考核等次为不合格。

3．结果运用：根据考核结果适当发放财税收入奖励。

第三章　对其他单位的考核

第六条　专项资金收入任务考核

1．考核单位：包含16个相关职能单位，分别是：区商务和旅游局、区工业和信息化局、区发展和改革局、区文化体育新闻出版局、区环境保护局、区卫生局、区人口和计划生育局、区人力资源和社会保障局、区农业林业水利局、区交通运输局、区教育局、区科学技术局、区民政局、区残联、区财政局、区城管局。

2．考核内容：采取年度考核方式，考核专项资金到位情况，具体内容按区绩效办下达的专项资金考核细则执行。

3．结果运用：年底考核后，根据考核结果，给予一定的奖罚。对被评定为优秀等次的单位，其超目标任务部分，区政府将根据专项资金的性质、规模按不超过10%的比例安排工作经费，经费额度不超过30万元；其中，可按不超过安排工作经费的30%比例计提奖励资金，经报区政府批准后用于班子和职工的个人奖励；对被评定为合格的单位，区政府不安排工作经费；对评定为不合格的单位，区政府适当扣减其公用经费。

第四章　附　则

第七条　组织领导　区财经工作领导小组为考核的领导机构，办公室（以下简称“财税考核办”）设于区财政局，由财税考核办负责本办法的具体实施。

第八条　奖励办法　财税目标管理考核的标准和资金来源由财税考核办另行报告，呈报区财经工作领导小组批准后执行。

第九条　实效性　本办法自发布之日起执行，原开政办发〔2013〕22号文件自本办法实施之日起废止。

第十条　解释权本办法由区财税考核办负责解释。

开福区街镇财政财务目标管理考核表

	项 目	分值	考核指标	指 标 解 释	考核方式	计 分 标 准
财务管理（28分）	预算执行	5	预算执行率指标收支平衡指标	1.预算执行率指标指支出数占预算数的百分比；2.收支平衡指标指全年收入和支出平衡情况	根据账务数据获取，按季通报，年度考核	按预算执行，收支平衡计满分；预算执行率超过100%本项不计分，收支不平衡，本项不计分
	资金管理	4	现金支出占比指标现金使用规范指标	1.现金支出占比指标指全年现金支出占总支出的比重；2.严格按现金支付范围使用现金	根据账务数据获取，按季通报，半年度、年度考核	对占比指标排名后计分，发现坐支现金行为本项不计分，每发现一笔超额度超范围支付现金扣1分，扣完为止；未按规定进行现金核算的扣2分
	国资管理	3	国资管理规范指标	1.建立单位内部资产管理制度；2.单位固定资产的资产信息系统数据与财务数据一致，每月资产负债表数据及时录入资产信息系统的“报表中心”；3.单位经营性资产、非经营性资产按相关程序予以处置；4.资产收益全额上缴区非税收入户，实行“收支两条线”管理；5.拨付至单位的国资专项资金专款专用	由区国资办定期考核计分	1.无制度扣0.5分；2.资产信息系统数据与财务数据不一致的扣1分，资产负债表未及时录入的一次扣0.5分，扣完为止；3.未按相关程序处置的一次扣1分，扣完为止；4.收益未按规定执行的扣1分；5.未专款专用的扣1分
	政府采购	10	政府采购管理规范指标	1.建立单位政府采购管理制度，政府采购有主管领导和专人负责；2.严格按照政府集中采购目录及政府采购限额标准编报年度政府采购预算和专项采购计划；3.依法依规依程序开展政府采购工作；4.对村、社区的政府采购工作进行必要的培训和指导	由区乡财局、区采管办定期考核计分	1.有制度计1分，有主管领导和专人负责计1分，否则不计分；2.按要求编报年度预算计1分，严格按预算和计划开展采购计1分，否则不计分；3.依法依规依程序开展采购活动计5分，未按要求办理采购手续或手续不全的，每发现1笔扣1分，扣完为止；4.对村、社区的政府采购工作进行必要的培训和指导计1分，否则不计分
财务管理（28分）	票据管理	3	票据使用规范率指标	票据使用规范率指标指票据领购、登记、核销、使用规范情况	查阅票据领购本、登记簿，定期翻阅凭证，半年度、年度通报考核	每发现1处不规范行为扣1分，每发现一处违规票据扣1分，扣完为止

	项 目	分值	考核指标	指 标 解 释	考核方式	计 分 标 准
	债权债务管理	3	债权债务是否定期清理、销赤减债	1.定期清理债权债务；2.不新增债务	根据账务数据获取，按季通报，半年度、年度考核	每发现1笔个人往来当年未归还的扣1分，扣完为止；每发现一笔账龄在3年以上的往来未清理的扣1分，扣完为止；每发现一笔未经区政府审核的新增债务扣1分，扣完为止
资金监管（12分）	公开公示	2	公开公示情况	街镇按规定公开公示的项目资金，指导检查村社区开展公开公示工作	查阅街镇公开公示登记簿，不定期检查财务公开栏，半年度、年度通报考核	每发现1项未按要求公示情况扣1分，扣完为止；街镇未对村社区开展指导检查工作的扣1分
	抽查巡查	2	补助性资金抽查率，项目资金巡查率	1.补助性资金抽查率指标指抽查户数占该补贴发放户数的比率（1分）；2.项目资金巡查率指标指巡查资金个数占其项目资金个数的比率（1分）	查阅街镇抽查巡查登记簿，半年度、年度通报考核	抽查（巡查）率*各项分值
	工程建设管理	5	工程项目建设程序规范	项目立项、预算、招投标、合同、结算等手续完善	查阅项目建设资料和项目管理系统，半年度、年度通报考核	每发现1个环节未按规定执行扣1分，扣完为止
	村社区资金监管	3	街道对村社区财务审核情况	1.对村社区财务计划（含收支计划、建设计划、资产购置处置计划等）进行审核；2.对村社区财务由指定负责人进行审核；3.按要求组织内审		每发现1处未按要求审核扣1分，扣完为止；未达到内审个数要求扣3分
惠民补贴（5分）	数据录入	2	数据录入是否正确、及时	录入的姓名、身份证、账号、金额等相关数据是否正确且一一对应，是否在规定时间录入完成	以每项补贴导入银行发放时是否报错为依据	每发现一处差错扣1分，扣完为止
	程序规范	3	文件执行情况	是否按开财发【2011】14号和开财发【2012】35号文件执行，文件要求的相关公示情况及数据表格是否齐全，是否有相关科室、负责人的盖章、签字	查阅相关资料	每发现1处不规范行为扣1分，扣完为止
基础工作（15分）	银行账户管理	3	街道、村社区账户开设、撤销审批情况	街道所有银行账户的开设是否由区财政审批；村社区所有银行账户的开设是否由街道审批并报区财政备案	查阅相关资料	发现有擅自开设的银行账户，扣3分

	项 目	分值	考核指标	指 标 解 释	考核方式	计 分 标 准
	账套管理	3	账套开设管理情况	街道所有账套是否均纳入财政内网；街道、村社区及下属二级机构所有账套是否由财政所进行核算	查阅账务系统	发现有未纳入财政内网的账套扣3分，发现有非财政所进行账务核算的账套财政财务目标管理考核全部不计分
	基础工作	6	会计基础工作规范情况	包括财务开支范围和标准统一、真实、合法，账务记账及时，科目使用规范，现金银行日记账完整，报表编制上报及时，凭证及账表打印装订及时规范等	定期抽查街镇凭证检查会计基础工作，半年度、年度通报考核	每发现1处不规范行为扣1分，扣完为止
	日常工作	3	上级交代工作完成情况			
村社区财务管理（40分）	资金管理	5	现金支出指标	1.现金支出占比指标指全年现金支出占总支出的比重；2.严格按现金支付范围使用现金	根据账务数据获取，按季通报，半年度、年度考核	对占比指标排名后计分，发现坐支现金行为本项不计分，每发现一笔超额度支付现金扣1分
	资产资源管理	5	审批率指标、资产资源系统数据完整率	1.资产资源处置有计划并报街镇审核、2.单位资产信息系统数据与财务数据一致，每月资产负债表数据及时录入资产信息系统的“报表中心”	查阅资产资源变动审批资料和资产资源管理系统，半年度、年度通报考核	1.有计划计1分；2.未按相关程序处置的一次扣1分，扣完为止；3.资产信息系统数据与财务数据不一致的扣1分，资产负债表未及时录入的一次扣0.5分，扣完为止
	村级（社区）项目工程管理	5	工程项目建设程序规范	项目立项、预算、招投标、合同、结算等手续完善	查阅项目建设资料和项目管理系统，半年度、年度通报考核	每发现1个环节未按规定执行扣1分，扣完为止
	基础工作	10	核算基础工作规范指标	包括财务开支范围和标准统一、真实、合法；账务记账及时；科目使用规范；现金银行日记账完整；报表编制上报及时；凭证及账表打印装订及时规范	定期抽查街镇凭证检查会计基础工作，半年度、年度通报考核	每发现1处不规范行为扣1分，扣完为止
	公开公示	5	公开公示情况	村、社区按规定公开公示资金情况	查阅村、社区公开公示登记簿及三农网公开情况，不定期检查财务公开栏，半年度、年度通报考核	每发现1项未按要求公示情况扣1分，扣完为止

	项目	分值	考核指标	指标解释	考核方式	计分标准
村社区财务管理（40分）	政府采购	5	政府采购执行率指标	1.城市社区有年度政府采购预算和专项采购计划、村及农村社区有村民代表大会通过且街镇审核的资产购置计划；2.依法依规依程序开展政府采购工作	定期抽查会计凭证，半年度、年度通报考核	1.按要求编报年度预算计0.5分，严格按预算和计划开展采购计0.5分；2.依法依规依程序开展采购活动计4分，未按要求办理采购手续或手续不全的，每发现1笔扣1分，扣完为止
	票据管理	5	票据使用规范率指标	票据使用规范率指标指票据领购、登记、核销、使用规范情况	查阅票据领购本、登记簿，定期翻阅凭证，半年度、年度通报考核	每发现1处不规范行为扣1分，每发现一处违规票据扣1分，扣完为止
一票否决				出现重大经济违规行为财务管理考核部分不计分		
合计		100				

长沙市开福区人民政府
关于取消非行政许可审批事项的决定

开政发〔2015〕11号

根据《关于清理国务院部门非行政许可审批事项的通知》（国发〔2014〕16号）文件精神，经区人民政府研究决定，在前期大幅减少部门非行政许可审批事项的基础上，对区本级保留的13项非行政许可审批事项予以取消或调整，今后不再保留“非行政许可审批”这一审批类别。

各有关部门要认真做好取消事项的落实工作，加强事中事后监管，防止出现管理真空，且不得以任何形式变相审批。调整为行政许可、其他职权等行政职权的事项，要按程序及时纳入《长沙市开福区人民政府部门权力清单》公布实施。调整为内部管理的事项，不得面向公民、法人和其他社会组织实施审批。要进一步深化行政审批制度改革，深入推进简政放权、放管结合，加快政府职能转变，不断提高政府管理科学化、规范化、法治化水平。

附件：长沙市开福区人民政府取消和调整的非行政许可审批事项目录

长沙市开福区人民政府

2015年7月14日

附件：

长沙市开福区人民政府取消和调整的非行政许可审批事项目录

序号	实施机关	项目名称	子项	设定依据	共同审批部门	审批对象	调整意见
1	区财政局	外商投资企业财政登记	无	《财政部关于废止部分规章和规范性文件的决定》（财政部令〔2015〕第77号）	无	企业法人	取消
2	区卫生局	放射诊疗许可	无	《放射性同位素与射线装置安全和防护条例》（国务院令2005年第449号）第八条；《放射诊疗管理规定》（卫生部令2005年第46号）第十四条、第十五条	无	企业法人、非企业法人	调整为行政许可
3	区卫生局	放射工作人员证核发	无	《放射工作人员职业健康管理办法》（卫生部令2007年第55号）第五条、第六条	无	公民	调整为其他职权
4	区商务和旅游局	1亿美元以下鼓励类外商投资企业的设立和变更核准	无	《中外合资经营企业法实施条例》（国务院令2014年648号修订）第六条；《中外合作经营企业法实施条例》（国务院令2014年648号修订）第六条；《中华人民共和国外资企业法实施细则》（国务院令2014年648号修订）第七条；《外商投资项目核准和项目管理办法》（国家发展和改革委员会令2014年第12号）第4条；《湖南省政府核准的投资项目目录（2014年本）》（湘政发〔2014〕7号）第十二条；《长沙市政府核准的投资项目目录（2014年本）》（长政发〔2014〕37号）第十二条	无	企业法人	调整为其他职权
5	区农业林业水利局	堤垸内高地、间堤、大堤拆除或填堵审查	无	《中华人民共和国水法》第38条；《中华人民共和国防洪法》第三十四条；《中华人民共和国河道管理条例》（国务院令3号发布，2011年修订）第二十九条	无	公民、企业法人、非企业法人、其他组织	调整为其他职权
6	区城乡建设局	3万元以下物业维修资金使用审批	无	《住宅专项维修资金管理办法》（建设部财政部令第165号）第二十二条、第二十三条；《长沙市专项维修资金管理办法》（长沙市政府令124号）第二十四条；《关于下放部分市级经济社会管理权限的决定》（长办发〔2014〕4号）第3项	无	公民、企业法人、非企业法人、其他组织	调整为其他职权

序号	实施机关	项目名称	子项	设定依据	共同审批部门	审批对象	调整意见
7	区发改局	政府投资项目审批	无	《国务院关于投资体制改革的决定》（国发〔2014〕20号）；《长沙市政府办公厅关于投资体制改革的若干意见》（长政办发〔2004〕52号）第五条；《长沙市政府投资建设项目管理办法》（长政发〔2012〕21号）	无	企业法人、非企业法人、其他组织	调整为内部管理事项
8	区发改局	价格及收费标准审定	无	《湖南省服务价格管理条例》《关于下放部分市级经济社会管理权限的决定》（长办发〔2014〕4号）第六十七项	部分项目与区财政局、区教育局、区卫生局、区交通运输局共同审批	公民、企业法人、非企业法人、其他组织	调整为其他职权
9	区司法局	基层法律服务所设立、变更、注销核准登记	无	《湖南省基层法律服务所条例》第九条、第十条；《基层法律服务所管理办法》（司法部令第59号）第六条；《关于取消和下放部分行政审批项目的通知》（长政发〔2014〕26号）附件2“2.长沙市市本级下放的行政审批项目目录”第4项	无	其他组织	调整为其他职权
10	区文化体育新闻出版局	临时占用公共体育设施审批	无	《中华人民共和国体育法》第四十六条；《公共文化体育设施条例》（国务院令第382号）；《关于取消和下放部分行政审批项目的通知》（长政发〔2014〕26号）附件2“2. 长沙市市本级下放的行政审批项目目录”第28项	无	公民、组织或法人	调整为其他职权
11	区园林绿化管理局	公园范围内开设商业、服务摊点等经营项目初审（市直管公园除外）	无	《城市绿化条例》（国务院令第100号）第二十二条；《中华人民共和国特种设备安全法》；《大型游乐设施安全监察规定》（国家质量监督检验检疫总局令第154号）；《关于下放部分市级经济社会管理权限的决定》（长办发〔2014〕4号）第87项	无	公民、企业法人、非企业法人、其他组织	调整为其他职权
12	区商务和旅游局	三星级乡村旅游点的评定和复核	无	《乡村旅游服务经营基本条件》《乡村旅游服务星级评定准则》《关于下放部分市级经济社会管理权限的决定》（长办发〔2014〕4号）第74项	无	公民、企业法人、非企业法人、其他组织	调整为其他职权
13	区计生局	非医学需要的中期以上终止妊娠手术审批	无	《中华人民共和国人口与计划生育法》第三十五条；《湖南省人口与计划生育条例》第四十条；《关于禁止非医学需要鉴定胎儿性别和选择性别人工终止妊娠的规定》（原国家计生委、卫生部、药监局2002年第8号令）第七条；《湖南省禁止非医学需要鉴定胎儿性别和选择性别终止妊娠规定》（省政府2005年第194号令）第十一条、第十二条。	无	公民	调整为其他职权

长沙市开福区人民政府关于转发《长沙市人民政府〈关于印发长沙市机关事业单位工作人员养老保险制度改革实施方案〉的通知》的通知

开政发〔2015〕22号

长沙金霞经济开发区管委会，洪山管理局，青竹湖生态科技（产业）园管委会，金霞保税物流中心，各街道办事处、镇人民政府，区属各部门：

现将《长沙市人民政府〈关于印发长沙市机关事业单位工作人员养老保险制度改革实施方案〉的通知》（长政发〔2015〕25号）转发给你们，请认真贯彻执行。

长沙市开福区人民政府
2015年11月23日

长沙市机关事业单位工作人员养老保险制度改革实施方案

（长政发〔2015〕25号）

为扎实推进机关事业单位工作人员养老保险制度改革，根据《湖南省人民政府关于机关事业单位工作人员养老保险制度改革的实施意见》（湘政发〔2015〕38号）及有关规定，结合我市实际，现制定如下实施方案。

一、工作目标

自2014年10月1日起，全市按照公务员法管理的单位、参照公务员法管理的机关（单位）、事业单位及其编制内的工作人员建立起社会统筹与个人账户相结合的养老保险制度。

二、任务措施

（一）明确参保范围。单位范围指全市各级按照公务员法管理的单位、参照公务员法管理的机关（单位）、事业单位。事业单位，是指根据《中共中央国务院关于分类推进事业单位改革的指导意见》（中发〔2011〕5号）和《中共湖南省委湖南省人民政府关于分类推进事业单位改革的实施意见》（湘发〔2013〕8号）有关规定进行分类改革后的公益一类、二类事业单位。对于目前划为生产经营类，但尚未转企改制到位的事业单位，已参加企业职工基本养老保险的仍继续参加；尚未参加的，暂参加机关事业单位基本养老保险，待其转企改制到位后，按有关规定纳入企业职工基本养老保险的范围。

人员范围指上述单位按照机关事业单位编制管理规定确定的编制内工作人员。编制外人员应依法参加企业职工基本养老保险。对于编制管理不规范的单位，先按照有关规定清理规范，待明确工作人员身份后再纳入相应的养老保险制度。

（二）确定缴费基数和比例。机关事业单位基本养老保险费由单位和个人共同负担。单位应按本单位参加机关事业单位养老保险工作人员的个人缴费工资基数之和20%的比例缴纳基本养老保险费。个人应按本人缴费工资基数8%的比例缴纳基本养老保险费。机关单位（含参公管理的单位）工作人员的个人缴费工资基数包括：本人上年度工资收入中的基本工资、国家统一的津贴补贴、规范后的津贴补贴、年终一次性奖金；事业单位工作人员的个人缴费工资基数包括：本人上年度工资收入中的基本工资、国家统一的津贴补贴、绩效工资。个人工资超过全省上年度在岗职工平均工资300%以上的部分，不计入个人缴费工资基数；低于全省上年度在岗职工平均工资60%的，按全省在岗职工平均工资的60%计算个人缴费工资基数。

基本养老保险个人账户按照本人缴费工资基数8%的数额建立，全部由个人缴费形成。个人账户储存额只用于工作人员养老，不得提前支取，每年按照国家统一公布的记账利率计算利息，免征利息税。个人账户余额按规定可以依法继承。

（三）改革基本养老金计发办法。实行新的基本养老金计发办法，建立待遇与缴费挂钩机制，多缴多得，长缴多得，并按照国家统一部署，进行基本养老金调整。

1．2014年10月1日后参加工作且个人缴费年限累计满15年的人员，退休后按月发给基本养老金。基本养老金由基础养老金和个人账户养老金组成。退休时的基础养老金月标准以全省上年度在岗职工月平均工资和本人指数化月平均缴费工资的平均值为基数，缴费每满1年发给1%。个人账户养老金月标准为个人账户储存额除以计发月数，计发月数按国家统一规定执行。

2．2014年10月1日前参加工作、2014年10月1日后退休且缴费年限（含视同缴费年限，下同）累计满15年的人员，在发给基础养老金和个人账户养老金的基础上，再依据视同缴费年限长短发给过渡性养老金。

3．2014年10月1日后达到退休年龄但个人缴费年限累计不满15年的人员，其基本养老保险关系处理和基本养老金计发比照《实施〈中华人民共和国社会保险法〉若干规定》（人力资源社会保障部令第13号）执行。

4．2014年10月1日前已经退休、原工作单位及其工作人员参加了此次改革的人员，继续按照国家和省规定的原待遇标准发放退休待遇，统筹项目内部分纳入养老保险基金支付，同时执行基本养老金调整办法。统筹项目为国家和经国家批准由省级政府规定的待遇项目（标准），其他自行增加的项目和提高的标准，仍从原渠道列支。

5．机关事业单位离休人员不纳入此次改革范围，仍按照国家统一规定发给离休费，并调整相关待遇。

（四）严格视同缴费年限认定。改革后，对于符合纳入机关事业单位基本养老保险条件的人员，其改革前在机关事业单位的工作年限作为视同缴费年限。对于改革前曾参加企业职工基本养老保险、改革后参加机关事业单位基本养老保险的工作人员，其参加企业职工基本养老保险的实际缴费年限应予确认，不认定为视同缴费年限，并与参加机关事业单位基本养老保险的实际缴费年限合并计算。其他情形视同缴费年限的认定，按照国家有关规定执行。在本人退休时，根据其实际缴费年限、视同缴费年限及对应的视同缴费指数等因素计发基本养老金。

（五）调整部分工作人员退休时加发退休费政策。改革后获得省部级以上劳模、有重大贡献的高级专家等荣誉称号的工作人员，在职时给予一次性奖励，退休时不再提高基本退休费计发比例，奖励所需资金不得从养老保险基金中列支。对于改革前已获得上述荣誉称号的工作人员，本人退休时给予一次性退休补贴并支付给本人，资金从原渠道列支。符合原有加发退休费情况的其他人员，按照上述方法处理。

（六）明确统筹层次。根据国家和我省的要求，建立省级基金调剂制度。基本养老保险基金由省、市、县分级管理。基金当期发放出现缺口时，由同级财政予以补助，确保参保退休人员基本养老金按时足额发放。

（七）建立职业年金制度。机关事业单位在参加基本养老保险的基础上，应当为其工作人员建立职业年金。单位按本单位参加机关事业单位养老保险工作人员的个人缴费工资基数之和的8%缴费，个人按本人缴费工资基数的4%缴费。工作人员退休后，按月领取职业年金待遇。

（八）做好养老保险政策衔接。改革后，对符合纳入机关事业单位基本养老保险条件的人员，其2014年10月1日前在机关事业单位的工作年限作为视同缴费年限，退休时按照有关规定计发待遇。在试点期间的个人缴费本息，划转至改革后的本人职业年金个人账户，本人退休时，由同级财政拨付资金记实，该部分个人缴费本息不计入新老办法标准对比范围，一次性支付给本人。

各地开展试点期间的养老保险结余基金待试点制度处理完结后，并入机关事业单位基本养老保险基金统一使用，严禁挤占挪用，防止基金资产流失。不能纳入机关事业单位工作人员养老保险制度改革的原试点参保单位和个人，待上级部门制定相关政策后按政策执行。

（九）加强养老保险经办管理。严格执行全省统一的机关事业单位基本养老保险制度和有关政策，统一基本养老保险缴费基数和比例，统一基本养老金计发办法、统筹项目和标准以及基本养老金调整办法，统一编制和实施基本养老保险基金预算，统一业务经办规程和管理制度，统一信息系统以及数据资源省级管理。

1. 强化基金征缴。基本养老保险费实行按月征缴，由参保单位负责统一缴纳，其中个人缴费部分由参保单位代扣代缴。机关事业单位及其工作人员应按规定及时足额缴纳养老保险费。

2. 妥善处理2014年10月1日至机关事业单位基本养老保险启动实施期间有关人员的养老保险关系处理问题。工作人员经组织批准调动工作且符合参加机关事业单位基本养老保险条件的，由调入单位办理其参保手续并补缴其间的基本养老保险费；经组织批准从机关事业单位调动到企业工作，或辞职、辞退、开除的，由原单位办理其参保手续并补缴其间相应时间段的基本养老保险费后，按有关规定转续其养老保险关系。此期间达到退休年龄的机关事业单位工作人员，要按新制度参加机关事业单位基本养老保险、缴纳养老保险费并重新核定退休待遇。

3. 做好养老保险关系转移接续。参保人员在同一统筹范围内的机关事业单位之间流动，只转移养老保险关系，不转移基金。参保人员跨统筹范围流动或在机关事业单位与企业之间流动，在转移养老保险关系的同时，基本养老保险个人账户储存额随同转移，并以改革后各年度实际缴费工资为基数，按12%的总和转移基金，参保缴费不足1年的，按实际缴费月数计算转移基金。转移后基本养老保险缴费年限（含视同缴费年限）、个人账户储存额累计计算。

4. 做好社会化管理服务工作。达到退休条件的人员应由所在单位向人力资源社会保障部门及时申报，办理基本养老金领取资格核准并核定待遇后，实行基本养老金社会化发放。

三、工作步骤

（一）制定实施方案。2015年10月底前，制定机关事业单位工作人员养老保险制度改革实施方案。

（二）召开动员部署会。11月上旬召开全市动员部署会，布置改革启动相关工作。

（三）组织业务培训。11月底前组织开展本地工作人员政策和业务培训、信息系统调试应用、模拟测算等工作。

（四）启动运行。12月底前完成按照公务员法管理的单位、参照公务员法管理的机关（单位）和公益一类、二类事业单位的参保工作，全面启动机关事业单位工作人员养老保险制度改革工作。

四、组织保障

机关事业单位养老保险制度改革，涉及机关事业单位人员切身利益，是一项涉及面广、政策性强的工作，社会关注度高、敏感性强。各级各部门要充分认识改革的重要性、必要性和紧迫性，加强组织领导，精心组织实施。

（一）切实加强组织领导。各区县（市）政府要高度重视，成立专门领导班子，制定工作计划，明确责任分工，落实工作职责，抓好具体组织实施工作。编制管理部门要按照机构编制管理有关规定和分类推进事业单位改革相关政策要求，明确事业单位类别和在编在岗人员；人力资源社会保障部门要加强对改革工作的协调和指导，财政部门要调整财政支出机构，并联合搞好政策和业务培训；市直各部门各单位要组织对本系统、本单位的机构性质、人员编制以及在职人员基本情况和工资构成进行清理，并及时做好本单位在职人员和退休人员参加机关事业单位养老保险改革的相关工作。

（二）全力做好资金保障。改革后全市机关事业单位养老保险基金仍按属地原则分级管理，人力资源社会保障部门及社保经办机构要抓好基金征缴工作，做到应收尽收；财政部门要积极调整和优化财政支出结构，加大社会保障资金投入，做好相关资金保障工作。基金当期出现收支缺口时，由同级财政给予补助，确保参保退休人员基本养老金按时足额发放。

（三）加强经办能力建设。各级要加强社保经办机构能力建设，根据《机关事业单位工作人员基本养老保险经办规程》（人社部发〔2015〕32号）规定的主要业务环节和风险防控制度“一事双岗双审”要求，按照机关事业单位养老保险参保登记、基本养老保险和职业年金的缴费申报、基金征缴、关系转移、个人账户管理、内控与稽核、待遇核定和支付等工作，严格科学设置经办机构内部工作岗位和适当充实工作人员，提供必要的经费和服务设施。

（四）确保社会安全稳定。机关事业单位养老保险制度改革的宣传工作要及时、准确、有度、有效。要坚持正面宣传，正确解读政策，防止误读误解和炒作，让广大干部群众充分理解、积极支持改革，营造出有利于改革的良好氛围。改革后，各级人民政府要加强街道、社区人力资源社会保障工作平台建设，加快老年服务设施和服务网络建设，为退休人员提供方便快捷的服务；各级各部门在认真做好本地区、本单位的养老保险工作的同时，要继续承担起管理和服务离退休人员的相关职责，积极维护好改革前后的稳定大局。

报刊摘登

中国经济时報　2015年11月13日　A1　头版头条

记者 李海楠 王晓红

构建湖南开放型经济新格局
打造“一带一部”核心增长极

——长沙金霞经济开发区创建国家级园区和千亿园区发展纪实

打造“三金”名片，建设开放繁荣秀美幸福新开福系列报道之一

近日，随着坐落于湖南长沙金霞经济开发区（下称“金霞经开区”）金霞跨境产贸城的金霞跨境保税直购体验中心向媒体进行公开展示，并确定于今年年底前正式运营，标志着金霞经开区距离其致力建设“两中心一高地”（即国家级现代物流中心、国家级商贸集散中心和湖南对外开放高地），全力打造“一带一部”核心增长极的产业及全新定位目标更进一步。

实际上，金霞经开区于2014年8月即被确定为湖南跨境电商唯一试点园区和长沙海关批准的全省保税展示交易和跨境电商监管的唯一通道。而跨境产贸城不仅是对金霞经开区整合公共物流平台、保税物流平台、跨境电商平台优势的集中缩影，更是进一步彰显了其肩负推动长沙以现代商贸物流为主的现代服务业迅速崛起，提升长沙经济外向度和开放型经济发展水平，以及全力打造“一带一部”核心增长极的使命和责任。

日前，长沙市开福区委书记廖建华在接受中国经济时报记者专访时说：“开放性是现代化的特征，一个地方是不是开放高地，关键是看是不是口岸高地、交通枢纽和保税平台。建设对外开放的高地，我区拥有得天独厚的区位优势和交通优势，特别是我区拥有金霞经开区、金融生态区、金鹰文化区“三金”名片。金霞经开区作为长沙乃至湖南开放型经济发展的重要平台，金融生态区作为金融商务、楼宇经济、总部经济发展的主要平台，金鹰文化区作为承载湖湘传媒品牌的优势平台，都具备较强的集聚辐射能力。打造“三金”名片，建设开放繁荣秀美幸福新开福是区委、区政府在经济新常态下的战略选择和富民强区的科学决策。我们要主动融入大开放战略，积极对接融入“一带一部”、“一带一路”和长江中游城市群三大国家战略，尤其要将金霞经开区、金霞物流保税物流中心的物流枢纽优势、平台优势转化为功能优势、开放优势和产业优势，当好全省开放型经济和全市东部开放型经济走廊的桥头堡。

新定位凸显经开区时代特征

金霞经开区成立于1992年，是经国务院批准的湖南省首批重点开发区，也是湖南省唯一的综合性现代物流园区。一直以来，金霞经开区都坚持特色建园、差异发展，依托优越的资源禀赋,形成了独特的比较优势，确立了以现代物流为基础、商贸市场为主体、跨境电商为亮点、特色工业为补充的产业定位，全面推进“两中心一高地”建设。直到2013年，金霞经开区获得了新的彰显时代特征的定位。

2013年11月，习近平总书记在湖南考察时，对湖南改革发展提出了“东部沿海地区和中西部地区过渡带、长江开放经济带和沿海开放经济带结合部”（简称“一带一部”）的新定位。而长沙是湖南“一带一部”建设的首位城市和战略支点，加快打造“一带一部”核心增长极的重任自然在肩。这无疑为金霞经开区对接这一定位提供了契机。

长沙金霞经济开发区党工委书记张毅在接受中国经济时报记者采访时直言，近年来金霞经开区立足“一带一部”省会城区优势，紧紧围绕“十二五”期间“打造千亿级产业，争创国家级园区”的战略目标，以“产业兴园”为工作主线，充分整合独特的交通优势、口岸优势和平台优势等资源，正致力建设“两中心一高地”，全力打造“一带一部”核心增长极。

“一带一部”核心增长极的全新定位是新时期国家促进区域协调发展的新要求，更是中部省份对接东部发达省份的新契机。显然，金霞经开区作为长沙打造“一带一部”核心增长极的一股重要力量而言，有着足够的理由。

统计显示，2014年，金霞经开区实现财政收入16.28亿元，增长27.19%；完成固定资产投资100亿元，增长32.4%；实现工业总产值410亿元，增长20.32%；规模工业增加值95亿元，增长18%；社会物流总额755亿元，增长20.08%；物流主营业务收入330亿元，增长22.39%。

对此，长沙金霞经济开发区党工委副书记、管委会主任袁政国介绍，金霞经开区主要经济指标的总量和增幅居长沙市省级园区前列，园区经济实力倍增，发展动力凸显，正呈现出后发赶超的强劲态势。

平台优势培育外向经济新引擎

一系列经济数据的向好表现为金霞经开区打造“一带一部”核心增长点奠定了基础。而为了响应长沙市委、市政府推动长沙以现代商贸物流为主的现代服务业迅速崛起，提升长沙经济外向度和开放型经济发展水平的使命号召，金霞经开区正依托独特的资源禀赋、交通优势和产业条件，担当使命，不负重托，努力为提升长沙外向型经济发展水平做出贡献。

张毅告诉本报记者，为全力打造“一带一部”核心增长极，金霞经开区将发展蓝图锁定在争创国家级开发区和全力打造千亿园区的目标上，并分别从提升三大公共平台，全面拓展开放功能；推进三大战略项目，全力做强开放主体；夯实三大基础工作，全心提升开放效益三个方面着力。可见，三方面工作共同瞄向了构建开放型外向经济，在契合长沙市委、市政府提出使命要求之余，亦是对金霞经开区自身优势和发展方向的清醒布局。

“平台是开放型经济的‘起跳器’，金霞经开区始终坚持建平台、强基础，不断完善平台开放功能。”张毅介绍，金霞经开区的平台构建围绕公共物流平台、保税物流平台、跨境电商平台三方面展开。

其中，在拓展保税物流平台方面，张毅强调，通过充分发挥长沙金霞保税物流中心保税仓储、转口贸易、国际采购、国际物流配送等功能，金霞经开区进一步拓展保税主营业务，积极开展分拨与配送、进出口商品展示交易等业务，延伸发展保税经济。今年1－6月，该中心累计报关4048票，同比增长20.4%；海关征收关税约2.23亿元人民币，同比增长38.31%。总货值约9.03亿美元，同比增长39.86%，保税物流中心各项业务发展迅速，进出的货物具备高附加值特点。

据记者了解，长沙金霞保税物流中心于2009年封关运行，是中部首批、湖南唯一的B型保税物流中心,具有保税仓储、转口贸易、国际采购、国际物流配送等诸多功能，特别是其“境内关外”的运作模式，能够大幅提高物流效率，降低企业运行成本，是长沙加速融入国际分工和国际竞争，构筑以国际市场需求为导向、扩大出口为中心的外向型经济体系的重要平台和窗口。张毅介绍，金霞经开区将进一步完善保税中心功能，拓展对外贸易，为长沙外向型经济发展提供强大引擎。

建立高效“集疏运体系”夯实发展基础

作为开放型经济的基础设施建设保障，交通的优势能否得到彰显决定着物流的高效程度。据介绍，金霞经开区在完善公共物流平台方面，采取了“借力”的方式进行。

张毅告诉本报记者，作为湖南唯一综合性专业物流园区，金霞经开区在累计投资近100亿元，具备了水、公、铁、空、管“五元化”交通运输优势的基础上，通过争取省、市政府的高度重视和政策支持，长沙新港已启动三期工程建设，长沙铁路货运新北站已完成二期工程立项，长沙传化智能公路物流枢纽港已启动建设。园区不断拓展水铁、公铁多式联运、陆路口岸运输和快递业务，促进水运、铁路、公路“三港互动”，解决物流“最后一公里”难题。

此外，金霞经开区还将进一步优化“物畅其流”的综合运输通道，打造港口高效的“集疏运体系”。

一是建立多式联运物流体系。引进第三方物流企业，建设好传化公路港，大力拓展水铁、公铁多式联运、陆路口岸运输和快递业务，促进水运、铁路、公路“三港互动”，形成政策和功能的高效叠加效应。

二是提升数字信息综合功能。加快推进数字园区建设，完成光纤主干接入，确保500G带宽出口，4G无线网络全覆盖，构建物流园区、物流企业、物流设施和口岸综合功能无缝连接，互联互通的公共信息平台，促进物流资源整合、功能提升、效率提优。

三是力促公共平台扩容提质。力促省、市实施火车新北站扩建工程，将火车新北站建设成全国铁路规划的33个集装箱办理站之一，完善仓储、配送、深加工、口岸等配套功能。加快新港三期建设，新增6个2000吨级泊位，建好货物堆场、港区铁路专线、消防码头，建成霞凝粮库3个2000吨级粮食码头，同时，加快一二期码头的设施设备更新换代，推动港区扩容提质。

三大战略项目打造开放主体

长期以来，高端商贸流通业的发达作为长沙作为区域中心城市的重要标志，也是长沙提升现代服务业比重，实现“赶超发展”的重要途径。因此，积极培育良好的高端商贸流通环境对于外向型经济发展至关重要。其中，包括商贸交易市场、商贸物流城等在内的商贸主体的打造，决定着长沙发展外向型经济的质量。对于金霞经开区而言，这更左右着其国家级商贸集散中心定位的实现。

张毅对本报记者介绍，金霞经开区正积极推进三大战略项目,全力做强开放主体。他说，金霞经开区充分依托比较优势，大力发展现代物流、商贸物流和跨境电商等产业，打造行业领先的“知名品牌”。

一是打造影响全国的高岭国际商贸城。园区把企业品质作为招商的第一标准，引入全国商贸物流龙头企业——香江集团，建设高岭国际商贸城。项目一期实现销售额近20亿元，税收过2亿元，已成功引进企业和商户2489家。项目建成后将开启商贸4.0时代,实行线上线下一体化、仓储物流一体化、全产业链一体化、全服务链一体化，促使长沙成为“南品北上第一城、东品西进第一城、湘品崛起第一城”。

二是打造引领中部的进出口商品展示交易中心。依托保税物流中心、湖南省电子商务产业园，园区与湖南嘉德集团联手斥资20亿元打造金霞保税商贸城·中部（湖南）进出口商品展示交易中心。项目已成为湖南省唯一的外贸综合服务平台，集进出口商品展示交易中心、企业总部基地、进出口贸易发展公共服务平台等功能于一体。项目一期为金霞保税店，总投资8亿元，建筑面积24.8万平方米。目前，入驻企业已申报商品种类逾3万种，将满足湖南消费者对高品质海外商品的需求。

三是打造联通世界的湖南跨境电商产业园。金霞经开区通过培育一批具有较大规模和较强竞争力的跨境电子商务龙头企业，打造“买全球、卖全球”的贸易新局面。目前，湖南邮政速递、爱尚通程等10家跨境电子商务公司和长沙爱町宝进出口贸易有限公司等30家知名企业已入驻，同时，充分发挥行业协会作用，湖南进口食品企业协会、湖南跨境电商协会、长沙市外商投资协会、长沙进出口商会等也已落户跨境电子商务大楼。

金霞经济开发区管委会。

中国经济时报 2015年11月24日 A1 中央媒体

记者 李海楠 王晓红

长沙金融生态区：助力打造区域金融中心

打造“三金”名片，建设开放繁荣秀美幸福新开福系列报道之二

金融产业既是现代服务业的重要组成部分，又是现代服务业发展的重要支撑——这是长沙打造金融生态区，致力于大力发展金融产业的一致共识。而对于当前正全力打造金融商务区、金霞经开区、金鹰文化区“三金”名片的长沙市开福区而言，将这一共识贯彻到实际工作当中更具意义。

长沙市开福区委书记廖建华在接受中国经济时报记者采访时表示，建设对外开放的高地，开福区拥有得天独厚的区位优势和交通优势，他强调，开福区正以打造拥有金霞经开区、金融生态区、金鹰文化区“三金”名片为己任，践行开福区委、区政府在经济新常态下所作的战略选择和富民强区的科学决策。

构建“四位一体”的大金融蓝图

2012年5月31日，随着长沙火车北站正式退出历史舞台，位于开福区芙蓉路上曾长期因火车通过而暂时阻断交通的局面随之彻底结束。这一标志性事件亦见证了一幅全新的长沙金融CBD版图的完成。

长沙金融生态区，居于湘江以东、浏阳河以南、东风路以西、营盘路以北是开福区委、区政府实施楼宇经济“1318”工程的主体核心，即围绕“1区3纵1横8平方公里”的布局，以长沙金融生态区为主体，以营盘路串联起芙蓉北路、黄兴北路、湘江大道三条黄金地带约8平方公里区域，规划建设一批高品质、高智能的高端商务楼宇，培育一批税收亿元级楼宇、一大批千万元级楼宇,聚焦高端产业、聚焦优势资源，提高产业发展竞争力。

根据安排，长沙金融生态区将建成芙蓉中路金融核心区、东风路高端精英国际社区、黄兴路高端商务文化融合区和湘江大道高端商务商业区，打造以金融为核心，居职一体、自我循环的完整生态系统。这一完整的金融生态区，将构筑出集现代金融现代产业、现代生活、现代都市“四位一体”的大金融蓝图。显然，这一有着功能完备、产业链完整的金融生态体系，其影响、辐射以及带动范围绝非仅仅局限于长沙一地。

以金融生态区为载体，推进金融资源集聚和功能建设

长沙金融生态区一直被定位为作为金融商务、楼宇经济、总部经济发展的主要平台，这无疑彰显出了金融生态区的发展主攻方向。

廖建华于今年7月31日的开福区经济形势分析暨半年度绩效考核讲评会上表示，稳增长必须稳投资，稳投资必须抓项目。抓项目不能眉毛胡子一把抓，必须以推动产业转型升级、城市品质升级为目标，以加快包括金融生态区在内的五大片区建设为重点，集中投向基础设施、主导产业、公共服务等领域。

其中，廖建华在讲话中将“提质金融生态区”置于任务首位，他表示，金融生态区既是出财力的洼地，又是出形象的窗口，务必看得更重、谋得更高、抓得更紧。

具体而言，要以棚户区改造为抓手，加快金融生态区核心区火车老北站、黄兴北路片区棚改征收，完善片区规划和城市设计，着力招引一批理念先进、实力雄厚、开发建设和商业运营能力强的城市综合体开发企业，建设高端楼宇金融商务区。

为顺应时代的发展需要，廖建华还要求，要把握“互联网+”发展趋势，大力发展新技术、新产业、新模式、新业态，构建北辰三角洲楼宇“创客空间”，培育新型创业孵化器，推进大众创业、万众创新。

众所周知，服务业发达程度左右着地方经济能否彻底进入服务型经济发展阶段。这对于当前产业转型升级以及打造经济新常态而言至关重要。统计显示，开福区2014年服务业增加值占GDP比重达78%，已经完全进入服务型经济为主的发展阶段。

廖建华在今年9月28日的开福区委四届十九次全体（扩大）会议上指出，加快转型升级，打造现代产业集聚区。坚持以“高端化、集聚化、智能化、特色化”为导向，以“三金”名片为平台，大力发展金融商务、文化创意、物流商贸等支柱产业、优势产业，积极发展新兴产业，加快构建以现代服务业为主导、都市工业为补充的现代产业体系。其中首要任务就是要打造金融商务中心。

廖建华表示，要以金融生态区为载体，推进金融资源集聚和功能建设，鼓励和支持中资外资银行、保险证券公司等金融机构在开福设立地区总部、分支机构，加大对股权基金、私募基金、科技金融、文化金融、互联网金融等金融新业态的招引培育，加快发展金融中介服务，构建多层次、多元化的金融生态。注重发展总部经济，着力引进和培育企业区域总部或研发中心、财务中心等职能性机构。大力发展楼宇经济，鼓励发展特色楼宇、专业楼宇、总部楼宇，提高楼宇入住率、企业属地率、税收贡献率。

金融产业区域经济贡献率稳升，发展前景可期

随着金融产业的重要地位广获共识，以金融产业为抓手，推进经济适应新常态，寻求可持续发展的科学途径，正成为金融生态区建设者普遍遵循的发展轨迹。随着多年来的稳定发展，金融产业的发展占比逐步提高，也带动了其对区域经济贡献率的稳步提升。

根据开福区金融工作办公室的统计显示，2010—2014年间，开福区金融产业增加值从32.53亿元增加至61.49亿元，5年年均增长17.81%，超过第三产业增加值的年均增长率（15.47%）1.78个百分点，超过地区生产总值的年均增长率（13.88%）3.37个百分点。

“总体而言，金融产业对开福经济贡献突出，且增长速度保持稳定，金融产业的活跃水平较高。”这是开福区金融工作办公室据此作出的评价。实际上，这一优势在2015年仍然有所延续。最新统计显示，今年1—9月份，开福区金融业增加值为54亿元，占地区生产总值的9.9%，同比增幅23.7%；金融业全口径税收为23.78亿元，占全口径总税收30.41%，同比增幅达39.28%，为开福区第一大税收行业。

长沙市开福区委副书记、区长沈裕谋9月28日在开福区委四届十九次全体（扩大）会议上表示，产业结构调整升级，服务业对经济增长的贡献率明显上升。今年上半年，第三产业税收增长16.6%，高于全部税收增幅3.2个百分点；实现服务业增加值283亿元，占地区生产总值比重达80.1%，同比提升1.7个百分点。从收入结构看，现代金融、楼宇经济贡献率明显提升，特别是金融业税收占比达到31.3%，同比增幅达30.7%，已超过房地产业成为税收贡献排名第一的支柱产业；金融生态区聚焦区域性金融总部机构35家，运达国际、开福万达、新时代等14栋商务楼宇年税收可过千万元。

一系列统计数字的背后带来的不仅仅是金融生态区的逐渐壮大，更对长沙经济发展乃至辐射带动区域经济升级带来了有利条件。而依托金融产业的稳步快速发展，长沙金融生态区打造区域金融中心的目标亦被明确。

据本报记者从开福区金融工作办公室了解，“十三五”期间，长沙金融生态区将立足开福区打造“三金”名片的发展思路，以长沙金融生态区为载体，以打造立足长沙、面向全省、服务中部的区域金融中心为目标，发挥区位优势和产业优势，进一步加大金融机构、金融人才的聚集，发展金融要素市场，鼓励和推动金融创新，力争在“十三五”末实现金融机构的多元化、金融产品的多样化、金融市场的多层次化、金融业务的特色化和金融服务的精细化，金融安全体系规范有序、风险可控。

中國經濟時報 2015年11月27日 A7 中央媒体
记者 李海楠 王晓红

金鹰文化区：打造文化产业地标

打造“三金”名片，建设开放繁荣秀美幸福新开福系列报道之三

湖南长沙历史文化悠久，正应了那句“一座城，因其独特的历史文化积淀而弥久芬芳”。对位于长沙市开福区的金鹰文化区而言，引古论今显得确有必要。如果说千年开福古寺开湖湘文化之先，那么名扬世界的广电湘军，无疑在开福区开创出了当代的“湖南文化”现象。

金鹰——当下最广为人知的文化品牌之一，覆盖广播、电视、网络等多个平台。追溯渊源，不妨将时间调至2000年，那一年，中国电视金鹰奖正式更名为“中国金鹰电视艺术节”，并宣告永久落户湖南长沙，花落开福区马栏山的湖南广电，从此“金鹰”成了湖南广电的一个新品牌。

显然，手握这样一个金字招牌的长沙开福区，将打造金鹰文化区列为其正全力打造以金融商务区、金霞经开区、金鹰文化区组成的“三金”名片当中，更顺理成章。

打造全省乃至全国的文化产业地标

长沙市开福区委书记廖建华在今年7月的开福区全区经济形势分析暨半年度绩效考核讲评会上指出，大力发展文化产业，巩固广电影视、新闻出版产业，着力发展文化创意、移动多媒体、数字出版、动漫游戏制作等新型业态。推进浏阳河文化旅游产业带建设，以金鹰文化区为重点，依托湖南广电的文化品牌优势，大力发展影视拍摄、节目制作、艺术创作、高端文艺演出，打造全省乃至全国的文化产业地标。

不同于人尽皆知的知名度，文化产业地标的内涵显然更加广泛。如今的开福区大手笔开启作为“金”名片产业项目的金鹰文化区，势必将进一步赋予浏阳河金鹰湾片区长沙文化新名片、湖南文化新地标、世界文化新名地的新魅力。

“推进浏阳河文化旅游产业带建设，开福区将重点规划建设好‘一区一带’。一区，即打造金鹰文化区；一带，即高品质建设浏阳河南北两岸风光带。”展望区域文化产业新一轮发展，长沙市开福区委副书记、区长沈裕谋如是说。

开福区工务局局长、区城建投董事长樊伟对本报记者介绍，金鹰文化区北至捞刀河、南至浏阳河、西至京广线、东至锦绣路，总占地面积23平方公里，在长沙城市总体规划中定位为商务商业中心与文化休闲片区。目前区域各功能片区在城市化自然进程中已基本成形，剩朝正垸片区、山鹰潭片区两大待开发完整地块，其中，山鹰潭片区主要以山、水生态资源为主，片区环境优美。

“金鹰文化区已经被赋予了集中发展影视传媒、文化创意、休闲旅游等文化产业，打造长沙文化名片、湖南文化标杆、世界文化名地的战略定位。”樊伟介绍说，金鹰文化区以湖南广电为平台，总体规划布局为“三核、两带、五组团”，构建文化、产业、都市、绿色、创新的全开放文化休闲旅游示范标地。“三核”即文化产业核、文化旅游核和“云谷”科技核。“两带”即亲水文化配套带和浏阳河水岸风情商业带。“五组团”即健康养生组团、文化教育组团、文化居住组团、政务商业组团和都市居住组团。

拆迁腾退为文化区大发展预留空间

浏阳河金鹰湾中国影视文创基地、“中国云谷”文化产业园、金鹰湾第一湾旅游观光带……一系列围绕文化和影视文化传媒打造的基础设施，实实在在地记录着金鹰文化区成长的点滴，而未来的规划蓝图，也将在此逐渐变得触手可及。

值得一提的是，湖南广电已提出打造“中国云谷”，以云为平台，处理大数据为服务，实现湖南数据处理集中化、互联化、共享化、安全化，实现产业转型升级，优化产业结构。“云谷”科技核将依托湖南广电传媒产业优势及其片区打造“中国云谷”的定位，大力发展以云端影视传媒为经，以科技、传媒、移动社交业态为脉的云端智慧聚集区，形成国际商务花园、文创主题MALL影视传媒制作及智慧云社区等。

根据廖建华今年9月28日在开福区委四届十九次全体（扩大）会议上的最新要求，省市领导高度支持金鹰文化区建设，并对金鹰文化区的规划定位作出指示，要求打造成全省文化产业的地标。要按照打造“中国云谷”金鹰湾的目标，以发展文化创意产业为引领，以湖南广电文化品牌为基础，同步推进鸭子铺片区规划设计、拆迁腾地、地块招商工作，下半年要加大拆迁拆违力度，确保完成4000亩土地的拆迁腾地。

樊伟告诉记者，截至今年8月，金鹰文化区朝正垸片区以货物仓库为主，征地面积共3339亩，动迁人口7208人，共分七期进行拆迁，现已基本完成一、二、三期项目拆迁，四、五、六期项目拆迁正在实施，推进顺利，预计年内完成。

实际上，在长沙城区扩容和品质提升中，2009年10月，长沙市政府就作出了关于朝正垸城中村改造的决策。作为长沙最大城中村的朝正垸，其改造大幕正式开启，2013年上半年朝正垸城中村改造及环境整治拆迁启动，片区涉及4000余亩土地、1.2万余人1460栋房屋的拆迁，共分七期进行拆迁。

据樊伟介绍，截至8月份，已基本完成一、二、三期项目拆迁，四、五、六期项目拆迁正在顺利推进，今年底将基本完成拆迁，130万平方米违法建筑目前已拆除80万平方米，剩余50万平方米也在今年9月底全部拆除倒地。

开福沃土孕育金鹰翱翔；金鹰腾飞，印证着开福湖湘文化的文化自觉和文化自信，展现着开福气派。在建设文化强区的征途之上，依托金鹰文化区的打造，开福区不仅可以着力打造全国文化高地，同样能占据文化的制高点，打造广为人知的文化产业地标。

金霞经开区物流企业。

中国经济时报 2015年12月4日 A1 中央媒体

记者 王晓红

长沙：商贸物流崛起中部正当时

长沙，是南连北接、承东启西重要物流节点城市，是国家“一带一路”的中心城市，而长沙高速公路运输网、铁路运输网和长江水运网、航空运输网互联互通，通江达海，区位优势和交通优势凸显，商贸物流产业已成为长沙经济新常态下区域发展的核心增长点和支柱性产业，长沙已具备成为世界性商贸物流中心城市的承载能力，目前，长沙通过打造中国首个商贸4.0，构建全球化商贸物流新格局，正阔步迈入“互联网+”和商贸4.0新时代。

商贸4.0，是在传统商贸全产业链基础上，借助互联网技术，实现“线上线下一体化、仓储物流一体化、全产业链一体化、全服务链一体化”的新型智能商贸生态圈。

构建全球化商贸物流新格局

中国“商贸4.0”模式的首创企业——高岭国际商贸城通过互联网手段，旨在为“经销商、厂家、设计师、服务商、消费者”五级客户群，提供一个强大的线上线下一体化的一站式服务平台，帮助广大商家迅速在这个平台上，一键找到更多可选的所需资源，从而降低商贸经营成本、减少市场流通环节、扩大市场渠道、提升品牌价值、提升收益，实现从“商贸”到“智贸”的升级转型。

线上，高岭国际商贸城将引入大数据技术、电商平台、金融P2P平台、APP互联系统等信息技术手段，通过信息管理系统将商贸的每个流通环节进行掌控与协调，将智慧商贸和智慧物流进行有机结合，为商户提供多达30项的服务平台，实现商流、物流、资金流、信息流的全面整合，让商户做生意，更便捷更享受。通过互联网打造“人、货、服务”的联动平台，形成商贸4.0的软件部分——智贸网。

线下，高岭国际商贸城重新根据市场环境和商户需求，规划了商贸交易区、智能仓储区、智能物流区、品牌商贸综合体、创客公园、电商创业园、CBD城市副中心、国际会展中心、商务酒店区、企业总部区、生活居住区、生产加工区等12大功能板块。将形成建材、食品、小商品、服装鞋帽、五金机电、汽贸汽配等43大市场集群，项目及周边将建设1000多万立方米的仓储配套以及汇集上千家物流企业，形成一个闭合的960万立方米的商贸生态圈。通过实体商贸城的全产业链集群加强产业链协作，形成商贸4.0的硬件部分：智贸区。

着眼未来，商贸4.0的愿景是帮扶中小企业创新发展、实现传统市场升级转型、用互联网思维重塑批发、推动商贸物流模式创新，助力中华民族伟大复兴，为实现中国梦贡献力量。

11月27日，高岭国际商贸城总经理黄勇光在接受中国经济时报记者采访时表示，此次集团公司全力推进永久免租的商贸4.0市场首次落地，一方面是响应中央号召，切实为广大商户减轻负担，帮扶中小企业快速做大做强；同时还有更重要的一面就是应对未来的趋势，如果再不利用互联网思维对传统市场来一次彻底的重塑，可能再过几年传统批发市场都会被电商打败，我们全国一千四百多万的批发从业者也会慢慢被社会淘汰，所以我们下定决心与其五年以后改革，不如现在就改革，提前启动符合未来市场的战略，才能带领广大商户走出一片属于自己的蓝海。

开创长沙现代服务业创新发展新格局

过去的市场经营商铺，未来的市场经营商户。在以用户为中心的时代，高岭国际小商品城大胆舍弃了传统靠租金、卖铺的盈利模式，转而通过提供高附加值服务让商户自愿参与，我们将打造“大金融、大电商、大物流、大服务、大市场”五大平台，为商户生意的快速做大做强提供全方位的保障。

大金融平台：通过市场的快速繁荣、营业额的不断提升，拉升上市公司在资本市场上的整体市值。与银行联合订制专属POS机，给银行带来大量业务，获得金融支持。通过未来与银行联合发行理财产品、发展贷款业务获得持续的盈利。

大电商平台：联合知名电商为广大商户提供代运营服务，为批发商、采购商提供第四方增值服务，打造中部地区最大的B2B、B2C互联网商贸平台。扶持商户拓展线上生意，实现线上线下一体化。

大物流平台：自主打造千亩仓储物流园，与商贸城形成一体化配套，投入重金打造“货伴”物联网系统，实现专业第四方物流服务平台。后期可通过千亩仓储物流园的运营及租金收入，通过提供第四方增值服务，通过与物流机构联合开展“最后一公里”物流服务等，实现多点盈利。

大服务平台：通过自主开发的“云商”服务平台，引进专业第三方服务机构，为服务机构和商户提供第四方增值服务，同时通过资源共享、集中采购产生的价格差为商户谋福利，也为自身服务附加值盈利模式的转型奠定坚实基础。

大配套平台：通过市场的快速繁荣，迅速带动后续“公寓、办公、住宅、配套商业街等”市场周边配套的开发效率和销售收入，通过市场繁荣带动周边板块的迅速成熟，通过配套销售价格的大幅增值最终实现整体开发销售的盈亏平衡，相当于通过周边配套物业的销售净赚一个市场。

长沙市开福区委常委、长沙金霞经济开发区党委书记杨应龙对记者表示，商贸4.0的市场模式和搭建“五大平台”建设，就是通过精细化的市场运营深挖市场价值，摒弃过去传统而粗放的房地产式管理，在为商户提供一系列更优质服务的同时，通过服务附加值盈利。过去的商业模式，更多的是强制性的一锤子买卖，而未来的商业模式将更多出现由用户自主选择的粉丝式商业模式。粗放野蛮的运营方式将渐渐淘汰，精耕细作的运营方式将成为未来的主流。所以，高岭国际商贸城与其他市场最大的区别是：别人经营的是商铺，他们经营的是商户。

长沙金霞经济开发区纪工委书记荣爱华认为，“万众创新”是响应国家提出实现中华民族伟大复兴的重大举措，金霞经济开发区一直积极鼓励企业创新谋发展，具有标杆意义的中国商贸4.0模式现已正式落地高岭国际商贸城，将推动金霞经济开发区乃至整个湖南跨入智贸时代，为了鼓励更多企业参与到万众创新，金霞经济开发区将进一步加大相关商贸配套建设，持续推出更多支持政策，同时鼓励高岭国际商贸城大手笔推出小商品城免租招商政策，为帮扶中小企业发展做强做大，助推商贸4.0的全面落地，提供强有力的保障，开启金霞乃至长沙现代服务业创新发展大格局。

香江控股助理总裁陆国军表示，高岭国际商贸城从一开始就承载着中国商贸的变革和升级的使命。为了打造中国最好的商贸城，高岭国际商贸城从孕育之初，就把最好的地段作为项目落地的第一标准。同时这里也集聚了香江全国最好的资源，首创了商贸4.0模式，以中国智慧商贸领导者的视角，以商贸全程服务商的姿态，为高岭市场商户打造成本更低、效率更高、更轻松、更简单的经商平台。今天，高岭国际商贸城还会以从未有过的大胆创新，用别人想都不敢想的永久免租政策，颠覆传统市场种种弊端，以实际行动兑现商贸4.0和商贸服务商的承诺。

打造开放型经济新高地的核心引擎

商贸4.0模式核心就是规避传统市场的发展瓶颈问题，整合全产业链全服务链资源，实现广大商户和中小企业经营成本的大幅降低、市场的快速繁荣、区域全产业链的快速聚合，促进湖南本土品牌崛起，赢得湖南商贸引领全国的新局面。在全力推进“商贸4.0”工作过程中，11月20日，高岭国际小商品城正式对外发布了“永久免租”招商政策，用实际行动兑现商贸4.0降低商户成本的承诺。

湖南省社科院经济研究所所长肖毅敏表示，国务院发布的《“互联网+”行动指导意见》、《现代物流业发展战略规划》、《“一带一路”发展战略规划》等，把推动互联网与各行业深度融合、推动现代物流业发展作为加快形成经济发展新动能的重大战略举措，明确了“互联网+”战略和现代物流战略在促进创业创新、协同制造、现代农业、智慧能源等领域发展的目标任务。长沙高岭国际商贸城在相关领域进行了先行先试，并形成了自己的商贸4.0新一代市场模式。中国现代商贸市场发展仅仅30余年，依然处于粗放式经营的传统运作模式，商贸4.0是与“移动互联网”、“现代物流体系”等基础设施深度融合的新一代商贸模式，在我国仍然处于空白或起步阶段，发展空间巨大、前景看好。

当今社会，在互联网信息技术日趋发达的今天，电子商务所占的比重越来越多，我国众多的专业市场、综合市场都不同程度地受到电子商务的冲击，所以商贸领域的转型升级势在必行。商贸4.0不但完美地解决了这些问题，而且还解决了生产厂商的资金占压、用工成本等诸多问题，实现了订单式生产。在这种大的产业背景下，商贸4.0的提出，对于我国商贸市场的转型升级有着极为重要的指导作用。

打造商贸4.0，建设长沙国际化商贸物流名都，对于提升长沙国际化城市品位，助推长沙崛起中部具有里程碑意义。“长沙作为‘一带一路’重要节点城市和长江中游城市群中心城市，既要实施主动对接，融入国家战略‘大格局’，还要发挥区位优势，构筑内陆开放‘大平台’；既要释放创新红利，培育开放产业‘大集群’，传承历史文化，建设人文交流‘大品牌’，构建国际化商贸‘大物流’，还要强化支撑保障，营造开放发展‘大环境’，着力打造内陆开放型经济新高地。”湖南省委常委、长沙市委书记易炼红在接受记者采访时说。

新华网 NEWS　2015年3月18日　中央媒体

记者 左栀子

“海淘”需求强劲 湖南打造跨境贸易电商新平台

随着人们生活水平的提高和全球经济的一体化,“代购”、“海淘”正成为国内时尚。国内居民购买能力和消费需求快速增长，服装、化妆品、婴儿用品、电子产品等对国内消费者有着巨大的吸引力。跨境贸易电商成为人们选购外国商品的新渠道，更多的政策利好，也给跨境电商带来无限机遇。湖南将如何抓住这一机遇，迈入跨境电商这片蓝海也成为各方瞩目的焦点。

利好 抓住机遇进入跨境电子商务蓝海

跨境贸易电商进口价值高数量多量大，因此被称为国际电商贸易的“蓝海”。跨境贸易电商包括两大类，把国内产品销往国外和进口海外产品卖给国内消费者，后者在当下发展最快也最受欢迎。

“发展跨境贸易电商能够提升老百姓生活水平，让消费者不出国门，就可以在湖南买到进口红酒、化妆品、服饰等‘轻奢品’，并且能够保证货真价实。”商务厅副厅长周越认为，跨境贸易电商作为一种新的贸易方式，正在改写传统贸易格局。以中部（湖南）进出口商品展示交易中心（以下简称 IECC）为例，在当前经济条件下，通过适当的进口能够促进和拉动消费，对湖南这样的中部省份而言，也是拉动经济的新的增长点。

“我们不光是生产商，也是消费方、需求方。”据长沙海关加工贸易处综合保税科科长杨奕介绍，湖南市场对进口商品，特别是消费类进口商品确实有强劲的需求，并且这种需求还在持续扩大。

“跨境贸易电商进口区别于传统贸易进口方式的最大特点就是要求速度快，而我们原先设计的所有监管方式都是建立在传统贸易进口基础上，因此要解决速度问题，必须得创新。”杨奕介绍，从去年开始，湖南复制推广上海自由贸易实验区改革试点经验，其中“批次进出、集中申报”和“集中汇总纳税”两项制度创新，在提高海关监管和服务效率方面取得了积极成效。以先期实施该项制度试点的郴州出口加工区为例，截止目前，通过“批次进出、集中申报”共为区内、区外企业节省报关费用 800 余万元。

长沙金霞保税物流中心管委会侯凌新主任表示,“新常态”下中国面临的诸多挑战，从短期来看并不利于外贸的发展，但长期可能会形成一个倒逼机制，“从国内环境来看，上海自贸区经验的复制和推广以及‘一带一路’、长江经济带的逐步推进都将为湖南外贸创造新的增长点。”侯凌新主任认为，湖南外贸经济若能够聚焦跨境贸易电商发展，提高跨境贸易电商在进出口贸易中的占比，将对传统贸易方式形成有益补充。此外，考虑到 2014 年外贸顺差走高的影响，2015 年除了继续稳定外贸出口增长以外，国家对于加强进口的关注度也会有所提高。

着力 提高相关管理部门监管及服务效率

然而消费者在“海淘”过程中依然面临着多种问题。多位行业内人士就对记者指出，传统“海淘”常伴随着周期长、风险大、维权难等问题，其物流成本和速度缺乏相应的保证，“海淘一族”更希望有一个通畅安全的渠道——B2C 跨境电商平台。

而管理体制、政策、法规的不完善正制约着跨境电商平台的发展。“很多中小企业期盼着以跨境贸易电商为契机，通过 IECC 这一平台来寻求更大发展，但是在服务、效率和成本方面，湖南和沿海地区仍有差距，导致有些企业选择了效率更高、成本更低的通道。”金霞物流保税中心的侯主任提到，比如从国外进口的相关产品，很多需要按照一般货物的形式交税，在 IECC 这一平台上，“海淘”产品往往“量小类多”，也对关税征收，检验检疫的监管和服务效率提出了更高的要求。

“目前，我省市场 90% 以上的进口商品都经深圳上海宁波等沿海城市内贸转运，从某种意义上说算不上外贸商品。”湖南嘉德集团董事长彭伍军谈到，这就造成了企业是湖南的,然而税收和就业却没有留在湖南。湖南要抓住“跨境贸易电商”这一发展先机和先发优势，在利用好进出口贸易综合服务平台硬件的同时，也要做好软服务，“让外商感受到在湖南做生意的环境和在故乡是一样的。”

对于 IECC 这样“官服民办”的平台而言，“要让其实现持续发展，企业和政府应当各司其职，企业需要做好市场的部分，政府则提供必要的政策支持。”彭伍军建议，一要推动口岸管理相关部门“单一窗口”建设，强化大通关协作机制，让企业可在 IECC 这一平台上实现关检公共数据互换共享和一个窗口对外，缩短进出口货物滞留口岸的时间，提高口岸通关效率，降低贸易成本。二要长沙申请跨境贸易电商进口试点城市，形成政策洼地以促进跨境电子商务平台、企业、服务商、产业基地和境外服务网点发展，健全完善跨境贸易电商服务体系和管理机制。三是要完善平台的服务功能，吸引大量专业化中介服务机构围绕进出口不同环节提供支撑服务。

金霞跨境产贸城。

预期
鼠标轻点 全球"洋"货收入囊中

根据2014年8月出台的《湖南省电子商务发展规划(2014-2020年)》,到2017年,湖南省开展电子商务应用的企业超过75%,跨境贸易电商交易额达到30亿美元以上,到2020年,全省企业基本普及电子商务应用,跨境贸易电商年交易额达到100亿美元以上,跨境贸易电商已成为湖南开放型经济发展的新引擎。

"为进一步引导IECC跨境贸易电商平台的发展,2015针对IECC项目成立协调小组已被提上议程"据省商务厅副厅长周越提到,目前所倡导的政企合作"PPP模式",能够更好地为企业服务。IECC项目应当以市场为导向,充分发挥自身优势,而发展过程中出现的差错,政府可以及时给予纠正,引导这一平台健康、持续发展。

湖南省出入境检验检疫局通关处袁智能处长提到,"IECC平台将可以成为省内跨境贸易电商政策的试验区,随后再将其经验复制推广到全省"袁智能处长建议:根据国务院2014年68号文件《关于印发落实"三互"推进大通关建设改革方案》的相关内容,可以由省政府组织海关、商检、口岸、外汇等部门统一开协调会,让大通关政策在IECC平台试行,此举既有利于缩短进出口货物滞留口岸的时间,提高口岸通关效率,降低贸易成本,更有利于优化口岸部门之间的协调配合,降低行政成本。

跨境贸易电商作为网络与外贸结合产生的新型业态,既能够满足了国内消费者对购物方式的多样化需求,又可以解决海淘繁琐的购买过程、漫长的跨洋物流以及后续退换货维权等问题。

据测算,坐落于长沙金霞保税物流中心的中部(湖南)进出口商品展示交易中心,综合利用保税中心的优势,境外商品直抵湖南,将省掉3至4个中间流通环节,流通成本大大降低。"价格将比市场价低3至4成,并且在海关、商检部门现场监管下,能让消费者买到物美价廉的进口商品"彭伍军说,"交易中心还叠加了跨境贸易电商功能,境内境外、线上线下交易将实现无缝对接,市民只需通过动动手指在线下单,就可以直接享受送货上门的服务。"

湖南日报 2015年1月4日 A1 重点报道
记者 陶芳芳

开福区财政收入首破100亿

记者从2014年12月31日召开的开福区经济工作会议上获悉,该区2014年完成地方财政总收入107亿元,同比增长24.2%,首破百亿大关。2014年该区投入民生资金共计40亿元,占公共财政预算支出比重高达82%。

近年,开福区大力实施"金融强区、保税特区、物流名区、商贸旺区、工业兴区"的"五轮驱动"发展战略,金融业异军突起。2014年,区域性金融机构总部新引进5家,达到35家,金融业税收占比达25%。同时,该区致力招大引强,优化产业结构,高岭国际商贸城一期100万平方米开工建设,传化智能公路港、阿里巴巴·开福产业带等一批战略性项目签约落户。万达广场、北辰、泊富等一批重大项目迅速发力,项目拉动创税25亿元。该区经济实现持续稳定增长,地方财政总收入连续5年以超20%的增幅增长。

该区加大民生支出,2014年改扩建社区卫生服务中心2个,解决6个社区(村)10000余人安全饮水问题,发放低保资金6858万元;新建长雅中学、清水塘三小、周南附小等一批优质学校;此外,还将1200余名环卫工人纳入社保体系,通过"一卡通"发放惠农补贴2252万元、66000人次。

人民网 people.cn

2015年12月19日 中央媒体

记者 陈沁星、罗帅

湖南首家保税店开业 商品低于市场价30%

人民网长沙12月19日 一次看尽来自韩国、澳大利亚、新西兰、欧洲、美洲等国家与地区3万余种优质商品,只需"线下体验,线上下单",48小时内送货上门,商品价格低于市场价30%。今日上午,湖南金霞跨境保税直购体验中心开业,湖南进入"买卖全球时代"。

保税店"饱览"世界风情

一馆一特色,一管一风情。"金霞馆"、"欧洲馆"、"韩国馆"、"澳新馆",金霞保税店的四栋建筑,就是四种不一样的世界风情。欧洲馆设红酒品尝体验区, 韩国馆设特色咖啡品尝区,每个馆内购物需求、特色餐饮、休闲娱乐、文创展览等功能一应俱全。

保税店内,水果食品、酒水饮品、保健品、奶粉、母婴用品、日化洗护、服饰用品、家具产品等30000多种商品,来自全球500多家优质厂商,从韩国、澳大利亚、新西兰、欧洲、美洲等国家和地区"漂洋过海来看你"。拿起一件商品,用手机扫描二维码,就能看到商品的详细信息。

金霞保税店各大展馆分设"一般贸易进口直销区"、"跨境商品体验区"、"出口商品区"和"海外轻餐休闲文化体验区"四大板块,顾客可以尽情体验一般贸易进口、保税展示交易、跨境直购体验三种"购全球"的愉快购物方式。

跨境商品"嗨淘全球"

对于普通"海淘族"来说,没有一个月或四五十天是收不到货的。而在金霞保税店,记者发现柜台上不少面膜、海苔都是15天前韩国生产的,这里的商品为何"如此新鲜"?

这受惠于金霞保税物流中心国际采购、国际分拨、保税仓储等特殊政策优势,境外商品直抵湖南,经过保税店自身采购与供货系统,通过集采与直采就可以便捷入境。这样一来可以省掉3至4个中间环节。

这种方式不仅缩短时间,成本更是大大降低。一款名为"荷兰牛栏"婴儿奶粉在"1号店"售价298元,而在金霞保税店仅需158元,便宜了近一半。湖南嘉德集团董事长彭伍军说:"交易中心的进口商品将比市场价低2至3成,并且海关、国检部门现场监管,五日内无理由退货,确保货真价优。"

金霞保税店并不局限于"上门消费",其最主要销售方式还是线上下单。通过"线下体验中心+线上购买平台"的O2O运营模式,为消费者提供全球同步的跨境商品直购。彭伍军表示,在金霞保税店购买的商品,可以保证长沙市区48小时送达,外地则稍慢一些。

湘字品牌走出国门

在金霞保税区,海关、国检、国税、外汇等口岸部门已开始联检作业,跨境电商、外贸服务、物流企业等已集中进驻办公,轻松实现"买全球"的同时,更将实现"卖全球"。

长沙的茶叶、机械设备、纺织品;湘潭的化工品、氟化铝;株洲的机车配件、陶瓷;衡阳的钢管、石油套管;张家界的矿产品……保税店内,湖南名优特商品展示交易中心展示着来自湖南14个地市州的"湘字品牌"。

按照规划,湖南出口馆将通过金霞跨境电商平台开展线下展示与线上交易,借助中兴供应链全球140多个国家海外分拨仓,推动"湘字品牌"开拓国际市场。湖南品牌厂商从此拥有一个常年可推广展示的窗口,实现"以展示促交易,以贸易促产业。"

金霞保税物流中心。

湖南日报
2015年8月19日 A1 市州头条
记者 王晗

打开湘欧直接贸易大门

英国的威士忌、德国的奶粉、法国的箱包……今年10月，省会市民就能实现不出国门的“海淘”，坐等送货上门。

中部（湖南）进出口商品展示交易中心2月上旬与中国制造展销中心（英国）有限公司正式签约，在英国、湖南两地分别设立湖南馆、欧洲馆，实现湘欧间直接贸易往来。目前，中部（湖南）进出口商品展示交易中心建设工程正在顺利推进。一期4个展馆已完成主体施工，预计10月正式投入使用，二期工程也将于4月开始施工。

减少中间环节，进口商品售价比市场低3至4成

中部（湖南）进出口商品展示交易中心坐落于长沙市金霞保税物流区，由金霞保税物流中心与湖南嘉德集团联手打造。项目规划用地800亩，一期占地260亩，总建筑面积25.5万平方米，总投资约60亿元。

据测算，受惠于保税物流中心国际采购、国际分拨、保税仓储等特殊政策功能优势，境外商品直抵湖南，将省掉3至4个中间流通环节，流通成本大大降低。“交易中心的进口商品将比市场价低3至4成，并且在海关、国检部门现场监管下，确保商品质量。”湖南嘉德集团董事长彭伍军说，“交易中心还叠加了跨境贸易电子商务功能，境内境外、线上线下交易将实现无缝对接，市民只需通过动动手指在线下单，就可以直接享受送货上门的服务。”

这个交易平台的“绿色捷径”，也为我省各地商品开启“希望之门”。今后，沙坪湘绣、安化黑茶、临武鸭等“湖南造”的特色产品，也可以搭上欧洲湖南馆“出海”的快速通道，源源不断走向世界。

“目前，我省市场90%以上的进口商品都经深圳、上海、宁波等沿海城市内贸转运，从某种意义上说算不上外贸商品。”彭伍军介绍，“但通过中部（湖南）进出口商品展示交易中心的平台，我省数万家外贸企业和进口商就可以与外商直接进行跨境贸易，把税收、就业都留在本地，这将改变我省进出口贸易的生态环境。”

以同样是内陆城市的郑州为例，2013年获批国家首批电子商务示范城市和跨境贸易电子商务服务试点城市以来，开通了“E贸易”试点平台，采用B2C营销模式，所售商品直接与海外生产商联系合作，直接到消费者手中。截至2014年12月31日，郑州跨境贸易电子商务试点项目进出口业务量达44.3万单，交易额和业务量均呈爆发式增长。

随着中部（湖南）进出口商品展示交易中心去年10月投入运营，跨境电子商务已成为推动我省进出口贸易增长的引擎，去年短短2个多月，进出口交易额就突破1亿美元。

中国电子商务协会领导小组常务副组长李青建议，应尽早申报和建设国家跨境贸易电子商务综合试验区，大力发展跨境电子商务平台、企业、服务商、产业基地和境外服务网点，健全完善跨境电子商务服务体系和管理机制，推广传统进出口企业升级。

硬平台软服务，进出口贸易有“大管家”

在建设硬件平台的同时，交易中心在全国首创“一站式”软服务，建设进出口贸易综合服务平台。

“企业可以‘拎包入住’交易中心。”彭伍军介绍，依托长沙金霞保税物流中心海关特殊监管区“境内关外”政策，交易中心可一次性完成“备案、报关、报检、查验、放行、核销”手续；并重点建设进出口仓储配送、物流分拨简易生产包装、产业孵化电子商务、生活配套平台，并为入驻企业提供投融资、跨境电商、跨境仓储分拨、科研转化等十余项“一站式”服务。

法国商人亨利·阿贝尔是交易平台的首批海外客商，他通过交易平台这一个端口，就把产品海关、商检、国税、退税这些问题全解决，资金、人员培训甚至连国际贸易纠纷也都有人能帮他处理。“感觉长沙的金融环境跟法国是一样的。”他对这种“一站式”服务模式赞不绝口。

据了解，目前该中心已有1500余家海外客商抢滩，产品上万种。彭伍军表示，项目投入运营后，将带动新增就业岗位3万个，经过3至5年培育预计年产值可达100亿美元。

长沙金霞保税物流中心效果图。

长沙晚报　2015年1月14日　A11　特别报道

记者 周和平

领跑三湘 北城开启新篇章

2014年，开福区实现地区生产总值670亿元，增长12%；完成财政总收入107亿元，增长24.2%，成功实现“过百亿，上台阶”的目标；居民人均可支配收入增长10.5%；规模以上工业企业新增22家……一组组带有梯度和温度的数字，展现了开福人沉甸甸的收获。在“领跑三湘”的主旋律中，开福人，也是蛮拼的！

过去的一年，面对经济下行压力加大、社会稳定压力加重、区域竞争压力加剧的多重挑战，开福区以“六个走在前列”为统领，以“转型创新、提速增效”为总基调，以“精、实、新”（精美城区建设、实力开福建设、深化改革创新）为工作抓手，克难奋进，交出了一份圆满的年终答卷。

在开福区四届人大四次会议、政协四届四次会议召开之际，站在新年新的起点，北城发展蓝图跃然纸上：贯彻落实党的十八届三中、四中全会和中央、省、市经济工作会议精神，深入实施“两型引领、南提北拓、五轮驱动、领跑三湘”发展战略，以党建为引领，实现“两保”目标（保增长、保质量），打造“三金”名片（金霞经开区、金融生态区、金鹰文化区），做好四篇文章（项目建设、城市建管、改革创新、民生改善），加快建设开放、繁荣、秀美、幸福新开福。开福人带着激情与梦想踏上新的征程！

回顾篇

城区提质
一幅幅精美画卷徐徐展开

暖冬阳光温柔地亲吻着面颊。置身城北，你会欣喜地发现，刚刚过去的一年，芙蓉中路新成就的“绿篱”，让中心城区的这个冬天依旧绿意盎然；阳光普照下，一台台机扫车过后，条条马路本色尽显；浏阳河两岸、捞刀河畔，城水相依，安详而宁静，过去噪音扰民、尘土飞扬的混凝土搅拌场已相继偃旗息鼓……在“精美城区建设年”的大手笔推进中，一幅幅精美画卷在城北大地徐徐展开。

开福人清楚地记得，春节后上班第一天，开福区委、区政府即召开“精美城区建设年”工作动员大会，确立实施清洁、畅通、靓丽、清霾、碧水、治违、共建“七大工程”。“就是要努力在城市规划、建设和管理中争创一流、走在前列，谱写‘品质长沙’的开福篇章。”开福区委书记李蔚如是强调。

一年来，开福区以全国一线城市中心城区管理水准为标杆，以精细化维护推进全域监管，以专业化水准推进标准治理，以信息化支撑推进高效服务，按照“完善基础设施、健全体制机制、建设智慧城管、提升管理质效”的要求，大力实施“七大工程”。

如今，七大工程强势推进，专项整治成效凸显；“三进”、“五四”行动全面铺开，城市管理朝着全域化、规范化、精细化、常态化方向发展。其中，“清洁工程”已建立起全域化清洗清扫保洁机制，全区所有主次干道、背街小巷、安置小区、社区、公园均纳入清洗清扫保洁范围，新增的107台机扫设备实现了全区主次干道90%以上的机械化清扫保洁率；“靓丽工程”高标准完成了营盘路、芙蓉路、三一大道、楚家湖路等主次干道和29条支路街巷的提质改造，推动了精美城区建设由主次干道进背街小巷、进基层社区、进城郊结合部，完成了荷花池、紫荆园等社区综合提质改造，新增停车位2400余个，城区品质明显提升。城市管理工作获得了省、市领导的充分肯定，迎来了部分市县区的考察交流，赢得了市民群众的广泛好评。

项目推进
一个个行业龙头进驻北城

2014年，可以说是开福区在长沙现代商贸发展史上具有里程碑意义的一年。7月14日，在省商务厅、省工商业联合会和长沙市政府主办的中部商贸物流产业投资推介会上，香江控股、阿里巴巴、传化物流、普洛斯仓储、前海香江金融五大龙头企业集体入湘，与开福区政府签约，联手打造国内首个商贸产业生态圈。五大龙头企业强强联手，整合运营、电商、物流、仓储等商贸产业链上下游环节，以形成强大的、具有产业规模的商贸产业生态环境，促成建设中部最具全球影响力的商贸集散平台，被市场称之为“高岭模式”。

高岭国际商贸城位于开福区金霞经开区。该项目预计总投资500亿元、规划建筑面积960万平方米。商贸城涵盖小商品、酒店用品、烟酒副食、轻纺百货、五金机电、建材家具、灯饰照明、家居装饰、汽车配件及装潢用品等14大专业市场群。今年，随着高岭国际商贸城首期100万平方米场馆式大型市场开门纳客，长沙乃至周边城市的消费者都能乐享这个线上线下互动式的第五代市场。

“我们将落子中部第一站放在开福区，正是看中了开福区日益明显的交通区位优势、商贸流通业整合提质优势和经济发展的后发赶超优势。”中国商业联合会副会长、香江集团总裁刘志强如是说。全国工商联副主席、传化集团董事长徐冠巨更是充满期待：传化携“传化公路港”项目投资开福区，必将发挥公路港促进地区资源集聚和高效流动、助推供应链优化整合、降低综合物流成本、对接多式联运资源等作用，为长沙全国性物流中心形成作出贡献。

高岭国际商贸城是开福区大手笔推进项目建设和招商引资的缩影。去年，开福区铺排重大项目110个，完成投资253亿元。其中，高岭国际商贸城一期、湖南进出口商品展示交易中心一期主体竣工，湖南电商大厦、长沙跨境电子商务监管中心投入使用，佳海工业园、中南现代医药健康产业园建设加快，长沙新港三期、卓尔二期启动建设。黄兴北路一期征拆全面完成，二期进入扫尾，火车北站二期、清水塘炮后街等项目加快推进。城中村改造和农村征收强力推进，全年共启动农村拆迁项目29个，腾地6395亩，动迁 7942 人。

产业调优 一股股结构红利加速释放

去年 12 月 31 日，开福区委四届十六次全体（扩大）会议暨经济工作会议召开。数据显示，2014 年该区财政总收入 107 亿元，其中，金融业税收占比达 25.3%，税收增长贡献率首超房地产，跃居首位，成为区域经济持续稳定增长的主要引擎。

财政总收入的增长，彰显的是区域发展的速度与竞争力。过去一年，开福区致力建设“金融强区、保税特区、物流名区、商贸旺区、工业兴区”，在全市率先打造城区“经济升级版”的成效凸显。富兴世界金融中心、卓尔电子商务基地等一批大项目落地生根，金融产业、楼宇经济、文化产业等一股股红利在持续发展中加速释放。

去年，开福区金融生态区聚集区域性总部机构达到 35 家，分支机构 200 余家，从业人员 1.6 万余人，辐射承载能力进一步增强，核心地位凸显。目前，东风路以西、湘江以东、浏阳河以南、营盘路以北面积达 8 平方公里的长沙金融生态区，正逐步成为传统金融机构总部、新型金融机构、金融衍生产业和准金融业态的聚集区。

同时，开福区紧扣“五轮驱动”发展战略，壮大产业规模，优化产业结构，促进经济转型升级。金霞经济开发区完成规模工业总产值 410 亿元，同比增长 20.3%；服务业发展提速，设立现代服务业发展办公室，全面实施“1318”工程，完成增加值 509 亿元，占 GDP 的 76%；楼宇经济蓬勃发展，全区 5000m2 以上已建在建商务楼宇 129 栋，运达国际、开福万达等 14 栋商务楼宇年税收过千万元；金鹰卡通、嫓美印刷等获评年度国家文化出口重点企业，文化产业实现增加值 140 亿元；新增规模以上工业企业 22 家，工业投资增长 39%，高新技术企业实现增加值 130 亿元，占 GDP 的 19%，创新驱动能力进一步增强。

民生改善 一项项幸福指数持续攀升

“人民对美好生活的向往、就是我们的奋斗目标。”开福区委副书记、区长廖建华说，开福群众之所盼，就是区委、区政府之所为。

2014 年，开福区投入民生资金 41.65 亿元，占公共财政预算支出的 83.3%；21 项重点为民办实事项目全面完成，发放城乡低保资金 6359 万元，新增就业、再就业 9355 人；1200 余名环卫工人纳入社保体系；洪山益安公寓、沙坪福竹园小区农民保障性住房分房入住，福嘉园一期、金盆丘农民保障性住房竣工，荷叶村、福鑫苑、板塘二期、九尾冲定向房源等项目加快推进；解决了 1113 户困难家庭住房和 1.5 万农村人口安全饮水问题，完成了 32448 户“一户一表”水表改造和 1386 户居民“专改公”电表改造……一串串数字恰如翩跹起舞的幸福音符。

同时，开福区 9 大类 48 项重点改革全面启动，顺利承接市直部门下放的 98 项行政审批事项，精简区本级行政审批 110 项，精简比例达 63.6%；开展涉企行政事业性收费清理整顿，取消 5 项行政事业性收费；启动了青竹湖镇两型综合示范片区创建工作，江湾社区等 4 家单位获评省级两型创建单位称号；统筹抓好了卫生、计生、食安、动物防疫系统，以及水利管理系统等机构改革的前期工作。开福人的幸福指数在跳跃中持续攀升。

展望篇

新目标 经济增长 10.5%

毫无疑问，2014 年的“开福答卷”注定要在这个城区发展史上写下浓墨重彩的一笔。当盘点过去一年的成就和收获时，新的希望已冉冉升腾；当回味过去一年的欢乐和幸福时，新的征程已发出召唤。

2015 年，开福区将贯彻落实中央、省、市经济工作会议精神，主动适应经济发展新常态，深入实施“两型引领、南提北拓、五轮驱动、领跑三湘”发展战略，以提高经济发展质量和效益为中心，突出项目拉动、改革推动、创新驱动、开放带动，狠抓产业升级、城市提质社会治理民生改善加快建设开放、繁荣、秀美、幸福新开福。

具体体现在：全区经济增长目标为 10.5% 以上，地方财政总收入增长 15%以上，固定资产投资增长 l7% 以上，社会消费品零售总额增长 14%以上，规模以上工业增加值增长 11.5% 以上，城镇登记失业率控制在 4% 以内，人口自然增长率控制在 7.5‰ 以内，居民人均可支配收入增速超过全市平均水平，节能减排等约束性指标全面完成。

新发展 打造“三金”名片

今年，开福区重点布局金霞经开区、金融生态区、金鹰文化区这三张“金”字名片，综合铺排产业项目，打造区域经济增长引擎，通过以点带面，推动三足鼎立，促进经济增长遍地开花。

做强做实金霞经开区。今年，该区将建设区域物流中心，协调加快长沙新港三期泊位和铁路专线建设，扩容提质水运港。启动传化公路智能港、深国际现代物流综合港等项目建设，推进水运、铁路、公路“三港互通”“多式联运”；打造高岭商贸品牌，强力推进高岭国际商贸城建设等。

提质提效金融生态区。以金融生态区为载体，以棚户区改造为抓手，制定楼宇经济发展五年规划，加快楼宇经济发展，统筹推进产业升级与城市提质，金融业税收力争占到税收比重的 30%。发展专业特色商务楼宇，培育一批总部楼、金融楼、科研楼、文化创意楼，形成品牌效益。

创新创优金鹰文化区。依托湖南广电金鹰文化的品牌优势，加快泛鸭子铺片区（含山鹰潭小区）、苏托垸湿地、洪山公园的开发建设，提升“东大门”形象。文化产业税收力争达到 15 亿元。

经济社会统计资料

开福区2015年国民经济和社会发展状况

2015年，面对经济下行压力持续加大的诸多困难，全区上下在区委、区政府的坚强领导下，按照“稳住、调优、进好”的要求，主动适应新常态,努力引领新常态，及早谋划，精准施策，经济发展实现稳中有升，较好地完成了全年目标任务，全区经济社会发展各项工作稳步前行。

一、综合

经济总量持续较快增长。初步核算，2015年全区实现GDP722亿元，比2014年GDP644.64亿元同比增长12%，实现增加值77.36亿元。增速分别高于全省、全市3.4和2.1个百分点。在GDP中，第一产业实现增加值2.8亿元，增长-11.7%；第二产业实现增加值130亿元，增长7%；第三产业实现增加值589.2亿元，增长13.7%。

经济结构不断调整优化。2015年，全区三次产业结构为0.4：18：81.6。与2014年相比，三次产业均有调整，其中第一产业结构下调0.1，第二产业下调3.5，第三产业上升3.6；在GDP累计增幅中，第一、二、三次产业分别拉动0、1.6、10.4个百分点，与2014年第一、二、三次产业拉动率相比，绝对增长率分别为0.1、-0.5、0.4；三次产业对GDP增长的贡献率分别为-0.4%、13.6%、86.8%，与2014年第一、二、三次产业对经济增长的贡献率相比，增长率绝对值分别为0.6%、-4%、3.4%。

财政收入规模质量齐升。2015年共完成财政总收入120.1亿元，与2014年的财政总收入106.8亿元相比增加了13.3亿元，同比增长12.5%；完成公共财政预算收入50.7亿元，与上年同期公共财政预算收入45.7亿元相比增加了5.02亿元，增长11%：完成全口径税收收入达到100亿元，同比增长13.1%，税收收入占地方财政总收入的比重为83.3%，与2014年相比增长0.5%。

为民办实事目标任务全面完成。全年关系民生的省、市39项为民办实事工程建设全面或超额完成目标任务，在促进就业、扶贫解困、教育助学、社会保障、医疗卫生、百姓安居、道路畅通、环境治理等领域效果显著。

二、农业和农村经济

农业经济不断萎缩。2015年，累计完成农林牧渔总产值5.34亿元，与2014年农林牧渔总产值5.96亿元相比，增长量减少了0.62亿元，同比下降12.9%。其中，农业产值3.87亿元，与上年同期的农业产值3.65亿元相比，增长量增加了0.22亿元，同比上升6.03%；牧业产值1.16亿元，与上年同期的2.02亿元相比，增长量减少了0.86亿元，同比下降42.57%；渔业3076万元，与上年同期的2747万元相比，增长量增加了329

万元，同比增长11.98%。全年粮食种植面积2.63千公顷，与上年同期的2.67千公顷相比，增长量减少了0.04千公顷，粮食总产量达1.98万吨，与上年同期的2.07万吨减少了0.09万吨，同比下降4.35%；生猪出栏8.15万头，与上年同期的17.8万头减少了9.65万头，同比下降54.21%；家禽出笼18.24万羽，与上年同期的15.2万羽增加了3.04万羽，同比上升20%；水产品产量2050吨，与上年同期持平。

三、工业和建筑业

工业经济持续回落。2015年，全区累计完成规模工业总产值181.9亿元，与2014年增加值199亿元相比，增加值减少了17.1亿元，同比增长6.1%，增速比2014年下降0.85个百分点；实现规模工业增加值45.7亿元，同比增长6.4%，增幅回落0.9个百分点。龙头企业支撑作用明显，全年工业总产值过亿元的企业达30家，完成工业总产值147.2亿元，占全部规模工业总产值的80.9%。股份制经济占据主导地位。全年股份制企业完成工业总产值123.8亿元，占全部规模工业总产值的68.1%。全年新增规模工业企业20家，为全区工业经济的发展注入了新动力。

建筑企业发展平稳。2015年，全区具有资质以上等级的总承包和专业承包建筑企业及劳务企业74家，完成建筑业总产值303.8亿元，与2014年同期的建筑业总产值287.3亿元相比，增长量增加了16.5亿元，同比增长5.7%；实现建筑业增加值75.5亿元，与2014年同期相比增长了5.5亿元，同比增长7.8%；房屋施工面积1719万平方米，同比增长1.9%；房屋竣工面积649万平方米，同比增长17.3%。

四、固定资产投资

投资继续高位增长。2015年，开福区累计完成固定资产投资670亿元，与2014年同期的570.8亿元相比增加了99.2亿元，同比增长17.4%，增速同比下降2.8个百分点。建安工程投资540.1亿元，同比增长15.4%；全年累计完成工业投资96.4亿元，同比下降14.8%。项目建设进度加快。高岭国际商贸城一期、湖南进出口商品展示交易中心一期主体竣工，湖南电商大厦、长沙跨境电子商务监管中心投入使用，佳海工业园、中南现代医药健康产业园建设加快，长沙新港三期、卓尔二期启动建设。捞刀河路一期建成通车，万家丽路快速化改造、渔业路延伸工程、滨河南路等项目进展顺利。城市棚改步伐加快。

房地产投资退热明显。2015年，全区完成房地产开发投资84.4亿元，同比下降40.6%；商品房销售面积167.5万平方米，同比增长8.9%；其中住宅销售面积129.9万平方米，同比增长3.8%；商品房销售额127.5亿元，同比下降3.0%。

五、贸易

消费市场欣欣向荣。2015年，开福区实现社会消费品零售总额660亿元，与2014年同期的567.4亿元相比增加了92.6亿元，同比增长16.32%。增速同比下降3.2个百分点。其中：限额以上企业实现零售额276.5亿元，同比增长7.1%，增长贡献率24.7%；限额以下企业及个体户实现零售额383.5亿元，同比增长17%。按行业分组，批发业实现零售额105.0亿元，同比增长26.4%；零售业实现零售额498.9亿元，与2014年同期的439.1亿元相比增加了59.8亿元，同比增长13.6%；住宿业实现零售额10.1亿元，与2014年同期的11.7亿元相比减少了1.6亿元，同比下降13.62%；餐饮业实现零售额46.0亿元，与2014年同期的36.9亿元相比增加了9.1亿元，同比增长24.66%。

消费结构调整加快。从商品销售类别看，2015年限额以上批发零售企业累计实现零售额居前五的类别为石油及制品类、中西药品类、汽车类、粮油食品烟酒类、服装鞋帽类，分别实现零售额81.8亿元、68.4亿元、26.8亿元、21.4亿元、13.4亿元，与2014年同期的零售额89.9亿元、58.8亿元、30.3亿元、18.8亿元、13.7亿元相比，增长量分别为：-8.1亿元、9.6亿元、-3.5亿元、2.6亿元、-0.3亿元，增长率分别为：-9.01%、16.32%、-11.55%、13.83%、-2.19%，2015年贡献率分别为-2.8%、13.7%、-4.8%、2.3%、0.1%，与2014年的贡献率43.4%、14%、-4.8%、-1.8%、0.7%相比增长量分别为-46.2%、-0.3%、0、4.1%、-0.6%。

六、经济合作

优质项目不断引进。招商工作成效显著，2015年，全区引进重点产业项目20个，与2014年同期的23个相比减少了3个，总签约金额112.6亿，与2014年同期的约100亿元相比增加了12.6亿元，增加了12.6个百分点。引进的项目涵盖金融、电子商务、商贸物流等多个产业。引进五矿建设、深圳华为、普洛斯、深国际、阿里巴巴等众多战略投资者和战略合作商。成功举办第七届金秋经贸文化节和乐购开福消费节，赴北京、上海、广州、深圳、成都、杭州等地，参加省市招商节会3次，开展工业、物流、金融、商业地产等小分队招商活动共8次。引进了平安养老、英大证券等金融机构，引进了红星美凯龙家具建材博览中心、嘉里物流、香江二期等大商贸物流项目，鹰皇电商总部基地大数据中心、国美(长沙)电商运营中心、快乐购芒果汽车之家等电子商务企业或项目，以及南方水泥、安永华明会计师事务所等企业区域性总部入驻，并扎实有效的推进了沙坪绣坊街招商工作。其中10亿元项目3个（香江二期、高岭综合交通枢纽项目、湖南粮食集团食用油加工物流园），亿元项目3个（尚东钢构总部大楼、鹰皇长沙电商总部基地、嘉里物流湖南区域总部）。同时，为进一步加强招商引资工作，派遣了三个工作组分别进驻北京、上海、深圳三地进行驻点招商。全年接待国内旅游者758万人次，比上年增长5%；国内旅游收入78.66亿元，增长5.6%；接待入境旅游者48.38万人次，增长4.8%；国际国内旅游总收入87.4亿元，增长4.0%。

园区实力大幅提升。2015年，园区物流业实现主营业务收入329.2亿元，与2014年同期的330.62亿元，相比减少了1.42亿元，降低了0.42个百分点。货物吞吐量3791.66万吨，与2014年同期的3126.43万吨，相比增加了665.23万吨，比上年增长21.28%。保税中心报关8399票，进出口货值311386万美元，分别增长13.59%、79.62%。园区入驻的企业达350家，有世界500强企业7家、上市公司24家、AAAAA级物流企业10家、中国驰名商标6个，壮大了粮食、能源、医药、钢贸等物流产业集群，构建了中部首个高品质商贸物流产业生态圈。2015年园区财政收入和税收分别突破20亿元和10亿元大关，展示了蓬勃向上、跨越发展的强劲态势。

七、教育和科学技术

教育事业蓬勃发展。2015年，全区共有区属中小学校54所，其中中学6所，小学47所（比2014年新增3所），公办九年一贯制学校1所（新增）；区属公办幼儿园5所。区属中小学生38280人，比2014年的35301人新增2979人，增加了8.44个百分点。其中中学8336人，小学29944人。小学适龄人口入学率、升学率均保持在100%，初中适龄人口入学率为100%。2015年，开福区继续保持全国义务教育基本均衡区和全省教育强区的荣誉称号。4月，成功承办“中国教育学会教育教学改革成果展示——长沙市开福区公民教育现场会”。9月，迎接教育部督查组秋季开学工作暨“护校安园”行动专项督查获好评，同时顺利召开了全区“加快建设教育现代化强区动员大会”。10月，成功承办了第四届中国小学校长大会分论坛。

科技创新成果显著。2015年，新增高新技术企业8家，全区实现高新技术增加值208亿元，同比增长33.8%，占GDP比重达28.9%；积极开展科技创新，通过科技培训、政策引导，全年申请专利2244件，与2014年同期的专利1477件相比增加了767件，同比增长51.9%，授权1222件，与2014年同期的939件相比增加了283件，同比增长30.1%，全区自主创新能力不断提升；扎实实施《全民科学素质行动计划纲要》，开展了一系列主题鲜明的科技、科普宣传活动，获评“全国科普日特色活动组织单位”，创新打造了全国科普示范社区1家、省级科普示范社区1家，有效巩固了“全国科技进步考核先进城区”“全国科普示范区”的创建成果。

八、文化、体育和卫生事业

文体事业发展展现“新作为”。一是基层基础更实。全面落实提质提效三年行动，新建沙坪街道1个示范性综合文化站，提质四方坪街道1个市级示范性综合文化站和金帆、江湾等12个市级示范性社区综合文化服务中心，新建捞刀河街道1个全民健身中心；为基层配送文化器材300余件，全民健身路径13套；新建4家长沙市图书馆分馆；大力推进数字化公共文化服务项目建设，铺设了Wi-Fi无线网络，设立了1台云屏中文数字阅读机，启动建设了1个24小时自助图书馆。二是活动影响更深。举办了“活力开福?领跑三湘”一大主题，“青少年篇、机关篇、企业篇、群众篇”四个篇章的2015年开福区全民健身节系列活动；深化文化惠民服务。开展了“湘江韵律”系列群众文化活动，全年演出40余场；举办了校园文化进社区之“青春星声音”校园歌手争霸赛，参与人数达千余人，辐射50多所学校，100余个社区；举行了“精美城区·品质开福”群众美术、书法、摄影作品大赛，作品征集数和获奖数位列区县第一方阵。三是节目作品更精。加大公共开放力度。坚持公共文化阵地免费开放，开展艺术培训，精心指导文艺团队进行艺术创作，打造文化精品，培育了一批优秀文艺团队，在第五届省艺术节评选的长沙市荣获的2个声乐器乐类金奖、2个舞台舞蹈类银奖中，开福区原创节目《鸡咯咯鸭嘎嘎》《打牙祭》分别荣获1金1银的好成绩，“湘江韵律”广场群众文化活动荣获内五区唯一1个项目类奖项；金鹰、爱心妈妈等文艺团队在国际国内赛事中，荣获国家级奖项16个，省级奖项11个，市级奖项30余个，奖项之多、品质之高享誉甚广。力推全民健身。组织开展了开福区全民健身节、长沙市第九届老年人运动会等体育赛事。四是惠民服务更优。坚持文化馆、图书馆免费开放，全年开展文艺培训200余次，举办了“开福大讲堂”17场，完成送戏36场，送电影500余场；启动全国可移动文物普查工作，完成全区国有文物收藏单位及文物认定；指导做好黄兴北路棚改项目内20处不可移动文物保护方案及前期审批工作；配合制定潮宗街历史文化街区建设规划；承办了长沙市非物质文化遗产宣传周活动，八拳项目进入市级非遗目录；开展了“书香开福?幸福北城”等系列全民阅读活动，荣获“湖南省阅读活动奖”“长沙市优秀组织奖”等荣誉。

公共卫生体系建设不断深入。2015年，区卫计系统自觉适应新形势，进一步深化基本公共卫生服务均等化和健全医疗卫生服务体系建设，创新人口计生服务管理机制，保障群众身体健康和优生优育需求，较好地完成了全年各项工作任务。2014年，开福区先后荣获“全国计划生育协会先进集体”“全省依法办事示范窗口先进单位”，并成功创建全省计划生育基层群众自治示范区和省级慢性病综合防控示范区，开福区计划生育工作已连续14年保持“省优”称号。全区拥有医疗卫生机构366个，与2014年同期的285个相比增加了81个，增加了28.42个百分点。拥有床位总数7519张；与2014年同期的8769张相比减少了1250张，降低了14.25个百分点。辖区内不含省、市发证的执业医师及执业助理医师1623人，与2014年同期的执业医师及执业助理医师1299人相比增加了324人，增加了24.94个百分点。注册护士6807人，与2014年同期的注册护士6499人相比增加了308人，增加了4.74个百分点。

九、环境保护和安全生产

环境保护工作强力推进。切实加强环境监管与主要污染源减排，强化了对全区100家重点单位的日常监管；有效开展环境安全隐患大排查、养殖业清退、小洗涤整治、静音联合执法等18个专项整治行动；构建了全市环境安全三级网格化管理体系，通过项目的开展，实现了：1.金霞、涝湖垸、朝正垸3大片区全面截污，新港污水处理厂通水运行；2.完成了楚家湖水环境综合整治和浏阳河口、捞刀河口2个省级水质自动监测站建设；3.环境监管不断加强，全年共依法办理建设项目环评审批53个、排污许可证57本，建设项目环评率、“三同时”执行率均达到100%，环保信访工作受理率、处理率、回复率皆为100%。检查企业400余次，整改、整治企业25家，进行了区内2个国控重点污水处理厂提标改造；4.PM10均值内五区第一，AQI指数优良率内五区第一，全年未发生突发环境事件。通过一系列的工作，开福区环境质量持续保持优良，全年空气质量优良率为92.0%，区域环境噪声达标率为100%，未发生环境污染等级事故。

安全监管力度不断加强。2015年，全区共发生各类生产安全事故（不含火灾事故）15起，死亡 5 人，受伤20人，经济损失51.84万元。同比去年事故减少 4 起，事故总数下降21%；亿元GDP各类事故死亡人数0.0068人，下降43.3%；工矿商贸企业十万从业人员事故死亡人数0人（去年死亡3人），死亡人数下降100%；安全生产事故死亡人数 5 人，同比去年下降37.5%；减少受伤 5 人，下降20%。

十、人口、人民生活和社会保障

人口保持平稳增长。2015年，全区年末户籍人口总数46.19万人。与2014年同期的45.2万人相比增加了0.99万人，增加了2.19个百分点。按人口性别分:男：22.48万人，与2014年同期的22万人相比增加了0.48万人，增加了2.18个百分点。女：23.71万人，与2014年同期的23.2万人相比增加了0.51万人，增加了2.19个百分点。按户口性质分：非农业人口44.69万人，与2014年同期的36.2万人相比增加了8.49万人，增加了23.45个百分点。农业人口1.5万人，与2014年同期的9万人相比减少了7.5万人，降低了83.33个百分点。2015年全年出生5044人，与2014年同期的4785人相比增加了259万人，增加了54.13个百分点。符合政策生育率96.7%，与2014年同期的96.6%，增长了0.1个百分点；死亡2574人，与2014年同期的2392人相比增加了182人，增加了7.6个百分点。死亡率为4.99‰，与2014年同期的5.07‰相比降低了1.58个千分点，自然增长率为5.01‰。与2014年同期的5.08‰相比降低了个1.38千分点。

居民生活水平稳步提升。据抽样调查资料显示，2015年居民人均可支配收入42205元，与2014年同期的33980元相比增加了8225元，比2014年增长24.2%。居民消费支出为26533元，比去年增长15.7%。

社会保障覆盖面不断扩展。2015年共新增城镇就业人员7726人，与2014年同期的9355人相比减少了1629人，下降了17.41个百分点；城乡居民养老保险参保人数44288人，与2014年同期的43175人相比增加了1113人，增加了2.58个百分点；城市最低生活保障人数达114158人次，与2014年同期的155517人次相比减少了41359人次，下降了26.59个百分点。农村最低生活保障人数达49083人次，与2014年同期的60263人次相比减少了11180人次，下降了18.55个百分点。发放农村最低生活保障经费1228.4万元，与2014年同期的1289.13万元相比减少了60.73万元，下降了4.71个百分点。

1、本公报数据为初步统计数。

2、地区生产总值、各产业增加值绝对数按现价计算，增长速度按可比价计算。

3、规模以上工业统计范围为年主营业务收入2000万元及以上工业企业。

4、固定资产投资（不含农户）统计范围为计划总投资500万元及以上项目。

附：综合图表

“十二五”主要经济指标情况汇总图表

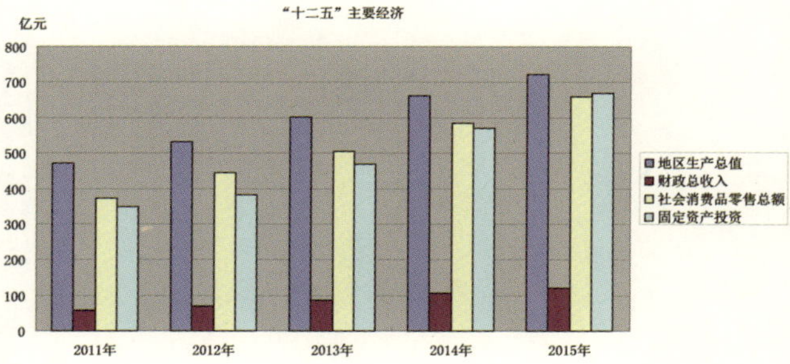

开福区2008—2010年地方财政收入 2011—2015年财政总收入

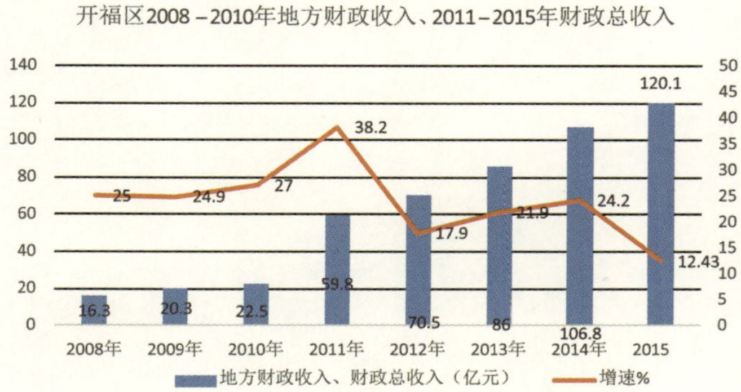

开福区2008—2015年人均GDP（元）

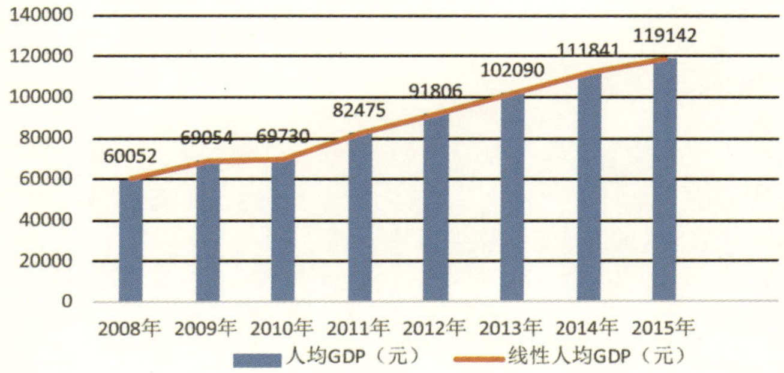

开福区2008年—2015年社会消费品零售总额

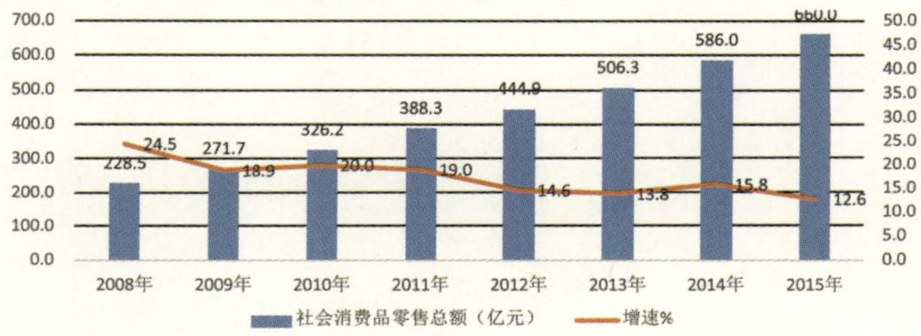

开福区2015年三次产业占比结构图

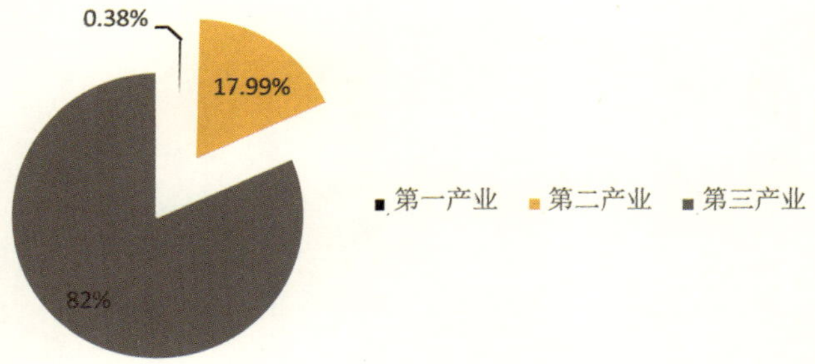

开福区2008—2015年地区生产总值及增速

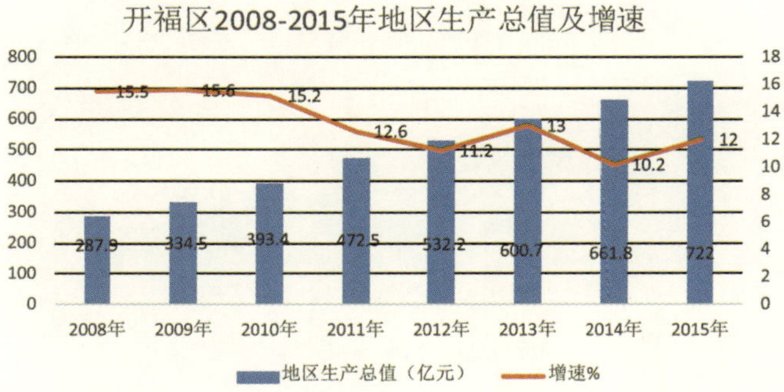

开福区2008—2015年全社会固定资产投资

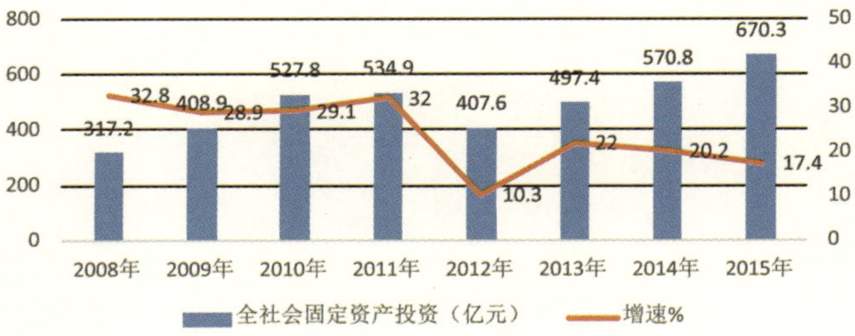